한국 전기소설 연구

엄태식 지음

도서출판 월인

책을 펴내며

이 책은 그동안 내가 전기소설을 연구한 결과를 모아 놓은 것이다. 한국 고전소설의 연구 분야는 다양하지만, 본격적으로 고전소설을 공부한 때부터 나의 관심은 주로 한문소설에 있었고, 전기소설은 항상 연구의 중심에 있었다.

한국 전기소설 연구는 1990년대에 절정을 이루었다. 돌이켜 보면, 여타 분야에 비해 전기소설이 유독 집중적인 관심을 받았던 것 같긴 하지만, 이 시기 이루어진 연구 성과들은 한국 고전소설 연구에 기여한 바가 적지 않았다. 1990년대 후반부터 2000년대 초반까지 전기소설을 주제로 한 박사논문들이 다수 나온 것도 이와 관련이 있으며, 나의 연구 결과 역시 선학들의 연구 성과에 큰 빚을 지고 있다.

이 책의 제1부는 나의 박사논문을 약간 손본 것이다. 내가 박사논문을 쓰기 위해 연구사를 검토하면서 알게 된 사실은, 선행 연구 가운데 양립할 수 없는 견해들이 존재한다는 것이었다. 그런데 그것은 후속 연구에서도 제대로 해결되지 않았으며, 일부 연구에서는 쟁점을 아예 외면하고 있었다. 전기소설에 관한 다양한 견해들이 제출되었지만, 그것을 받치고 있는 근거들이 분명하지 않았기에 이런 일이 발생했던 것이다. 따라서 나는 내 생각을 뒷받침할 수 있는 견실한 근거를 확보해야 할 필요가 있었고, 그 결과 작품 창작의 연원 및 작품에 사용된 전고 등에 주목하게 되었다.

나의 박사논문은 '애정전기소설의 창작 배경과 양식적 특징'이라는 제목으로 세상에 나왔지만, 논문을 쓸 당시 나의 관심은 온통 작품론에 쏠려 있었기에, 정작 애정전기소설이라는 양식에 관해서는 다루지 못했다. 그보다는 아예 다루려고도 하지 않았다는 것이 사실에 가깝다고 할 수 있는데, 돌이켜 보니 그것은 내 논문의 치명적인 오점이었다. 박사논문의 제4장을 '애정전기소설의 창작 배경과 양식적 특징'이라고 했지만, 그것은 사실 '나말여초~16세기 소설'과 '17세기 소설'의 상대적 변별성을 언급한 것에 불과했다. 애정전기소설의 양식적 특징은, 내가 다룬 작품들 전체를 관류하는 특성들을 종합한 뒤, 그것이 애정전기소설이 아닌 것들과 어떤 변별성을 가지고 있는지를 살펴본 다음에야 도출될 수 있는 것인데, 당시에는 여기까지 생각이 미치지 못했던 것이다.

나는 박사논문을 제출한 뒤에 애정전기소설이 무엇인지에 대하여 다시 생각해 보았다. 박사논문의 연구 대상에서 배제한 「취유부벽정기」·「최척전」·「왕경룡전」·「동선기」 같은 작품들을 다시 읽으면서, 선행 연구에서는 애정전기소설로 보기도 했던 이 작품들을 왜 애정전기소설로 다루지 않았는지에 대해 해명할 필요를 느끼게 되었다. 제2부는 이에 대한 고민의 결과물이다.

제3부에서는 애정전기소설의 주변을 살펴보았다. 여기서 다룬 「운영전」·「최척전」·「김영철전」은 애정전기소설과 여타 서사 양식의 교섭을 보여준다는 점에서 함께 묶어 본 것이다. 그리고 제4부에서는 애정전기소설이 아닌 전기소설인 「취유부벽정기」·「남염부주지」·「용궁부연록」·「최생우진기」를 다루었고, 제5부에서는 『전등신화』와 한국 고전소설의 관계에 대해 살펴보았으며, '부록'에서는 내가 가지고 있는 「위생전」을 활자화하고 이본과의 관계를 논하였다.

나는 2008년에 「만복사저포기」를 연구 대상으로 삼아 학술지에 처음 논문을 발표하였고, 2010년에 애정전기소설을 주제로 하여 박사논문을 제출하였으며, 이후 전기소설 전반으로 연구 범위를 확대하였다. 이제 불혹을 앞두고 있으니, 이 책에는 나의 30대가 담겨 있는 셈인데, 막상 세상에 내놓으려 하니 부끄러움만 가득하다. 이 책이 어디에 내놓을 만한 가치가 없다는 것이 주된 이유이고, 이런 보잘것없는 결과물을 핑계로 30대에 마땅히 했어야 할 다른 일들을 방기했다는 것 또한 하나의 이유이다. 돌이켜보면, 나 같은 사람까지 굳이 이 분야의 연구에 뛰어들 필요는 없었던 것 같다.

내가 여태껏 공부를 할 수 있었던 것은 주위의 많은 분들 덕분이다. 박사논문의 지도교수이신 신재홍 선생님, 자상한 관심과 가르침을 베풀어 주신 정명기 선생님, 대학원 수업에서 가르쳐 주시고 박사논문을 심사해 주신 박일용 선생님과 김종철 선생님, 따뜻한 말씀으로 격려해 주시고 도와주신 임치균 선생님, 장경남 선생님, 조광국 선생님, 늘 고마운 선배인 한성일 선생님께 감사드린다.

박사과정 때 학계의 선배 선생님들을 만나 함께 공부할 수 있었던 것은 큰 행운이다. 윤세순 선생님, 김정녀 선생님, 하은하 선생님, 정규식 선생님, 조현우 선생님, 조재현 선생님, 이선형 선생님, 유춘동 선생님께 이 자리를 빌려 감사드린다.

연구의 과정에서 여러 선생님들의 도움을 받았다. 박재연 선생님, 서인석 선생님, 강문종 선생님께서는 소장 자료를 보내주셨고, 김재웅 선생님께서는 발굴한 자료를 보내주셨는데, 그 덕분에 연구를 잘 마무리할 수 있었다. 네 분 선생님께 감사드린다.

나는 2014년 4월부터 2015년 6월까지 조선대학교 국어국문학과에서 BK 연구교수로 재직하였는데, 공부를 시작한 후 처음으로 안정과 행복을 느껴보았고, 이에 큰 힘을 얻어 연구를 수행할 수 있었다. 이상원 선생님을 비롯하여 조선대학교 국어국문학과의 모든 교수님들과 대학원생 여러분께 감사의 말씀을 올린다.

이 책은 도서출판 월인을 통해 세상에 나오게 되었다. 월인과의 인연을 맺어주신 양현승 선생님, 어려운 여건임에도 불구하고 출판을 허락해 주신 박성복 사장님, 책을 보기 좋게 만들어 주신 최형필 상무님께 감사드린다.

나의 어머니 신석자 여사께 이 책을 바친다.

2015년 6월

엄 태 식

차례

제2부 애정전기소설의 서사 문법과 결말 구조

제3부 애정전기소설의 양식 교섭과 소설사적 전개

第4부 전기소설의 꿈과 환상 그리고 현실

第5부 『전등신화』와 한국 고전소설

부록 : 신자료 「위생전(韋生傳)」

제1부

애정전기소설의 창작 배경과 양식적 특징

1. 머리말

(1) 문제 제기

이 글은 나말여초(羅末麗初)에서 17세기까지 창작된 애정전기소설(愛情傳奇小說)에 관한 연구이다. 한국 애정전기소설은 나말여초(羅末麗初)에 성립되었다가 15세기 『금오신화(金鰲新話)』의 「만복사저포기(萬福寺摴蒱記)」와 「이생규장전(李生窺墻傳)」에 이르러 비약적인 발전을 이룩한 뒤 16세기 『기재기이(企齋記異)』의 「하생기우전(何生奇遇傳)」으로 그 전통이 이어진다. 17세기로 접어들면서 나타난 중편 애정전기소설은 이전의 단편 애정전기소설과는 다른 면모를 보이는데, 「주생전(周生傳)」·「위생전(韋生傳)」[1]·「운영전(雲英傳)」·「상사동기(相思洞記)」가 그것이다. 17세기 중후반에 이르러 국문소설 및 장편소설이 대거 등장하면서 전기소설은 좀처럼 창작되지 않다가, 조선 후기에 「정생전(丁生傳)」·「심생전(沈生傳)」·「빙허자방화록(憑虛子訪花錄)」·「백운선완춘결연록(白雲仙翫春結緣錄)」·「절화기담(折花奇談)」·「포의교집(布衣交集)」 같은 작품들이 창작된다.

---

1) 「韋生傳」은 대개 「韋敬天傳」으로 불렸던 작품이다. 임형택, 「전기소설의 연애주제와 위경천전」(『동양학』 22, 단국대학교 동양학연구소, 1992), 38쪽에서 이 작품이 이명선, 『조선문학사』(조선문학사, 1948), 135쪽에서 '韋敬天傳'으로 誤植되었음을 언급했다. 「위경천전」은 『古談要覽』에 실려 있는 작품인데, 이후 「위경천전」과 동일한 작품인 「위생전」이 여러 종 발굴되었다. 이본 검토 결과에 따르면 「위경천전」은 이본적 가치가 매우 떨어지며, '韋敬天傳'은 이 작품의 원제목도 아니다. 이 점은 정명기, 「위생전(위경천전) 교감의 문제점」(『고소설연구』 22, 한국고소설학회, 2006); 정명기, 「위생전(위경천전) 이본 연구」(『어문학』 95, 한국어문학회, 2007)에서 자세히 다루어졌다.

이와 같은 애정전기소설사의 흐름에서 연구사적으로 쟁점이 되었던 시기는 다음과 같다. 첫째는 한국소설의 발생 시기이다. 이는 『금오신화』를 한국소설의 효시로 보는 입장[2]과 『수이전(殊異傳)』에 실린 작품 중 특히 「최치원(崔致遠)」에 주목하여 나말여초를 소설사의 시원으로 보는 입장[3]으로 대별되는데, 나말여초에 애정전기소설이 창작되었다고 보는 주장이 설득력을 얻고 있다.[4] 둘째는 17세기 전반이다. 이 시기에 나온 애정전기소설들은 이전 시기의 작품들에 비하여 환상성이 소거되는 대신 현실성이 강화된다. 그리고 작품의 분량이 증가하면서 등장인물의 수도 늘어나고 사건의 전개 및 구성이 복잡해지며 편폭이 확장된다. 또한 소설 창작의 기법이 발달하면서 흥미성이 강화되기도 한다. 이런 현상들은 임진왜란이라는 전환기를 맞이하여 생(生)의 '총체성'에 대한 조망이 가능했다는 점,[5] 중국의 소설 및 희곡이 영향을 미쳤다는 점,[6] 그리고 이 시기 전기소설이 '통속화'의 길을

2) 이명선, 위의 책, 131쪽에서 "李朝에 들어 와서 世祖 때의 金時習의 『金鰲新話』를 소설의 嚆矢로 삼는 것이 通說이다."라고 한 이래로 『금오신화』가 한국소설의 효시라는 주장은 통설이었는데, 조동일, 「소설의 성립과 초기소설의 유형적 특징」(『한국소설의 이론』, 지식산업사, 1977)에서 그 이유에 대한 이론적 고찰이 이루어졌다.

3) 지준모, 「전기소설의 효시는 신라에 있다」(『어문학』 32, 한국어문학회, 1975); 조수학, 「최치원전의 소설성」(『영남어문학』 2, 영남어문학회, 1975); 이헌홍, 「최치원전의 전기소설적 구조」(『수련어문논집』 9, 수련어문학회, 1982); 임형택, 「나말여초의 전기문학」(『한국문학사의 시각』, 창작과비평사, 1984); 김종철, 「서사문학사에서 본 초기소설의 성립 문제」(『고소설연구논총』, 다곡 이수봉 선생 회갑기념논총간행위원회, 1988); 박희병, 「나려시대의 전기소설」(『한국전기소설의 미학』, 돌베개, 1997).

4) 물론 한국소설의 나말여초 기원설에 모든 연구자들이 동의하는 것은 아니다. 장효현, 「전기소설 연구의 성과와 과제」(『민족문화연구』 28, 고려대학교 민족문화연구소, 1995); 김현양, 「최치원의 장르 성격 논의에 대한 비판적 검토」(『한국고전소설사의 거점』, 보고사, 2007) 등에서 비판적 논의가 있었다. 한편 박일용, 「소설의 발생과 수이전 일문의 장르적 성격」(『조선시대의 애정소설』, 집문당, 1993)에서는 「최치원」이 소설 발생의 토대가 마련된 조선 전기에 창작된 것으로 보았다.

5) 박희병, 「한국한문소설사의 전개와 전기소설」(『한국전기소설의 미학』, 돌베개, 1997), 90~95쪽.

6) 정환국, 「17세기 애정류 한문소설 연구」(성균관대학교 박사논문, 2000), 152~185쪽에서 전반적인 양상을 다루었다.

걷고 있었다는 점[7] 등이 그 변인으로 지적된다. 이렇게 한국 애정전기소설은 17세기를 분기점으로 하여 질적인 변화를 보이는 것으로 파악되고 있는데, 17세기 이후 애정전기소설은 발전적 전개의 양상을 보이기도 하지만, 한편으로는 시대적 요구를 감당하지 못하며 해체를 맞이하거나 국문소설 및 장편소설 등으로 소설사의 주도권을 넘겨주게 되었다고 할 수 있다.[8]

이상과 같은 연구 성과들로 인해, 이제 애정전기소설사의 전개 양상은 어느 정도 파악되었다고 할 수 있다. 그런데 문제는 소설사에 대한 거시적 시각이 개별 작품의 해석이나 애정전기소설이라는 양식에 대한 이해를 반드시 보증하지는 못한다는 점이다. 예컨대 우리는 다음과 같은 질문을 던질 수 있다. 『수이전』에 실려 있는 「최치원」의 주제는 무엇이며 작중인물 최치원(崔致遠)은 실존인물 최치원과 어떤 관계에 있는가? 『금오신화』에 수록되어 있는 「만복사저포기」와 「이생규장전」에서는 『전등신화(剪燈新話)』 소재 애정전기소설들에 나오는 여러 장면들과의 유사성이 감지되는데, 이를 어떻게 이해하여야 하는가? 『기재기이』에 실려 있는 「하생기우전」의 창작 연원은 어디에 있으며 작품에서 말하고자 한 바는 무엇인가? 「주생전」에 나타난 삼각관계의 의미는 무엇이며 주생에 대한 우호적인 서술 시각은 어떻게 해석해야 하는가? 「위생전」은 「주생전」의 모방작에 불과한가? 「운

7) 양승민, 「17세기 전기소설의 통속화 경향과 그 소설사적 의미」(고려대학교 박사논문, 2003).

8) 그 밖에 17세기 전기소설을 다룬 논문들은 다음과 같다. 임형택, 「전기소설의 연애주제와 위경천전」(『동양학』 22, 단국대학교 동양학연구소, 1992); 김종철, 「전기소설의 전개양상과 그 특성」(『민족문화연구』 28, 고려대학교 민족문화연구소, 1995); 박일용, 「전기계 소설의 양식적 특징과 그 소설사적 변모 양상」(『민족문화연구』 28, 고려대학교 민족문화연구소, 1995); 김대현, 『조선시대 소설사 연구』(국학자료원, 1996); 박희병, 「한국고전소설의 발생 및 발전단계를 둘러싼 몇몇 문제에 대하여」(『한국전기소설의 미학』, 돌베개, 1997); 강상순, 「전기소설의 해체와 17세기 소설사적 전환의 성격」(『어문논집』 36, 안암어문학회, 1997); 윤재민, 「조선 후기 전기소설의 향방」(『민족문학사연구』 15, 민족문학사연구소, 1999); 송성욱, 「17세기 소설사의 한 국면」(『한국고전연구』 8, 한국고전연구학회, 2002).

영전」은 왜 그리 복잡한 방식으로 서술되고 있으며 작품에 등장하는 안평대군은 어떻게 이해하여야 하는가? 「상사동기」는 과연 「운영전」의 아류작 혹은 모방작이며 해피엔딩은 안이하고 통속적인 결구에 불과한가?

애정전기소설사에 대한 다각적 논의에도 불구하고 이 같은 의문들은 여전히 해소되지 않았다고 할 수 있다.[9] 그 이유는 무엇보다도 소설사의 구도에 대한 모든 논의들이 개별 작품에 대한 정밀한 분석을 바탕으로 이루어진 것만은 아니었다는 점에서 찾을 수 있다. 때문에 애정전기소설 각 작품의 서사에 주목하고 이를 통해 애정전기소설의 양식적 특징을 다시 살펴보는 일이 필요한 것이다.

한편 애정전기소설의 개별 작품론들에서는 일일이 거론하기 어려울 정도의 다양한 방법으로 작품 연구가 이루어졌다. 이 글의 논점과 관련하여 그 경향을 크게 두 가지로 나누어 보면, 작품의 창작 연원에 대한 고찰과 개별 작품에 대한 분석으로 대별된다고 할 수 있다. 그런데 개별 작품론들이 가지고 있는 문제점 가운데 하나는 창작 연원에 대한 지적과 작품 분석이 유기적으로 이루어지지 못했다는 데 있다. 한국 애정전기소설의 창작에 중국 전기소설이 지대한 영향을 미쳤다는 것은 명확한 사실인데, 한편에서는 소재나 구성 차원에서의 유사성을 지적하는 데서 머무르고 다른 한편에서는 우리 쪽의 독자성만을 지나치게 강조하다 보니 실상에서 멀어지는 결과를 초래했던 것이다. 하지만 무엇보다 큰 문제점은 한국 애정전기소설이 중국 또는 한국의 전대 서사문학 전통을 어떻게 '변용'하였는지에 대한 구체적 논의가 부족했다는 데 있다. 요컨대 작품 창작의 연원과 그것의 작품 내 변용 양상을 보다 '동태적'으로 드러내어 개별 작품의 서사적 특징을 구체적으로 밝힐 필요가 있는 것이다.

---

9) 물론 개별 작품론의 차원에서 이 같은 의문들에 대한 논의가 적지 않았지만, 연구의 필요성은 여전히 남아 있다.

아울러 개별 작품론들에서의 작품 독해가 정밀하지 못했다는 점도 지적할 필요가 있다. 전기소설은 작품의 구조나 서사 단락 혹은 줄거리만으로 그 실상을 파악할 수 있는 양식이 아니며, 문면에 구체적으로 나타나지 않은 부분까지 제대로 읽어낼 때 그 의미를 온전히 파악할 수 있다. 전기소설을 이해하는 데는 삽입시문의 기능이라든지 변려문의 사용 같은 문체적 측면[10]에 대한 고려가 필수적이다. 이와 마찬가지로 전기소설의 서사 분석에 있어서도 전고(典故)의 함축적 의미에 대한 분석, 원텍스트와의 상호텍스트성에 대한 고려 등은 작품을 올바로 읽어내기 위한 필수조건이라 할 수 있다. 다시 말해 문면에서 직접적으로 언급하고 있는 부분만이 아니라 그 '이면'에서 말하고 있는 내용까지를 읽어낼 때 비로소 전기소설에 대한 올바른 '독해'가 이루어질 수 있는 것이다.[11] 이에 이 글에서는 애정전기소설 개별 작품들을 분석하고, 이를 바탕으로 하여 애정전기소설의 창작 배경과 양식적 특징을 살펴보는 것을 목표로 한다.

(2) 연구사

지금까지 축적된 애정전기소설 연구의 성과들을 이 자리에서 모두 거론하는 것은 불가능하다. 이 글에서 다루고자 하는 애정전기소설 작품들, 곧

---

10) 박희병, 「전기소설의 문제」(『한국전기소설의 미학』, 돌베개, 1997), 16~17쪽에서 '문체'와 '서사와 서정의 결합방식'을 전기소설의 장르적 지표로 지적한 바 있으며, 김문희, 「전기소설의 서술문체와 환상성」(『전기소설의 서술문체와 환상성』, 보고사, 2006)에서 종합적인 검토가 이루어졌다. 하지만 전자는 구체적 논의로 나아가지 않았고 후자는 주로 '奇'와 '환상'의 측면에 주목했다는 점에서 볼 때, 전기소설의 문체적 특질에 대한 연구의 필요성은 여전히 남아 있다고 할 수 있다.

11) 작품론이 이본의 실상을 정확히 반영하지 못한 채 이루어졌다는 점, 이에 따라 定本을 대상으로 연구하지 못했다는 점도 작품을 오독하게 만든 하나의 원인이었다고 할 수 있다. 그리고 한문으로 창작되고 향유된 전기소설을 부정확한 번역본에 의지하여 연구한 점도 작품의 정독을 가로막은 한 이유였다.

「최치원」·「만복사저포기」·「이생규장전」·「하생기우전」·「주생전」·「위생전」·「운영전」·「상사동기」의 연구사는 연구사를 검토한 논문들을 참조할 수 있으므로,[12] 여기서는 연구사적 쟁점들을 중심으로 언급하기로 한다.

「최치원」은 초기 소설사 연구에서 매우 비중 있게 다루어진 작품이다. 장르적 성격, 작자, 한국 소설의 기원 문제 등과 관련한 논의들이 적지 않았을 뿐만 아니라, 『수이전』의 작자 및 편찬자 문제와 관련해서도 「최치원」은 항상 논란의 중심에 있었다. 또 「최치원」은 「유선굴(遊仙窟)」을 비롯한 중국 전기(傳奇)와의 관련성 속에서 논의되기도 했다. 초기 연구가 대체로 『금오신화』가 한국소설의 효시라는 통설에 대한 반론의 입장을 보이는 가운데 「최치원」과 「유선굴」의 소재·구성 등을 대비한 측면이 강했다면,[13] 후속 연구에서는 최치원의 입당 시기와의 관련성을 주목하는 한편 실증적 고찰도 이루어졌다.[14] 이처럼 「최치원」 연구에서는 소설사의 구도와 관련된 논의들이 하나의 큰 흐름이었는데, 이와 관련하여 작품 속 최치원의 인물 형상과 해석 문제도 논란거리였다. 신라 말기의 낙척불우(落拓不遇)했던 지식인 최치원의 형상이 남주인공 최치원에 투영되었으며,[15] 이와 같은 형상은

---

12) 다음의 논문들에서 각 작품들에 대한 연구사적 검토가 이루어졌다. 김현양, 앞의 논문; 문흥구, 「수이전 일문 최치원의 재고찰」(『고소설연구』 6, 한국고소설학회, 1998); 차충환, 「최치원의 장르적 성격과 작자에 대한 연구사적 검토」(『한국고전소설작품연구』, 월인, 2004); 박혜숙, 「금오신화의 사상적 성격」(『한국문학사의 쟁점』, 집문당, 1986); 이석래, 「금오신화는 전등신화의 모방인가」(『한국문학사의 쟁점』, 집문당, 1986); 김광순, 「금오신화의 연구사적 검토와 쟁점」(『어문논총』 33, 경북어문학회, 1999); 소인호, 「금오신화 연구의 성과와 전망」(『고소설연구사』, 월인, 2002); 유기옥, 「기재기이의 연구동향과 쟁점」(『고소설연구사』, 월인, 2002); 송재용, 「주생전」(『고전소설연구』, 일지사, 1993); 신재홍, 「주생전 연구사」(『고소설연구사』, 월인, 2002); 성현경, 「운영전」(『고전소설연구』, 일지사, 1993); 양승민, 「운영전의 연구 성과와 그 전망」(『고소설연구사』, 월인, 2002); 황윤실, 「상사동기 연구사」(『고소설연구사』, 월인, 2002).

13) 조수학, 앞의 논문; 차용주, 「쌍녀분설화연구」(『고소설논고』, 계명대학교출판부, 1985); 한영환, 「최치원전과 유선굴」(『충격과 조화』, 국학자료원, 1992).

14) 소인호, 「전기소설 최치원의 창작 경위와 문헌 성격」(『국어국문학』 127, 국어국문학회, 2000).

곧 당대 고독한 지식인의 전형이라는 시각이 지배적이었다가,[16] 작중인물 최치원의 한량과 같은 모습을 강조하거나 실존인물과의 관계를 부인하는 등의 반론[17]이 제기되고 있는 형국이다.[18] 이처럼 「최치원」은 그 연구 성과가 적지 않으나, 아직까지 작품의 성격과 의미에 대한 연구자들의 합의가 완전히 이루어지지는 않은 작품이라고 할 수 있다.

『금오신화』에는 「만복사저포기」와 「이생규장전」이라는 두 편의 애정전기소설이 실려 있다. 연구사를 살펴보면, 여러 쟁점들 가운데서도 『금오신화』와 『전등신화』의 관계에 대한 관심이 꾸준히 이어져 왔음을 알 수 있다.[19] 일찍이 김안로(金安老)가 『용천담적기(龍泉談寂記)』에서 『금오신화』

---

15) 임형택, 「나말여초의 전기문학」(『한국문학사의 시각』, 창작과비평사, 1984); 박희병, 「나려시대의 전기소설」(『한국전기소설의 미학』, 돌베개, 1997).

16) 김종철, 「서사문학사에서 본 초기소설의 성립 문제」(『고소설연구논총』, 다곡 이수봉 선생 회갑기념논총간행위원회, 1988).

17) 조혜란, 「남성 환타지 소설의 시작, 최치원」(『여/성이론』 8, 여이연, 2003), 142쪽에서는 "작품 문면에 대한 충실한 독해를 했을 때 드러나는 최치원의 한량 이미지와 불우한 남성 지식인 사이의 간극은 바로 「최치원」 서사에 실존인물 최치원의 이미지가 덧씌워지면서 생겨난 현상으로 보인다."라고 하였고, 이정원, 「조선조 애정 전기소설의 소설시학 연구」(서강대학교 박사논문, 2003), 31~35쪽에서는 「최치원」에는 실존 인물 최치원에 대한 선험적 지식에서 비롯되는 소외된 인물 형상과 작품 내적 형상화를 통해 볼 수 있는 한량 같은 모습이 공존한다고 하였다. 한편 김현양, 앞의 논문에서는 "「최치원」에서 역사적 인물로서의 최치원이 개입되어야 할 아무런 이유도 없으며 또한 작품의 의미가 역사적 인물인 최치원이라는 존재 자체와 연관되어야만 이해될 수 있는 것도 아니다. 굳이 최치원이 아니더라도 문사의 자질을 지닌 수재형의 인물이라면 누구나 대입이 가능하다."(20쪽)라고 하였고, 또 "최치원이 외로운 처지이며 말단 관리라는 서사적 정보를 통해 현실에서의 소외를 유추하는 것은 바로 역사적 인물인 최치원에 관한 작품외적 사실을 개입시켜 추리해낸 독자의 상상일 뿐이다. 작품에서는 최치원의 소외에 대해서는 거의 무관심하다고 해도 과언이 아니다."(33쪽)라고 하였다.

18) 그 밖에 정규식, 「최치원의 성적 욕망과 자기 정체성 확립」(『고소설연구』 22, 한국고소설학회, 2006)에서는 「최치원」에 투영된 섹슈얼리티를 통해 권력에 대한 저항과 해방의 메시지를 읽어내기도 했다.

19) 최남선, 「금오신화해제」(『계명』 19, 계명구락부, 1927); 김태준, 『증보 조선소설사』(학예사, 1939); 박성의, 「비교문학적 견지에서 본 금오신화와 전등신화」(『문리논집』 3, 고려대학교, 1958); 정주동, 『매월당 김시습 연구』(신아사, 1965); 한영환, 『금오신화와 전등

가 『전등신화』를 본떴다는 사실을 언급했듯이,[20] 두 작품집 사이의 관련성에 대한 연구는 『금오신화』의 '독창성', 나아가 '문학성' 논의로 이어지게 되었다. 물론 『금오신화』만의 독창성을 강조하거나 전기소설의 장르관습 속에서 『금오신화』를 살펴본 경우도 있었지만,[21] 기실 『금오신화』에 끼친 『전등신화』의 영향은 '절대적'이라고 해도 과언이 아니다. 「만복사저포기」가 『전등신화』 소재 애정전기소설들에서 두루 영향을 받았고 「이생규장전」이 주로 「연방루기(聯芳樓記)」·「취취전(翠翠傳)」·「애경전(愛卿傳)」의 영향을 받았다는 점은 이미 밝혀진 사실인데, 작품 이해의 핵심은 「만복사저포기」와 「이생규장전」이 『전등신화』를 어떻게 '변용'하였는지를 설명하는 데 있다. 그러나 기존 연구에서 「만복사저포기」와 「이생규장전」을 『전등신화』와의 관련 속에서 정밀하게 독해한 경우는 거의 없었다. 요컨대 「만복사저포기」와 「이생규장전」의 비교문학적 독해는, 개별 작품만을 놓고 보았을 때는 그 의미를 감지해 낼 수 없었던 부분들을 변별적으로 드러내어, 보다 정밀한 작품 분석을 가능케 할 수 있는 것이다.

「하생기우전」은 『기재기이』에 실려 있는 애정전기소설이다. 『기재기이』는 소재영에 의해 발굴된 이후 종합적 연구가 몇 차례 이루어졌는데,[22] 「하

신화의 구성비교연구』(개문사, 1975); 이상익, 「금오신화와 전등신화」(『한중소설의 비교문학적 연구』, 삼영사, 1983); 김수성, 「금오신화와 전등신화의 비교 연구」(성균관대학교 박사논문, 1994); 박일용, 「금오신화와 전등신화에 나타난 애정 모티프의 형상화 방식과 그 의미」(『동아시아문학 속에서의 한국한문소설 연구』, 고려대학교 민족문화연구원, 2002); 정환국, 「금오신화와 전등신화의 지향과 구현화 원리」(『고전문학연구』 22, 한국고전문학회, 2002); 정환국, 「전란 소재 애정전기소설의 성립과 발전에 관한 시론」(『초기 소설사의 형성 과정과 그 저변』, 소명출판, 2005).

20) 入金鰲山 著書藏石室曰 後世必有知岑者 其書大抵述異寓意 効剪燈新話等作也(무악고소설자료연구회 편, 『한국고소설관련자료집』 1, 태학사, 2001, 177쪽).

21) 박희병, 「전기소설의 장르관습과 금오신화」(『한국전기소설의 미학』, 돌베개, 1997).

22) 소재영, 『기재기이연구』(고려대학교 민족문화연구소, 1990); 유기옥, 『신광한의 기재기이 연구』(한국문화사, 1999); 이경규, 「신광한의 기재기이 연구」(한남대학교 석사논문, 1999); 유정일, 『기재기이 연구』(경인문화사, 2005); 김인경, 「기재기이연구」(고려대학교 석사논문, 2004); 최재우, 『기재기이의 특성과 의미』(박이정, 2008); 엄기영, 「기재기

생기우전」의 연구 경향은 『기재기이』의 다른 작품들과 더불어 작가의 전기적 사실과 관련된 의미를 찾아내려는 것이 주를 이루었다고 할 수 있다. 그리고 「하생기우전」의 소설사적 의의를 밝히거나, 「수삽석남(首揷石枏)」·「만복사저포기」 및 『태평광기(太平廣記)』와의 관련 속에서 작품 창작의 연원을 찾으려는 노력이 있었다. 그 결과 「하생기우전」은 현실성이 강화되면서 15세기 전기소설과 17세기 전기소설의 교량적 역할을 하는 작품으로 파악되고 있고, 서사는 주인공의 욕망 충족을 보여주는 것으로 이해되고 있다. 그 밖에도 작품이 복선화음(福善禍淫)의 논리를 담고 있다는 점, 소설적 흥미를 유발하고 있다는 점 등이 지적되었다.[23] 한편 「하생기우전」은 『금오신화』 소재 작품들에 비해 부정적인 평가를 받고 있는 것이 사실인데,[24] 그

이의 창작 방법 연구」(『16세기 한문소설 연구』, 월인, 2009).

23) 「하생기우전」 관련 논의들은 다음과 같다. 김근태, 「초기 서사유형의 모색과정과 기재기이」(『열상고전연구』 6, 열상고전연구회, 1993); 신재홍, 「몽유양식의 소설사적 전개양상」(『한국몽유소설연구』, 계명문화사, 1994); 박태상, 「하생기우전의 미적 가치와 성격」(『조선조 애정소설 연구』, 태학사, 1996); 이지영, 「금오신화와 기재기이의 비교 연구」(서울대학교 석사논문, 1996); 이월영, 「만복사저포기와 하생기우전의 비교연구」(『국어국문학』 120, 국어국문학회, 1997); 정운채, 「하생기우전의 구조적 특성과 서동요의 흔적들」(『한국시가연구』 2, 한국시가학회, 1997); 최재우, 「하생기우전의 결핍-충족 구조와 그 의미」(『민족문학사연구』 15, 민족문학사연구소, 1999); 권도경, 「16세기 기재기이의 전기소설사적 의의 연구」(『한국고전연구』 6, 한국고전연구학회, 2000); 최재우, 「기재기이의 조화지향 인물관계의 형상」(『동방고전문학연구』 2, 동방고전문학회, 2000); 정상균, 「신광한 기재기이 연구」(『국어교육』 105, 한국국어교육연구회, 2001); 신태수, 「기재기이의 환상성과 교환 가능성의 수용 방향」(『고소설연구』 17, 한국고소설학회, 2004); 신상필, 「기재기이의 성격과 위상」(『민족문학사연구』 24, 민족문학사학회, 2004); 김보현, 「기재기이의 사상적 토대와 미의식」(『한국고전연구』 10, 한국고전연구학회, 2004); 윤채근, 「기재기이의 창작 배경과 그 소설적 의미」(『고전문학연구』 29, 한국고전문학회, 2006); 정규식, 「하생기우전과 육체의 서사적 재현」(『한국문학논총』 53, 한국문학회, 2009).

24) 「하생기우전」을 부정적으로 보는 견해들은 다음과 같다. 박희병, 「한국한문소설사의 전개와 전기소설」(『한국전기소설의 미학』, 돌베개, 1997), 90쪽에서는 "『기재기이』의 네 작품 중 그래도 취할 만한 작품은 「하생기우전」이 아닐까 생각되는데, 그러나 이 작품 역시 그 예술적 긴장감은 현저히 떨어진다. 이는 역시 작자의 사상의 높이나 문제의식의 심천과 관련되지 않을까 생각한다."라고 하였고, 조동일, 『한국문학통사(제4판)』 2

이유는 이 작품이 말하고자 하는 바가 선명하게 포착되지 않는 데 있다고 할 수 있다. 결국 「하생기우전」은 창작에 영향을 미친 작품에 대한 재고 및 문면에 대한 정밀한 독해가 작품 해석의 관건인 것이다.

「주생전」은 이명선이 『조선문학사』에서 권필(權韠)의 저작으로 언급하였고,[25] 문선규의 번역본에서도 권필의 작품으로 명시하였다.[26] 「주생전」이 권필의 작이라는 구체적인 근거는 『화몽집(花夢集)』 소재 「주생전」의 말미에 있는 "癸巳仲夏 無言子權汝章記"[27]라는 기록이다. 그런데 화몽집본 이외의 다른 이본들에는 '權汝章'이라는 말이 없으므로, 작자 문제에 대한 재고가 요구된다. 「주생전」 연구에서 작자 문제가 중요한 이유는 후지(後識)를 사실로 받아들일지의 여부가 작품 해석에 심대한 영향을 미치기 때문이다. 한편 그간의 연구 성과들로 인해 「주생전」이 「곽소옥전(霍小玉傳)」·「앵앵전(鶯鶯傳)」·「취취전(翠翠傳)」·「위당기우기(渭塘奇遇記)」·「가운화환혼기(賈雲華還魂記)」 등의 영향을 받았다는 사실이 밝혀졌다.[28] 「주생전」이 이 작품들을 수용한 양상을 살피는 것 또한 주요한 과제다. 그 밖에 「주생전」의 서술 시각에 대한 고찰이 필요하다. 「주생전」에는 주생의 상업 종사, 기녀 배도의 신분 상승 의지, 배도의 죽음, 주생과 선화의 결연,

---

(지식산업사, 2005), 498쪽에서는 "기이한 이야기를 흥미롭게 전하는 데 치우치고, 자아와 세계의 대결을 심각하게 갖추지 않아 되다가 만 소설이라고 할 수 있다. 소설의 발전에 기여하지 못하고 오히려 후퇴한 작품이다."라고 하였으며, 윤채근, 『소설적 주체, 그 탄생과 전변』(월인, 1999), 362쪽에서는 "『기재기이』에 나타나는 감상성과 기호성은 이 작품집의 수준을 『금오신화』 이전 단계로 역류시키고 있다."라고 하였다.

25) 이명선, 앞의 책, 135쪽.

26) 문선규 역, 『화사 · 주생전 · 서대주전』(통문관, 1961), 20~24쪽.

27) 최웅권 · 마금과 · 손덕표 교주, 『17세기 한문소설집 화몽집 교주』(소명출판, 2009), 영인 27쪽.

28) 소재영, 「석주권필소론」(『논문집』 6, 숭전대학교 인문사회과학연구소, 1976), 452~454쪽; 김현룡, 『한중소설설화비교연구』(일지사, 1976), 301~307쪽; 왕숙의, 「주생전의 비교문학적 연구」(한양대학교 석사논문, 1986), 3~15쪽; 정민, 「주생전의 창작기층과 작품 성격」(『목릉문단과 석주 권필』, 태학사, 1999), 461~480쪽.

임진왜란의 발발 같은 문제적인 소재들이 집중적으로 등장하는데, 선행 연구에서는 이것들이 가지는 의미를 다양하게 해석하였다. 하지만 서술자는 이러한 사건들에 대하여 일체의 평가나 해석을 자제하고 있으며, 주생에 대한 우호적인 서술 태도를 보여주고 있는 듯하다. 이는 「주생전」의 작자 문제와도 긴밀히 연결되는바, 「주생전」의 서술 시각에 대한 해석은 작품 해석에 있어서 매우 중요한 부분이라 할 수 있다. 아울러 여타 전기소설에 비해 유달리 두드러진 삽입시문이 어떤 의미를 가지고 있는지에 대한 고찰도 필요하다.

「위생전」은 이명선의 『조선문학사』에서 「장경천전(章敬天傳)」이 『고담요람(古談要覽)』에 수록된 권필의 작품이라고 한 것이 최초의 언급이다.[29] 그 후 이 소설의 행방은 묘연하였는데, 임형택이 『고담요람』을 입수하면서 『조선문학사』의 '章敬天傳'이 '韋敬天傳'의 오식(誤植)이라는 점이 밝혀졌다.[30] 임형택은 「위경천전」의 제목 밑에 "權石洲製"라는 말이 있으나 「위생전」이 「주생전」과 동일인의 필치는 아닐 것 같다는 점을 근거로 「위생전」이 무명인의 소작일 것이라 하였다.[31] 이에 대해 정민은 '權石洲製'라는 말이 있다는 점, 「위경천전」이 「주생전」과 창작원리나 의식면에서 한 사람의 솜씨로 이루어져 있다는 점, 「위경천전」의 삽입시도 「주생전」의 그것에 비해 결코 비교가 되지 않을 정도로 낮은 수준이 아니라는 점, 문장의 표현이나 장면의 형상화 및 사건 구성의 기교 등도 「주생전」보다 못하지 않다는 점 등을 들어 「위경천전」도 권필의 작이라 하였다.[32] 박희병은 정민의 주장

29) 이명선, 앞의 책, 135쪽.

30) 임형택, 「전기소설의 연애주제와 위경천전」(『동양학』 22, 단국대학교 동양학연구소, 1992), 38쪽 참조. 한편 신기형, 『한국소설발달사』(창문사, 1960), 482쪽에는 '장경부전(章敬夫傳)'이 작자미상의 국문소설이라고 되어 있는데, '章敬夫傳'은 '韋敬天傳'의 誤植인 '章敬天傳'을 또 誤植한 결과로 보이며, 표기문자를 '國文'이라고 언급한 것은 단순한 잘못인 듯하다.

31) 임형택, 위의 논문, 36쪽.

을 반박하여 「위경천전」이 권필의 작이 아니라고 하였으나, 역시 명확한 근거를 제시하지는 못했다.[33] 이후 정명기본 · 간호윤본 · 유재영본 등의 한문본이 발굴되고 국문본인 멱남본이 공개되면서 이 작품의 원제목이 '韋生傳'이라는 점이 명확해졌고, 그간 연구의 대상으로 삼았던 임형택본 「위경천전」이 오류가 많은 이본이라는 점이 드러났다.[34] 또 「위경천전」을 제외한 여타의 이본에는 권필의 작이라는 언급이 전혀 없으므로, 「위생전」의 작자 문제를 보다 실증적으로 살펴볼 수 있는 가능성이 제기되었다. 한편 「위생전」의 창작 연원으로는 「감호야범기(鑑湖夜泛記)」 · 「등목취유취경원기(滕穆醉遊聚景園記)」 · 「취취전」 · 「취유부벽정기(醉遊浮碧亭記)」 · 「이생규장전」 등이 언급되었지만,[35] 그간 「위생전」은 주로 「주생전」과의 관련 속에서만 논의되어 왔다고 할 수 있다.[36] 요컨대 「위생전」은 선본(善本)을 대상으로 한 전반적인 재검토가 요구되는 작품이다.

「운영전」은 한국 고전소설 가운데 걸작으로 평가받는 작품이다. 이전 시기 애정전기소설의 전통을 이어받으면서도 몽유 양식의 활용, 1인칭 여성 서술자의 등장, 서사의 흥미성 추구, 주변 인물들의 개성적 면모 부각 등을 통해 전기소설의 새로운 경지를 개척하였을 뿐 아니라, 그 주제의 심각함이

32) 정민, 「위경천전의 낭만적 비극성」(『목릉문단과 석주 권필』, 태학사, 1999), 499~509쪽.

33) 박희병, 「전기소설의 문제」(『한국전기소설의 미학』, 돌베개, 1997), 29쪽.

34) 정명기, 「위생전(위경천전) 교감의 문제점」(『고소설연구』 22, 한국고소설학회, 2006); 정명기, 「위생전(위경천전) 이본 연구」(『어문학』 95, 한국어문학회, 2007).

35) 정민, 앞의 논문, 512~518쪽.

36) 정병호, 「주생전과 위경천전의 비교 고찰」(『고소설연구』 6, 한국고소설학회, 1998)에서 「주생전」과 「위생전」에 등장하는 남주인공의 성향 및 두 작품의 결말구조가 보여주는 의미지향을 논하였고, 엄태웅, 「17세기 전기소설에 나타난 남녀 관계의 변모 양상」(『한문학논집』 29, 근역한문학회, 2009)에서는 「주생전」과 「위생전」의 남녀 관계를 「이생규장전」과의 관련 속에서 논했다. 또 박일용, 「주생전의 패러디로서 위생전의 문학적 의미」(『문학치료연구』 26, 한국문학치료학회, 2013)에서는 「위생전」을 「주생전」의 역대칭적 패러디로 보면서, 「위생전」이 이념과 사회적 욕망의 틀을 벗어난 순수한 운명적 사랑의 실재를 생동감 있게 형상화한 소설이라 하였다.

만만치 않았기에 연구자들의 지속적인 관심을 받을 수 있었다. 「운영전」 해석의 관건은 우선 작품에 등장하는 실존인물 안평대군을 어떻게 이해하느냐에 달려 있다. 안평대군을 적대자로 보는 시각과 그 반대의 시각이 팽팽히 맞서고 있지만, 아직까지 결론이 나지 못한 이유는 작품 속에 드러난 안평대군의 모습이 뚜렷하지 않기 때문이다. 다음으로 요구되는 것이 「운영전」의 중층적 액자구조와 서술 양상에 대한 해석이다. 기존의 연구에서도 「운영전」의 서술 시점과 액자 구성에 대한 논의는 얼마간 있었으나, 동시기 소설에서는 찾아볼 수 없는 「운영전」의 서술 양상이 어떤 의미를 갖는지에 대한 구체적인 해명으로 나아가지는 못했다. 이와 같은 상황에서 근래 이루어진 김경미와 신재홍의 연구는 형식과 내용의 관련 양상을 다루었다는 점에서 특히 주목할 만하다.37) 하지만 액자구조의 성격, 안평대군에 대한 해석, 운영 · 김진사 · 안평대군의 관계, 몽유자 유영의 역할 등에 대한 해명이 온전히 이루어진 것은 아니다. 또한 그간의 「운영전」 연구에서는 대개 「운영전」의 독자성만 강조되어 왔을 뿐, 창작에 영향을 미친 작품과 관련지어 작품을 이해한 경우도 별로 없었다. 요컨대 「운영전」은 액자 구조와 서술 양상, 그리고 창작에 영향을 미친 작품과의 관련 속에서 다시 논의될 필요가 있다.

「상사동기」는 대개 「운영전」과의 관련 속에서 논의되었다. 구체적인 증거가 제시된 적은 없지만, 「상사동기」는 「운영전」을 뒤집은 통속적 작품이라는 견해가 지배적이었다.38) 한편 「상사동기」의 독자적 특징을 밝히려는

37) 김경미, 「운영전에 나타난 여성 서술자의 의의」(『한국고전여성문학연구』 4, 한국고전여성문학회, 2002)에서는 「운영전」이 여성 서술자를 내세워 여성 자신의 이야기를 하게 함으로써 여성의 내면과 욕망 및 자의식을 풍부하게 드러낼 수 있었을 뿐만 아니라 여타의 애정전기소설과 변별적인 면모를 보일 수 있었다고 했다. 신재홍, 「운영전의 삼각관계와 숨김의 미학」(『고전문학과 교육』 8, 한국고전문학교육학회, 2004)에서는 작품의 중층적 서술구조와 시점이 '숨어사는 자의 내면'을 드러내는 데 기여하고 있다고 보았다.

38) 배원룡, 「운영전과 영영전의 비교 고찰」(『국제어문』 2, 국제어문학회, 1981); 박일용, 「운영전의 비극적 성격과 그 사회적 의미」(『조선시대의 애정소설』, 집문당, 1993); 김낙효,

시도들도 있었는데,[39] 특히 「운영전」에 대한 문학적 반론으로서 「상사동기」를 분석한 뒤 '현실성 또는 일상성의 미학'을 지적한 연구,[40] 작품의 통속적 성향을 밝힌 연구,[41] 재자가인소설적 성향을 언급한 연구[42] 등이 주목된다. 하지만 「상사동기」의 독자적 특징이나 창작 과정 등이 명쾌하게 밝혀지지는 못했으며, 「운영전」 이외에 창작 연원으로 거론된 작품은 당 전기 「무쌍전(無雙傳)」 정도였다.[43] 때문에 「상사동기」는 여전히 「운영전」의 그늘에 가려 초라한 모습으로 남아 있으며, 「운영전」의 비극적 결말을 행복한 결말로 변형시킨 계기에 대한 설명은 거의 이루어지지 않았다. 이에 「상사동기」는 창작에 영향을 미친 작품들에 대한 재검토와 작품의 독자적 특징에 대한 고찰이 요구된다.

이상으로 애정전기소설 각 작품들의 연구사적 쟁점을 간략히 살펴보았다. 한국 애정전기소설은 이 같은 쟁점들에 대한 해명이 이루어질 때 비로소 그 의미가 제대로 파악될 것이며, 나아가 애정전기소설의 창작 배경과 양식적 특징에 대한 논의도 보다 확실한 근거를 얻게 될 것으로 생각된다.

(3) 연구 방법

이 글에서 다루고자 하는 작품은 나말여초에서 17세기까지 창작된 애정전기소설 가운데 「최치원」·「만복사저포기」·「이생규장전」·「하생기우전」

「영영전과 운영전의 비교연구」(『한국학논집』 18, 한양대학교 한국학연구소, 1990); 김현식, 「수성궁몽유록과 상사동기의 비교연구」(『홍익어문』 14, 홍익어문연구회, 1995).

39) 김낙효, 「영영전의 구조와 의미」(『한국학논집』 16, 한양대학교 한국학연구소, 1989); 정상진, 「상사동기의 재조명」(『국어국문학』 35, 부산대학교 국어국문학과, 1998).

40) 신동흔, 「운영전에 대한 문학적 반론으로서의 영영전」(『국문학연구』 5, 국문학회, 2001).

41) 양승민, 앞의 논문.

42) 김정숙, 「조선후기 재자가인소설 연구」(고려대학교 박사논문, 2004).

43) 이상구, 「한·중 전기소설의 관계 양상 및 그 특징」(『고전문학연구』 21, 한국고전문학회, 2002), 363~367쪽.

·「주생전」·「위생전」·「운영전」·「상사동기」이다. 남녀의 애정을 다룬 이른 시기의 작품으로 「호원(虎願)」·「조신전(調信傳)」·「설씨(薛氏)」·「백운제후(白雲際厚)」·「온달(溫達)」 등이 거론되고 있으나, 이것들은 원작에서 축약된 형태로 전하고 있다고 판단된다.[44] 때문에 나려시대(羅麗時代)의 작품 가운데는 소설에 가까운 모습으로 전하는 「최치원」만을 대상으로 하여 논의한다. 『금오신화』에 수록된 「취유부벽정기」는 홍생(洪生)과 기씨(箕氏)의 만남을 다루었으나, 남녀의 애정을 이야기했다고 보기는 어려우므로 연구의 대상에서 제외한다. 한편 17세기 애정전기소설로는 이 글에서 논의의 대상으로 선택한 작품 이외에도 「최척전」·「동선기」·「왕경룡전」 등을 거론할 수 있다. 그런데 「최척전」은 남녀 주인공의 결연 서사보다는 가족 서사가 중심이고, 「동선기」는 남주인공의 편력이 확대되면서 재자가인 소설에 근접하고 있으며,[45] 「왕경룡전」은 『경세통언(警世通言)』의 「옥당춘낙난봉부(玉堂春落難逢夫)」의 번안물[46]이라는 점에서 볼 때, 남녀의 애정 이야기가 중심이 된 네 작품들과는 일정한 거리가 있거나 애정전기소설이라는 양식에서 벗어나는 면모를 보이고 있다고 판단된다.[47] 그래서 이 글에서는 17세기 애정전기소설로 남녀의 애정 문제가 중심이 된 「주생전」·「위생전」·「운영전」·「상사동기」만을 연구 대상으로 삼는다.

이 글의 제2장에서는 나말여초~16세기 애정전기소설인 「최치원」·「만복사저포기」·「이생규장전」·「하생기우전」을 다루고, 제3장에서는 17세기 애정전기소설인 「주생전」·「위생전」·「운영전」·「상사동기」를 다룬다. 앞

---

44) 신재홍, 「김현감호와 조신의 비극적 삶」(『고전 소설과 삶의 문제』, 역락, 2012), 14~21쪽.

45) 윤재민, 「동선기의 장르적 성격」(『민족문화연구』 44, 고려대학교 민족문화연구원, 2006).

46) 김현룡, 「왕경룡전에 대한 고찰」(『어문논집』 19·20, 고려대학교 국어국문학연구회, 1977); 심경호, 「조선후기소설고증」(『국문학 연구와 문헌학』, 태학사, 2002).

47) 애정전기소설의 개념에 대해서는 엄태식, 「애정전기소설의 서사 문법과 결말 구조」(『동양학』 53, 단국대학교 동양학연구원, 2013)에서 논하였다.

서 언급했듯이 애정전기소설사의 흐름에서 중요하게 논의되어 왔던 시기는 소설의 발생기인 나말여초와 소설의 질적 변화를 보이는 17세기인데, 여덟 작품을 두 장으로 나누어 서술하는 이유는 17세기 이전과 이후의 소설이 변별적이고 각 장에서 다루는 작품들이 동질적이라는 판단 때문이다.

개별 작품의 분석은 작품에 대한 정확한 독해에서 비롯된다. 이를 위해서는 작자 문제에 대한 검토, 창작 연원에 대한 고찰, 창작의 연원이 된 텍스트와의 관계 및 그 변용 양상, 전고가 함축하고 있는 의미의 파악 등이 요구되며, 문면에서 직접 이야기하고 있지 않은 내용까지 살필 필요가 있다. 아울러 각 작품의 이본 존재 양상에 대한 고려와 정본(定本)을 대상으로 한 작품 분석 및 원문에 대한 정확한 번역도 작품 분석을 위한 필수조건이라 하겠다. 요컨대 작품의 '정독(精讀)'을 위해서는 작품 내적으로 혹은 작품 외적으로 제기될 수 있는 다양한 '변수'들에 대한 고려가 필요하다고 할 수 있는데, 이를 위해 사용할 연구 방법은 다음과 같다.

첫째, 작자 문제에 대한 고찰이다. 고전소설의 작자 문제는 명확한 근거가 있지 않은 한 다루기 어려운 분야이다. 이 글에서 다룰 작품 가운데 「만복사저포기」와 「이생규장전」은 김시습(金時習)의 작이고 「하생기우전」은 신광한(申光漢)의 작이라는 점에 의심의 여지가 없다. 또 「운영전」과 「상사동기」는 작자를 추정할 만한 어떤 근거도 아직 발견되지 않았으므로 작자 문제를 다루기가 불가능하다. 그러나 「최치원」은 최치원의 작인지의 여부가 논란 중에 있고, 「주생전」과 「위생전」은 권필의 작이라는 기록이 발견되나 신빙성이 낮다.

작자 문제가 중요한 이유는 단순히 작품의 작자를 밝히는 일이 필요하기 때문만이 아니다. 작자가 명확할 경우 작자의 전기적(傳記的) 사실이 작품의 이해에 도움을 주는 것이 사실인데, 이때 경계해야 할 점은 작품의 내용과 전기적 사실을 무매개적으로 일치시키려는 경향이다. 작품을 정밀히 분석한 뒤, 그 결과를 바탕으로 작자의 전기적 사실을 관련지을 때 작품의 올바른 이해에 보다 근접할 수 있다. 「만복사저포기」·「이생규장전」·「하생기우전」은 이런 방법으로 논의되어야 한다. 반면 작자 문제가 명확하지 않을 경우에는 작품 외적 근거를 보다 면밀히 검토하고 작품 내적으로도 작자 논의를 뒷받침할 만한 단서들을 살펴보아야 한다. 「최치원」·「주생전」·「위생전」의 작자 문제는 이런 측면에서 접근할 필요가 있다. 요컨대 작자 문제는 작품 분석과 별개의 것이 아니며, 작자 문제를 살펴봄으로써 작품 분석의 기반이 마련되고 작품 분석을 통해 작자 논의가 설득력 있게 뒷받침되어야 하는 것이다.

둘째, 작품의 창작 연원에 대한 검토, 곧 비교문학적 연구이다. 이 글에서 논의의 대상으로 삼은 작품들은 모두 중국 또는 한국의 전대 서사문학 전통을 수용하였으므로, 창작에 영향을 준 작품들에 대한 비교문학적 고찰은 필수적인데, 이를 위해서는 우선 작품의 창작 연원에 대한 재고가 필요하다. 그간의 연구 성과를 살펴보면, 창작에 영향을 끼친 작품에 대한 정확한 지적 자체가 이루어지지 않은 경우가 적지 않았다. 그 이유는 대개 인물 구성이나 사건 전개 등 문면에 드러나거나 외형적으로 일치하는 부분이 있는 작품들을 창작 연원으로 지적하고 그것을 대상 작품과 무매개적으로 연결시키려 한 데 있을 것이다. 이런 방법을 통해서는 영향을 미친 작품과 연구 대상으로 삼은 작품 사이의 유사점과 차이점을 지적하는 데서 머무를 뿐, 그 이상의 성과를 기대하기 어렵다.

이런 문제점은 창작 연원이 정확히 거론된 경우에도 그리 다르지 않은 것처럼 보인다. 비교문학에서 중요하게 고려할 사항은 대상 작품 사이의 영향 수수 관계를 지적하는 데서 머물러서는 안 된다는 점이다. 비교문학적 연구는 비교를 통해 작품을 보다 잘 이해하는 데에도 그 목적이 있는바, 연구의 대상으로 삼은 작품이 영향을 받은 작품의 어떤 지점을 '변용'하였으며 그것이 어떤 의미를 가지고 있는지를 살피는 데까지 나아가야 한다. 다시 말해 비교문학적 연구는, 창작의 연원이 된 작품과의 비교가 연구의 대상으로 삼은 작품을 해석하는 '근거'를 마련하는 차원으로 이어질 필요가 있는 것이다. 이 글에서 다루는 작품들은 모두 비교문학적 연구 방법을 기반으로 하고 있다. 작품의 창작 연원을 정확히 지적하고 그 영향 관계 및 변용 양상을 동태적으로 드러낼 수 있다면, 보다 설득력 있는 작품 해석이 가능할 것이다.

셋째, 전고의 의미 해석이다. 전기소설은 한문 문언문(文言文)으로 쓰였다는 문체적 특질을 가지고 있는데, 이 때문에 전기소설에는 변려문이 자주 구사되는가 하면, 다른 소설 양식들에 비해 전고도 많이 사용되고 있다. 유협(劉勰)은 『문심조룡(文心雕龍)』「사류(事類)」에서 "사류란 것은 대개 문장의 밖에서 일에 근거하여 그 뜻을 유형화하고 옛 것을 가져와 지금을 증명하는 것이다.[事類者 蓋文章之外 據事以類義 援古以證今者也]"[48)]라고 하였는데, 여기서 '사류'란 곧 전고를 활용하는 수사법을 말한다. '전고'의 사전적 정의는 '전례(典例)와 고사(故事)를 아울러 이르는 말'이다.

전고의 가장 중요한 특질은 '함축'이다. 예컨대 '운우(雲雨)'라는 말은 '남녀의 육체적 관계'를 뜻하며, 『문선(文選)』에 수록된 송옥(宋玉)의 「고당부(高唐賦)」가 전고이다. '운우'라는 단 두 글자에는 「고당부」에 나오는, 초(楚) 회왕(懷王)과 무산신녀(巫山神女)의 관계와 관련된 많은 분량의 정보들이 압축되어 있다고 할 수 있는데, 한문 문언문으로 쓰인 전기소설에는 이와 같은 전고가 수도 없이 나온다. 전기소설에 사용된 전고 가운데에는 상투적인 것도 있지만, 작품의 주제와 밀접한 관련이 있는 정보를 함축하고 있는 경우도 적지 않다. 또 「최치원」처럼 전고의 활용 자체가 서사 기법으로 사용되고 있는 경우도 있다. 때문에 몇 자 되지 않는다 하여 전기소설에 사용된 전고를 정확히 짚고 넘어가지 않는다면, 필연적으로 그 안에 담겨 있는 다양한 정보들을 지나쳐 버리는 결과를 초래하게 된다. 요컨대 전고의

48) 劉勰(최동호 역편), 『문심조룡』(민음사, 1994), 450쪽.

분석은 작품에 압축된 형태로 담겨 있는 정보를 풀어내는 과정이라고 할 수 있는 것이다.

이상 살펴본 세 가지 연구 방법은 결국 이 글에서 연구 대상으로 삼은 작품을 해석하는 '근거'를 마련하기 위한 조건들이며, 기실 모든 문학작품의 연구에서 기본적으로 고려되어야 할 사항에 불과할 수도 있다. 그럼에도 불구하고 새삼스레 이를 연구 방법으로 거론하는 까닭은, 지금까지의 전기소설 연구가 이런 점들에 대해서 완벽했다고 보기는 어렵기 때문이다.

그 밖에도 고려해야 할 점들이 몇 가지 있다. 고전소설은 대개 필사의 방법으로 전승되어 왔으므로 수많은 이본이 산출되었다. 이는 전기소설의 경우에도 마찬가지여서, 이본 간의 편차에 대한 고려와 정본의 확립이 작품 연구의 기본 전제이다. 다행히도 근래 한문소설에 대한 정본화 작업과 교감[49]이 이루어져 이를 활용할 수 있게 되었다. 그간 특정 이본에 근거하여 작품을 분석함으로써 본의 아니게 텍스트를 오독한 경우들이 적지 않았는데, 이 글에서는 이본 교감의 성과들을 작품 분석에 반영함으로써 텍스트를 보다 정확히 읽어내도록 할 것이다. 그리고 부차적이지만 한문소설의 번역과 관련된 문제도 언급할 필요가 있다. 이 연구에서 논의의 대상으로 삼은 작품들은 모두 번역본이 나와 있는데, 그 가운데는 정본을 대상으로 번역하지 않은 것도 있고 번역 자체가 잘못된 것도 있다. 그런데 어떤 번역본이 한번 신뢰를 얻으면, 후속 연구에서는 기존 번역의 잘잘못을 따지지 않고 번역본에만 의지하여 작품을 분석하는 경우가 많다. 때문에 기존의 전기소설 연구에서는 번역본의 오류를 답습한 경우가 적지 않았다. 이에 이 글에서는 기존의 번역본을 두루 참조하되, 오역을 최대한 줄임으로써 보다 정확한 작품 이해에 다가서고자 한다.

---

49) 박희병 표점·교석, 『한국한문소설 교합구해』(소명출판, 2005); 장효현·윤재민·최용철·심재숙·지연숙, 『교감본 한국한문소설 전기소설』(고려대학교 민족문화연구원, 2007).

이처럼 제2장과 제3장은 제1부의 핵심이 되는 동시에 여덟 작품에 대한 개별 작품론적 성격을 띠게 되는바, 이를 총괄할 부분이 제4장이다. 제4장에서는 앞에서의 논의를 종합하여 '애정전기소설의 창작 배경과 양식적 특징'을 살펴보겠는데, '창작의 배경'은 '전고의 활용'과 '전대(前代) 서사문학 작품의 변용'으로, '양식적 특징'은 '애정(愛情)과 규범(規範)의 관련 양상 및 결말의 방식'과 '기(奇)에 대한 인식과 그 의미'로 구분하여 다룬다. 이 장에서는 앞 장에서의 논의를 총괄하는 한편, 개별 작품론에서는 미처 다루지 못했던 부분들도 일부 보충하며, '나말여초~16세기 애정전기소설'과 '17세기 애정전기소설' 간의 변별적 특징들도 드러내고자 한다.

이 글에서 「최치원」은 최남선의 『삼국유사』 부록, 「만복사저포기」와 「이생규장전」은 조선간본 『금오신화』, 「하생기우전」은 고려대학교 만송문고 소장 『기재기이』, 「주생전」과 「운영전」은 박희병의 교합본, 「상사동기」는 장효현·윤재민·최용철·심재숙·지연숙의 교감본을 대본으로 한다. 그리고 「위생전」은 아직까지 연구의 대상으로 삼을 만한 교합본이나 교감본이 제출된 적이 없으므로, 저초본(藁初本: 정명기본)·간호윤본·유재영본·임형택본·엄태식본을 교합한다.[50]

50) 이 책 제1부에서 인용하는 자료의 서지 사항은 다음과 같다. 최남선 편, 『신정 삼국유사』(삼중당, 1943); 최용철 편, 『금오신화의 판본』(국학자료원, 2003); 소재영, 앞의 책 부록; 박희병 표점·교석, 위의 책; 장효현·윤재민·최용철·심재숙·지연숙, 위의 책. 이하 작품 인용 시에는 원문 뒤에 작품명과 쪽수만을 표시한다. 장효현·윤재민·최용철·심재숙·지연숙의 교감본에 수록된 「상사동기」는 국립중앙도서관에 소장되어 있는 『三芳要路記』 수록본을 저본으로 하여 이본들의 同異를 교감한 것이다. 「상사동기」의 원문을 인용할 때에는 이 책의 본문, 곧 '삼방요로기본'만을 따르지 않고, 각주에 언급된 이본들을 교합하여 선본을 제시하되 그 내용을 굳이 밝히지는 않는다. 한편 정명기, 「위생전(위경천전) 이본 연구」(『어문학』 95, 한국어문학회, 2007)에서 유재영본·임형택본·정명기본 등에 대한 이본 검토가 이루어졌다. 임형택본·간호윤본·엄태식본은 각각 임형택, 앞의 논문; 간호윤, 『새로 발굴한 주생전·위생전의 자료와 해석』(박이정, 2008); 엄태식, 「신자료 위생전의 특징과 위생전 이본의 계열 및 정본화」(『동남어문논집』 38, 동남어문학회, 2014)에 원문이 수록되어 있다. 「위생전」 이본 가운데 원본에 가깝다고 여겨지는 이본은 정명기본·간호윤본·엄태식본이다. 하지만 세 이본 모두 부

분적으로 오류가 발견되므로, 오류를 보완하여 교합본을 만들 필요가 있다. 「위생전」은 이본들을 교합하여 인용하되, 쪽수는 표시하지 않는다. 四書五經은 『經書: 大學・論語・孟子・中庸』(성균관대학교 대동문화연구원, 1965); 『詩經』(성균관대학교 대동문화연구원, 1984); 『書經』(성균관대학교 대동문화연구원, 1984); 『易經』(성균관대학교 대동문화연구원, 1984); 『禮記』(성균관대학교 대동문화연구원, 1985); 『春秋』(성균관대학교 대동문화연구원, 1985)를, 『剪燈新話』는 정용수 역주, 『전등신화구해 역주』(푸른사상, 2003) 부록의 규장각본 『剪燈新話句解』를, 「遊仙窟」은 張鷟(川島 校點), 『游仙窟』(書目文獻出版社, 1989)을 대본으로 하며, 인용 시에는 書名 혹은 작품명과 쪽수만을 표시하기로 한다. 「유선굴」 원문은 『續修四庫全書(集部 小說類)』 1783(上海古籍出版社, 1995~2002), 605~656쪽 수록본도 참조하여 교감하되, 별도로 교감 여부를 밝히지는 않는다. 그 밖에 김종군 편역, 『중국전기소설선』(박이정, 2005)도 참조하였다.

2. 나말여초~16세기 애정전기소설

(1) 「최치원(崔致遠)」

「최치원」이 「유선굴」의 영향하에 창작된 작품이라는 점은 그간의 연구의 성과로 인해 재론의 여지가 거의 없을 정도로 분명해졌다. 때문에 「최치원」의 창작에 가장 큰 영향을 미쳤다고 볼 수 있는 「유선굴」과의 관련 양상을 살펴보는 일은 작품 연구의 중요한 과제 가운데 하나라 할 수 있다. 그런데 「최치원」의 창작에 영향을 미친 작품은 「유선굴」만이 아닌바, 여기서는 선행 연구에서 그다지 주목하지 않았던 「임씨(任氏)」와의 관련성을 보다 구체적으로 밝히도록 하겠다.[1] 다음으로 「최치원」에 사용된 전고에 주목할 필요가 있다. 「최치원」은 전고를 사용하여 다양한 의미를 함축하고 있는 것이 특징인데, 이에 대한 정확한 독해가 작품 이해의 핵심이 된다. 여기서는 「최치원」과 당 전기의 관련 양상을 검토하고 「최치원」에 사용된 전고를 분석한 후, 「최치원」의 초기 소설적 특징을 살펴보도록 하겠다.

당 전기의 영향과 전고의 활용

「유선굴」은 장작(張鷟)이 공무로 출장을 가던 중 신선굴(神仙窟)에 들러 십랑(十娘)과 오수(五嫂)를 만나 하룻밤을 지낸 내용을 다루었고, 「최치원」

1) 『太平廣記』에 수록된 「任氏」가 「최치원」에 나오는 전고 가운데 하나라는 사실은 박희병 選注, 『한국한문소설』(한샘, 1995), 42쪽에서 처음으로 지적되었는데, 「임씨」와 「최치원」의 구체적인 관련성에 대한 논의는 이루어지지 않았다.

은 율수현위(溧水縣尉)가 된 최치원이 초현관(招賢館)에서 머무르다가 초현관 앞 언덕 쌍녀분(雙女墳)의 팔랑(八娘)과 구랑(九娘)을 만나 하룻밤 정을 나눈 일을 다루었다. 한편 『태평광기』에 실려 있는 「심경(沈警)」도 이와 비슷한 내용이어서 비교 연구가 이루어졌는데,[2] 이 작품은 심경이 공무로 진롱(秦隴)에 가던 중 장여랑(張女郎)의 사당에 들렀다가 소여랑(小女郎) 윤옥(潤玉)과 하룻밤을 지낸 일을 내용으로 하고 있다. 글자 수는 「유선굴」이 8,500자 가까이 되고, 「최치원」은 약 2,050자이며, 「심경」은 1,100자 남짓 되니, 분량으로 보면 「유선굴」은 「최치원」의 네 배가 넘고 「심경」은 「최치원」의 절반이 조금 넘는다.

「최치원」에서 최치원은 율수현위 시절에 초현관에 놀러 갔다가 초현관 앞 언덕에 있는 쌍녀분의 석문(石門)에 시를 짓고 돌아온다. 이는 「유선굴」에서 장작이 공무로 출장을 가던 중 신선굴에 들른 것, 「심경」에서 심경이 진롱 땅에 사신으로 가다가 장여랑의 묘에 들른 것과 유사하다. 최치원의 바람은, 그의 시에서 잘 드러나듯이 아름다운 여인과 운우지정(雲雨之情)을 나누는 것이었는데,[3] 이런 바람 역시 장작이나 심경의 경우와 다르지 않다. 최치원이 만난 팔랑・구랑은 각각 소금장수・차장수와 정혼하였다가 한을 머금고 요사한 여인들이었고, 장작이 만난 십랑과 오수는 모두 전쟁에서 남편을 잃고 홀로 살면서 재혼하지 않은 여인들이었다. 십랑의 말을 들어보자.

> 저는 청하 최공의 말손으로 홍농 양부군의 장자에게 시집갔습니다. 대례를 이룬 후에는 부친을 따라 서하에서 살았습니다. 촉생이 교활하여 자주 변경을 침략하므로 오라비와 남편은 붓을 던지고 종군하였는데 몸이 적진에서 죽어 외로운 넋조차 돌아오지 못했습니다. 17세인 저는 목숨을 걸고 한 지아비를 따르기로 했고 19세인 올케는 재가하지 않기로 맹세했습니다. 오라비는 청하 최

2) 차용주, 「쌍녀분설화연구」(『고소설논고』, 계명대학교출판부, 1985), 91~94쪽.

3) 孤館若逢雲雨會 與君繼賦洛川神(「崔致遠」, 34쪽)

> 공의 제5자였고 올케는 태원공의 제3녀였습니다. 이곳에 따로 집을 마련해 두고 산 지 몇 년이 되었는데, 집은 황량하고 살림은 거덜 났습니다. 모르겠습니다만 상객께서는 어디서 오시는 길입니까?4)

「유선굴」에서 두 여인이 살고 있는 신선굴은 마치 신선 세계처럼 묘사되어 있으나, 십랑과 오수는 신선이나 귀신은 아니라는 점에서 「최치원」의 팔랑·구랑과는 다르다. 한편 십랑은 청하 최씨이고 오수는 태원 왕씨이다. 이들이 당시 명망이 높았던 다섯 문벌 가운데 한 집안이었던 데 반해, 장작은 명망 있던 집안 출신이기는 하나 현재는 몰락하여 말단 관리에 머무르고 있으니,5) 장작과 이 두 여인의 만남에는 과거의 영광을 재현하고픈 주인공의 욕망이 투영되어 있다고 볼 수 있다. 이와는 달리 「최치원」에서 팔랑과 구랑의 부친은 현의 관리조차 되지 못하였는데, 그는 지방의 부를 독점한 것도 모자라 두 딸을 소금장수와 차장수에게 시집보내어 치부(致富)하려 했던 인물이다. 팔랑과 구랑의 집안이 유력한 토호였음은 분명하나, 당나라 때의 명망 있는 가문6)은 아니었던 듯하다.7)

최치원이 팔랑과 구랑을 만나기 전, 시비 취금(翠襟)은 최치원에게 주머

---

4) 兒是淸河崔公之末孫 適弘農楊府君之長子 旣成大禮 隨父住於河西 蜀生狡猾 屢侵邊境 兄及夫主 棄筆從戎 身死寇場 煢魂莫返 兒年十七 死守一夫 嫂年十九 誓不再醮 兄卽淸河崔公之第五息 嫂卽太原公之第三女 別宅於此 積有歲年 室宇荒涼 家途翦弊 不知上客從何而至(「遊仙窟」, 5쪽)

5) 下官望屬南陽 住居西鄂 得黃石之靈術 控白水之餘波 在漢則七葉貂蟬 居韓則五重卿相 鳴鐘食鼎 積代衣纓 長戟高門 因循禮樂 下官堂構不紹 家業淪滑 靑州刺史博望侯之孫 廣武將軍鉅鹿侯之子 不能免俗 沈跡下寮 非隱非遁 逍遙鵬鷃之間 非吏非俗 出入是非之境 暫因驅使 至於此間 卒爾乾煩 實爲傾仰(「遊仙窟」, 5~6쪽)

6) 최진아, 『환상·욕망·이데올로기, 당대 애정류 전기 연구』(문학과지성사, 2008), 288~289쪽 참조.

7) 오춘택, 「쌍녀분기와 최치원의 작자」(『국어국문학』 139, 국어국문학회, 2005), 279쪽에서 "1881년의 『고순현지』에는 이 분묘가 花山李氏 동네 옆에 있음을 밝혔고 두 여인은 초현관의 驛丞女로 위난을 당해서도 굴복하지 않고 절의를 지키다가 죽었다는 이야기도 있음을 소개하였다."라고 하였다.

니 속에 담긴 팔랑과 구랑의 시를 전하는데, 구랑의 시 가운데 "매양 진녀가 속세를 버림을 바랐고, 임희가 사람을 사랑한 것 배우지 않았네.[每希秦女能抛俗 不學任姬愛媚人]"8)라는 구절이 있다. 여기서 '진녀(秦女)'는 진(秦) 목공(穆公)의 딸 농옥(弄玉)을 가리키는 말이니, 팔랑과 구랑이 꿈꾸었던 부부 관계는 소사(蕭史)와 농옥 같은 관계였음을 알 수 있다. 한편 임희(任姬)는 『태평광기』에 수록되어 있는 「임씨(任氏)」의 여주인공이다. 임씨는 본래 여우였는데, 사람으로 둔갑하여 정육(鄭六)과 정을 나누다가 결국 비참한 최후를 맞이한 여인이다. 임씨와 팔랑·구랑은 사람이 아니라는 점에서 동질적이고, 정육과 최치원은 자신이 욕망하는 여인이 인간이 아님을 알고도 계속 정을 나누었다는 점에서 동질적이다. 이와 관련하여 「임씨」의 말미에 붙어 있는 심기제(沈旣濟)의 논평을 주목할 필요가 있다.

> 아! 이물의 정에도 인도(人道)가 있구나. 폭력을 당하여서도 실절하지 않고 남편을 따라 죽음에 이르렀으니, 요즘 부인이라도 이와 같지는 못할 것이다. 애석한 일은 정생이 정민(精敏)한 사람이 아니었기에 한갓 그녀의 미색만 좋아하고 그녀의 성정을 살피지 않은 점이다. 만약 깊은 식견을 가진 선비였다면, 변화의 이치를 연마하고 신과 인간의 사이를 살피며 문장의 아름다움을 드러내고 오묘한 정을 전했을 것이지, 풍모를 완상하는 데서 그치지는 않았을 것이다. 애석하구나!9)

심기제는 요즘 부인들도 미치지 못할 임씨의 정절을 높이 평가하고, 미색만 탐하여 성정을 살피지 못한 정생의 불민(不敏)함을 탓하였다. 구랑이 이

8) 「崔致遠」, 34쪽.

9) 嗟乎 異物之情也 有人道焉 遇暴不失節 狥人以至死 雖今婦人有不如者矣 惜鄭生非精人 徒悅其色而不徵其情性 向使淵識之士 必能揉變化之理 察神人之際 著文章之美 傳要妙之情 不止於賞翫風態而已 惜哉(李昉 等 編, 『太平廣記』 10, 中華書局, 1961, 3697쪽)

와 같은 주제로 요약되는 「임씨」를 전고로 끌어들였다는 점을 고려하면, 팔랑과 구랑이 바랐던 이상적인 남편상은, 미색만을 탐하지 않고 성정을 살필 수 있는 인물이라고 보아도 크게 무리는 아닐 것이며, 이는 곧 소사와 농옥 같은 탈속적인 관계라고 할 수 있다. 그리고 "임희가 사람을 사랑한 것 배우지 않았네."라는 말은 "폭력을 당하여서도 실절하지 않고 남편을 따라 죽음에 이른" 임씨의 행실을 배우지 않겠다는 뜻이 아니라, 정생·임씨 같은 부부 관계가 되고 싶지 않다는 뜻으로 보아야 할 것이다. 그녀들은 정생 같은 남편이 아닌 소사 같은 남편을 찾고 있었으며, 그와 같은 인물이 바로 오백 년[10] 만에 만난 최치원이었다.

그런데 최치원이 두 여인을 대하는 태도는 팔랑과 구랑이 최치원을 대하는 태도와는 좀 달라 보인다. 최치원은 이들이 좀처럼 말을 하지 않으므로, 다음과 같은 시를 짓는다.

> 아름다운 밤에 다행히도 잠깐 가까이했는데,
> 어찌하여 말없이 늦봄을 대하는가?

---

10) 최치원이 팔랑과 구랑에게 답한 시 가운데 "오백 년 만에 처음으로 어진 이를 만났다. [五百年來始遇賢]"(「崔致遠」, 36쪽)라는 구절이 있다. 張敦頤의 『六朝事迹編類』「雙女墓」(『文淵閣四庫全書(史部 地理類)』 589, 臺灣商務印書館, 1983, 246쪽)에는 두 여인이 天寶 6년, 곧 747년에 죽은 것으로 되어 있기에, 오춘택, 앞의 논문, 284쪽에서는 "최치원이 기문 「쌍녀분기」에다 내용을 상세하게 기술하였기 때문에 후대의 작자가 이를 토대로 기문을 살리면서도 허구화시키는 과정에서 일어난 현상으로 파악된다."라고 하였다. 또 박일용, 「초기 애정 전기소설의 형상화 방식과 남·녀 주인공의 성적·사회적 욕망」(『한국 고소설 연구의 쟁점과 전망』, 보고사, 2011), 38쪽에서는 '오백 년'에 대하여, 이를 '아주 오랜만에'라는 단순한 수식적인 말로 받아들일 수도 있지만 의식, 무의식적으로 작가의 시간 관념이 투영된 것으로 볼 수도 있다고 하였다. '五百年來始遇賢'은 『顔氏家訓』「慕賢」의 "옛사람은 이렇게 말하였다. '천 년에 한 번 성인을 만나도 이는 아침저녁 사이의 시간만큼 잦은 것이며, 오백 년에 한 번 어진 이를 만나도 이는 어깨를 나란히 하는 것만큼 잦은 것이다.'[古人云 千載一聖 猶旦暮也 五百年一賢 猶比髆也]"(임동석 역주, 『안씨가훈』, 고즈윈, 2004, 139~140쪽)라는 구절이 典故로서 '千載一遇'라는 뜻으로 보아야 할 것이다.

진실부(秦室婦)를 알게 되었다 여겼거늘,
원래 식부인(息夫人)인 줄은 몰랐도다.[11]

'진실부'를 악부시 「맥상상(陌上桑)」의 진나부(秦羅敷)로 보기는 어려울 것 같다.[12] 앞서 본 구랑의 시 가운데 "매양 진녀가 속세를 버림을 바랐다." 라는 구절이 있으니, 여기서의 진실부는 '진녀(秦女)', 곧 '농옥(弄玉)'을 가리키는 말로 보는 것이 타당하다. 식부인은 『춘추좌씨전(春秋左氏傳)』 「장공(莊公)」 10년 조와 14년 조에 나오는 식규(息嬀)다. 식규는 원래 식후(息侯)의 부인이었다가 식나라가 초나라에 의해 멸망당한 뒤 초(楚) 문왕(文王)을 섬겨 도오(堵敖)와 성왕(成王)을 낳았는데, 이를 부끄러워하여 말을 하지 않았다. 최치원은 팔랑과 구랑이 말을 하지 않는다는 점에 주목하여 식규와 같다고 말한 것인데, 이 말을 들은 팔랑은 "웃으며 말하고 싶었는데 경멸을 당했습니다. 식규는 두 남편을 따른 적이 있지만 저는 아직 한 지아비도 섬기지 못했습니다."[13]라고 대답한다. 최치원은 식규의 '未言'이라는 특징에 주목하여 말하였는데 팔랑은 식규의 '事二夫'라는 행실을 가지고

---

11) 芳宵幸得暫相親 何事無言對暮春 將謂得知秦室婦 不知元是息夫人(「崔致遠」, 35쪽)

12) 이석호 역, 『왕오천축국전(외)』(을유문화사, 1970), 144쪽; 김현양·김희경·이대형·최재우 공역, 『역주 수이전 일문』(박이정, 1996), 46쪽; 지준모, 「최치원전 평석」(『동방한문학』 17, 동방한문학회, 1999), 235쪽; 박희병 選注, 앞의 책, 44쪽. '將謂得知秦室婦'에서 중요한 것은 최치원이 秦室婦를 '알게 되었다[得知]'고 한 데 있다. 그런데 '秦室婦'가 만약 '秦羅敷'라면, 여기서 최치원이 왜 하필 '秦羅敷'를 알게 되었다고 말했는지를 이해하기 어렵다. 이 구절 앞에서 팔랑과 구랑이 자신을 '秦女', 곧 '弄玉'으로 비유한 것 이외에는 어떤 전고도 활용되지 않았기 때문에, '秦室婦'가 '秦女'가 아닌 '秦羅敷'라면 오히려 더 이상하다. '室婦'는 '息婦'와 같은 말이니, '며느리' 또는 '아내'라는 뜻이다. 결국 '秦女·秦室婦'에서 '女'와 '室婦'는 나라 이름인 '秦' 뒤에 붙은 말로, 시의 문맥에 따라 적당하게 선택된 것일 따름이다. 또 '將謂得知秦室婦'와 '不知元是息夫人'은 의미상 對仗을 이룬다고 볼 수 있기 때문에, 나라 이름인 '秦'과 '息'이 사용되었으며 '室婦'와 '夫人'은 비슷한 뜻의 말이라고 보는 게 타당하다.

13) 始欲笑言 便蒙輕蔑 息嬀曾從二婿 賤妾未事一夫(「崔致遠」, 35쪽)

화를 낸 것이다.[14] 팔랑이 최치원의 말을 잘못 알아들었다고 생각되지는 않는다. 최치원은 팔랑의 말에 대하여 "夫人不言 言必有中"[15]이라고 대답하고 이 말을 들은 두 여인은 모두 웃어 다소 긴장된 분위기가 해소된다. '夫人不言 言必有中'은 『논어(論語)』「선진(先進)」에서 공자(孔子)가 민자건(閔子騫)을 가리켜 한 말인데,[16] 『논어』에서는 '夫人'이 '저 사람'이라는 뜻으로 사용된 데 반해 최치원은 말 그대로 '부인(夫人)'의 뜻으로 사용했으니, 일종의 언어유희를 한 것이다. 최치원은, 자신의 말을 오해했다는 뜻을 나타내기 위해 '부인(夫人)'을 두 가지로 해석할 수 있는, 재치 있는 대답을 했다고 볼 수 있는데, 중요한 것은 최치원이 팔랑과 구랑을 식규에 비유한 문맥에 두 여인을 실절한 여인으로 보는 희롱의 태도가 담겨 있다는 점이다.

이 같은 긴장 관계는 최치원이 두 여인과 잠자리를 함께 한 뒤의 장면에서도 볼 수 있다. 최치원은 두 여인과 정을 나눈 후 희롱하며 "不向閨中 作黃公之子婿 翻來塚側 夾陳氏之女奴 未測何緣得逢此會"[17]라고 말한다. 이에 대해 팔랑은 "말을 듣고 그대가 어진 이 아님을 알았으니, 여노와 자는 게 익숙하기 때문이지.[聞語知君不是賢 應緣慣與女奴眠]"[18]라는 시를 짓고, 구랑은 이를 이어 "뜻밖에도 풍광한에게 시집갔다가, 욕되게도 지선을 모욕하는 경박한 말 들었네.[無端嫁得風狂漢 强被輕言辱地仙]"[19]라는 시를 짓는다. '不向閨中 作黃公之子婿 翻來塚側 夾陳氏之女奴'에 대한 기존의 번역은 다음과 같다.

---

14) 蔡哀侯爲莘故 繩息嬀以語楚子 楚子如息 以食入享 遂滅息 以息嬀歸 生堵敖及成王焉 未言 楚子問之 對曰 吾一婦人而事二夫 縱弗能死 其又奚言 楚子以蔡侯滅息 遂伐蔡 秋七月 楚入蔡(『春秋』, 92쪽)

15) 「崔致遠」, 35쪽.

16) 『論語』, 271쪽.

17) 「崔致遠」, 36쪽.

18) 「崔致遠」, 36쪽.

19) 「崔致遠」, 36쪽.

규방으로 들어가 황공의 사위가 되지 못하고 도리어 무덤가로 와 진씨의 여종을 꼈도다.(이석호)[20]

규방에 가서 황공의 사위가 되지 못하고 도리어 무덤가에 와 진씨 여자를 껴안았도다.(김현양·김희경·이대형·최재우)[21]

규방에 가서 황공의 사위는 못 되었으나, 도리어 무덤가에 와서 진씨의 여자들에게 끼워졌으니(지준모)[22]

규중을 향하여 황공의 사위가 되지 못하고, 도리어 무덤가에 와서 진씨의 여종을 껴안았습니다.(이검국·최환)[23]

안방에 들어가지 않고도 황공의 사위가 되고, 되돌아 무덤가에 와서는 진씨의 하녀를 껴안았으니(조수학)[24]

이석호, 김현양·김희경·이대형·최재우, 지준모, 이검국·최환은 '不'을 '向閨中 作黃公之子婿'까지 걸었고, 조수학은 '向閨中'까지만 걸어서 번역했다.[25] 또 '陳氏之女奴'를 이석호, 김현양·김희경·이대형·최재우, 지준모는 '선화부인(宣華夫人)'으로 보았고, 박희병은 『태평광기』에 나오는 「진랑비(陳朗婢)」의 여주인공으로 보았다.[26] 박희병이 '陳氏之女奴'를 '진

20) 이석호 역, 앞의 책, 136쪽.

21) 김현양·김희경·이대형·최재우 공역, 앞의 책, 50쪽.

22) 지준모, 앞의 논문, 239쪽.

23) 이검국·최환, 『신라수이전 고론』(중문, 2000), 202쪽.

24) 조수학, 『수이전』(국학자료원, 2001), 72쪽.

25) 한편 박희병 選注, 앞의 책, 46~47쪽, 박희병 표점·교석, 『한국한문소설 교합구해』(소명출판, 2005), 66쪽에서는 "不向閨中作黃公之子婿 翻來塚側夾陳氏之女奴"로 끊어 읽었으니, 이를 사륙문의 병렬로 보지 않은 것이며, 이석호, 김현양·김희경·이대형·최재우, 지준모, 이검국·최환과 같이 본 것이라 할 수 있다.

랑비'로 본 이유는, '翻來塚側'이라는 말이 진랑비가 죽은 후 무덤에서 다시 살아났다는 사실[27]과 연관된다고 보고, '陳氏之女奴'를 '진랑(陳朗)의 여종[婢]'이라는 뜻으로 이해했기 때문이다.[28] 그런데 만일 '陳氏之女奴'가 '진랑비'라면, 팔랑이 왜 하필 '여노'만 언급했으며 구랑이 왜 모욕을 당했다고 말했는지를 설명할 수 없다. 더군다나 『태평광기』의 「진랑비」에는 진랑비가 『윤문자(尹文子)』에 나오는 황공(黃公)의 딸처럼 미모의 여인이었다는 언급도 없고 그녀와 잠자리를 함께 할 만하다는 어떤 근거도 찾아볼 수 없다.

'여노(女奴)'는 '여비(女婢)'를 가리킬 뿐만 아니라 '연좌(連坐)되어 관부(官府)에 몰입(沒入)된 여자'를 가리키기도 한다.[29] 선화부인 진씨(陳氏)는 진(陳) 선제(宣帝)의 딸로 성품이 총혜(聰慧)하고 자모(姿貌)가 무쌍(無雙)하였는데 진나라가 수(隋)나라에 의해 멸망된 후 액정(掖庭)에 예속되었다가 나중에 궁으로 뽑혀 들어가 빈(嬪)이 된 여인이다.[30] 그렇다면 '陳氏之女奴'는 '여노 진씨'라는 뜻으로 보아야 할 것이다.

'不向閨中 作黃公之子婿'는 조수학의 번역이 옳다. '不向閨中 作黃公之子婿'와 '翻來塚側 夾陳氏之女奴'는 대장(對仗)이다. 그런데 여기서 '不向閨中'과 '翻來塚側'은 '黃公之子婿'나 '陳氏之女奴' 고사와 직접적인 관련

---

26) '女奴'가 '陳朗婢'를 가리킨다는 설은 박희병 選注, 위의 책, 47쪽에서 처음으로 언급되었다.

27) 義熙四年 琅邪人陳朗婢死 已葬 府史夏假歸 行塚前 聞土中有人聲 怪視之 婢曰 我今更活 爲我報家 其日已暮 旦方開土取之 彊健如常(李昉 等 編, 『太平廣記』 8, 中華書局, 1961, 2985쪽)

28) 박희병 選注, 앞의 책, 47쪽의 註에서 '陳氏之女奴'에 대하여 "『太平廣記』 권375 「陳朗婢」의 여주인공. 그녀는 죽은 후 무덤 속에서 다시 살아났음."이라고 하였다.

29) 『中文大辭典』 3(中華學術院, 1973), 3520쪽에서 "古者從坐沒入官府之女子也"라고 하였다.

30) 宣華夫人陳氏 陳宣帝之女也 性聰慧 姿貌無雙 及陳滅 配掖庭 後選入宮爲嬪(魏徵 等 撰, 『隋書』, 中華書局, 1973, 1110쪽)

이 있는 말이 아니라, 최치원이 '자신이 처해 있는 상황'을 이야기한 것이라는 점이 중요하다. 일반적으로 남녀가 결연하는 장소는 '규중(閨中)'인데 최치원은 규방이 아닌 '무덤가[塚側]'에 와 있다. 「만복사저포기」에서 양생(梁生)이 정상적인 장소가 아닌 절간에서 여인을 만났듯이 말이다. 결국 최치원이 한 말은 "규중으로 향하지 않고 도리어 무덤가로 왔는데도, 황공의 사위가 되었고 여노 진씨를 품었다."라는 뜻이며, 호문(互文)으로 이해해야 하는 것이다.[31)]

최치원은 두 여인과의 결연을 '황공의 사위가 된 일'과 '여노 진씨를 품은 일'에 비유하였는데, 황공의 딸과 선화부인 진씨는 모두 절세의 미녀라는 공통점이 있다. 황공은 평소 자신의 두 딸이 못생겼다고 말하였으므로 청혼하는 사람이 없었는데 한 홀아비가 황공의 딸에게 장가들어 보니 절세미인이었다고 한다.[32)] 그렇다면 최치원의 황공의 딸 비유 속에는 뜻밖의 행운을 얻었다는 뜻도 들어 있을 것이다. 한편 선화부인 진씨는 수(隋) 문제(文帝)의 총애를 받았지만, 이후 문제의 아들인 수 양제(煬帝)와 사통(私通)하였다. 그렇다면 최치원의 진씨 비유 속에는 두 지아비를 따랐다는 뜻도 포함되어 있는 것이니, 앞서 최치원이 두 여인을 식규에 비유한 것과 같은

31) 이 부분에 대해서는 보충설명이 필요할 것 같다. 예컨대 김현양·김희경·이대형·최재우 공역, 앞의 책, 50쪽에서 '不向閨中 作黃公之子婿 翻來塚側 夾陳氏之女奴'를 "규방에 가서 황공의 사위가 되지 못하고 도리어 무덤가에 와 진씨 여자를 껴안았도다."라고 번역한 이유는, 이 문장에 최치원이 일반적으로 남녀가 결연하는 장소인 규방에 가서 여인을 만나지 못하고 오히려 무덤가에 와서 두 여인을 만났다는 뜻이 담겨 있다고 보았기 때문일 것이다. 그러나 이 문장의 해석에서 중요한 것은 "규중으로 향하지 않고 도리어 무덤가로 왔다."라는 뜻을 전달하기 위해, 앞에서는 "규중으로 향하지 않았다.[不向閨中]"라고만 쓰고 뒤에서는 "도리어 무덤가로 왔다.[翻來塚側]"라고만 썼다는 점이다. 즉 최치원은 '지금 자신이 있는 곳'을 앞에서는 '규방이 아닌 곳'이라고 말하고 뒤에서는 '무덤가'라고 말한 것인바, '不向閨中'과 '翻來塚側'은 결국 같은 의미의 말을 다르게 표현한 것에 불과하다. 따라서 '不向閨中 作黃公之子婿 翻來塚側 夾陳氏之女奴'에서 '不'은 '向閨中'만을 부정하며 '翻'도 '來塚側'까지만 걸린다고 보아야 한다.

32) 임동석 역주, 『등석자/윤문자/공손룡자/신자』(동서문화사, 2011), 188~189쪽 참조.

문맥이며, 이 때문에 팔랑과 구랑이 모욕을 당했다고 말한 것이다. 요컨대 '作黃公之子婿'와 '夾陳氏之女奴'는, 일차적으로는 아름다운 여인과 결연했다는 의미를 공통으로 가지고 있지만, 이차적으로는 각각의 전고에서 파생되는 별개의 의미가 부수하는 것이다.

최치원이 두 여인을 비유한 전고, 곧 식규 고사, 노충(盧充) 고사, 유신(劉晨)·완조(阮肇) 고사, 황공 고사, 선화부인 고사 등은 일차적으로 여인들의 미모에 주목한 것들이다. 그에 반해 팔랑과 구랑이 인용한 전고인 소사·농옥 고사, 순임금과 아황(娥皇)·여영(女英) 고사, 손책(孫策)·주유(周瑜)와 대교(大橋)·소교(小橋) 고사 등은 유가에서 이상적으로 생각하는 부부 관계 혹은 재덕을 가진 남녀의 결연에 관한 이야기이다.[33] 여기서 최치원의 '바람둥이' 형상과 팔랑·구랑의 '요조숙녀' 형상이 명확히 대비되는데, 「최치원」에서 팔랑과 구랑의 요조숙녀 형상은 작품 속에서 '문장력'으로 표현되었다고 할 수 있다.

「최치원」과 「유선굴」에 나오는 여인들은 모두 미모와 문재를 겸비한 이들이다. 「유선굴」에서는 장작과 십랑·오수의 시작(詩作)들이 그 자체로 문장의 유희적인 성격을 드러내는 동시에 외설적인 분위기를 조성하고 있다. 깨진 다리미를 보고 읊은 시들,[34] 성애 장면에 대한 사실적 묘사[35] 등은 「유

33) 致遠乃挑二女曰 嘗聞盧充逐獵 忽遇良姻 阮肇尋仙 得逢嘉配 芳情若許 姻好可成 二女皆諾曰 虞帝爲君 雙雙在御 周良作將 兩兩相隨 彼昔猶然 今胡不爾(「崔致遠」, 36쪽)

34) 當時有一破銅熨斗在於床側 十娘忽詠曰 舊來心肚熱 無端强熨他 卽今形勢冷 誰肯重相磨 僕詠曰 若冷頭面在 生平不熨空 卽今雖冷惡 人自覓殘銅 衆人皆笑(「遊仙窟」, 15~16쪽)

35) 於時夜久更深 情急意密 魚燈四面照 蠟燭兩邊明 十娘卽喚桂心 並呼芍藥 與少府脫鞾履 疊袍衣 閣幞頭 掛腰帶 然後自與十娘施綾被 解羅裙 脫紅衫 去綠袜 花容滿面 香風裂鼻 心去無人制 情來不自禁 插手紅褌 交脚翠被 兩脣對口 一臂支頭 拍搦奶房間 摩挲髀子上 一嚙一快意 一勒一傷心 鼻裏痠痺 心中結繚 少時眼華耳熱 脉脹筋舒 始知難逢難見 可貴可重 俄頃中間 數迴相接 誰知可憎病鵲 夜半驚人 薄媚狂鷄 三更唱曉 遂則被衣對坐 泣淚相看(「遊仙窟」, 22쪽)

선굴」의 음서(淫書)로서의 면모를 여실히 보여 준다. 또한 「유선굴」의 십랑·오수는 마치 선녀처럼 묘사되지만 사실 이들의 모습은 기녀에 가깝고, 장작과 오수가 나누는 대화는 기루(妓樓)에서 나누는 대화로 볼 수 있으며, 신선굴 또한 기루를 뜻한다고 한다.[36] 이에 반해 「최치원」에서는 문장의 유희적인 성격이 상대적으로 적다 할 수 있고, 최치원과 팔랑·구랑의 연구(聯句)가 문재(文才)를 확인하는 데서 그칠 뿐, 외설적 분위기를 조성하여 성애로 나아가게 하지는 않는다.

그럼에도 불구하고 「최치원」에서는 최치원이 팔랑·구랑과 동시에 잠자리를 함께하는 파격적인 장면을 보여 준다. 「유선굴」의 장작도 십랑·오수 모두와 잠자리를 함께하고 싶어 하는 욕망을 드러내기는 하지만,[37] 장작은 십랑과만 운우지정을 나눌 뿐이며 오수는 조력자에 머무른다. 「심경」에서도 남주인공은 한 여성과 잠자리를 함께 한다. 이렇게 본다면 「최치원」은 유독 동침 장면에서만 '세 명의 성애'라는 파격을 보여 주는 셈이다. 이를 어떻게 해석해야 할까?

「최치원」에서 한 남자가 두 여인을 만난다는 설정은 「유선굴」이나 「심경」 같은 전기의 맥락을 계승한 것이다. 그런데 팔랑·구랑은 귀신이라는 점에서 십랑·오수와는 분명히 구별되며, 이들이 최치원을 찾은 목적은 '지기(知己)'에 대한 갈망이라는 측면에서 이해할 수 있다. 두 여인의 소망은 소사와 농옥, 순임금과 아황·여영 같은 이상적인 부부 관계를 이루는 데 있었고 이들의 한도 그런 부부 관계를 통해서만 해소될 수 있는 것이었다. 팔랑·구랑의 말에 따르면, 무덤가를 지나간 사람 중에서 오직 최치원만 이들의 한을 해소할 수 있었다고 하니, 세 사람의 동침은 '해원(解冤)'의 측면에

36) 魯迅(조관희 역주), 『중국소설사략』(살림, 1998), 165쪽; 전인초, 『당대소설연구』(연세대학교출판부, 2000), 127쪽; 최진아, 앞의 책, 266~276쪽 참조.

37) 下官爲性貪多 欲兩華俱採 五嫂答曰 暫遊雙樹下 遙見兩枝芳 向日俱翻影 迎風並散香 戱蝶扶丹萼 遊蜂入紫房 人今總摘取 各著一邊箱 五嫂曰 張郎太貪生 一箭射兩垜(「遊仙窟」, 13쪽)

서 이해해야 할 것이 아닌가 한다. 셋의 동침을 해원의 관점에서 볼 때, 「최치원」이 「유선굴」·「심경」과는 다른 길을 간 이유가 명확해진다. 최치원이 팔랑과 구랑 가운데 한 여인과만 결연한다면, 이는 '절반의 해원'밖에 될 수 없었을 것이기 때문이다.[38] 이 점에서 「최치원」은 「유선굴」과 분명히 변별되는바, 「최치원」은 「유선굴」을 패러디하되, 원텍스트를 전복시킨 측면이 있는 것이다.[39]

팔랑과 구랑은 최치원을 지기로 대했건만, 최치원은 성애 후에도 바람둥이의 모습을 보이고 있다. 적어도 문면에서는 어떤 깨달음이나 심경의 변화가 드러나지 않는다. 최치원은 여인과 헤어진 다음 날 무덤가를 다시 찾아와 장가(長歌)를 지으며 스스로를 위로하는데, 이 시 가운데 주목할 만한 부분들이 있다.

첫째, 최치원이 "이제 막 사녀의 청담 이야기하는 것을 들었는데, 또 반

38) 최치원은 두 여인을 유혹하며 "노충은 사냥을 갔다가 홀연 좋은 인연을 만났고 완조는 신선을 찾다가 아름다운 배필을 만났다는 말을 들은 적이 있습니다. 아름다운 마음을 가진 그대들이 허락하신다면 좋은 인연을 이룰 수 있을 것입니다.[嘗聞盧充逐獵 忽遇良姻 阮肇尋仙 得逢嘉配 芳情若許 姻好可成]"(「崔致遠」, 36쪽)라고 말한다. 두 여인은 최치원의 제안을 받아들이며 "우제[舜]가 임금이 되자 한 쌍[娥皇·女英]이 모셨고 주랑[周瑜]이 장수가 되자 둘[大橋·小橋]이 따랐습니다. 저 옛날에도 그랬는데 지금이라고 어찌 그리하지 않을 수 있겠습니까?[虞帝爲君 雙雙在御 周良作將 兩兩相隨 彼昔猶然 今胡不爾]"(「崔致遠」, 36쪽)라고 말한다. 필자는 팔랑과 구랑이 단순히 성애를 나누기 위해 최치원을 만난 게 아니라 최치원을 '지아비'로 맞아들였다고 보며, 이 점이 「최치원」의 독해에서 무척 중요하다고 생각한다. 조혜란, 「남성 환타지 소설의 시작, 최치원」(『여/성이론』 8, 여이연, 2003), 134쪽에서 최치원과 팔랑·구랑의 동침 장면에 대하여 "두 여성은 그 잠자리를 혼례의 의미로 받아들였다면 최치원은 하룻밤의 풍정으로 이해했던 것이다."라고 하였다.

39) 뒤에 설명하겠지만, 이는 「최치원」이 「쌍녀분기」와 같은 설화를 바탕으로 한 소설이라는 데 그 직접적인 원인이 있다. 한편 정끝별, 『패러디시학』(문학세계사, 1997), 69~70쪽에서 패러디의 유형을 세 가지로 구분하였는데, 원텍스트의 권위와 규범을 계승하면서 그것의 의미 확장에 주력하는 것을 '모방적 패러디', 원텍스트의 권위와 규범을 문제시하면서 그것에 대한 공격성과 풍자성이 강화된 것을 '비판적 패러디', 원텍스트의 권위와 규범 자체를 부정하며 그것의 권위와 규범을 대중화시키는 것을 '혼성모방적 패러디'라고 하였다.

희가 고운 노래 부름을 보았도다.[纔聞謝女啓淸談 又見班姬摛雅詠]"[40]라고 하여 팔랑과 구랑을 사녀와 반희에 비유하고 있다는 점이다. 사녀는 '유서지재(柳絮之才)' 고사의 주인공인 사도온(謝道韞)으로, 시문에 능했던 여인이다. 사혁(謝奕)의 딸인 사도온은 왕희지(王羲之)의 아들인 왕응지(王凝之)와 혼인했는데, 왕응지가 손은(孫恩)에게 살해당한 후 재가하지 않고 과부로 살았다. 반희는, 반첩여(班婕妤)로 보는 견해[41]도 있으나, 반소(班昭)로 봄[42]이 옳다. 반표(班彪)의 딸이자 반고(班固)의 누이인 반소는 반고의 뒤를 이어 『한서(漢書)』를 완성할 만큼 학식이 뛰어났으며, 부녀자의 도를 논한 『여계(女誡)』를 짓기도 했다. 또 남편 조수(曹壽)와 사별한 후 조대고(曹大家)로 불렸는데, 역시 재혼하지 않고 절개를 지켰다. 사도온과 반소는 미모로 이름난 이들은 아니며, '문재·덕행·수절'의 측면에서 공통분모를 가지고 있다. 그런데 이 같은 전고들은 최치원이 전에 두 여인을 비유할 때 사용한 전고들과는 확연히 다를 뿐 아니라, 팔랑·구랑이 소망했던 여인상과 일치한다. 여기서 우리는 최치원의 내면 변화를 감지할 수 있다.

둘째, 장가의 마지막 부분에서 최치원이 "大丈夫大丈夫 壯氣須除兒女恨 莫將心事戀妖狐"[43]라고 말했다는 점이다. 임형택이 이 부분을 사내대장부로서 귀환(鬼幻)과 감상에 사로잡혀서야 되겠느냐는 자책으로 읽은 이래[44] 대부분의 연구논문에서는 이를 그대로 따랐고, 번역에서도 대개 "대장부 대장부여! 남아의 기운으로 아녀자의 한을 제거한 것뿐이니, 마음을 요망스런 여우에게 연연해하지 말아라."[45]라는 뜻으로 받아들였다. 이 부분을 직역하면 "대장부여, 대장부여! 건장한 기운으로 아녀자의 한을 제거해야 하는 것

40) 「崔致遠」, 37쪽.
41) 이석호 역, 앞의 책, 148쪽; 박희병 選注, 앞의 책, 48쪽.
42) 김현양·김희경·이대형·최재우 공역, 앞의 책, 53쪽; 지준모, 앞의 논문, 243쪽.
43) 「崔致遠」, 37쪽.
44) 임형택, 「나말여초의 전기문학」(『한국문학사의 시각』, 창작과비평사, 1984), 22쪽.
45) 김현양·김희경·이대형·최재우 공역, 앞의 책, 54쪽.

이니, 생각을 요호를 연연하는 데 두어서는 안 된다." 정도가 될 것이다. 여기서 '요호(妖狐)'는 '미색(美色)'의 은유이며, '戀妖狐'는 「임씨」에서 정생이 임씨를 대했던 것과 같은 태도라 할 수 있다.[46] 그리고 '莫將心事戀妖狐'는 요호 같은 미색에만 이끌려서는 안 된다는 다짐이다. 하지만 이런 다짐이 최치원이 팔랑과 구랑을 아직까지 요호로 생각하고 있다는 의미로 읽혀서는 곤란하다. 중요한 점은, 최치원이 대장부의 할 일은 아녀자의 한을 제거하는 데 있다고 말했다는 것이다. 아녀자, 곧 팔랑과 구랑의 한이란 다름이 아니라 지기를 만나지 못한 한이었던바, '壯氣須除兒女恨'에는 두 여인과의 만남이 곧 지기로서의 만남이었다는 성찰이 담겨 있다고 할 수 있다. 최치원은 더 이상 두 여인을 '요호(妖狐)'로 '연(戀)'하지 않는다. 요컨대 최치원의 장가 속에는 두 여인에 대한 '성적 대상'에서 '지기'로의 인식 변화와 성찰이 담겨 있는 것이다.[47]

---

46) 심기제가 「임씨」의 논평에서 "애석한 일은 정생이 精敏한 사람이 아니었기에 한갓 그녀의 미색만 좋아하고 그녀의 성정을 살피지 않은 점이다."라고 말한 것을 생각하면, '戀妖狐'의 의미가 명확히 드러난다. '妖狐'를 '美色'으로 보는 견해는 엄태식, 「최치원의 창작 배경과 서사적 특징」(『고소설연구』 30, 한국고소설학회, 2010), 169쪽에서 논했던 것인데, 이에 대해 김현양, 「최치원, 버림 혹은 떠남의 서사」(『고소설연구』 32, 한국고소설학회, 2011), 48쪽에서는 "요호가 미색의 은유임을 긍정할 만한 근거가 충분히 제시되어 있지 않기에 문제를 해결했다고 말하기 어렵다. 당 전기 「임씨전」에 있는, 미색을 경계하는, 심기제의 논평을 근거로 제시했으나, 이를 근거로 요호가 미색의 은유라 판단하기는 어렵다."라고 하였으나, '妖狐'가 '美色'의 은유라는 근거를 찾기는 어렵지 않다. 「왕경룡전」을 보면, 老僕이 왕경룡에게 하는 말 가운데 "술은 광약인지라 입에 대면 마음이 방탕해지고, 여색은 요호인지라 눈에 들면 정신이 흐려집니다.[酒是狂藥 着口則心蕩 色爲妖狐 入眼則魂迷]"(전북대본 「王慶龍傳」, 2쪽)라는 구절이 있다. 「정향전」에서는 「왕경룡전」의 이 부분을 그대로 가져와서 쓰고 있는바, 世宗이 讓寧大君에게 "酒是狂藥 着口心蕩 色爲妖狐 入眼魂迷"(장효현 · 윤재민 · 최용철 · 심재숙 · 지연숙, 『교감본 한국한문소설 애정세태소설』, 고려대학교 민족문화연구원, 2007, 736쪽)라고 말하는 대목이 그것이다.

47) 이헌홍, 「최치원전의 전기소설적 구조」(『수련어문논집』 9, 수련어문학회, 1982), 179쪽에서 "작자는 崔致遠의 山林江海에서의 은거를 당시 신라의 정치적 사회적 의미로서 해석한 것이 아니라, 雙女墳의 사건을 통한 어떤 깨달음의 결과로 해석한 것은 아닐까."라고 추정하였다. 한편 정규식, 「최치원의 성적 욕망과 자기 정체성 확립」(『고소설

이상으로 「최치원」의 창작 연원 및 전고를 활용한 서사의 의미를 살펴보았다. 「최치원」은 기본적으로는 「유선굴」의 서사를 차용하였지만, 전고를 활용하여 최치원과 팔랑·구랑의 갈등을 표현하였으며 「임씨」의 주제를 끌어들여 최치원의 인식 변화 및 성찰을 보여주고 있는 작품인 것이다.

형성 과정과 초기 소설적 특징

「최치원」의 서두는 실존인물 최치원에 대한 간략한 소개로 시작한다. 그런데 이 부분은 마치 『삼국사기』 열전의 문장을 축약해 놓은 듯한 느낌이 든다.

> 최치원은 자가 고운인데 12세에 서쪽으로 당나라에 유학 갔다. 건부 갑오년에 학사 배찬의 장시(掌試)에서 단번에 괴과에 급제하여 율수현위에 제수되었다.[48]

> 최치원은 자가 고운인데 왕경 사량부 사람이다. 사전이 없어져서 그 세계는

연구』 22, 한국고소설학회, 2006), 27~28쪽의 각주에서는 '妖狐'의 해석에 대한 기존의 논의에 대해 의문을 제시하였다. 만약 妖狐를 부정적인 것으로 해석한다면, 이것이 바로 뒤에 서술되는 "浮世榮華夢中夢 白雲深處好安身"(「최치원」, 37쪽)이라는 시에서 보여준 '초월'이라는 '인식의 전환'과 잘 연결되지 않는다는 것이다. 그러나 정규식은 "妖狐, 즉 두 여인과(의) 환상 체험을 최치원이 현실 세계의 허무함을 깨우치게 되는 인식의 전환의 계기로 해석해야 한다는 점을 주장하는 바이다. 두 시의 시간적 간극이 얼마인지는 알 수 없지만 두 시를 연접해 배치한 것을 참조한다면, 작가는 최치원의 인식의 전환의 기저에는 오래된 기억 속에 내재한 두 여인과의 환상 체험에 대한 반추가 자리 잡고 있었다는 것을 암시하려 했던 것이라 할 수 있을 것이다. 이렇게 본다면 妖狐는 두 여인으로 대우되고 두 여인은 최치원의 인식의 전환에 결정적인 역할을 한 존재로 풀이될 수 있다. 이런 측면에서 妖狐는 얼마든지 긍정적인 존재로 풀이될 수 있을 것이다."라고 하여, '妖狐'를 '팔랑·구랑'에 직접적으로 대응시키고 있다는 점에서 필자의 주장과는 차이가 있다.

48) 崔致遠 字孤雲 年十二西學於唐 乾符甲午 學士裵瓚掌試 一擧登魁科 調授溧水縣尉(「崔致遠」, 34쪽)

> 알 수 없다. 치원은 어려서부터 정민하고 학문을 좋아하였다. 12세에 이르러 배를 타고 당나라에 들어가 배움의 길을 찾으려 하였다. 그의 아버지가 말했다. “10년 만에 급제하지 못하면 내 아들이 아니다. 힘써 행하라.” 치원은 당나라에 가서 스승을 따라 학문을 게을리 함이 없었다. 건부 원년인 갑오년에 예부시랑 배찬의 아래에서 단번에 급제하여 선주 율수현위에 제수되었다.[49]

이 같은 축약은 「최치원」의 마지막 부분[50]을 열전의 끝 부분[51]과 비교했을 때 확인할 수 있는 것과 거의 동일한 양상이라고 할 수 있다.[52] 김건곤은 과거에 급제했다는 내용이 두 번 나온다는 점, 최치원이 귀국하면서 지은 시를 소개하는 대목에서 “路上歌詩云”[53]이라고 하여 그 앞에서의 ‘詩曰’과는 달리 ‘詩云’을 썼다는 점, 작품의 마지막 부분이 『삼국사기』에 실려 있는 내용과 비슷하다는 점 등을 들어 “뒤에 최치원이 과거에 급제하고 동쪽으로 돌아올 때[後致遠擢第東還]”[54] 이후는 후대인의 가필일 것이라고 하였다.[55] 만약 「최치원」에 가해진 후대인의 가필을 인정한다면, 「최치원」

---

49) 崔致遠 字孤雲 王京沙梁部人也 史傳泯滅 不知其世系 致遠少 精敏好學 年至十二 將隨海舶入唐求學 其父謂曰 十年不第 卽非吾子也 行矣勉之 致遠至唐追師 學問無怠 乾符元年甲午 禮部侍郎裴瓚下 一擧及第 調授宣州溧水縣尉(정구복·노중국·신동하·김태식·권덕영 감교, 『역주 삼국사기 1(감교원문편)』, 한국학중앙연구원출판부, 2011, 596쪽)

50) 乃退而長往 尋僧於山林江海 結小齋 築石臺 耽玩文書 嘯咏風月 逍遙偃仰於其間 南山淸凉寺 合浦縣月影臺 智理山雙溪寺 石南寺墨泉石臺 種牧丹 至今猶存 皆其遊歷也 最後隱於伽耶山海印寺 與兄大德賢俊南岳師定玄 探賾經論 遊心沖漠 以終老焉(「崔致遠」, 37쪽)

51) 逍遙自放 山林之下江海之濱 營臺榭植松竹 枕藉書史 嘯詠風月 若慶州南山剛州氷山陜州淸凉寺智異山雙溪寺合浦縣別墅 此皆遊焉之所 最後 帶家隱伽耶山海印寺與母兄浮圖賢俊及定玄師 結爲道友 棲遲偃仰 以終老焉(정구복·노중국·신동하·김태식·권덕영 감교, 앞의 책, 598쪽)

52) 설성경, 「최치원에 나타난 이상적 인간상」(『고소설의 구조와 의미』, 새문사, 1986), 166~168쪽에서 「최치원」의 서두와 말미가 역사적 사실임을 지적했다.

53) 「崔致遠」, 37쪽.

54) 「崔致遠」, 37쪽.

의 서두 역시 『삼국사기』의 내용을 가져왔다고 보아야 할 것이다.

서두와 말미의 가필 여부를 떠나 현재 전하는 형태로 「최치원」이 유통되었다면, 「최치원」에는 '최치원이 두 여인을 만난 이야기'의 앞뒤로 '실존인물' 최치원의 모습이 강하게 투영되고 있는 셈이다. 그렇다면 「최치원」을 독해하는 데에는 실존인물 최치원에 대한 '배경지식'이 작용할 수밖에 없으며, 작품의 구조 또한 그러한 방식의 독해를 요구하고 있다고 볼 수 있다.

앞서 보았듯이 「최치원」은 최치원이 팔랑과 구랑을 '성적 대상'에서 '지기(知己)'로 인식하는 성찰의 '모습'을 그린 작품이다. 비록 인식의 변화나 성찰의 '과정'이 '문면'에 직접적으로 서술되지는 않지만 전고의 분석을 통한 독해로써 이를 확인할 수 있는 것이다. 그런데 작품 속 최치원의 모습은 『삼국사기』에 보이는 실존인물 최치원의 불우한 면모[56]와 상통한다. 김부식의 시대에 최치원이 낙척불우하고 고독한 인물로 인식되었다는 것은 분명한데, 이런 면에서 「최치원」은 『삼국사기』 「최치원열전」에 대한 보사적(補史的) 성격을 갖는다고 할 수 있다. 「최치원」의 서두와 결말은 『삼국사기』의 것을 축약한 형태로, 둘 중에 어느 쪽이 먼저인지, 아니면 상호 간의 영향 관계없이 동일한 사료에서 취재한 것인지는 단언할 수 없으나, 『삼국사기』의 영향력을 감안한다면 독자들이 실존인물 최치원을 염두에 두고 작품을 읽었을 것임은 거의 분명하다고 할 수 있다.

하지만 「최치원」은 『삼국사기』 「최치원열전」을 염두에 두지 않아도 주인공의 고독감이나 소외감 혹은 성찰의 모습을 읽을 수 있는 작품이다. 「최치원」을 그렇게 읽을 수 있는 가장 중요한 이유는 최치원이 살아 있는 여인과 혼인하지 못하고 한을 머금은 채 요사한 귀신과 '혼인'했다는 점에 있는

55) 김건곤, 「신라수이전의 작자와 저작배경」(『정신문화연구』 34, 한국정신문화연구원, 1988), 264~269쪽.

56) 致遠自西事大唐 東歸故國 皆遭亂世 屯邅蹇連 輒動得咎 自傷不偶 無復仕進意(정구복·노중국·신동하·김태식·권덕영 감교, 앞의 책, 598쪽)

데,[57] 이는 곧 최치원이 이 세상에서는 지기의 여인을 만나 혼인할 수 없다는 의미로 해석할 수 있다. 그가 귀신인 두 여인과 동시에 성관계를 갖는다는 설정은 셋의 결합이 곧 '혼인 = 지기로서의 만남'임을 뜻한다. 또한 최치원이 두 여인에 대해 줄곧 희롱적 태도를 보이다가 장가를 부르면서 인식의 변화를 드러낸 것은, 최치원이 팔랑과 구랑의 진심을 이해하면서 자신의 처지도 돌아보게 되었음을 의미한다고 할 수 있다. 최치원은 팔랑·구랑과 혼인한 후 다시 홀로 세상에 남지만, 이때의 최치원은 여인들을 만나기 전의 그가 아니다. 최치원은 두 여인과의 교감을 통해 자신의 고독이 그녀들의 한과 동질적인 것이며 또한 이 세상에서는 해소될 수 없음을 깨달았다고 볼 수 있는바, 최치원의 가야산 은거는 불합리한 세계에 대한 저항의 의미를 갖게 되는 것이다.

이런 점에서 볼 때 「최치원」의 후반부가 가필되었고 이른바 '가필된 부분'은 앞부분과 불일치를 보이며 유기적이지 못하다는 김건곤의 견해는 재고할 필요가 있다. 최치원이 장가를 읊은 뒤에 나오는 서술은 다음과 같다.

> 뒤에 최치원은 과거에 급제하고 동쪽으로 돌아오다가 길에서 '부세의 영화는 꿈속의 꿈이니 흰 구름 깊은 곳에서 좋이 안신하리라'는 시를 읊었다고 한다. [後致遠擢第東還 路上歌詩云 *浮世榮華夢中夢 白雲深處好安身*][58]

여기에 비록 '擢第'라는 말이 나오기는 하나, 이것을 가지고 과거 급제한 사실을 두 번 기록하였다고 이해하는 것[59]은 무리가 아닌가 한다. 여기서 '後'는 꼭 '擢第'에 걸린다기보다는 오히려 '東還路上歌詩云' 이하에 걸린

57) 「유선굴」에서 장작과 십랑이 단순히 성애를 나눈 것과 달리, 「최치원」에서는 팔랑·구랑이 최치원을 '지아비'로 생각하고 결연했다는 점이 거듭 강조될 필요가 있다. 「최치원」에서 팔랑과 구랑의 바람은 知己로서의 남편을 얻는 일이었다.

58) 「崔致遠」, 37쪽.

59) 김건곤, 앞의 논문, 266쪽.

다고 보아야 할 것이며, '致遠擢第'에는 최치원이 율수현위가 된 후 쌍녀분에서 팔랑과 구랑을 만난 일 등이 포괄되기 때문에 반드시 모순이라고 하기도 어렵다. 또 '云'과 '曰'을 가지고 가필 여부를 판단하는 것도 석연치 않다. 통상 '曰'은 직접표현에 사용되고 '云'은 간접표현에 사용된다고 하는데,[60] 이 부분은 앞부분과는 달리 작중인물의 시를 직접적으로 전달하는 데 목적이 있다기보다는, 이러한 종류의 시를 읊었다는 내용을 간접적으로 전달함으로써 최치원의 인식 변화를 전하는 데 초점이 놓여 있다고 볼 수도 있기 때문이다. '浮世榮華夢中夢 白雲深處好安身'은 서술문에 포괄된다는 느낌이 강하다.

「최치원」의 후반부가 단순한 가필일 수 없다는 사실은 『삼국사기』와 「최치원」의 문면을 비교해 보아도 알 수 있다. 『삼국사기』 열전에서는 "최후에 가족을 데리고 가야산 해인사에 은거했다.[最後帶家隱伽耶山海印寺]"[61]라고 했지만, 「최치원」에서는 "최후에 가야산 해인사에 은거하였다.[最後隱於伽耶山海印寺]"[62]라고 하여 '가족을 데리고[帶家]'라는 말이 없다. 실존인물 최치원은 혼인을 했지만, 소설의 주인공 최치원은 혼인하지 않은 것이다. 이는 「최치원」의 작품 성격을 이해하는 데 있어서 매우 주목해야 할 부분이다. 저와 같은 「최치원」의 결말은 앞서 논한 「최치원」의 주제, 곧 '이 세상 사람 가운데는 배필을 찾을 수 없는 최치원의 고독'과 정확히 대응하는 것으로, 작자가 작품의 서사 의미에 따라 의도적으로 변개한 것이다.[63]

최치원이 「최치원」을 지었다는 주장의 설득력이 만만치 않은 것은 사실이지만,[64] 이상의 논의를 통해 본다면 최치원이 작자일 가능성은 거의 없다

60) 위의 논문, 266쪽.

61) 정구복 · 노중국 · 신동하 · 김태식 · 권덕영 감교, 앞의 책, 598쪽.

62) 「崔致遠」, 37쪽.

63) 애정전기소설에서는 남주인공의 애정이 복수의 여성에게 분산되지 않는바, 이 문제에 대해서는 엄태식, 「애정전기소설의 서사 문법과 결말 구조」(『동양학』 53, 단국대학교 동양학연구원, 2013)에서 논하였다.

고 해야 할 것이다.[65] 만약 최치원이 자신의 일을 기록하였다면 「유선굴」에서처럼 '余'나 '僕' 또는 '下官' 같은 말을 썼을 것이다. 한편 「최치원」의 말미에는 "최치원이 심은 모란이 아직까지도 남아 있다.[種牧丹 至今猶存]"[66] 라는 말이 있다. 박희병은 이것이 최치원의 사후 그리 많은 시간이 지나지 않은 시점에 어느 문인이 「최치원」을 창작한 근거가 된다고 보았다.[67] 그런데 이 말은 최치원이 손수 심은 모란이 아직까지도 남아 있다는 뜻은 아닌 듯하다. 오히려 "아직까지도[至今]"라는 말 속에는 모란이 '전설적 증거물'로 받아들여지고 있다는 느낌이 강하다. 그렇다면 「최치원」은 최치원의 사후 실존인물 최치원에 대한 낙척불우하고 고독한 인물로서의 이미지가 보편화된 이후에 창작되었다고 보는 게 타당할 것이다.[68]

필자는 애초에 「쌍녀분기(雙女墳記)」[69]와 같은 설화적 형태의 이야기가 유전되다가, 그것을 바탕으로 현재 전하는 모습의 「최치원」이 창작되었다고 본다. 그런데 「쌍녀분기」는 실존인물 최치원의 면모를 거의 포착할 수 없는 '지괴(志怪)'에 불과하다. 최치원의 사후, 이처럼 단편적인 지괴의 형태로 전하는 이야기 속에서 실존인물 최치원의 낙척불우하고 고독한 면모를 포착하려는 시도가 있었을 것이라고 생각되는데, 그렇다면 「최치원」은

---

64) 소인호, 「전기소설 최치원의 창작 경위와 문헌 성격」(『국어국문학』 127, 국어국문학회, 2000), 232~238쪽.

65) 이동환, 「쌍녀분기의 작자와 그 창작 배경」(『민족문화연구』 37, 고려대학교 민족문화연구원, 2002), 15~46쪽에서는 「崔致遠」의 작자를 崔匡裕로 보기도 했다.

66) 「崔致遠」, 37쪽.

67) 박희병, 「나려시대의 전기소설」(『한국전기소설의 미학』, 돌베개, 1997), 130쪽.

68) 결정적인 증거는 없지만, 『삼국사기』의 영향력을 감안한다면, 「최치원」이 『삼국사기』가 완성된 1145년 이후에 창작되었을 가능성을 배제하기 어렵다고 본다.

69) 雙女墳記曰 有雞林人崔致遠者 唐乾符中補溧水尉 嘗憩於招賢館 前岡有塚號曰雙女墳 詢其事迹 莫有知者 因爲詩以弔之 是夜感二女至稱謝曰 兒本宣城郡開化縣馬陽鄕張氏二女 少親筆硯 長負才情 不意爲父母匹于鹽商小豎 以此憤恚而終 天寶六年 同葬于此 宴語 至曉而別 在溧水縣南一百一十里(『文淵閣四庫全書(史部 地理類)』 589, 臺灣商務印書館, 1983, 246쪽)

「쌍녀분기」와 같은 설화를 그 원천으로 하고 당 전기를 비롯한 여러 전고들을 수용하여 현재와 같은 모습으로 창작되었다고 할 수 있다.

이상 살펴본 바에 따르면, 「최치원」은 분명 소설로서 창작된 작품이라고 할 수 있다. 그간 작품에서 말하고 있는 내용이 모호하고 갈등이 문면에 구체적으로 드러나 있지 않았다고 보았던 점과 작품의 해석에 있어서 실존인물 최치원과 관련한 작품 외적 사실의 개입이 불가피하다고 생각한 점 등이 이 작품을 소설로 보기를 주저하게 만든 원인이었는데,[70] 작품의 검토 결과 이런 견해는 실상과는 거리가 있다는 것이 드러났다. 비록 '문면'에서 직접적으로 이야기하고 있지는 않지만, 작자는 '전고'의 활용 같은 서사기법을 통해 '자아와 세계의 소설적 대결'[71]을 분명하게 형상화하고 있는 것이다.

(2) 「만복사저포기(萬福寺摴蒱記)」

「만복사저포기」가 『전등신화』 소재 애정전기소설들에서 두루 영향을 받았다는 점은 이미 밝혀진 사실이므로, 이 자리에서 둘 사이의 영향 관계를 새삼스럽게 지적할 필요는 없을 것이다.[72] 여기서는 「만복사저포기」가 『전등신화』 소재 애정전기소설을 수용한 양상을 작품의 줄거리를 따라가며 살펴본 다음, 「만복사저포기」의 미학적 특질과 주제적 의미를 논하기로 한다.

---

70) 김현양, 「최치원의 장르 성격 논의에 대한 비판적 검토」(『한국고전소설사의 거점』, 보고사, 2007).

71) 조동일, 「자아와 세계의 소설적 대결에 관한 시론」(『한국소설의 이론』, 지식산업사, 1977).

72) 이 글에서 『금오신화』와 『전등신화』의 관련성을 언급한 것들은 이미 선학들의 논문에서 대부분 밝혀진 것이며, 선행 연구에서 지적하지 않은 내용을 새롭게 발견한 것은 거의 없다.

『전등신화』의 수용 양상

「만복사저포기」는 남원 만복사 동쪽에 살고 있는 양생(梁生)이라는 젊은이에 대한 소개로부터 시작한다. “남원에 양생이라는 젊은이가 있었는데, 일찍이 부모를 여의고 아내도 없이 홀로 만복사의 동쪽에 살았다.[南原有梁生者 早喪父母 未有妻室 獨居萬福寺之東]”73)로 시작되는 「만복사저포기」의 서두는, “천수의 조원은 일찍이 부모를 여의고 아내도 없었다.[天水趙源早喪父母 未有妻室]”74)로 시작되는 「녹의인전」의 서두와 문장의 표현까지 거의 같다. 양생의 처지는 배나무 아래를 거닐며 읊은 다음 두 수의 시에 압축되어 나타난다.

> 한 그루 나무의 배꽃은 쓸쓸한 이 짝하여 주는데,
> 가련히도 달 밝은 밤을 저버리다니.
> 젊은이는 외로운 창가에 홀로 누웠는데,
> 어디서 아름다운 여인이 퉁소를 불어 주나?
>
> 물총새는 외로이 날며 짝을 짓지 못하고,
> 원앙새는 짝을 잃고 맑은 강물에 멱을 감네.
> 뉘 집에 약속 있어 바둑돌을 두드리고,
> 밤중에 등화로 점을 치며 근심스레 창에 기댔나?75)

첫 수에 나오는 “가련히도 달 밝은 밤을 저버리다니.[可憐辜負月明宵]”는, 「취취전(翠翠傳)」에서 이장군(李將軍)에게 자신을 취취의 오라비라고 속인 김정(金定)이 아내 취취를 지척에 두고도 만나지 못하는 안타까움을

73) 「萬福寺摴蒱記」, 9쪽.

74) 「綠衣人傳」, 下103쪽.

75) 一樹梨花伴寂寥 可憐辜負月明宵 靑年獨臥孤窓畔 何處玉人吹鳳簫 翡翠孤飛不作雙 鴛鴦失侶浴晴江 誰家有約敲碁子 夜卜燈花愁倚窓(「萬福寺摴蒱記」, 9쪽)

표현한 시 가운데 나오는 "가련히도 둥근 달을 저버렸네.[可憐辜負月團圓]"76)를 변용한 것이다. 문장은 거의 비슷하지만, 의미까지 동일하지는 않다. 양생은 김정과는 달리 결혼을 하지 않은 처지였던바, 「취취전」에서 김정의 '안타까움'을 표현했던 시구가 「만복사저포기」에서는 '배꽃[梨花]'의 이미지와 절묘하게 결합하면서 양생의 '고독'을 형상화하였다고 볼 수 있을 것이다.

둘째 수에는 물총새와 원앙새가 등장한다. 자신의 처지를 외물(外物)에 빗댄 것이라 하겠는데, 이는 「연방루기」에 나오는 「소대죽지곡(蘇臺竹枝曲)」의 "물총새는 쌍으로 날며 불러 주기를 기다리지 않고, 원앙새는 함께 자니 어찌 외로운 적 있으랴?[翡翠雙飛不待呼 鴛鴦並宿幾曾孤]"77)를 취한 것으로 보인다.78) 「연방루기」의 것을 뒤집은 셈이다. 『전등신화구해』에는, 원앙은 짝을 이루는 새이며 암수가 일찍이 떨어져 본 일이 없고 한 마리가 없어지면 나머지 한 마리도 스스로 죽게 된다고 주(註)를 달아 놓았다.79) 이처럼 원앙새는 짝을 이루지 못하고는 살 수 없는 새인데, 양생은 시에서 "원앙새는 짝을 잃고 맑은 강물에 멱을 감네."라고 읊고 있다. 그렇다면 양생에게 있어서 배필을 구하는 일은 삶을 좌우할 수 있을 정도의 중요한 문제인 것이다.

양생은 부처님과의 저포 놀이에서 이긴 후 불탁(佛卓) 아래 숨어 약속한 이를 기다린다. 오래지 않아 한 아름다운 여인이 나타났는데, "나이는 열대여섯 정도였고 두 갈래로 땋은 머리에 담박한 치장을 하였으며 자태가 아름다웠다.[年可十五六 丫鬟淡飾 儀容婥妁]"80)라고 하였다. 이 대목의 묘사는

76) 「翠翠傳」, 下41쪽.
77) 「聯芳樓記」, 上64쪽.
78) 심경호 역, 『매월당 김시습 금오신화』(홍익출판사, 2000), 83쪽에서는 李白의 「淸江曲」을 뒤집어 사용한 것이라 하였다.
79) 鴛鴦 匹鳥也 毛有文采 雌雄未嘗離 人得其一 則其一必自死(「聯芳樓記」, 上64쪽)
80) 「萬福寺摴蒱記」, 10쪽.

「녹의인전(綠衣人傳)」의 서두에서 "녹색 옷을 입고 머리를 두 갈래로 땋았으며 나이는 열대여섯 정도였는데 비록 화려하게 치장을 하거나 짙게 꾸민 것은 아니었으나 자색이 보통 사람보다 뛰어났다.[綠衣雙鬟 年可十五六 雖不盛粧濃飾 而姿色過人]"[81]라고 한 것을 변용했을 가능성이 높다. 그리고 이어지는 여인의 장사(狀詞)에서는 「추향정기(秋香亭記)」·「연방루기」 등의 영향을 볼 수 있다.[82]

그런데 여인이 올린 글에 나오는 "궁벽한 곳으로 장소를 옮겨 초야에 부쳐지내도록 하였다."[83]라든가 "빈 골짜기에서 숨어 살았다."[84]라는 내용을

---

81) 「綠衣人傳」, 下104쪽.

82) 예를 들면 다음과 같다. "지난번 변방의 방비가 허물어져 왜구들이 침입하여 왔을 때, 방패와 창은 눈앞에 가득하고 봉화는 해를 거듭하며 타올랐습니다. 그들이 가옥을 태워 없애고 백성들을 노략하매, 동서로 달아나 숨고 좌우로 도망치느라 친척과 종들이 뿔뿔이 흩어졌습니다. 저는 냇버들 같은 약질이라 멀리 갈 수 없었기에 자연히 깊은 규방으로 들어가게 되었고, 끝내 그윽한 정절을 지키어 길섶의 이슬에 젖지 않음으로써 도리를 어그러뜨리는 화를 면하였습니다.[曩者 邊方失禦 倭寇來侵 干戈滿目 烽燧連年 焚蕩室廬 虜掠生民 東西奔竄 左右逋逃 親戚僮僕 各相亂離 妾以蒲柳弱質 不能遠逝 自入深閨 終守幽貞 不爲行露之沾 以避橫逆之禍]"(「萬福寺摴蒱記」, 11쪽)는 「추향정기」에서 채채가 상생에게 보낸 편지 가운데 나오는 "전 왕조의 실정으로 각 고을이 병란을 당하여 죽거나 다치는 일이 크고 작게 일어났으며 약한 자는 강한 자의 먹이가 되었는데, 그런 전란을 거듭 만나 이에 십 년이나 되었습니다. 우연히 살아 있을 수 있었으나 이 한 몸은 예전의 그것이 아닙니다. 동서로 달아나 숨고 좌우로 도망 다니는 사이 조모께서 돌아가시고 아버지께서도 세상을 떠나셨습니다. 종일 부는 바람의 광포함을 피하고 길섶의 이슬에 젖을까 염려하였습니다.[盖自前朝失政 列郡受兵 大傷小亡 弱肉强食 荐遭禍亂 十載于此 偶獲生存 一身非故 東西奔竄 左右逃逋 祖母辭堂 先君捐舘 避終風之狂暴 慮行露之沾濡](「秋香亭記」, 下116쪽)"를, "하오나 달이 뜨는 가을과 꽃이 피는 봄이면 마음이 상하여 헛되이 보내고, 들판의 구름과 흐르는 물처럼 무료히 나날을 보냈습니다.[然而秋月春花 傷心虛度 野雲流水 無聊送日]"(「萬福寺摴蒱記」, 11쪽)는 「연방루기」에서 난영과 혜영이 정생에게 한 말 가운데 나오는 "하오나 달이 뜨는 가을과 꽃이 피는 봄이면 매번 헛되이 보내는 것에 마음이 상하고 구름 같은 정과 물 같은 성을 스스로 지키지 못했습니다.[然而秋月春花 每傷虛度 雲情水性 失於自持](「聯芳樓記」, 上71쪽)"를 변용한 것이라 할 수 있다.

83) 避地僻處 僑居草野(「萬福寺摴蒱記」, 11쪽)

84) 幽居在空谷(「萬福寺摴蒱記」, 11쪽)

보면, 여인이 보통 사람이 아니라는 것이 이미 드러난다. 또 "그대는 어떤 사람이기에 홀로 여기에 온 것입니까?"[85]라는 양생의 물음에 대하여, 여인이 양생에게 "저 또한 사람입니다. 무슨 의아스러운 것이 있습니까? 당신은 다만 아름다운 짝을 얻기만 하면 되는 것이니, 이름과 성을 물을 필요도 없거늘 이처럼 다급하게 서두르십니까?"[86]라고 대답한 것은 스스로 귀신임을 암시하고 있는 것으로 볼 수 있다.[87] 이름과 성을 알 필요가 없다는 말은 「녹의인전」에서 가져온 것인데,[88] 「녹의인전」에서는 조원이 여인이 귀신인 줄 모르고 한 달 남짓 관계를 맺은 다음에 성씨와 고향을 물어 보지만, 「만복사저포기」에서는 양생이 여인과 만나자마자 물어 본다는 점에서 차이가 있다.

양생과 여인은 만복사의 판방(板房)에서 정을 나눈다. 양생이 여인을 유혹하여 안으로 들어가니 여인도 어렵게 여기지 않았다고 했으며, 그렇게 서로 기쁨을 나눈 것이 사람과 조금도 다르지 않았다고 했다.[89] 여기서 "서로 기쁨을 나누니 사람과 조금도 다르지 않았다.[相與講歡 一如人間]"[90]라는 서술은 「등목취유취경원기」의 "서로 만나 정을 나눈 일이 사람과 조금도

---

85) 子何如人也 獨來于此(「萬福寺摴蒱記」, 12쪽)

86) 妾亦人也 夫何疑訝之有 君但得佳匹 不必問名姓 若是其顚倒也(「萬福寺摴蒱記」, 12쪽)

87) 박일용, 「만복사저포기의 형상화 방식과 그 현실적 의미」(『고소설연구』 18, 한국고소설학회, 2004), 52쪽에서 "여기서 귀녀가 자신도 사람이라 말하는 것은 자신이 귀신이 아니라는 것을 강조하려는 것은 아니다. 오히려 발원문에서처럼 양생이나 독자에게 자신이 귀신임을 암시하는 말이라고도 할 수 있다. 그런데도 부러 그렇게 말하는 것은 여성의 성적 욕망을 직접 드러내는 것은 귀신이기 때문이라는 양생의 통념을 수정하기 위해서다."라고 하였다.

88) 「녹의인전」에서는 여인이 조원에게 "그대는 다만 아름다운 여인을 얻으면 될 뿐이지, 왜 억지로 알려고 하십니까?[君但得美婦而已 何用强知]"(「綠衣人傳」, 下104쪽)라고 말한다.

89) 生挑女而入 女不之難 相與講歡 一如人間(「萬福寺摴蒱記」, 12쪽)

90) 「萬福寺摴蒱記」, 12쪽.

다르지 않았다.[交會之事 一如人間]"[91]라는 서술과 거의 같지만 그 의미는 자못 다르다. 「등목취유취경원기」의 서술은, 등목이 위방화(衛芳華)와 교교(翹翹)가 이미 귀신임을 안 뒤에 정을 나눈 것에 대한 서술이므로, 산 사람과 죽은 사람이 나눈 정이라도 산 사람끼리의 그것과 같을 수 있다는 기이함을 말한 것이다. 반면 「만복사저포기」의 서술은, 독자는 여인이 이미 귀신인 것을 알 가능성이 높은 상황이고[92] 양생은 아직 그것을 모르는 상태에서 이루어진 서술이기 때문에 「등목취유취경원기」의 경우와는 다르다. 사람과 조금도 다르지 않았다는 말 속에는 이미 사람이 아니라는 사실이 전제되어 있다. 따라서 이 서술은 독자를 의식한 것이기도 하지만, 양생의 마음속에서 일어나고 있는 의아함과 머뭇거림이 서술자의 입을 빌려 표현된 '자유 간접화법적 진술'[93]과도 같은 것이다. 이처럼 「만복사저포기」의 서술자는 반드시 객관적 입장에 서 있는 것은 아니며, 양생의 입장에서 서술하기도 한다.

이어 여인은 양생과 연회의 자리를 갖는다. 여인은 시녀에게 주안상을 보아 오라고 한 뒤, 시녀는 옛 곡밖에 부르지 못한다면서 자기가 직접 「만강홍(滿江紅)」을 지어 시녀로 하여금 부르게 한다. 이 연회의 장면은, 「등목취유취경원기」에서 위방화가 시녀 교교에게 주안상을 보아 오라고 한 뒤, 교교가 유기경(柳耆卿)의 「망해조(望海潮)」를 부르겠다고 하자 신인(新人)에게는 옛 곡이 어울리지 않는 법이라면서 자기가 직접 「목란화만(木蘭花慢)」을 지어 교교로 하여금 부르게 한 부분을 거의 그대로 가져온 것이다. 그런

---

91) 「滕穆醉遊聚景園記」, 上109쪽.

92) 앞서 언급했듯이 여인이 양생에게 여인이 양생에게 "저 또한 사람입니다. 무슨 의아스러운 것이 있습니까? 당신은 다만 아름다운 짝을 얻기만 하면 되는 것이니, 이름과 성을 물을 필요도 없거늘 이처럼 다급하게 서두르십니까?"라고 말한 것은 곧 스스로 귀신임을 암시하는 표현이므로, 독자들도 여인이 귀신임을 알 가능성이 높은 것이다.

93) 김병국, 「판소리의 문학적 진술방식」(『한국 고전문학의 비평적 이해』, 서울대학교출판부, 1995), 176~180쪽.

데 등목이 이미 그녀들이 귀신이라는 것을 알았던 것과는 달리, 양생은 여인의 정체를 확신하지 못하기 때문에 머뭇거린다.

> 펼쳐 놓은 안석과 상은 질박하면서도 무늬가 없었고, 술에서 나는 향은 참으로 인간 세상의 맛이 아니었다. 양생은 비록 의심스럽기도 하고 이상하게 생각하기도 하였으나, 말하며 웃는 모습이 맑고도 고운 데다 몸가짐과 자태도 점잖고 조용하여, 필시 귀한 집 처자가 담을 넘어 나온 것이겠거니 하면서 더는 의심하지 않았다.[94]

이 같은 의심의 모티프는 「녹의인전」에서 취했다. 「녹의인전」의 주인공 조원은 귀신인 여인과 정을 나눈 후 그녀가 거실(巨室)의 첩으로서 밤에 몰래 도망쳐 나와 자취가 드러날까 두려워하는 것이겠거니 생각하면서 전혀 의심하지 않는다.[95] 그런데 「녹의인전」에서는 조원이 여인과 이미 한 달 남짓 정을 나누면서도 여인이 귀신이라는 사실을 알 수 있는 객관적인 정보가 주어져 있지 않았다. 이에 반해 「만복사저포기」에는 "펼쳐 놓은 안석과 상은 질박하면서도 무늬가 없었고, 술에서 나는 향은 참으로 인간 세상의 맛이 아니었다."라는 정보가 주어져 있으며, 더욱이 "참으로 인간 세상의 맛이 아니었다.[定非人間滋味]"에서의 '定'은 '참으로', '분명히', '틀림없이'로 해석할 수 있는바, 확실함과 단정의 어기(語氣)를 나타낸다. 인간 세상의 맛이 아니었다고 단언한 주체는 당연히 양생이다. 그럼에도 불구하고 양생은 마음속에서 생겨나는 의심을 스스로 억누른다. 요컨대 양생은 여인이 귀신임을 짐작하면서도 이를 마음속으로 받아들이지 않는 것이다.

---

94) 鋪陳几案 素淡無文 而醪醴馨香 定非人間滋味 生雖疑怪 談笑淸婉 儀貌舒遲 意必貴家處子 踰墻而出 亦不之疑也(「萬福寺摴蒱記」, 13쪽)

95) 源意其爲巨室妾媵 夜出私奔 或恐事蹟彰聞 故不肯言爾 信之不疑 寵念轉密(「綠衣人傳」, 下104~105쪽)

시녀가 곡을 다 부르자, 여인은 양생에게 함께하자는 약속을 한다.96) 양생은 이 말을 듣고는 감격하기도 하고 놀라기도 하지만, 여인의 태도가 범상치 않기에 그녀의 행동을 눈여겨본다.97) 양생이 여인의 행동을 눈여겨본 이유는 그녀가 귀신인지 사람인지 애매했기 때문일 것이다. 하지만 이런 의심들은 결국 여인이 귀신일지 모른다는 생각을 억누르는 쪽으로 결론이 난다.

양생은 여인과 손을 잡고 개령동으로 들어가서 3일을 지낸 후 헤어질 때 여인의 이웃에 있는 네 여인과 더불어 시를 짓는다. 이 장면은 『전등신화』 수록 작품과의 직접적인 관련성을 찾기 어려우나, 양생과 여인, 그리고 네 여인이 지은 시들에 「등목취유취경원기」·「연방루기」·「추향정기」·「취취전」·「감호야범기」 등의 영향이 보인다.98)

---

96) 歌竟 女愀然曰 曩者蓬島失當時之約 今日瀟湘有故人之逢 得非天幸耶 郎若不我遐棄 終奉巾櫛 如失我願 永隔雲泥(「萬福寺摴蒱記」, 14쪽)

97) 生聞此言 一感一驚曰 敢不從命 然其態度不凡 生熟視所爲(「萬福寺摴蒱記」, 14~15쪽)

98) 예를 들면 다음과 같다. 鄭氏의 시에 나오는 “칠등에는 불꽃도 없이 밤을 어찌하나?[漆燈無焰夜如何]”(「萬福寺摴蒱記」, 17쪽)는 「등목취유취경원기」에 나오는 「木蘭花慢」의 “불꽃 없는 칠등을 대하매 하룻밤이 한 해 같네.[對漆燈無焰夜如年]”(「滕穆醉遊聚景園記」, 上107쪽)를 변용한 것이다. 吳氏의 시에 나오는 “부럽구나 연꽃은 오히려 꽃받침이 붙어 있어[羨却芙蕖猶並蔕]”(「萬福寺摴蒱記」, 18쪽)와 “연리지 가지 끝엔 붉은 꽃이 피어 있네.[連理枝頭花正紅]”(「萬福寺摴蒱記」, 18쪽)는 「연방루기」에서 난영이 읊은 시 가운데 나오는 “연리지 가지 끝엔 꽃받침이 붙어 있는 꽃이 피었네.[連理枝頭並蔕花]”(「聯芳樓記」, 上68쪽)를 나누어 썼다고 할 만하며, 역시 오씨의 시 가운데 나오는 “도리어 인생이 나무만도 못함을 한스러워하네.[却恨人生不如樹]”(「萬福寺摴蒱記」, 18~19쪽)는 「추향정기」에서 采采가 시녀 秀香을 시켜 商生에게 보낸 시 가운데 나오는 “스스로 인생이 나무만도 못함을 한스러워하네.[自恨人生不如樹]”(「秋香亭記」, 下112쪽)를 거의 그대로 가져왔다. 양생이 읊은 시에 나오는 “직녀는 베틀을 버리고 은하에서 내려왔고, 항아는 절굿공이 내던지고 청도를 떠났네.[織女投機下天津 嫦娥抛杵離淸都]”(「萬福寺摴蒱記」, 22쪽)는 「등목취유취경원기」에서 등목이 읊은 시에 나오는 “항아는 월궁을 떠났고, 직녀는 은하수에서 내려왔네.[嫦娥辭月殿 織女下天津]”(「滕穆醉遊聚景園記」, 上104쪽)를, “비 되고 구름 되는 사랑은 비록 서툴지만.[殢雨尤雲雖未慣]”(「萬福寺摴蒱記」, 22쪽)은 「취취전」에 나오는 「臨江仙」의 “비 되고

작품의 마지막 부분에서 양생은 여인의 몫으로 주어졌던 전답과 집을 팔아 사흘 동안 추천(追薦)을 한다. 그랬더니 공중에서 다음과 같은 소리가 들린다.

> 낭군께서 명복(冥福)을 빌어 주신 덕택에 머지않아 다른 나라에서 남자가 될 것입니다. 비록 저승이 가로막혀 있다지만, 참으로 깊이 감사함을 느끼고 있습니다. 당신도 마땅히 다시 정업(淨業)을 닦으셔서, 함께 윤회에서 벗어나시지요.[99)]

이 부분은 「애경전」의 윤회 모티프와 「금봉차기(金鳳釵記)」의 문장이 결합된 것이다. 인용문 가운데 "낭군께서 명복을~느끼고 있습니다.[蒙君薦拔 已於他國爲男子矣 雖隔幽冥 寔深感佩]"는 「금봉차기」에서 "낭군께서 명복을 빌어 주셨어도 오히려 남은 정이 있습니다. 비록 저승과 이승이 떨어져 있다지만, 진실로 깊이 감사함을 느끼고 있습니다.[蒙君薦拔 尙有餘情 雖隔幽明 實深感佩]"[100)]라고 한 부분을 거의 그대로 가져왔다. 그리고 "머지않아 다른 나라에서 남자가 될 것입니다."는 「애경전」에서 죽은 애경이 조자(趙子)에게 "제가 죽으니 명사(冥司)가 저를 정렬이라 하여 곧 무석 송씨 집으로 가서 남자로 태어나도록 하였습니다."[101)]라고 한 부분의 윤회 모티프에서 영향을 받았다고 할 수 있다.

구름 되는 사랑은 그야말로 서투른 일.[殢雨尤雲渾未慣]"(「翠翠傳」, 下35쪽)을, "그대는 모르는가? 문소가 오채란 만난 일과 장석이 두난향 만난 일을.[君不見文簫遇彩鸞 張碩逢杜蘭]"(「萬福寺摴蒱記」, 22쪽)은 「감호야범기」에서 織女가 成令言에게 말한 내용에 나오는 "두난향이 장석에게 시집간 일과 오채란이 문소의 배필이 된 일.[蘭香之嫁張碩 彩鸞之配文簫]"(「鑑湖夜泛記」, 下98쪽)을 바꾸어 쓴 것이라 할 수 있다.

99) 蒙君薦拔 已於他國爲男子矣 雖隔幽冥 寔深感佩 君當復修淨業 同脫輪廻(「萬福寺摴蒱記」, 28쪽)

100) 「金鳳釵記」, 上59쪽.

101) 妾之死也 冥司以妾貞烈 卽令往無錫宋家 托爲男子(「愛卿傳」, 下31쪽)

이상으로 「만복사저포기」의 줄거리를 따라가며 「만복사저포기」와 『전등신화』의 관련 양상을 살펴보았다. 그 결과 문장과 소재의 측면에서 볼 때, 「만복사저포기」는 「금봉차기」·「연방루기」·「등목취유취경원기」·「애경전」·「취취전」·「감호야범기」·「녹의인전」·「추향정기」 등의 애정전기소설에서 영향을 많이 받았음을 확인할 수 있었다.

미학적 특질과 주제적 의미

앞서 살펴본 바와 같이 「만복사저포기」의 문장이나 소재들은 그 연원이 대부분 『전등신화』에 있지만, '머뭇거림'과 '고독'은 「만복사저포기」에서만 찾아볼 수 있는 독특한 특질이었다. 기존의 연구에서 '머뭇거림'은 「만복사저포기」의 소설 미학과 관련된 중요한 특징으로 다루어졌고,[102] '고독'은 주로 전기소설의 장르적 성격과 관련하여 논의되었다.[103] 여기서는 「만복사저포기」가 『전등신화』와 어떤 점에서 변별적인지를 미학과 주제의 측면에서 논하고자 한다.

『전등신화』에는 인간과 인간의 사랑을 다룬 작품도 있고 인간과 귀신의 사랑을 다룬 작품도 있는데, 그 가운데 「만복사저포기」처럼 정을 나누고 있

---

102) '머뭇거림'에 대한 기존의 논의는 다음과 같다. 윤경희, 「만복사저포기의 환상성」(『한국고전연구』 4, 한국고전연구회, 1998)에서는 환상적인 형식들의 하나로서 낯설게 하기의 장치이며 현실에 대해 반성적인 거리를 지니게 하는 것으로 보았고, 신재홍, 「금오신화의 환상성에 대한 주제론적 접근」(『고전문학과 교육』 1, 청관고전문학회, 1999)에서는 독자의 미감을 사로잡는 중요한 특성임을 지적했다. 정운채, 「만복사저포기의 문학치료학적 독해」(『고전문학과 교육』 2, 청관고전문학회, 2000)에서는 욕망에 따라 행동하는 것을 죄악시하는 당대의 문화적 억압 구조로 인해 나타난 행동으로 보았으며, 박일용, 앞의 논문에서는 양생이 갖고 있었던 통념이 수정되고 의식이 각성되는 과정에서 나타나는 내면의 충돌 현상으로 이해하였다.

103) 이에 대해서는, 고독을 전기적 인간의 주요한 미적 특질로 다룬 박희병, 「전기적 인간의 미적 특질」(『한국전기소설의 미학』, 돌베개, 1997)과 고독과 초월을 아울러 논의한 박희병, 「전기소설의 장르관습과 금오신화」(『한국전기소설의 미학』, 돌베개, 1997)를 대표적인 성과로 꼽을 수 있다.

는 상대가 인간인지 귀신인지에 대해 의문을 갖거나 귀신이라는 생각을 억누르고 있는 모습을 지속적으로 형상화한 작품은 찾아보기 어렵다. 「녹의인전」의 경우, 조원이 여인의 정체를 의심하는 장면이 나오기는 하지만, 이는 한 달 남짓 정을 나누고도 정체를 알지 못하는 데서 비롯된 자연스러운 의문이며, 여인이 귀신이냐 인간이냐에 대한 것이 아니다. 「만복사저포기」의 미적 특질인 '머뭇거림'은 「녹의인전」의 '의심' 모티프를 미학적 차원으로 끌어올린 결과이다.

「녹의인전」에서와 달리 「만복사저포기」에서는 주인공 양생의 머뭇거림이 지속된다. 그런데 이런 머뭇거림은 양생이 실제로 여인이 귀신임을 알지 못했기 때문에 나타난 것이라 하기는 어려우며, 앞서 본 바와 같이 양생 스스로 그 의심을 억누른 것이라 할 수 있다. 양생이 여인과 함께 손을 잡고 길을 걸어가는 장면을 보자. 개들은 울타리에서 짖어대고 사람들은 길에 다녔으나, 행인들은 양생이 여인과 함께 가고 있는 것을 알지 못하고 양생에게 이렇게 일찍 어디에서 오는 길이냐고 묻는다. 이에 양생은 마침 만복사에서 취하여 누워 있다가 옛 친구의 동네에서 묵었던 것이라고 대답한다.[104] 서술자는 "행인들이 양생이 여인과 함께 가고 있는 것을 알지 못했다."라고 했지만, 여인과 손을 잡고 걸어가면서 주위 사람의 시선을 전혀 의식하지 않는 듯한 양생의 태도에서 주위 사람들이 여인을 보지 못하고 있음을 양생도 알고 있었다는 사실이 드러난다. 그럼에도 불구하고 양생은 여인의 혼이 떠나간 다음에야 비로소 여인이 귀신임을 깨닫는 것으로 되어 있다.

> 남아 있는 소리마저 점차 사라지면서 목메어 우는 소리와 구별할 수 없게 되었다. 여인의 부모는 이미 그 실상을 알고 다시 의심하지 않았다. 양생 또한 그녀가 귀신이었음을 알고는 더욱 마음 아파하여 여인의 부모와 머리를 맞대

104) 生執女手 經過閭閻 犬吠於籬 人行於路 而行人不知與女同歸 但曰 生早歸何處 生荅曰 適醉臥萬福寺 投故友之村墟也(「萬福寺摴蒱記」, 15쪽)

고 울었다.105)

이 같은 모순은 양생의 '고독'과 연관 지어 생각할 때 비로소 이해할 수 있다. 양생은 세상과 화합하지 못했기 때문에 고독했다고 할 수 있으나, 고독의 원인이 무엇인지는 알지 못하는 듯하다. 그러한 양생의 고독을 해소해 주기 위해 나타난 여인이 인간이 아닌 귀신이었다는 점, 이것이 「만복사저포기」를 이해하는 관건이 된다.106)

양생은 여인이 귀신임을 이미 짐작하고 있었다. 그럼에도 불구하고 그가 여인이 귀신이라는 사실을 지속적으로 부정하면서 머뭇거린 이유는 무엇 때문인가? 양생은 자신의 고독을 해소해 줄 수 있는 존재가 사람이 아닌 귀신이라는 사실, 다시 말해 이 세상에서는 자신의 고독이 해소될 수 없다는 사실을 인정하기 어려웠으며, 고독에서 벗어나고픈 욕망의 강렬함이 그로 하여금 죽은 여인을 산 사람으로 보도록 만들었다고 할 수 있다. 이렇게 보면 양생의 명혼 체험은 '자신의 고독이 이 세상에서는 해소될 수 없다는 사실을 깨닫는 과정'인 것이다. 그리고 여인의 혼이 떠나간 후에야 비로소 여인이 귀신이었음을 알았다는 서술은, 문면 그대로 받아들일 것이 아니라, 결국 고독한 존재로 남을 수밖에 없음을 인정하게 된 양생의 내면을 표현한 것으로 이해해야 할 것이다.

「만복사저포기」에서 고독한 인물로 등장하는 이는 양생뿐이 아니다. 양

---

105) 餘聲漸滅 嗚咽不分 父母已知其實 不復疑問 生亦知其爲鬼 尤增傷感 與父母聚頭而泣(「萬福寺摴蒱記」, 25~26쪽)

106) 조동일, 「소설의 성립과 초기소설의 유형적 특징」(『한국소설의 이론』, 지식산업사, 1977), 230쪽에서 "김시습이 부딪친 자아와 세계의 대결은 뜻하지 않은 女鬼의 출현을 필요로 한 것이 아니고 죽은 여자와의 뜨거운 사랑이라는 逆說이 필요했던 것이다. 이 역설은 자아와 세계의 상호우위를 두 가지 각도에서 선명하게 표현한다. 즉 열렬한 사랑은, 자아는 세계와의 대결을 자기대로 해결하고자 하는 강렬한 의지를 가지고 있다는 것을 표현하면서 사랑의 대상이 죽은 여자라는 사실은, 세계는 이 의지를 용납하지 않을 만큼 완강하다는 것을 표현한다."라고 하였다.

생과 마찬가지로 여인도 짝을 찾지 못해 외로운 인물로 그려지고 있는데, 작품은 여인의 행동에 대한 윤리적 판단의 문제를 중요하게 다루고 있다. 남녀가 야합하는 내용은 「만복사저포기」와 「금봉차기」·「연방루기」·「등목취유취경원기」·「모란등기」·「녹의인전」에 보인다. 이 가운데 「연방루기」를 제외하면, 모두가 인간과 귀신의 만남을 다루고 있다.[107] 그런데 『전등신화』에서는 야합한 여인의 행동을 심각하게 문제 삼는 부분을 찾아보기 어려운 반면, 「만복사저포기」에서는 여인의 행동이 줄곧 문제시되고 있다.

만복사의 판방에서 정을 나눈 양생과 여인의 행동은 정상적이라고 할 수 없다. 특히 여인의 입장에서 보면 목숨보다 소중할 수도 있는 정절을 잃은 셈인데, 이에 대해 문제를 제기하는 인물이 여인의 시녀이다. 여인은 어쩌다가 이 지경에 이르게 되었느냐는 시녀의 물음[108]에 다음과 같이 답한다.

> 오늘 일은 아마도 우연이 아닐 것이다. 하늘이 도우시고 부처님이 살피시어 고운 임을 만났으니 백년해로하려 한다. 불고이취(不告而娶)는 비록 명교(明教)의 법전(法典)이나, 잔치하며 즐긴 것은 실로 평생의 기이한 만남이란다. 집에서 깔 자리와 술이랑 과일을 가져오너라.[109]

"불고이취(不告而娶)는~기이한 만남이란다."라고 번역한 '不告而娶 雖明教之法典 式燕以遨 亦平生之奇遇也'에서 '雖明教之法典'을 이전의 연구 논문이나 번역본들에서는 예외 없이 '雖'와 '明' 사이에 '違'를 넣어 '雖違明教之法典'의 의미로 보았다.[110] 하지만 이 부분은 '雖違明教之法典'의

107) 「금봉차기」의 경우, 죽은 홍낭의 혼이 경낭에게 들어간 것이므로, 인간과 귀신의 만남으로 볼 수 있다.

108) 向日娘子 行不過中門 履不容數步 昨暮偶然而出 一何至於此極也(「萬福寺摴蒱記」, 12~13쪽)

109) 今日之事 盖非偶然 天之所助 佛之所佑 逢一粲者 以爲偕老也 不告而娶 雖明教之法典 式燕以遨 亦平生之奇遇也 可於茅舍取裀席酒果來(「萬福寺摴蒱記」, 13쪽)

뜻으로 보아서는 안 될 것 같다. '不告而娶'는 『맹자(孟子)』「만장(萬章)」상(上)과 「이루(離婁)」상에 나오는 말이다.

만장이 물었다. "『시경(詩經)』에 이르기를 '장가를 들려면 어떻게 해야 하는가? 반드시 부모님께 아뢰어야 하느니라.'라고 하였으니, 진실로 이 말과 같다면 순 임금 같아서는 안 될 것인데, 순 임금이 부모님께 고하지 않고 장가든 것은 무슨 이유입니까?" 맹자가 말했다. "고했다면 장가들 수 없었을 것이다. 남녀가 같이 방에 있는 것은 사람의 큰 윤리이니, 만약 고했다면 사람의 큰 윤리를 폐하여 부모를 원망하게 되었을 것이므로 아뢰지 않은 것이다."[111)]

맹자가 말했다. "불효가 셋이 있는데, 후사가 없는 것이 가장 크다. 순 임금이 부모님께 고하지 않고 장가든 것은 후사가 없었기 때문이었다. 군자들은 부모님께 아뢴 것과 같이 생각하였다."[112)]

'불고이취(不告而娶)'는 「금봉차기」에서 오경랑(吳慶娘)과 몰래 정을 나눈 최흥가(崔興哥)가 오경랑의 부친 오방어(吳防禦)에게 잘못을 고백하는 말 가운데도 나온다.

지난번 방 안 장막에서의 일이 비밀스럽고 아녀자가 다정하여, 옳지 못한 일을 했다는 이름을 짊어지고 사통의 규율을 범하게 되었습니다. 부모님께 고하지 않고 아내를 맞아들였으며 몰래 등에 업고 달아났습니다.[113)]

---

110) 예컨대 심경호 역, 앞의 책, 83쪽에서는 '雖明教之法典'을 "비록 밝은 가르침의 예법을 어긴 것이라고는 하여도"라고 번역하였으며, 주석에서는 "'雖'자 다음에 어길 '違'자가 탈락된 듯하다."(85쪽)라고 하였다.

111) 萬章問曰 詩云 娶妻如之何 必告父母 信斯言也 宜莫如舜 舜之不告而娶 何也 孟子曰 告則不得娶 男女居室 人之大倫也 如告則廢人之大倫 以懟父母 是以不告也(『孟子』, 630쪽)

112) 孟子曰 不孝有三 無後爲大 舜不告而娶 爲無後也 君子以爲猶告也(『孟子』, 599쪽)

『전등신화구해』의 주에서도 "부모님께 고하지 않고 아내를 맞아들였으며 몰래 등에 업고 달아났습니다.[不告而娶 竊負而逃]"의 출전을 『맹자』라고 하였으니,[114] 「만복사저포기」의 '不告而娶'도 기본적으로는 『맹자』를 염두에 둔 말로 보아야 할 것이다. 문제는 그 뒤에 나오는 '雖明敎之法典'이라는 말에 있다. '不告而娶'는 『맹자』에서 후사를 잇기 위한 권도(權道)로 규정되어 오히려 효를 달성하기 위한 방편으로 인식됐지만, 일반적으로는 「금봉차기」에서와 같이 부정적인 의미로 사용된다. 그런데 「만복사저포기」에서 여인은 '不告而娶'가 곧 '明敎之法典'이라고 말하고 있는바, 이것이 과연 어떤 의미인지를 살펴보는 것이 중요하다.

순 임금과 여인은 모두 '부득이함'으로 인해 부모님께 고하지 않고 혼인을 하게 되었다는 공통점이 있다. 순 임금이 부모에게 알리지 않고 장가든 까닭은 보다 큰 윤리, 곧 후사를 잇는 일을 폐함으로써 무후(無後)의 불효를 범할 수 없었기 때문이었다. 여인도 마찬가지다. 여인은 이미 죽은 몸이었으므로 부모님께 아뢰고 혼인할 수 없는 처지였고, 대상(大祥)을 얼마 남겨두지 않은 절박함이 있었다. 그녀는 외동딸로서[115] 무후의 불효를 범하지 않기 위해[116] 순 임금처럼 권도를 취할 수밖에 없었다고 생각된다. 순 임금과 여인은 모두 '상(常)'이 아닌 '변(變)'에 처해 있었던 것이다. 김시습이

---

113) 曩者 房帷事密 兒女情多 負不義之名 犯私通之律 不告而娶 竊負而逃(「金鳳釵記」, 上56쪽)

114) 孟子曰 舜不告而娶 叉瞽瞍殺人 則舜竊負而逃(「金鳳釵記」, 上56쪽)

115) 父母感訝 良久曰 吾止有一女子 當寇賊傷亂之時 死於干戈 不能窀窆 殯于開寧寺之洞 因循不葬 以至于今 今日大祥已至 暫設齋筵 以追冥路 君如其約 請竢女子以來 願勿愕也(「萬福寺摴蒱記」, 23~24쪽)

116) 물론 여인이 양생을 지아비로 맞아들인다고 하여 실제로 후사를 이을 수 있는 것은 아니다. 여인은 이미 죽은 몸으로, 이제 곧 저승으로 떠나야 하기 때문이다. 하지만 작품의 말미를 보면, 여인의 부모는 양생에게 여인의 소유였던 전답과 노비 등을 줌으로써 양생을 사위로 인정하게 된다. 때문에 여인이 양생과 결연한 행위는, 결과적으로는 후사를 잇지 못하게 되지만, 외동딸로서 후사를 이어 효를 다하기 위한 책임에서 비롯되었다고 볼 수 있다.

「상변설(常變說)」에서 다음과 같이 말한 것도 이 부분과 관계가 있다고 본다.

> 군자가 변(變)에 처하면 정(貞)에 어그러지지 않는 것은 이윤(伊尹)과 주공(周公)의 경우요, 소인이 변에 처하면 수치가 없을 수 없는 것은 왕망(王莽)과 조조(曹操)의 경우이다. 백성을 불쌍히 여기고 죄 있는 자를 정벌하는 것은 걸(桀) 임금과 주(紂) 임금에게 시행한다면 가하겠지만, 치세(治世)에 시행한다면 불가하다. 부모에게 고하지 않고 장가든 것은 완은(頑嚚)한 경우에 처해 있다면 가하지만, 보통 때라면 불가하다.[117]

여기서 '완은(頑嚚)'은 주지하듯이 『서경(書經)』 우서(虞書) 「요전(堯典)」에서 순 임금의 부모를 가리켜 "父頑母嚚"[118]이라고 한 데서 비롯된 말이다. 순은 부친 고수(瞽瞍)와 계모, 그리고 이복동생 상(象)에게 생명의 위협을 받았지만 효제(孝悌)로써 그들을 감복시킨 인물이다. 「만복사저포기」에서 여인이 처한 상황은, 물론 순의 경우와 일치하지는 않지만, 비슷한 처지라고 볼 수도 있다.

> 삼가 아뢰나니, 지난번 변방의 방비가 허물어져 왜구들이 침입하여 왔을 때, 방패와 창은 눈앞에 가득하고 봉화는 해를 거듭하며 타올랐습니다. 그들이 가옥을 태워 없애고 백성들을 노략하매, 동서로 달아나 숨고 좌우로 도망치느라 친척과 종들이 뿔뿔이 흩어졌습니다. 저는 냇버들 같은 약질이라 멀리 갈 수 없었기에 자연히 깊은 규방으로 들어가게 되었고, 끝내 그윽한 정절을 지키어 길섶의 이슬에 젖지 않음으로써 도리를 어그러뜨리는 화를 면하였습니다. 부모님께서는 딸이 절개를 지킨 것이 도리에 어긋나지 않는다고 하시면서 궁벽한

117) 君子處變則怫乎貞 伊周也 小人處變則不能無恥 莽操也 吊民伐罪 施之桀紂則可 施之治世則不可 不告而娶 處之頑嚚則可 處之平時則不可(金時習, 『梅月堂全集』, 성균관대학교 대동문화연구원, 1973, 326쪽)

118) 『書經』, 31쪽.

곳으로 장소를 옮겨 초야에 부쳐지내도록 하셨는데, 그것이 벌써 삼 년이 됩니다.[119]

여인이 만복사의 부처에게 올린 장사의 일부분이다. 문면에 명확히 언급되지는 않았지만, 여인은 홀로 중문을 나갈 수 없다는 규범 때문에 깊은 규방에 갇혀 있다가 왜적에게 죽임을 당했던 것이다. 그런데 여인의 부모는 딸이 죽게 될 것을 뻔히 알면서도 여인을 버려두고 도망갔다고 볼 수 있으니, 여인이 처했던 상황 또한 어리석은 부모를 둔 완은한 경우와 그리 다르지 않았던 것이다. 한편 여인은 죽임을 당했음에도 불구하고 결코 부모를 원망하지 않았으니, 이 또한 순의 경우와 일치한다고 볼 수 있다.

『전등신화』에 두루 보이는 바 부모님께 고하지 않고 정을 나눈 남녀 주인공들의 행동은 '야합'이라는 비윤리적인 행위에 불과했다. 이에 반해 「만복사저포기」에서 여인의 결연은 순 임금의 고사와 연결되면서 오히려 인륜에 부합하는 일이 되었다. 여인의 행동은 『맹자』의 논리에 따른 떳떳한 혼인이라는 점에서 『전등신화』 속 여인들의 '불륜'과는 엄연히 구별된다. 여인의 말을 단지 자신의 행동에 대한 변명으로 볼 수만은 없다.

한편 '式燕以遨'는 『시경』 소아(小雅) 「녹명(鹿鳴)」의 "나에게 맛 좋은 술이 있으니, 아름다운 손님이 잔치하며 즐기도다.[我有旨酒 嘉賓式燕以敖]"[120]에서 취한 것이다. 주희(朱熹)의 해석에 의하면, 「녹명」은 여러 신하와 훌륭한 손님을 연향(宴饗)하는 시이다. 여인이 「녹명」의 시구를 끌어온 이유는 양생과 자신이 갖는 만남의 자리가 '낙이불음(樂而不淫)'함을 말하는 데 있었던 것으로 생각된다.

119) 竊以曩者 邊方失禦 倭寇來侵 干戈滿目 烽燧連年 焚蕩室廬 虜掠生民 東西奔竄 左右逋逃 親戚僮僕 各相亂離 妾以蒲柳弱質 不能遠逝 自入深閨 終守幽貞 不爲行露之沾 以避橫逆之禍 父母以女子守節不爽 避地僻處 僑居草野 已三年矣(「萬福寺摴蒱記」, 11쪽)

120) 『詩經』, 182쪽.

이렇게 본다면 '雖明教之法典'에서 '雖'의 의미가 다소 불분명하기는 하지만, '不告而娶 雖明教之法典 式燕以遨 亦平生之奇遇也'에는 여인과 양생의 만남이 시녀가 생각하는 것처럼 비윤리적인 일이 아니라는 뜻이 담겨 있다고 볼 수 있겠다.

여인의 행동은 시녀뿐만 아니라 양생도 문제 삼고 있다. 양생과 여인이 새벽에 길을 가는 장면을 눈여겨볼 필요가 있다.

> 새벽이 되어 여인은 양생을 풀숲 사이로 이끌어 왔는데, 거기에는 이슬이 흠뻑 내려 있었고 따라 지나갈 길도 없었다. 양생이 말했다. "사는 데가 어째 이렇습니까?" 여인이 말하였다. "혼자 사는 여자의 거처란 게 원래 이렇습니다." 여인은 또 농을 걸며 말했다. "촉촉히 젖은 길섶의 이슬에, 어찌 아침저녁으로 다니지 않으랴마는, 길섶에 이슬이 많을까 두렵답니다." 그러자 양생도 역시 농을 하여 받았다. "여우가 어슬렁어슬렁 서성대니, 저 기수(淇水)의 돌다리에 있네. 노(魯)나라 길이 평평하거늘, 제(齊)나라 여인은 나는 듯이 수레 타고 오네." 이렇게 읊으면서 웃고 즐기고는 마침내 함께 개령동으로 갔다.121)

양생과 여인이 『시경』을 인용하며 농담을 하는 장면이다. 그런데 이 부분에서 인용되고 있는 것이 『시경』 소남(召南) 「행로(行露)」임을 생각한다면 예사로이 넘기기 어렵다. 「행로」는 여인의 정절과 연관시켜 풀이하는 것이 보통이다. 즉 여인이 아침저녁으로 홀로 다니면 강포한 자에게 정절을 잃을 수 있으므로 길섶에 이슬이 많기 때문에 옷이 젖을까봐 다닐 수 없다고 핑계를 댄 것이며, 따라서 길섶의 이슬에 젖지 않았다는 것은 곧 여인이 정절을 지켰음을 뜻한다. 「만복사저포기」에서 「행로」가 이처럼 인용되고 있는 것은 김시습이 『시경』의 「행로」를 곧바로 취해서였을 수도 있지만, 「추향

121) 至詰朝 女引至草莽間 零露瀼瀼 無逕路可遵 生曰 何居處之若此也 女曰 孀婦之居固如此耳 女又謔曰 厭浥行路 豈不夙夜 謂行多露 生又謔之曰 有狐綏綏 在彼淇梁 魯道有蕩 齊子翺翔 吟而笑傲 遂同去開寧洞(「萬福寺摴蒱記」, 15~16쪽)

정기」에서 채채(采采)가 상생(商生)에게 보낸 편지 가운데 나오는 "길섶의 이슬에 젖을까 염려했습니다.[慮行露之沾濡]"122)라는 구절에서 영향을 받은 것으로 볼 수도 있다.

서술자는 "새벽이 되어 여인은 양생을 풀숲 사이로 이끌어 왔는데, 거기에는 이슬이 흠뻑 내려 있었고 따라 지나갈 길도 없었다.[至詰朝 女引至草莽間 零露瀼瀼 無逕路可遵]"라고 하였는데, 이는 「행로」에서 "촉촉히 젖은 길섶의 이슬에, 어찌 아침저녁으로 다니지 않으랴마는, 길섶에 이슬이 많을까 두렵답니다.[厭浥行露 豈不夙夜 謂行多露]"123)라고 한 것을 연상시키기에 충분하다. '새벽[詰朝]', '풀숲 사이[草莽間]', '흠뻑 내린 이슬[零露瀼瀼]'이라는 시간적・공간적 배경이 「행로」의 '이른 아침[夙]', '길섶의 이슬[行露]', '촉촉히 젖은[厭浥]' 등의 시어와 거의 일치하는 것이다. 이 같은 맥락에서 보면, 이어지는 양생의 물음은 기본적으로는 황량한 들판에 여인의 집이 있을 것 같지 않다는 의문에서 나온 말이지만, 그 이면에는 '새벽', '길섶의 이슬' 등에서 유추되는 정절의 문제가 개입되어 있다고 해석할 수 있다. 다시 말해 "사는 데가 어째 이렇습니까?"라는 물음 속에는 "당신의 행동이 어째 이렇습니까?"라는 의미도 담겨 있는 것이다. 이 때문에 여인은 양생에게 "혼자 사는 여자의 거처란 게 원래 이렇습니다."라고 대답한 뒤, 곧바로 「행로」를 읊어 자신이 이슬에 젖지 않았음을, 곧 예에서 벗어나지 않았음을 말하고 있는 것이다. 여인이 이렇게 말할 수 있었던 까닭은 자신과 양생의 결연을 떳떳한 혼인으로 여겼기 때문이다.

여인과 마찬가지로 양생도 『시경』을 인용하여 응수한다. "여우가 어슬렁어슬렁 서성대니, 저 기수(淇水)의 돌다리에 있네."는 『시경』 위풍(衛風) 「유호(有狐)」의 일부를 인용한 것이다. 「유호」는 나라가 혼란스럽고 백성이 흩어져 그 배필을 잃게 되자, 과부가 홀아비에게 시집가고자 하는 뜻을 노래

122) 「秋香亭記」, 下116쪽.

123) 『詩經』, 31쪽.

한 시라고 한다. "노나라 길이 평평하거늘, 제나라 여인은 나는 듯이 수레 타고 오네."는 『시경』 제풍(齊風) 「재구(載驅)」의 일부를 인용한 것이다. 「재구」는 노(魯) 환공(桓公)에게 시집간 문강(文姜)이 오라비인 제(齊) 양공(襄公)과 간통하기 위해 수레를 몰고 오는 것을 풍자한 시라고 한다. 양생은 「유호」와 「재구」를 통해 여인의 행동에 문제가 있음을 말한 것으로 생각된다. 즉 양생은 여인이 「유호」나 「재구」에 나오는 여인들처럼 이미 지아비를 둔 경험이 있음에도 불구하고 자신과 만나고 있는 것은 아닌가, 또는 그 여인들처럼 음란한 여인은 아닌가 하는 의문을 『시경』을 인용하여 우회적으로 드러낸 것이다. 이처럼 『시경』을 통한 유희와 한바탕의 웃음은 윤리와 정절의 문제에 대한 둘 사이의 인식 차이와 긴장 관계를 보여 준다.

양생은 개령동에서 정씨(鄭氏)·오씨(吳氏)·김씨(金氏)·유씨(柳氏), 그리고 여인과 시를 주고받는다. 여기서 주목해야 할 부분은 여인이 유씨가 읊은 시 마지막 편의 말에 감동했다는 것인데,[124] 그것은 "지금부터 서로 양홍과 맹광처럼 대하기를.[從今相待似鴻光]"[125]이란 구절이었다. 여인은 유씨가 양생과 자신을 양홍과 맹광 같은 모범적 '부부'로 인정한 것에 대해 감동했던 것이다.

문면에는 잘 나타나 있지 않지만, 개령동에서의 만남을 통해 양생은 여인이 그렇게 행동할 수밖에 없는 까닭과 여인이 처한 비극의 실체에 대해 어느 정도 알게 되었다고 할 수 있다. 그러나 의문이 완전히 해소된 것은 아니다. 여인의 행동을 불러온 원초적 상황에 대해서는 분명히 알지 못하기 때문이다. 양생의 의문은 여인의 아버지의 말[126]과 여인이 이승을 떠나기 전에 한 다음과 같은 말을 들은 후에야 완전히 해소된다.

---

124) 女乃感柳氏終篇之語(「萬福寺摴蒱記」, 21쪽)

125) 「萬福寺摴蒱記」, 21쪽.

126) 吾止有一女子 當寇賊傷亂之時 死於干戈 不能窀窆 殯于開寧寺之洞 因循不葬 以至于今 今日大祥已至 暫設齋筵 以追冥路 君如其約 請竢女子以來 願勿愕也(「萬福寺摴蒱記」, 23~24쪽)

> 제가 법도에 어그러지는 일을 했다는 것은 저 스스로도 아주 명백히 알고 있습니다. 어려서부터 『시경』이나 『서경』을 읽어서 예의가 무엇인지 대강은 알기에, 「건상(褰裳)」이 수치스러워할 만한 것이며 「상서(相鼠)」가 부끄러워할 만한 것임을 모르는 게 아닙니다. 하오나 다북쑥 속에 오래 거처하고 들판에 버려져 있다 보니, 풍정(風情)이 한번 발하매 끝내 견잡을 수 없었습니다. 지난번 절에서 복을 빌고 불당에서 향불을 피워 올렸을 때, 한평생의 기구한 운명을 스스로 탄식했건만 뜻밖에도 삼세(三世)의 인연을 만났습니다. 가시나무 비녀로 쪽을 지고 백 년 동안 높은 절개를 바치며, 술을 빚고 옷을 기우면서 일생 동안 지어미의 도를 닦으려 하였습니다. 하지만 한스럽게도 업(業)이란 피할 수 없는 것이요, 저승길은 당연히 가야 하는 것입니다. 즐거움을 다하지도 못했는데 슬픈 이별이 갑자기 이르렀습니다. 이제 걸음걸음마다 연꽃을 피우면서 병풍 속으로 들어갈 테고, 아향(阿香)이 우레 수레를 몰 것이며, 양대(陽臺)에서 구름과 비가 걷히고, 까막까치가 은하수를 흩뜨릴 것입니다. 이로부터 한번 헤어지면 훗날의 만남은 기약하기 어렵습니다. 이별할 때가 되니 슬프고도 두려워 무슨 말을 해야 할지 모르겠습니다.[127)]

"제가 법도에~모르는 게 아닙니다."라는 말은 「연방루기」에서 난영(蘭英)과 혜영(蕙英)이 정생(鄭生)과 정을 나눈 뒤 한 말을 몇 글자만 바꾸어서 그대로 가져온 것이다.

> 저희가 비루하다는 것은 저희 스스로도 아주 명백히 알고 있습니다. 규방 안에서 오래 있었으므로 경사(經史)도 대강 통하고 있어, 찬혈(鑽穴)이 수치스러워할 만한 것이며 온독(韞櫝)이 아름답게 여길 만한 일임을 알지 못하는 게 아

127) 妾之犯律 自知甚明 少讀詩書 粗知禮義 非不諳褰裳之可愧 相鼠之可赧 然而久處蓬蒿 抛棄原野 風情一發 終不能戒 曩者 梵宮祈福 佛殿燈香 自嘆一生之薄命 忽遇三世之因緣 擬欲荊釵椎髻 奉高節於百年 冪酒縫裳 修婦道於一生 自恨業不可避 冥道當然 歡娛未極 哀別遽至 今則步蓮入屛 阿香輾車 雲雨霽於陽臺 烏鵲散於天津 從此一別 後會難期 臨別悽惶 不知所云(「萬福寺摴蒱記」, 24~25쪽).

> 닙니다. 하오나 달이 뜨는 가을과 꽃이 피는 봄이면 매번 헛되이 보냄을 아파하고, 구름 같은 정(情)과 물 같은 성(性)을 스스로 지키지 못했습니다.[128]

여인의 말을 문화 규범을 어긴 데 대한 변명으로 보거나,[129] 여인의 행동을 억압된 욕망의 분출로 보는 시각은 그르지 않다. 하지만 부모 몰래 양생과 혼인한 여인의 행동을 오직 욕정 때문에 생긴 일로만 이해하는 시각은 옳다고 할 수 없다. 평소에 중문조차 잘 넘지 않을 만큼 정절을 중요하게 생각했던 여인이 하필 귀신이 된 다음에야 억압된 욕망을 참지 못하고 그 같은 일을 저질렀다고 보기는 어렵기 때문이다. 여인의 행동은 이미 죽은 몸이기 때문에 부모님께 고하고 결혼할 수 없는 현실, 대상을 얼마 남기지 않은 절박함, 혼인이라는 큰 윤리를 폐할 수 없다는 생각, 외동딸로서 후사의 문제를 걱정한 효심, 그리고 황량한 들판에 버려진 채 억눌러야 하는 욕정의 문제 들이 복합적으로 작용한 결과이다. 이 가운데 욕정의 문제는 오히려 부차적이다. 「연방루기」와의 관계를 고려한다면, 「건상」과 「상서」를 운운하고 풍정의 문제를 거론한 부분은 애정전기소설의 관용구 정도로 볼 수도 있다.

여인이 떠난 후, 여인의 부모는 양생에게 여인의 소유였던 은 주발[130]과 전답 및 노비를 주어 신표로 삼게 한다.[131] 여인의 부모는 양생을 사위로 인정한 것이다. 하지만 양생의 입장에서 보면, 죽은 여인의 남편이 되었다는 것은 자신의 배필이 이 세상에는 있지 않다는 뜻이 되며 배필을 구함으

---

128) 妾之鄙陋 自知甚明 久處閨闈 粗通經史 非不知鑽穴之可愧 韞櫝之可佳也 然而秋月春花 每傷虛度 雲情水性 失於自持(「聯芳樓記」, 上71쪽)

129) 정운채, 앞의 논문, 224~225쪽.

130) 양생이 죽은 여인의 무덤에서 순장품을 가져온 것과 비슷한 내용의 이야기는 무척 많다. 하지만 직접적으로는 「금봉차기」의 영향을 받은 것으로 보아야 한다.

131) 父母謂生曰 銀椀任君所用 但女子有田數頃 蒼赤數人 君當以此爲信 勿忘吾女子(「萬福寺樗蒲記」, 26쪽)

로써 해결되기를 바랐던 고독도 해결될 수 없다는 뜻이 된다.

작품의 말미에 설정된 윤회 장면도 같은 맥락에서 이해할 수 있다. 여기서 중요한 것은 여인이 '다른 나라'에서 '남자'로 태어나게 되었다는 점이다. 「애경전」에 설정된 윤회 모티프는 비록 세계의 횡포에 의해 좌절되었지만 평범한 부녀자로서의 삶을 살려 하였던 애경의 의지에 대한 보상의 성격을 지닌다.[132] 「애경전」의 말미는 조자가 무석의 송씨 집에 찾아가니 애경의 말대로 과연 스무 달 만에 태어난 사내아이가 있었는데, 그 아이가 조자를 보고는 울음을 그치고 웃었으며, 조자는 그 집과 인연을 맺고 지냈다는 것으로 끝난다. 이에 반해 「만복사저포기」에서 여인이 '다른 나라'에서 '남자'로 태어날 예정이라고 한 것은 양생이 고독에서 벗어날 수 있는 조금의 희망도 없음을 마지막으로 확인한다는 의미를 갖는다.[133]

양생은 명혼 체험을 통하여 다음과 같은 사실을 깨달았다고 할 수 있다. 첫째, 여인의 행동이 비윤리적인 것도 훼절도 아니었다는 점이다. 이승을 영원히 떠나기 전에 혼인을 하여 무후의 불효에서 벗어나고자 했던 여인의

132) 박일용, 「금오신화와 전등신화에 나타난 애정 모티프의 형상화방식과 그 의미」(『동아시아문학 속에서의 한국한문소설 연구』, 고려대학교 민족문화연구원, 2002), 134쪽.

133) 최삼룡, 「금오신화의 비극성에 대한 초월의 문제」(『어문논집』 22, 고려대학교 국어국문학연구회, 1981), 169쪽에서 "그가 俗世를 등지고 入山한 것은 女人에 대한 그리움 때문은 아니었다. 사랑하던 女人이 먼 나라의 男子로 태어남은, 이미 그녀와는 男女之情을 나눌 수 없는 虛無한 冷却상태로의 轉換을 의미한다. 더 이상 男子로 태어나게 된 女子에게 미련이 남아 있을 수 없었다."라고 하였으며, 임치균, 「용궁부연록의 환상 체험 연구」(『정신문화연구』 124, 한국학중앙연구원, 2011), 8~9쪽에서 "필자가 여기에서 궁금하게 생각한 것은 왜 여인이 다른 나라에서 그것도 남자로 환생하는가 하는 점과 양생은 무엇 때문에 세상을 등지는가 하는 점이었다. 작품 전개 과정에서 여인은 양생이 원하고 사랑하던 존재였다. 귀신이었기에 현실에서는 그들의 사랑이 이루어질 수 없는 태생적 한계를 지니고 있다. 그런데 여인이 다른 나라에서 환생하였다. 다른 나라에서 태어났다는 것은 그만큼 다시 만나기는 쉽지 않다는 의미를 가진다. 하지만 만남과 결연의 가능성이 아주 차단되지는 않았기에 희망은 있다. 특히 원래 그대로의 여성의 모습으로 환생하였다면 희망을 가지고 찾아볼 수는 있을 것이다. 그런데 여인은 남자로 태어났다. 결국 양생은 이곳에서뿐만 아니라 저곳에서조차 영원히 여인을 만날 수 없게 된 것이다."라고 하였다.

행동은 인륜에 부합하는 일이었다. 둘째, 양생의 고독이 결국 여인을 비극으로 몰아간 원인과 관련이 있다는 점이다. 여인은 왜구의 침입 때문에 죽게 되었고 이로 인해 결국 양생도 사람 가운데서는 짝을 찾지 못하게 되었으니, 양생의 고독 역시 전란이라는 세계의 횡포가 불러온 것과 마찬가지가 된다.

결국 「만복사저포기」는 양생의 인식이 새롭게 변화되는 과정을 그린 작품이라고 할 수 있다. 양생은 여인이 귀신이라는 사실을 인정하게 되었고, 여인과의 결연을 떳떳한 혼인으로 받아들이게 되었으며,[134] 여인의 행동을 훼절로 보지 않게 되었다. 그리고 죽은 여인과의 혼인을 인정함으로써 이 세상에서는 고독을 해소할 수 없다는 사실을 깨달은 뒤 지리산으로 들어가게 된 것으로 볼 수 있다.

양생은 왜 고독하게 되었는가? 양생과 여인을 파국으로 치닫게 한 부조리함의 실체는 무엇인가? 작품 속에서 굳이 그 해답을 찾아보면 '전란'일 수밖에 없다. 하지만 작자는 전란의 실체에 대해서는 침묵하고 있다. 전란은 양생과 여인 모두에게 불가해(不可解)한 사건이며, 작품이 다루고 있는 이야기 이전에 이미 벌어져 있었던 일일 따름이다.

(3) 「이생규장전(李生窺墻傳)」

「이생규장전」은 『전등신화』에 실려 있는 「연방루기」·「취취전」·「애경전」 등의 영향을 받은 작품으로 알려져 있다.[135] 또 「이생규장전」은 남주인공 이생(李生)과 여주인공 최씨(崔氏)가 혼인하는 대목까지를 전반부로, 신

134) 양생이 여인의 부모로부터 여인의 소유였던 주발과 전답 및 노비를 받았다는 것은 곧 여인과의 혼인을 인정한다는 뜻이 되기 때문이다.

135) 「이생규장전」과 『전등신화』 소재 작품과의 관련성에 주목하여 「이생규장전」을 분석한 논문은 다음과 같다. 이상구, 「이생규장전의 갈등구조와 작가의식」(『어문논집』 35, 민족어문학회, 1996); 박일용, 앞의 논문; 정환국, 「전란 소재 애정전기소설의 성립과 발전에 관한 시론」(『초기 소설사의 형성 과정과 그 저변』, 소명출판, 2005).

축년(辛丑年) 홍건적(紅巾賊)의 난이 일어난 뒤의 일을 후반부로 나누어 볼 수 있다. 이에 그간의 연구는 「이생규장전」을 『전등신화』 소재 작품들과의 관련 속에서 이해하는 것과 남녀 주인공의 결연으로 귀결되는 전반부와 남녀 주인공의 죽음이라는 비극적 결말로 마무리되는 후반부의 의미를 해석하는 것에 집중되었다고 할 수 있다. 「이생규장전」은 전반부에서는 주로 「취취전」·「연방루기」를 수용하였고 후반부에서는 주로 「취취전」·「애경전」을 수용하였는데, 여기서는 먼저 「이생규장전」과 『전등신화』 소재 작품들과의 관련 양상을 살펴본 후 「이생규장전」이 그것을 변용하여 서사적 의미를 생성해 간 과정을 살펴보도록 하겠다.

『전등신화』의 수용 양상

「이생규장전」은 『전등신화』 소재 애정전기소설 가운데 「취취전」의 영향을 가장 크게 받은 작품으로 알려져 있다. 모두 남녀 주인공의 애정을 다루었지만, 제목을 보면 「이생규장전」은 남주인공 이생을 내세웠고 「취취전」은 여주인공 취취를 내세웠다. 작품의 서두도 이에 따라 다르게 시작한다.

> 송도에 이생이라는 젊은이가 낙타교 옆에 살고 있었는데, 나이는 18세에 풍치는 맑고도 뛰어났으며, 타고난 기품은 영특하고 뛰어났는데, 평소 국학에 다니면서 길가에서 시를 읊곤 했다. 선죽리에 사는 명문가 처자 최씨는 나이가 15~16세 정도였고 태도가 염려하였으며, 자수에 능하고 시부에 뛰어났다. 그래서 세상에서 다음과 같이 일컬었다. "풍류재자 이씨 도령, 요조숙녀 최가 낭자. 재주와 모습을 듣기만 해도, 주린 배를 채운다네."[136)]

---

136) 松都有李生者 居駱駝橋之側 年十八 風韻淸邁 天資英秀 常詣國學 讀詩路傍 善竹里 有巨室處子崔氏 年可十五六 態度艶麗 工於刺繡 而長於詩賦 世稱 風流李氏子 窈窕崔家娘 才色若可餐 可以療飢腸(「李生窺墻傳」, 28쪽)

취취의 성은 유씨이며 회안 민가의 딸이다. 태어나면서부터 뛰어나고 총명하여 시서에 능통했기에 부모가 그 뜻을 빼앗지 못하고 학교에 다니게 하였다. 동학 가운데 김씨의 아들이 있었는데, 이름은 정이었다. 취취와 동갑인데다가 총명하고 준수하였으므로, 여러 학생들이 이렇게 희롱하였다. "동갑내기는 부부가 된단다."137)

이생과 최씨, 취취와 김정은 총명하고 시서에 능하여 서로 짝이 될 만한 인물들이다. 취취와 김정은 서로를 잘 아는 사이였고, 서로에게 마음을 두고 있었기에 시까지 주고받는다. 이에 반해 이생과 최씨는 서로 만나보지는 못한 사이였다. 그래서 「이생규장전」에는 이생이 '담 너머를 엿보는[窺墻]' 장면이 설정되었는데, 이 '규장' 모티프와 '만남' 장면은 「연방루기」를 수용한 것이다.138) 이생이 여인을 목격하는 장면은 다음과 같다.

이생은 책을 끼고 학교에 갈 때면 항상 최씨의 집을 지나갔는데, 그 집 북쪽 담 밖에는 버드나무 수십 그루가 빙 둘러 있었기에 이생은 그 아래에서 쉬곤 했다. 어느 날 담 안을 엿보니, 거기에는 이름난 꽃들이 활짝 피어 있었고 벌과

---

137) 翠翠 姓劉氏 淮安民家女也 生而穎悟 能通詩書 父母不奪其志 就令入學 同學有金氏子者 名定 與之同歲 亦聰明俊雅 諸生戱之曰 同歲者 當爲夫婦(「翠翠傳」, 下 32쪽)

138) 「연방루기」에서 蘭英과 蕙英은 여름날 뱃머리에서 목욕을 하고 있는 鄭生의 모습을 창틈으로 엿보고는 荔枝 한 쌍을 던진다. 정생은 그 뜻을 알아차렸지만 그녀들이 있는 蘭蕙聯芳樓가 까마득히 멀어 닿을 수 없었기에 밤중에 난영·혜영이 그넷줄에 매달아 내려 보낸 竹兜를 타고 올라가 두 여인과 정을 나누고 시를 수창한다. 새벽이 되자 정생은 다시 가마를 타고 내려오는데, 이후로 매일 밤 두 여인을 찾아가 정을 나누게 된다. 「이생규장전」에서 이생은 담 너머를 엿본 뒤 최씨가 읊는 시를 듣는다. 이에 시를 지어 글재주를 발휘하고 싶었으나, 문호는 높고 규중은 깊어 怏怏不樂하여 돌아갔다가, 국학에서 돌아올 때 시 세 수를 지어 기와 조각에 매달아 안으로 던진다. 이 일이 계기가 되어 이생은 최씨로부터 의심치 말고 날이 저물 때를 기약하자는 글을 받고, 밤중에 그넷줄에 매달아 내려 보낸 竹兜를 타고 담을 넘어간다. 이생은 사흘 동안 그곳에 머무르다가 집으로 돌아가는데, 이로부터 매일 밤 최씨를 찾아가게 된다.

새들이 다투어 지저귀었다. 옆에는 한 작은 누각이 꽃떨기 사이에 은은히 비치었는데, 주렴이 반 정도 가려져 있고 비단 장막이 낮게 드리워져 있는 곳에 어떤 미인이 느릿느릿 자수를 하다가 바느질을 멈추고는 턱을 괴고서 다음과 같은 시를 읊었다.

> 홀로 사창에 기대어 자수는 늦어지는데,
> 온갖 꽃 만발한 가운데 꾀꼬리 울고 있네.
> 괜스레 가만히 봄바람을 원망하며,
> 말없이 바느질 멈추고 그리는 이 있다네.
>
> 길가에 뉘 집 백면서생인지,
> 푸른 옷깃에 넓은 띠 버드나무에 아른거리네.
> 어찌해야 집안의 제비가 되어,
> 나지막이 주렴을 스쳐 담장을 비껴 넘으랴?139)

남주인공이나 여주인공이 몸을 숨기고 문틈이나 창틈으로 엿보는 장면은 「하생기우전」·「주생전」·「운영전」 같은 애정전기소설에서 쉽게 찾아볼 수 있다. 이 작품들에서 엿보는 주체는 엿보이는 상대에게 드러나지 않는다는 점에서 공통적인데, 이는 '엿보기[窺]'가 가지고 있는 기본적인 속성이다. 그런데 「이생규장전」에서는 이러한 엿보기의 속성이 무시되고 있는 듯하다. 최씨는 마치 이생이 엿보기를 기다리고 있었다는 듯 "어찌해야 집안의 제비가 되어, 나지막이 주렴을 스쳐 담장을 비껴 넘으랴?"라고 읊고 있기 때문이다.

---

139) 李生嘗挾冊詣學 常過崔氏之家 北牆外 垂楊裊裊 數十株環列 李生憩於其下 一日窺牆內 名花盛開 蜂鳥爭喧 傍有小樓 隱映於花叢之間 珠簾半掩 羅幃低垂 有一美人 倦繡停針 支頤而吟曰 獨倚紗窓刺繡遲 百花叢裏囀黃鸝 無端暗結東風怨 不語停針有所思 路上誰家白面郞 靑衿大帶映垂楊 何方可化堂中燕 低掠珠簾斜度墻(「李生窺墻傳」, 28~29쪽)

「이생규장전」의 서두에는 세상 사람들이 이생과 최씨를 풍류재자와 요조숙녀로 짝지어 읊었다고 되어 있으니, 이생과 최씨는 서로에 대해 잘 알고 있었을 것이며, 한번 만나보기를 바랐을 것이라고 생각할 수 있다. 이생이 담 안을 엿본 행위도 이 같은 '호기심'에 따른 행동이었을 것이다. 그런데 이생이 국학에 다닐 때 '항상[常]' 최씨가 거하고 있는 누각 옆의 담장 밖 버드나무 아래에서 쉬곤 했다는 점을 고려한다면, 최씨 또한 거의 매일 국학을 오가는 이생의 모습을 엿보았을 것이다. 작품의 제목이 '이생규장전(李生窺墻傳)'이고 문면에는 이생만 담 안을 엿본 것처럼 되어 있으나, 기실 최씨는 전부터 줄곧 이생을 지켜보고 있었으며 이생이 우연히 담 안을 엿본 바로 그때 평소의 마음을 담아 위와 같은 시를 지었던 것이다.140)

애정전기소설에서 엿보는 주체는 대개 '은폐된 좁은 공간'에서 '틈'을 통해 '열려진 바깥 세계'를 엿보게 된다.

> 여름날 정생이 뱃머리에서 목욕을 하고 있는데 두 여인[난영 · 혜영]이 창틈으로 정생을 엿보고는 여지(荔枝) 한 쌍을 아래로 던졌다. 정생은 비록 그 뜻을 알아차렸지만, 높다란 기와집을 우러러보니 은하수보다도 아득하고 몸에는 날개도 없어, 그곳에 이를 방도가 없었다.141)

> 하생이 기이하게 여겨 몰래 들어가 엿보니, 어떤 이팔청춘의 미인이 각침에 비스듬히 기대어 비단이불을 반쯤 덮었는데, 근심스러운 용모와 아름다운 태도가 눈으로 똑바로 보지 못할 지경이었다.142)

---

140) 이는 작품의 후반부에서 최씨가 과거를 회상하며 이생에게 "(당신이) 한번 붉은 살구꽃이 핀 담을 엿보자, (저는) 스스로 푸른 바다의 구슬을 올렸습니다.[一窺紅杏之墻 自獻碧海之珠]"(「李生窺墻傳」, 45쪽)라고 말한 데서도 짐작할 수 있다.

141) 夏月 於船首澡浴 二女於窓隙窺見之 以荔芰一雙投下 生雖會其意. 然仰視飛甍峻宇 縹緲於霄漢 自非身具羽翼 莫能至也(「聯芳樓記」, 上66쪽)

142) 生異之 潛入而窺 有美人年可二八 欹倚角枕 半掩錦被 愁容麗態 目難定視(「何生奇遇傳」, 80쪽)

> 주생은 몸을 감추고 가서 숨을 죽여 안을 엿보았다.[143)]

> 이때 열 사람은 창틈으로 몰래 엿듣고 있다가 (성삼문의 말에) 탄복하지 않음이 없었습니다.[144)]

> 그 뒤로 대군은 자주 김진사와 만났으나, 우리들을 김진사와 가까이 하게 한 적이 없었기에, 저는 매번 문틈으로 김진사를 엿보았습니다.[145)]

하지만 「이생규장전」에서는 정반대의 상황이다. 이생은 '열려진 바깥 세계'에서 자신을 감추지 않고 담 안쪽의 '깊은 공간'을 우연히 얼핏 바라볼 뿐이다. 이생은 최씨의 시를 들은 뒤 시를 지어 글재주를 펴 보이고 싶었으나, 문호(門戶)는 높고 규방은 깊어 앙앙불락(怏怏不樂)하며 그곳을 떠나는데,[146)] 이는 「연방루기」에서 정생이 높다란 누각을 바라보기만 하고 아무 일도 할 수 없었던 상황과 같다. 「이생규장전」의 공간 구성과 「연방루기」의 공간 구성은 동질적이다. 이생이 쉬고 있는 버드나무 아래와 정생이 목욕하고 있는 뱃머리는 모두 최씨나 난영·혜영이 있는 곳으로부터 엿보일 수 있는 장소이지, 그 반대는 사실상 불가능하다. 또한 최씨가 거처하는 곳이나 난영·혜영이 있는 누각은 이생이나 정생의 힘만으로는 닿을 수 없는 곳이며, 남주인공들은 여주인공들이 그넷줄에 매달아 내려 보낸 죽두(竹兜)를 타고서만 그녀들의 내밀한 공간으로 진입할 수 있다.

한편 '엿보기'에서는 대개 엿보는 주체의 '적극성'이 부각되기 마련이다. 그런데 「이생규장전」에서는 담 안을 엿본 이생이 오히려 소극적인 면모를 보인다. 이생은 최씨가 자신을 유혹한다고 볼 수 있을 정도의 시를 듣고도

143) 生匿身而往 屛息而窺(「周生傳」, 259쪽)
144) 于時 十人從窓隙暗聞 莫不歎服(「雲英傳」, 345쪽)
145) 其後 大君頻接進士 而未嘗以妾等相近 故妾每從門隙而窺之(「雲英傳」, 350쪽)
146) 生聞之 不勝技癢 然其門戶高峻 庭闈深邃 但怏怏而去(「李生窺墻傳」, 29쪽)

적극적인 행동을 취하지 않고 일단 돌아선다.147) 그는 죽두를 타고 담을 넘어 안으로 들어갔으나 그곳이 선경(仙境)이 아닌가 여기기도 하고 일이 비밀스러워 머리카락이 곤두서기도 하는데,148) 이는 「연방루기」에서 정생이 죽두를 타고 난혜연방루에 올라간 뒤 기쁨을 이기지 못해 바로 동침하여 정을 나누었다는 서술149)과는 사뭇 다른 것이다. 그런가 하면 이생은 "훗날 봄소식이 누설된다면, 무정한 비바람에 가련해지리라.[他時漏洩春消息 風雨無情亦可憐]"150)라는 시를 읊어 불안하고 소극적인 면모를 드러내는 반면, 최씨는 이 시를 듣고 이생에게 "본래부터 그대와 함께 하여 끝까지 쓰레받기와 빗자루를 들고 길이 즐거움을 맺으려 하였습니다. 낭군은 어찌 이처럼 갑작스런 말을 꺼내십니까? 저는 비록 여자이지만 마음이 태연하여 아무 걱정도 없거늘 장부의 의기로 이런 말을 하려 하십니까?"151)라고 말하여 태연하고도 적극적인 모습을 보이고 있는 것이다.

이처럼 「이생규장전」의 전반부는 작품의 문면에 서술된 것과는 달리 평

---

147) 박일용, 「이생규장전의 밀회 장면에 나타난 환상성과 그 현실적 의미」(『고소설연구』 20, 한국고소설학회, 2005), 13쪽에서는 "여기서 주목할 것은 이처럼 연정을 고백하는 최랑의 시를 듣고서도 이생이 돌아섰다고 이야기된다는 점이다. 설혹 이생이 최랑과 결연할 수 없음을 자각했다 할지라도, 이처럼 동경하던 여인에 의해 비밀스런 소통 기회가 제공되었음에도, 그것을 외면하고 돌아선다는 것이 남성 중심 사회의 통념으로 이해하기 어렵기 때문이다."라고 하였고, 또 "이를 독자에게 '규장' 행위의 현실적 의미를 환기시키기 위한 것이라 해석할 수 있을 것이다. 유가 사회에서 여성이 먼저 자신의 내면을 고백한다는 것은 쉽사리 상상하기 어려운 일이다. 그렇기 때문에 이생이 그 시를 들었다고 서술해 놓고서도 답을 하지 않고 돌아서는 것으로 그림으로써, 그 스스로 최랑의 시가 자신의 환상이 아니었나 하는 의심을 하면서 돌아서는 것으로 읽을 수 있는 여지를 제공한 것이다."라고 하였다.

148) 往視之 則以鞦韆絨索 繫竹兜下垂 生攀緣而踰 會月上東山 花影在地 淸香可愛 生意謂已入仙境 心雖竊喜 而情密事秘 毛髮盡竪(「李生窺墻傳」, 30~31쪽)

149) 忽聞樓窓啞然有聲 顧眄之頃 則二女以鞦韆絨索 垂一竹兜 墜於其前 生乃乘之而上 旣見 喜極不能言 相携入寢 盡繾綣之意焉(「聯芳樓記」, 上67쪽)

150) 「李生窺墻傳」, 31쪽.

151) 本欲與君 終奉箕箒 永結歡娛 郎何言之若是遽也 妾雖女類 心意泰然 丈夫意氣 肯作此語乎(「李生窺墻傳」, 31~32쪽)

소에 최씨가 국학을 다니는 이생을 엿보았다는 내용을 담고 있다고 볼 수 있다. 그리고 최씨가 이생에 비해 적극적인 면모를 보이는 것도 기실은 엿보기의 주체가 이생이 아닌 최씨였던 데서 비롯된 결과라 할 수 있다.

이생은 최씨 집의 담을 넘은 뒤 최씨의 방안으로 들어가 시를 수창한다. 그리고 최씨의 뒤를 따라 사다리를 타고 누각에 올라간다. 그곳의 한 쪽 벽에는 제화시(題畵詩)가 적혀 있는 「연강첩장도(煙江疊嶂圖)」와 「유황고목도(幽篁古木圖)」가 있었다고 되어 있는데,[152] 작품에서는 이 시들이 모두 제시되어 있다. 이어 누각의 다른 쪽 벽에는 조맹부(趙孟頫)의 해서(楷書)를 본뜬, 누가 지었는지 알 수 없는 '사시(四時)를 읊은 시' 네 폭이 걸려 있었다고 서술되고 있으며,[153] 이 시들 또한 모두 소개되고 있다. 이 부분은 「위당기우기」의 영향을 받았다. 「위당기우기」에서 왕생(王生)은 위당(渭塘)의 술집에 갔다가 술집 주인의 딸과 눈길을 주고받은 후 배 안으로 돌아와, 밤에 꿈속에서 여인의 방을 찾아간다. 그 방에는 조맹부의 필체로 소식(蘇軾)의 「사시사(四詩詞)」를 본받아 쓴, 누가 지었는지 알 수 없는 네 폭의 시가 붙어 있었다고 했는데,[154] 「위당기우기」에도 이 시들이 모두 제시되어 있는 것이다. 「이생규장전」과 「위당기우기」에서는 이 시들이 모두 누구의 작인지 알 수 없다고 했으나, 모두 남주인공을 향한 여주인공의 내면을 섬세하게 표현하고 있다는 점에서 공통적이다. 「이생규장전」의 삽입시에는 이생을 향한 최씨의 마음이 사계절의 경치에 따라 표현되고 있으니, 이는 최씨가 전부터 국학에 다니는 이생을 줄곧 지켜보고 있었다는 사실과도 관

---

152) 言訖 女從北窓入 生隨之 樓梯在房中 緣梯而昇 果其樓也 文房几案 極其濟楚 一壁展煙江疊嶂圖幽篁古木圖 皆名畵也 題詩其上 詩不知何人所作(「李生窺墻傳」, 34쪽)

153) 一壁貼四時景各四首 亦不知其何人所作 其筆則摹松雪眞字 體極精姸(「李生窺墻傳」, 35쪽)

154) 壁上貼金花牋四幅 題詩于上 詩體則效東坡四時詞 字畫則師趙松雪 不知何人所作也(「渭塘奇遇記」, 上131쪽)

련이 있다고 할 수 있다.

이생과 최씨는 우여곡절을 겪고 마침내 혼인하여 부부가 된다. 이생 집안과 최씨 집안의 결혼 과정은 「취취전」에서 김정 집안과 취취 집안이 결혼하는 과정과 유사한 서사 전개를 보이는데, 그 가운데 병이 든 최씨가 부모에게 그간의 사정을 이야기하는 대목[155]을 주목할 필요가 있다. 이 부분은 「금봉차기」에서 최홍가가 오방어에게 자신의 잘못을 고백하는 대목, 「연방루기」에서 난영과 혜영이 정생에게 하소연하는 대목 등과 관계가 있다고 볼 수 있는데,[156] 최홍가와 난영·혜영의 발화 속에는 다양한 전고들이 활용되고 있다. 최씨의 발화에도 전고가 다수 활용되고 있어 그 영향 관계를 짐작할 수 있지만, 「이생규장전」의 전고 활용 대목에는 그녀의 비윤리적 행위에 대한 방어의 논리가 작용하고 있다는 점에서 차이가 있다. 최씨는 부모에게 잘못을 고백하면서 『시경』 소남의 「표유매(摽有梅)」와 『주역(周易)』 함괘(咸卦)의 "육이(六二)는 감동함이 그 장딴지이면 흉하니, 그대로 있으면 길하리라.[六二 咸其腓凶 居吉]"[157]라는 구절을 인용하는데, 이 전고들은 모두 남녀의 자연스러운 만남과 관련이 있는 것들이다. 이를 통해 최씨는, 부모 몰래 이생과 결연한 자신의 행동이 단순히 정욕에서 비롯된 일만

---

155) 至是 女不能復隱 細語在咽中 告父母曰 父親母親 鞠育恩深 不能相匿 竊念男女相感 人情至重 是以摽梅迨吉 咏於周南 咸腓之凶 戒於羲易 自將蒲柳之質 不念桑落之詩 行露沾衣 竊被傍人之嗤 絲蘿托木 已作娼兒之行 罪已貫盈 累及門戶 然而彼狡童兮 一偸賈香 千生喬怨 以眇眇之弱軀 忍悄悄之獨處 情念日深 沈痾日篤 濱於死地 將化窮鬼 父母如從我願 終保餘生 倘違情款 斃而有已 當與李生 重遊黃壤之下 誓不登他門也(「李生窺墻傳」, 40~41쪽)

156) 이 부분은 기본적으로는 「취취전」에서 취취가 부모의 혼사 논의를 알고는 밥을 먹지 않다가 부모에게 "반드시 서쪽 집의 김정이어야 합니다. 저는 이미 그에게 마음을 허락하였습니다. 만약 따를 수 없다면 죽음이 있을 따름입니다. 맹세컨대 다른 집에는 시집가지 않겠습니다.[必西家金定 妾已許之矣 若不相從 有死而已 誓不登他門也]"(「취취전」, 下33쪽)라고 말한 대목과 관련이 있다. 하지만 「이생규장전」의 최씨의 발화 부분은 「취취전」의 그것과는 달리 분량이 길고 전고가 다수 인용되고 있다.

157) 성백효 역주, 『현토완역 주역전의』 하(전통문화연구회, 1998), 13쪽.

은 아니며, 성인의 말씀과도 관계있는 일이라는 점을 은연중에 드러내고 있는 것이다.158)

이생은 최씨와 혼인한 이듬해에 과거에 급제하여 높은 벼슬에 오르는데, 이 부분은 「애경전」과의 관련 속에서 살펴볼 필요가 있다. 「애경전」에서 조자는 애경과 혼인한 후 얼마 있다가 이부상서(吏部尙書)가 된 부친의 친척이 편지를 보내오므로 애경과 이별하여 대도(大都)로 가는 데 반해,159) 「이생규장전」에서는 이생이 바로 과거에 급제함으로써 최씨와 이별하지 않는다. 이런 차이점은 여주인공들이 전란의 와중에서 죽게 되었을 때 남편인 남주인공들이 그녀들의 옆에 있었는지의 여부를 갈라놓는다는 점에서 중요한 의미를 갖게 된다.

행복한 부부 생활을 하던 이생과 최씨의 앞에 전란이 닥친다. 「이생규장전」은 이 앞부분까지는 「취취전」의 서사를 기본으로 하면서 「연방루기」의 서사를 적절하게 활용하였는데, 전란 장면 즈음부터는 「취취전」보다는 「애경전」과의 친연성이 두드러진다. 애경과 최씨가 죽는 장면은 다음과 같다.

> 조자의 집은 유만호라는 자에게 점거 당했는데, 유만호는 애경의 자색을 보자 그녀를 핍박하여 첩으로 들이려 했다. 애경은 달콤한 말로 속여 목욕을 하러 방에 들어간다고 해 놓고 비단 수건으로 목을 매어 죽었다.160)

> 이생은 가족을 이끌고 구석진 벼랑에 숨어 있었다. 이때 한 도적이 칼을 들고 쫓아왔다. 이생은 달아나서 겨우 벗어났으나 여인은 도적에게 사로잡혔다. 도적이 그녀를 겁탈하려 하자, 여인은 큰소리로 꾸짖었다. "호귀야! 나를 죽여 씹어라. 죽어서 시랑의 뱃속에서 장사 지낼지언정, 어찌 개돼지의 배필이 되겠느

---

158) 이에 대해서는 제4장에서 자세히 다루었다.

159) 未久 趙子有父黨爲吏部尙書 以書自大都召之 許授以江南一官(「愛卿傳」, 下19쪽)

160) 趙子之居 爲劉萬戶者所據 見愛卿之姿色 欲逼納之 愛卿以甘言紿之 沐浴入閤 以羅巾 自縊而死(「愛卿傳」, 下23쪽)

냐?" 도적은 노하여 그녀를 죽이고 살을 발라냈다.[161)]

「이생규장전」에 보이는 최씨의 죽음 장면이 「애경전」의 애경의 죽음 장면보다 훨씬 더 잔인하게 묘사되고 있음을 볼 수 있다. 또 「이생규장전」에서 이생은 최씨와 함께 피난하다가 한 명의 도적이 칼을 들고 쫓아오는 모습을 보고서 홀로 달아나는 데 반해, 「애경전」에서 조자는 애경이 죽을 때 그 자리에 있지 않았다.

「이생규장전」에서 최씨의 환생 이후는 「애경전」과 「금봉차기」를 수용했다. 「애경전」에서 애경은 사후 명사에서 정렬이라 하여 무석의 송씨 집 남아로 환생이 예정된 상태에서[162)] 목에 나건(羅巾)을 감은 모습의 혼으로 조자를 찾아가지만,[163)] 「이생규장전」에서 최씨는 천제(天帝)로부터 죄장(罪障)이 없다는 말을 듣고 못다 한 인연을 이루기 위해 잠시 환체(幻體)를 빌려 이생을 찾아간다.[164)] 이 지점에서 「이생규장전」은 「금봉차기」에서 오흥랑(吳興娘)이 오경랑의 몸을 빌려 최흥가를 만나는 대목을 가져왔다.[165)] 그런데 「애경전」에서는 애경이 송씨 집 남아로 환생하고 조자가 애경이 환생한 나생(羅生)을 찾아가는바, 「애경전」은 기본적으로는 비극적 정조를 깔고 있지만 행복한 결말로 마무리된다. 「금봉차기」에서도 오흥랑의 죽음은 비

161) 生挈家隱匿窮崖 有一賊拔劍而逐 生奔走得脫 女爲賊所虜 欲逼之 女大罵曰 虎鬼殺啗我 寧死葬於豺狼之腹中 安能作狗彘之匹乎 賊怒 殺而剮之(「李生窺墻傳」, 44쪽)

162) 對曰 妾之死也 冥司以妾貞烈 卽令往無錫宋家 托爲男子 妾以與君情緣之重 必欲俟君一見 以敍懷抱 故遲之歲月爾 今旣見君矣 明日卽往降生也 君如不棄舊情 可往彼家見訪 當以一笑爲驗(「愛卿傳」, 下31쪽)

163) 言訖 如有人行 冉冉而至 五六步許 卽可辨其狀貌 果愛卿也 淡粧素服 一如其舊 惟以羅巾擁其項(「愛卿傳」, 下25~26쪽)

164) 女曰 冥數不可躱也 天帝以妾與生 緣分未斷 又無罪障 假以幻體 與生暫割愁腸 非久留人世 以惑陽人(「李生窺墻傳」, 47~48쪽)

165) 對曰 妾之死也 冥司以妾無罪 不復拘禁 得隷后土夫人下 掌傳牋奏 妾以世緣未盡 故特給假一年 來與崔郎 了此一段因緣爾(「金鳳釵記」, 上58쪽)

극적이지만, 최홍가와 오경랑의 결연이 예상되므로 그 비극성이 다소 상쇄되는 감이 있다. 「이생규장전」은, 최씨가 환생하지 않고 이생도 최씨의 뒤를 따라 세상을 떠난다는 점에서, 「애경전」이나 「금봉차기」와는 달리 비극적 결말을 택한 것이다.

이상으로 「이생규장전」의 줄거리를 따라가며 『전등신화』 소재 애정전기소설과의 관련성을 살펴보았다. 그 결과 「이생규장전」이 『전등신화』의 「취취전」·「연방루기」·「위당기우기」·「애경전」·「금봉차기」 등의 영향을 받았다는 점, 그리고 작자 김시습이 이 작품들을 적절히 변용하여 「이생규장전」을 창작했다는 점을 확인할 수 있었다.

서사적 특징과 주제적 의미

앞서 살펴본 것처럼 「이생규장전」의 서사는 『전등신화』 소재 애정전기소설들에 그 연원이 있지만, 작자 김시습은 『전등신화』를 단순히 수용하거나 재배열하는 데서 그치지 않았다. 여기서는 이 같은 변용이 가지는 의미를 작품의 주제적 의미와 연관 지어 살펴보도록 하겠다.

「이생규장전」에서 이생과 최씨의 결연 장면은 「취취전」과 「연방루기」의 서사를 결합한 결과이다. 「이생규장전」과 「취취전」·「연방루기」의 대비를 통해 최씨가 평소에 이생을 엿보았다는 점을 알 수 있었는데, 이생과 최씨의 결연 장면에서 볼 수 있는 최씨의 적극적인 면모도 기실 이와 같은 '이면 서사'와 무관하지 않은 것이다.

이생이 최씨와 만날 때 소극적이고 두려워하는 모습을 보인 까닭은, 기본적으로는 두 집안의 문벌 차이에서 비롯된 것으로 이해해야 할 것이다. 이생은 몰래 최씨를 만나는 일이 발각될까 걱정했고, 이생의 부친은 이생이 경박한 짓을 하고 다닌다는 사실을 짐작하고는 "만일 그 여자가 명문거족이라면 반드시 너의 미친 행동이 저 문호를 더럽히고 남의 집에 허물을 얻게 할 것이니 그 일이 작지 않다."[166]라고 말하였던바, 이생이 최씨의 누각에 들어갔을 때 느낀 두려움은 자신의 집안과 최씨의 집안이 결혼하기에 부적합하다는 인식 때문이었을 것이다. 이생의 입장에서 최씨와의 만남은 혼인으로 이어질 수 없는 것이었기에, 그의 행동은 부친의 말처럼 '남의 집 담장을 넘어 단향목을 꺾는 짓'[167]일 수밖에 없었다. 이에 반해 부모 몰래 외간 남자와 만난 최씨의 태도는 지나치다 싶을 정도로 당당한데, 그 이유는 최씨가 혼인을 전제로 이생과 만났기 때문이라고 볼 수 있다.[168] 이 부분의 의미는 「연방루기」·「취취전」과의 비교를 통해 보다 분명히 드러날 수 있다고 본다.

「연방루기」에서는 정생의 집안과 난영·혜영의 집안이 문호가 서로 비슷했기에,[169] 남녀가 비록 혼인 전에 만났다고는 하나 이는 큰 문제가 아니었고 행복한 결말로 끝날 수 있었다. 기실 「연방루기」는 서사보다는 삽입시가 오히려 더 중요하다고 볼 수도 있기 때문에 남녀의 야합이 불러일으키는 윤리적 문제에 초점이 맞추어져 있지 않으며, 서사는 삽입시의 전달을 위한 수단이라고 볼 여지도 적지 않다. 「취취전」에서 취취의 부모는 김정이 아니면 다른 사람에게 시집가지 않겠다는 취취의 말을 듣고, 매파를 보내 김정의 집에 청혼한다. 김정의 집안에서는 가난을 이유로 혼사를 거절한다. 이에 매파는 김정의 부모로 하여금 취취의 부모에게 '가난한 집에서 태어나 빈천함을 편히 여긴 지 오래되었으니 빙문(聘問)이나 혼인의 의례를 따지신다면 뜻에 따를 수 없다'고 말하게 한다. 김정의 부모가 매파의 뜻을 받아들

166) 如其女 定是高門右族 則必以爾之狂狡 穢彼門戶 獲戾人家 其事不小(「李生窺墻傳」, 40쪽)

167) 必作輕薄子 踰垣墻 折樹檀耳(「李生窺墻傳」, 39~40쪽)

168) 이런 점에서 볼 때 최씨가 이생을 침실로 끌어들여 정을 나눈 것을 두고 억압된 성적 욕망에서 비롯된 일로만 해석할 수는 없다고 생각한다.

169) 女之父見其盤桓不去 亦頗疑之 一日登樓 於篋中得生所爲詩 大駭 然事已如此 無可奈何 顧生亦少年標致 門戶亦正相敵 乃以書抵生之父 喩其意(「聯芳樓記」, 上 73쪽)

이자 매파는 취취의 부모에게 이 말을 전하고, 취취의 부모 또한 이 제안을 선뜻 받아들여, 마침내 김정은 취취의 집에 데릴사위로 들어간다.170) 한편 「이생규장전」에서 최씨의 부모는 최씨가 이생을 만나지 못해 병이 들었다는 사실을 알고 매파를 보내 이생의 부친에게 청혼하지만, 이생의 부친은 최씨 집안의 문벌에 대해 물어본 후 서둘러 혼인시키고 싶지 않다는 뜻을 전한다. 이에 최씨 집안에서는 다시 매파를 보내 혼인의 뜻을 전하고, 그제야 이생의 아버지는 문벌의 차이로 인해 차마 혼인하기 어렵다는 진심을 말한다. 결국 혼인과 관련된 일들은 최씨 집안에서 감당키로 하여, 이생과 최씨는 부부가 된다.171)

---

170) 翠翠年長 不復至學 年及十六 父母爲其議親 輒悲泣不食 以情問之 初不肯言 久乃曰 必西家金定 妾已許之矣 若不相從 有死而已 誓不登他門也 父母不得已聽焉 然而劉富而金貧 其子雖聰俊 門戶甚不敵 及媒氏至其家 果以貧辭 慚愧不敢當 媒氏曰 劉家小娘子 必欲得金生 父母亦許之矣 若以貧辭 是負其誠志 而失此一好因緣也 今當語之曰 寒家有子 粗知詩禮 貴宅見求 敢不從命 但生自蓬蓽 安於貧賤久矣 若責其聘問之儀 婚娶之禮 終恐無從而致 彼以愛女之故 當不較也 其家從之 媒氏復命 父母果曰 婚姻論財 夷虜之道 吾知擇婿而已 不計其他 但彼不足而我有餘 我女到彼 必不能堪 莫若贅之入門可矣 媒氏傳命再往 其家幸甚 遂涓日結親 凡幣帛之類 羔鴈之屬 皆女家自備(「翠翠傳」, 下33~34쪽)

171) 女每夕 於花園待之 數月不還 女意其得病 命香兒密問於李生之鄰 鄰人曰 李郎得罪於家君 去嶺南 已數月矣 女聞之 臥疾在床 輾轉不起 水醬不入於口 言語支離 肌膚憔悴 父母怪之 問其病狀 喑喑不言 搜其箱篋 得李生前日唱和詩 擊節驚訝曰 幾乎失我女子矣 問曰 李生誰耶 至是 女不能復隱 細語在咽中 告父母曰 父親母親 鞠育恩深 不能相匿 竊念男女相感 人情至重 是以摽梅迨吉 咏於周南 咸腓之凶 戒於羲易 自將蒲柳之質 不念桑落之詩 行露沾衣 竊被傍人之嗤 絲蘿托木 已作娼兒之行 罪已貫盈 累及門戶 然而彼狡童兮 一偸賈香 千生喬怨 以眇眇之弱軀 忍悄悄之獨處 情念日深 沈痾日篤 濱於死地 將化窮鬼 父母如從我願 終保餘生 倘違情款 斃而有已 當與李生 重遊黃壤之下 誓不登他門也 於是 父母已知其志 不復問病 且警且誘 以寬其心 復修媒妁之禮 問于李家 李氏問崔家門戶優劣曰 吾家豚犬 雖年少風狂 學問精通 身彩似人 所冀捷龍頭於異日 占鳳鳴於他年 不願速求婚媾也 媒者以言返告 崔氏復遣曰 一時朋伴 皆稱令嗣才華邁人 今雖蟠屈 豈是池中之物 宜速定嘉會之晨 以合二姓之好 媒者又以其言返告 李生之父曰 吾亦自少把冊窮經 年老無成 奴僕逋逃 親戚寡助 生涯踈闊 家計伶俜 而況巨家大族 豈以一介寒儒 留意爲贅郎乎 是必好事者過譽吾家 以誣高門也 媒又告崔家 崔家曰

이처럼 「이생규장전」에서 이생과 최씨의 결연 과정은 「취취전」과 「연방루기」를 적절히 결합한 결과인데, 그 이유는 「이생규장전」의 혼사 갈등이 「취취전」의 그것보다 훨씬 심각하기 때문이다. 「취취전」에서 취취는 민가의 딸이었고 어렸을 때 김정과 함께 학교에 다닌 친구 사이였지만, 나이가 들자 더 이상 학교에 다니지 못했고 혼인할 나이인 16세가 되니 부모가 혼사를 논했다. 취취와 김정의 결연에서 문제가 되는 것은 두 집안의 빈부 차이 정도였다. 한편 「이생규장전」에서 최씨는 명문거족의 딸이었고 이생은 한미한 집안[172]의 수재였다. 이생이 비록 장래가 촉망되는 수재라고는 하나, 현실적으로 최씨의 집안과 이생의 집안이 사돈 관계를 맺을 가능성은 취취·김정의 경우에 비해 훨씬 적다고 할 수 있다. 「이생규장전」에서 이생과 최씨는 서로를 알고는 있었을 테지만 얼굴조차 보지 못한 사이였다. 이생과 최씨가 문벌의 차이를 극복하고 혼인할 수 있는 조건은 이생이 과거에 급제하여 현달(顯達)할 경우를 제외하고는 거의 없다. 하지만 이생은 18세가 되도록 '아직' 국학에 다니는 상태였고, 최씨는 '이미' 혼인할 나이인 15~16세가 되어 있었으므로, 둘 사이의 결연은 정상적인 방법으로는 불가능했다. 최씨가 '야합'이라는 비윤리적인 행동을 했던 이유는, 이생과의 결연이 그 같은 극단적인 방법을 통하지 않고서는 불가능하다고 생각했기 때문이다. 작자 김시습이 「이생규장전」의 전반부에 「취취전」과 「연방루기」의 서사를 적절히 섞은 이유가 여기에 있다.

우여곡절 끝에 이생과 최씨는 혼인하여 부부가 된다. 서술자는 그들이 사

納采之禮 裝束之事 吾盡辦矣 宜差穀旦 以定花燭之期 媒者又返告之 李家至是稍回其意 卽遣人召生問之(「李生窺墻傳」, 40~43쪽)

172) 이생의 부친이 최씨의 부친에게 보낸 편지 가운데 나오는 "저도 어려서부터 책을 들고 경전을 연구했으나 늙도록 성공함이 없었습니다. 노복들은 도망치고 친척들은 적어 생활이 어렵고 가계가 고단합니다.[吾亦自少把冊窮經 年老無成 奴僕逋逃 親戚寡助 生涯疎闊 家計伶俜]"(「李生窺墻傳」, 42쪽)라는 말에서 이생의 집안이 한미했음을 알 수 있다.

랑하고 공경하며 서로 손님처럼 대하여 양홍(梁鴻)·맹광(孟光), 포선(鮑宣)·환소군(桓少君)이라 할지라도 그 절의를 일컫기에 부족했다고 말한다.[173] 이 비유는 「취취전」에서 취취와 김정의 즐거움을 공작·비취가 적소(赤霄)에 노닌 것이나 원앙이 녹수(綠水)에 노닌 것으로도 비길 수 없었다[174]고 한 것을 염두에 둔 것으로 보인다. 「취취전」의 서술과 비교한다면, 「이생규장전」의 서술은 이생과 최씨를 유교적 규범에 합당한 이상적 부부로 규정하면서 최씨의 '절의'를 부각시키려는 의도가 뚜렷하다.[175]

이생은 최씨와 혼인한 이듬해에 과거에 급제하여 벼슬에 오르고 명성이 조정에 드러난다.[176] 그 전에 이생의 아버지가 '이생이 과거에서 장원급제하여 이름을 세상에 드날리기를 바라니 서둘러 혼인하고 싶지 않다'[177]며 혼사를 거절했던 이유는, 이생의 현달이 아니면 최씨 집안 같은 명문거족과의 혼인이 불가하다는 현실 인식 때문이었는데,[178] 이제 이생은 부친의 소

---

173) 於是擇吉日 遂定婚禮 而續其弦焉 自同牢之後 夫婦愛而敬之 相待如賓 雖鴻光鮑桓 不足言其節義也(「李生窺墻傳」, 43~44쪽)

174) 二人相得之樂 雖孔翠之在赤霄 鴛鴦之遊綠水 未足喩也(「翠翠傳」, 下36쪽)

175) 이 부분의 서술은 「애경전」에서 "애경은 (조자의) 집에 들어와 부도를 잘 닦고 가법을 잘 지켰으며 말을 잘 가려서 하고 예가 아니면 행하지 않았다.[愛卿入門 婦道甚修 家法甚飭 擇言而發 非禮不行]"(「愛卿傳」, 下19쪽)라고 한 것과도 일정한 관련이 있다.

176) 生翌年 捷高科 登顯仕 聲價聞于朝著(「李生窺墻傳」, 44쪽)

177) 吾家豚犬 雖年少風狂 學問精通 身彩似人 所冀捷龍頭於異日 占鳳鳴於他年 不願速求婚媾也(「李生窺墻傳」, 42쪽)

178) 이상구, 앞의 논문, 326~327쪽에서 "이생 부친의 거절은 권문세가와 대립적인 위치에서 새롭게 성장해 가고 있는 신진사인의 의식을 반영하고 있다고 이해해 봄직하다. 이는 그가 자식인 이생이 입신양명할 것이라고 자신 있게 말하고 있다는 점에서도 일정하게 설득력을 갖는다. 그러나 적어도 그가 권문세가에 대해 부정적인 인식 때문에 최씨의 청혼을 거절했다고 말할 수는 없다. 그는 이생의 부도덕한 행위로 '지체 높은 가문에 누를 끼칠까' 염려하고 있는 인물이기 때문이다. 따라서 이생의 부친이 최씨의 청혼을 거절한 것은 권문세가에 대한 부정적 인식보다는 선비로서의 자존심이나 도덕주의자로서의 엄격성에 따른 것으로 이해하는 것이 온당할 것이다."라고 하였고, "「이생규장전」에서 애정갈등의 주요인이 신분 문제가 아니라 편협한 유교적 관념이나 이에 따른 사회적 관습이었다는 것은 최랑이 이생에 대한 자신의 사랑을 고백하면서 신

망과 같이 과거에 급제함으로써 자신의 약점까지 극복한 셈이다. 한편 최씨는 비록 부모님께 아뢰지 않고 이생과 결연하였지만, 혼인 후 이생이 과거에 급제하여 두 집안이 상적(相敵)하게 되었으니, 그녀의 지인지감(知人之鑑)이 여기서 드러났다고 할 수 있다.

결국 「이생규장전」의 전반부는 「취취전」과 「연방루기」의 서사를 결합함으로써 이생을 향한 최씨의 '절의'를 형상화하고 있다고 볼 수 있다. 이생은 정상적인 방법으로는 최씨와 혼인할 수 없었지만, '야합'이라는 극단적인 방법을 택한 최씨의 적극성으로 인해 그녀와 혼인할 수 있었던 것이다.

「이생규장전」의 후반부는 앞서 살펴본 바와 같이 「애경전」과의 친연성이 뚜렷하다. 이에 「이생규장전」의 절사 장면은 「애경전」과의 비교를 통해 그 의미가 보다 명확히 드러날 수 있다고 본다. 「애경전」에서 애경이 죽을 때 조자는 서울로 벼슬살이 하러 갔다가 돌아오지 못했으므로, 애경의 죽음에 대한 조자의 직접적인 책임은 없었다고 할 수 있다. 이에 반해 「이생규장전」에서 이생은 최씨가 죽을 것임을 알고도 목숨을 건지기 위해 홀로 달

분 문제를 전혀 거론하고 있지 않다는 점에서 알 수 있다."(331쪽)라고 하였다. 또 「이생규장전」을 「취취전」과 비교한 뒤 "「취취전」에서의 '빈부의 차이'가 「이생규장전」에서는 '문벌의 차이'로 변개되었다고는 하나, 혼례 비용을 모두 여자 집안에서 부담하기로 하고 결연을 맺고 있다는 점에서 '빈부'와 '문벌' 사이의 본질적인 차이는 없다고 보아야 할 것이다. 요컨대 「이생규장전」에서의 '문벌의 차이' 역시 이생에 대한 최랑의 사랑과 이에 기반한 절의를 부각시키기 위한 기능만을 담당하고 있다고 하겠다."라고 하였다. 이에 반해 박일용, 「이생규장전의 결혼과 절사 장면에 나타난 환상성과 그 의미」(『고전문학과 교육』11, 한국고전문학교육학회, 2006), 308쪽에서는 "(이생 부친의) 청혼 거절이 단순히 선비로서의 자존심을 표현한 것이라기보다는, 최랑의 혼전 순결 상실로 인해 역전된 이생의 위상을 내세운 것이라 보는 것이 훨씬 설득력이 있다."라고 하였다. 그리고 이 혼인 장면을 결국은 이생의 환상으로 보면서 "「이생규장전」에 나타난 이생이나 그의 부친의 반응을 감안할 때, 현실 문맥에서라면 문벌 차이를 넘어서 이생과 최랑이 결혼하는 것은 불가능하다고 할 수 있다."(309쪽)라고 하였다. 필자는, 이생 부친의 거절은 말 그대로 이생의 立身揚名이 아니라면 혼인이 불가하다는 뜻으로 보아야 한다고 생각한다. 두 집안 사이의 결혼이 '절대로' 불가능한 일은 아니었으며, 중요한 것은 이생이 '아직' 입신양명하지 못했다는 점이다.

아났으니, 최씨의 죽음은 전적으로 이생의 비겁함 때문이라 해도 과언이 아니다.179) 작자 김시습은 애경의 죽음 장면을 염두에 두고 최씨의 절사 장면을 서술한 듯하다. 한편 「이생규장전」에서는 '殺而剮之'라는 잔인한 표현을 사용하였고 그 과정도 매우 상세하게 묘사되고 있는데, 이는 「애경전」의 '以羅巾自縊而死'에 비할 바 아니다. 이처럼 애경과 최씨의 죽음은 질적으로 구분되기 때문에, 조자와 이생에게 원정을 토로하는 내용도 다를 수밖에 없다.

> 남편은 만 리 밖에 있고 저는 혼자인 몸이었으니, 구차히 목숨을 도모함이 안전하며 모욕을 참는 일이 오래 견뎌야 하는 것인 줄을 어찌 몰랐겠습니까? 그러나 옥이 부서짐을 달게 여기고 구슬이 잠김을 결심하였으니, 나방이 등불에 날아들고 어린아이가 우물에 들어가듯, 저 스스로 취한 일이지 남들이 용납하지 않아서 그런 게 아닙니다. 이는 남의 처첩이 되어서 주인을 배반하고 가정을 버리며 남의 작록을 받고서 임금을 잊고 국가를 저버리는 자들을 부끄럽게 여겼기 때문입니다.180)

> 장차 당신과 해로하여 시골에 돌아가 살리라 여겼을 뿐, 뜻밖에 꺾이어 구학(溝壑)에 뒹굴 줄 생각했겠습니까? 끝내 승냥이나 범 같은 놈에게 몸을 맡기지

179) 설중환, 『금오신화연구』(고려대학교 민족문화연구소, 1983), 145쪽에서 이 점이 지적되었다. 이에 반해 목숨이 오가는 상황에서 이생의 생존을 비난할 수 없다고 본 견해도 있다. 이정원, 「조선조 애정 전기소설의 소설시학 연구」(서강대학교 박사논문, 2003), 37쪽에서는 "목숨을 구걸하기 위해 부인을 버리고 도망쳐서 살아남은 이생과 정조를 지키기 위해선 죽어야만 했던 최랑에게 현실은 폭력적이기만 하다. 이생은 목숨은 구했지만 허무를 얻었고 최랑은 정조는 지켰지만 목숨을 잃었다. 이생을 두고 살아남았기에 비겁했다는 식의 평가는 적절하지 않을 것이다. 그들은 모두 자신이 처했던 상황에서 가장 비인간적인 선택을 강요받았다는 점, 그래서 인간적으로 할 수 없는 일을 할 수밖에 없었다는 점이 중요하다."라고 하였다.

180) 良人萬里 賤妾一身 豈不知偸生之可安 忍辱之奈久 而乃甘心玉碎 決意珠沈 若飛蛾之撲燈 似赤子之入井 乃己之自取 非人之不容 盖所以愧夫爲人妻妾而背主棄家 受人爵祿而忘君負國者也(「愛卿傳」, 下30쪽)

> 않고 스스로 진흙탕에서 육신을 찢어버림을 택하였으니, 참으로 천성이 저절로 그렇게 한 것이지 인정으로는 차마 할 수 있는 일이 아니었습니다. 또 한스럽게도 구석진 벼랑에서 한 번 이별하니, 마침내 헤어져 날아가는 외로운 새가 되었습니다. 집은 망하고 부모님은 돌아가시어 슬프게도 외로운 넋은 의지할 데 없고, 절의는 무겁고 목숨은 가벼워 요행히도 쇠잔한 몸이 치욕을 면했습니다. 누가 조각난 재 같은 마음을 불쌍히 여겨주겠습니까? 그저 끊어진 썩은 창자에 엉겨 있을 뿐입니다. 해골은 들판에 드러났고, 간담은 땅에 발렸습니다. 곰곰이 지난날의 기쁨과 즐거움을 생각해 보니, 다만 오늘날의 근심과 억울함이 될 뿐입니다.[181]

애경은 남편이 옆에 있지 않았기에 구차히 삶을 도모할 수도 있었다. 하지만 그녀는 스스로 죽음을 택했는데, 그 이유는 '충신불사이군(忠臣不事二君) 열녀불경이부(烈女不更二夫)'라는 신념 때문이었다. 한편 최씨는 자신의 죽음이 인정(人情)으로서는 차마 할 수 없는 일이었지만 천성(天性)이 그렇게 한 것이며, 그 이유는 목숨보다는 '절의'가 중요해서였다고 말한다.[182]

『전등신화』 소재 애정전기소설 가운데 전란이 남녀 주인공의 운명을 갈라놓는 작품은 「애경전」·「취취전」·「추향정기」 셋이다. 「애경전」에서 조자는 애경의 자결에 직접적인 책임이 없었고, 「취취전」에서 김정은 취취가 이장군에게 붙잡혔을 때 그 자리에 있었겠지만[183] 그는 취취를 찾아가는

---

181) 將謂偕老而歸居 豈意橫折而顚溝 終不委身於豺虎 自取磔肉於泥沙 固天性之自然 匪人情之可忍 却恨一別於窮崖 竟作分飛之匹鳥 家亡親沒 傷殢魄之無依 義重命輕 幸殘軀之免辱 誰怜寸寸之灰心 徒結斷斷之腐腸 骨骸暴野 肝膽塗地 細料昔時之歡娛 適爲當日之愁寃(「李生窺墻傳」, 45～46쪽)

182) 박일용, 앞의 논문, 315쪽에서는 이에 대하여 "최씨는 이러한 고백을 통해 천성과 인정이라는 용어를 빌려 전쟁과 같은 절대적 상황에서 발현되는 중세적 이념과 인간의 본성적 욕망 사이의 부조리를 고발하고 있다."라고 하였다.

183) 「취취전」에서는 이 부분이 구체적으로 서술되지 않는다.

험난한 여정 속에서도 전혀 마음을 게을리 하지 않는다.[184] 때문에 「애경전」과 「취취전」에서의 전란은 남녀 주인공 모두에게 동일한 크기의 불행으로 인식된다. 그러나 「이생규장전」에서의 전란은 이생의 비겁함이 원인이 되어 최씨를 비극적인 죽음에 이르게 만든 장치로 사용되고 있다는 점에서 이들 작품과 구별된다.[185]

이생이 혼자 살기 위해 도망쳤음에도 불구하고 최씨는 자기를 배신한 이생을 다시 찾아와 몇 년 간 부부의 연을 잇고 저승으로 떠난다. 이생 또한 최씨의 장례를 치른 후 병이 들어 역시 세상을 떠나는데, 서술자는 이들의 이야기를 들은 사람들 모두 그 절의를 사모하지 않음이 없었다고 말하고 있다.[186] 필자는 작자 김시습이 최씨를 통해 보여주고자 했던 것은 '절의'였다고 생각한다.[187] 즉 남편인 이생이 비록 자신[최씨]을 죽음에 이르게 하

---

184) 生來往江淮 備經險阻 星霜屢移 囊槖又竭 然此心終不少懈(「翠翠傳」, 下37쪽)

185) 李崇仁의 「裵烈婦傳」, 鄭以吾의 「烈婦崔氏傳」에서도 여성들이 왜적에게 죽임을 당할 때 남편들은 공무로 인해 출타했던 것으로 서술되고 있다. 이혜순·김경미, 『한국의 열녀전』(월인, 2002), 41~46쪽 참조. 이처럼 「이생규장전」의 절사 장면은 「배열부전」·「열부최씨전」·「취취전」·「애경전」의 그것과 비교할 때 그 의미가 명확히 드러나는 것이다. 김경미, 「전기소설의 젠더화된 플롯과 닫힌 미학을 넘어서」(『한국고전여성문학연구』20, 한국고전여성문학회, 2010), 225~230쪽에서 「이생규장전」의 후반부에 담긴 의미를 다루었다. 최씨의 죽음 장면은 따라오는 도적을 피해 이생이 달아난 것을 문제 삼기보다는 도적이 정절을 지키고자 저항하는 최씨에게 분노하여 죽인 것을 문제 삼고 있는바, 결국 "「이생규장전」은 열녀 서사의 플롯을 차용하여 달아나는 남성의 서사를 은폐하고, 환생이라는 전기의 플롯을 가지고 와서 이생을 비극적 주인공으로 만들고 있는 서사"라는 것이다. 하지만 「이생규장전」의 창작 연원이 된 「취취전」이나 「애경전」 같은 소설, 그리고 「배열부전」이나 「열녀최씨전」 같은 열녀전과 비교해 본다면, 「이생규장전」은 달아나는 남성의 서사를 그대로 드러내고 있다는 점이 오히려 주목되어야 한다고 본다. 「이생규장전」에서 이생은 비겁한 짓을 했지만, 「이생규장전」의 작자는 이생의 비겁함을 은폐하지 않았다.

186) 生拾骨 附葬于親墓傍 旣葬 生亦以追念之故 得病數月而卒 聞者莫不傷歎 而慕其義焉(「李生窺墻傳」, 49쪽)

187) 설중환, 앞의 책, 148쪽에서 「이생규장전」의 주제를 '적극적인 절의의 추구'라고 하였다. 박희병, 「전기소설의 장르관습과 금오신화」(『한국전기소설의 미학』, 돌베개, 1997), 243쪽에서도 '절의'의 문제를 다루면서 "『금오신화』는 바로 이 절의를 인간이 고수해

였지만, '절의'란 그러한 이해관계 또는 인정의 문제와는 관계없이 천성으로 추구해야 할 가치라는 점, 진정한 '절의'는 바로 그러한 극단적인 상황에서 드러나며 목숨보다 더 중요하다는 점을 말하고 있는 것이다.

만약 「이생규장전」이 이생과 최씨의 결연 대목에서 끝났더라도 하나의 완전한 소설이 될 수 있었을 것이다. 『전등신화』 소재 애정전기소설 가운데 「애경전」이나 「취취전」은 비극적 결말로 마무리되지만, 「연방루기」처럼 행복한 결말을 보여주는 경우도 있기 때문이다. 「취취전」은 2천6백여 자인데 취취와 김정의 혼인까지가 약 6백 자이고 그 이후가 2천여 자여서 작품의 대부분이 취취와 김정의 비극에 초점이 놓여 있다. 한편 「이생규장전」은 3천4백여 자 가운데 이생과 최씨의 혼인까지가 2천4백여 자이고 그 이후의 내용이 천여 자이다. 양적으로 보아도 이생과 최씨의 결연에 중심이 놓여 있고, 거기까지의 글자 수만 보아도 「취취전」에 버금가는 분량이어서 한 편의 애정전기소설이 되기에 충분하다. 그럼에도 불구하고 작자 김시습은 굳이 전반부의 절반이 채 못 되는 후반부를 서술하여 작품을 비극으로 마무리하고 있다.

최씨가 난리 통에 죽임을 당한 것은 비극적인 일이었지만, 그렇다고 해서 작품의 결말까지 반드시 비극적으로 끝날 수밖에 없었던 것은 아니다. 이는 「이생규장전」의 환생 장면 이후를 「애경전」·「금봉차기」와 비교해 보면 알 수 있다. 앞서 보았듯이 「애경전」에서는 애경이 송씨 집 남아로 환생하였고 「금봉차기」에서는 최흥가와 오경랑의 결연이 예상되므로, 이 작품들에서는 여주인공의 죽음으로부터 비롯된 비극성이 다소 상쇄되는 감이 있다. 요컨대 「애경전」과 「금봉차기」는 비극적인 삶을 살다간 여인에 대한 '보상'을 마련하고 있는 셈이다.

야 할 가장 중요한 가치덕목으로 간주하고 있다."라고 하였고, "『금오신화』의 다섯 작품 가운데서도 절의를 지키는 인간의 아름다움과 숭고함을 가장 탁월하게 묘사하고 있는 작품은 「이생규장전」이다."라고 하였다.

하지만 「이생규장전」은 「애경전」이나 「금봉차기」의 전례를 답습하지 않고 비극적 결말을 택했다. 이는 작자 김시습의 '현실 인식'과 관련되는 동시에, 작품 내적으로는 '절의'의 문제와도 연관된다고 생각한다. 즉 '절의'란 그에 따른 어떠한 '보상'도 이루어지지 않을 때가 있으며, 또한 어떠한 '보답'도 기대하지 않고 행해야 할 덕목이라는 것이다. 이 점에서 최씨가 "곰곰이 지난날의 기쁨과 즐거움을 생각해 보니, 다만 오늘날의 근심과 억울함이 될 뿐입니다."라고 말한 것은 무척 의미심장하다. 「이생규장전」은 이생과 최씨의 결연 대목까지만 놓고 보면, 『전등신화』에 수록되어 있는 어떤 애정전기소설보다도 심각한 갈등 요소들을 설정하였기에, 갈등이 해결되었을 때 독자가 느낄 수 있는 기쁨 또한 그 어떤 작품보다도 크다고 할 수 있다.[188] 하지만 「이생규장전」은 이 큰 기쁨을 최씨의 말마따나 그대로 깊은 슬픔으로 바꾸어 버렸다. 「취취전」이 취취와 김정의 비극을 서술의 '분량'[189]으로 보여 주었다면, 「이생규장전」은 최씨와 이생의 비극을 서술의 '반전'을 통해 드러냈다고 할 수 있다.

서술자는 이생과 최씨가 혼인하여 양홍·맹광, 포선·환소군도 비할 수 없는 부부 관계를 맺었을 때와 이생이 최씨의 뒤를 따라 이 세상을 떠났을 때, 모두 두 번 '절의'에 대해 언급한다.

> 동뢰(同牢)한 뒤로부터 부부가 사랑하고 공경하며 서로 손님같이 대하여 양홍·맹광이나 포선·환소군이라도 그 절의를 말하기에 부족했다. 이생은 이듬해 고과(高科)에 급제하여 높은 벼슬에 올라 명성이 조정에 알려졌다.[190]

---

188) 또한 「이생규장전」에서는 최씨가 죽은 뒤에도 이생을 찾아와 몇 년 간의 부부 생활을 이어 나가는데, 이로써 독자들은 최후의 이별 장면 전까지도 '행복한 결말'에 대한 기대를 버리지 못하게 된다고 할 수 있다.

189) 취취와 김정의 혼인까지가 약 6백 자이고 그 이후가 약 2천 자여서, 「취취전」이 취취와 김정의 비극을 서술하는 데 많은 지면을 할애하고 있다는 뜻이다.

190) 自同牢之後 夫婦愛而敬之 相待如賓 雖鴻光鮑桓 不足言其節義也 生翌年 捷高科

> 이생은 최씨의 유골을 수습하여 부모의 묘 곁에 부장하였다. 장사를 지낸 후 이생 또한 최씨를 추모하다가 병을 얻어 몇 달 만에 죽었다. 이 이야기를 들은 사람들은 가슴 아파하고 탄식하며 그 절의를 사모하지 않음이 없었다.[191)]

여기서 '그 절의[其義]'란 최씨와 이생의 절의이며, 문맥상 '그[其]'는 최씨와 이생 모두를 가리킨다. 하지만 두 사람의 '절의'를 언급했다 하여 이생이 취한 행동 자체가 의리 있는 일이었다고 보기는 어렵다. 여기서는 두 사람이 모범적인 부부가 된 모습, 부부로서 죽음까지 함께 하게 된 모습을 두고 의롭다고 한 것이지, 이생이 부모 몰래 최씨와 결연한 뒤 소극적인 모습을 보인 것이나 그가 최씨를 남겨 두고 홀로 목숨을 도모한 것까지 포함해서 말한 것은 아니다. 이생은 최씨의 절의를 추수(追隨)하였을 뿐이고, 그러다 보니 결과적으로 최씨와 더불어 절의의 대상에 포함된 것이다.

최씨의 '절의'에 대하여 이생이 느낀 감정은 '자괴감(自愧感)'[192)]이었다. 이생이 천수(天壽)[193)]를 다하지 않고 세상을 떠난 이유는 세상에 대한 미련이 더 이상 없었기 때문이겠지만, 기본적으로는 '절의'를 지키지 못한 '부끄러움' 때문이었다고 여겨진다.

이제 다시 처음으로 돌아가 이 작품의 제목이 왜 '이생규장전(李生窺墻傳)'인지 생각해 보자. 「이생규장전」에 등장하는 남녀 주인공 가운데 중심이 되는 인물은 이생이라기보다는 최씨이며, 작품에서 강조하고 있는 점도 최씨의 '절의'에 놓여 있다. 또 앞서 「이생규장전」의 '규장' 장면을 「연방루

登顯仕 聲價聞于朝著(「李生窺墻傳」, 43~44쪽)

191) 生拾骨 附葬于親墓傍 旣葬 生亦以追念之故 得病數月而卒 聞者莫不傷歎 而慕其義焉(「李生窺墻傳」, 49쪽)

192) 古人云 生事之以禮 死葬之以禮 盡在娘子天性之純孝人情之篤厚也 感激無已 自愧可勝(「李生窺墻傳」, 49쪽)

193) 최씨는 이생과 헤어지기 전에 "이랑의 수명은 紀 이상 남아 있습니다.[李郎之壽 剩有餘紀]"(「李生窺墻傳」, 49쪽)라고 말한다. 여기서 '紀'는 12년이다.

기」와 비교했을 때 보았듯이, 작품의 '이면 서사'는 최씨가 평소부터 이생을 염두에 두고 엿보았을 가능성도 제시하고 있는 것이다. 게다가 「이생규장전」이 『전등신화』 소재 애정전기소설 가운데 「취취전」과 「애경전」을 중심으로 직조한 결과라는 점에서 본다면, 이 작품의 제목은 『전등신화』의 선례를 따라 '최씨전(崔氏傳)' 정도가 되어야 했을 것이다. 그럼에도 불구하고 작자 김시습은 이생이 '우연히 담 안을 엿본 행위'를 작품의 제목으로 삼고 있으며, 이생을 주인공으로 내세워 그가 바라본 최씨에 대하여 서술하고 있다. 그렇다면 '이생규장전'은 단지 작품 속의 '규장' 장면만을 염두에 둔 제목이 아니라, '자괴감'을 가진 이생이 '절의'를 가진 최씨의 세계를 '엿본다[窺]'는 의미의 제목으로 이해할 수도 있지 않을까 한다.194) 그리고 만일 이런 해석이 용납될 수 있다면, 「이생규장전」을 김시습 자신의 '부끄러움'에 대한 '고백'과 '성찰'의 글쓰기로 이해하는 관점도 성립할 수 있으리라고 본다. 맹자가 말했듯이 '찬혈(鑽穴)'과 '유장(踰牆)'은 부끄러운 행동이다.195) 「이생규장전」의 비극성이 김시습 당대의 문제인 계유정난(癸酉靖難)과 연관되며, 최씨의 '절의'와 이생의 '자괴감'이 사육신(死六臣)의 절사 및 그에 대한 김시습의 부끄러움과 관련이 있음은 췌언을 요하지 않을 것이다.

(4) 「하생기우전(何生奇遇傳)」

그간 「하생기우전」의 창작 연원으로 거론된 작품은 「수삽석남」과 「만복사저포기」 정도였다. 근래 엄기영은 『태평광기』에 수록된 「서현방녀(徐玄

194) 설중환, 앞의 책, 140쪽에서 "담장 안을 엿본다는 말은 속을 본다는 말인데, 여기서는 李生이 자신의 無意識世界를 엿본다는 뜻으로 해석해야 작품이 제대로 이해된다. 곧 담장 안은 무의식세계요, 담장 밖은 의식세계이다."라고 하였다.

195) 『孟子』「滕文公」下에서 "부모의 명과 중매의 말을 기다리지 않고, 구멍을 뚫고 엿보며 담을 넘어 쫓아다니면, 부모와 국인들이 모두 천하게 여긴다.[不待父母之命 媒妁之言 鑽穴隙相窺 踰牆相從 則父母國人 皆賤之]"(『孟子』, 565쪽)라고 하였다.

方女)」와 「자옥한중(紫玉韓中)」이 「하생기우전」에 영향을 끼쳤다는 사실을 언급함으로써[196] 작품 창작의 문학적 배경에 대한 논의가 보다 풍부해질 수 있었다. 여기서는 선행 연구의 성과들을 두루 수용하면서 「하생기우전」과 「이생규장전」의 관련성을 새롭게 조명하고,[197] 「하생기우전」의 서사적 특징과 주제적 의미를 살펴보기로 하겠다.

「만복사저포기」·「이생규장전」과의 관련성

「하생기우전」과 「만복사저포기」가 모티프나 인물 구성 및 서사 전개 등에서 유사하다는 점은 작품을 일독(一讀)해 보면 금세 알 수 있다. 선행 연구에서 이 점은 누차 지적이 된 부분이다.[198] 그럼에도 불구하고 「하생기우전」과 「만복사저포기」는 작품이 주는 미감이 무척 다르다. 그 이유는 「하생기우전」이 주인공의 욕망 성취를 보여주는 데 반해 「만복사저포기」는 주인공의 결핍을 보여주고 있기 때문일 것이다. 그런데 『금오신화』에는 「만복사저포기」 이외에도 「이생규장전」이라는 애정전기소설이 있다. 「하생기우전」은 「만복사저포기」 이상으로 「이생규장전」과 깊은 관련이 있다고 생각된다.

---

196) 엄기영, 「기재기이의 창작 방법 연구」(『16세기 한문소설 연구』, 월인, 2009), 54~59쪽.

197) 선행 연구에서 「하생기우전」과 「이생규장전」의 관련성이 전혀 언급되지 않았던 것은 아니다. 유기옥, 『신광한의 기재기이 연구』(한국문화사, 1999), 204쪽에서 「하생기우전」의 여주인공이 자신의 의사를 적극적으로 내세워 사랑을 성취하는 모티프가 유사하여 「하생기우전」은 「만복사저포기」·「이생규장전」의 구조를 절충한 듯한 구조적 특징을 지닌다고 하였으며, 신재홍, 「몽유양식의 소설사적 전개 양상」(『한국몽유소설연구』, 계명문화사, 1994), 91쪽에서는 "「하생기우전」은 애정 갈등을 중심으로 한 유사 몽유전기소설로서, 사건전개나 대화의 성격 면에서 「만복사저포기」·「이생규장전」과 관련될 수 있다."라고 하였다. 하지만 두 작품 사이의 관련성을 구체적으로 언급한 경우는 없었다.

198) 두 작품의 같고 다른 점들은 소재영, 『기재기이연구』(고려대학교 민족문화연구소, 1990), 67~82쪽; 이월영, 「만복사저포기와 하생기우전의 비교연구」(『국어국문학』120, 국어국문학회, 1997) 등에서 이미 지적되었으므로, 둘 사이의 비교는 선행 연구로 미룬다.

우선 두 작품은 서두에 보이는 남주인공의 처지와 지리적 배경이 유사하다. 「이생규장전」의 이생은 송도 출신으로 국학(國學)에 다니고 있는 수재였고, 「하생기우전」의 하생은 평안도 평원(平原) 출신이지만 지방관의 추천을 받아 송도의 태학(大學)에 다니는 수재였다는 점에서 공통적이다. 여기에 더하여 두 작품에 모두 '낙타교(駱駝橋)'라는 지명이 나온다는 점,199) 이생과 하생 모두 한미(寒微)한 집안 출신이라는 점 등도 두 작품이 동일하다. 사소한 부분이라고 생각할 수도 있지만, 두 작품 사이의 영향 관계는 부정하기 어렵다.

그 밖에 여주인공이 부모님 몰래 남자와 정을 나눈다는 점, 애정전기소설에 두루 보이는 장면이기는 하지만 여주인공이 『시경』 등을 인용하면서 사륙문 또는 사언(四言)의 형식으로 부모에게 하소연하는 부분이 있다는 점 등도 두 작품의 공통점이라고 할 수 있다. 하지만 보다 주목할 부분은 두 작품이 모두 한미한 남주인공의 욕망 성취를 보여준다는 점에 있다. 「이생규장전」은 결과적으로는 비극적으로 마무리되지만, 앞서 살펴보았듯이 이생과 최씨의 결연 장면까지만 보아도 해피엔딩인 한 편의 애정전기소설이 되기에 충분한데, 이 전반부는 이생의 욕망 성취를 그 내용으로 하고 있다. 「이생규장전」과 「하생기우전」에서 남녀 주인공의 혼인 부분은 다음과 같다.

> 동뢰한 뒤로부터 부부가 사랑하고 공경하며 서로 손님같이 대하여 양홍・맹광이나 포선・환소군이라도 그 절의를 말하기에 부족했다. 이생은 이듬해 고과에 급제하여 높은 벼슬에 올라 명성이 조정에 알려졌다.200)

> 이로부터 부부가 공경하고 사랑하여 비록 양홍의 맹광이나 극결(郤缺)의 아

---

199) 「이생규장전」의 이생과 「하생기우전」의 卜師가 낙타교 옆에 살았다.

200) 自同牢之後 夫婦愛而敬之 相待如賓 雖鴻光鮑桓 不足言其節義也 生翌年 捷高科 登顯仕 聲價聞于朝著(「李生窺墻傳」, 43~44쪽)

> 내라도 비하기에 부족했다. 이듬해 하생은 외과(巍科)에 급제하여 보문각에서 첫 벼슬을 하였고 뒤에 상서령에 이르렀다.[201]

두 작품의 서술이 거의 유사함을 확인할 수 있다. 그렇다면 「하생기우전」이 보여주고 있는 이른바 '결핍 - 충족' 구조[202]의 연원은 기실 「이생규장전」에서 이미 나타나고 있었던 것이며, 「하생기우전」은 남주인공의 욕망 충족을 끝까지 밀어붙였다는 점에서 변화를 보였다고 할 수 있다.

이처럼 「하생기우전」은 「이생규장전」 전반부와 거의 동일한 서사 전개를 보여주고 있다. 그럼에도 불구하고 선행 연구에서 「하생기우전」과 「이생규장전」의 관련성을 거의 주목하지 못했던 이유는, 「이생규장전」의 비극성에 지나치게 견인되어 서로 비교의 대상이 되기 어렵다고 보았기 때문이 아닌가 한다. 「하생기우전(何生奇遇傳)」은 그 제목에서부터 이미 「이생규장전(李生窺墻傳)」과의 연관성이 강하게 느껴진다.

「이생규장전」에 비한다면 「만복사저포기」는 「하생기우전」에 부분적으로 영향을 미쳤다고 할 수 있다. 「만복사저포기」와 「하생기우전」은 인귀교환을 다루고 있다는 점, 양생이 만복사 부처와 저포놀이를 하고 하생이 복사(卜師)에게 점을 본다는 점, 여주인공이 남주인공에게 신물(信物)을 준다는 점, 여주인공이 부친 때문에 죽임을 당했다는 점 등이 비슷하다. 그러나 「만복사저포기」가 「하생기우전」에 미친 영향은 어디까지나 부분적인 것이며, 「하생기우전」은 전체적으로는 「이생규장전」과 훨씬 더 유사하다고 할 수 있다. 그렇다고 하여 「하생기우전」과 「만복사저포기」와의 관련성을 무시해도 좋다는 말은 아니다. 작자 신광한이 「이생규장전」의 서사를 기본으로 하

---

201) 自是夫婦敬愛 雖鴻之光缺之妻 未足喩也 翌年 生捷巍科 初仕寶文閣 後至尙書令(「何生奇遇傳」, 96~97쪽)

202) 최재우, 「하생기우전의 결핍 - 충족 구조와 그 의미」(『민족문학사연구』 15, 민족문학사연구소, 1999).

면서 「만복사저포기」의 화소들을 끌어들여 「하생기우전」을 창작했던 데에는 어떤 이유가 있었을 것이다. 그리고 이 같은 창작의 동기가 밝혀진다면, 「하생기우전」이 말하고자 한 바도 보다 선명히 드러날 수 있으리라고 본다.

서사적 특징과 주제적 의미

「하생기우전」의 서두는 「만복사저포기」와 「이생규장전」의 서두를 섞어 놓은 듯하다.

> 남원에 양생이라는 젊은이가 있었는데, 일찍이 부모를 여의고 아내도 없이 홀로 만복사의 동쪽에 살았다.[203]

> 송도에 이생이라는 젊은이가 낙타교 옆에 살고 있었는데, 나이는 18세에 풍치는 맑고도 뛰어났으며, 타고난 기품은 영특하고 뛰어났다.[204]

> 고려조에 하생이라는 젊은이가 평원에 살고 있었는데, 문벌과 세계가 한미한 데다 일찍이 부모를 여의어서 장가를 들고자 하나 데려가는 이가 없었고 곤궁하여 스스로 살아갈 수도 없었다. 하지만 풍채가 맑고 빼어났으며 재치 있는 생각이 뛰어나 고을에서 그 훌륭함을 많이들 칭찬하였다.[205]

「만복사저포기」의 양생은 조실부모(早失父母)하고 장가조차 가지 못한 인물로, 그가 뛰어난 재주를 가지고 있었는지는 알 수 없다. 「이생규장전」의 이생은 한미한 집안 출신이기는 하나[206] 뛰어난 재주를 가지고 있다. 하

---

203) 南原有梁生者 早喪父母 未有妻室 獨居萬福寺之東(「萬福寺摴蒱記」, 9쪽)

204) 松都有李生者 居駱駝橋之側 年十八 風韻淸邁 天資英秀(「李生窺墻傳」, 28쪽)

205) 麗朝有何生者 居平原 家世寒微 早失怙恃 欲娶無所售 窮不能自資 然而風儀瑩秀 才思穎拔 鄕曲多稱其賢者(「何生奇遇傳」, 77쪽)

206) 앞서 「이생규장전」을 살펴볼 때 확인했듯이, 이생의 부친이 최씨의 부친에게 보낸 편지 가운데 나오는 "저도 어려서부터 책을 들고 경전을 연구했으나 늙도록 성공함이

지만 이생은 양생만큼 고독한 인물로 설정되지는 않았다. 「하생기우전」의 하생이 양생의 외로움과 이생의 재주를 동시에 가지고 있는 인물임은 인용문에서 명확히 드러난다.

하생은 자신이 가지고 있는 능력을 자부하였기에 송도의 태학으로 가면서 비복들에게 사마상여(司馬相如)와 종군(終軍)이 가졌던 포부를 이야기 한다.

> 고을 수령이 그의 명성을 듣고 선발하여 태학에 넣었다. 하생이 행장을 꾸려 서울로 올라가려고 할 적에, 출발할 때 비복들에게 이렇게 말했다. "내 위로는 부모님도 없고 아래로는 처자식도 없는데, 하물며 너희들에게 잔말을 하겠느냐? 옛적에 종군은 비단 신표를 버렸고, 사마상여는 기둥에 결심을 적었으니, 약관(弱冠)에 모두 큰 뜻이 있었다. 내가 비록 노둔하나 두 분의 사람 됨됨이를 자못 경모하고 있다. 훗날 금의환향하면 너희들에게 영광이 될 터이니, 오래전부터 이어온 가업이 실추되는 일이 없도록 하라."[207]

하생은 자신의 재주만 믿고 성공이 가능하리라고 장담하는 인물이다. 그는 태학에 가서도 여전히 자신만만하며 오만한 뜻을 품지만, 조정이 어지러워 4~5년이 지나도록 과거에 급제하지 못하므로 앙앙불락한다.[208] 하생은 자신의 불우함을 타개하기 위해 낙타교 옆에 사는 복사를 찾아가 점을 보아 여인과 가연(佳緣)을 맺게 되는데, 이 부분은 「만복사저포기」에서 양생이 만

없었습니다. 노복들은 도망치고 친척들은 적어 생활이 어렵고 가계가 고단합니다.[吾亦自少把冊窮經 年老無成 奴僕逋逃 親戚寡助 生涯疎闊 家計伶俜]"(「李生窺墻傳」, 42쪽)라는 말에서 이생의 집안이 한미했음을 알 수 있다.

207) 州宰聞其名 選補大學 生將整裝上都 臨發 語婢僕曰 吾上無父母 下無妻子 尙何顧汝輩剌剌 昔從軍棄繻 相如題柱 弱冠皆有大志 吾雖駑蹇 頗慕兩子爲人 他日衣錦歸 爲爾輩榮 幸守舊業無墜(「何生奇遇傳」, 77~78쪽)

208) 旣赴國學 與諸生較藝 莫能或之先者 生以爲龍頭可捷 靑雲可步 驁然有高世之志 時朝政旣亂 選擧亦不以公 荏苒四五載 抱屈黌舍 常悒怏不樂(「何生奇遇傳」, 78쪽)

복사의 부처와 저포놀이를 한 후 귀녀를 만나는 장면을 변용한 것으로 볼 수 있다. 그런데 양생의 '내기'와 하생의 '점복' 사이에는 일정한 거리가 있다.

> 날이 저물어 범패가 그치고 인적도 드물게 되자 생은 소매에서 저포를 꺼내 부처님 앞에 내놓으면서 말했다. "제가 오늘 부처님과 저포 놀이를 하렵니다. 만약 제가 지면 법연을 베풀어 공양을 올릴 것이지만, 만약 부처님이 지신다면 아름다운 여인을 데려와 제 소원을 이루어 주셔야 합니다." 빌기를 다하고 드디어 저포를 던지니 양생이 과연 이겼다. 양생은 즉시 부처님 앞에 무릎을 꿇고 말했다. "이미 결정된 일이니, 거짓말하시면 안 됩니다."[209]

> 하루는 같은 학사에 있는 서생에게 말하였다. "채택이 알지 못한 것이 수명이었으나 당생을 따라가 해결하였다. 내 듣건대 낙타교 옆에서 어떤 복사가 사람의 수요와 화복을 날이나 달까지 맞춘다고 한다. 내 가서 점을 쳐서 의심스러운 것을 해결해 보려 한다." 드디어 자기 집으로 돌아가 상자 속을 뒤져 보물처럼 가지고 있었던 금전 몇 닢을 찾아 그것을 품고 갔다. 복사가 말했다. "부귀는 공에게 본래부터 있었던 것입니다. 다만 오늘은 매우 불길합니다. 명이(明夷)가 가인(家人)으로 가는 점괘를 얻었습니다. 명이는 밝음이 땅 속으로 들어가는 꼴이요 가인은 유인(幽人)의 정숙함을 봄이 이롭다는 것입니다. 도성 남문을 나가 빨리 달려 날이 저물기 이전에는 마땅히 집으로 돌아오지 말아야 할 것입니다. 단지 액땜을 할 뿐 아니라 아름다운 짝도 얻게 될 것입니다."[210]

---

209) 日晩梵罷人稀 生袖摴蒱 擲於佛前曰 吾今日 與佛欲鬪蒱戱 若我負則設法筵以賽 若佛負則得美女以遂我願耳 祝訖 遂擲之 生果勝 卽跪於佛前曰 業已定矣 不可誑也(「萬福寺摴蒱記」, 10쪽)

210) 一日 語同舍生曰 蔡澤所不知者壽 從唐生決之 吾聞駱駝橋傍 有卜師 言人壽夭禍福 期以日月 吾將就卜 以決狐疑 遂歸私第 探篋中 得寶藏金錢數枚 懷之而往 卜師曰 富貴公所固有 但今日甚不吉 占得明夷之家人 明夷者 明入地中之象 家人者 利見幽人之貞 可出國南門疾走 不至日暮 不宜還家 非但度厄 且得佳偶(「何生奇遇傳」, 78~79쪽)

「만복사저포기」에서 양생은 부처를 찾아가 다짜고짜 내기를 하는데, 이 같은 행동은 유자(儒者)의 모습과는 거리가 멀다. 「하생기우전」에서 하생은 자신이 보물처럼 가지고 있던 금전 몇 닢을 들고 복사를 찾아가 점을 친다. 점복 장면은 선행 연구에서 그 의미가 다양하게 해석되었는데,211) 이는 운

211) 소재영, 앞의 책, 77~81쪽에서 점복의 소재적 전통을 살펴보았다. 유기옥, 앞의 책, 205~206쪽에서 「하생기우전」이 「만복사저포기」와는 달리 몽유록계의 서술구조를 지양하고, 독자로 하여금 보다 더 강한 현실성과 신뢰도를 유발하고 사실성을 보증하기 위해, 현실 인물인 복사의 말을 매개체로 한 액자구성의 변이 형태를 새롭게 설정하였다고 보았다. 신재홍, 「금오신화와 기재기이의 전기적 성격」(『한국몽유소설연구』, 계명문화사, 1994), 264~265쪽에서는 『역경』의 기능에 주목하면서, 성리학 이전의 원시 유학의 경전인 三經 등의 저작이 전기소설의 주인공 및 창작·향유층이었던 사대부들의 의식과 관련이 있음을 논하였다. 정운채, 「하생기우전의 구조적 특성과 서동요의 흔적들」(『한국시가연구』 2, 한국시가학회, 1997), 185~186쪽에서는 「하생기우전」을 무왕설화와 비교하면서, 점쟁이는 「薯童謠」를 부른 아이들에 해당되고 점괘의 말은 「서동요」 자체에 해당된다고 하였다. 明夷란 밝음이 땅 속으로 들어가는 꼴로 '밤의 시간'을 나타내고 家人이란 幽人의 정숙함을 봄이 이롭다는 것으로 '남녀의 결연'을 나타내고 있는바, 이 둘은 점쟁이의 예언에서 핵심적인 요소이며 「서동요」의 예언과 크게 다르지 않다는 것이다. 이월영, 앞의 논문, 189~192쪽에서 明夷卦와 家人卦를 분석하였는데, '明夷之家人'의 괘는 불우한 시대를 만나 낙척했던 하생이 정숙한 아내를 얻어 화목한 가정을 일구고 현달하게 되는 하생의 전 생애에 대한 풀이이며, 明夷가 상징하는 逆理의 세계에서 家人이 상징하는 順理의 세계로 옮겨가는 것을 의미한다고 하였다. 이경규, 「신광한의 기재기이 연구」(한남대학교 석사논문, 1999), 68~73쪽에서 「하생기우전」의 처음에는 복점 설화가 지배적인 내용이지만 이후 애정담으로 자연스럽게 전환되고 있다고 하였다. 하지만 전체적인 서사에서는 복자의 말이 이후 주인공의 행동을 지배하는 액자의 역할을 하고 있으며, 수용된 모든 서사들은 결국 예언의 성취라는 큰 구조 속에 유기적으로 수용·결합되고 있다고 했다. 유정일, 『기재기이 연구』(경인문화사, 2005), 201~217쪽에서 「하생기우전」에서 복사라는 원조자를 통해서 운명론적인 방법을 서사구조화시켜 나간다는 점에서 작가 신광한의 운명론적인 사고 경향을 엿볼 수 있다고 했다. 그리고 점복 모티프는 출세장애를 극복하기 위해 주인공이 선택한 장애해소의 방법으로 보아야 하며, 복사의 점괘인 '明夷之家人'은 '예시'의 서사적 장치라 했다. 김인경, 「기재기이연구」(고려대학교 석사논문, 2004), 44~58쪽에서 「하생기우전」의 서술의 초점이 주인공의 성공 과정에 놓여있기 때문에 작품에서는 인과관계와 작품 내적 논리를 확보하려는 시도들이 나타난다고 하면서, 점괘는 이야기의 필연성을 위한 장치라 하였다. 엄기영, 앞의 논문, 169~172쪽에서는 점쟁이의 점괘 풀이가 단순히 작품의 결말을 미리 보여주는 역할에 그치지 않으며 앞으로 이 작품이 어떻게 전개될 것인가에 대한 암시도 들어 있다고 하였다.

명론적인 사고에서 비롯된 행동이 아니라, 자신이 처한 상황을 적극적으로 타개해 나가고자 하는 의지의 소산이자 유자·군자의 행동으로 이해해야 마땅하다. 『춘추좌씨전』 「소공(昭公)」 12년 조에 나오는 남괴(南蒯)의 이야기에도 보이듯이, 『주역』으로 점을 치는 일은 곧 충신(忠信)에 바탕을 두고 있는 행동인바,212) 양생의 저포놀이와는 질적으로 구분된다고 할 수 있다.

하생은 복사의 말에 의심이 없지는 않았지만 두려운 마음으로 일어나 도성 남문을 나서고, 마침내 밤중에 여인을 만나 정을 나누게 된다. 하생이 복사를 찾아간 까닭은 자신이 성공하지 못했던 이유, 곧 자신의 문제점이 무엇인지를 알고 싶었기 때문이라고 할 수 있는데, 이는 하생이 시녀를 통하여 여인에게 한 말에서 명확히 드러난다.

> 하생은 집안에 다른 사람이 없다는 것을 알고 여인의 뜻을 시험해 보고자 하여 이렇게 대답하였다. "저는 일찍부터 재명(才名)을 자부하여 국빈에 충원되었습니다. 항상 곡앵(谷鶯)의 시를 노래하고 매번 진량(陳良)의 학문을 비루하게 여기며, 망령되게도 높은 벼슬에 오를 수 있고 공업도 이룰 수 있다고 생각하여, 부귀는 하늘에 달려 있는 것이요 길흉은 사람으로 말미암는다는 것을 몰랐더니, 오늘 지나가다가 복사의 말을 듣고 이곳에 이르렀습니다."213)

하생은 여인에게 "부귀는 하늘에 달려 있는 것이요 길흉은 사람으로 말미암는다는 것을 몰랐다.[不識富貴在天 吉凶由人]"라고 말한다. '부귀재천

212) 역모를 꾀하려던 南蒯가 점을 쳐서 坤卦가 比卦로 변하는 점괘[坤之比]를 얻었다. 남괴는 六五의 爻辭에 '黃裳元吉'이라 하였으므로, 이를 매우 길하게 여겨 子服惠伯에게 보여주며 무슨 일을 하려고 하는데 어찌 되겠느냐고 물었다. 이에 자복혜백은 "내가 이를 배운 적이 있는데 忠信한 일이라면 괜찮지만 그렇지 않다면 반드시 패할 것이다.[吾嘗學此矣 忠信之事則可 不然必敗]"(『春秋』, 355쪽)라고 하였다.

213) 生度室中無他人 欲嘗女意 乃荅曰 鯫生早負才名 來充國賓 常歌谷鶯之詩 每陋陳良之學 妄意青紫可收拾 功業可指取 不識富貴在天 吉凶由人 今日過聽卜師之言 乃至於是(「何生奇遇傳」, 83쪽)

(富貴在天)'은 『논어』 「안연(顔淵)」에 나오는 말이고, '길흉유인(吉凶由人)'은 『춘추좌씨전』 「희공(僖公)」 16년 조에 나오는 말이다. 이 전고들은 「하생기우전」의 주제와 밀접한 관련이 있다.

> 사마우가 걱정하면서 말했다. "사람들은 모두 형제가 있거늘 나만 홀로 없구나." 자하가 말했다. "나 상(商)은 '사생(死生)은 명(命)에 달려 있고 부귀는 하늘에 달려 있다.'라는 말을 들었다. 군자가 공경하여 잃음이 없으며 남을 대함에 공경하여 예가 있으면 사해 안이 다 형제이니, 군자가 어찌 형제가 없음을 걱정하겠는가?"214)

> 16년 봄에 송(宋)나라에 다섯 개의 돌이 떨어졌으니, 이는 운성(隕星)이다. 여섯 마리의 바닷새가 바람에 밀려 뒤로 날아 송나라의 도성을 지나갔으니, 이는 바람 때문이었다. 주(周)나라 내사(內史) 숙홍(叔興)이 송나라를 빙문(聘問)하니, 송 양공(襄公)이 "이것이 무슨 조짐인가? 길흉이 어느 나라에 있겠는가?"라고 묻자, 숙홍은 "금년에 노(魯)나라에는 상사(喪事)가 많을 것이고, 내년에 제(齊)나라에는 난리가 날 것이고, 임금께서는 제후의 패주(覇主)가 될 것이나 결과가 좋지 못할 듯합니다."라고 대답하고는 물러 나와서 다른 사람에게 말하였다. "군(君)께서는 잘못 물으셨다. 이는 음양의 일이고 길흉이 생기는 것이 아니다. 길흉은 사람으로 말미암아 생기는 것이다. 그러나 임금의 명을 거역할 수가 없기 때문에 이상과 같이 대답한 것이다."215)

주희(朱熹)는 '死生有命 富貴在天'에 대하여 "명은 태어나는 처음에 받

---

214) 司馬牛憂曰 人皆有兄弟 我獨亡 子夏曰 商聞之矣 死生有命 富貴在天 君子敬而無失 與人恭而有禮 四海之內 皆兄弟也 君子何患乎無兄弟也(『論語』, 295쪽)

215) 十六年春 隕石于宋五 隕星也 六鷁退飛 過宋都 風也 周內史叔興聘于宋 宋襄公問焉曰 是何祥也 吉凶焉在 對曰 今兹魯多大喪 明年齊有亂 君將得諸侯而不終 退而告人曰 君失問 是陰陽之事 非吉凶所生也 吉凶由人 吾不敢逆君故也(『春秋』, 122쪽; 정태현 역주, 『역주 춘추좌씨전』 2, 전통문화연구회, 2003, 124~125쪽)

는 것이니 지금 옮길 수 있는 바가 아니요, 천(天)은 그렇게 하지 않아도 그렇게 되는 것이니 내가 기필할 수 있는 바가 아니다. 다만 순종하여 받아야 할 따름이다."[216]라고 하였다. 그리고 『춘추좌씨전』 주에서는 "선을 쌓으면 자손이 복을 받고 악을 쌓으면 자손이 재앙을 받는다. 그러므로 길흉은 사람으로 말미암는 것이라고 했다. 길흉에 대한 임금의 물음을 감히 거역할 수 없기 때문에 다른 점을 빌려 대답했다는 말이다.[積善餘慶 積惡餘殃 故曰吉凶由人 不敢逆之 故假他占以對]"[217]라고 하였다. 이렇게 본다면, '부귀재천'과 '길흉유인'은 모두 군자가 해야 할 행동과 관련된 말이라고 할 수 있다. 즉 부귀는 하늘에 달린 일이므로 얻으려고 노력한다고 해서 얻어지는 것이 아닐 뿐만 아니라, 그것의 추구를 위해 노력할 필요도 없다. 하지만 길흉이라는 것은 전적으로 사람으로부터 말미암으므로, 길하기 위해서는 선을 쌓아야 한다. 『춘추좌씨전』 주에서는 『주역』의 곤괘(坤卦) 「문언전(文言傳)」[218]을 인용하여 "선을 쌓으면 자손이 복을 받고 악을 쌓으면 자손이 재앙을 받는다.[積善餘慶 積惡餘殃]"라고 했다. '적선(積善)'과 '여경(餘慶)'은 곧 하생의 두 아들의 이름이기도 하다.

하생이 애초에 바란 것은 종군과 사마상여처럼 부귀를 획득하는 일이었는데, 이는 자신의 능력에 대한 자부심에서 비롯된 것이었다. 다시 말해 그는 부귀의 획득이 사람에게 달린 일이라고 여겼던 것이다. 하지만 4~5년 동안 일이 풀리지 않자 하생은 그 이유를 알기 위해 복사를 찾아갔고, 결국 모든 문제는 부귀는 스스로 성취할 수 있다고 생각했던 데에서 비롯되었다는 사실을 깨달았다. 이에 하생은 부귀를 스스로 성취할 수 있다는 생각을 버리고, 삶의 목표를 길(吉)함의 추구로, 곧 적선(積善)으로 전환한 것이

---

216) 命稟於有生之初 非今所能移 天莫之爲而爲 非我所能必 但當順受而已(『論語』, 295쪽)

217) 정태현 역주, 앞의 책, 126쪽.

218) 積善之家 必有餘慶 積不善之家 必有餘殃(『易經』, 107쪽)

다.[219]

여인은 시녀를 통해 하생의 말을 들은 뒤 다시 시녀로 하여금 하생에게 "약질인 저 또한 복사의 이야기를 듣고 액땜을 하려고 왔으니, 이는 아마 우연이 아닐 것입니다. 집이 비록 누추하나 하룻밤 잘 묵어가시기 바랍니다."[220]라는 말을 전하게 한다. 하생이 감사의 뜻을 표하고 또 시녀를 통해 은근히 유혹하는 내용이 담긴 시를 전하자, 여인 또한 하생의 뜻을 받아들인다는 내용의 답시를 보낸다.[221] 이후 여인은 방으로 찾아온 하생과 동침하여 인연을 맺는데, 그녀가 하생을 거리낌 없이 받아들인 이유는 하생이 "부귀는 하늘에 달려 있는 것이요 길흉은 사람으로 말미암는다는 것을 몰랐더니, 오늘 지나가다가 복사의 말을 듣고 이곳에 이르렀습니다."라고 말했기 때문일 것이다. 다시 말해 여인은 하생이 무덤에 묻힌 자신을 구해줄 수 있는, 곧 선(善)을 행할 수 있는 인물임을 알았던 것이다.

여인은 하생과 동침한 뒤 자신의 내력을 이야기한다. 지금 있는 이곳이 인간세상이 아니라는 것, 부친인 시중의 죄를 대신 받아 죽게 되었다는 것, 시중이 죄 없는 사람을 살려줌으로써 환생의 기회를 얻게 되었다는 것, 그러나 새벽이 지나면 소생할 가망이 없다는 것, 이 같은 만남도 운명이니 영원히 건즐(巾櫛)을 받들겠다는 것 등이 그 내용인데,[222] 하생은 여인의 말

219) '富貴在天'의 의미에 관하여 안창수, 「하생기우전의 문제 해결 방식과 작가의식」(『한민족어문학』 49, 한민족어문학회, 2006), 159～162쪽에서 논의한 바 있다. 부귀재천을 깨닫지 못했을 때 하생은 자신의 욕망에 이끌려 현실의 문제를 해결하기 위해 적극적으로 나아가고 참여하려는 입장에 서 있었던 데 비해 깨달은 이후 물러서서 관조하는 자세를 터득했던바, 이는 결국 신광한의 元亨里 은거 때의 사유를 반영한다는 것이다.

220) 弱質亦信卜師之說 度厄而來 斯非偶然 室雖陋 請好一宿(「何生奇遇傳」, 84쪽)

221) 生尤異於其言 不勝技癢 卽取案上花牋 書短篇二章 付侍兒曰 借館已多 慇懃如是 口難陳謝 其詩曰 淸淺銀河影半橫 繡簾重下掩雲屛 不嫌織女機邊過 還怪君平識客星 香塵脉脉雲初散 玉節迢迢鳳不媒 腸斷一宵孤枕夢 却憐無路到陽臺 侍兒將去 未須臾 復持花牋 致之生前 乃主娘之所酬也 其詩曰 昨宵懶倚鴛鴦枕 夢折繁花揷滿頭 說與侍兒心內事 欲看粧鏡却生羞 待月踈櫺夜不扃 玉籠鸚鵡睡初成 經心落葉琅玕響 却似無情更有情(「何生奇遇傳」, 84～85쪽)

을 듣기 전까지는 이런 사실을 몰랐으므로 그의 행동은 기실 선의지(善意志)에서 나온 것은 아니었다. 하지만 여인과의 결연은 결국 '부귀재천(富貴在天)'과 '길흉유인(吉凶由人)'에 대한 깨달음에서 비롯된 일이었고, 그 같은 깨달음의 결과가 죽어가는 여인의 목숨을 구하는 일로 이어지게 된 것이기도 하다. 「만복사저포기」의 양생과 「하생기우전」의 하생은 처녀귀신과 잠자리를 함께 한다는 점에서는 동일하나, 하생의 행동은 양생의 그것과는 달리 적선으로 이어질 수 있는 논리를 확보하고 있는 것이다.

하생은 여인과 헤어진 뒤 여인의 말대로 국도(國都)의 저잣거리 큰 절 앞 하마석(下馬石) 위에 신물로 받은 금척(金尺)을 올려놓는다. 이 일로 인해 하생은 도굴꾼이라는 누명까지 쓰지만 여인의 말을 믿고 고난을 감수하는데, 그 결과 여인은 마침내 무덤에서 되살아난다. 여인의 소생 장면은 다음과 같다.

> 시중이 묘역에 이르러 보니 무덤은 예전 그대로였다. 이에 이상히 여겨 파보니, 여인은 안색이 마치 살아 있는 것 같았고, 가슴 아래가 조금 따스했다. 그리하여 유모로 하여금 여인을 안아 수레에 싣고 돌아가게 했다. 여인은, 무의(巫醫)의 힘을 빌리지 않고 요동치지 못하게 하였을 뿐인데도, 저녁때 되살아났다. 부모를 보고 가늘게 한번 우니 기운이 점차 안정되었다. 부모가 물었다. "네 죽은 뒤 이상한 일이 있었느냐?" 여인이 말하였다. "저는 꿈이라고 여겼는데 이것이 죽음이었습니까? 제게 이상한 일은 없었습니다." 그녀는 이렇게 말하고는 부끄러워하였다. 부모가 다그쳐 묻자 여인은 비로소 말을 하려고 하였는데, 하생이 말한 바와 꼭 들어맞았다. 집안사람들이 모두 무릎을 치며 놀라워했다.223)

---

222) 夜將曉 女枕生臂 嗚咽流涕 生驚曰 纔成好會 遽爾如此奚 女曰 此實非人世 妾乃侍中某之女也 死而葬此 今已三日矣 吾父久居權要 以睚眦中傷人甚衆 初有五子一女 而五娚皆先父夭折 妾獨在側 今又至此 昨上帝召妾命之曰 爾父頃鞫大獄 全活無罪數十人 可贖前日中傷人之罪 五子死已久 不可追也 當遣爾歸 妾拜而退 期在曉日 過此則更無其蘇之望 今者邂逅郎君 是亦命也 欲托永好 終奉巾櫛 未識許否(「何生奇遇傳」, 86~87쪽)

작품의 논리에 따르면, 여인은 시중의 벌을 대신 받고 죽었지만 시중의 개과로 인해 되살아날 기회를 얻은 것이다. 하지만 한편으로는 아직까지 숨이 붙어 있는데 죽은 것으로 오인되어 땅속에 묻힌 여인으로 볼 여지도 있다.224) 시중이 하생을 사위로 맞아들이기를 꺼려한 까닭도 문벌이 맞지 않다는 점과 딸이 겪은 일이 허탄하다는 점 때문이었던바, 시중은 여인이 죽은 것으로 오인되어 무덤에 묻혔다고 여기기로 했던 것이다.225)

앞서 살펴보았듯이 「이생규장전」에서 최씨가 '야합'이라는 비윤리적인 행동을 했던 이유는, 이생과의 결연이 그 같은 극단적인 방법을 통하지 않고서는 불가능하다고 생각했기 때문이었다. 이러한 논리는 「하생기우전」에도 그대로 이어진다. 정상적인 방법으로는 한미한 집안 출신인 하생이 시중의 딸과 인연을 맺을 수 있는 방법은 없었기 때문에, 「하생기우전」에도 「이생규장전」에서와 같이 야합 모티프가 설정될 수밖에 없었던 것이다. 그런데 「하생기우전」은 이 부분에서 「이생규장전」의 전철을 그대로 밟지 않고 「만복사저포기」의 서사를 빌려 왔다. 그 결과 하생은 가사(假死) 상태라 할 수 있는 여인과 실제로 일어났다고 보기도 애매한 관계를 맺은 게 되었다. 한편 여인은 하생과의 경험을 꿈속의 일로 알고 있었으니, 그녀는 부모 몰래

---

223) 旣至墓域 丘原依舊 乃異而發之 女顔色如生 心下微溫 令乳媪擁而轝還 不假巫醫勿撓而已 至日暮方蘇 視父母 細哭一聲 氣且定 父母問曰 爾之死去 有何異也 女曰 吾以爲夢 是乃死乎 吾無異焉爾 忸怩 父母固問 女始肯言 一符生所說 闔門擊節驚怪(「何生奇遇傳」, 91~92쪽)

224) 이월영, 앞의 논문, 191쪽에서 "작품 속에서 여인의 존재는 무척 모호하게 처리되어 있다. 하생을 유인하여 운우지정을 나누지만 그곳은 그녀를 묻은 묘지였다는 내용으로 본다면, 여인은 신통력 있는 혼령임에 분명하다. 그러나 한편 자신의 존재가 남에게 발견되어 구제받고 소생되기를 기다리고 있는, 숨이 붙어 있는 인간이기도 하다."라고 하였다.

225) 於是 館待生甚厚 數日 女已復常 侍中張盛宴以慰生 仍問家世 又問娶不 生荅以不娶 父則平原校生 沒已久矣 侍中頷之 入與夫人謀曰 何生 容貌才氣 實非常人 妻之何疑 但家世不敵 事又夢誕 因而與之 恐駭物論 吾欲厚遣之 夫人曰 此在大人度內 婦子何預(「何生奇遇傳」, 92쪽)

이생과 통정한 최씨와는 달리 불륜을 저지르지 않았다고 할 수 있다.[226)]

여기서 우리는 「하생기우전」의 작자가 「이생규장전」과 「만복사저포기」의 내용을 적절히 조합한 이유를 볼 수 있다. 애정전기소설에 등장하는 남녀 주인공들은 대개 부모 몰래 서로 정을 나누므로, 그 결과가 혼인으로 이어지느냐의 여부와 관계없이 불륜의 혐의에서 결코 자유로울 수 없다. 「하생기우전」의 남녀 주인공 역시 표면적으로는 여타 애정전기소설의 남녀 주인공들과 다를 바 없어 보이지만, 그들은 상술한 바와 같은 논리로 인해 비윤리적인 행동을 저질렀다는 비난을 모면하게 된다. 즉 하생과 여인이 정을 나눈 것은 실제로 일어난 일이 아니기 때문에 야합으로 규정되지 않으며, 그 결과 하생이 한 일은 죽은 여인을 살린 선행으로, 여인이 한 행동은 허탄한 꿈속에서의 일로 귀결되는 것이다.

여인은 부친이 하생을 저버리려 한다는 사실을 알고 사언의 형식으로 부모에게 간(諫)한다.[227)] 이 부분은 「이생규장전」에서 최씨가 사륙문의 형식으로 부모에게 하소연하는 대목[228)]을 수용한 것인데,[229)] 두 작품 사이에는

---

226) 바로 이 점이 「하생기우전」이 행복한 결말로 마무리될 수 있었던 원인이다. 이에 대해서는 엄태식, 「애정전기소설의 서사 문법과 결말 구조」(『동양학』 53, 단국대학교 동양학연구원, 2013)에서 논하였다.

227) 父兮生我 母兮鞠我 慈深季女 婉孌婭姹 室家之壼 酒食是宜 問寢尸饔 庶無貽罹 上帝疾威 殃此積惡 罔極之恩 反貽伊戚 有子五人 宛其死滅 哀我無辜 墓門成棘 昊天曰明 及爾修德 一善陰騭 庸錫女士 還魂有路 九原可起 中宵寤擗 怨結永夜 月出皎兮 逢此粲者 綢繆一誓 已成同穴 穿墉啄屋 生死肉骨 黃泉無間 大隧有空 融融洩洩 其樂亦孔 仲非折檀 女豈霑露 宜何報德 乃敢逮好 父兮母兮 自今伊始 將求多福 貽燕後嗣 云胡奪命 不諒人只 噰噰鳴鴈 禮宜旭日 灼灼夭桃 戒在迨吉 重成邂逅 我願我則 栢舟之詩 矢以靡慝 早知如此 莫若無生 共姜有鬼 携手同行 (「何生奇遇傳」, 93~95쪽)

228) 父親母親 鞠育恩深 不能相匿 竊念男女相感 人情至重 是以摽梅迨吉 咏於周南 咸腓之凶 戒於羲易 自將蒲柳之質 不念桑落之詩 行露沾衣 竊被傍人之嗤 絲蘿托木 已作娼兒之行 罪已貫盈 累及門戶 然而彼狡童兮 一偸賈香 千生喬怨 以眇眇之弱軀 忍悄悄之獨處 情念日深 沈痾日篤 濱於死地 將化窮鬼 父母如從我願 終保餘生 倘違情款 斃而有已 當與李生 重遊黃壤之下 誓不登他門也(「李生窺墻傳」, 41쪽)

다음과 같은 결정적인 차이가 있다.

> 저는 버들개지 같은 가냘픈 몸으로 상락(桑落)의 시를 생각지 않고, 길섶의 이슬에 옷을 적시어 다른 사람의 비웃음을 받게 되었습니다.[自將蒲柳之質 不念桑落之詩 行露沾衣 竊被傍人之嗤][230]

> 네가 아침에 나가 저물 때 들어온다면 장차 성인이 남긴 인의의 격언을 배우려는 것이라 하겠으나, 저물녘에 나가 새벽에 돌아오니 무슨 짓을 하는 게냐? 경박한 놈이 담을 넘어가 단향목(檀香木)이나 꺾는 짓을 하는 게 분명하다.[汝朝出而暮還者 將以學先聖仁義之格言 昏出而曉還 當爲何事 必作輕薄子踰垣牆折樹檀耳][231]

> 황천에는 틈 없으나, 무덤에는 빈 곳 있어, 화락하고 한가하여, 그 즐거움 컸습니다. 중자가 단향목 꺾지 않았는데, 여자가 어찌 이슬에 젖겠습니까?[黃泉無間 大隧有空 融融洩洩 其樂亦孔 仲非折檀 女豈霑露][232]

「이생규장전」에서 최씨가 부모에게 하는 말, 「이생규장전」에서 이생의 부친이 이생을 꾸짖는 말, 「하생기우전」에서 여인이 시중 부부에게 하는 말이다. '절단(折檀)'은 『시경』 정풍(鄭風) 「장중자(將仲子)」에 나오는 말이고 '행로첨의(行露沾衣)'와 '점로(霑露)'는 『시경』 소남 「행로」에서 비롯된 말로서, 애정전기소설에서 남녀의 불륜을 이야기할 때 나오는 단골말들이다. 하생과 여인의 행동은 이와 같이 단향목을 꺾은 일이나 이슬에 젖은 일로 규정되지 않는다.

---

229) 여주인공이 부모에게 원정을 토로하는 장면은 애정전기소설에 두루 보인다. 다만 여기서는 「이생규장전」과의 관계를 살펴보기 위해 대비할 뿐이다.

230) 「李生窺墻傳」, 41쪽.

231) 「李生窺墻傳」, 39~40쪽.

232) 「何生奇遇傳」, 94쪽.

여인은 부모에게 하소연하여 마침내 하생과 혼인한다. 하생이 베푼 선행을 선행으로 보답한 것이다. 하생은 여인과 부부가 되어 두 아들 적선과 여경을 낳고 훗날 벼슬이 상서령에까지 이른다. 「하생기우전」은 다음과 같이 마무리된다.

> 하생이 정혼한 날에 전날의 복사를 찾아갔더니 이미 그 가게를 옮겼다고 했다.233)

「하생기우전」은 애정전기소설에 나오는 이른바 '부지소종(不知所終)'의 결말을 이와 같이 바꾸어 놓았다. 앞서 보았듯이 하생과 여인의 무덤 속 만남은 사실일 수도 있고 아닐 수도 있는 가능성이 있었다. 비록 가사 상태였다고는 하나 만약 여인이 부모에게 고하지 않고 하생과 관계를 맺은 일이 사실로 밝혀진다면, 하생과 여인의 행동이 불륜으로 규정될 여지는 여전히 남아 있는 것이다. 그 일이 사실인지 아닌지를 증명할 수 있는 사람은 복사뿐이다. 그런데 복사가 가게를 옮겨 어디로 갔는지 알 수 없게 되어 버렸으니, 이제 하생과 여인 사이에 벌어졌던 일을 증명할 수 있는 사람은 존재하지 않는 셈이다.

「하생기우전」은 주인공 하생이 죽어가는 여인을 구하여, 곧 선을 베풀어 여인과 혼인하고 자신의 꿈도 이루게 되었다는 이야기다. 「하생기우전」에는 명혼담(冥婚談)이라는 초현실적 서사와 명혼담을 제외한 현실적 서사가 공존하는바, 위와 같은 결말은 독자로 하여금 초현실적 서사를 배제하고 현실적 서사만으로 작품을 이해할 수 가능성을 제기하고 있는 것이다.

「하생기우전」은 작자 신광한의 여주(驪州) 원형리(元亨里) 시절의 체험과 사유가 반영된 작품으로 이해할 만하다. 주지하듯이 신광한은 신숙주(申

---

233) 生定婚之日 求前之卜師 則已易其肆云(「何生奇遇傳」, 97쪽)

叔舟)의 손자였지만 벼슬길에 오른 후에는 조광조(趙光祖)와 정치적 입장을 같이하기도 하였으므로,[234] 한미한 가문의 선비와 벌열 집안 딸의 결연을 다루고 있는 「하생기우전」은 '기묘사화의 훈구계 희생자'라는 작자 신광한의 '중간자적 상황'이 배경이 되어 있으며 '사림파를 상징할 수 없는 무명 유사(儒士)의 기성 권력과의 안이한 개인적 타협'으로 볼 여지도 있다.[235]

「하생기우전」에서 하생은 뛰어난 재주를 가졌지만 정치가 어지러웠기 때문에 4~5년 간 태학에서 울적하게 지낼 수밖에 없었다. 문면에는 명확히 드러나 있지 않으나, 조정의 정치가 어지러워진 것은 여인의 아버지인 시중이 잘못을 저질렀기 때문이라고 할 수 있다. 그런데 문제는, 「하생기우전」이 하생의 불우를 전적으로 시중이나 사회 탓으로 돌리지는 않는다는 점이다. 앞서 보았듯이 하생은 여인에게 "항상 곡앵의 시를 노래하고 매번 진량의 학문을 비루하게 여기며, 망령되게도 높은 벼슬에 오를 수 있고 공업도 이룰 수 있다고 생각하여, 부귀는 하늘에 달려 있는 것이요 길흉은 사람으로 말미암는다는 것을 몰랐다."라고 말하고 있으므로, 「하생기우전」은 부귀재천과 길흉유인을 깨닫지 못한 하생에게도 분명 잘못이 있는 것으로 그리고 있다. 복사는 하생에게 "부귀는 공에게 본래부터 있었던 것입니다."라고 말하고 또 "명이가 가인으로 가는 점괘[明夷之家人]를 얻었습니다."라고도 말한다. 부귀가 원래 하생에게 있었던 것이었지만, 그것을 획득할 방법을 찾지 못한 것은 하생의 잘못이라고 할 수 있다. '명이지가인(明夷之家人)'이라는 점괘는 이를 구체적으로 설명한다.[236] '명이'는 혼암(昏暗)한 군주가 위에 있어 밝은 자가 상함을 당하는 때를 뜻하므로,[237] 명이의 시기에

234) 신광한의 생애에 대해서는 소재영, 앞의 책, 5~24쪽; 유기옥, 앞의 책, 17~39쪽 등을 참조할 수 있다.

235) 윤채근, 『소설적 주체, 그 탄생과 전변』(월인, 1999), 360쪽.

236) '明夷'가 本卦이고 '家人'이 之卦이며, 明夷卦의 五爻와 上爻가 變爻이다. 본괘의 변효 중 위에 있는 효의 효사인 "上六 不明晦 初登于天 後入于地"(『易經』, 356쪽)를 위주로 한다.

부귀를 추구하려 했다는 것은 시세를 파악하지 못한 하생의 잘못이다.「하생기우전」에서 하생이 복사를 찾아갔던 그때는 마침 여인이 상제로부터 환생을 허락받은 때였다. 그러나 만일 하생이 복사의 말을 믿지 않았다면, 곧 '明夷之家人'을 신뢰하지 않았다면, 하생의 성취는 이루어질 수 없었을 것이다. 때문에 하생의 성공은 그의 노력과 깨달음의 결과이기도 한 것이며, '명이'에서 '가인'으로 옮겨 가게 만든 주체도 하생이 될 수 있는 것이다.[238]

'가인'은 집안에서 행하는 도리를 나라에 시행하면 나아가 천하를 다스릴 수 있다는 뜻을 담고 있다. 천하를 다스리는 도는 결국 집안을 다스리는 도로 미루어 행할 수 있으며, 이는 집안에서 부자(父子)의 친함, 부부(夫婦)의 의(義), 존비(尊卑)와 장유(長幼)의 차례로 윤리를 바르게 하고 은의(恩義)를 돈독히 함에서 비롯된다는 것인데,[239]「하생기우전」의 후반부는 바로 이 '가인'의 국면을 그려냈다고 할 수 있다. 여인이 시중 부부에게 간하여 하생을 사위로 맞아들이게 하매 하생 부부는 서로 공경하고 사랑하여 비록 양홍의 맹광이나 극결의 아내라도 비하기에 부족할 정도가 된다. 또 하생은 여인과 결연한 이듬해에 외과에 급제하여 보문각에서 첫 벼슬을 하고 훗날 상서령에 이른다. 이와 같은「하생기우전」의 결말은, 곧 어지러웠던 집안의 도리가 바로 섬으로써 혼란했던 정사(政事)도 올바름을 얻게 된다는 가인괘를 형상화한 것이다.

'明夷之家人'이 가지고 있는 의미는 단순히 하생과 여인의 결연을 암시하는 데서 그치지 않는다.[240]『조선왕조실록』중종 37년 3월 10일 기사[241]

237) 성백효 역주, 앞의 책, 81쪽 참조.

238)『周易』「序卦傳」에서는 "이는 상함이니, 밖에서 상한 자는 반드시 집으로 돌아오기 때문에 가인괘로 받았다.[夷者 傷也 傷於外者 必反其家 故受之以家人]"(위의 책, 97쪽)라고 하였다.

239) 위의 책, 97쪽 참조.

240) '明夷之家人'이란 말이 작품의 앞부분에 나오는 것에 대하여 윤채근, 앞의 책, 353쪽에서는 서사적 긴장도가 훼손된 것으로 보았고, 유정일, 앞의 책, 216~217쪽에서는

를 보면 신광한이 『주역』에 능통했던 인물이었음을 알 수 있다. 만약 「하생기우전」이 신광한의 원형리 시절과 어떤 관련이 있는 작품이라면, 「하생기우전」의 전반부에는 원형리 시절을 '명이'의 시기로 인식했던 신광한의 사유가 반영되었다고 볼 수 있다. 한편 '明夷之家人'은 '명이'의 시기가 지나고 '가인'의 시기가 오리라는 믿음의 소산이다. 그런데 '가인'이라는 새로운 국면의 도래는 전적으로 하늘에 달린 일이어서 인간이 기필할 수 있는 것이 아닌바, 이것이 「하생기우전」에서는 하생이 '부귀재천'을 깨닫는 것으로 나타났다고 볼 수 있다. 그런데 유자는 자신의 불행을 시대의 탓으로만 돌려서도 안 된다. 선비는 천명을 기다리되 자신이 맡은 바에 충실해야 한다는 본분이 있으니, 이런 사유가 「하생기우전」에서 '길흉유인', 곧 길하기 위해서는 선을 쌓아야 한다는 '적선'의 주제로 표출되었다고 볼 수 있다.

「하생기우전」은 '명이'의 시절이 지나고 '가인'의 시절이 도래하리라는 믿음, 그것을 위해서 유자가 해야 할 일을 한미한 집안 출신 선비의 성공담으로 형상화한 소설이다. 신광한은 『금오신화』에 실려 있는 두 편의 애정전기소설을 직조하여 「하생기우전」을 창작하였는데, 「하생기우전」은 「이생규장전」과 「만복사저포기」에 대해 반론을 제기하고 있는 면이 있다. 「이생규장전」에 보이는 이생과 최씨의 결연은 그것이 비록 혼인으로 이어졌다고 할지라도 어디까지나 유가의 규범에서 벗어나는 '야합'에 불과했다. 또 「만복사저포기」의 결말에 보이는 양생의 '부지소종'은, 비록 현실에서 소외되었다 할지라도 세상에 대한 관심을 저버려서는 안 된다는, 유자의 본분에서

소설의 내용을 예언적으로 보여줌으로써 오히려 흥미를 유발시킨다고 보았으며, 엄기영, 앞의 논문, 176~178쪽에서는 독자로 하여금 심리적 안정을 불러일으키는 통속소설의 효과를 가져오는 것으로 보았다.

241) 領議政尹殷輔議 金安國李彦迪申光漢 皆精於易學云 故世子周易進講時入參事 曾已啓下 但以外官 無端入講 似爲未安 今此貳師賓客 雖大典數外 以一時權宜 限周易畢講 加設無妨 與銓曹議爲耳 常時經幄參侍宰相 非兼帶經筵者 則必特進官啓下而後 乃得入侍 非東宮僚屬 而出入書筵 恐爲未穩 況此非關 撓改官制 且金安國今雖六卿 曾經貳師 其兼帶 亦恐無妨

벗어난 행동일 따름이었다. 이에 반해 「하생기우전」에서는 하생과 여인의 결연이 유가의 규범에서 벗어나는 야합으로 규정되지 않고 있으며, 하생은 현실에서 소외된 인물이었지만 세상에 대한 관심을 저버리지 않고 끝까지 유자로서 떳떳한 모습을 보여주고 있다.

요컨대 신광한은, 남녀의 사랑 이야기를 통해 유가 이데올로기에 대한 저항 담론을 담고 있는 두 편의 애정전기소설[「만복사저포기」·「이생규장전」]을 조합하여, 애정전기소설의 불온성에 대한 반론을 표출한 애정전기소설[「하생기우전」]을 창작한 셈이다. 우리는 남녀의 사랑 이야기가 작자의 우의를 전달하기 위한 도구로 사용된 극단적인 경우를 「하생기우전」에서 볼 수 있는 것이다.

3. 17세기 애정전기소설

(1) 「주생전(周生傳)」

고전소설의 작자 문제는 명확한 근거가 있지 않은 이상, 확실한 결론을 내리기 어렵다. 그간 「주생전」은 권필의 작이라는 설이 일반적으로 인정되어 왔으므로, 「주생전」 연구는 직접적이든 간접적이든 간에 권필과의 관련 속에서 진행될 수밖에 없었다. 하지만 「주생전」의 작자를 권필로 보기에는 미심쩍은 부분이 의외로 많다. 여기서는 우선 「주생전」을 과연 권필의 작으로 볼 수 있는지에 대해 검토한 후, 중국 소설의 영향을 고려하는 가운데 「주생전」의 서술 시각과 인물 형상을 살펴보도록 하겠다.

창작 배경과 작자 문제

'작자 문제'와 '창작의 연원이 된 작품과의 영향 관계'는 고전소설의 창작 배경을 논할 때 중요하게 다루어져야 할 사항들이다. 「주생전」 연구사를 살펴보면, 그간 「주생전」의 작자가 권필이라는 주장이 통설로 인정되는 가운데, 「주생전」의 창작에 중국 소설이 영향을 미쳤다는 사실이 밝혀졌음을 알 수 있다. 이 가운데 중국 소설의 영향 문제는 선행 연구의 타당성이 인정된다고 여겨지므로, 여기서는 작품 창작 배경으로서의 작자 문제를 중점적으로 다루고자 한다.

지금까지 「주생전」의 작자는 권필로 인정되어 왔는데, 그 근거는 『화몽집』에 수록된 「주생전」의 말미에 있는 "癸巳仲夏 無言子權汝章記"[1]라는 기록이다. 이명선도 『조선문학사』에서 「주생전」을 권필의 작으로 보았다.[2] 그는 「위경천전」[3]에 대하여 『고담요람』이 출전이라고 밝혀 놓았는데, 『고담요람』 소재 「위경천전」에 "權石洲製"라는 말이 있어 비슷한 내용의 「주생전」도 권필의 작으로 보았는지, 아니면 다른 근거가 있었는지는 미상이다. 문선규 또한 권필을 「주생전」의 작자로 보았으나, 명확한 근거가 있었던 것 같지는 않고 이명선의 『조선문학사』를 답습한 듯하다.[4] 한편 신기형은 「주생전」을 작자미상의 작품으로 적어 놓았는데,[5] 역시 그 근거는 알 수 없다. 요컨대 현재까지는 『화몽집』의 기록이 「주생전」의 작자를 권필로 보게 만드는 유일한 증거인 셈이다.

그간 「주생전」의 작자를 권필로 보는 것에 대하여 의문이 전혀 없지는 않았으나,[6] 구체적인 반론이 제시되지는 않았다. 문제는 권필이 '無言子'라는 호(號)를 쓴 사례가 발견되지 않는다는 점, '權汝章'이라는 말이 『화몽집』에서만 보인다는 점에 있다. 이본들의 말미는 다음과 같다.

癸巳仲夏 無言子權汝章記(『화몽집』)[7]

---

1) 최웅권·마금과·손덕표 교주, 『17세기 한문소설집 화몽집 교주』(소명출판, 2009), 영인 27쪽.

2) 이명선, 『조선문학사』(조선문학사, 1948), 135쪽.

3) 위의 책, 135쪽에는 '章敬天傳'으로 誤植되었다.

4) 문선규 역, 『화사·주생전·서대주전』(통문관, 1961), 12쪽에서 「周生傳」을 권필의 작이라 하였다. 그런데 바로 다음 줄에서 「章敬天傳」을 권필의 작이라고 하였으니, 『조선문학사』의 誤植을 그대로 답습했음을 알 수 있다. 이로써 볼 때 「주생전」을 권필의 작이라 한 것도 이명선의 『조선문학사』에서 가져온 내용일 가능성이 무척 높다.

5) 신기형, 『한국소설발달사』(창문사, 1960), 483쪽.

6) 예컨대 간호윤, 「선현유음의 소설사적 의의」(『선현유음』, 이회, 2003), 22~23쪽에서는 『선현유음』에 수록된 「주생전」의 말미에 "癸巳仲夏序"라고 되어 있음을 근거로 선현유음본 「주생전」의 저본에 작자가 기록되어 있지 않았을 것으로 보았다. 그러나 또 화몽집본 「주생전」에 "無言子權汝章"이라는 말이 있다는 것을 가지고 "권필이 필사하며 자신의 호를 기록하였을 수도 있다."라고도 하여 명확한 견해를 제시하지는 않았다.

7) 최웅권·마금과·손덕표 교주, 앞의 책, 영인 27쪽.

癸巳仲夏 無言子傳(이헌홍본)

癸巳仲夏 無言子傳(임형택본)

癸巳仲夏 無言子傳(정경주본)[8]

癸巳仲夏 無言子傳(『閒汨董』)[9]

癸巳仲夏序(『先賢遺音』)[10]

계亽 듕하의 무언ᄌᆞ는 뎐ᄒᆞ노라(멱남본)[11]

余已艶其詩詞 歎奇遇而愴佳期 退而援筆術之云爾(김구경본)[12]

이처럼 「주생전」 말미의 기록은 '權汝章'이라는 말이 없는 것이 일반적이므로, 원래는 '癸巳仲夏 無言子傳'으로 되어 있었는데 거기에 '權汝章'이라는 말이 후대에 덧붙여졌을 가능성이 높다.

한편 '무언자(無言子)'라는 호는 권필의 조카인 권칙(權侙)이 지은 「강로전(姜虜傳)」에도 보인다. 현전하는 「강로전」 가운데 원본계열의 선본은 국사편찬위원회본・동사잡록본・화몽집본이다.[13] 이 가운데 국사편찬위원회본과 동사잡록본의 말미에는 모두 "崇禎庚午秋 無言子記"라고 되어 있으

8) 이헌홍본・임형택본・정경주본은 장효현・윤재민・최용철・심재숙・지연숙, 『교감본 한국한문소설 전기소설』(고려대학교 민족문화연구원, 2007), 266쪽의 註922를 따랐다.
9) 간호윤, 『새로 발굴한 주생전・위생전의 자료와 해석』(박이정, 2008), 영인 22쪽.
10) 간호윤, 『선현유음』(이회, 2003), 영인 15쪽.
11) 간호윤, 『새로 발굴한 주생전・위생전의 자료와 해석』(박이정, 2008), 영인 103쪽.
12) 문선규 역, 앞의 책, 160쪽.
13) 소인호, 「강로전 이본 연구」(『우리어문연구』 24, 우리어문학회, 2005).

며,[14] 화몽집본은 마지막 부분이 낙장(落張)이어서 확인할 수는 없으나 다른 두 본과 동일 계열이므로 말미 역시 같았으리라고 추측할 수 있다. 권칙이 「강로전」을 지었다는 기록은 신빙성이 높으므로,[15] 「강로전」의 '무언자'가 권칙의 별호(別號)라고 보는 데는 별 문제가 없다.

다시 『화몽집』으로 돌아와 보자. 지금까지 발견된 한문소설집 가운데 무언자가 전했거나 기록했다는 내용이 있는 「주생전」과 「강로전」이 동시에 실려 있는 책은 『화몽집』밖에 없다.[16] 여기서 우리는 『화몽집』의 필사자가 '無言子'라는 호가 적힌 두 종의 소설을 필사하면서 '權汝章'이라는 말을 써 넣었을 가능성을 생각할 수 있다. 과거에 소설의 필사자가 작자를 혼동하거나 작자에 대해 무지한 경우는 무척 많았다. 「상사동기」는 성삼문(成三問)을 작자로 기록한 이본이 있고, 소설을 애독했던 영조(英祖)는 「구운몽」의 작자가 김만중인지도 몰랐다.[17] 소설의 작자가 작품 내에서 자신의 이름을 밝히는 경우는 극히 드물므로, 후대의 필사자가 작자의 신상에 대해 정확히 알고 있을 가능성은 별로 없다. 때문에 『화몽집』의 필사자 또한 두 소설 모두 동일 인물인 '무언자'의 작이라고 여겼을 수 있으며 '무언자'를 동명이인(同名異人)으로 보았을 가능성은 오히려 낮다고 할 수 있다. 그렇다면 화몽집본 「강로전」 말미의 낙장 부분에 '崇禎庚午秋 無言子權汝章記'라고 되어 있었을 가능성도 있는 것이다. 또 사소한 문제처럼 보일 수도 있

---

14) 필자가 소장하고 있는 『國朝兵火錄』에도 한문필사본 「姜虜傳」이 수록되어 있다. 이 「강로전」의 말미에는 "崇禎庚午秋日 無言子記"라고 되어 있다.

15) 박희병, 「17세기 초의 숭명배호론과 부정적 소설주인공의 등장」(『한국 고전소설과 서사문학(상)』, 집문당, 1998), 38쪽.

16) 양승민·권진옥, 「버클리대 소장 한문소설집 백호화담에 대하여」(『고전과 해석』 8, 고전문학한문학연구학회, 2010), 436~437쪽에서 현전하는 26종 한문소설집의 수록 작품 목록을 정리하였다. 이 논문에 반영된 것 이외에도 몇 종이 더 있으나, 『화몽집』 이외에 「주생전」과 「강로전」이 합철된 소설집은 알려지지 않았다.

17) 양승민, 「승정원일기 소재 소설 관련 기사 변증」(『고전문학연구』 26, 한국고전문학회, 2004), 262~263쪽.

으나, 유독 화몽집본 「주생전」만이 '傳'이 아닌 '記'로 되어 있다는 점도 화몽집본 「주생전」이 '無言子記'로 되어 있는 「강로전」과 무관하지 않다는 방증이 될 수 있다고 생각한다. 게다가 이미 '無言子'라는 호를 썼음에도 불구하고 그 뒤에 '權'이라는 성(姓)과 '汝章'이라는 자(字)까지 덧붙인다는 것은 매우 이상한 일이다. 사실 '무언자'는 작자가 자신의 이름을 밝히지 않겠다는 뜻으로 가탁한 명칭인데, 바로 뒤에 버젓이 '권여장'이란 성과 자가 들어가 있다는 것 자체가 상식적이지 않다. 게다가 화몽집본 「주생전」에는 '傳'이 아닌 '記'로 되어 있어 마치 권필이 직접 쓴 것처럼 표현되었으니, '權汝章' 운운한 것이 호사자(好事者)의 손에서 나왔을 가능성조차 배제할 수 없다.

이렇게 본다면 「강로전」의 '무언자'가 권칙의 별호일 가능성은 무척 높지만 「주생전」의 '무언자'가 권필일 가능성은 매우 적다고 볼 수 있다. 선행 연구에서는 「주생전」의 '무언자'가 권필이라고 보았는데, 만일 권필이 '무언자'라는 호를 썼다면 권칙이 숙부의 호를 그대로 답습했을 가능성은 별로 없다고 할 수 있다.[18] 소설을 짓는 것이 떳떳한 일이 아니었던 시대에, 권칙이 하필 숙부의 작처럼 썼을 리는 없기 때문이다.

필자는 「주생전」과 「강로전」의 말미에 모두 '무언자'라는 말이 나옴으로써 전승 과정에서 혼란이 생겼을 것이라고 생각한다. 「강로전」은 권칙의 작이 분명하므로 초기 전승 과정에서 「강로전」 말미의 '무언자'는 당연히 권칙으로 인식되었을 것이다. 그러나 후대로 오면서 '무언자=권칙'이라는 인식이 '무언자=권필'로 바뀌었을 가능성이 매우 높은데, 둘이 조카와 숙부 사이였다는 점, 권칙보다는 권필이 유명한 사람이었다는 점 등이 그 원인이

18) 박희병, 앞의 논문, 38쪽의 註10에서는 "'無言子'라는 호는 「주생전」 말미에도 보이니, '癸巳仲夏 無言子權汝章記'라고 한 게 그것이다.(북한에 전하는 「주생전」 원문 참조) 이를 통해 '무언자'가 권필의 또 다른 號임을 알 수 있다. 그런데 권칙도 이 호를 쓰고 있는바, 이는 우연이라고 보기에는 좀 이상하다. 혹 권칙이 자신의 所作을 슬며시 권필에 가탁하고자 한 것은 아닐까 하는 생각도 들지만, 단정할 수 없다."라고 하였다.

었을 것이다. 게다가 「주생전」의 말미에도 '無言子傳'이라고 되어 있으니, 작자에 대한 정보가 불분명한 상태에서 「주생전」과 「강로전」을 읽었을 때 두 작품의 작자를 동일인으로 받아들이는 것은 매우 당연한 일이었을 터이고, 그때의 '무언자'는 권칙보다는 권필로 받아들여졌을 가능성이 높았으리라고 추측할 수 있다. 또한 「주생전」의 후지를 사실로 받아들였을 경우, '무언자'가 '권칙' 혹은 '권아무개'라는 사실을 어렴풋이 알고 있었던 사람이었다면, 「주생전」의 '무언자'는 정황상 권칙보다는 권필에 가깝다고 여길 수도 있었을 것이다.

『화몽집』의 기록 외에 권필이 「주생전」을 지었다고 보았던 유력한 근거 가운데 하나는 권필이 누봉명(婁鳳鳴)이나 호경원(胡慶元) 같은 명군(明軍)과의 교유가 있었다는 점이었다. 그리고 이것이 마침 후지의 기록과 맞물리면서 「주생전」 창작의 기반으로 받아들여졌던 것이다.[19] 작품의 창작 시기에 관하여는 명군의 철수가 구체화되던 경자년(庚子年: 1600년) 즈음으로 보는 견해[20]와 경자년설을 비판하면서 계사년(癸巳年: 1593년)에 창작되었다고 보는 견해[21]로 대별되지만, 양쪽 모두 권필이 작자라는 점을 전제로 한 논의였다. 한편 이종묵은 「주생전」에 나오는 '용금문(湧金門)'이 공구서에서조차 보이지 않는 궁벽한 지명임에도 불구하고 선화(仙花)의 집 근처에 있는 것으로 설정되었음을 근거로, 권필이 누봉명으로부터 전당(錢塘) 지방의 명소에 대해 듣지 않았다면 알기 어려운 곳으로 추정된다고 하였다.[22] 하지만 '용금문'은 『전등신화』의 「등목취유취경원기」에도 보이므로[23] 권필

---

19) 왕숙의, 「주생전의 비교문학적 연구」(한양대학교 석사논문, 1986), 3～7쪽; 정민, 「주생전의 창작기층과 작품 성격」(『목릉문단과 석주 권필』, 태학사, 1999), 455～461쪽.

20) 정민, 위의 논문, 455～461쪽.

21) 박희병, 「전기소설의 문제」(『한국전기소설의 미학』, 돌베개, 1997), 20～24쪽.

22) 이종묵, 「주생전의 미학과 그 의미」(『관악어문연구』 16, 서울대학교 국어국문학과, 1991), 169쪽.

23) 至則僑居湧金門外(「滕穆醉遊聚景園記」, 上101쪽)

창작설을 뒷받침하지는 못한다. 또 「주생전」에 삽입된 시(詩)나 사(詞)의 정조가 권필의 그것과 유사하다는 점으로 권필 창작설을 주장하기도 하나[24] 이 역시 적실한 근거가 되기는 어렵다.

지금까지의 연구 성과를 고려할 때 「주생전」의 작자에 가장 근접한 인물이 권필이라는 점은 부인하기 어렵지만, 이상 살펴본 바와 같이 『화몽집』의 기록이 와전(訛傳)일 가능성이 높으므로 「주생전」의 작자 문제는 보다 확실한 기록이 나올 때까지 신중을 기해야 한다고 생각한다. 요컨대 임진왜란 때 명군과 교유한 인물이 권필만이 아니었다는 점, 「주생전」의 삽입시문이 반드시 권필만 지을 수 있는 게 아니라는 점, 후지가 사실이 아닐 가능성 등을 두루 고려할 필요가 있는 것이다.[25]

---

24) 이종묵, 앞의 논문, 172~176쪽.

25) 이상과 같은 필자의 견해가 발표된 뒤에 신태수, 「주생전 연구」(한남대학교 박사논문, 2012), 14~28쪽에서는 「주생전」의 작자가 권필이라는 주장을 다시 펼쳤으나, 모두 권필이 명군과 만났음을 논한 것일 뿐, 「주생전」의 작자가 권필일 수 있다는 근거는 제시한 것이 없다. 즉 「주생전」의 작자가 권필임을 증명한다면서 「주생전」의 작자가 권필임을 전제로 한 상태에서 기존 논의와 같은 내용을 되풀이한 것이다. 또한 필자의 논의에 대한 반론이라면서 "일각에서는 '無言子'라는 호는 권필의 조카인 권칙이 지은 「강로전」에도 보이는 점 등을 들어 「주생전」의 작가가 권필이 아닐 가능성을 제기하고 있다. 그러나 간과해서는 안 될 것은 후지가 있는 다른 이본들에 명시된 시기가 모두 동일하다는 점이다."(27~28쪽)라고 하고서, 앞서 필자가 인용한 여러 이본들의 기록을 재인용한 후 "그런데 만일 권칙이 지은 것이라면 계사년은 1653년인데 시기적으로나 사회적으로 명나라가 이미 멸망(1644)한 지도 한참이나 지난 상황인데다가 「강로전」의 주인공 강홍립처럼 유명한 장군도 아니고 일개 서기에 지나지 않았던 인물을, 더구나 그의 떳떳하지도 못한 삼각연애의 사랑과 이별의 이야기를 문자로 엮어 세상에 널리 전한다는 것은 납득하기가 어려운 것이다. 권칙이 아직 태어나지도 않았던 먼 시기의 일인데 마치 자신이 직접 주생을 만난 것처럼 작품 말미에 기록한다는 것도 당시의 문학적 관습에 비추어 볼 때 이해가 가지 않는 부분이다. 이러한 정황으로 볼 때 시기적으로 계사년은 1593년이어야 작품내용과 시대상황이 자연스럽게 연결된다고 할 수 있다. 따라서 작가가 제3자로 명확히 밝혀지거나 권필이 아니라는 결정적인 증거가 발견되지 않는 한 권필을 「주생전」의 작가로 인정하는 것은 논리적으로 타당하다."(28쪽)라고 하였다. 필자를 비롯하여 그 누구도 「주생전」의 작자를 권칙이라고 한 적이 없는데, 왜 「주생전」 작자 문제에서 권칙을 거론하고 있는지, 또 계사년이 1593년임을 새삼스럽게 주장하고 있는지 이해하기 어렵다. 권필이 아니라는 증거가 발견되지 않는 한 권필을

권칙은 「강로전」과 「안상서전(安尙書傳)」의 작자이다. 주지하듯이 이 작품들도 「주생전」과 마찬가지로 결말에 서술자가 등장하는 액자 형식을 취하고 있다. 서술자가 등장하여 견문(見聞)을 기록한다는 형식은 허균(許筠)의 전(傳)을 비롯하여 「주생전」·「운영전」·「최척전」 같은 17세기 중편 한문소설에 두루 보인다. 권칙의 「강로전」은 전기소설의 필치(筆致)가 느껴지는 작품인데,[26] 그의 전기소설 독서 경험이 작품에 반영되었다고 본다면 「강로전」 말미의 액자 형식이나 '無言子記'도 「주생전」의 그것을 참조했을 수 있다.

이상의 논의를 통해 볼 때 『화몽집』의 기록 이외의 다른 근거가 발견되지 않는 한 「주생전」의 '무언자'는 권필로 단정하기보다는 미상으로 놓아두는 게 나을 듯하다. '무언자'는 소설의 작자가 가탁하기에 딱 좋은 이름이며 누구나 쓸 수 있는 별호이다. 이에 논의에서는 권필을 염두에 두지 않고 「주생전」을 살펴보기로 한다.

한편 그간의 연구 성과들로 인해 「주생전」이 중국 전기소설인 「곽소옥전」·「앵앵전」·「취취전」·「위당기우기」·「가운화환혼기」 등의 영향을 받아 창작되었다는 사실이 밝혀졌다.[27] 작품의 문면에도 이 작품들의 주인공이 거론되고 있으니, 「주생전」의 작자가 중국 전기소설의 독서 경험을 바탕으로 「주생전」을 창작했다는 점은 명백하지만, 「주생전」은 어느 한 작품의 서사만을 따르지 않고 독자적으로 이야기를 전개하고 있다. 요컨대 「주생전」은 풍부한 독서 경험을 바탕으로 전기소설의 서사 문법을 체득한 작자가 창

「주생전」의 작가로 인정하는 것이 논리적으로 타당하다고 주장한 것 역시 논리적이지 않다.

26) 박희병, 「17세기 초의 숭명배호론과 부정적 소설주인공의 등장」(『한국 고전소설과 서사문학(상)』, 집문당, 1998), 53~56쪽.

27) 소재영, 「석주권필소론」(『논문집』 6, 숭전대학교 인문사회과학연구소, 1976), 452~454쪽; 김현룡, 『한중소설설화비교연구』(일지사, 1976), 301~307쪽; 왕숙의, 앞의 논문; 정민, 앞의 논문, 461~480쪽.

작한 소설인바, 이전 시기 전기소설에 비해 독자성이 매우 강한 작품인 것이다. 때문에 창작의 연원이 된 작품들의 영향과 「주생전」의 독자성을 모두 고려해야 「주생전」의 서사적 특징이 온전하게 드러날 것이다.

서술 시각과 인물 형상

「주생전」의 서두는 다음과 같다.

> 주생의 이름은 회(檜)이고 자는 직경(直卿)이며 호는 매천(梅川)이다. 대대로 전당(錢塘)에 살았는데 아버지가 촉주(蜀州) 별가(別駕)가 되는 바람에 촉주에서 살게 되었다. 주생은 어려서부터 총명하여 시를 잘 지었고, 18세에는 태학에 들어가 동료들의 추앙을 받았기에 자부심이 적지 않았다. 태학에 여러 해 있으면서 연거푸 과거에 떨어졌으므로 이렇게 탄식했다. "사람이 세상을 사는 것은 작은 티끌이 약한 풀에 붙어 있는 것과 같다. 어찌 공명에 얽매여 진토(塵土) 같은 세상에 파묻힌 채 내 삶을 마치겠는가?" 이로부터 마침내 과거 볼 생각을 끊어 버리고 상자를 털어 거기 있던 거금으로 반은 배를 구입하여 강호 간을 왕래하고 반은 잡화를 사서 때때로 이익을 취하여 자급하니, 아침에는 오(吳) 땅에 있고 저녁에는 초(楚) 땅에 있기를 오직 마음 가는 대로 하였다.[28]

남주인공의 소개로 시작하는 「주생전」의 서두는 「이생규장전」·「하생기우전」의 서두와 유사하다. 특히 태학에 다녔던 주생이 자부심이 적지 않았음에도 불구하고 연거푸 과거에 떨어진다는 서술은 「하생기우전」의 다음 장면과 연결된다.

---

28) 周生 名檜 字直卿 號梅川 世居錢塘 父爲蜀州別駕 仍家于蜀 生少時 聰銳能詩 年十八入太學 爲儕輩所推仰 生亦自負不淺 在太學數年 連擧不第 乃喟然歎曰 人生世間 如微塵棲弱草耳 胡乃爲名韁所縶 汨汨塵土中 以終吾生乎 自是遂絶意科擧之業 倒篋 中有錢百千 以其半買舟 往來江湖間 以其半市雜貨 時取贏以自給 朝吳暮楚 惟意所適(「周生傳」, 251~252쪽)

> 국학에 들어간 후에 여러 서생들과 재주를 겨루니 그보다 나은 자가 없었다. 하생은 장원급제도 할 수 있고 높은 벼슬에도 오를 수 있다고 여기며 거만하게도 자신이 세상에서 뛰어난 인물이라는 생각을 가졌으나, 당시는 조정의 정사가 어지러워진 뒤라 인재 선발도 공정하지 않았으므로, 4~5년을 지내며 학사에서 원통해하고 항상 앙앙불락했다.[29]

「하생기우전」의 하생은 장원급제할 정도의 능력을 가진 인물이었으나, 조정의 정사가 어지러웠기 때문에 국학에서 허송세월한다. 「주생전」의 주생도 하생만큼 뛰어난 인물로 그려지고 있으나, 그가 어떤 이유로 인해 계속 과거에 떨어져 상인이 되었는지는 전혀 서술되지 않고 있다. 때문에 뛰어난 재주를 지녔으되 연거푸 과거에 낙방하는 전기소설의 전형적인 인물[30]로 보기에 주저되는 면이 있는 것이다.[31]

주생이 과거를 포기하고 상업에 종사하게 된 까닭이 무엇인지를 파악하는 것은 작품을 이해하는 데 매우 중요한 문제이다. 「주생전」의 서두는 앞서 본 「하생기우전」의 서두나 「가운화환혼기」의 서두[32]와 비슷한데, 주생의 형상은 「하생기우전」의 하생보다는 오히려 「가운화환혼기」의 위붕(魏鵬)과 유사하다.[33] 「가운화환혼기」에서는 위붕의 과거 낙방에 대한 이유가

29) 旣赴國學 與諸生較藝 莫能或之先者 生以爲龍頭可捷 靑雲可步 驁然有高世之志 時朝政旣亂 選擧亦不以公 荏苒四五載 抱屈黌舍 常悒怏不樂(「何生奇遇傳」, 78쪽)

30) 정환국, 「17세기 애정류 한문소설 연구」(성균관대학교 박사논문, 2000), 91쪽.

31) 한편 문범두, 「주생전 연구」(『영남어문학』 23, 영남어문학회, 1993)에서는 주생에 대하여 "뛰어난 재능을 지녔다는 것은 과거에 당연히 합격할 수 있는 자격을 갖추었다는 것이고, 그럼에도 불구하고 連擧不第하였음은 그 이유가 개인에게 있는 것이 아니고 사회 자체에 있음을 의미하고 있다."라고 하였다. 하지만 과거에 급제하지 못한 것을 사회의 문제로 돌릴 만한 근거를 작품 내에서 찾을 수 있을지 의문이다. 『전등신화』의 「등목취유취경원기」나 『전등여화』의 「가운화환혼기」에도 시문에 뛰어난 남주인공이 과거에 급제하지 못하는 것으로 설정되어 있는데, 이 작품들에서도 주인공들의 不遇를 사회 탓으로 돌릴 만한 직접적인 근거는 별로 발견되지 않는다.

32) 정민, 앞의 논문, 465쪽 참조.

33) 위붕은 다섯 살 때 五經에 통달하고 일곱 살 때 글을 지을 줄 알아 향리에서 신동이라

전혀 서술되지 않는다. 그것은 단지 위봉을 전당으로 가게 만들어 가빙빙과의 인연을 이루게 만드는 화소일 뿐이다. 「주생전」도 마찬가지다. 주생이 과거에서 연거푸 낙방하여 상인이 되었다는 서술에는 어떤 특별한 의미가 있는 것이 아니라, 주생으로 하여금 고향인 전당으로 가서 배도(裵桃)와 선화(仙花)를 만나게 하는 데 주된 목적이 있었다고 보아야 할 것이다.

주생은 전당에 가서 어렸을 때 알고 지냈던 배도를 만난다. 배도에 관해서는 지연숙이 새로운 의견을 제시한 바 있어 검토할 필요가 있다.

> 배도는 주생의 어린 시절 소꿉친구가 아니라 주생이 10대 때 알고 지냈던 기녀였고, 지금 전당에서 독보적인 기녀가 아니라 주생과 알고 지낼 당시 혹은 그 직후인 10대 중후반에 독보적인 기녀였다. 현재 배도는 20대 중후반으로, 아직은 아름다움을 잃지 않았지만 기녀로서의 상품 가치는 하락세에 접어들었다고 할 수 있다.[34]

지연숙은 "有妓徘桃者 生少時所與同戱嬉者也 以才色獨步於錢塘 人呼之爲徘娘"[35]이라는 서술에서 소꿉친구를 가리킬 때 사용되는 '청매(靑梅)'나 '죽마(竹馬)' 같은 확정적인 단어가 없다는 점, '희희(戱嬉)'가 어린아이에 한정하여 쓰는 말이 아니라는 점, '소시(少時)'가 10세 미만보다는 그 이상을 가리키는 경우가 많다는 점 등을 지적하고 『석주집(石洲集)』의 시도 언급하며 배도가 '주생이 10대 때 알고 지냈던 기녀'라는 주장의 근거로 삼았다.[36] 하지만 '죽마' 같은 단어를 쓰지 않았다는 것이 근거가 될 수는 없

일컬어졌지만 至正 연간에 연거푸 과거에서 낙방한다. 이를 걱정한 위봉의 모친 蕭夫人은 위봉을 錢塘의 賈平章 댁으로 가도록 하고, 이로 인해 위봉은 賈娉娉을 만나 사랑을 나눈다. 위의 논문, 468~475쪽에서 「주생전」이 「가운화환혼기」의 영향을 받은 작품임을 밝혔다.

34) 지연숙, 「주생전의 배도 연구」(『고전문학연구』 28, 한국고전문학회, 2005), 327쪽.

35) 최웅권·마금과·손덕표 교주, 앞의 책, 영인 4쪽에는 "有妓徘桃者 生少時所與同戱者也 以才色獨步於錢塘 人呼之爲徘娘"이라고 되어 있다.

고, '少時'란 말이 10대 이후를 가리킨다는 보장도 없다. 앞서 든 인용문에서 보았듯이 「주생전」의 서두에는 "주생은 어려서부터 총명하여 시를 잘 지었고, 18세에는 태학에 들어가 동료들의 추앙을 받았기에 자부심이 적지 않았다.[生少時 聰銳能詩 年十八入太學 爲儕輩所推仰]"라는 서술이 있는데, 여기서의 '少時'는 문맥상 10세 이전이라고 보는 게 타당하다. 『전등여화(剪燈餘話)』에 수록된 「봉미초기(鳳尾草記)」의 서두[37]와 「가운화환혼기」의 서두[38]는 「주생전」의 서두와 동일하게 전개된다. 「봉미초기」와 「가운화환혼기」에서 남주인공이 '聰銳能詩'했던 때는 모두 열 살 이전, 곧 어렸을 적이었다. 굳이 다른 작품의 예를 들지 않더라도 「주생전」 서두의 '少時'는 '어렸을 때'를 가리킨다. 이처럼 같은 작품 내에서 '少時'라는 말이 두 번 사용되었는데, 서로 다른 때를 의미한다고 보기는 어렵다.

지연숙은 "有妓徘桃者 生少時所與同戲嬉者也 以才色獨步於錢塘 人呼之爲徘娘 引生其家 相對甚款"[39]라는 서술에서 '生少時所與同戲嬉者也 以才色獨步於錢塘 人呼之爲徘娘'을 '有妓徘桃者'의 보충설명으로 보고 '以才色獨步於錢塘 人呼之爲徘娘'을 '生少時所與同戲嬉者也'에 이끌리는 구절로 보아 재색이 전당에서 독보한 것을 '소시(少時: 10대 중후반)'의 일로 보았다.[40] 이는 '有妓徘桃者'가 곧바로 '引生其家 相對甚款'로 이어진다고

36) 지연숙, 앞의 논문, 322~323쪽.

37) 洪武中 有龍生者 本建康人 遠祖仕宋爲京官 從隆祐孟太后南遷 留家江右 子孫蕃衍 世守詩書 生行第八 六七歲時 長者教以詩 輒能成誦 九齡曉屬對 作五七言絶句詩皆可觀 衆以聰明許之(「鳳尾草記」; 최용철 역, 『전등삼종(하)』, 소명출판, 2005, 254쪽)

38) 魏鵬 字寓言 其先鉅鹿人 九世祖飛卿 宋高宗朝 仕至御史中丞 以論秦檜誤國 貶襄陽令 死葬白馬山 子孫遂留居焉 宗族蕃衍 富擬封君 迨元朝尤盛 鵬父巫臣 延祐初參政江浙行省 生鵬于公廨 而父卒 母鄆國蕭夫人 携鵬暨二兄鸞鶱 扶櫬歸襄陽 魏生五歲通五經 七歲能屬文 肌膚瑩然 眉目如畫 鄉里以神童稱之(「賈雲華還魂記」; 위의 책, 489~490쪽)

39) 최웅권·마금과·손덕표 교주, 앞의 책, 영인 4쪽.

40) 지연숙, 앞의 논문, 324~325쪽.

보았기 때문인데, 이런 해석에는 동의하기 어렵다. '有妓徘桃者'에 대한 설명은 '生少時所與同戱嬉者也'에서 끝난다. 그래서 여기에 '也'가 들어간 것이다. '以才色獨步於錢塘 人呼之爲徘娘'의 주어는 '소시에 같이 장난치던 배도라는 기생'이다. 하나의 문장이 여기서 끝나고 이어서 '引生其家 相對甚款'이라는 다른 문장이 시작되는데, 이 문장의 주어인 '徘桃'는 생략되었다. 국문본 「주생전」에는 다음과 같이 되어 있다.

> 녀지 비도란 겨집이 거긔 이시니 생이 아희 제 혼디 노던 재라 제 지죄며 식이 젼당 짜 읏듬이라 사롬이 브롤 제 비랑이라 ᄒ더라 싱이 그 집의 가니 반겨 ᄒ고 관디ᄒ더라[41]

> 녀기 비되라 ᄒ 리 이시니 싱이 져머셔 서ᄅ 희롱ᄒ던 배라 얼굴과 지죄 젼당의 독보ᄒ므로 ᄆ올 사롬이 비랑이라 ᄒ더라 싱을 보고 제 집의 도라가 서ᄅ 디졉ᄒ며 심히 깃거ᄒ더라[42]

묵재일기본에서는 "생이 아희 제 혼디 노던 재라"라고 하였고 먹남본에서는 "싱이 져머셔 서ᄅ 희롱ᄒ던 배라"라고 하였지만 그 의미는 다르지 않다. 중세국어에서는 '졈다'가 지금의 '어리다'라는 뜻으로도 사용되었으며 현대국어의 '젊다'보다 훨씬 낮은 연령층, 곧 '어린 아이'에 해당하는 연령까지를 뜻했다. 또 중세국어에서 '어리다'는 '愚'의 의미만을 가졌는데 '어리다'가 근대국어에서 '幼'의 의미를 획득함에 따라 '졈다'가 지시하는 연령층도 높아지기 시작했다.[43]

---

41) 이복규, 『새로 발굴한 초기 국문·국문본소설』(박이정, 1998), 258쪽.

42) 간호윤, 앞의 책, 영인 45~46쪽.

43) 홍사만, 「중세·근대국어 어리다와 졈다의 의미 분석」(『언어과학연구』 17, 언어과학회, 2000) 참조. 한편 남성우, 「국어 어휘의 변화」(『언어과학연구』 20, 언어과학회, 2001), 120쪽에서는 "15세기 국어에서 '愚'의 뜻을 가졌던 '어리다'와 '幼'의 뜻을 가졌던 '졈

주생의 아버지가 촉주로 이사했을 때 주생이 몇 살이었는지는 알 수 없다. 하지만 "대대로 전당에 살았는데 아버지가 촉주 별가가 되는 바람에 촉주에서 살게 되었다. 주생은 어려서부터 총명하여 시를 잘 지었고, 18세에는 태학에 들어가 동료들의 추앙을 받았기에 자부심이 적지 않았다."라는 서술을 통해 볼 때 '주생이 소시에 총명하여 시를 잘 지었던 것[生少時 聰銳能詩]'과 '18세에 태학에 들어간 것'은 모두 전당이 아닌 촉주에서 벌어진 일이다. 따라서 주생이 배도와 '少時所與同戲嬉'하였을 때의 '少時'는 주생이 '少時聰銳能詩'하였을 때의 '少時'보다도 오히려 앞선 때이다. 요컨대 주생과 배도는 아주 어렸을 때 전당에서 함께 놀던 소꿉친구였으며, 20년 가까운 세월이 흐른 20대 초중반의 나이에 다시 전당에서 만난 것이다.[44] 주생을 만난 배도는 다음과 같이 자신의 내력과 소망을 이야기한다.

제 조상은 호족이었습니다. 조부께서는 천주 시박사 벼슬을 하고 계셨는데,

다'는 17세기 국어에 와서 둘 다 '幼'의 뜻을 가진 동의어가 된다. 현대국어에서는 '어리다'는 '幼'의 뜻으로 남고 '젊다'는 '20세 전후의 年少'의 뜻으로 쓰이고 있다."라고 하였다.

44) 지연숙, 앞의 논문, 322~327쪽에서는 그 밖에도 다른 근거를 들기도 했다. "소꿉친구설은 작품의 선후맥락과도 어긋난다. 만약 그들이 같이 자란 친구이고, 배도가 기녀가 된 것이 헤어진 이후의 일이라면, 주생은 배도를 만난 후 응당 놀라고 배도의 몰락을 위로해야 한다."라거나 "그녀가 어떠한 기녀인가는 假母(기생어미)가 없다는 사실에서 짐작할 수 있다. 가모는 중국에서 기녀를 직접적으로 억압하고 착취하는 존재인데, 가모가 존재하지 않는다는 것은 배도가 이미 가모로부터 贖身하여 자영업을 하고 있다는 의미가 된다. 배도를 어머니처럼 따른다는 차환들은 배도를 가모로 삼는 童妓일 가능성이 높다."라는 설명 등이 그것이다. 하지만 소설의 작자는 당연히 이야기의 전개에 필요한 내용만을 적을 뿐이므로, 작품에 없는 내용을 근거로 펼친 주장은 설득력이 떨어진다. 그리고 "天涯芳草幾沾衣 萬里歸來事事非 依舊杜秋聲價在 小樓珠箔捲斜暉"라는 시에서 '依舊杜秋聲價在'를 근거로 배도가 과거 주생을 만났을 때부터 기녀였다고 볼 수 있는지, 또 '小樓珠箔捲斜暉'라는 말이 사양길의 배도의 모습을 무의식적으로 드러낸 것인지 의문이다. '依舊杜秋聲價在'는 唐나라 때의 名妓였던 杜秋娘의 명성이 '여전히 그대로[依舊]' 배도에게 전해지고 있다는 뜻이지, 이전에 두추랑 같은 기녀로서 배도를 만났다는 뜻을 담고 있다고 확신할 수는 없다.

> 죄를 지어 서인으로 폐출되었고, 이로부터 자손들이 빈곤하여 떨쳐 일어나지 못했습니다. 저는 어려서 부모님을 여의고 남에게 양육되어 지금에 이르렀습니다. 정절을 지켜 스스로 깨끗해지고자 하였으나 이름이 이미 기적(妓籍)에 올라 있으므로, 어쩔 수 없이 억지로 다른 사람들과 연락(宴樂)하기도 했습니다. 매번 한가로이 홀로 있을 때마다 꽃을 보며 눈물을 감추고 달을 대하며 넋을 사르지 않은 적이 없습니다. 이제 낭군을 뵈니 풍채가 훤칠하고 재주가 뛰어납니다. 제가 비록 누추한 자질을 가지고 있지만, 침석을 모시고 영원히 건즐(巾櫛)을 받들고자 합니다. 바라건대 낭군께서는 타일에 입신하시어 일찍 요로(要路)에 올라 저를 기적에서 빼 주시어 조상의 이름을 더럽히지 않게 해 주신다면 제 소원은 그것으로 끝입니다. 그 뒤에 비록 저를 버리시고 종신토록 보지 않으시더라도 은혜에 감사할 겨를도 없는데 감히 원망을 하겠습니까?[45]

배도의 말을 들은 주생은 당연히 남자로서 해야 할 일이라고 대답하고, 배도는 이익(李益)과 곽소옥(霍小玉)의 일까지 언급하며 맹세의 말을 받아 낸다.[46] 여기서 「주생전」의 작자가 「곽소옥전」을 읽었다는 사실이 드러난다. 이후의 이야기는 주생이 선화에게 정을 주고 배도가 죽는다는 내용으로 전개되는바, 이것이 「곽소옥전」의 구성을 차용했다는 것은 명백한데,[47] 문제는 배도의 죽음에 대한 책임이 주생에게 있는 것으로 서술되지 않는다는 점에 있다. 서술자가 배도의 죽음을 서술하는 태도는 국영의 죽음을 서술할

45) 妾之先世 乃豪族也 祖某提擧泉州市舶司 因有罪廢爲庶人 自此子孫貧困 不能振起 妾早失父母 見養於人 以至于今 雖欲守貞自潔 名已載於妓籍 不得已强與人爲宴樂 每居閑處獨 未嘗不看花掩泣 對月消魂 今見郎君 風儀秀朗 才思俊逸 妾雖陋質 願薦枕席 永奉巾櫛 望郎君他日立身 早登要路 拔妾於妓籍之中 使不忝先人之名 則賤妾之願畢矣 後雖棄妾終身不見 感恩不暇 其敢怨乎(「周生傳」, 255~256쪽)

46) 言訖 淚下如雨 生大感其言 就抱其腰 引袖拭淚曰 此男子分內事耳 汝雖不言 我豈無情者哉 桃收淚改容曰 詩不云乎 女也不爽 士貳其行 郎君不見李益霍小玉之事乎 郎君若不我遐棄 願立盟辭 仍出魯縞一尺授生 生卽揮筆書之曰 靑山不老 綠水長存 子不我信 明月在天 寫畢 桃心封血緘 藏之裙帶中(「周生傳」, 256~257쪽)

47) 김현룡, 앞의 책, 301~307쪽; 왕숙의, 앞의 논문.

때와 마찬가지로 전후 사건과의 인과적 맥락을 결여하고 있는 것이다.[48] 국영과 배도의 죽음 장면은 다음과 같다.

> 주생은 선화만을 애타게 생각하느라 나날이 점점 초췌해져 수십 일을 병을 핑계로 일어나지 않았다. 얼마 후 국영이 병들어 죽었다. 주생은 제물을 갖추어 국영의 널 앞에 가서 제사를 올렸다. 선화도 주생 때문에 병이 들어 움직일 때마다 남의 도움을 필요로 하였는데, 홀연 주생이 왔다는 소식을 듣고 아픔을 참고 억지로 일어나 옅은 화장을 하고 소복을 입은 채 주렴 안에 홀로 서 있었다. 주생은 제사를 마치고는 멀리 선화를 바라보며 눈길을 보내 정을 전했는데 고개를 숙이고 돌아보는 사이에 벌써 아득히 아무것도 보이지 않았다. 몇 달 후 배도가 병들어 일어나지 못했다. 죽을 때가 되었을 때 주생의 무릎을 베고 눈물을 머금으며 말했다. "저는 봉비(葑菲)의 뿌리로서 송백(松柏)의 남은 그늘에 의지하고자 하였는데 꽃향기가 다하기도 전에 두견새가 먼저 울 줄을 어찌 알았겠습니까? 비단옷과 관현악도 이제 끝났습니다. 오래전부터의 바람은 이제 어그러지고 말았습니다. 다만 바라건대 제가 죽은 후에 선화를 아내로 맞아들여 배필로 삼으시고 제 유골을 낭군이 왕래하는 길가에 묻어 주신다면 죽는 날이 곧 사는 때가 될 것입니다." 말을 마치고는 기절하였다가 한참 후 다시 깨어나 눈을 뜨고 주생을 보며 말했다. "주랑이여, 주랑이여! 부디 진중하소서." 연이어 말을 몇 번 하더니 죽었다. 주생은 크게 통곡했다. 그리고 호숫가 큰길 옆에다 장사지냈으니, 그녀의 소원을 따른 것이었다.[49]

48) 지연숙, 앞의 논문, 337쪽.

49) 生篤念仙花 日漸憔悴 托疾不起者數旬 俄而國英病死 生具祭物 往奠于柩前 仙花亦因生致病 起居須人 忽聞生至 力疾强起 淡粧素服 獨立於簾內 生奠罷 遙見仙花流目送情而出 低回顧眄之間 已杳然無所覩矣 後數月 桃得病不起 將死 枕生膝 含淚而言曰 妾以葑菲之下體 依松栢之餘蔭 豈料芳菲未歇 鶗鴂先鳴 今與郎君便永訣矣 綺羅管絃 從此畢矣 夙昔之願 已缺然矣 但望妾死之後 娶仙花爲配 埋我骨於郎君往來之路側 則雖死之日 猶生之年也 言訖氣絶 良久乃甦 開眼視生曰 周郎周郎 珍重珍重 連言數次而死 生大慟 乃葬于湖上大路傍 從其願也(「周生傳」, 269~270쪽)

서술자는 국영의 죽음은 "俄而國英病死"라고 간략히 서술하고, 배도의 병 또한 무엇이 원인인지는 전혀 언급하지 않고 "後數月 桃得病不起"라고 써 놓았다. 그렇다고 하여 "배도가 실연에 상심하여 죽었다는 것은 작품에 명시된 사실이 아니라 연구자들이 텍스트의 빈틈을 상상력으로 메운 결과이다."[50]라고 말하기도 어렵다. 「주생전」이 「곽소옥전」과 긴밀한 관계에 있다는 점을 고려하면, 작자가 의도적으로 주생에게 면죄부를 준 것이 거의 분명하기 때문이다.

여기서 우리는 배도가 주생과 결연하기 전에 받았던 '기적에서 빼주겠다는 다짐'이 많은 연구자들이 지적하였듯이 과연 그녀의 '신분 상승 의식' 또는 '신분 회복 의지'에서 비롯된 것으로만 해석할 수 있는지 되짚어 볼 필요가 있다. 배도는 기적에서 빼 달라는 말을 하기에 앞서 "이제 낭군을 뵈니 풍채가 훤칠하고 재주가 뛰어납니다. 제가 비록 누추한 자질을 가지고 있지만, 침석을 모시고 영원히 건즐을 받들고자 합니다."라고 말했다. 배도가 주생에게 영원히 건즐을 받들겠다고 말할 수 있었던 이유는 원래부터 기녀가 아니었다는 점 때문인데, 그녀는 이에 근거하여 자신이 만약 옛 신분을 회복하면 주생의 첩(妾)이 아닌 처(妻)가 될 수도 있겠다고 생각했던 것이다. 그러나 이는 주생에 대한 절실한 사랑에서 비롯된 것이지 신분 회복 의지에서 비롯된 말이라고 보기는 어렵다. 만일 배도의 신분 회복 의지가 그렇게 절실한 것이었다면, 전당에서 자색이 독보했던 그녀가 하필 과거에도 떨어져서 상인이 된 주생에게 매달릴 이유가 별로 없기 때문이다. 배도는 이어 "바라건대 낭군께서는 타일에 입신하시어 일찍 요로에 올라 저를 기적에서 빼 주시어 조상의 이름을 더럽히지 않게 해 주신다면 제 소원은 그것으로 끝입니다. 그 뒤에 비록 저를 버리시고 종신토록 보지 않으시더라도 은혜에 감사할 겨를도 없는데 감히 원망을 하겠습니까?"라고 말하는데,

50) 지연숙, 앞의 논문, 337쪽.

사실 이 부분만 놓고 보면 배도의 신분 상승 의지가 강렬한 것처럼 느껴지기도 한다.[51] 배도가 주생에게 다짐을 받는 부분은 주지하듯이 「곽소옥전」에서 곽소옥이 이익에게 다짐을 받는 장면을 차용한 것이다.

> 곽소옥이 말했다. "저는 이제 18세이고 낭군은 겨우 22살이니, 30세가 되려면 아직도 8년이나 남았습니다. 일생의 환락과 사랑을 이 기간에 마치고 싶습니다. 그 다음에는 높은 집안에서 아내를 잘 맞이하여 진진지호(秦晉之好)를 이루신다 해도 또한 늦지 않을 겁니다. 그러면 저는 바로 인간 세상의 일을 버려 머리를 깎고 비구니가 될 것이니, 제 오래전부터의 바람은 여기서 족할 것입니다."[52]

「곽소옥전」에서 곽소옥은 이익에게 약속을 들어준다면 "제 오래전부터의 바람은 여기서 족할 것입니다.[夙昔之願 於此足矣]"라고 말하고, 「주생전」에서 배도는 죽기 전에 주생에게 "오래전부터의 바람은 이제 어그러지고 말았습니다.[夙昔之願 已缺然矣]"라고 말한다. 곽소옥과 배도의 '오래전부터의 바람[夙昔之願]'이란 무엇인가? 곽소옥은 이익에게 '8년 동안 같이 있어 주겠다는 다짐'을 받는데, 이는 '8년 간 인생의 환락을 누리고 싶다는 것'과 '8년 후에는 세상을 버리고 비구니가 되고 싶다는 것'이라는 '숙석지원(夙昔之願)'을 이루기 위해서이다.[53] 마찬가지로 배도 역시 주생으로부

51) 조광국, 「주생전과 16세기 말 소외양반의 의식변화와 기녀의 자의식 표출의 시대적 의미」(『고소설연구』 8, 한국고소설학회, 1999), 150~151쪽에서 "배도는 기녀의 신분에서 벗어나 예전의 신분으로 회복하기를 원하였는데, 도중에 만난 주생이 장차 입신하여 자신의 기녀 신분을 벗게 해 줄 적임자로 보았던 것이다. 주생이 자신을 妓籍에서 빼주기만 한다면 그 이후 자신을 버린다 해도 그 은혜를 갚을 것이 없어서 감히 원망하지 못할 것이라고 말하고 있을 정도이니 배도의 신분 회복의 의지는 매우 강렬한 것임을 확인할 수 있다."라고 하였다.

52) 玉曰 妾年始十八 君纔二十有二 迨君壯室之秋 猶有八歲 一生歡愛 願畢此期 然後妙選高門 以諧秦晉 亦未爲晩 妾便捨棄人事 剪髮披緇 夙昔之願 於此足矣(李昉 等編, 『太平廣記』 10, 中華書局, 1961, 4008쪽)

53) 곽소옥은 이익과 운우지정을 나눈 후에 "저는 본래 창가 출신이므로 당신의 배필이 아

터 '기적에서 빼 주겠다는 다짐'을 받는바, 이는 '주생의 아내가 되고 싶다는 것'과 '조상의 명예를 더럽히지 않고 싶다는 것'이라는 '숙석지원'을 이루기 위해서라고 할 수 있다. 이처럼 두 작품에서 여주인공이 남주인공으로부터 '다짐'을 받는 이유는 '숙석지원'을 이루기 위해서이지 '8년 동안 함께 하자는 약속'이나 '기적에서 빼 주겠다는 약속' 자체가 목적은 아니라고 할 수 있다. 그렇다고 하여 곽소옥과 배도가 이익과 주생을 자신의 목적 달성을 위한 수단으로 삼았다고 볼 수는 없으며, 그녀들은 남주인공들을 진정으로 사랑했다고 할 수 있다.

곽소옥은 자신이 기녀라는 사실을 자각했기 때문에 이익에게 8년만 함께 있어달라고 말한다. 이는 이익의 입장에서도 충분히 지킬 수 있는, 현실적인 약속이다. 그런데 배도는, 현재 기녀이기는 하지만 원래부터 기녀는 아니었다고 생각한다는 점에서 곽소옥과 결정적인 차이가 있다. 때문에 그녀는 주생에게 기적에서 빼 달라고 말했지만, 이는 주생의 입장에서 지키기 어려운 비현실적인 약속이었고, 배도 또한 이 점을 잘 알았다고 할 수 있다.[54] 그래서 배도는 자신의 현실을 인식하고, 죽으면서도 주생을 원망하지 않았던 것이다. 만약 작자가 주생에게 면죄부를 줄 논리가 있었다면, 그것

니라는 사실을 스스로 잘 알고 있습니다. 지금 제 모습이 사랑스러워서 어질고 현명한 당신께 의탁하고 있지요. 다만 걱정스러운 점은 하루아침에 제 모습이 쇠하면 당신의 은혜는 옮겨가고 애정은 없어져, 女蘿로 하여금 의탁할 데가 없어지게 하고 가을 부채로 하여금 버림을 받게 하지나 않을까 하는 것입니다. 즐거움이 극에 달하면 자기도 모르는 사이에 슬픔이 오게 되지요.[妾本倡家 自知非匹 今以色愛 托其仁賢 但慮一旦色衰 恩移情替 使女蘿無托 秋扇見捐 極歡之際 不覺悲至]"(위의 책, 4007쪽)라고 말한다. 이처럼 곽소옥은 이익의 배필이 될 수 없다는 사실을 명백히 알았다. 곽소옥의 '夙昔之願'은 기녀라는 신분에 대한 자각을 바탕으로 한 것이라는 점에서 배도의 '夙昔之願'과는 일정한 차이가 있다.

54) 이에 대하여 지연숙, 앞의 논문, 332쪽에서 "결국 배도의 목표는 변심하지 않겠다는 주생의 맹세를 받는 것이었으며, 기적에서 빼주면 버려도 원망하지 않는다 운운은 어떤 일이 있어도 결코 버리면 안 된다의 반어적 표현일 뿐이다. 따라서 배도의 말을 부분적으로, 그리고 문자 그대로 믿고 신분 회복에 대한 강력한 의지라고 해석하는 것은 옳지 못하다."라고 하였다.

은 기적에서 빼 달라는 배도의 요구가 애초부터 비현실적이었다는 점이었을 것이다.

하지만 이와 같은 논리로써 주생의 행동을 정당화할 수 있는지는 여전히 의문이다. 주생이 온갖 미사여구를 나열하며 지은 배도의 제문에는 자신의 잘못에 대한 반성의 목소리가 단 한 구절도 들어가 있지 않다. 또한 주생은 배도의 제사를 마친 후 배도를 어머니처럼 모셨다는 계집종들이 그가 아니면 의지할 곳이 없다고 말하는데도 재삼 위로만 하고 바로 배를 타고 떠나 버린다. 게다가 주생은 그날 밤 불과 몇 시간 전에 제사를 지낸 배도를 추모하는 것이 아니라, 선화와 다시 만나지 못할 것을 생각하면서 「장상사(長相思)」를 읊고 있지 않은가?[55] 이렇게 본다면 작자가 배도의 죽음에 과연 어떤 의미를 부여할 생각이 있었는지조차 매우 의심스럽다.[56]

한편 주생과 선화의 첫 만남을 서술하는 시각에도 납득하기 어려운 부분이 있다. 주생이 담을 넘어 선화의 방에 들어갈 때, 선화는 짐짓 「하신랑(賀新郎)」이라는 사를 읊은 뒤 주생의 답시(答詩)를 듣는다. 그러고는 짐짓 못 들은 척하고 불을 끈 뒤 잠자리에 들어 곧바로 주생과 동침한다.[57] 주생과

---

55) 祭罷 與二叉鬟別曰 汝等好守家舍 我他日得志 必來收汝 叉鬟泣曰 兒輩仰主娘如母 主娘視兒輩如女 兒輩命薄 主娘早沒 所恃以慰此心者 惟有郎君 今郎君又去 兒輩何依 號哭不已 生再三慰撫 揮淚登舟 不忍發棹 是夕 宿于垂虹橋下 望見仙花之院 銀缸絳燭 明滅林裡 生念佳期之已邁 嗟後會之無因 口占長相思一闋(「周生傳」, 272쪽)

56) 임형택, 「전기소설의 연애주제와 위경천전」(『동양학』 22, 단국대학교 동양학연구소, 1992), 36쪽에서 "작가는 비판적 시각을 견지하지 못한 나머지 어정쩡한 문인적 취향으로 배도의 비련을 동정하면서 주생의 변심을 긍정하는 모순을 초래하였을 뿐 아니라, 주생을 긍정하면서도 실제 결과는 부정적 인간으로 묘사된 중층적 모순이 일어났다."라고 하였다. 한편 이상구, 「한・중 전기소설의 관계 양상 및 그 특징」(『고전문학연구』 21, 한국고전문학회, 2002), 359쪽에서 주생이 배도를 위한 제문을 짓는 장면이 「곽소옥전」에서 이익이 곽소옥의 죽음을 슬퍼한 상황을 수용한 것이라 하였다. 그리고 「곽소옥전」에서 이익의 슬픔은 자신의 배신행위에 대한 회한과 더불어 봉건적 신분관계의 질곡을 암시적으로 드러내고 있지만, 「주생전」의 제문에는 이런 내용이 전혀 나타나 있지 않으며 단지 배신행위의 잔인함을 소거시키기에 급급하다고 하였다.

선화의 결연 장면은 「이생규장전」에 보이는 이생・최씨의 결연 장면과 연결해 볼 만하다. 「이생규장전」에서 남녀 주인공의 결연은 지기의 만남이자 재자와 가인의 결합이었다. 하지만 「주생전」의 주생은 부랑자(浮浪者)에 가까운 모습이고[58] 선화 또한 요조숙녀(窈窕淑女)와는 거리가 멀다.[59] 앞서 보았듯이 「이생규장전」에서 최씨가 '야합'이라는 비윤리적인 행동을 감행했던 이유는, 이생과의 결연이 그러한 극단적인 방법을 통하지 않고서는 불가능하다고 생각했기 때문이다. 하지만 「주생전」의 선화에게서는 「이생규장전」의 최씨와 같은 면모를 찾아볼 수가 없다. 최씨에게 중요했던 것은 오직 이생만이 지기로서의 남편이 될 수 있다는 점이었지만, 선화에게 중요했던 것은 억압된 성적 욕망의 해소였을 뿐 결연의 대상이 반드시 주생이어야만 한다는 어떠한 이유도 볼 수 없는데, 이는 선화가 주생과 운우지정을 나눈 후 건넨 말에서 확인할 수 있다. 선화는 주생이 단향목을 꺾은 일과 자신이 길섶의 이슬에 젖었다는 사실을 두려워하면서 그 만남을 '구름 사이의 달[雲間月]'이나 '잎사귀 속의 꽃[葉中花]'으로 비유한다.[60] 그리고 주생과의 만남이 예교에 어긋나는 일이라는 것을 걱정하면서 눈물을 흘리기만 하는바, 이는 그녀가 혼인을 전제로 주생과 결연하지만은 않았다는 사실을 드

---

57) 是夜無月 生踰墻數重 方至仙花之室 曲廊回檻 簾幕重重 良久諦視 幷無人跡 但見仙花明燭理曲 生伏在檻間 聽其所爲 仙花理曲罷 細吟蘇子瞻賀新郎詞曰 簾外誰來推繡戶 枉教人夢斷瑤臺曲 又却是 風敲竹 生卽於簾下 微吟曰 莫言風敲竹 眞箇玉人來 仙花佯若不聞 滅燭就寢 生入與同枕 仙花稚年弱質 未堪情事 微雲澁雨 柳態花嬌 芳啼軟語 淺笑輕嚬 生蜂貪蝶戀 意迷神融 不覺近曉 忽聞流鶯睍睆 啼在檻外花梢(「周生傳」, 263~264쪽)

58) 양승민, 「17세기 전기소설의 통속화 경향과 그 소설사적 의미」(고려대학교 박사논문, 2003), 56~57쪽 참조.

59) 위의 논문, 71~72쪽에서는 「주생전」의 선화와 「위생전」의 소숙방을 窈窕淑女로 보았다. 하지만 「주생전」의 선화는 禮와는 거리가 멀므로 요조숙녀가 아니다.

60) 仙花悄然曰 女子一身 與愁俱生 未相見 願相見 旣相見 恐相離 女子之身 安往而無愁哉 況郎君犯折檀之譏 妾受行露之辱 一朝不幸 情跡敗露 則不容於親戚 見賤於鄕黨 雖欲與郎君執手偕老 那可得乎 今日之事 比如雲間月葉中花 縱得一時之好 其奈不久何 言訖淚下 珠恨玉怨 殆不自堪(「周生傳」, 265쪽)

러내는 것이라 할 수 있다.

주생이 선화와 결연한 것을 가지고 소외된 양반층의 성취욕을 반영한다고 말하기도 어렵다. 주생은 선화를 처음 본 순간, 배도를 올빼미나 자갈로 여기게 되는데,[61] 이후 선화에 대한 주생의 행동이나 생각은 탕심(蕩心)이나 성욕에 근거한 것일 뿐, 주생에게서 재자·유자로서의 모습이나 명예 회복의 의지는 전혀 나타나지 않기 때문이다.[62]

선화와 헤어진 주생은 모친의 친족인 장씨 노인[張老]의 주선으로 9월에 선화와 혼인키로 약속한다. 그러나 그해 조선에서 임진왜란이 일어나 서기로 차출되고, 이듬해인 계사년(癸巳年)에 송도(松都)에서 무언자를 만나 그간의 일을 이야기해 준다. 작품에서는 이때 주생의 나이를 27세로 기록하고 있다.

이상 살펴본 것처럼 「주생전」에는 주생을 우호적으로 서술하는 일방적 시각이 개입되어 있다. 작품에서 화려한 수사를 걷어 내고 그 실상을 살펴보면, 「주생전」은 대단치도 않은 집안 출신의 바람둥이 주생이 과거에 떨어

---

61) 桃坐於其間 不啻若鵰梟之於鳳凰 沙礫之於珠璣也(「周生傳」, 259쪽)

62) 여세주, 「주생전의 서사구조와 성모랄」(『영남어문학』 25, 영남어문학회, 1994), 173~174쪽에서는 주생의 선화에 대한 애욕에 '미색에 대한 육욕적 충족'과 '지위상승에 대한 욕구'가 동시에 내재되어 있다고 보면서 "선화와의 결연을 성취하는 것 자체가 '귀한 몸'으로서의 실질적 지위상승으로 인식되고 있다."라고 하였다. 또한 정병호, 「주생전과 위경천전의 비교 고찰」(『고소설연구』 6, 한국고소설학회, 1998), 312쪽에서도 주생의 노승상댁 입주의 목적 및 주생의 행동양태와 의식지향이 선화와의 혼인을 통한 입신에 초점이 맞추어져 있다고 보았다. 여세주와 정병호가 근거로 삼은 대목은, 김구경본 「주생전」에서 주생이 선화의 방으로 뛰어 들어가기 전에 "차라리 어둔 밤에 선화 방으로 뛰어 들어가는 게 낫겠다. 일이 성공하면 귀한 몸이 될 것이요, 실패로 돌아가면 죽음을 당한다 해도 좋다.[不如昏夜唐突 事成爲貴 不成則烹 可也]"(문선규 역, 앞의 책, 155쪽)라고 말한 데 있다. 하지만 김구경본을 제외한 이본들에는 이 부분이 대개 "不如昏夜唐突 事成則爲卿 不成則見烹 可也"(「周生傳」, 263쪽)라고 되어 있다. 게다가 '事成則爲卿 不成則見烹'은 『史記』 「伍子胥列傳」에서 나오는 "事成爲卿 不成而亨"(司馬遷, 『史記』, 中華書局, 1959, 2182쪽)이라는 말을 가져온 것에 불과하므로, '事成則爲卿 不成則見烹'은 주생이 자신의 위태한 처지를 石乞에 비유한 말일 뿐이며, '事成則爲卿'에 주생의 지위상승에 대한 욕구가 담겨 있다고 보기는 어렵다.

진 후 상업에 종사하며 이리저리 다니다가, 전당에 와서 소꿉친구인 배도를 만나 정을 나눈 뒤 그녀를 배신하여 마침내 죽음에 이르게 하고, 우여곡절 끝에 선화와 혼인을 약속하지만 그때 마침 조선의 전란 때문에 서기로 차출되어 전쟁터에서 전전하게 된다는 이야기이다. 그럼에도 불구하고 서술자는 철저히 주생의 행동에 대하여 어떠한 논평이나 해석도 가하고 있지 않다.[63] 과연 작자는 주생을 긍정적으로 그리려 했던 것일까? 여기서 다음의 가능성들을 생각할 수 있다.

첫째, 「주생전」이 누군가를 염두에 두고 풍자하기 위해 쓰였을 가능성이 있다. 신재홍의 지적처럼 「주생전」은 서사 문학에서 문제적으로 제기할 만한 소재들, 예컨대 변심·죽음·전쟁 같은 것들이 두루 나타나고 있음에도 불구하고 서술자는 이에 대한 어떤 해석도 가하고 있지 않기 때문이다.[64] 만약 작자가 주생이라는 인물에 대하여 서술로써 직접적으로 말하고 싶지는 않았다면, 최소한 계사년에 이국에 와 있는 주생의 불행한 모습이 그의 잘못에 대한 응보라는 식으로라도 묘사해야 했을 텐데, 작품의 마지막에는 단지 "그때 주생의 나이는 27세였고 미간이 훤하여 바라보매 마치 그림 같았다."[65]라고만 서술하여 여운을 남기고 있다. 하지만 이것이 주생을 정말로 우호적으로 본 결과인지는 재고의 여지가 있다. 주생은 수재(秀才)처럼 그려진 겉모습과는 달리 실제는 부랑자 같은 인물인바, 작자가 어떤 감정도 드러내지 않고 주생이라는 인물을 형상화했다는 것 자체가 가장 통렬한 풍자일 수 있기 때문이다. 게다가 작자가 작품의 문면에서 이익이나 곽소옥을

63) 김재수, 「주생전 연구」(『한국언어문학』 21, 한국언어문학회, 1982)에서 「주생전」의 서술 방법을 논하면서, 연애 문제를 다루다 보니 중국이라는 배경의 액자가 필요했다는 점, 서술자는 주생에게 동정적 입장을 취하고 있으며 객관적이고도 제한적인 시점을 거의 완벽하게 구사하고 있다는 점, 방관적 관찰의 목격자 시점이 주제의식의 약화를 가져왔다는 점 등을 지적했다.

64) 신재홍, 「주생전 연구사」(『고소설연구사』, 월인, 2002), 119~120쪽 참조.

65) 時生年二十七 眉宇炯然 望之如畵云(「周生傳」, 280쪽)

언급한 이상, 독자들은 「곽소옥전」과의 연관 속에서 작품을 읽을 수밖에 없고, 그런 상황에서 주생에 대해 우호적으로 평가할 수 있는 독자는 별로 없을 것이라는 점도 고려할 필요가 있다.

둘째, 「주생전」의 창작 목적 자체가 서사보다는 삽입시문에 있었을 가능성이다. 이종묵의 지적처럼 「주생전」은 '시로 읽는 소설'이라고 말할 수 있는데,[66] 작품의 서사는 삽입된 시나 사 혹은 제문이나 편지 등을 이어나가기 위한 보조적 역할에 지나지 않는다고 볼 여지도 있기 때문이다.[67] 이런 관점에서 말미의 다음과 같은 기록은 매우 주목할 만하다.

> 내가 그 사가 담고 있는 뜻을 이상하게 여겨 간절하게 묻기를 그치지 않으니, 주생은 그제야 그 수말을 이와 같이 이야기하였다. 또 주머니에서 『화간집(花間集)』이라는 이름의 책 한 권을 꺼내 보여주었는데, 주생이 선화·배도와 창화한 백여 수, 그의 동료들이 사를 읊은 게 또 십여 편이었다. 주생이 나 때문에 눈물을 흘리고 나에게 간절히 시를 구하니, 나는 원진(元稹)이 지은 「회진시(會眞詩)」의 체(體)를 본받아 30운 배율을 지어 그 책의 끝에 써 주었다.[68]

「주생전」을 읽어보면 작자가 공을 들인 부분은 삽입시문에 있다는 것을 알 수 있다. 이는 전기소설에서 두루 보이는 현상이기도 하여, 『전등신화』

66) 이종묵, 앞의 논문, 176~186쪽.

67) 소재영, 앞의 논문, 453쪽에서 "「주생전」의 구성상의 한 특징은 詩와 詞의 빈번한 삽입에 있다."라고 하였고, 또 "작품 구성이 오히려 詩·詞의 韻文이 주가 되고 산문적 설명은 부차적인 느낌이다."라고 하였다. 그렇지만 「주생전」에서 삽입시문이 서사의 전개와 동떨어져 있다고 여겨지지는 않는다. 「주생전」은 17세기 애정전기소설 가운데 삽입시가 서사의 전개와 가장 밀착되어 있는 작품으로 평가할 수 있다. 이에 대해서는 윤세순, 「17세기 전기소설에 나타난 삽입시가의 존재양상과 기능」(『동방한문학』 42, 동방한문학회, 2010)에서 자세히 다루었다.

68) 余異其詞意 懇問不已 生乃自敍其首尾如此 又自囊中出示一卷書 名曰花間集 生與仙花裵桃唱和詩百餘首 儕輩詠其詞者又十餘篇 生爲余墮淚 求余詩甚切 余效元稹會眞詩體 作三十韻排律 題其卷端以贈之(「周生傳」, 279~280쪽)

나 『전등여화』 가운데는 서사보다는 삽입시문이 주가 된다고 볼 수 있는 작품이 적지 않다. 그 가운데 「주생전」처럼 서사의 분량이 확대되면서도 삽입시문을 다양하게 구사하고 있는 작품은 『전등여화』의 「가운화환혼기」이다.[69] 특히 「가운화환혼기」의 말미에는 위붕과 월아(月娥)가 평소에 지었던 작품들이 『창수집(唱隨集)』으로 전한다는 기록이 있으니,[70] 「주생전」의 후지에 언급된 『화간집』도 이와 같은 맥락에서 볼 수 있는 가능성이 있다.[71] 요컨대 「주생전」은 「가운화환혼기」와 마찬가지로 서사의 재미와 삽입시문의 미감이라는 두 마리의 토끼를 잡은 작품으로 볼 수 있는 것이다. 이 과정에서 「주생전」은 주생의 연거부제(連擧不第)와 과거 포기, 주생의 변심, 배도의 죽음, 선화와의 결연, 전란의 발발 같은 문제적 소재들을 구체적으로 짚고 넘어갈 만한 여유를 확보하지 못했을 수 있다. 혹은 문제적인 소재들을 작품 속으로 무리하게 끌어들인 데 대한 뒷감당을 하기 어려웠기 때문에 후지를 붙여 적절히 마무리하지 않았을까도 싶다.

필자는 상술한 두 가지 경우 가운데 후자, 곧 「주생전」이 삽입시문에 중점을 둔 작품으로 창작되었을 가능성이 높다고 본다. 「가운화환혼기」는 위붕과 가빙빙이 우여곡절 끝에 사랑을 나누지만 혼인에는 이르지 못하고, 이어 가빙빙이 병들어 죽는 비극적인 사건도 일어나지만, 가빙빙이 월아의 몸을 빌려 환생함으로써 결국에는 행복한 결말로 마무리된다. 이처럼 「가운화환혼기」는 남녀 주인공의 행복과 불행이 교차되는 가운데 삽입시문이 그 안에 적절히 들어가면서 독자를 끌어들이는 묘미를 십분 발휘하고 있다. 「주

69) 「주생전」은 약 5,600자, 「가운화환혼기」는 약 13,800자이므로, 분량 면에서는 「가운화환혼기」가 「주생전」의 2배가 넘는다.

70) 生與娥平昔吟咏賡和之作 多至千餘篇 題曰唱隨集 酸齋貫雲石 爲序于其前 生夫婦自序于其後 載于別錄 此不著云(최용철 역, 앞의 책, 528쪽)

71) 윤세순, 앞의 논문, 168쪽에서 「주생전」의 말미에 나오는 「踏沙行」이 작품의 총론적인 기능을 하면서 주생 이야기가 세상에 존재하게 만들었다고 하였다. 이와 비슷한 맥락에서 『花間集』의 존재도 작품의 성격을 규정짓는 역할을 갖는 것으로 이해할 만하다.

생전」도 마찬가지다. 주생의 상업 종사, 주생과 배도의 만남, 주생과 선화의 결연, 주생의 배신과 배도의 죽음, 주생과 선화의 이별, 주생과 선화의 혼약, 임진왜란의 발발, 주생의 종군이라는 희비가 교차되면서 독자들로 하여금 서사 자체에 몰입하게 만드는 한편, 삽입시의 미감도 느낄 수 있게 창작된 작품이 바로 「주생전」인 것이다.

「주생전」의 후지는 상투적인 문학적 관습의 하나로 볼 수 있으며,[72] 그것은 「앵앵전」의 결말부를 원용한 것이다. 주생・배도의 이야기가 「곽소옥전」의 변용이라면, 주생・선화의 이야기는 「앵앵전」의 변용이라고 할 수 있는바, 「주생전」의 비극적 결말, '나'라는 서술자의 등장과 여색(女色)에 대한 경계 등은 모두 이미 「앵앵전」에 있었던 것들이다. 또한 위 인용문에 나오는 "나는 원진이 지은 「회진시」의 체를 본받아 30운 배율을 지어 그 책의 끝에 써 주었다.[余效元稹會眞詩體 作三十韻排律 題其卷端以贈之]"라는 말은 「위당기우기」의 "왕생은 매우 기이하게 여겨, 마침내 원진의 체를 본받아 「회진시」 30운을 지어 그 일을 기록하였다.[生大以爲奇 遂效元稹體 賦會眞詩三十韻 以記其事]"[73]라는 대목을 가져온 것일 뿐이다.

주생은 임진년에 서기로 차출되어 종군하고, 그로부터 얼마 지나지 않은 이듬해 계사년에 무언자를 만난다. 무언자가 계사년 봄에 만난 주생은 공명에는 관심이 없고 오로지 선화만 그리워하는 나약한 인물로 형상화되고 있다. 이를 두고 전란의 시기에 처한 불안한 인간형[74]으로 이해할 수 있을지

72) 윤승준, 「취향과 현실일탈의 꿈」(『동양학』 31, 단국대학교 동양학연구소, 2001)에서는 「주생전」이 액자소설의 구조를 취하면서 액자 내부의 세계인 '錢塘'을 '醉鄕'으로 설정한 이유가 참담한 현실에서의 일탈 및 현실의 질곡에서 벗어나고자 하는 꿈을 그리고자 한 데 있다고 보았다.

73) 「渭塘奇遇記」, 上134~135쪽.

74) 정환국, 앞의 논문, 98쪽에서 "배도와 선화의 주도 속에 충동적인 생각과 무의식적 행동으로 일관하여 그것이 그의 본모습인 것처럼 그려져 있는 주생의 모습은 무엇보다 전란의 시기에 처한 불안한 인간형으로 이해되어야 한다. 주생은 불안한 미래를 감지한 인물이다. 그리고 배도와 선화의 불안과 좌절도 주생의 행동과 결부되어 시종 지속되면

의문이다. 김일렬의 지적처럼 독자들은 이 부분에서 인간의 힘으로는 어찌할 수 없는 운명의 경이와 삶의 비극[75]을 느낄 수는 있었을 것이지만, 「주생전」에서 전란의 개입은 기본적으로 '여운'[76]을 남기기 위한 서사 기법으로 이해할 필요가 있다. 「주생전」은 주생과 선화가 약혼함으로써 혹 행복한 결말이 예상되기도 하지만, 이야기는 계사년에 주생이 전쟁터에 와 있음으로써 앞날을 예측할 수 없는 상태에서 마무리되고 있다. 이러한 '열린 결말'은 독자들로 하여금 이후의 사건에 대한 지속적인 '의문'을 갖게 하고 '논쟁'을 부추기도록 만드는 것이다.[77]

(2) 「위생전(韋生傳)」

「위생전」은 작자 문제에 논란이 있는 작품이다. 그간 임형택본 「위경천전」의 "權石洲製"라는 기록을 신뢰하느냐의 여부에 따라 견해가 갈렸는데, 이는 「주생전」을 권필의 작으로 단정한 뒤 「위생전」과 「주생전」의 문예적 수준을 비교한 데서 기인한 바가 크다. 여기서는 근래 발굴된 「위생전」 이본들을 두루 참조하면서 「위생전」의 서사적 특징을 살펴보고, 「위생전」과 「주생전」의 관계를 재검토한 뒤 「위생전」의 작자 문제 및 소설사적 의미에 대해 논하도록 하겠다.

서 전란에 맞닥뜨린 여인의 모습을 보여주고 있다."라고 하였으나, 작품 내에서 이런 면모를 구체적으로 찾아보기는 어렵다.

75) 김일렬, 「주생전 소고」(『어문논집』 11, 경북대학교 국어국문학과, 1977), 178쪽.

76) 정환국, 앞의 논문, 101쪽에서 「주생전」의 마지막 부분이 '여운의 미학'을 충분히 살리고 있음을 지적했다.

77) 중국에서는 「앵앵전」의 결말에 대한 향유층의 불만이 있었고, 그것이 여러 후속 작품들을 산출케 한 동인이 되었다. 이에 대해서는 김학주, 「앵앵전으로부터 서상기에 이르기까지」(『동아문화』 7, 서울대학교 동아문화연구소, 1967) 참조. 「주생전」의 전란 및 결말은 애정전기소설의 서사 문법과 관련하여 설명되어야 할 문제이다. 이에 대해서는 엄태식, 「애정전기소설의 서사 문법과 결말 구조」(『동양학』 53, 단국대학교 동양학연구원, 2013) 참조.

창작 배경과 작자 문제

「위생전」이 권필의 작이라는 근거는 『고담요람』에 수록된 「위경천전」의 '권석주제(權石洲製)'라는 기록이다. 이에 대해서는 사실로 보기 어렵다는 견해[78]와 그대로 믿어야 한다는 견해[79]가 맞서고 있지만, 양쪽 모두 작품의 문예적 수준을 근거로 제시했다는 점에서 객관적인 증거는 확보하지 못했다고 할 수 있다. 이후 저초본(藁初本: 정명기본)·간호윤본·유재영본·엄태식본 등의 한문본이 발굴되고 국문본인 멱남본이 공개되었는데, 이 이본들은 모두 제목이 '위생전(韋生傳)'이고, 「위경천전」보다 선본(善本)이다. 그런데 「위경천전」을 제외한 여타 이본에서는 권필과 관련된 어떤 기록도 보이지 않는다. 이를 고려할 때 「위경천전」에 있는 '權石洲製'라는 기록은 신뢰도가 상당히 떨어진다.

앞서 「주생전」을 검토하는 자리에서 「주생전」의 작자가 권필일 가능성이 별로 없음을 살펴보았는데, 「위생전」의 권필 저작설 또한 「주생전」의 작자를 권필로 인식하게 되는 과정에서 나온 결과가 아닐까 한다. 즉 「주생전」이 권필의 작이라는 오인 속에서 그와 내용이 유사한 「위생전」도 권필의 작이 아닐까 여겼던 필사자가 「위경천전」에 '權石洲製'라는 말을 써 넣었을 가능성이 있는 것이다. 하지만 이 역시 추측에 불과하므로 단정하기는 어렵다. 이에 이 글에서는 권필을 염두에 두지 않고 「위생전」을 살펴보기로 한다.

「위생전」은 「주생전」과 밀접한 관련이 있는 작품이다. 서사 전개, 인물 구성, 시·공간의 설정 등이 유사하다는 점은 두 작품을 일독(一讀)해 보면 금세 알 수 있다. 또 「위생전」은 「감호야범기」·「등목취유취경원기」·「취취전」·「취유부벽정기」·「이생규장전」 등의 영향을 받은 작품이기도 하다.[80] 여기서 문제는 「주생전」과 「위생전」의 선후 관계이다. 지금까지는 「위

78) 임형택, 앞의 논문, 36쪽.

79) 정민, 「위경천전의 낭만적 비극성」(『목릉문단과 석주 권필』, 태학사, 1999), 499~509쪽.

생전」을 「주생전」의 영향하에 창작된 작품으로 보는 것이 통설이었다. 「주생전」을 권필의 작으로 본다면 계사년(癸巳年: 1593년)을 창작 시기라 할 수 있으니, 「주생전」과 동일하게 임진왜란을 배경으로 하는 「위생전」이 「주생전」보다 일찍 창작될 가능성은 거의 없기 때문에 두 작품의 선후 문제에 대해서는 그간 논의할 필요가 없었던 것이다.[81]

필자는 「주생전」과 「위생전」 모두 권필의 작으로 단정하기 어렵다고 생각하지만, 「위생전」은 「주생전」을 읽은 사람이 쓴 작품으로 본다. 「주생전」·「위생전」과 유사한 관계에 있는 작품은 「운영전」·「상사동기」인데, 「운영전」이 「상사동기」보다 선행한다는 설이 일반적으로 인정되고 있다. 그런데 「주생전」과 「운영전」은 모두 견문을 기록한다는 액자 형식을 취하고 있고 「위생전」과 「상사동기」는 액자 형식을 취하지 않고 있다. 또 「주생전」과 「운영전」이 애정의 삼각관계를 그린 데 반해 「위생전」과 「상사동기」는 두 남녀만의 애정을 그리고 있다.[82] 17세기에는 「주생전」과 「위생전」, 「운영전」과 「상사동기」처럼 기존 작품에 대한 파생작 또는 모방작이 산출되었는데, 그 방향은 아무래도 복잡한 데서 간단한 데로 진행되었을 가능성이 높다. 물론 그 역도 전혀 불가능한 것은 아니므로 명확한 근거가 될 수는 없지

80) 임형택, 앞의 논문, 30~33쪽; 위의 논문, 512~518쪽.

81) 「위생전」이 「주생전」보다 일찍 창작되었다고 보는 견해도 있다. 정민, 위의 논문, 508쪽에서는 「주생전」과 「위생전」을 모두 權韠의 작품으로 보면서 "작품의 완성도로 볼 때 역시 「주생전」이 「위경천전」보다는 정제되어 있어, 「주생전」이 「위경천전」보다 뒤늦게 지어진 것으로 보인다. 또 「위경천전」이 임진년 가을에 의주에 온 위경천이 그해 겨울이나 이듬해 이른 봄에 전투에 한 번 참여해 보지도 못하고 죽은 것으로 설정하고 있는데, 「주생전」은 임진년 이듬해인 계사년 5월, 종전의 희망이 보이는 시점에서 여관에 잔류해 있는 상태로 설정하고 있는 것도 창작의 선후를 판단할 수 있는 한 근거가 될 수 있다. 또 「위경천전」이 『전등신화』와 『금오신화』의 영향을 받았다면, 「주생전」은 그 후대인 『전등여화』와 훨씬 앞 시대인 唐代 傳奇의 영향을 받고 있어, 영향의 범위가 「주생전」에 오면 훨씬 광범위하게 확대되고 있다."라고 하였다.

82) 물론 「상사동기」에도 '회산군 - 영영 - 김생', '영영 - 회산군 - 회산군 부인'의 삼각관계가 존재한다. 하지만 「상사동기」의 삼각관계는 「운영전」의 그것에 비해 구체적으로 드러나지 않고 있다.

만, 「운영전」과 「상사동기」의 관계를 통해 유추해 본다면 「위생전」도 「주생전」보다 먼저 나온 작품이 되기는 어렵지 않을까 생각한다.

그렇다면 「위생전」은 전체적으로는 「주생전」과의 관련 속에서, 세부적으로는 영향을 끼친 여타 작품들과의 관련 속에서 살펴볼 때 보다 정밀한 독해가 가능할 것이다. 그리고 「위생전」의 작자 문제 또한 작품 분석 과정을 거친 후에 판단하는 것이 보다 설득력을 얻을 수 있으리라고 본다.

구성적 특징과 인물 형상

「위생전」의 주인공 위생(韋生)은 위응물(韋應物)의 후예답게 어려서부터 총명하여 15세에 문장을 이루고 당대에 이름을 떨친 인물이다.

> 명나라 만력 연간에 위생이라는 사람이 있었는데 이름은 악(岳)이고 자는 경천(擎天)이며 금릉(金陵) 사람이다. 옛 당나라 시절의 현인인 위응물의 후예로서 성질이 총명하고 재주가 빼어나 15세에 이르러 문장을 이루었는데, 시운(詩韻)은 위소주(韋蘇州)를 본받았으나 맑고 빼어남은 그보다 뛰어났으니, 당대에 이름을 날려 비교할 만한 사람이 없었다. 임진년에 친구 장공(張拱)과 우연히 장사(長沙)의 북쪽을 지나매, 때는 바로 늦봄이라 경치가 매우 아름다웠다.[83]

「주생전」에서는 태학에 다니던 주생이 과거에서 연거푸 떨어진 후 상업에 종사하게 되는 것으로 그려진 데 반해, 「위생전」에는 그러한 내용이 없다. 한편 「주생전」에서는 주생이 악양성에 사는 나생(羅生)을 찾아갔다가 배에서 잠이 들어 전당으로 가는데, 「위생전」에서는 위생이 장공과 함께 악양성으로 갔다가 전당으로 돌아오는 것으로 되어 있다. 「위생전」의 작자가

83) 大明萬曆間 有韋生者 名岳 字擎天 金陵人也 古唐賢韋應物之後 性質聰明 才華發秀 年至十五而成文章 詩韻效蘇州 清逸過之 擅名當世 人無倚迹 壬辰 與友張拱偶過長沙之北 時正暮春 景物芳華(「韋生傳」)

「주생전」을 염두에 두고 인물을 형상화하고 공간을 재구성했음을 볼 수 있다.

위생은 술에 취해 잠이 든 장공을 배에 놓아두고 홀로 뭍으로 올라간다. 위생이 소숙방(蘇淑芳)의 처소에 이르는 장면까지의 묘사[84]는 「주생전」에서 주생이 배도의 뒤를 따라 선화의 집에 이르는 장면과 방불하다. 하지만 주지하듯이 「위생전」은 「주생전」의 삼각관계를 수용하지 않고 위생과 소숙방을 곧바로 만나게 한다는 점에서 큰 차이를 보인다.

「위생전」의 위생・소숙방은 「주생전」의 주생・선화에 대응된다. 그런데 두 작품에 나타난 남녀 주인공의 형상에는 일정한 거리가 있다. 앞서 살펴보았듯이 주생에게서는 유자・군자의 모습을 찾아보기 어렵고, 선화 또한 요조숙녀라고 보기에는 어려운 면이 있었다. 그러나 위생은 비록 소숙방의 침실로 돌입하기는 하나 주생 같은 부랑자・바람둥이로 그려지지는 않으며, 소숙방은 선화와는 달리 요조숙녀의 면모를 보이고 있다.

> 위생이 옷을 걷어붙이고 들어가니 여인이 갑자기 놀라며 이렇게 말했다. "어느 집안의 탕자가 이리도 광포하게 구느냐?" 그리고 매우 엄숙히 거부하였다. 위생은 창졸간에 어쩔 줄을 몰라 돌아가려고도 했으나 몸이 잠긴 문 안에 있으니 도망쳐 나올 길도 없으므로 집안이 욕을 당한다면 그 죄는 결국 마찬가지라

---

84) 生還攬繡綵裘 解錦纜下船 回顧長程 闃無人蹤 但聽前隣有歌吹聲 尋溪而往 則雕甍紫閣 聳出雲霄 燈燭青熒 搖影於祿楊之裏 生屛息門側 遊目內庭 則以青琉璃築作九級層塢 百卉芳芬 蜂鳥爭咽 下有一小池 綠波如鏡 荷葉初生 彩鴨一群 來往其間 中又有沈香木假山 峰巒草樹 皆錦繡綵繪之所飾也 製作極其工巧 歷至一門 則曲欄浮空 飛梯百尺 一桁瓊簾 半捲於花影之中 時夜已闌矣 賓徒初散 衆樂未退 佳人十數隊 蘭麝薰衣 珠翠滿身 嬌顔半酡 百戱俱張 舞若驚鴻 輕如飛燕 笑語轟喧不絶 俄而綠幘武夫 排戶而出 鎖斷中門 收銀鑰而入 催喚歌兒輩 直宿內廂 群娥一時應聲 連袂而入 雲窓霧閣 如隔千里 更無可俟 生隱於門墻之內 無異入籠之禽 躅踖彷徨 憂懼實深 然而事已謬矣 無可奈何 步上樓梯 周覽旣畢 方欲假寐簾楹之側 而坐待開門 挺身趨出 一念耿耿 臥不能眠 披衣而起 散步庭除 遙聞後園人語琅琅 引頸望之 紫薇花下 懸一紅蓮燈 下有一美人 年可十七八 綽約仙姿 非世上人也(「韋生傳」)

> 고 여겼다. 그리하여 그녀의 절개를 꺾으려 할 때, 여인이 위생의 말투가 온화하여 창루의 왈자 같은 부류가 아니라 여기며 의아한 표정을 짓는 것 같았다. 위생이 낮고 가느다란 목소리로 연유를 곡진히 말하니 여인은 조금 누그러진 듯하였고 처음처럼 심하게 거부하지도 않았다.[85)]

이처럼 위생은 창루의 왈자라 할 수 있는 주생과는 다른 부류로 서술되고 있으며, 소숙방은 은근히 주생을 유혹한 선화와는 달리 엄숙한 요조숙녀로 묘사된다. 여기서 「위생전」의 작자가 「주생전」을 염두에 두고 남녀 주인공을 형상화하였음을 알 수 있는데, 그 지향은 「주생전」과 반대 방향이며 「이생규장전」과 같은 방향이라고 할 수 있다.

「위생전」의 작자가 「주생전」에 불만을 품고 「이생규장전」을 따랐음은 위생과 소숙방이 운우지정을 나눈 뒤의 대화에서도 볼 수 있다. 소숙방이 자신의 내력을 밝힌 후 "흰머리가 나도록 즐거움을 함께 할 것을 그대와 맹세하니, 다만 저를 천하게 여겨 버리지나 않으실까 두렵습니다."[86)]라고 말하자, 위생 또한 자기를 소개한 뒤 "다만 규방의 일이 비밀스럽고 어두운 밤에 아는 사람은 없어, 다른 날 당신 댁[親庭]에서 혹 꾸짖음이 있게 되면 천년의 요지에서 목왕의 꿈을 영원히 끊어버리고 칠석의 은하수에서 견우의 만남을 길이 그리워할 따름일 것입니다."[87)]라고 말한다. 위생의 말을 들은 소숙방은 다음과 같이 대답한다.

---

85) 生褰衣而入 女忽驚愕曰 誰家蕩子 狂暴至此 拒之甚肅 生倉黃無計 擬將還退 而身囚鎖闥之中 逃出無路 若逢門戶之辱 則其罪一也 方欲脅奪其志 女見生之辭氣溫雅 定非娼樓俠少之流 似有疑訝之色 生低聲細語 曲盡所由 則女稍似小薄 而拒之亦不如初也(「韋生傳」)

86) 白首同懽 與子成誓 只恐賤棄小妾(「韋生傳」)

87) 只以房帷事密 暮夜無知 他日親庭倘有譴責 則千載瑤池 永絶穆王之夢 七夕銀河 長感牽牛之會而已(「韋生傳」)

> 여인이 문득 낯빛을 엄숙히 하며 말했다. "저는 창류가 아니요 본래 양가 사람으로 섭진(涉溱)과 사항(俟巷)의 풍속을 사모하지 않고 오직 금슬(琴瑟)과 종고(鍾鼓)의 즐거움만을 생각했습니다. 하늘이 저의 변변치 않은 속마음을 비추어 주시어 저에게 좋은 배필을 내려주셨으니 일은 비록 미미하나 정의(情義)는 틈이 없습니다. 혹시 어두운 곳에서의 자취가 누설되어 부부의 정이 영원히 막힌다 해도, 죽어도 다른 데 가지 않기로 맹세할 것이며 다시 다른 생에서의 약속을 맺을 것입니다. 우연히 좋을 짝을 얻게 되어 해로하기로 달게 맹세하였으니, 비록 남교(藍橋)의 기이한 만남이라도 이보다 더하지는 않을 것입니다."[88)]

이 부분은 「이생규장전」에서 이생이 "다음에 봄소식이 누설된다면, 무정한 비바람에 가련해지리라.[他時漏洩春消息 風雨無情亦可憐]"라는 시를 읊자 여인이 낯빛을 바꾸며 "본래부터 그대와 함께 하여 끝까지 쓰레받기와 빗자루를 받들어 길이 즐거움을 맺으려 하였습니다. 낭군은 어찌 이처럼 갑작스런 말을 꺼내십니까? 저는 비록 여자이지만 마음이 태연하여 아무 걱정도 없거늘 장부의 의기로 이런 말을 하려 하십니까?"라고 대답하는 장면과 유사하다.[89)] 작자가 위생과 소숙방의 결연을 「이생규장전」에 나오는 이생・최씨의 결연과 같은 경지로 끌어올리려 했음을 볼 수 있다.[90)] 즉 위생과 소숙방의 결연은 지기의 만남이 되고, 소숙방의 행동은 단순히 야합에서 그치는 것이 아니라 요조숙녀가 군자를 구한다는 명분을 얻게 되는 것이다. 한편 「주생전」에서는 선화가 주생에게 둘 사이의 만남이 오래 갈 수 없

---

88) 女忽改容曰 妾非娼流 素是良族 不慕涉溱俟巷之風 惟思琴瑟鍾鼓之樂 天照微衷 錫余良匹 事跡雖微 情義無間 倘漏暗昧之蹤 而終隔伉儷之情 矢死靡他 更卜他生之約 偶得佳偶 偕老盟甘 雖以藍橋之奇遇 不過是也(「韋生傳」)

89) 生續吟曰 他時漏洩春消息 風雨無情亦可憐 女變色而言曰 本欲與君 終奉箕箒 永結歡娛 郎何言之若是遽也 妾雖女類 心意泰然 丈夫意氣 肯作此語乎 他日閨中事洩 親庭譴責 妾以身當之 香兒可於房中 賫酒果以進(「李生窺墻傳」, 31~32쪽)

90) 「위생전」과 「이생규장전」의 관련 양상은 정민, 앞의 논문, 515~516쪽에서 논의된 바 있다.

음을 걱정하고 주생이 중매를 보내 예로써 맞이하겠다고 말하며 선화를 위로한다.[91] 이를 통해 「주생전」이 「위생전」이나 「이생규장전」과는 반대임을 볼 수 있다.

위생은 소숙방과 헤어져 집으로 돌아온 후 병이 들어 눕는다. 위생은 부모가 찾아와 눈물을 흘리며 사정을 이야기하라고 하자, 간신히 다음과 같이 대답한다.

> 부모님께서 저를 낳으시고 기르시느라 애쓰셨으니, 그 덕에 보답코자 하나 하늘처럼 끝이 없습니다. 소자가 불초하여, 조금도 증삼(曾參)의 봉양은 없고 마침내 자하(子夏)의 애통함을 끼치니, 불효함이 이보다 클 수 없고 죄는 저승과 이승에 쌓여 있습니다. 생각을 말씀드려 유감(遺憾)이 없고자 합니다. 지난번 친구 장아무개와 함께 좋은 시절을 맞아 술을 싣고 남쪽으로 노닐다가 소상국의 집에 잘못 들어가 경박한 행실과 담장을 엿본 죄가 있었으니 만 번 죽어도 마땅한 일입니다. 다만 홍루(紅樓)에서 한 번 헤어지매 강가의 나무는 만 리나 되며 산은 길고 길은 막혀 소식을 전할 길이 없는지라, 한 가지 생각이 창자에 얽히어 도리어 미친병이 생겨나 죽은 후에나 편안할 것이니, 결코 다른 뜻은 없습니다.[92]

이 부분은 「이생규장전」에서 병에 걸린 최씨가 부모에게 잘못을 고백하는 장면을 가져온 듯하다. 애정전기소설에는 부모 몰래 외간 남자와 인연을

---

91) 仙花悄然曰 女子一身 與愁俱生 未相見 願相見 旣相見 恐相離 女子之身 安往而無愁哉 況郎君犯折檀之譏 妾受行露之辱 一朝不幸 情跡敗露 則不容於親戚 見賤於鄕黨 雖欲與郎君執手偕老 那可得乎 今日之事 比如雲間月葉中花 縱得一時之好 其奈不久何 言訖淚下 珠恨玉怨 殆不自堪 生抆淚慰之曰 丈夫豈不能取一女乎 我當終修媒妁之信 以禮迎子 子休煩惱(「周生傳」, 265~266쪽)

92) 父母生之 鞠育劬勞 欲保其德 昊天罔極 小子不肖 少無曾參之養 竟貽子夏之痛 不孝莫大 罪積幽明 願陳所思 俾無遺憾 往者 與友人張某 乘節日 載酒南遊 誤入蘇相國家 有輕薄之行 窺垣之罪 死當萬矣 但紅樓一別 江樹萬里 山長路阻 信使無憑 一念縈腸 轉生狂疾 死而後安 竟無他意(「韋生傳」)

맺은 여주인공이 사언이나 사륙문의 형식으로 부모님께 잘못을 고백하거나 하소연하는 장면이 있다. 이는 「이생규장전」이나 「하생기우전」에서도 볼 수 있는데, 「위생전」에서는 독특하게도 남주인공 위생이 이러한 말을 하는 것으로 되어 있는 것이다. 「이생규장전」 같은 작품에서 볼 수 있듯이, 애정전기소설에서는 여주인공이 적극적이고 남주인공이 소극적인 경우가 적지 않다. 하지만 「위생전」의 위생처럼 나약하고 감상적인 면모를 보이는 남주인공은 찾아보기가 쉽지 않다.

위생이 죽을 지경에 이르자 위생의 부친은 소상국(蘇相國)의 집에 편지를 보내기로 하는데, 이때 마침 소상국의 심부름꾼이 위생의 집에 도착한다. 이 같은 우여곡절을 겪은 끝에 위생은 소숙방과 혼인하고 얼마 후 부친을 따라 임진왜란에 참전하게 된다. 이는 「주생전」에서 주생과 선화가 약혼한 뒤 혼례를 치르지 못하고 주생이 종군하게 된다는 내용과는 다른데, 그 이유는 작자가 「이생규장전」과 같은 방향으로 이야기를 전개하고자 했기 때문인 것 같다.

이후 위생은 전쟁터에서 병에 걸려 죽고, 이 소식을 들은 선화는 목을 매어 자결함으로써 작품은 비극으로 마무리된다. 결말에서 위생이 죽은 후 소숙방이 따라 죽고 둘의 무덤이 동서로 나란히 섰다고 한 것은 「취취전」의 영향을 받은 것으로 볼 수 있다.[93)]

이상으로 「주생전」·「이생규장전」·「취취전」과의 관련 속에서 「위생전」을 살펴보았다. 그 결과 「위생전」은 단순한 「주생전」의 모방이 아니라, 「주생전」에 불만을 가진 작자가 의도적으로 「주생전」을 변개하여 창작한 작품이며, 그 지향점은 「이생규장전」이나 「취취전」의 방향임을 알 수 있었다. 그 특징을 살펴보면 다음과 같다.

우선 「위생전」이 「주생전」에 나타난 문제적인 장면들을 소거했다는 점

---

93) 정민, 앞의 논문, 516~518쪽.

을 들 수 있다. 「주생전」의 주생은 태학에 다니기는 했으나, 연거푸 과거에 낙방하면서 상업에 종사하게 된 인물이다. 「주생전」의 서술자는 그가 과거에서 떨어진 이유에 대해서는 전혀 언급하지 않고 있는데, 이 때문에 주생의 상업 종사는 그를 유랑하게 만들어 결국 전당으로 가게 하는 계기가 될 뿐이다. 주생이 과거에서 연거푸 떨어졌다는 설정은, 「하생기우전」에서처럼 심중한 문제의식을 담고 있을 만한 소재임에도 불구하고 「주생전」에서는 아무런 인과 관계 없이 처리되고 있는바, 「위생전」의 작자는 「주생전」의 이 같은 서술을 무의미하다고 여겼을 수 있다.

「위생전」은 「주생전」에 보였던 삼각관계를 답습하지 않았는데, 이는 배도의 죽음을 서술하는 시각에 대한 불만으로부터 비롯된 것으로 이해할 수 있다. 독자의 입장에서 볼 때, 배도의 죽음은 주생의 변심에 의한 결과이며 주생의 행위는 명백한 배신으로 읽힐 수 있음에도 불구하고, 「주생전」에서는 배도의 죽음이 주생의 행위와 전혀 관련이 없는 것처럼 서술되고 있다. 「위생전」의 작자는 이처럼 인과 관계가 결여된 「주생전」의 서사 전개를 수용하기 어려웠을 가능성이 높다.

「주생전」의 후지는 무언자가 주생으로부터 그간의 일을 들었다는 액자 형식을 취하고 있는데, 독자의 입장에서는 이 역시 그 동안 서술된 내용에 대한 미봉(彌縫)으로 읽힐 소지가 있다. 이 같은 「주생전」의 열린 결말에 대한 반발이 「위생전」의 닫힌 결말을 불러왔을 수 있다. 이에 따라 「위생전」은 「주생전」의 무언자에 해당하는 인물로 김생(金生)을 등장시켰다고 볼 수 있다.

다음으로 「위생전」의 남녀 주인공이 「주생전」의 남녀 주인공과는 정반대의 인물로 형상화되고 있다는 점이다. 앞서 보았던 것처럼 「주생전」의 주생은 배도를 배신하여 죽음에 이르게 하고 선화를 겁탈한 부랑자요 바람둥이이며, 선화는 은근히 주생을 유혹하여 침실로 이끈 부도덕한 여인이었다. 이에 반해 「위생전」의 위생은 주생 같은 부랑자 · 바람둥이라 할 수는 없고,

소숙방은 선화처럼 외간 남자를 선뜻 받아들인 여자는 아니었다. 「위생전」의 작자는 위생과 소숙방의 결연을 「이생규장전」에 보이는 이생과 최씨의 결연처럼 재자와 가인의 만남이자 지기의 결합으로 형상화하고자 했던바, 이는 「주생전」의 남녀 주인공에 대한 일정한 불만에서 비롯된 결과라고 할 수 있다.

이처럼 「위생전」은 「주생전」의 '서사'에 대한 일정한 반론을 표출한 작품으로 볼 수 있다. 앞서 본 것처럼 「주생전」은 삽입시문에 공을 들인 반면 서사의 인과 관계나 문제의식에는 소홀한 면이 있었는데, 「위생전」은 「주생전」과는 달리 삽입시문이 아닌 서사에 초점이 맞추어진 작품이다. 그런데 「위생전」은 「주생전」의 내용을 답습하는 가운데 「이생규장전」이나 「취취전」의 서사를 끌어들이다 보니, 작품의 완성도가 떨어지는 부분이 생기게 되었다.

첫째, 위생과 소숙방의 결연 장면이 매끄럽지 못하며, 남녀 주인공의 형상화에 모순되는 부분이 보인다는 점이다. 박희병의 지적처럼 위생과 소숙방의 결연 장면은 일반적인 애정전기소설에서 볼 수 있는 남녀 주인공의 '교감'이 배제된 채 곧바로 육체관계로 들어감으로써 문제성이나 수준이 저하되었다고 볼 여지가 있다.[94] 「위생전」의 작자는 「주생전」의 서사를 답습하면서 위생과 소숙방의 결연을 지기의 만남으로 형상화하기 위해 「이생규장전」을 끌어들였지만, 그 결과가 성공적이었는지는 의심스럽다. 「이생규장전」의 서두에는 세상 사람들이 "풍류재자 이씨 도령, 요조숙녀 최가 낭자. 재주와 모습을 듣기만 해도, 주린 배를 채운다네."[95]라고 말했다고 되어 있는바, 이를 통해 최씨가 이생이 지기의 남편감임을 진작부터 알고 있었다고 볼 수 있다. 또 최씨는 이생을 규방으로 불러들여 먼저 시를 수창한 후 잠자리를 함께 하는데, 이는 남녀 주인공의 정신적 교감을 전제로 한 육체적 결

94) 박희병, 「전기소설의 문제」(『한국전기소설의 미학』, 돌베개, 1997), 30~31쪽.
95) 風流李氏子 窈窕崔家娘 才色若可餐 可以療飢腸(「李生窺墻傳」, 28쪽)

합이라 할 수 있다. 하지만 「위생전」에서는 소숙방이 느닷없이 규방으로 돌입한 위생을 엄하게 꾸짖기는 하나, 곧이어 그가 창루의 왈자가 아닌 것 같다고 생각한다. 이어 위생이 낮고 가느다란 목소리로 연유를 곡진히 말하자, 소숙방은 처음처럼 심하게 거부하지 않고 곧바로 위생과 동침한다. 「위생전」은 겨우 이 정도의 서술만으로 소숙방이 위생을 지기로 여길 수 있는 명분을 마련한 것인데, 박희병의 주장처럼 둘 사이의 교감이 전혀 없다고 보기는 어렵지만, 그래도 작위적이라는 느낌은 지우기 어렵다. 「주생전」의 경우, 주생이 선화의 집으로 와서 국영을 가르치는 동안에 선화가 주생의 사람됨을 알게 되었다고 볼 여지도 있지만, 「위생전」에는 이런 계기조차 설정되지 않았다.

「위생전」이 이 같은 무리를 범한 이유는 「주생전」의 서사를 그대로 따른 데서 비롯된 것이라 할 수 있다. 「주생전」에서 주생이 선화의 방에 들어가 정을 나눈 장면을 그대로 수용하면서도 위생과 소숙방을 재자와 가인 혹은 군자와 숙녀로 그리려다 보니 다소 억지스러운 장면이 연출된 것이다. 즉 「주생전」에서처럼 예교의 굴레에 전혀 얽매이지 않는 남녀 주인공에게나 가능한 장면을 무리하게 끌어들인 후, 그것을 「이생규장전」에 보이는 남녀 주인공의 만남처럼 그려내고자 했다는 것이다. 「위생전」의 작자는 위생을 위응물의 후예로, 소숙방을 소식(蘇軾)의 후손으로 설정하여 둘의 결연을 지기의 만남으로 형상화하고자 했으나, 이 역시 성공적이었다고 보기는 어렵다.

둘째, 몰락한 무인(武人) 집안 출신이라는 위생의 부친이 임진왜란 때 정토제군사(征討諸軍事)에 임명되어 3만 명의 군사를 이끌고 출전하면서 서기가 없어 아들 위생을 데리고 간다는 점이다. 박희병이 지적하였듯이 이는 남녀 주인공의 이별을 위한 작위적인 설정이라 할 수 있는데,[96] 이 역시 「주

96) 박희병, 앞의 논문, 31쪽.

생전」을 답습하면서 거기에 새로운 의미를 부여하고자 한 데서 비롯된 것으로 볼 수 있다. 「위생전」의 작자는 전란 장면에서는 「이생규장전」을 수용하지 않고 「취취전」을 받아들였다. 추측건대 이생이 칼을 들고 달려오는 한 명의 도적을 보고 최씨를 버려둔 채 도망친다는 「이생규장전」의 내용보다는, 취취를 그리워하다가 김정이 죽고 김정이 죽은 후 취취 역시 병이 들어 세상을 떠난다는 「취취전」의 내용이 위생과 소숙방의 지고지순한 사랑을 형상화하는 데 더 적합하다고 여겼을 것이다. 이에 「주생전」의 서사에서 벗어나지 않으면서도 「취취전」과 같은 결말을 이끌어내기 위해 고안한 결과가 위생이 부친을 따라 서기로 종군한다는 설정이지만, 그 이유는 기실 별다른 게 아니다. 위생은 사후에 부친의 꿈에 나타나 "소씨 집안 낭자와의 옛 인연이 그치지 않아, 살아서는 함께 있지 못했으나 죽어서는 함께 묻히기를 바랍니다."[97]라고 말하고, 이에 위생의 부친은 위생의 관을 실은 배를 악주(岳州)로 가도록 명하는바,[98] 위생의 부친이 위생을 서기로 데리고 간다는 설정은 위생의 관을 악주로 보내어 소숙방의 자결이라는 비극적인 결말을 불러오게 하기 위한 수단에 불과했던 것이다.

아울러 「위생전」의 남주인공인 위생이 일반적인 애정전기소설의 남주인공보다도 지나치게 감상적이고 나약한 인물로 설정된 것도 「취취전」의 서사를 무리하게 끌어들인 결과라는 점을 지적할 필요가 있다. 기실 위생이 소숙방의 침소에 돌입하는 장면은, 그 자체로만 놓고 보면 주생이 선화의 방에 들어간 것보다 훨씬 더 패악한 행동이다. 「주생전」에서 주생은 선화의 동생인 국영을 가르치는 가운데 선화라는 여인에 대해 어느 정도 알고 있었고, 선화 또한 주생의 마음을 알고 은근히 유혹하였기 때문에, 주생과 선화의 동침은 사실상 남녀 간의 합의하에 이루어진 행동이었다.[99] 이에 반해

97) 蘇家娘子 舊緣未盡 生不同居 死願同穴(「韋生傳」)

98) 將軍驚悟 乃一夢也 落月轅門 歌鼓悲喧而已 將軍急呼從者曰 亡兒今入我夢 願埋蘇氏門前 其情可哀 況路通淮海 行舟甚便 直抵岳州可也(「韋生傳」)

「위생전」에서 위생이 소숙방에게 가한 행동은 무뢰배가 여인을 겁탈한 것에 불과하다. 그러나 「위생전」에서는 위생을 창루의 왈자 같은 인물로 그리고 있지 않을 뿐만 아니라 「취취전」의 김정처럼 순정적인 인물로 형상화하고 있으니, 앞뒤가 맞지 않는다고 할 수 있다. 「위생전」의 작자는 「이생규장전」이나 「취취전」 같은 작품의 전체 맥락을 고려하지 않은 채 이들 작품의 일부분만 끌어들임으로써 이 같은 모순을 초래하고 말았다.

셋째, 위생이 전쟁터에서 병이 들었을 때 같은 장막 안에 있었던 김생(金生)이란 인물에 관한 것이다. 「위생전」에서 김생이 나오는 장면은 다음과 같다.

> 어느 날 저녁 강홍부에 이르렀는데 위생은 병이 더욱 심해져 침상에 의지해 잠도 이루지 못했다. 그러다 마침내 절구 한 수를 벽 위에 썼는데, 그 시는 다음과 같다.
>
> 서리 가득한 외로운 성에 한나라 군대 머물렀는데,
> 새벽달에 뿔피리 소리는 군문에 진동하네.
> 등잔불 앞에서 괴로이 강남의 밤을 생각하니,
> 기러기는 돌아가고픈 마음 지니고 초운(楚雲)으로 들어가네.
>
> 장막 가운데 또 김생이라는 사람이 있었는데 역시 문장에 뛰어난 자였다. 위생의 병세가 위급하여 침상 옆을 떠나지 않았는데, 희롱하기도 하고 위로하기

99) 김희경, 「전기소설의 측면에서 본 주생전 연구」(『연세어문학』 27, 연세대학교 국어국문학과, 1995), 57쪽에서 선화는 "배도가 주생과 인연을 맺었다고 고백을 했을 때 호기심이 생겼을 것이며, 그 주생이 동생의 가정교사가 되어 집으로 왔을 때 그녀의 시선과 관심은 온통 그에게로 쏠려 있었을 것이다. 이렇게 보아야만 선화가 주생을 받아들이는 모습을 제대로 이해할 수 있다. 창 밖에서 시를 읊는 남자의 목소리를 듣고서도 못 들은 척 불을 끄고 자리에 눕는 그녀의 태도는 바로 그를 기다렸다는 것으로 해석된다. 이처럼 대담하게 주생을 받아들인 그녀는 사회적 윤리와 자신의 욕망 간에 고민하는 모습을 보인다."라고 하였다.

도 하다가 마침내 금란선(金鸞扇)을 빼앗아 그 면에다 절구 한 수를 썼다.

교만히 우는 백마에 옥안장을 지우고 올라타니,
용도(龍刀)로 어느 날에 누란(樓蘭)을 베랴?
가을바람은 만 리 관산(關山) 밖에서 부는데,
피리 불매 강남의 조각달만 차갑구나.

위생이 웃으며 말했다. "그대의 시는 호방한데 나의 읊조림은 슬프고 괴로우니, 이는 생각이 같지 않기 때문이네."[100]

「위생전」의 김생은 「주생전」의 무언자에 대응되는 인물이다. 「주생전」에서 무언자는 선화를 그리워하다가 병에 걸린 주생을 위로하며 대장부가 걱정할 것은 공명을 성취하지 못함일 뿐 천하에 어찌 미인이 없겠느냐고 말한다.[101] 무언자가 공명 운운한 것은 주생을 탓하기 위해서가 아니라 병든 주생에게 희망을 주기 위해서였다고 할 수 있다. 하지만 「위생전」에서 김생의 시는 위생을 위로하는 데 주목적이 있다고 보기는 어려우며, 김생이 품은 뜻을 나타내는 데서 그친다. 「주생전」에서 무언자는 액자 형식의 결말 구조를 이끌기 위해 등장한 필수적 존재인 데 반해, 「위생전」의 김생은 반드시 등장할 필요까지는 없는 인물이며 작품 내에서의 역할도 그리 대단치 않다. 이 또한 「주생전」을 따라가다 보니 생긴 군더더기라 할 수 있다.

---

100) 一夕 行到江興府 生病尤極 倚床無眠 遂書一絶于壁上 其詩曰 霜滿孤城駐漢軍 角吹殘月動轅門 燈前苦憶江南夜 鴈帶歸心入楚雲 幕中又有金生者 亦工於詞翰者也 以生之病緊 不離床側 戲嘲寬抑 遂奪金鸞扇 題一絶于其面曰 白馬驕嘶跨玉鞍 龍刀何日斬樓蘭 秋風萬里關山外 吹笛江南片月寒 韋生笑曰 君詩豪逸 我吟悲苦 是由所思之不同也(「韋生傳」)

101) 又從而慰之曰 大丈夫所憂者 功名未就耳 天下豈無美婦人乎 況今三韓已定 六師將還 東風已與周郞便矣 莫慮喬氏之鎖於他人之院也(「周生傳」, 280쪽)

이처럼 「위생전」은 「주생전」의 서사 전개를 답습하되 「주생전」과는 이질적인 요소들을 개입시켜 무리를 초래한 작품으로 볼 수 있다. 「위생전」의 창작은 「주생전」의 유통 및 17세기 소설사의 흐름과 연관 지어 이해할 필요가 있다.

17세기 소설사에서 중요하게 다루어야 할 부분은 국문소설 및 국문본소설이 소설사의 전면에 등장했다는 점이다. 이 시기에는 한문소설의 창작과 국문으로의 번역이 거의 동시에 이루어졌을 가능성이 높다. 권전(權佃)이 남긴 시를 통해 「상사동기」의 국문본이 있었음을 짐작할 수 있고,[102) 「주생전」·「위생전」·「운영전」 등은 국문본이 존재한다. 한편 17세기에는 한문소설을 번역한 국문본을 다시 한역(漢譯)한 작품들도 있었을 가능성이 높은데, 「강로전」[103)·「김영철전」[104)·「최척전」[105) 등이 그 예이다. 이와 같은 흐름은 17세기 후반 장편소설에 이르면 더욱 확대되는바, 국문으로 지어진 「사씨남정기」가 김춘택에 의해 한문으로 번역되는가 하면, 「구운몽」은 원작 계열 한문본이 국문으로 번역된 후 국문본을 다시 한문으로 번역한 재한역본(再漢譯本)이 원작 계열 한문본을 제치고 널리 유행하기도 했다.[106)

「위생전」의 창작도 이런 흐름과 무관하지 않아 보인다. 이건(李健)은 「제주생전(題朱生傳)」에서 "몸이 만 리에 노닒이 비록 즐겁다 하나, 꿈은 깊은 규방에 맺혀 또한 감당키 어렵네. 그날 백상루 위에서 읊조릴 때, 남아라도 누군들 옷소매 적시지 않으랴?[身遊萬里雖云樂 夢結深閨亦未堪 當日百祥

102) 양승민, 앞의 논문, 191~192쪽 참조.

103) 소인호, 앞의 논문 참조.

104) 서인석, 「국문본 김영텰뎐의 이본적 위상과 특징」(『국어국문학』 157, 국어국문학회, 2011)에서 박재연본 「金英哲傳」이 원작 한문본의 국역본을 再漢譯한 작품이라는 점이 밝혀졌다.

105) 이대형·유춘동, 「최척전의 이본, 삼국기봉에 대한 연구」(『고소설연구』 34, 한국고소설학회, 2012)에서 「삼국기봉」이 漢譯本일 가능성이 있다고 했다.

106) 엄태식, 「구운몽의 이본과 전고 연구」(경원대학교 석사논문, 2005).

樓上咏 男兒誰不一沾衫]"[107]라고 하였다. 여기서 주목할 것은 제목에 '朱生傳'이라고 적고 있다는 점이다. 이를 단순히 '周生傳'의 오류로 볼 수도 있다. 하지만 이건은「주생전」 이외에도 몇 편의 소설을 읽은 감상을 시로 남겨 놓고 있는데, 다른 시들에서는 작품의 제목을 정확히 적고 있으므로 오류가 아닐 가능성도 있다.[108] 그렇다면 이건은「주생전」의 국문본을 보았거나 혹은 국문본을 재한역한「주생전(朱生傳)」을 보았을 수도 있는 것이다.[109] 「주생전」 같은 작품이 국문으로 번역되거나 그것이 재한역될 때 원작의 본래적인 면모는 상당히 훼손될 수밖에 없다. 이때 가장 큰 타격을 받는 것이 삽입시문일 텐데,「주생전」처럼 시나 사가 서사 이상으로 중요한 작품일 경우 그 정도가 가장 심하리라고 생각할 수 있다. 국문으로 번역되거나 재한역된「주생전」은 원작과는 달리 서사나 줄거리 중심으로 읽힐 수밖에 없다.

그렇다고 하여 이건이나「위생전」의 작자가 현전하는 한문본과 다른「주생전」을 보았다고 단정할 수는 없다. 하지만 삽입시문이 중요한「주생전」에 대하여, 그 '서사'에 불만을 품고「위생전」이라는 작품을 창작한 배경에는 이와 같은 소설사의 흐름이 자리하고 있었다는 점은 고려할 필요가 있을 것이다.

요컨대「위생전」은 이와 같은「주생전」의 유통 과정 속에서 산출된 작품으로 볼 수 있다.「위생전」의 작자가 서사의 무리를 초래하면서까지 선행 작품의 서사를 굳이 답습하여「주생전」을 개작했다는 점은 그 자체만으로도 소설사에서 매우 유의미한 현상이다. 아울러 이상의 논의를 통해「주생전」과「위생전」의 작자가 동일인일 가능성은 거의 없다는 점도 밝혀졌다고

---

107) 무악고소설자료연구회 편,『한국고소설관련자료집』1(태학사, 2001), 255쪽.

108) 위의 책, 253~255쪽 참조.

109) 국문본을 再漢譯할 때 고유명사의 표기 한자가 달라지는 것은 너무나 일반적인 현상이다.

본다. 「주생전」의 작자가 자신이 지은 작품에 대해 불만을 품고, 「주생전」의 내용을 답습하면서 굳이 「위생전」을 창작할 리는 없기 때문이다.

(3) 「운영전(雲英傳)」

「운영전」이 한국 고전소설의 수작(秀作)이라는 점은 대부분의 연구자들이 동의하고 있다. 그간 「운영전」은 여러 관점에서 논의되어 왔는데,[110] 작품 해석의 관건은 서술의 양상이 작품의 의미와 어떤 관련을 맺고 있는지를 밝히는 데 있다. 여기서는 「운영전」의 액자 구조와 서술 양상, 몽유 양식과 「녹의인전(綠衣人傳)」이 「운영전」에 끼친 영향 등을 살펴본 뒤, 운영 · 김진사 · 안평대군의 관계 및 작품의 서사적 특징을 고찰하도록 하겠다.

몽유 양식의 수용 및 『전등신화』와의 관련성

「운영전」은 몽유 양식을 수용하여 창작된 전기소설이다. 「운영전」은 몽유자 유영이 안평대군의 옛집인 수성궁(壽成宮)에서 안평대군 시절의 궁녀

---

110) 양승민, 「운영전의 연구 성과와 그 전망」(『고소설연구사』, 월인, 2002)에서의 연구사 검토 이후 나온 성과들을 간략히 언급하면 다음과 같다. 김경미, 「운영전에 나타난 여성 서술자의 의의」(『한국고전여성문학연구』 4, 한국고전여성문학회, 2002)에서는 「운영전」의 서술자 문제를 다루었다. 박혜진, 「운영전 이본의 변이양상과 그 의미」(서울대학교 석사논문, 2003)에서는 「운영전」의 이본들을 네 유형으로 나누고 그것들의 변이 양상과 의미를 살폈다. 정환국, 「16세기 말 17세기 초 사상사의 흐름 속에서 본 운영전」(『한국고전여성문학연구』 7, 한국고전여성문학회, 2003)에서는 양명학의 수용과 당시풍의 전개라는 흐름 속에서 「운영전」을 조망했다. 신재홍, 「운영전의 삼각관계와 숨김의 미학」(『고전문학과 교육』 8, 한국고전문학교육학회, 2004)에서는 「운영전」의 서술구조와 삼각관계 및 소설 미학을 논하였다. 전성운, 「운영전의 인물 성향과 비회의 정조」(『어문논집』 56, 민족어문학회, 2007)에서는 등장인물들의 성향을 통해 작품을 관통하는 悲懷의 정조를 살폈다. 최재우, 「운영전 갈등구조의 양상과 그 소설사적 의미」(『열상고전연구』 29, 열상고전연구회, 2009)에서는 「운영전」을 장르론적 관점에서 고찰하였다.

인 운영(雲英)과 그녀의 연인 김진사(金進士)를 만나 당시의 이야기를 듣는 것으로 시작되는데, 몽유록의 양식적 측면을 고려한다면, 예컨대 「원생몽유록(元生夢遊錄)」의 경우처럼 이 소설은 안평대군에 관한 어떤 우의를 전달하는 내용이 되리라고 예상할 수 있다. 그런데 문제는 이 작품이 몽유 양식을 수용하고 있지만, 작품의 제목이나 내용은 그렇지 않아 보인다는 것이다. 몽유록의 작품명은 몽유자를 내세운 경우와 지명을 내세운 경우로 나누어 볼 수 있는데, 이 작품은 제목에 '몽유록(夢遊錄)'이라는 말이 들어가 있지도 않고 일반적인 몽유록의 작명법과는 달리 제목이 '운영전(雲英傳)'이기 때문이다. 여기서부터 「운영전」을 '안평대군'에 대한 우의를 담은 '몽유록'으로 보는 관점과 '운영'의 일을 기록한 '전(傳: 소설)'으로 보는 관점이 갈리게 된다.

또 다른 문제는 「운영전」이 몽유록의 형식을 취할 뿐만 아니라, 중층적인 액자구조를 가지고 있다는 데 있다. 「운영전」의 액자구조는 다음과 같이 정리할 수 있다.[111]

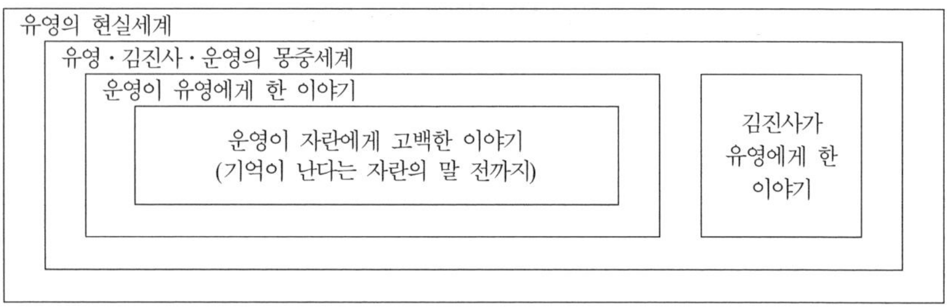

「운영전」은 이처럼 최대 네 층위로 볼 수 있는 중층적 액자구조를 취하고 있는데, 이는 고전소설 가운데서는 찾아보기 어려운 독특한 것이다. 네 층위의 액자구조가 나타나는 부분은 다음과 같다.

111) 이 표는 신재홍, 앞의 논문, 119쪽의 표를 참조하여 수정한 것이다.

> ①是夜 紫鸞以至誠問於妾曰 女子生而願爲有家父母之心 人皆有之 汝之所思 未知何許情人 吾悶汝之形容 日漸減舊 以情悃問之 幸須毋隱 ②妾起而謝曰 宮人甚多 恐有屬垣 不敢開口 今承悃愊 何敢隱乎 上年秋 黃菊初開紅葉新凋之時 … (중략 : 지난해 가을 운영이 안평대군을 모시고 있던 자리에서 김진사를 만나 연모의 마음을 갖게 되고 김진사가 붓을 휘두르다 먹물이 운영의 손가락에 튀게 된 이야기) … 妾自是寢不能寐 食減心煩 不覺衣帶之緩 汝能識之乎 ③紫鸞曰 我忘之矣 今聞汝言 怳若酒醒 ④其後 大君頻接進士 而未嘗以妾等相近 故妾每從門隙而窺之 一日 以薛濤牋 寫五言四韻一首 曰 … (중략 : 운영이 문틈으로 김진사에게 편지를 전한 이야기, 김진사가 무녀를 만난 이야기, 무녀가 김진사의 편지와 시를 운영에게 전한 이야기, 김진사의 편지와 시) … 妾覽罷 聲斷氣塞 口不能言 淚盡繼血 隱身於屛風之後 唯畏人知 自是厥後 頃刻不得忘 如癡如狂 見於辭色 主君之疑 人言之來 實不虛矣 ⑤紫鸞亦怨女 及聞此言 含淚而言曰 詩出於性情 不可欺也 ⑥一日 大君呼翡翠曰 汝等十人 同在一室 業不專一 當分五人 置之西宮[112]

①은 '운영이 유영에게 한 이야기'이다. ②도 기본적으로는 '운영이 유영에게 한 이야기'이지만, 운영이 자란에게 한 이야기가 지나치게 길어지다 보니 또 하나의 내부 액자로 설정될 수 있어 '운영이 자란에게 고백한 이야기'가 된다. ③은 '운영이 유영에게 한 이야기'이다. 자란이 운영의 과거사를 듣고 이제야 생각이 난다고 말하고 있으므로, '운영이 자란에게 고백한 이야기'는 여기서 끝난다. 혼란을 가져올 수 있는 부분은 ④이다. ④의 '其後'는 ③에서 자란이 운영에게 이야기한 '내용', 곧 운영이 김진사를 만나 '寢不能寐 食減心煩 不覺衣帶之緩'하게 된 이후의 내용이며 '운영이 유영에게 한 이야기'이다. 문제는 ⑤에서 발생한다. ⑤에서 '紫鸞亦怨女 及聞此言 含淚而言曰'이라고 했는데, 여기서 자란이 들은 '이 말[此言]'이 어디까

112) 「雲英傳」, 345~354쪽.

지나는 것이다. 때문에 ④를 자란이 들은 말로 보아 ④ 역시 '운영이 자란에게 고백한 이야기'로 이해할 수 있는 가능성이 있는 것이다. 「운영전」의 전승 과정에서 ④를 '운영이 자란에게 고백한 이야기'로 본 경우가 있다.

③′자란이 가로대 내 잊었는지라 이제 네 말을 들으니 황연히 술 깬 듯하다 하더라 ④′그 후로 대군이 자주 진사로 더불어 놀되 일찍이 첩등으로 다시 상접지 아니케 하시는지라 첩이 매양 문틈으로 좇아 엿보더니 일일은 설도전에 한 절구를 쓰니 그 글에 가뢌으되 … (중략 : 운영이 문틈으로 김진사에게 편지를 전한 이야기, 김진사가 무녀를 만난 이야기, 무녀가 김진사의 편지와 시를 운영에게 전한 이야기, 김진사의 편지와 시) … 첩이 보기를 파하매 소리 끊기고 기운이 막혀 입으로 능히 말을 못하고 눈으로 능히 보지 못하여 눈물이 진하매 피가 나는지라 사람이 알까 병풍 뒤에 앉아 종일 비읍하고 그 후로부터 더욱 잊을 길이 없어 미친 듯 취한 듯하여 자연 사색에 나타나매 주군이 의심하고 사람의 고이히 여김을 면치 못하였노라 하니 ⑤′자란도 또한 원이 맺힌 계집이라 이 말을 듣고 비창함을 이기지 못하여 눈물을 머금고 가로되 글은 성정으로부터 나는 것이니 가히 속이지 못할 것이라 이제 이 말을 들으매 사극비연이요 기정이처의로다 비록 그러하나 사람이 세상에 나매 귀한 바가 인명이요 중한 바가 인륜이라 귀천 없이 귀히 길러 인륜을 정할 바이거늘 우리는 팔자가 기박하여 적막심궁에 고독단신이 세월의 오며 감을 알지 못하고 한금냉침이 차며 더움을 깨닫지 못하니 세상만사가 부운 같은지라 승침고락과 길흉화복이 막비천명이거늘 이제 너는 헛되이 마음을 허비하고 괴로이 심장을 살라 천명을 헤아리지 아니하고 노심초사하다가 만일 병이 골수에 들면 부모께 이 우를 끼치고 청춘에 원귀를 면치 못하리니 모로미 마음을 널리 먹고 뜻을 헤아려 일이 되어 감을 볼지라 어찌 생각이 일편되어 마음을 스스로 위로치 아니하고 다만 상심상회하여 말라 죽으리오 내 또한 너를 위하여 도모하리니 과도히 상심하여 애용을 상해오지 말라 하거늘 첩이 다만 탄식 사례할 뿐이요 다시 말이 없더라 ⑥′일일은 대군이 비취를 불러 이르되 너희 등 십인이 한 곳에 모두 있으매 공부가 전일치 못하리니 마땅히 오인씩 갈라 서궁에 있으라 하

신즉113)

국문본인 이재수본 「운영전」이다. ④′의 마지막에서 "고이히 여김을 면치 못하였노라 하니"라고 하였는데, 여기서 '～노라 하니'라고 한 이유는 필사자가 ④′의 내용을 '자란에게 고백한 이야기'로 이해했기 때문이다. 하지만 이는 전승의 과정에서 발생한 오류일 뿐이다. 그 근거는 다음과 같다. 첫째, 만일 ②④가 모두 '운영이 자란에게 고백한 이야기'라면, 굳이 ③이 들어갈 이유가 없다는 것이다. ③은 자란을 향한 운영의 고백이 끝났음을 알리는 표지이다. 둘째, ④가 만일 '운영이 자란에게 고백한 이야기'였다면, ④의 앞부분에 '妾曰'이라는 말이 들어가야 옳을 텐데 그렇지 않다는 것이다. 셋째, ④에 들어 있는 이야기들이 결코 운영이 자란에게 한 고백에서 나올 수 있는 성격의 것이 아니라는 점이다. 김진사가 무녀를 만나 수작했던 일에 대한 상세한 설명이 '운영이 자란에게 고백한 이야기'가 되려면, 운영이 자란에게 고백하기 이전에 김진사와 만나 그간에 벌어진 일들에 대해 직접 들었다고 해야 말이 되는데, 운영은 자란에게 고백하기 이전에는 김진사와 직접적으로 만나지 못했다. 따라서 ④는 '운영이 자란에게 고백한 이야기'가 아니라 '운영이 유영에게 한 이야기'이다. 작자는 '운영이 자란에게 고백한 이야기'로 김진사와 운영의 첫 만남을 서술하다가, 작품 전개에 없어서는 안 될 '무녀와 김진사의 이야기' 대목에 와서는 '운영이 유영에게 한 이야기'로 서술한 것이다. ⑤의 "자란도 원녀인지라 이 말을 듣고는 눈물을 머금고 말하였습니다.[紫鸞亦怨女 及聞此言 含淚而言曰]"에서의 '이 말[此言]'은 ②에서 운영이 자란에게 한 이야기일 뿐이며, ⑤의 발화는 ③에서의 발화 직후에 일어난 일이다. 한편 ④의 마지막 부분인 '自是厥後 頃刻不得忘 如癡如狂 見於辭色 主君之疑 人言之來 實不虛矣'를 통해 운영

113) 한국어문학회 편, 『고전소설선』(형설출판사, 1988), 178～180쪽. 편의상 현대어 표기로 바꾸었다.

은 유영에게 김진사와 관련된 이야기가 '自是厥後' 이전까지임을 정리해 주었다고 볼 수 있다. '운영이 유영에게 한 이야기'의 층위에서 보면, 운영은 유영에게 '부연시 사건', '성삼문의 평론', '자란에게 고백한 일'을 순차적으로 이야기하다가, '자란에게 고백한 일'을 계기로 과거로 돌아가 '문틈으로 김진사에게 편지를 전한 일', '김진사가 무녀를 만난 일', '무녀가 김진사의 편지를 전한 일'을 말한 셈이다. 과거사를 진술한 운영은 유영에게 다시 '자란에게 고백한 일' 이후의 사건을 이야기해야 했으니, ⑤는 이야기가 다시 원래대로 돌아왔음을 알리는 표지인 것이다.

'운영이 유영에게 한 이야기'는, 운영이 죽은 후 생전(生前)에 있었던 일들에 대하여 공유할 수 있는 인식들[114]을 바탕으로 진술되었다고 보아야 한다. 1인칭 주인공 시점의 약점은 서술자가 보지 못한 부분에 대해서는 도저히 서술할 수 없다는 점에 있는데, 「운영전」은 운영이 생전에 있었던 일들에 대해 사후(死後)에 전지(全知)하고 있다는 것을 전제로 함으로써 1인칭 주인공 시점의 약점을 보완하고 있는 셈이다. 「운영전」의 뛰어난 점 가운데 하나가 여기에 있다.

> 무녀가 김진사의 용모가 탈속함을 보고 마음속으로 기뻐하였으나, 날마다 오가면서도 말을 한마디도 하지 않으므로 속으로 이렇게 생각하였다. '나이 어린 사람이 부끄러워 말을 못하는 게 분명하다. 내가 먼저 마음을 떠보아 밤늦게까지 붙잡아 두었다가 같이 자자고 해야겠다.'[115]

④의 일부분이다. 무녀가 운영에게 김진사의 편지를 전하면서 이 같은 음탕한 생각까지 말했을 리는 없으므로, 위와 같은 진술은 운영이 죽은 후 생

---

114) '死者들과 공유할 수 있는 인식들' 정도로 생각할 수 있겠다.

115) 巫見進士之容貌脫俗 中心悅之 而連日往來不出一言 意謂年少之人 必以羞澀不言 我先以意挑之 挽留繼夜 要以同枕(「雲英傳」, 352쪽)

전에 있었던 일들을 안 다음에나 할 수 있는 것이다. 그런데 이 부분이 만약 '운영이 자란에게 고백한 이야기'라면 운영이 '살아 있을 때' 자란에게 위와 같이 이야기했다고 해야 하는데, 이때의 운영은 전지적 입장에 있지 않았다. '운영이 자란에게 고백한 이야기'는, 운영이 유영에게 그녀가 살아 있을 때 자란에게 고백한 이야기를 '그대로' 옮겨 놓은 것일 따름이다. 때문에 '운영이 자란에게 고백한 이야기'의 층위에서는 사후 운영의 전지적 입장이 개입될 여지가 없다. 이재수본의 경우에서 보듯이, ⑤의 '此言'으로 인해 작품이 오독될 수 있는 가능성[116]이 있음에도 불구하고 ④를 '운영이 유영에게 한 이야기'로 처리했던 데에는 이와 같은 사정이 있었던 것이다. 이처럼 「운영전」의 액자는 네 층위의 구조가 무척 탄탄할 뿐만 아니라 논리적으로도 아무런 오류가 없다.

사건이 발생한 순서에 따라 이 부분을 정리하면, '②에서 운영이 자란에게 고백한 이야기의 내용[김진사와 운영의 첫 만남]→④에서 운영이 유영에게 말한 이야기의 내용[운영이 문틈으로 김진사에게 편지를 전함, 김진사가 무녀를 만남, 무녀가 김진사의 편지와 시를 운영에게 전함]→① 이전의 부연시 사건과 궁녀들의 의심, 그리고 다음 날 성삼문의 부연시 평론→①에서의 자란의 질문과 ②에서의 운영의 고백 행위→③⑤에서의 자란의 발화→⑥에서 안평대군이 부연시 사건으로 인해 궁녀들을 서궁과 남궁으로 갈라놓음'의 순이 된다.

이상 살펴본 바와 같이 「운영전」은 몽유록의 전통을 이어받았지만, 이전 시기 몽유록보다도 더욱 복잡한 이야기 전개 양상을 보이고 있다. 「운영전」이 이처럼 복잡한 서술 양상을 보이게 된 근본적인 원인은 몽유자 유영이 꿈속에서 운영과 김진사의 말을 듣게 된 데 있으며, 이와 같은 「운영전」의 서술 방식은 여주인공의 회상으로 이야기가 전개되는 「녹의인전」에 그 연

116) 앞서 말했듯이 ③은 자란을 향한 운영의 고백이 끝났음을 알리는 표지로서, 독자의 오독을 방지하기 위한 일종의 배려였다고 할 수 있다.

원이 있다.

김현룡은 「운영전」의 창작에 영향을 미친 작품으로 「배항(裵航)」·「곤륜노(崑崙奴)」·「비연전(非煙傳)」 등을 언급했다.117) 그러나 송정애와 전용오가 지적하였듯이 『태평광기』보다는 『전등신화』의 「녹의인전」이 「운영전」의 창작에 결정적인 영향을 미쳤다.118) 두 작품의 내용이 유사하다는 점,119) 서사가 여주인공의 회상으로 진행된다는 점, 등장인물의 성격이나 구성 및 역할이 유사하다는 점, 그리고 두 작품에 동일한 표현이 나온다는 점120) 등으로 볼 때 「녹의인전」이 「운영전」에 미친 영향은 확실하기 때문이다.

「운영전」이 「녹의인전」의 영향을 받았다는 사실은, 작품의 창작 연원뿐만 아니라 「운영전」 연구의 쟁점인 안평대군의 형상을 이해하는 데에도 단

117) 김현룡, 앞의 책, 307~317쪽.

118) 송정애, 「운영전 연구」(서울대학교 석사논문, 1977), 116~122쪽; 전용오, 「운영전의 발생론적 고찰」(『인문논총』 10, 배재대학교 인문과학연구소, 1996), 45~48쪽.

119) 「녹의인전」의 남주인공 趙源은 원나라 延祐 연간에 錢塘으로 유학을 와서 전왕조인 宋나라 때 平章을 지낸 賈似道의 舊宅을 거닐다가 여주인공 綠衣人을 만나고, 「운영전」의 柳泳은 임진왜란 후 황폐해진 안평대군의 舊宅을 찾았다가 운영과 김진사를 만난다. 작품의 서두가 거의 동일하다. 「녹의인전」에서 조원은 녹의인으로부터 전생에 있었던 일에 대해 듣는다. 그녀의 말에 따르면, 조원은 가사도 집에서 차를 끓이는 일을 담당한 하인으로 있었고, 녹의인은 臨安의 良家 딸이었는데 棊童으로 들어와 가사도를 모셨다. 녹의인은 조원을 보자마자 첫눈에 반하여 몰래 '비단 돈주머니[綉羅錢篋]'를 던지고 조원은 '대모 연지함[瑇瑁脂盒]'을 답례로 주기도 했다. 그러다가 이 일을 알게 된 동료가 가사도에게 참소함으로써 둘은 西湖의 斷橋 아래에서 함께 죽임을 당했는데, 이후 조원은 다시 인간으로 태어났지만 녹의인은 아직 鬼錄에 남아 있게 되었다는 것이다.

120) 「녹의인전」에서는 녹의인이 조원과 이별할 때 "바닷물이 마르고 돌이 문드러져도 이 한은 사라지기 어려울 것이며 땅이 늙고 하늘이 황폐해져도 이 정은 사그라지지 않을 것입니다.[海枯石爛 此恨難消 地老天荒 此情不泯]"(「綠衣人傳」, 下110쪽)라고 말하는데 「운영전」에서는 김진사가 유영과 헤어질 때 "바닷물이 마르고 돌이 문드러져도 이 정은 사그라지지 않을 것이며 땅이 늙고 하늘이 황폐해져도 이 한은 사라지기 어려울 것입니다.[海枯石爛 此情不泯 地老天荒 此恨難消]"(「雲英傳」, 382쪽)라고 말한다. 「운영전」의 작자가 「녹의인전」의 文句를 가져와 재배열하였음을 볼 수 있다. 이에 대해서는 송정애, 앞의 논문, 119~120쪽에서 언급하였다.

서를 제공한다. 그간 작품 속 안평대군과 실존인물 안평대군 사이의 거리를 파악하는 일이 「운영전」 이해의 핵심이라는 점은 여러 번 지적되었는데, 이로써 「운영전」의 안평대군은 「녹의인전」의 가사도(賈似道)와의 관련 속에서 논의되어야 한다는 점이 밝혀진 것이다.[121)]

이처럼 「운영전」의 작자가 「녹의인전」을 읽고 「운영전」을 창작했다는 점은 분명하다. 때문에 「운영전」의 해석은 「녹의인전」과의 관련성까지 고려할 때에 보다 설득력을 얻을 수 있을 것이다.

서술 양상과 인물 관계

「운영전」이 '운영과 김진사의 사랑 이야기'임을 부정할 수는 없을 것이다. 운영과 김진사의 관계는 문면에 드러나 있기 때문이다. 우리가 알기 어려운 점은 안평대군이라는 인물에 관한 것들이다. 안평대군은 운영과 김진사의 사랑 이야기 너머에 어렴풋이 존재하기 때문이다.

앞서 「운영전」의 액자구조를 살펴보았다. 「운영전」은 적어도 네 층위의 액자가 겹쳐졌을 뿐만 아니라, 사건이 발생한 순서에 따라 순차적으로 이야기가 전개되지도 않으며, 서술시점도 복합적이다. 「운영전」은 왜 굳이 이런 방식으로 복잡하게 이야기를 전개하고 있을까? 「운영전」의 핵심은 이와 같은 서술 방식에 있다.

운영과 김진사의 사랑 이야기는 대부분 운영의 목소리를 통해 1인칭 주인공 시점으로 서술되고 있다. 이런 방식은 전지적 작가 시점으로 서술하는 경우와는 크게 다르다. 우리는 안평대군 시절에 벌어졌던 이야기의 대부분을 '운영의 목소리'로 들을 수 있을 따름이므로, 거기에 어떠한 '왜곡'과 '배

---

121) 그 밖에 「운영전」의 창작에 영향을 미친 『전등신화』 소재 작품으로 「금봉차기」와 「애경전」을 들 수 있다. 이에 대해서는 엄태식, 「한국고전소설의 전등신화 수용 연구 - 전기소설과 몽유록을 중심으로」(『동방학지』 167, 연세대학교 국학연구원, 2014), 163~164쪽 참조.

제'와 '선택'이 일어났을 가능성을 염두에 두어야 한다. 이와 더불어 주목할 것이 운영이 발화하고 있는 상황이다. 운영은 안평대군 시절의 이야기를 독백하고 있는 것이 아니다. 운영은 자신과 김진사의 사랑 이야기를 유영에게 전하고 있으며, 옆에서는 당사자인 김진사가 운영의 말을 받아 적고 있다. 운영의 발화는 이 같은 상황 속에서 이루어지는 것이므로, 거기에는 이로 말미암은 어떤 '제약'이 수반된다고 보아야 한다.

이와는 달리 '운영이 유영에게 한 이야기' 가운데는 '왜곡'과 '배제'와 '선택'이 일어나지 않는다고 볼 수 있는 부분도 분명히 있다. 예컨대 '운영과 김진사의 첫 만남' 대목은 '운영이 유영에게 한 이야기'의 층위에서 본다면 "저는 자란에게 이러이러한 이야기를 하였습니다."라는 진술 가운데 '이러이러한 이야기'에 해당하는 것인데, 운영이 '이러이러한 이야기'의 내용 자체를 왜곡했다고 보기는 어렵다. 또한 운영이 김진사에게 전한 편지 속에 나오는 내용들도 신뢰할 만한 것이다. 완사할 때를 틈타 김진사를 만난 운영은 김진사에게 자신의 애절한 마음이 담긴 편지를 전하는데, 이 편지 안에는 운영의 어린 시절과 궁으로 들어오기까지의 내력, 그리고 궁에서의 생활에 대한 정보가 고스란히 담겨 있다. 뿐만 아니라 은섬의 초사 가운데는, '운영이 유영에게 한 이야기'의 층위에서는 서술되지 못했던 궁녀들의 애원이 진술되고 있는바, 이 역시 작품을 이해하는 데 필수적인 정보이다. 요컨대 '고백', '편지', '주변 인물의 발화' 등은 경우에 따라 얼마든지 '운영이 유영에게 한 이야기'의 '내부 액자'로 설정될 수 있으며, 이것들은 '운영이 유영에게 한 이야기'의 층위에서는 말해지지 못했던 '객관적 정보'를 담고 있다. 「운영전」의 액자구조는 다시 다음과 같이 정리할 수 있다.

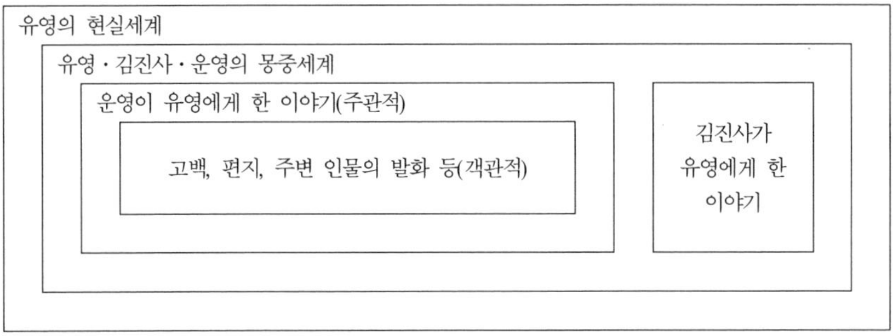

「운영전」의 서사 전략은 이 여러 층위의 액자 사이에 존재한다. '운영이 유영에게 한 이야기' 액자의 층위에서는 '왜곡' 또는 '배제'될 수 있는 정보들을 '고백, 편지, 주변 인물의 발화' 같은 내부 액자를 통해 보충하거나 두 액자 사이의 길항 관계 속에서 의미를 찾게 하는 방식, 또 '운영이 유영에게 한 이야기'가 그 외부 액자인 '유영 · 김진사 · 운영의 몽중세계'의 영향을 받아 '왜곡'과 '배제'와 '선택'이 일어날 수 있는 가능성, 이 같은 서사 전략의 중심에 바로 '안평대군'이 있다.

운영과 안평대군의 관계에 대하여는 정출헌의 선행 연구를 참조할 필요가 있다.[122] 정출헌은 안평대군이 운영에게 이성으로서의 애정을 느꼈다는 점, 운영의 현실 인식과 자각이 안평대군의 애정을 받아들이지 않은 진정한 이유라는 점, 안평대군은 결국 운영을 '짝사랑'한 것이며 그것은 권력의 횡포로 강요한 것이 아니기에 진실한 사랑이었다는 점 등을 지적하였다. 특히 운영에 대한 안평대군의 감정을 섬세하게 짚어낸 점은 중요한 성과이다.

그런데 안평대군이 운영을 사랑했다는 것은 운영의 목소리, 곧 '운영이 유영에게 한 이야기'의 층위에서는 알 수 없는 내용이었다. 오히려 운영은 '자신을 향한 안평대군의 사랑'을 '부인'하였다.

122) 정출헌, 「운영전의 중층적 애정 갈등과 그 비극적 성격」(『고전소설사의 구도와 시각』, 소명출판, 1996).

> 대군께서는 저에게 사사로운 마음을 둔 적이 없으셨으나, 궁중 사람들은 모두 대군의 뜻이 저에게 있는 줄로 알고 있었습니다.[123]

부연시로 인해 안평대군에게 의심을 받은 운영은 자신의 시가 우연히 그렇게 된 것이라고 변명한다. 이에 안평대군은 '시는 성정에서 나오는 것이므로 감출 수 없는 법'이라고 말한 뒤, 비단 열 단을 나누어 준다. 그 뒤에 위와 같은 서술이 이어지는바, 이 말로 인해 운영에 대한 안평대군의 마음이 어떠했는지가 무척 애매해진다. 작품에서 운영·김진사·안평대군 사이의 갈등이 첨예하게 드러나지 않는다고 본 것도,[124] 대군이 전면에 나와 갈등을 야기하는 모습이 보이지 않는 것을 사랑의 적대자 혹은 방해자인 대군의 역할이 두드러져 보이지 않도록 하려는 서술자의 의도로 해석한 것도[125] 이처럼 안평대군이 작품의 문면에 잘 드러나지 않기 때문이다.

사실 안평대군은 문면에 잘 드러나지 않는다기보다는 서술에서 '배제'되고 있다고 보는 게 타당하다. 우리가 알고 싶은 것은 운영이 김진사와 만나기 전에 운영과 안평대군이 서로를 어떻게 생각했는지에 관한 것인데, 운영은 유영에게 '김진사와의 만남'부터의 이야기를, 그것도 '자란에게 이러이러한 고백을 했다'는 방식으로 말하고 있을 따름이다. 운영은 '김진사와의 만남' 이전에 안평대군과 어떤 일이 있었는지는 아예 이야기하지 않고 있는 것이다. 우리는 이렇게 말하고 있는 운영의 옆에서 사랑의 당사자인 김진사가 운영의 진술을 받아 적고 있다는 점에 주목할 필요가 있다. 뿐만 아니라 안평대군은 운영과 김진사의 주군이자 유영이 존경하는 인물이라는 점도 간과해서는 안 된다.[126] 운영은, 안평대군이 자신에게 사사로운 마음을 두

123) 大君未嘗有私於妾 而宮中之人 皆知大君之意在於妾也(「雲英傳」, 343쪽)

124) 신경숙, 「운영전의 반성적 검토」(『한성어문학』 9, 한성대학교 국어국문학과, 1990), 64~65쪽.

125) 신재홍, 앞의 논문, 122쪽.

126) 유영은 꿈속에서 김진사를 만나 "안평대군 盛時의 일과 진사께서 가슴 아파하는 이유

었는지, 또 안평대군이 자신을 사랑했음을 알고 있었는지의 여부와 관계없이 유영에게 위와 같이 말할 수밖에 없었다고 할 수 있다. 같은 이유로 운영은 '김진사와의 만남' 이전에 안평대군과의 사이에서 벌어졌던 일들에 대해서도 솔직히 이야기하기는 어려웠을 것이다.

그렇다면 운영은 안평대군을 어떻게 생각했을까? 이 역시 '운영의 목소리'를 통해서는 알기 어려운 내용이다. 단서는 '주변 인물의 발화'에서 찾을 수 있다.

> 금련이 말하였습니다. "오늘밤의 논쟁이 끝내 하나로 귀결되지 않으니 내 삼가 점을 쳐 보겠다." 그리고 곧이어 『희경(羲經)』을 펼쳐 놓고 점을 치더니, 괘를 얻어 이렇게 풀이하는 것이었습니다. "내일 운영이 반드시 장부를 만나겠다. 운영의 용모거지가 세상 사람 같지 않아, 주군께서 마음을 기울이신 지가 이미 오래건만, 운영이 죽기로써 거절했던 것은 다름이 아니라 부인의 은혜를 차마 저버리지 못해서였다. 주군의 위령(威令)이 비록 엄하시나 운영의 몸을 상하게 할까봐 감히 가까이 하지 못하신 것이었다. 이제 이처럼 고요한 곳을 떠나 저처럼 번화한 데로 가려 하매, 혈기 왕성한 소년이 그 자색을 본다면 반드시 넋이 나가 미쳐버릴 것이니, 비록 서로 가까이 할 수는 없었다 하나 손가락으로 가리키고 눈길을 보낸 것은 욕되는 일이다. 전일에 주군께서 명을 내리시기를 '궁녀가 문을 나가거나 바깥사람이 이름을 알거나 하면 그 죄는 다 죽음에 해당한다.'라고 하셨으니, 이번에 가는 길에는 나는 참여하지 않겠다."[127]

를 자세히 들어볼 수 있겠습니까?[安平盛時之事 進士傷懷之由 可得聞其詳乎]"(「雲英傳」, 337쪽)라고 묻는다. 이를 통해 유영이 안평대군 시절을 盛時로 인식하고 있음을 알 수 있으며, 그는 안평대군에 대한 존경심을 가지고 있었다고 추측할 수 있다.

127) 金蓮曰 今夜之論 終不歸一 我且穆卜 卽展羲經而占之 得卦解之曰 明日 雲英必遇丈夫矣 雲英容貌擧止 似非人世間者也 主君傾心已久 而雲英以死拒之 無他 不忍負夫人之恩也 主君之威令雖嚴 而恐傷雲英之身 故不敢近之 今舍此寂寥之處 而欲往彼繁華之地 遊俠少年見其姿色 則必有喪魂欲狂者 雖不能相近 而指點送目 斯亦辱矣 前日主君下令曰 宮女出門 外人知名 其罪皆死 今此之行 妾不與焉(「雲英傳」, 359쪽)

남궁과 서궁 사이의 논쟁이 끝나지 않을 듯하자 금련이 『주역』으로 점을 치며 한 말이다. 이에 대해 정출헌은 '금련의 말이 안평대군이 운영에 대해 각별한 애정을 품고 있었고 때때로 이를 운영에게 표현・강요했다는 사실을 증언하고 있다'고 하였다. 또 운영이 김진사에게 건넨 편지 가운데 나오는 "부인께서 사랑하심이 기출과 다름이 없어 주군도 보통 시녀 아이들처럼 보지 않으셨으니 궁중사람들이 골육처럼 친애하지 않음이 없었습니다."[128) 라는 구절을 들어 "이런 논리로 보면 안평대군은 자신[운영]의 아버지 같은 존재이지만 운영의 이 말은 안평대군의 구애를 거절하는 구실이었을 가능성이 높다."라고 하면서, 운영이 안평대군의 애정 강요를 거절한 진짜 이유는 "결국 심궁에 갇혀 고목처럼 썩어질 자신의 현실을 인식하기에 이른 자각의 발전"때문이라 하였다.[129)]

금련의 말을 통해 우리는 안평대군이 운영을 사랑했음을 확신할 수 있다. 문제는 안평대군에 대한 운영의 마음이다. 금련은 "운영이 죽기로써 거절했던 것은 다름이 아니라 부인의 은혜를 차마 저버리지 못해서였다."라고 말하고 있다. 여기서 '다름이 아니라[無他]'라는 말에 주목할 필요가 있다. 운영이 '다름이 아니라' 안평대군 부인 때문에 안평대군의 사랑을 거부했다는 것은, 곧 운영이 안평대군 부인 때문이 아니었다면 안평대군의 사랑을 거절하지 않았을 것이라는 말과 같다.[130)] 더욱 의미 있는 것은 이 말이 '점복(占卜)'이라는 '권위'에 힘입고 있다는 점이다. 『주역』의 점괘가 "내일 운영이

128) 夫人愛之 無異己出 主君亦不以尋常侍兒視之 宮中之人 莫不親愛如骨肉(「雲英傳」, 363쪽)

129) 정출헌, 앞의 논문, 114~116쪽.

130) 이 부분은 「운영전」을 연구의 대상으로 삼은 논문에서 여러 번 인용되었다. 그럼에도 불구하고 "雲英以死拒之 無他 不忍負夫人之恩也"(「雲英傳」, 359쪽)라는 말에 대해서 구체적으로 다룬 논문은 찾아보기 어렵다. 여기서 중요한 것은 금련의 진술이 금련의 개인적인 생각이나 운영의 평소 생각을 옮겨 놓은 게 아니라는 점이다. 기존의 연구에서는 금련의 말이 『주역』으로 점을 쳐서 얻은 괘를 풀이한 내용으로부터 나온 것임을 고려하지 않았다.

반드시 장부를 만나겠다.[明日 雲英必遇丈夫矣]"까지이든, 아니면 그 뒤에 이어지는 말까지이든 간에, 금련의 진술은 『주역』의 점괘가 갖고 있는 '권위'의 자장 안에 있다.131)

고전소설에는 점복 모티프나 예언의 장면이 적지 않게 나온다. 「하생기우전」에는 복사가 『주역』으로 점을 쳐 '명이지가인(明夷之家人)'의 점괘를 얻는 장면이 있고, 「숙향전」에는 김전 부부가 왕균에게 점을 쳐서 숙향이 다섯 번 죽을 액을 지난 후에야 부귀영화를 얻게 된다는 말을 듣는 대목이 있는데,132) 이 작품들에서 점쟁이의 예언은 한 치의 어긋남도 없이 그대로 실현된다. 이는 「운영전」에서도 마찬가지여서 무녀는 김진사에게 3년이 못 되어 황천객이 되리라고 예언하는바,133) 이 역시 그 뒤에 벌어질 일을 정확

131) 운영은 김진사에게 보낸 편지에서 안평대군과 부인이 친부모처럼 자신을 사랑했다고 쓰기도 하였으나, 이 편지가 운영이 '김진사에게' 보낸 것이라는 점에 유의할 필요가 있다. 그렇다고 해서 안평대군과 부인이 운영을 자식처럼 여겼다는 것이 거짓말이라는 의미는 아니다. 운영이 성장하면서 안평대군은 그녀에게 점점 사랑의 감정을 느끼게 되었다고 보아야 할 것이다. 한편 "주군의 威令이 비록 엄하시나 운영의 몸을 상하게 할까봐 감히 가까이 하지 못하신 것이었다."라는 대목도 심상히 보아 넘길 것이 아니다. 이 말은 안평대군의 엄한 위령은 운영을 얼마든지 불러들일 수 있는 힘을 가졌으나, 그렇게 했다면 운영의 몸을 상하게 했을 것이라는 뜻인데, 여기서 왜 운영의 몸을 상하게 할 수밖에 없는지 생각해 볼 필요가 있다. 우선 부인이 베푼 은혜 때문에 운영이 말 그대로 '죽기로써 거부'할 수 있으므로 운영의 몸을 상하게 할 수 있다는 뜻일 수 있다. 하지만 이 말을 앞부분과 연결해서 읽는다면, 운영과 안평대군의 사랑을 질투하는 부인 때문에 운영의 몸을 상하게 할 수 있다는 뜻으로 해석할 수도 있다. 신재홍, 앞의 논문, 122쪽에서 "금련과 운영의 말 속에는 운영 - 안평대군 - 대군 부인의 삼각관계까지 시사 받을 수 있다."라고 하였고, 또 "작품 속에는 희미하게나마 또 다른 삼각관계들이 얽혀 있다. 동문 밖 무녀가 김진사에게 애교를 떠는 대목, 특이 운영의 재물을 차지하여 김진사를 죽이고 운영을 빼앗으려고 획책하는 대목에서 운영과 김진사 사이에 끼어드는 무녀 혹은 특의 존재를 살필 수 있다."라고 하였다.

132) 왕균니 크게 웃고 왈 ᄉᆞ람의 팔ᄌᆞ난 아지 못ᄒᆞ나니 ᄂᆡ 비록 지죠 업ᄉᆞ오나 ᄋᆡᄀᆡ ᄉᆞ쥬와 숭을 보오니 오세예 부모를 이별ᄒᆞ고 졍쳐업시 단니다가 십오세 당ᄒᆞ여 다셧 번 쥭을 익을 지ᄂᆡ고 십칠 세의 부인을 봉ᄒᆞ고 니십의 부모를 만나 ᄐᆡ평영화로 지ᄂᆡ다가 칠십이 되오면 도로 쳔숭으로 올나갈 팔ᄌᆞ니다(이화여자대학교 한국문화연구원, 『한국고대소설총서』 1, 통문관, 1958, 8쪽)

133) 巫卽就靈座 拜于神 搖鈴捫瑟 遍身寒戰 頃之 動身而言曰 郞君誠可怜也 以齟齬之

히 예언하고 있는 것이다. 이처럼 고전소설에서 점복 모티프는 허투루 나오지 않으며, 점괘와 예언은 대개 어긋나는 법이 없다. 서사 기법의 차원에서 보면, 점복과 예언은 지금까지 제시되지 않은 정보들을 미리 제공하는 기능을 가지고 있는데, 「운영전」에서 금련이 『주역』으로 점을 치는 장면은 운영이 장부를 만날 것임을 예언하는 기능을 갖기도 하지만, 그보다는 '운영이 유영에게 한 이야기'의 층위에서는 이야기되지 못했던 정보들을 제공하는 기능이 더 크다. 작자는 '운영이 유영에게 한 이야기'의 층위에서 전혀 서술되지 못했던, '운영과 김진사의 만남' 이전에 벌어졌던 일들에 관한 정보들을 금련의 발화를 통해 암시했다고 볼 수 있다. 그런데 이를 단지 궁녀의 발화로써 드러낸다면 신뢰도가 떨어질 수 있으므로, 주역점이라는 권위를 빌려 나타낸 것이다. 금련의 발화는 '운영이 유영에게 한 이야기'의 내부 액자로서, 운영의 목소리를 통해서는 제공될 수 없었던 정보들을 보충한다.

금련의 발화를 통해, 문면에는 드러나지 않지만, 안평대군과 운영 사이에 벌어졌던 일들에 대하여 다음과 같은 추측할 수 있다. 첫째, 안평대군은 운영을 사랑했으며, 운영도 안평대군에게 어느 정도 마음이 있었다는 점이다.[134] 금련이 "운영이 죽기로써 거절했던 것은 다름이 아니라 부인의 은혜를 차마 저버리지 못해서였다."라고 말한 데서 볼 수 있듯이 운영은 안평대군 부인의 은혜 때문에 안평대군을 받아들이지 못했다. 우리는 안평대군이,

---

策 欲遂難成之計 非但其意不成 未及三年 其爲泉下之人哉(「雲英傳」, 352~353쪽)

134) 성현경, 「운영전론」(『한국 옛소설론』, 새문사, 1995), 125~126쪽에서도 금련의 점괘 대목을 다루었다. 하지만 성현경은 안평대군이 운영을 정신적으로만 사랑하였을 뿐이고 육체적인 접근은 시도하지 않았으며, 금련의 말은 단지 그녀의 생각을 진술한 것일 따름이라고 하였다. 이는 "대군께서는 저에게 사사로운 마음을 둔 적이 없으셨으나, 궁중 사람들은 모두 대군의 뜻이 저에게 있는 줄로 알고 있었습니다."라고 말한 운영의 진술을 근거로 한 견해이다. 정길수, 「운영전의 메시지」(『고소설연구』 28, 한국고소설학회, 2009)에서도 "운영이 죽기로써 거절했던 것은 다름이 아니라 부인의 은혜를 차마 저버리지 못해서였다."라는 말에 대하여 "거절의 이유가 진실일지는 의문이다."라고 했다. 하지만 이런 주장에 대한 근거가 명확히 제시되었다고 보기는 어렵다.

운영이 김진사와 만나기 전에 그녀 곁에 있을 수 있었던 거의 유일한 남자였다는 점을 생각할 필요가 있다. 둘째, 김진사는 안평대군 부인 때문에 미묘한 관계에 있었던 안평대군과 운영 사이에 '끼어든' 인물이라는 점이다. 김진사는 안평대군보다 훨씬 젊었을 뿐 아니라 장래가 촉망되는 수재였다. 운영은 자란의 초사에 나오는 바와 같이 "오랫동안 궁궐에 갇혀서 달이 뜨는 가을밤과 꽃이 피는 봄날이면 매번 성정을 상했고 오동잎에 비 내리는 밤이면 몇 번이고 애간장을 끊다가 한번 호남을 보매 상심하고 실성하여 병이 골수에 들게 된 것"[135]으로 볼 수 있는데, 이처럼 억눌린 욕망을 더 이상 참을 수 없었던 바로 그때, 운영 앞에 김진사가 나타난 것이다.

이처럼 「운영전」에는, 운영이 김진사와 만나기 전, 운영과 안평대군 사이에서 벌어졌던 일들에 대한 '단서'들이 곳곳에 있다. 예컨대 소옥은 부연시 사건 후 홀로 앉아 있는 운영에게 "주군의 뜻이 비단이불에서 밤을 보내자는 데 있기에 은근히 기뻐 말이 없는 것이냐?"[136]라고 묻기도 하는데, 이는 물론 운영이 김진사를 그리워한다는 사실을 모르고 한 소리지만, 운영과 안평대군의 미묘한 관계에 대한 궁녀들의 인식을 반영하는 말로 볼 수도 있는 것이다.

운영과 김진사의 불같은 사랑은 억누를 수 없는 '성정(性情)'으로부터 비롯된 것이다. 성정은 감추거나 억누를 수 없다든지, 시는 곧 성정의 발현이라든지 하는 생각은 성삼문 · 김진사 · 운영 · 자란을 비롯하여 안평대군에 이르기까지 등장인물 모두가 공유하는 인식이다. 그런데 안평대군은 운영의 부연시를 보고서는 "시는 성정에서 나오는 것이니 가리거나 숨길 수 없다."[137]라고 하여 '시는 곧 성정의 발현'이라는 입장을 지지하면서도, 정작

135) 久鎖深宮 秋月春花 每傷性情 梧桐夜雨 幾斷寸腸 一見豪男 喪心失性 病入骨髓(「雲英傳」, 378쪽)
136) 抑主君向意 當有錦衾當夕之歡 故暗喜而不語乎(「雲英傳」, 343쪽)
137) 詩出於性情 不可掩匿(「雲英傳」, 343쪽)

운영의 시에서 '성정'이 드러나자 그 성정의 내용을 문제 삼는다. 또 김진사와의 당시(唐詩) 작가 논쟁에서는 성정을 그대로 드러냈던 이백을 부정하지는 못하면서도, 격식을 갖추고 이념을 추구했던 두보를 지지한다. 안평대군은 인간의 성정이란 감출 수 없는 것임을 분명히 알았지만, 그 자신이 중세적 이념을 수호해야 하는 위치에 있었기 때문에, 궁녀가 가지고 있는 성정의 내용을 문제 삼고 김진사의 시론에 완전히 동의할 수 없었던 것이다.[138]

안평대군은 궁녀들을 모아 놓고 시를 가르치면서 "시녀가 한번이라도 궁문을 나가면 그 죄는 죽음에 해당하며 바깥 사람이 궁인의 이름을 안다면 그 죄 또한 죽음일 뿐이다."[139]라고 말한다. 이 말이 근거가 되어 안평대군

---

138) 하은하, 「운영전에 관한 양식내적 접근」(서울여자대학교 석사논문, 1994), 39~45쪽에서 學唐風 및 樂府詩와의 관련 속에서 「운영전」을 논하였는데, 안평대군과 김진사의 시론을 다루면서 "김진사의 시인 평이 끝나자 안평은 진사의 말을 듣자 가슴 속이 시원해지는 듯하지만 김진사가 내린 이백과 두보의 평가에서는 비록 두보의 시가 樂府에는 적절하지 않다 해도 왕맹과 길을 다툴 정도로 낮추어 말할 수 없다고 대답한다. 이를 통해 김진사가 이백을 두보보다 높이는 이유가 이백의 시가 樂府에 더 적절하기 때문이며 두보의 시가 악부에 적절하지 않다는 것은 안평도 긍정하고 있다는 것을 알 수 있다. 즉 김진사와 안평의 詩論에서는 두보에 대한 속유들의 신념을 드러내어 그 신념을 문제화하고 그 대안으로 악부시를 주목하고 있는 것이다."라고 하였다. 정환국, 앞의 논문, 281~282쪽에서도 안평대군과 김진사의 시론이 서로 반대인 것 같지만 결국은 전혀 그렇지 않으며, 이 같은 시론을 통해 둘은 '동지적 결속'을 이루게 되는바, 「운영전」의 작자도 당시풍에 상당히 경도되어 있다고 보았다. 필자도 이 견해들에 동의한다. 하지만 원문을 보면, 안평대군은 김진사의 말을 듣고 "그대의 말을 들으니 마음속이 시원해져 강한 바람을 타고 태청에 오르는 것처럼 황홀하오. 다만 두보의 시는 천하의 높은 문장이라, 비록 악부에는 부족한 점이 있으나, 어찌 왕·맹과 길을 다투겠소?[聞君之言 胸中敞豁 怳若御長風上太淸 第杜詩 天下之高文 雖不足於樂府 豈與王孟爭道哉]"(「雲英傳」, 349쪽)라고 말하였던바, 안평대군은 한편으로는 김진사의 시론에 동감하면서도 다른 한편으로는 김진사의 극단적인 두보 貶下에 대해서는 결코 동의하지 않았던 것이다. 이 말은 두보의 결점을 지적하는 데 중점이 놓여 있지 않다. 두보의 시는 높은 수준에 있으므로 악부시에서의 작은 결점 때문에 폄하돼서는 안 된다는 의미이다. 「운영전」에서 안평대군의 모습을 구체적으로 형상화한 부분은 이곳 말고는 거의 찾아보기 어렵다는 점에서 볼 때, 이 대목에는 안평대군을 이해하는 데 매우 중요한 단서가 담겨 있다고 할 수 있다.

139) 侍女一出宮門 則其罪當死 外人知宮人之名 則其罪亦死(「雲英傳」, 339쪽)

을 궁녀들의 억압자 또는 폭압자로 보기도 하고, 나아가 김진사와 운영의 사랑에 대한 방해자 또는 적대자로 낙인찍는 경우도 있다. 하지만 이런 시각은 다소 지나친 면이 있다.[140] 여러 시녀들을 모아 놓고 "하늘이 재주를 내리시매 유독 남자에게만 풍부하게 하고 여자에게는 인색하게 하였겠느냐?"[141]라고 말하면서 궁녀 10명을 선발하여 학업에 힘쓰게 한 것을 두고, 안평대군이 궁녀들을 자신의 노리개로 삼은 것일 뿐이라고 말하는 것도 지나치다. 안평대군에게는 단지 남성을 능가하는 여성 시인들을 길러내고자 하는 바람이 있었던 것이다. 왕족인 안평대군이 궁녀들을 대한 태도는 중세 사회에서 거의 있을 수 없는 대단한 은전으로 보아야 한다.[142] 궁녀들의 초사에 안평대군에 대한 고마움이 그대로 드러나 있다는 사실이 이를 증명한다. 물론 죄인이 되어 공초하는 상황에서 원망의 목소리가 나올 가능성은 적지만, 비취가 "주군께서 보살펴 주신 은혜 앞에선 산도 높지 않고 바다도 깊지 않습니다."[143]라고 한 말이나 운영이 "주군의 은혜는 산과도 같고 바다와도 같습니다."[144]라고 한 말이 거짓으로 여겨지지는 않는다. 문제는 그것이 궁녀들이 진정으로 원하는 삶이 아니었다는 데 있을 뿐이다. 궁녀들이 원했던 것은 성정을 억압하지 않는 삶이었던 것이다.

「운영전」에서 정말로 문제적인 인물은, 억압된 욕망을 억눌러야 했던 운영이라기보다는 왕족이 되어 미천한 궁녀 하나 멋대로 하지 못하고 사랑의

140) 실제로 안평대군은 운영과 김진사의 사랑을 짐작하면서도, 또 운영이 거짓말한 것을 알면서도 어떠한 형벌도 가하지 않았다. 그리고 운영과 김진사의 관계가 완전히 밝혀진 이후에도 곧바로 형을 집행하지 않고 궁녀들의 초사를 들어주었던바, 결국 궁녀들은 어떠한 육체적 형벌도 받지 않았던 것이다. 그럼에도 불구하고 문면에만 집착하여 안평대군을 마치 폭군인 양 보는 시각에는 문제가 있다.

141) 天之降才 豈獨豊於男 而嗇於女乎(「雲英傳」, 338쪽)

142) 이상구, 「운영전의 갈등양상과 작가의식」(『고소설연구』 5, 한국고소설학회, 1998), 150~151쪽 참조.

143) 主君撫恤之恩 山不高海不深(「雲英傳」, 377쪽)

144) 主君之恩 如山如海(「雲英傳」, 378쪽)

감정을 드러내지 못한 안평대군이다. 안평대군이 운영을 대했던 태도는, 중세 사회의 왕족이 천민인 궁녀를 대했던 일반적인 태도를 훨씬 뛰어넘는 것이었음에도 불구하고, 안평대군은 자신의 사랑을 이루지 못했다. 운영에 대한 안평대군의 감정은, 김진사에 대한 운영의 감정과 전혀 동일한 '드러내서는 안 되는 성정'이었기에, 안평대군은 운영의 마음이 김진사에게 기우는 것을 목도하면서도[145] 운영을 향한 자신의 '부정(不淨)한 감정'을 끝까지 드러낼 수 없었다.[146] 때문에 안평대군은 운영과 김진사의 사랑에 대한 방해자나 적대자일 수 없으며, 그 역시 운영이나 김진사와 마찬가지로 사랑을 이룰 수 없었던 비극의 주인공일 따름이다.[147]

안평대군에 대한 운영의 감정은, 운영의 발화 맥락에서부터 근본적으로 제약되었기 때문에, 운영이 안평대군에게 마음을 두었다고 볼 만한 결정적인 증거는 앞서 다룬 점괘 대목을 제외하고는 찾아내기가 쉽지 않다. 작자는, 운영과 김진사의 사랑은 전면에 드러냈지만, 운영과 안평대군의 사랑은 그 너머에 흐릿하게 깔아놓은 셈이다. 따라서 작품을 면밀하게 읽지 않으면 운영에 대한 안평대군의 마음이 어떠했는지를 알기 어려우며, 안평대군에 대한 운영의 마음은 그보다 더욱 알기 어렵다. 이렇게 본다면 「운영전」의

---

145) 작품에서는 안평대군이 운영과 김진사의 글을 통해 둘의 관계를 알게 되는 것으로 되어 있다. 비록 문면에는 드러나지 않지만, 안평대군은 둘의 애정행각을 이미 알고 있는 상태에서 시를 통해 책잡았을 가능성이 높다.

146) 이상구, 앞의 논문, 145~146쪽에서 안평대군은 궁녀들에게 인욕이 제거된 청정한 삶을 요구하면서도 운영에 대한 자신의 애정을 어찌하지 못한 '자기모순적 인물'이며 이 때문에 운영에게 자신에 대한 애정을 강요하지도 못했고 엄하게 처벌하지도 못했음을 지적하였다. 이 같은 이상구의 지적은 타당하나, 안평대군을 '자기모순적 인물'이라고 볼 것만은 아니다. 안평대군은 운영에 대한 자신의 감정을 끝까지 드러내지 않았을 뿐 아니라 운영에게 어떠한 행동도 강요하지 않았던바, 오히려 자기모순적이지 않기 위해 노력한 인물이다.

147) 송정애, 앞의 논문, 52~58쪽에서 안평대군에 대한 정밀한 분석이 이루어졌다. 송정애는 "안평대군은 운영의 비극의 근본원인이 될 수 없으며 오히려 그 자신 비극의 주인공"(58쪽)이라 하였다. 이 같은 논의는 결과적으로 볼 때 이 글의 주장과 같지만, 논지 전개에 있어서는 일정한 차이가 있다.

실상은 텍스트[운영이 진술하고 있는 내용]와 콘텍스트[운영의 발화 맥락 등]를 아우른 독해를 통해서 드러난다고 할 수 있다.[148)]

「운영전」의 등장인물 가운데 실존인물은 안평대군과 성삼문밖에 없다. 김진사・운영・자란・특 등은 작자가 만들어낸 허구적 인물들이다. 만일 「운영전」에 등장하는 왕족이 안평대군이 아니었거나, 혹은 허구적 인물이었다면, 우리는 그를 운영과 김진사의 사랑을 방해하는 적대자로 손쉽게 낙인찍을 수 있었을지도 모른다. 하지만 안평대군에 대한 중세인들의 호의적인 평가, 작자의 동정적 태도,[149)] 등장인물들의 우호적 발언 등은 안평대군을 적대자로 보기 어렵게 만든다.[150)] 적대자인 것처럼 보이지만 결코 그럴 수는 없는 인물을 형상화할 때, 안평대군보다 적당한 인물은 없었을 것이다. 이것이 「운영전」의 작자가 비극적 삶을 살았던 실존인물 안평대군을 작품 내로 끌어들인 이유 가운데 하나일 수 있다.

운영은 왜 죽어야 했을까? 이 문제에 대하여 운영과 김진사의 사랑이 단순히 개인들의 결연만을 의미하는 것이 아니라 결연을 가능하게 하는 당대 윤리관 및 사회적 질서의 변화 문제를 제시하는 것이기 때문에 비극적으로

148) 「운영전」의 시점에 관해서는 조용호, 「운영전 서사론」(『한국고전연구』 3, 한국고전연구학회, 1997)에서 상세히 다룬 바 있다. 하지만 운영을 '1인칭 전지적 서술자에 근접하는 존재'로 본 것, 운영과 김진사를 서술자의 분신으로 본 것, 유영이 운영과 김진사에게 들은 이야기를 다시 전달하는 것처럼 구성한 '간접화'가 결국은 '영창대군의 사사'라는 당대 현실의 우의를 위해 필요했던 것이라는 견해 등은 필자의 주장과는 매우 다르다.

149) 大谷森繁, 「운영전 소고」(『조선후기 소설독자 연구』, 고려대학교 민족문화연구소, 1985), 179쪽.

150) 박기석, 「운영전」(『한국고전소설작품론』, 집문당, 1990), 720~721쪽에서 "「운영전」은 낭만적으로 보이는 남녀의 사랑 이야기를 작품 표면에 내세우고, 역적으로 몰려 비명에 숨진 안평대군에 대한 잘못된 인식을 바꾸기 위해 의도적으로 만든 허구의 세계이다."라고 하였으며, "특의 비인륜적이고 탐욕스럽고 교활한 면이 그의 행동으로 나타나면서 안평에 대한 반감은 특에게로 옮겨지게 된다. 반면에 안평대군의 행위는 사회통념상 정당한 것으로 인식되기에 이르며, 운영의 죽음도 안평대군 때문이 아니라 특의 비밀 누설이 직접적 원인으로 모아진다."라고 하였다.

끝날 수밖에 없었다는 견해,[151] 김진사와의 사랑으로 인해 인간 해방의 자유로움을 맛보았던 운영에게 옛날의 수성궁으로 돌아가야 한다는 사실은 죽음보다 더한 고통이었다는 견해[152] 등이 제출되었다. 그런데 사실 운영과 김진사의 사랑은 현실적으로 전혀 이루어질 수 없는 것만은 아니었다.

> 즉시 자란을 불러 세 사람이 솥발처럼 둘러앉게 되었습니다. 제가 진사의 계책을 말하니 자란이 크게 놀라 손바닥을 치며 꾸짖었습니다. "서로 즐긴 지 오래 되매, 스스로 화를 재촉하는 것이냐? 한두 달 사귀었으면 또한 만족할 만하거늘, 담을 넘어 도망가려 하니 어찌 사람으로서 차마 할 일이겠느냐? 주군께서 마음을 기울이신 지가 이미 오래니 버릴 수 없는 첫째 이유요, 부인께서 아끼심이 지극하니 버릴 수 없는 둘째 이유요, 화가 양친께 미치니 버릴 수 없는 셋째 이유요, 죄가 서궁에 미치니 버릴 수 없는 넷째 이유다. 또 하늘과 땅 사이가 하나의 그물이라, 하늘로 오르고 땅속으로 들어가지 않는 다음에야 도망간들 어디로 가겠느냐? 만일 잡힌다면 그 화가 낭자의 일신에서 그치겠느냐? 꿈자리가 사나웠던 것은 말할 필요도 없으니, 만일 좋았다면 기꺼이 가려고 했다는 것이냐? 차라리 마음을 굽히고 뜻을 억누르며 고요한 상태로 편히 앉아 천명을 듣는 것이 낫다. 낭자가 나이가 차고 용모가 쇠하면 주군의 총애도 점점 식어갈 터이니, 일이 되어가는 형편을 봐서 칭병하고 오래 누워 있으면 반드시 고향으로 돌아가도록 허락하실 것이다. 그때 낭군과 손을 잡고 함께 돌아가 백년해로하면 즐거움이 그보다 큰 것이 없으리라. 그런데 지금 이런 생각은 하지 못하고 감히 도리에 어긋나는 계획을 생각해내니, 네가 비록 사람은 속일지라도 하늘마저 속이겠느냐?" 진사는 일이 이루어지지 못할 것을 알고 한숨을 쉬고 눈물을 머금으며 나왔습니다.[153]

151) 박일용, 「운영전의 비극적 성격과 그 사회적 의미」(『조선시대의 애정소설』, 집문당, 1993), 181쪽.

152) 정출헌, 앞의 논문, 112쪽.

153) 卽呼紫鸞 三人鼎足而坐 妾以進士之計告之 紫鸞大驚 拍手罵之曰 相歡日久 無乃自速禍敗耶 一兩月相交 亦可足矣 踰墻逃走 豈人之所忍爲也 主君傾意已久 其不

운영과 김진사의 은밀한 만남을 적극 주선하던 자란은 이들이 궁궐의 담을 뛰어넘어 달아나려는 생각을 가진 것을 알고 크게 놀라 꾸짖는다. 자란이 운영과 김진사의 사랑을 '두세 달로 마쳐야 할 불장난'154) 정도로만 생각하고 있었던 것 같지는 않다. 자란은 운영이 나이가 들면 안평대군의 마음도 시들해져서 마침내 김진사와 백년해로할 수 있다고 말하고 있으므로, 이는 비록 시간이 걸리기는 하지만 둘의 사랑을 이룰 수 있는 가장 현실적인 방법이었을 것이다. 그런데 이 같은 자란의 꾸짖음에 대하여 운영이 어떤 반응을 보였는지는 전혀 진술되지 않고 있다.

자란의 꾸짖음이 있기 직전에 벌어졌던 일도 주목할 필요가 있다. 김진사는 "담 넘어 몰래 풍류곡을 훔치리라.[踰墻暗竊風流曲]"라는 글귀로 인해 안평대군의 의심을 받자 다음 날 운영에게 달아나자고 제안했다. 그런데 운영은 김진사에게 지난밤 꿈에 특(特)을 상징하는 묵특선우(冒頓單于)가 나와 상서롭지 않다고 말하며 자란을 불러 의논했던 것이다. 이후 안평대군은 김진사와 운영의 관계를 확신하고 운영에게 다음과 같이 이야기한다.

> 너희들의 문장이 나날이 나아지고 있으니 내 무척 기쁘다. 그런데 다만 운영의 시에는 누군가를 생각하는 뜻이 분명히 있다. 전일 부연시에서도 그런 뜻을 얼핏 보았는데, 이제 또 이러하니 네가 따르고자 하는 사람이 누구냐? 김생의 상량문에도 말이 이상한 데가 있었으니, 네가 김생과 사사로운 일이 있었던 게 아니냐?155)

可去一也 夫人慈恤甚重 其不可去二也 禍及兩親 其不可去三也 罪貽西宮 其不可去四也 且天地一網罟 非陞天入地 則逃之焉往 倘或被捉 則其禍豈止於娘子之身乎 夢兆之不祥 不須言之 而若或吉祥 則汝肯往之乎 莫如屈心抑志 守靜安坐 以聽於天耳 娘子若年貌衰謝 則主君之恩眷漸弛矣 觀其事勢 稱病久臥 則必許還鄉矣 當此之時 與郎君携手同歸 與之偕老 則樂莫大焉 今不此之思 而敢生悖理之計 汝雖欺人 欺天乎 進士知事之不成 嗟歎含淚而出(「雲英傳」, 371~372쪽)

154) 정출헌, 앞의 논문, 109쪽.

155) 汝等之文 日漸增長 余甚嘉之 而第雲英之詩 顯有思人之意 前日賦烟之詩 微見其

운영은 이 말을 듣고 자신의 결백을 주장하며 목을 매기까지 했으나, 자란이 구하여 목숨을 건진다. 이후로 김진사는 궁궐 출입을 하지 못하다 어느 날 밤 운영을 찾아오는데, 이때 운영은 병들어 일어나지 못하고 이별을 고하는 편지만을 김진사에게 건넨다.

「운영전」의 후반부를 보면, 운영이 김진사와 도주하는 일이 그토록 불가능했는지 매우 의심스럽다. 김진사는 운영이 거하고 있는 서궁의 담을 별 어려움 없이 넘고 있으므로, 운영이 궁 밖으로 나가는 일 자체는 그리 어려운 게 아니었을 것이다. 운영의 입장에서는, 자신이 가지고 있던 재물을 대부분 밖으로 빼돌렸으니, 일이 발각되기 전에 하루라도 빨리 도망가야만 했다. 그럼에도 불구하고 운영은 도망가기를 주저하는 모습을 보인다. 김진사에게는 꿈자리가 안 좋았다고 말하고, 자란의 꾸짖음에는 대꾸조차 못한다. 김진사가 도망가자는 말을 하기 위해 위험을 무릅쓰고 마지막으로 찾아왔을 때에는 무슨 이유에서인지 병에 걸려 일어나지도 못한 채 이별의 편지만을 건넨다. 김진사와의 사랑이 그토록 절대적인 것이었다면 목숨을 걸고 한 번 달아날 법도 하건만, 운영은 끝내 궁궐의 담을 넘지 않는다. 궁궐의 담 앞에서 머뭇거리는 운영의 모습이 안평대군과 김진사 사이에서 갈등하고 있는 운영의 심리를 단적으로 드러내는 것은 아닐까?[156)]

意 今又如此 汝之所欲從者 何人耶 金生賦上樑文 語涉疑異 汝無乃與金生有私乎(「雲英傳」, 372쪽)

156) 신재홍, 앞의 논문, 131쪽에서는 "사건의 전개에 따라 조금씩 껍질을 벗어내긴 하지만, 겹겹으로 짜놓은 액자와 복합적으로 설정한 서술시점에 의해 작품의 중심 사건은 숨겨지는 듯한 인상을 받는다."라고 하였다. 한편 서은아, 「운영전의 인간관계 분석과 문학치료에의 적용」(『문학치료연구』 11, 한국문학치료학회, 2009), 60~61쪽에서는 이 부분을 다루면서 "주군인 안평대군을 피해 도망가는 마당에, 그가 준 것까지 모두 챙겨가려는 운영의 태도는 그녀가 은혜를 아는 인물인지 의심스럽게 한다. 혹 운영은 수성궁을 벗어나는 게 불안했던 건 아닐까? 김진사를 사랑하지만, 현재 수성궁의 풍족하고 안정된 생활을 버리는 것이 불안해 자신의 물질적인 토대까지 함께 옮기려고 했던 건 아닐까? 어쩌면 「운영전」에서 김진사와 운영의 사랑을 방해하는 것은 '사랑'과 '풍족하고 안정된 생활' 중 어느 하나도 포기할 수 없었던 운영의 욕망이다."라고 하여,

「운영전」은 운영·김진사·안평대군의 삼각관계를 다룬 사랑 이야기다. 그런데 만약 이 세 사람의 이야기가 전지적 서술자에 의해 순차적으로 보고되었다면, 「운영전」은 지금보다 훨씬 못한 작품이 되었을 것이다. 작자는 운영의 발화 속에 있는 몇몇 단서들을 통해 독자 스스로 사건을 재구성하기를 바랐다고 할 수 있는데, 이는 궁녀·사대부·왕족의 삼각관계라는 문제적 상황에 대한 고민의 결과라 생각된다. 왕족이든 사대부이든, 아니면 천한 궁녀이든 간에 이성을 대했을 때 느끼는 감정은 전혀 다를 바 없다는 인식은 매우 의미 있는 것이 아닌가 한다. 또한 궁녀 하나를 사이에 두고 왕족과 사대부가 사랑의 대결을 벌이고 궁녀가 왕족과 사대부 사이에서 갈등하다 마침내 죽음을 택하게 된다는 내용은 애정[욕망]에 대한 예리한 관찰로부터 비롯된 것이 아닐 수 없다. 하지만 이들의 삼각관계는, 특히 안평대군이 실존인물이라는 이유 때문에 직접적으로 표현하기는 어려웠던 게 아닌가 한다. 그 결과 운영과 안평대군의 관계는 문면에 거의 드러나지 않을 정도로 흐릿해졌고, 「운영전」은 지금과 같은 복잡한 서술 양상을 보이게 된 것이라 할 수 있다.

「운영전」의 작자는 안평대군에 관하여 무엇을 말하고자 한 것일까? 아니 이 작품을 통해 안평대군에 대한 어떤 우의를 전달하려는 의도가 과연 있었을까? 만약 작자가 안평대군에 관해 무언가를 말하려고 했다면, 그 단서는 다음 인용문에서 찾아볼 수 있을 것이다.

> 유생(柳生)이 말했다. "말이 나왔는데 다 하지 않는다면, 말을 꺼내지 않는 게 더 나음만도 못하지요. 안평대군 성시의 일과 진사께서 가슴 아파하는 이유를 자세히 들어볼 수 있겠습니까?"[157]

운영이 궁궐의 담 앞에서 머뭇거린다고 보았다. 하지만 그 이유에 대한 해석은 필자와 다르다.

157) 生曰 言出而不盡 則不如不言之爲愈也 安平盛時之事 進士傷懷之由 可得聞其詳

유영은 꿈속에서 김진사를 만나 '안평대군 성시의 일[安平盛時之事]'과 '김진사가 가슴 아파하는 이유[進士傷懷之由]'를 묻는다. 유영은 안평대군 시절을 성시로 알고 있는 사람으로, 그와 같은 성시에도 김진사처럼 가슴 아파하는 일이 있을 수 있는지에 대한 의문으로 위와 같이 말했다고 볼 수 있다. 그렇다면 「운영전」에서 운영과 김진사가 말한 내용이 곧 '안평대군 성시의 일'과 '김진사가 가슴 아파하는 이유'라고 할 수 있는데, 김진사는 유영에게 안평대군 시절의 일을 다 이야기한 뒤 다음과 같은 말을 한다.

> 김진사가 눈물을 뿌리고 유영의 손을 잡으며 말했다. "바닷물이 마르고 돌이 문드러져도 이 정은 사그라지지 않을 것이며 땅이 늙고 하늘이 황폐해져도 이 한은 사라지기 어려울 것입니다. 오늘 밤 당신을 만나 진실한 마음을 터놓았으니 전생의 인연이 아니라면 어찌 이럴 수 있었겠습니까? 엎드려 바라건대 존군(尊君)께서는 이 글을 거두어 주시어 길이 전해 주시되, 경박한 자들의 입에 오르내리어 우스갯거리가 되지 않도록 해 주신다면 정말로 다행이겠습니다."158)

김진사는 유영에게 "바닷물이 마르고 돌이 문드러져도 이 정은 사그라지지 않을 것이며 땅이 늙고 하늘이 황폐해져도 이 한은 사라지기 어려울 것입니다.[海枯石爛 此情不泯 地老天荒 此恨難消]"라고 말한다. 여기서 말하는 정이란 사랑의 감정일 것이고, 한이란 사랑을 현세에서 이루지 못한 데 대한 한일 것이다. '진사상회지유(進士傷懷之由)'가 바로 이것이다. 정길수는 이에 대하여 "천상 존재라는 이들은 여전히 인간 세계에서 겪은 일에 영원히 사라지지 않을 상처와 원한을 가지고 있다."159)라고 했다. 하지만 앞

乎(「雲英傳」, 337쪽)

158) 乃揮淚而執柳泳之手曰 海枯石爛 此情不泯 地老天荒 此恨難消 今夕與子相遇 攄此悃愊 非有宿世之緣 何可得乎 伏願尊君 俯拾此藁 傳之不朽 而勿使浪傳於浮薄之口 以爲戱翫之資 幸甚幸甚 (「雲英傳」, 382~383쪽)

159) 정길수, 앞의 논문, 98쪽.

서 「운영전」의 창작 연원으로 「녹의인전」을 거론했을 때 보았듯이, 이 말은 「녹의인전」의 한 구절을 가져온 표현이기 때문에 심중한 의미를 담고 있다고 보기는 어렵다.160) 「녹의인전」에서 녹의인은 3년 동안 조원과 지낸 후 헤어질 때 비록 한은 사그라지지 않았으나 자신의 바람은 이미 채워졌다고 말한다.161) 「운영전」의 운영과 김진사는, 조원·녹의인의 경우와는 달리, 사후에 천상에서 생전에 못다 한 인연을 영원히 이어가고 있으므로 아직까지 영원히 사라지지 않을 상처와 원한이 남아 있다고 보기는 어려운 것이다.

이제 남은 것은 '안평성시지사(安平盛時之事)'의 문제이다. 이상구는 이에 대하여 "운영과 김진사의 비극적인 사랑을 통해 안평대군의 성시에도 인간의 진정한 삶이 훼손될 수밖에 없다는 것을 핍진하게 보여준다."162)라고 하였다. 그리고 나아가 "안평대군의 성시를 부정하는 것은 중세적 이념과 틀 내에서 희구해 볼 수 있는 가장 이상적인 시절을 부정하는 의미를, 나아가 중세적 이념과 체제 그 자체를 근본적으로 부정하는 의미를 함축하게 된다."163)라고도 했다. 지금까지 이런 해석이 대체적으로 지지되어 왔다. 하지만 필자는 앞서 논했듯이 「운영전」이 그 정도까지 나아간 작품은 아니라고 본다. 「운영전」의 김진사와 운영은 「녹의인전」의 남녀 주인공보다는 비극적이지 않은 최후를 맞이했다. 그들은 권력자에 의해 직접적으로 죽임을 당하지 않았으며, 운영은 자신이 저지른 죄 때문에 스스로 목숨을 끊었다. 여기서 중요하게 고려해야 할 사항은, 김진사와 운영은 저승에서는 무

---

160) 이 표현은 김진사가 유영에게 한 말뿐 아니라 운영이 김진사에게 보낸 편지 가운데도 "地老天荒 此情不泯 海枯石爛 此恨難消"(「雲英傳」, 364쪽)로 나오고 있다.

161) 卽以手握源臂 而與之訣曰 兒以幽陰之質 得事君子 荷蒙不棄 周旋許時 往者一念之私 俱陷不測之禍 然而海枯石爛 此恨難消 地老天荒 此情不泯 今幸得續前生之好 踐往世之盟 三載于玆 志願足矣 請從此辭 毋更以爲念也(「綠衣人傳」, 下109~110쪽)

162) 이상구, 앞의 논문, 163쪽.

163) 위의 논문, 164쪽.

죄일지 모르나[164] 이승에서는 분명 죄를 지었다는 점이다.[165] 그에 반해 안평대군은 죄인인 운영과 김진사를 처벌하지 않았으며, 그는 운영을 잃은 아픔을 홀로 감내하며 여생을 보냈을 것이다.

「녹의인전」에서 가사도는 절대 권력을 가진 인물이며, 문면에서 명백히 악인으로 형상화된다. 녹의인의 과거 진술 속에는 가사도가 자행했던 온갖 악행들, 예컨대 죄 없는 시녀의 머리를 자른 일, 무고한 선비를 옥에 가두고 귀양 보낸 일 등이 언급되므로, 녹의인과 조원의 죽음도 가사도의 무도함에서 비롯된 비극으로 인식된다. 반면 「운영전」의 안평대군은 가사도와 같은 절대 권력자였지만, 그는 결코 가사도와 같은 악행을 저지르지 않았다. 안평대군은 남녀의 재능이 다르지 않다는 점을 인식하고 궁녀들에게 시문을 배울 수 있는 은전을 베풀었으며, 정절을 지키지 못한 운영 및 운영의 잘못을 고하지 않은 궁녀들을 죽이거나 처벌하지 않았다. 게다가 운영의 진술 속에서는 안평대군을 악인으로 볼 수 있는 어떠한 언급도 찾아볼 수 없는 바, 이 점에서 운영·김진사의 죽음은 녹의인·조원의 죽음과는 전혀 다른 성격을 갖는다고 할 수 있다. 만일 「운영전」에 등장하는 왕족이 가사도와 같은 악인이었다면, 운영·김진사는 녹의인·조원처럼 비참한 최후를 맞이해야 했을 것이다. 하지만 운영과 김진사는 안평대군이라는 주군을 만났기 때문에 죄를 지었음에도 불구하고 스스로 목숨을 끊을 수 있는 기회를 가지게 되었다. 안평대군 시절이 '성시'일 수 있는 이유 중의 하나가 바로 여기에 있다.

---

164) 金生收淚而謝曰 吾兩人皆含怨而死 冥司怜其無罪 欲使再生人世 而地下之樂 不減人間 況天上之樂乎 是以不願出世矣 但今夕之悲傷 大君一敗 故宮無主 鳥雀哀鳴 人跡不倒 已極悲矣 況新經兵火之後 華屋成灰 粉墻頹毀 而唯有階花芬茀 庭草敷榮 春光不改昔時之景 而人事之變易如此 重來憶舊 寧不悲哉(「雲英傳」, 382쪽)

165) 妾之招曰 主君之恩 如山如海 而不能苦守貞節 其罪一也 前後所製之時 見疑於主君 而終不直告 其罪二也 西宮無罪之人 以妾之故 同被其罪 其罪三也 負此三大罪 生亦何顔 若或緩死 妾當自決矣(「雲英傳」, 378쪽)

「운영전」은 이 어름에서 안평대군에 대한 우의를 담고 있는 듯하다. 「운영전」에서 안평대군은 중세 사회에서 생각해 볼 수 있는 가장 이상적인 시절을 구가할 수 있게 만든 인물로 형상화된다. 그런 안평대군도 사랑만큼은 자신의 뜻대로 이룰 수 없었고 김진사와 운영을 죽게 만들었다는 비난에서 결코 자유로울 수 없게 되었다. 필자는 바로 이 부분에 작중인물 안평대군과 실존인물 안평대군을 매개할 수 있는 단서가 존재한다고 생각한다. 실존인물 안평대군은 시(詩)·서(書)·화(畵)에 능하였을 뿐 아니라 식견이 뛰어나고 도량이 넓었으며 문사들을 초청하여 시회(詩會)를 베풀기도 하였다.[166] 이처럼 안평대군은 중세의 선비, 특히 유영과 같은 부류의 사람들이 이상적으로 생각할 만한 시절을 만든 인물이었지만, 계유정난 때 역모에 연루되어 결국 억울하게 죽임을 당했다. 자애롭고 현명한 인물이었지만 억울하게 누명을 쓰게 되었다는 점, 이것이 작중인물 안평대군과 실존인물 안평대군의 공통점이며, 「운영전」의 작자가 소설을 통해 전하려 한 메시지였다고 할 수 있다.[167]

(4) 「상사동기(相思洞記)」

그간 「상사동기」의 창작 연원으로 거론된 작품은 「운영전」 이외에는 거의 없었다.[168] 때문에 작품의 해석도 「운영전」을 염두에 두고 이루어질 수

---

166) 이종묵, 「안평대군의 문학 활동 연구」(『진단학보』 93, 진단학회, 2002)에서 안평대군의 문학 활동에 대해 전반적으로 다루었다.

167) 이 문제에 대한 후속 논의를 엄태식, 「운영전의 양식적 특징과 소설사적 의미」(『한국고전연구』 28, 한국고전연구학회, 2013)에서 했다.

168) 이상구, 「한·중 전기소설의 관계 양상 및 그 특징」(『고전문학연구』 21, 한국고전문학회, 2002), 363~367쪽에서 「상사동기」가 唐 傳奇 「無雙傳」의 영향을 받았음을 논한 바 있다. 남녀 주인공이 결연을 맺는 데 하인이 개입한다는 점, 「무쌍전」의 古押衙와 「상사동기」의 노파의 역할이 유사하다는 점, 「상사동기」의 李正字가 「무쌍전」의 茅山道士에 비유되고 있다는 점 등이 그 근거이다. 하지만 「무쌍전」이 「상사동기」에 결

밖에 없었으며, 이로 인해 「상사동기」의 독자성에 대한 평가는 제대로 이루어지지 못했다. 여기서는 「상사동기」의 창작 연원이 「운영전」보다는 「가운화환혼기(賈雲華還魂記)」에 있음을 밝히고, 「상사동기」의 서사적 특징에 대하여 논하고자 한다.

「운영전」·「가운화환혼기」·「곤륜노」와의 관련성

「상사동기」가 인물 구성이나 사건 전개에서 「운영전」과 밀접한 관련이 있다는 사실을 일일이 거론할 필요는 없을 것 같다. 선행 연구에서 이 점은 충분히 밝혀졌기 때문이다. 이 자리에서는 선행 연구에서 구체적으로 언급되지 않은 부분들을 살펴보도록 하겠다.

「상사동기」는 이본에 따라 '상사동기(相思洞記)'·'상사동전객기(相思洞餞客記)'·'영영전(英英傳)' 등의 제목을 가지고 있다. 이 가운데 '상사동기'와 '상사동전객기'는 사실상 같은 말이고, '영영전'이라는 제목이 독특한데, 작품의 원제목은 '상사동기'나 '상사동전객기'가 아니었나 싶다.169) 「상사동기」는 「운영전」과는 달리 여주인공 영영(英英)이 아닌 남주인공 김생(金生)의 비중이 훨씬 더 크고 서사 또한 그를 중심으로 진행되기 때문에, '영영전'이라는 제목은 작품의 실상과 어울리지 않기 때문이다. '영영전'이라는 제목은 「운영전」과의 관련 속에서 생겨난 제목일 가능성이 높다.

'상사동기'라는 제목은 이 작품의 성격을 잘 드러낸다. 「운영전」은 운영이라는 궁녀를 여주인공으로 삼고 그녀의 목소리를 통해 이야기를 전개하였는데, 이 때문에 「운영전」은 복잡한 서술 양상을 보이게 되었다. 이에 반

정적인 영향을 미쳤다고 할 수는 없으며 「상사동기」의 직접적인 창작 연원이 된다고 보기도 어렵다.

169) '相思洞餞客記'가 줄어 '相思洞記'가 되었을 듯하다. 李健은 「상사동기」를 읽고 시 두 편을 남겼는데, 그 제목은 각각 「題相思洞記」와 「題餞客記」이다. 이를 통해 보아도 '英英傳'은 이 작품의 본래 제목이 아니었을 가능성이 높다. 무악고소설자료연구회 편, 앞의 책, 253~255쪽 참조.

해 '상사동기'는 남주인공 김생이 상사동 노파의 집에서 영영을 기다린 것에서 비롯된 제목이며, 작품은 김생이 영영을 만나기 위해 겪는 우여곡절을 다루고 있다.[170)]

「운영전」에는 다양한 삼각관계가 등장하는데,[171)] 「상사동기」의 삼각관계는 「운영전」의 그것을 비튼 면이 있다. 「상사동기」에는 '회산군 - 영영 - 김생', '영영 - 회산군 - 회산군 부인'의 삼각관계가 존재하는바, 이는 「운영전」의 '안평대군 - 운영 - 김진사', '운영 - 안평대군 - 안평대군 부인'의 삼각관계와 유사하다. 「운영전」에서는 작품의 문면에 안평대군이 등장하고 안평대군 부인은 문면에 드러나지 않는다. 그러나 「상사동기」에서는 이 관계가 역전되어 회산군 부인이 전면에 등장하고 회산군은 별다른 역할을 하지 않는다. 「운영전」은 유영이 안평대군의 옛집인 수성궁을 찾아갔다가 안평대군 당시의 궁녀인 운영 및 그녀의 연인이었던 김진사를 만나 안평대군 성시의 일을 듣는다는 몽유록의 형식으로 이야기가 시작되므로, 「운영전」은 안평대군과 관련한 우의적 성격을 갖게 된다. 그러나 「상사동기」에는 실존 인물 회산군이 등장하긴 하지만, 그는 「운영전」의 안평대군에 비해 역사적으로 주목할 만한 면모를 가지고 있는 인물이 아닐 뿐만 아니라 작품의 전면에 등장하지도 않기 때문에, 「상사동기」에서는 회산군과 관련된 우의를 발견하기 어렵다.

「상사동기」의 회산군 부인은 「운영전」의 안평대군 부인에 대응된다. 「운영전」에서는 금련의 말 가운데 안평대군 부인이 언급되고 「상사동기」에서는 노구(老嫗)의 말 속에서 회산군 부인의 성격이 드러난다.

---

170) 김정숙, 「조선후기 재자가인소설 연구」(고려대학교 박사논문, 2004), 81쪽에서 "「상사동기」는 남자 주인공 김생과 영영의 만남과 사랑을 그린 작품으로 전체의 2/3가 김생이 영영을 만나기 위해 겪는 우여곡절에 대한 내용이다."라고 하였다.

171) 신재홍, 앞의 논문.

금련이 말하였습니다. "오늘밤의 논쟁이 끝내 하나로 귀결되지 않으니 내 삼가 점을 쳐 보겠다." 그리고 곧이어 『희경』을 펼쳐 놓고 점을 치더니, 괘를 얻어 이렇게 풀이하는 것이었습니다. "내일 운영이 반드시 장부를 만나겠다. 운영의 용모거지가 세상 사람 같지 않아, 주군께서 마음을 기울이신 지가 이미 오래건만, 운영이 죽기로써 거절했던 것은 다름이 아니라 부인의 은혜를 차마 저버리지 못해서였다. 주군의 위령이 비록 엄하시나 운영의 몸을 상하게 할까봐 감히 가까이 하지 못하신 것이었다. 이제 이처럼 고요한 곳을 떠나 저처럼 번화한 데로 가려 하매, 혈기 왕성한 소년이 그 자색을 본다면 반드시 넋이 나가 미쳐버릴 것이니, 비록 서로 가까이 할 수는 없었다 하나 손가락으로 가리키고 눈길을 보낸 것은 욕되는 일이다. 전일에 주군께서 명을 내리시기를 '궁녀가 문을 나가거나 바깥 사람이 이름을 알거나 하면 그 죄는 다 죽음에 해당한다.' 라고 하셨으니, 이번에 가는 길에는 나는 참여하지 않겠다."[172)]

노파가 말했다. "그 아이는 회산군 댁 시녀입니다. 궁중에서 태어나고 궁중에서 자라 문 앞의 길을 밟지 않은 지가 오래되었습니다. 자색의 아름다움이야 이미 낭군께서 보셨기 때문에 굳이 낭군께 말씀드릴 필요가 없을 것입니다. 고운 마음과 부드러운 태도는 사족 집안의 처녀와 다르지 않은데다가 음률에 뛰어나고 문자에도 능하여 나리께서 사랑하고 예뻐하여 장차 녹의(綠衣)로 삼으려 하셨는데, 부인께서 투기하는 습속을 면치 못하시어 하동사후(河東獅吼)보다 심하시므로, 아직 실행치 못했을 뿐입니다. 접때 영아가 거리낌 없이 이곳에 온 것은 그때가 한식절이었으므로 이곳에서 돌아가신 부모님께 제사를 지내려고 부인께 말미를 청하여 왔던 것입니다. 그러나 그것도 마침 나리께서 나간 때였기에 여기 올 수 있었지, 그렇지 않았다면 낭군께서 어떻게 모습을 접할

172) 金蓮曰 今夜之論 終不歸一 我且穆卜 卽展羲經而占之 得卦解之曰 明日 雲英必遇丈夫矣 雲英容貌擧止 似非人世間者也 主君傾心已久 而雲英以死拒之 無他 不忍負夫人之恩也 主君之威令雖嚴 而恐傷雲英之身 故不敢近之 今舍此寂寥之處 而欲往彼繁華之地 遊俠少年見其姿色 則必有喪魂欲狂者 雖不能相近 而指點送目斯亦辱矣 前日主君下令曰 宮女出門 外人知名 其罪皆死 今此之行 妾不與焉(「雲英傳」, 359쪽)

수 있었겠습니까? 아! 낭군을 위해 다시 한 번의 만남을 도모해 보고 싶지만, 참으로 어렵게 되었습니다. 참으로 어려워요!"[173]

「운영전」에서 안평대군 부인은 금련의 말을 통해 한 번 언급될 뿐이지만, 그녀는 운영이 안평대군의 구애를 거절하게 만든 원인이 되었음이 인용문에서 드러난다. 운영은 안평대군 부인의 은혜를 저버리지 못해 안평대군의 첩이 될 수 없었던 것인데, 문면에 뚜렷하게 드러나지는 않지만 안평대군 부인은 안평대군과 운영의 결연에 걸림돌이 된 인물이었을 가능성이 높다. 반면 「상사동기」의 회산군 부인은, 노구의 말을 통해 언급될 뿐만 아니라, 작품의 전면에 등장하여 영영과 회산군의 결연을 방해하는 역할을 맡는다. 회산군이 영영을 녹의[174]로 삼으려 하자, 회산군 부인은 이를 질투하여 영영이 회산군의 첩이 되지 못하도록 하는데, 결국에는 이것이 김생과 영영의 결연을 가능케 하는 계기가 된다. 요컨대 안평대군 부인과 회산군 부인은 왕족인 남편과 궁녀[시녀]의 결연에 걸림돌이 되거나 혹은 결연을 방해하여 궁녀[시녀]가 외간 남자와 인연을 맺을 수 있는 계기를 마련한다는 점에서 동질적인 것이다. 선행 연구에서는 「운영전」의 '자란과 궁녀들'이 「상사동기」의 '이정자(李正字) 및 회산군 부인'에 대응한다고 보았으나,[175] 「상사

173) 嫗曰 是乃檜山君宅侍女也 生於宮中 長於宮中 不踏門前之路久矣 姿色之美 旣爲郎君所覩 不必强爲郎君道 雅心柔態 無異於士族家處女 加以審音律能解文 故進賜愛之憐之 將以爲綠衣 而夫人不能免妬忌之俗 甚於河東之吼 是以未果耳 曩日英兒之來此不憚者 以其時當寒食節 祀其亡父母靈於此 故請暇於夫人而來耳 然適値進賜之出遊 以致此行 不然 郎君何由得接面目乎 噫 爲郎君更圖一會 誠難矣誠難矣(「相思洞記」, 462~464쪽)

174) 이상구 역주, 『17세기 애정전기소설』(월인, 1999)에서는 이를 '綵衣'로 읽은 뒤 '비단옷'으로 번역하고 주석에서는 '以爲綵衣'를 '후궁으로 삼는다는 뜻'이라고 하였으나 오류다. '綠衣'는 『詩經』 邶風 「綠衣」에서 나온 말로, 賤妾이 正妻보다 존귀함을 뜻한다.

175) 김낙효, 「영영전과 운영전의 비교연구」(『한국학논집』 18, 한양대학교 한국학연구소, 1990), 73~76쪽; 신동흔, 「운영전에 대한 문학적 반론으로서의 영영전」(『국문학연구』

동기」의 회산군 부인은 「운영전」의 안평대군 부인이 맡았던 역할을 전면으로 부각시켰다고 보는 것이 더 타당하다.

「상사동기」에는 회산군 부인 이외에도 막동(莫同)·노구·이정자라는 조력자가 등장하는데, 이 가운데 막동은 「운영전」의 특(特)에 대응하는 인물로 평가되고 있다. 그런데 「상사동기」의 막동은 단순히 「운영전」의 특을 변용한 인물만은 아니다.

> 김생이 슬픈 가운데 느끼어 깨달아 막동에게 사실대로 말하니, 막동이 마음속으로 오래 생각하다가 이렇게 말하였다. "제가 낭군을 위하여 마륵(磨勒)의 계책을 아뢰겠습니다. 낭군께서는 애태우실 필요가 없습니다."[176)]

마륵은 당 전기 「곤륜노(崑崙奴)」에 등장하는 인물이다. 곤륜노 마륵은 최생(崔生)에게 '붉은 옷을 입은 기녀[紅綃妓]'의 은어(隱語)를 풀이해 줄 뿐만 아니라 일품관[一品]의 집에 있는 맹견(猛犬)을 때려잡음으로써 최생과 기녀의 인연을 성사토록 돕는다. 이렇게 본다면 「상사동기」의 막동은 「운영전」의 특보다는 「곤륜노」의 마륵과 더욱 밀접한 관계가 있다고 보아야 할 것이다.[177)] 아울러 죄를 범한 남녀가 행복한 결말을 맞이한다는 점도 「상사동기」와 「곤륜노」의 공통점이라 할 수 있다.

「상사동기」의 노구는 「운영전」의 무녀와 대비되는 인물인데, 모두 남녀 주인공의 결연을 돕는 조력자이다. 노구 역시 「운영전」의 무녀와만 관련이 있는 인물은 아니다.

5, 국문학회, 2001), 218쪽.

176) 生悽然感悟 乃以實告莫同 莫同心思良久曰 僕爲郎君 請獻磨勒之計 郎君無用自煎(「相思洞記」, 453쪽)

177) 「운영전」과 「곤륜노」의 관련 양상은 김현룡, 앞의 책, 307~317쪽에서 논의된 바 있다.

> 김생이 웃으면서 대답하지 않았다. 노구가 강청한 다음에야 김생은 빙그레 웃으면서 이렇게 말했다. "이 동네 이름이 무엇이라 하오?" "상사동입니다." "내가 이 동네 이름 때문에 탈이 났소." 노구가 미소를 지으며 말했다. "낭군께서는 변구(邊嫗)의 임무를 이 늙은이에게 바라시는 것이겠지요? 다만 이 동네에는 운화(雲華: 賈娉娉) 같은 요조숙녀가 없으니 위랑(魏郞: 魏鵬)의 풍류를 어찌하겠습니까?"[178]

변구(邊嫗)는 『전등여화(剪燈餘話)』「가운화환혼기」에 나오는 인물로, 남주인공 위붕이 세 들어 살던 집의 노파이다.[179] 여주인공 가빙빙(賈娉娉)의 선생이기도 한 변구는 위붕에게 가빙빙의 신상에 대해 알려주고, 훗날 위붕과 가빙빙의 혼인 과정에서 중매로 나서기도 한다. 「상사동기」의 노구는 「운영전」의 무녀보다는 「가운화환혼기」의 변구와 보다 밀접한 관련이 있다.

그런데 「상사동기」와 「가운화환혼기」의 관련성은 노구라는 인물의 설정에만 있는 게 아니다. 김생은 영영과 만난 뒤 어서 빨리 영영과 운우지정을 나누고 싶어 다음과 같은 말을 한다.

> 까마귀[해]는 급히 날아가고 토끼[달]는 빨리 달리니 세월은 흐르는 물과 같고, 붉은 꽃은 이미 떨어졌고 푸른 잎은 이미 시들었으니 나비는 올 생각을 않소. 사람이라 하여 어찌 다르겠소? 얼굴은 머리를 돌리는 사이에 붉은 빛이 시들고 머리카락은 손가락 튕기는 사이에 백발이 나지요. 아침에는 구름이 되고

---

178) 生笑而不答 嫗之强請然後 生莞爾而答曰 此洞名云何 曰 相思洞也 曰 吾爲洞名所祟耳 嫗微哂曰 郞君無乃以邊嫗之任 望於老身乎 但此洞無雲華之窈窕 其如魏郎之風流何(「相思洞記」, 459~460쪽)

179) 장효현 · 윤재민 · 최용철 · 심재숙 · 지연숙, 『교감본 한국한문소설 전기소설』(고려대학교 민족문화연구원, 2007), 460쪽의 註226을 보면 『三芳要路記』 수록본과 신독재 수택본에만 '邊嫗'로 되어 있고 여타 이본들에는 '辯口' · '變口' · '卞口' · '辨口' 등으로 나타난다.

> 저녁에는 비가 된다는 양대의 신녀도 본래부터 정을 맺으려 한 것은 아니며, 푸른 바다 같은 넓은 하늘에 있는 달 속의 항아는 응당 불사약을 훔친 것을 후회할 것이오. 새는 보잘것없는 생물이지만 비익조가 있고, 나무는 완고한 성질을 가졌지만 연리지가 있소. 하물며 정욕이 모이는 것이 사람과 사물이 어찌 다를 이치가 있겠소? 봄바람의 호접몽은 독수공방을 특별히 괴롭게 하고, 달밤의 두견새 소리는 외로운 베개를 유달리 놀라게 하니, 어찌 두목지(杜牧之)로 하여금 춘방(春芳)을 찾음을 늦어지게 하고 위우언(魏寓言)으로 하여금 항아(姮娥)를 만나봄을 지체케 하여, 헛되이 청춘의 세월을 저버리고 공연히 황천의 한을 남기게 하겠소? 매번 한스럽게 여기는 것은, 서릉(西陵)의 푸른 나무가 천년의 거친 언덕에 적막함과 장신궁(長信宮)의 문빗장이 가을비 내리는 수많은 밤에 쓸쓸함이라오. 내 마음의 애석함을 탄식하고 낭자의 무정함을 한탄하오. 살아서 무엇하겠소? 죽어 버리고 말 것이오.[180]

김생은 영영과 처음 만난 자리에서 운우지정을 나누지 못하자, 위와 같이 온갖 전고를 사용한 말로 영영을 유혹한다. 김생이 사용한 전고 가운데 위우언과 항아가 나오는데, 여기서 우언(寓言)은 「가운화환혼기」의 남주인공 위붕의 자(字)이고 항아(姮娥)는 여주인공 가빙빙이다.[181] 비록 수많은 전

---

180) 烏飛急兎走疾 歲月如流 紅已歇綠已衰 蝴蝶莫念 其在人也 何以異乎 顔凋紅於轉頭 髮生白於彈指 朝雲暮雨 陽臺神女 本無定情 碧海長天 月中姮娥 應悔偸藥 鳥生微而比翼 木性頑而連理 矧情慾之所鍾 豈人物之異致 春風蝴蝶之夢 特惱空房 夜月杜鵑之啼 偏驚孤枕 豈可使杜牧之尋春芳晩 魏寓言見姮娥遲 虛負靑春之年 空遺黃壤之恨 每恨西陵綠樹寂寞千載之荒丘 長信門扃蕭條幾夜之秋雨 嗟五心之可惜 恨娘子之無情 生而何哉 死而止矣(「相思洞記」, 476~477쪽)

181) 이상구 역주, 앞의 책, 174쪽에서 '魏寓言'을 '위나라 우언'이라고 번역하였으나 잘못이다. 한편 '姮娥'는 「가운화환혼기」의 가빙빙을 가리킨다. 위붕은 伍相祠에서 기도를 하여 꿈에 神으로부터 "쇄설당 가운데서 사람이 다시 세상에 나고, 달 가운데서 항아를 보게 되리라.[灑雪堂中人再世 月中方得見嫦娥]"(최용철 역, 앞의 책, 496쪽)라는 예언을 듣는데, 이 시는 훗날 위붕이 月娥의 몸을 빌려 환생한 가빙빙과 쇄설당에서 혼인할 것을 암시하는바, '姮娥'는 곧 '月娥'를 가리킨다. 작품 속에서 가빙빙은 자신을 姮娥에 비유하기도 한다.

고 가운데 하나로 언급된 것이긴 하지만, 「상사동기」와 「가운화환혼기」 사이에는 보다 직접적인 관련이 있는 듯하다.

우선 두 작품 모두 남주인공이 여주인공을 만나기 위해 겪는 우여곡절이 작품의 중심을 이룬다는 점이다. 「가운화환혼기」에서 위붕은 가빙빙과의 첫 번째 만남에서 가빙빙으로부터 이튿날 다시 만나 거문고 연주를 듣자는 말을 듣는다. 두 번째 만남에서 위붕이 거문고를 연주하자 분위기가 무르익지만, 가빙빙의 모친인 형국(邢國) 막부인(莫夫人)이 갑자기 잠에서 깨어나 가빙빙을 불러 인삼탕(人蔘湯)을 가져오게 하였으므로 둘은 정을 나누지 못한다. 세 번째 만남에서는 위붕과 가빙빙이 서로에 대한 사랑의 마음을 확인하지만 말이 끝나기도 전에 막부인이 돌아오는 바람에 위붕이 급히 밖으로 나가게 된다. 이튿날 가빙빙은 위붕에게 밤에 만나자는 내용의 시를 보내는데, 마침 위붕의 친구인 김재용(金在鎔)이 찾아오는바 위붕은 김재용과 함께 술을 마시고 크게 취한다. 그날 밤 가빙빙은 위붕을 찾아가지만 위붕이 술에 취하여 불러도 대답이 없으므로 시 한 수를 쓰고 돌아간다. 얼마 후 막부인이 가평장(賈平章)의 제사를 지내기 위해 집을 비우고 떠나자, 그제야 비로소 위붕과 가빙빙은 정을 나누게 된다. 이처럼 위붕과 가빙빙은 첫눈에 서로 반하기는 하지만, 일반적으로 애정전기소설의 남녀 주인공들이 곧바로 동침하는 것과는 달리, 몇 차례의 우여곡절을 겪은 뒤에야 운우지정을 나누는 것이다.

「상사동기」 역시 김생과 영영이 만나 정을 나누기까지의 곡절이 이야기의 중심이 된다. 김생은 반궁(泮宮)에서 집으로 돌아오는 길에 아리따운 여인을 만나 상사동의 어느 집까지 쫓아가지만 날이 저물어 집으로 돌아온다. 그는 여인의 생각에 넋을 잃고 지내던 중, 막동의 계책을 좇아 거짓으로 며칠 동안 전객연(餞客燕)을 벌여 노구의 환심을 산 뒤에야 그녀가 노구의 조카딸 영영임을 알게 된다. 그런데 영영은 회산군의 시녀였던바, 특별한 일이 있지 않고서는 밖으로 나올 수 없는 처지임을 알고 애태운다. 김생은 회산군 부인에게 말미를 청하여 단옷날에 영영을 데려오겠다는 노구의 말을 듣고는, 하루를 3년처럼 길게 여기면서 기다리다가 약속한 날에 상사동 노구의 집을 찾아간다. 노구의 말에 따르면 회산군 부인이 허락을 했다 할지라도 회산군이 외출하지 않았다면 영영이 나올 수 없었기에, 김생은 영영이 올 것인지 알 수 없어 애태운다. 불안한 마음에 안석에 기대어 대문을 활짝 열어 놓고 기다리는데 정오가 되어도 그림자조차 보이지 않자 서리 맞은 파리처럼 멍하니 있다가 부채로 기둥을 치며 화를 내기도 한다. 이 같은 우여곡절을 겪은 후에 마침내 영영을 만나 애무의 단계까지 이르지만 끝내 운우지정을 나누지 못하고 보름날 밤에 영영의 처소를 찾아가기로 약속한다. 김생은 약속한 날 영영의 처소를 찾아가나 이때도 영영과 곧바로 정을 나누지는 못한다. 김생은 회산군이 돌아가 잠이 들고 인적이 뜸해질 때까지 방에서 기다린 후에야 비로소 영영과 동침하게 되는 것이다. 이처럼 남녀가 결연하기까지의 곡절을 상세히 묘사하고 사건의 전개를 지연시키는 수법은 한국 애정전기소설에서는 찾아볼 수 없었던 것인바, 이는 「가운화환혼기」의 서사 기법을 가져온 것으로 보아야 할 것이다.[182)]

다음으로 두 작품의 인물 구성이 매우 유사하다는 점이다. 「상사동기」의 노구가 「가운화환혼기」의 변구와 동일한 역할을 하고 있다는 점은 앞서 밝혔거니와, 「상사동기」의 회산군 부인과 김생·영영은 각각 「가운화환혼기」의 형국 막부인과 위붕·가빙빙에 해당한다고 할 수 있다. 그간의 연구에서는 「상사동기」의 김생과 영영이 「운영전」의 김진사와 운영에 대응한다고 보았는데, 인물의 성격으로 보면 「운영전」의 김진사·운영보다 「가운화환혼기」의 위붕·가빙빙과 훨씬 더 가깝다. 영영과 가빙빙은 사정을 고려하

182) 정환국, 「17세기 초 소설에 미친 원명전기소설의 영향에 대하여」(『한문학보』 1, 우리한문학회, 1999), 190쪽에서 이전 전기소설의 남녀 결합 방식보다 비교적 길고 상세한 「운영전」·「상사동기」·「동선기」의 남녀 결합 방식이 元明 중편전기소설의 영향이라고 했다.

지 않고 성애를 요구하는 김생과 위붕에게 각각 다음과 같이 대답한다.

> 제가 어찌 목석같은 사람이겠으며, 낭군의 속마음을 모르겠습니까? 다만 나리께서는 저를 천하게 여기지 않으시어 앞에서 떠나지 못하게 하시면서 신임하여 중문 밖을 나가지 못하게 하시니, 지금 이곳에 온 것도 이미 엄령을 범한 것입니다. 만약 또 불법을 자행했다가는 추한 소문이 널리 퍼질 것이니, 이는 죽고도 남을 죄입니다. 명을 따르고 싶으나 어찌 그럴 수 있겠습니까?[183)]

> 제가 어찌 목석같은 사람이겠습니까? 오라버니의 그 말씀은 저를 모르시는 말씀입니다. 오라버니를 만나고 나서부터 침식을 잊고 마음은 뛰며 정신은 노곤하여 늦게 잠들고 일찍 잠깨는 것이 오직 오라버니 생각뿐이었습니다. 변변치 못한 이 몸으로 모시면서 백년해로할 수 있다면 얼마나 좋을까 생각했답니다. 다만 하늘이 도우시지 않아 시작은 좋으나 끝이 좋지 않을까 두려울 따름입니다. 장공(張珙)과 신순(申純)의 경우를 보면 잘 알 수 있지요. 오라버니께서 저버리지 않으신다면 영원히 모시겠습니다. 가볍게 처리하지 마시고 만전을 기해 주세요.[184)]

두 작품에서 남주인공인 김생과 위붕은 여주인공인 영영과 가빙빙을 보고는 첫눈에 반하여 물불을 가리지 않고 달려든다는 점에서 비슷한 성격을 가지고 있다. 영영과 가빙빙도 김생과 위붕을 만난 뒤 곧바로 사랑의 감정을 느끼기는 하나, 둘 다 사랑에 눈이 먼 남주인공들보다 현실 인식이 훨씬

---

183) 余豈木石人哉 不知郎君心內事乎 但進賜不以妾爲菲薄 不可使離於前 信而任之使不出中門之外 今之來此 已犯嚴令耳 若又恣行不法 醜聲彰聞 死有餘罪 縱欲從命 其可得乎(「相思洞記」, 474~475쪽)

184) 余豈木石之人哉 兄之此言 豈知我者 妾自遇兄來 忘餐廢事 心動神疲 夜寐夙興 惟君子是念 顧以葑菲 得侍房帷 偕老百年 乃深幸也 第恐天不與人方便 不能善始令終 張珙申純 足爲明鑒 兄如不棄菅蒯 妾可永執箕箒 毋輕一擧 當計萬全(「賈雲華還魂記」; 최용철 역, 앞의 책, 번역 452쪽, 원문 501쪽)

뚜렷하다.

한편 「상사동기」의 회산군 부인은 「가운화환혼기」의 막부인에 대응된다. 그러나 회산군 부인이 김생과 영영의 결연에 조력자가 되는 데 반해 막부인은 위봉과 가빙빙의 결연을 가로막는다는 점에서 결정적인 차이가 있다.[185] 그 밖에 남주인공이 과거에 급제한다는 점도 두 작품에서 공통적인데, 「상사동기」에서는 김생의 급제가 영영과의 해후 및 행복한 결말을 이끄는 데 반해 「가운화환혼기」에서는 위봉의 급제가 가빙빙과의 이별의 계기가 되어 비극적 결말을 가져온다.

이 같은 차이점은 두 작품의 결말 방식과 관련된 것이다. 「상사동기」는 행복한 결말로 마무리되고, 「가운화환혼기」는 비극적 정조가 바탕이 되고 있다. 「가운화환혼기」는 가빙빙이 월아의 몸으로 환생함으로써 작품이 행복한 결말로 마무리되기는 하지만, 그럼에도 불구하고 가빙빙의 죽음이 깔고 있는 비극적 정조가 완전히 가시지는 않는다. 이 점에서 「상사동기」는 「운영전」의 비극적 결말 및 「가운화환혼기」의 비극적 정조에 대한 반론적 성격을 갖는다고 할 수 있다.

이상으로 「상사동기」와 「운영전」·「곤륜노」·「가운화환혼기」의 관련 양상을 살펴보았다. 선행 연구에서는 대개 「상사동기」와 「운영전」의 관계에만 주목했기 때문에 「운영전」에서 「상사동기」로의 변용이 어떻게 이루어졌는지에 대한 해명이 이루어지지 못했다. 만일 「상사동기」가 「운영전」을 뒤집은 작품이라는 가정이 타당하다면, 이제 그 전복의 과정에 결정적인 영향을 미친 작품이 「가운화환혼기」이며, 「곤륜노」 또한 일정한 영향을 미친 작품임을 확인한 것이다.

---

185) 가빙빙의 모친인 邢國 莫夫人은 위봉의 모친인 郢國 蕭夫人과 가빙빙과 위봉의 혼사를 약속했으나, 가빙빙이 위봉과 혼인하면 딸이 슬하를 떠나 쓸쓸해질 것을 걱정하여 가빙빙을 위봉에게 시집보내겠다는 약속을 어긴다.

애정의 양상과 서사적 특징

그간 「상사동기」는 우리 소설사에서 후한 평가를 받지 못했는데, 그 이유는 다음과 같은 주장에 집약되어 있다.

> 많은 여운을 남긴 채 비극적으로 종결되는 「운영전」과 비교할 때 「영영전」의 작품적 긴장감이나 품격, 문제의식이 한층 떨어진다는 점에 대해서는 긴 논의가 필요치 않다. 더구나 「영영전」은 해피엔딩을 위해 남주인공의 친구 이정자와 회산군 부인을 친척 간으로 만든 다음, 회산군 부인으로 하여금 선의를 발휘케 하고 있는데, 이 역시 우연적이며 또한 그리 자연스럽지 못하다. 「영영전」은 행복한 결말을 끌어내기 위해 소설적 치열함과 진지함, 절심함을 훼손하지 않으면 안 되었다. 그 자리를 대신 메꾸고 있는 것은 안이하고 우연적인 결구이다. 안이하고 우연적인 결구에서 우리는 높다란 정신의 경지가 아니라, 통속적인(혹은 다분히 통속적인 방향으로 나아가고 있는) 정신을 느낄 뿐이다.[186]

이 같은 주장에는 소설, 특히 전기소설은 치열한 문제의식을 담고 있어야 한다는 점, 우연성의 개입은 소설의 질과 긴장감을 떨어뜨린다는 점 등이 전제가 되어 있다. 하지만 무엇보다도 「상사동기」를 훌륭한 작품으로 보지 못하게 한 원인은 「상사동기」가 항상 「운영전」과의 관련성 속에서 논의되어 왔다는 데 있을 것이다.

그런데 앞서 살펴보았듯이 「상사동기」는 이미 통속소설의 영역으로 들어선 중편 문언소설 「가운화환혼기」와 결정적인 영향 관계에 있다.[187] 때문에 「상사동기」의 미학과 가치는 오히려 후대 통속소설과의 관련성 속에서

186) 박희병, 「전기적 인간의 미적 특질」(『한국전기소설의 미학』, 돌베개, 1997), 41쪽.

187) 김정숙, 앞의 논문, 3쪽에서 명대 중엽의 「가운화환혼기」·「교홍전」·「유생멱련기」 등의 작품에 대하여 "독자들은 이들 '중편 문언소설'에서 전기소설과 전혀 다른 소설적 미감을 느끼게 된다. 이들 작품은 집약적이면서도 열정적으로 남녀의 애정 그 자체를 그리고 있는 '전기소설'과 구별되는 통속소설에 속한다. 이들 작품이 '문언문'으로 창작되었다고 해서 '전기소설'의 영역에서 논의하는 것은 지나친 단순화이다."라고 하였다.

논의되어야 마땅하다. 「상사동기」의 서두는 다음과 같이 시작된다.

> 홍치 연간에 성균관 진사 김생이라는 자가 있었는데, 그의 이름은 잊혔다. 사람됨이 용모가 수려하고 풍채가 뛰어났으며 글을 잘 짓고 우스갯소리에도 능하였으니, 참으로 세간의 기남자여서 향리에서는 풍류랑이라고 일컬었다. 나이가 겨우 약관이 되었을 때 진사 제일과에 급제하여 명성이 서울에 떨쳤다. 공경대가에서 사랑하는 딸을 시집보내려 하매 재산을 따지지 않기로 하였다.188)

「상사동기」의 김생은 이전 시기 애정전기소설인 「최치원」·「만복사저포기」·「이생규장전」에 등장했던 남주인공들과는 태생이 다르다. 「만복사저포기」의 낙척불우(落拓不遇)한 양생과도 다르며 「이생규장전」의 한미한 집안 출신 이생과도 다른 「상사동기」의 김생은, 약관의 나이에 이미 출세의 가도를 달리게 되는, 행복한 고민에 빠져 있는 인물이다. 특히 공경대가에서 재산을 따지지 않고 김생에게 구혼했다고 하는 서술은 마치 「이생규장전」 및 「취취전」을 염두에 두고 뒤집은 듯한 느낌이 든다.

이처럼 앞날이 보장된 김생의 앞에 회산군 댁 시녀인 영영이 나타나면서 그의 삶은 예상과는 다른 곳으로 진행되는데, 이 같은 서사 전개는 「운영전」보다는 오히려 후대 소설인 「춘향전」과 밀접한 관계가 있다고 생각된다. 춘향이라는 기녀로 인해 자신의 삶과 가치관을 바꾸게 된 이도령의 모습이 영영으로 인해 인생이 뒤바뀐 「상사동기」의 김생과 매우 닮아 있는 것이다.

「상사동기」는 신분이 다른 남녀의 사랑을 다루고 있다는 점에서 「운영전」과 유사하지만, 신분 갈등이란 소재를 행복한 결말로 이끌었다는 점에서 평가가 엇갈린다. 앞서 보았듯이 억지로 행복한 결말을 이끌어내기 위해 치열

188) 弘治中 有成均進士金生者 忘其名 爲人容貌粹美 風度絶倫 善屬文 能笑語 眞世間奇男子也 鄉里以風流郎稱之 年甫弱冠 登進士第一科 名動京華 公卿大家 願嫁愛女 約不論財貨也(「相思洞記」, 448쪽)

한 문제의식을 훼손했다는 주장이 있을 수 있고, 김생과 영영이 보여주는 만남의 낭만성보다는 인간 본연의 애정을 가로막는 중세적 권위를 넘어서 애정을 성취하는 데 의의가 있다[189]고 볼 수도 있는 것이다. 그러나 「상사동기」는 애초부터 신분 갈등에 큰 관심이 있었던 작품은 아니었던 듯하다. 「상사동기」가 제기한 신분의 문제는 「운영전」의 입장에서 보아야 할 것이 아니라, 오히려 「춘향전」이 보여준 그것과 같은 관점에서 읽어낼 필요가 있다.

박희병은 전기적 인간의 미적 특질로 고독감・내면성・소극성・문예취향 등을 들었다.[190] 그런데 이 같은 특질은 기본적으로 비극적 정조를 깔고 있는 애정전기소설들을 대상으로 한 결과인바, 특히 '고독감・내면성・소극성'이라는 측면에서 볼 때 「상사동기」는 전기소설의 '본질'에서 벗어난 작품처럼 읽힐 소지가 있다. 하지만 「상사동기」 이전에 나왔던 비극적 애정전기소설인 「최치원」・「만복사저포기」・「이생규장전」에 나타난 '애정'은 남녀 간의 사랑 그 자체에 관심을 둔 것이 아니었다는 점에 주목할 필요가 있다. 「최치원」과 「만복사저포기」가 보여주는 인귀교환은 작자나 주인공의 '현실에서의 결핍'을 우의하는 장치였고, 「이생규장전」의 애정은 최씨의 '절의'를 부각시키는 데 그 목적이 있다. 「최치원」・「만복사저포기」・「이생규장전」・「위생전」・「운영전」 등이 보여준 애정의 양상, 곧 사랑하는 사람이나 지기를 위해서 삶을 바쳐야 한다는 생각은 대단히 비현실적일 뿐만 아니라 교조적이기까지 하다. 차라리 「상사동기」가 보여주는 '정수사변(情隨事變)'의 논리[191]가 오히려 우리의 삶에서 볼 수 있는 사랑의 본질에 가깝다고 생각한다.

---

189) 박일용, 앞의 논문, 174~175쪽.

190) 박희병, 앞의 논문.

191) 정환국, 「17세기 애정류 한문소설 연구」(성균관대학교 박사논문, 2000), 145~151쪽; 신동흔, 앞의 논문, 231~232쪽 참조. '情隨事變'은 王羲之, 「蘭亭集序」의 "情隨事遷"이란 구절에서 가져온 말이다.

그렇다고 하여 「상사동기」가 보여준 사랑이 비극적 애정전기소설의 그것에 비해 진지하지 않다고 볼 수는 없다. 「상사동기」의 결말은 다음과 같다.

> (회산군 부인은) 영영에게 김생의 집에 가라고 명했다. 두 사람이 만나게 되니, 그 기쁨은 손으로 움켜쥘 것만 같았다. 김생은 앓던 기운이 갑자기 원래대로 되살아나 며칠 만에 자리에서 일어났다. 김생은 이로부터 공명을 영원히 버리고 끝내 처를 맞아들이지 않은 채 영영과 함께 살다가 삶을 마쳤다고 한다.[192]

이와 같은 후일담은 「상사동기」가 전기소설의 자장 안에서 창작된 것임을 보여주는 증거라 할 수 있다. 공명을 영원히 버리고 처를 맞이하지 않은 채 영영과 함께 삶을 마친 김생을 두고 당대의 윤리가 김생에게 '지배 체제 내에서의 영달'과 '연인과의 사랑' 사이의 양자택일을 강요한 것[193]으로 볼 수도 있다. 하지만 이 같은 후일담은 영영에 대한 김생의 사랑이 얼마나 절실한 것이었는가를 보여주는 서술로 받아들일 필요가 있다.[194]

「상사동기」 이전의 애정전기소설인 「만복사저포기」·「이생규장전」·「하생기우전」에서 남주인공은 대개 한미한 집안의 서생이었고 여주인공은 부귀한 집안의 외동딸이었다. 「이생규장전」에서 이생과 최씨의 결연은 기본적으로 둘 사이의 사랑에서 비롯된 것이지만, 작품의 전반부는 한미한 집안 출신의 수재가 명문거족의 딸을 아내로 맞아들임으로써 출세가도를 달리게

---

192) 卽命英英 歸金生家 二人相見 其喜可掬 生憊氣頓蘇 數日乃起 自此永謝功名 竟不娶妻 與英英相終云云(「相思洞記」, 506쪽)

193) 박일용, 앞의 논문, 177쪽.

194) 「상사동기」는 행복한 결말로 마무리되지만, 「하생기우전」과는 달리 남주인공 김생이 벼슬도 하지 않고 妻도 맞아들이지 않는다. 또 김생과 영영의 자손에 대한 이야기도 없다. 이는 애정전기소설의 서사 문법과 관계가 있는데, 이에 대해서는 엄태식, 「애정전기소설의 서사 문법과 결말 구조」(『동양학』 53, 단국대학교 동양학연구원, 2013)에서 논하였다.

된다는 내용으로 읽을 수도 있다. 「하생기우전」에서는 하생과 여인의 애정 문제는 아예 부차적인 것으로 되어 있고, 서사의 초점은 하생의 입신양명과 성취에 놓여 있다. 이처럼 이전 시기 애정전기소설에서는 혼인이 남주인공의 입신양명 및 부귀의 성취와 불가분의 관계에 놓여 있었던 것인데, 이런 현상은 이들 작품에서의 애정이 남녀의 애정 관계 그 자체에 주목한 것이라기보다는 작자의 우의를 전달하기 위한 장치로서의 성향이 강했기 때문이라고 할 수 있다.

이렇게 본다면 「상사동기」의 후일담은 이전 시기 애정전기소설에 대한 심중한 문제제기라 하지 않을 수 없다. 여인과의 혼인이 곧 출세로 연결되었던 이생·하생의 경우와 달리, 「상사동기」의 김생은 재산의 많고 적음을 논하지 않고 딸을 시집보내겠다는 공경대가의 구혼을 거절하고, 평생 첩에 머무를 수밖에 없는 영영과 함께 살다가 생을 마친다. 영영을 향한 김생의 사랑은 당대 현실에서 상상할 수 있는 최대치의 애정이라 평가할 수 있으며, 오히려 이전 시기 애정전기소설이 보여준 사랑보다도 지고지순하다고 할 수 있다.

「상사동기」의 '우연성'을 기반으로 한 서사 전개는 이 작품을 부정적으로 바라보게 한 요인이었다. 김생은 영영과 헤어진 뒤 과거에 급제한다. 그는 3년 만에 '우연히' 회산군의 집 앞을 지나다가 영영과 재회하게 되는데, 이때 '마침' 회산군은 죽어 있었고 김생의 친구인 이정자는 '우연히도' 회산군 부인과 친척 간이었다. 게다가 회산군 부인은 회산군의 사후 불교의 인과응보설을 믿게 되어 순순히 영영을 보내주었으니, 작품의 결구가 안이하고 통속적이라는 평가가 지나치지 않은 것처럼 보이기도 한다. 하지만 '우연성'이란 '필연성' 못지않게 우리의 삶을 지배하는 중요한 현상이며, 기실 문학이 다루고 있는 내용 또한 '우연성'을 기반으로 한 것이 적지 않다. 우리가 높이 평가하고 있는 「이생규장전」에서 전란의 발발은 '느닷없는' 것이지 결코 필연적인 게 아니다. 또 「춘향전」이 해피엔딩을 이끌어내기 위해 가져온 비현실적이고 작위적인 설정들은 「상사동기」의 그것보다 심하면 심했지 결코 덜하지 않다고 생각한다. 때문에 유독 「상사동기」의 '우연성'만을 저속한 것으로 평가할 수는 없다.

뿐만 아니라 「상사동기」의 '우연성'은 전기소설의 본질에 가깝다고 볼 여지도 있다. 호응린(胡應麟)은 "당나라 사람들에 이르러서는 작의호기(作意好奇)하여 소설을 빌려 붓끝에 부쳤다."[195]라고 하였는데, 여기서의 '기(奇)'란 비일상적이며 주변적인 것이라 할 수 있다.[196] '필연성'이 '일상적·중심적'인 것과 가깝다면 '우연성'은 '비일상적·주변적'인 것과 가깝다고 볼 수 있다. 「상사동기」가 보여주는 이 '우연성'이야말로 오히려 전기소설의 '기'에 부합하는 것이다.

'기'란 독자들이 이야기에서 느끼는 기이함인데, 이는 소재의 새로움이나 구성의 신선함에서 비롯되는 느낌일 수도 있다. 사실 「상사동기」 이전에 존재했던 단편 애정전기소설들이 '소재'나 '구성' 및 '내용'의 측면에서 신선함이 있었다고 보기는 어렵다. 「최치원」은 「유선굴」을 변용한 것이고, 「만복사저포기」와 「이생규장전」은 『전등신화』 소재 애정전기소설의 장면들을 적절히 재배열한 것이며, 「하생기우전」 또한 「만복사저포기」·「이생규장전」과 매우 유사하다. 이전 시기 중국 전기소설이나 한국 전기소설의 '내용'을 거의 그대로 가져온 이 작품들이 독자들에게 새로운 이야기를 전달하기 위해 창작되었다고 보기는 어려우며, 독자들 또한 이 작품들에서 작자의 우의를 읽어냈을 가능성이 높다.

「상사동기」는 구성의 신선함을 통해 '기'를 추구한 작품이다. 17세기에 이르러 이전 시기의 단편 애정전기소설 형식으로는 더 이상 새롭고 신선한

195) 至唐人乃作意好奇 假小說以寄筆端(胡應麟, 『少室山房筆叢』, 上海書店出版社, 2009, 371쪽)

196) 최진아, 『환상·욕망·이데올로기, 당대 애정류 전기 연구』(문학과지성사, 2008), 64~70쪽 참조.

이야기를 만들어내기 어려운 상황에서, 우리 소설들이 「가운화환혼기」 같은 중편 문언소설 및 재자가인소설의 자양분을 흡수하는 것은 매우 자연스러운 일이었을 것이다. 게다가 이전까지는 남녀의 '애정' 그 자체에 주목한 경우가 거의 없었다는 것도 「상사동기」 같은 소설이 나올 수 있었던 원인이 되었을 터이다. 「상사동기」는 전기소설로 창작되었지만, 이전 시기 애정전기소설과 같은 형태로는 더 이상 '기'를 드러낼 수 없었기에 전기소설의 형태에서 벗어나는 면모를 보이게 되었다고 할 수 있다.

「상사동기」는 어떤 심중한 주제의식보다는 그 해학적 성격과 문체적 특질 등에서 보다 주목할 만한 가치가 있는 작품이다. 여기서는 선행 연구에서 언급한 적은 있으나[197] 그 의미를 제대로 읽어내지 못한 부분을 하나 살펴보기로 한다.

> 김생이 영영에게 말했다. "지난번에 부자묘에서 오다가 홍화문 앞길에서 서로 보았는데, 3월 초길일이 그때였소. 기억이 나지 않으시오?" 영영이 말했다. "말은 기억나는데 사람은 기억나지 않아요." "사람이 말만도 못합니까?" "말은 보았지만 사람은 못 보았어요." "당신이 어찌 한갓 말만 기억한 것이겠소? 안색이 초췌하고 모습이 마른 게 저번과 같지 않으니 어찌 아무 이유 없이 그리 된 것이겠소? 당신은 내가 아니니 어찌 내 마음을 알겠소?" 영영이 웃으며 대답했다. "당신은 제가 아닌데 어찌 제가 당신의 마음을 모른다는 것을 아신답니까?" 김생이 즉시 자리를 옮겨 가까이 붙어 앉아 이실직고하였다. "아, 그대 난향이여! 당신이 어찌 무정한 사람이겠소? 처음 만나 말을 나누지 못한 이래로 서로 그리워하면서도 보지 못한 게 지금까지 얼마나 되었소? 아, 그대 난향이여! 당신이라 하여 어찌 슬프지 않았겠소? 나의 낭자를 기다리고 있었는데, 낭자가 왔으니 다시 살아나게 되었소." 영영이 미소만 지으며 대답하지 않았다.[198]

---

197) 양승민, 「17세기 전기소설의 통속화 경향과 그 소설사적 의미」(고려대학교 박사논문, 2003), 143~144쪽.

김생은 영영에게 처음 만났을 때를 기억하느냐고 묻는다. 김생은 당시에 영영도 자신에게 눈길을 주었다는 확신을 가지고 이런 말을 한 것인데, 영영은 엉뚱하게도 김생이 탄 말만 기억난다고 대답한다. 당시 영영은 김생이 자신에게 정을 두었음을 알고는 부끄러워하며 쳐다보지 못했으나,[199] 김생과의 관계에서 우위를 차지하기 위해 이렇게 대답한 것이라 할 수 있다. 이어 김생은 사람이 말만도 못하냐고 따지는데, 영영은 말만 보았고 사람은 보지 못했다고 응수한다. 김생과 영영 간에 벌어진 말다툼은 『논어』「향당(鄕黨)」에서 "마구간에 불이 났는데 공자께서 조정에서 물러나와 '사람이 상했느냐?'라고 말씀하시고 말에 대해서는 묻지 않으셨다.[廐焚 子退朝曰 傷人乎 不問馬]"[200]라고 한 대목을 염두에 둔 것이다. 주희는 "말을 아끼지 않은 것은 아니나 사람이 상했을까 두려워하는 뜻이 많았으므로 물을 겨를이 없었던 것이다. 사람을 귀하게 여기고 짐승을 천하게 여기는 것이 도리가 마땅히 이와 같다."[201]라고 풀이하였으니, 김생은 자신이 불에 타 죽어도 상관없는 말보다도 못한 놈이냐고 물은 것이고, 영영은 이 같은 억지를 간파하고는 말은 보았으나 사람은 보지 못했을 따름이라고 대답한 것이다.

이어서 김생은 영영이 자신의 용모가 굴원(屈原)처럼 초췌해져서 알아보지 못한 것이라고 단정한 뒤[202] "당신은 내가 아니니 어찌 내 마음을 알겠

---

198) 生謂英曰 頃者 自夫子廟來 相見于弘化門前路 三月初吉 實惟其時 記憶否 英曰 記馬 不記人也 曰 人不如馬乎 曰 見馬 不見人也 曰 汝豈徒記馬乎 顏色之憔悴 形容之枯槁 不與曩時相似者 豈無所由然而然耶 汝非我 安知我之心也 英笑答曰 子非妾 安知妾之不知子之心哉 生卽移席狎坐 以實告曰 咨爾蘭香 汝豈無情人哉 自從初逢不相話以來 想思不相見 今幾日月 咨爾蘭香 汝寧不悲乎哉 徯我娘 娘來其蘇矣 英英微哂不答(「相思洞記」, 471～473쪽)

199) 女知生不能無情 含羞低眉 不敢仰見(「相思洞記」, 451쪽)

200) 『論語』, 260쪽.

201) 非不愛馬 然恐傷人之意多 故未暇問 蓋貴人賤畜 理當如此(『論語』, 260쪽)

202) 屈原의 「漁父辭」에서 "顏色憔悴 形容枯槁"라고 하였다.

소?[汝非我 安知我之心也]"라고 묻는다. 이 말을 들은 영영은 조금도 물러서지 않고 "당신은 제가 아닌데 어찌 제가 당신의 마음을 모른다는 것을 아신답니까?[子非妾 安知妾之不知子之心哉]"[203]라고 응수한다. 이 부분은 『장자(莊子)』 외편(外篇) 「추수(秋水)」에 나오는 장자(莊子)와 혜자(惠子)의 대화를 패러디했다. 장자가 물고기의 즐거움을 안다고 말하자, 혜자는 장자에게 "당신은 물고기가 아닌데, 어찌 물고기의 즐거움을 안단 말이오?[子非魚 安知魚之樂]"라고 물었고, 장자는 이를 되받아 "당신은 내가 아닌데, 어찌 내가 물고기의 즐거움을 모른다는 것을 안단 말이오?[子非我 安知我不知魚之樂]"라고 말하였다.[204] 장자와 혜자의 말다툼은 결국 장자의 승리로 끝났으니, 김생의 입장에서는 더 이상 할 말이 없어진 것이다. 말싸움에서 영영을 이길 수 없다고 판단한 김생은 마침내 자신의 속내를 그대로 드러낸다. 김생은 영영을 부르면서 "아, 그대 난향이여![咨爾蘭香]"라고 말하는데, 이는 『서경(書經)』에 보이는 말투로 『논어』 「요왈(堯曰)」의 첫머리에서 요(堯)가 순(舜)을 부르면서 "아, 너 순아![咨爾舜]"[205]라고 한 것을 패러디했다. 『서경』의 장중한 표현을 사용했으나, 오히려 해학적이다. "나의 낭자를 기다리고 있었는데, 낭자가 왔으니 다시 살아나게 되었소.[徯我娘 娘來其蘇矣]"라는 말은 『맹자(孟子)』 「양혜왕(梁惠王)」하(下)에서 『서경』을 인용한 대목을 가져온 것으로, 탕(湯)이 정벌하러 간 곳의 백성들이 "우리 임금님을 기다리고 있었는데, 임금님께서 왔으니 다시 살아나게 되었다.[徯我后 后來其蘇]"[206]라고 말한 것을 패러디했다.[207] 김생이 자신을 백성에 비하고 영영을 성군(聖君)에 비한 셈이니, 김생과 영영의 말다툼은 영영의 완승

203) '安知妾之不知子之心哉'가 단지 '安知妾之心乎' 정도로만 되어 있는 이본들도 적지 않은데, 이는 잘못이다.

204) 안동림 역주, 『장자』(현암사, 1998), 442~443쪽 참조.

205) 『論語』, 441쪽.

206) 『孟子』, 488쪽.

207) 『書經』 商書 「仲虺之誥」에는 "徯予后 后來其蘇"(『書經』, 147쪽)라고 되어 있다.

으로 마무리된 것이다.

그 밖에도 「상사동기」에는 해학적인 표현이 적지 않다. 「상사동기」의 작자가 작품을 창작하면서 신경을 쓴 곳은 이처럼 작품을 읽는 '재미'에 관한 부분이 아니었나 싶다.

「상사동기」의 작자는 신분 갈등 문제에는 큰 관심이 없었던 것 같다. 김생과 영영의 신분 차이는 사랑 이야기에 필연적으로 들어갈 수밖에 없는, 갈등을 유발하는 하나의 소재에 불과하다고 여겨진다.

> 김진사가 몰래 그곳을 엿보니 담장이 높고 험하여 몸에 날개가 없으면 닿을 수가 없었습니다.[208)]

> (김생이) 약속한 날에 가니 과연 담이 무너져 이가 빠진 것처럼 문이 나 있으므로, 그곳으로 들어갔다.[209)]

「운영전」에서 운영이 살고 있는 수성궁의 담은 중세적 규범을 상징하고 있으므로, 정상적인 방법으로는 넘을 수 없다. 그러나 「상사동기」에서 영영이 살고 있는 회산군 집의 담장은, 운영의 거하고 있는 수성궁의 담과는 달리, 사람의 힘으로 넘어 들어가지 못할 곳이 아니다. 그것은 회산군이 살고 있는 그곳에 실재하는 담장일 뿐이다.

이상 살펴본 바와 같이 「상사동기」는 남녀 간의 애정을 통해 어떤 메시지를 전달하려 한 작품이 아니라 남녀의 애정 그 자체를 그려낸 작품이다. 때문에 「상사동기」는 애정전기소설의 자장 안에서 창작된 작품이면서도 남녀의 애정 성취 과정에서 벌어지는 우여곡절에 중심이 놓여 있는 재자가인 소설에 접근하는 모습을 보일 수밖에 없게 되었다고 할 수 있다. 「상사동기」

208) 進士密窺其處 則墻垣高峻 自非身具羽翼 莫能至矣(「雲英傳」, 366쪽)
209) 及期而往 則果有壞垣 牙缺成門 由之而入(「相思洞記」, 480쪽)

의 이 같은 면모는 17세기 전기소설에서 두루 보이는 '통속화'210) 현상에 다름 아닌 것이다.

---

210) 양승민, 앞의 논문, 22~23쪽에서 "소설의 통속화란 다름 아닌 '독자와의 거리'를 좁히는 소설사적 현상을 가리키며, 통속성은 그것을 가능케 하는 제반 서사적 특질을 의미한다."라고 하였다. 이 글에서는 '通俗'과 '寓意'라는 용어를 사용하였는데, '우의'라는 말은 글자 그대로 '다른 일에 빗대어 어떤 뜻을 말한다'는 의미이며, 바꾸어 말하면 작자가 작품 속 이야기를 통해 우회적으로 드러내고자 하는 '주제의식'을 뜻한다. 우의적인 작품에서 작자는 대개 이야기를 통해 이야기 바깥에 있는 주제의식을 전하고자 하며, 독자는 이야기 속에서 작자가 말하고자 한 주제의식을 읽어내려 한다. 그러나 통속적인 작품에서 작자는 이야기 바깥에 있는 주제를 전하려 하지 않으며, 독자 또한 이야기만을 즐길 뿐 이야기의 범위를 벗어난 주제의식을 찾아내려 하지 않는다. 하지만 엄밀한 의미에서 완전한 우의나 완전한 통속인 작품은 존재하지 않으며, 모든 문학 작품은 우의와 통속의 스펙트럼 속에서 어느 쪽으로의 경향성만을 보일 뿐이다. 이 글에서 사용하고 있는 '우의'와 '통속'이라는 말은 바로 이 '경향성'을 뜻하는 것이며, 특정 작품을 '우의소설'이나 '통속소설'로 규정하려는 의도에서 사용하는 것은 아니다. 만약 어떤 소설이 우의적 성향이 매우 강할 때 그것을 '우의소설'이라 일컬을 수 있다면 우의소설 또한 일정하게 '통속성'을 가지고 있을 수 있으며, 역으로 '통속소설' 또한 '우의성'을 가지고 있을 수 있다.

4. 애정전기소설의 창작 배경과 양식적 특징

(1) 창작의 배경

앞 장의 논의에서는 애정전기소설 개별 작품들을 재해석하였는데, 그 같은 해석의 근거는 작품에 사용된 전고(典故)와 창작에 영향을 미친 작품이었다. 다시 말해 전고의 해석과 영향 관계의 분석을 통해 기존의 작품 해석에 대한 근거를 제시하거나 선행 연구에서 간과했던 부분들을 새롭게 밝힐 수 있었던 것이다. 이처럼 작품의 창작 배경에 대한 논의는 애정전기소설 작품론을 보다 정밀하게 할 수 있는 기반이 되었다고 할 수 있는데, 여기서는 애정전기소설의 창작 배경을 '전고의 활용'과 '전대 서사문학 작품의 변용'으로 나누어 살펴봄으로써 앞 장에서의 논의를 종합·정리하고자 한다.

전고의 활용

전기소설은 다른 양식의 고전소설 작품들에 비해 전고가 많이 사용된다고 볼 수 있다. 주지하듯이 '전기'는 중국 당나라 때 발흥한 양식이다. 당대에는 변려문(騈儷文)과 고문(古文)이 성행하였는데, 이 때문에 당 전기에는 변려문이 많이 사용되었고, 변려문의 특징 가운데 하나인 '전고' 또한 전기소설에 적지 않게 사용되었던 것이다.[1] 당 전기를 계승한 『전등신화』[2] 및

1) 騈儷文의 특징과 사적 전개에 관해서는 陳必祥(심경호 역), 『한문문체론』(이회, 1995), 366~387쪽 참조. 唐宋 시기의 古文 운동에 대해서는 錢冬父(이주해 역), 『당송고문운동』(학고방, 2009) 참조.

『전등신화』를 모방한 『전등여화』에도 전고가 많이 사용되었던바, 조선에서 간행된 『전등신화구해(剪燈新話句解)』는 전기소설에 사용된 전고의 실상을 여실히 보여준다. 앞서 살펴보았듯이 한국 애정전기소설은 중국 전기소설의 영향을 받아 창작된 경우가 무척 많다. 때문에 전고의 활용 양상과 그 의미를 살펴보는 일은 한국 애정전기소설을 이해하는 데 있어서도 중요하다고 할 수 있다.

「최치원」은 전고의 활용 자체가 주제적 의미를 형성하는 서사 전략으로 활용되었다는 점에서 주목할 수 있는 작품이다. 「최치원」에 사용된 전고들은 애정 관련 고사가 주를 이루는데, 이 가운데 주목할 만한 것들은 초회왕·무산신녀 고사, 소사·농옥 고사, 정육·임씨 고사, 식규 고사, 노충 고사, 유신·완조 고사, 순과 아황·여영 고사, 손책·주유와 대교·소교 고사, 황공 고사, 선화부인 고사, 사도온 고사, 반소 고사 등이다. 이 전고들은 모두 최치원과 팔랑·구랑의 대화 및 시 속에 언급된 것들로, 남녀 주인공들이 가진 지적 능력과 소양을 잘 드러내 준다. 이는 「최치원」의 남주인공인 최치원이 신라 말의 대학자였다는 점, 여주인공인 팔랑·구랑이 최치원의 짝이 될 만한 문재(文才)를 가지고 있었다는 점과 연관되며, 「최치원」의 창작 연원이 된 「유선굴」에서 장작과 십랑·오수의 대화와 시 속에 수많은 전고가 나온다는 사실과도 관련이 있는 것이다.

「유선굴」에 사용된 전고들은 장작과 십랑·오수의 문재를 드러내며, 이는 결국 작자인 장작의 문학적 재능을 보여주는 데 그 목적이 있다고 할 수 있다. 「최치원」뿐만 아니라 여타 애정전기소설도 기본적으로는 이런 성

2) 魯迅(조관희 역주), 『중국소설사략』(살림, 1998), 487~488쪽에서 "명나라 초기에 錢塘 사람 瞿佑는 자가 宗吉로서, 시인으로 이름이 나 있었는데, 『剪燈新話』라는 소설도 지었다. 文題나 意境에 있어 당나라 사람들을 모방했으나, 문필이 번잡하고 유약해서 그들 작품과 부합하지 않았다. 그러나 규방의 연애 심리를 잘 묘사했고, 우아한 말들을 골라 썼기 때문에 특히 당시 사람들에 의해 사랑받았으며, 모방작이 무수히 생겨났는데, 이 책이 금서가 되어서야 비로소 이러한 풍조가 쇠퇴하기 시작했다."라고 하였다.

격을 가지고 있지만, 「최치원」에 사용된 전고들은 등장인물이나 작자의 문재를 과시하는 데서 그치지 않고 거기에 함축된 의미들이 서사 진행의 추동력 및 주제 전달의 방편이 되고 있다는 점에서 특징적이다. 작품 속에서 최치원은 초회왕・무산신녀 고사, 식규 고사, 유신・완조 고사, 황공 고사, 선화부인 고사 등을 통해 팔랑・구랑과 성애를 나누고자 하는 바람을 드러내는 동시에 그녀들을 실절한 여인으로 보는 희롱적 태도를 표출한다. 이에 팔랑과 구랑은 식규 고사와 선화부인 고사에 담긴 희롱적 태도를 감지하고 곧바로 모욕을 당했다고 응수하는 한편, 순과 아황・여영 고사, 손책・주유와 대교・소교 고사를 통해 자신들이 지기와의 혼인을 갈망하고 있다는 뜻을 전한다. 또한 최치원은 여인과의 하룻밤을 보낸 후 장가를 읊으면서 팔랑・구랑을 사도온과 반소에 비유함으로써 두 여인에 대한 '성적 대상'에서 '지기'로의 인식 변화를 드러내며, 장가의 마지막 부분에서는 대장부라면 마땅히 여인의 미모만을 탐해서는 안 되며 여인들의 한(恨)을 제거하여야 한다는 성찰의 모습을 보여주고 있는 것이다.

『금오신화』의 「만복사저포기」와 「이생규장전」은 『전등신화』 소재 애정전기소설들의 영향을 크게 받은 작품이다. 때문에 「만복사저포기」・「이생규장전」에 사용된 전고들도 『전등신화』에 구사된 전고들과 기본적으로는 큰 차이를 보이지 않는다. 전고는 시나 제문 같은 삽입 문예 양식 속에서 많이 보이는데, 앞서 살펴보았듯이 애정전기소설에서는 남주인공과 야합한 여주인공이 부모에게 잘못을 토로하는 부분에서 전고가 다양하게 구사된다는 특징이 있다. 앞서 「이생규장전」을 분석하면서 최씨의 발화가 담고 있는 의미를 간략히 언급하였는데, 여기서는 이 부분을 좀 더 자세히 분석하여 애정전기소설의 전고 활용 양상을 살펴보기로 한다.

> 일이 이 지경에 이르자, 여인은 다시 감출 수 없어 목구멍에서 나오는 가느다란 목소리고 부모님께 아뢰었다. "아버지, 어머니! 길러주신 은혜가 깊으니, 숨

길 수 없습니다. 삼가 생각건대 남녀가 서로 정을 느낌은, 인정(人情)의 지극히 중한 일입니다. 그래서 매실이 떨어지니 길할 때를 잃지 말라는 것은, 주남(周南: '召南'의 잘못)에서 읊었고, 장딴지에서 느끼면 흉하다는 것은, 『주역』에서 경계했습니다. 저는 냇버들 같은 약질로, 뽕잎이 떨어짐을 읊은 시를 생각지 않았고, 길섶의 이슬에 옷을 적셔, 옆 사람의 비웃음을 받았으며, 사라(絲蘿)가 나무에 의탁하듯이, 이미 창아(娼兒)의 행동을 하였으니, 죄가 이미 가득 차고, 집안에 누를 끼쳤습니다. 그러나 저 교활한 아이는, 한 번 가씨(賈氏)네 향을 훔치자, 교지지(喬知之)의 원망이 천 번이나 생겨났습니다. 보잘것없는 약한 몸은, 근심스레 홀로 견딤을 참아내다 보니, 정념은 날로 깊어지고, 고질병은 날로 위독해져, 죽을 지경에 이르러, 장차 궁귀(窮鬼)로 화(化)할 것 같았습니다. 부모님께서 만일 제 소원을 들어주신다면, 끝내 남은 목숨을 보존할 것이지만, 만일 간곡한 정을 거절하신다면, 죽은 뒤에나 그만둠이 있을 것이니, 마땅히 이생과 더불어, 황천(黃泉)에서 다시 노닐지언정, 맹세코 다른 집에는 시집가지 않겠습니다.[至是 女不能復隱 細語在咽中 告父母曰 父親母親 鞠育恩深 不能相匿 竊念男女相感 人情至重 是以摽梅迨吉 咏於周南 咸腓之凶 戒於羲易 自將蒲柳之質 不念桑落之詩 行露沾衣 竊被傍人之嗤 絲蘿托木 已作娼兒之行 罪已貫盈 累及門戶 然而彼狡童兮 一偸賈香 千生喬怨 以眇眇之弱軀 忍悄悄之獨處 情念日深 沈痾日篤 濱於死地 將化窮鬼 父母如從我願 終保餘生 倘違情款 斃而有已 當與李生 重遊黃壤之下 誓不登他門也][3]

최씨가 부모에게 원정을 토론하는 부분은 전고를 다양하게 구사하면서 사언(四言) 혹은 사륙문의 형식을 취하고 있으므로, 이를 하나의 삽입 문예 양식으로 볼 수도 있는데, 이런 장면은 『전등신화』 소재 작품들 및 「만복사저포기」·「하생기우전」·「위생전」 등에서도 찾아볼 수 있다.

최씨는 먼저 남녀가 정을 느끼는 것은 인정의 지극히 중한 일이라고 말한다. 그리고 혼기를 지나는 여인이 남자에게 매실이 떨어지기 전에 어서

3) 「李生窺墻傳」, 40~41쪽.

데려가라는 내용을 읊은 『시경』 소남(召南)[4]의 「표유매(摽有梅)」를 끌어들여 자신의 처지가 「표유매」의 화자와 동일한 상황임을 말하고 있다. 최씨는 이어 『주역』 함괘(咸卦)의 "육이는 감동함이 그 장딴지이면 흉하니, 그대로 있으면 길하리라.[六二 咸其腓凶 居吉]"[5]라는 구절을 인용한다. 『주역』 「서괘전(序卦傳)」에서는 "천지가 있은 연후에 만물이 있고, 만물이 있은 연후에 남녀가 있고, 남녀가 있은 연후에 부부가 있고, 부부가 있은 연후에 부자가 있고, 부자가 있은 연후에 군신이 있고, 군신이 있은 연후에 상하가 있고, 상하가 있은 연후에 예의를 둘 곳이 있다."[6]라고 하였는데, 함괘는 남녀가 교합하여 부부를 이룬다는 내용을 담고 있다. 그녀는 『주역』의 함괘를 전고로 끌어들여 남녀가 결연하여 부부를 이룸이 천지만물의 자연스러운 이치일 뿐만 아니라 결국에는 예의와도 관계된 일임을 말하고 있는 것이다.

최씨는 이처럼 『시경』과 『주역』을 인용하여 자신의 행동이 인정에서 비롯된 자연스러운 일이라는 점을 이야기한 후 『시경』 위풍(衛風)의 「맹(氓)」과 소남의 「행로」를 인용한다. '상락(桑落)'은 「맹」의 "뽕잎이 떨어지니, 누렇게 되어 지는구나.[桑之落矣 其黃而隕]"[7]에서 나온 말로 여인의 용모가 초췌함을 비유한 것이고, '행로첨의(行露沾衣)'는 「행로」가 전고로서 여성이 정절을 지키지 못했음을 뜻한다. 이어 그녀는 사라(絲蘿)가 나무에 의탁하듯이 이미 창아(娼兒)[8]의 행동을 하였다고 말하는데, '사라'는 '토사(兎

---

4) 원문에는 '周南'으로 되어 있으나 잘못이다.

5) 성백효 역주, 『현토완역 주역전의』 하(전통문화연구회, 1998), 13쪽; 『易經』, 316쪽.

6) 有天地然後有萬物 有萬物然後有男女 有男女然後有夫婦 有夫婦然後有父子 有父子然後有君臣 有君臣然後有上下 有上下然後禮義有所錯(성백효 역주, 위의 책, 7쪽; 『易經』, 313쪽)

7) 『詩經』, 82쪽.

8) 심경호 역, 『매월당 김시습 금오신화』(홍익출판사, 2000), 128쪽에서는 '娼兒'가 일본 목판본에는 '渭兒'로 되어 있다고 하면서 '渭兒'는 『剪燈新話』 「渭塘奇遇記」에 나오는 渭塘의 처녀를 가리킨다고 하였다. 그런데 일본간본인 承應本에는 '娼兒'로, 明治本에는 '娟兒'로 되어 있으며, 癡庵文庫本에는 '娟兒'로, 신독재수택본에는 '倡兒'로

絲)'와 '여라(女蘿)'로서 「고시십구수(古詩十九首)」의 "그대의 새색시 되니, 토사가 여라 풀에 의지한 듯. 토사는 자라는 철이 있고, 부부는 만나는 범절이 있네.[與君爲新婚 兎絲附女蘿 兎絲生有時 夫婦會有宜]"[9]라는 구절에서 나온 말이다. 최씨는 「맹」·「행로」·'사라' 같은 전고를 사용하여 자신의 잘못을 인정하는 한편 이생과의 만남이 부부로서의 인연을 염두에 둔 것임을 말하고 있는 것이다.

'교동(狡童)'은 『시경』 정풍(鄭風) 「교동(狡童)」의 "저 교활한 아이가, 나와 말도 하지 않네.[彼狡童兮 不與我言兮]"[10]가 전고이다. 주희(朱熹)는 이에 대해 음녀가 거절을 당하고 그 사람을 희롱한 말[11]이라고 하였는데, 여기서는 남자를 '교활한 아이[狡童]'라고 일컬은 뜻만을 취한 듯하다. '일투가향(一偸賈香)'은 가충(賈充)의 딸 가오(賈午)가 향(香)을 훔쳐서 한수(韓壽)에게 주었다는 '투향(偸香)' 고사이다. '교원(喬怨)'은, 당나라 사람 교지지(喬知之)가 무승사(武承嗣)에게 첩 벽옥(碧玉)을 빼앗긴 뒤 「녹주원(綠珠怨)」이라는 시를 지어 벽옥으로 하여금 우물에 투신자살하게 만든 일을 말한다.[12]

되어 있는바, '娟兒'는 '娼兒'의 오기일 가능성이 높은 것 같다. 이본은 최용철 편, 『금오신화의 판본』(국학자료원, 2003)의 영인 자료 참조.

9) 이계주, 『고시십구수 연구』(서문당, 1977), 77~82쪽 참조.

10) 『詩經』, 105쪽.

11) 此亦淫女見絶 而戲其人之詞(『詩經』, 105쪽)

12) 박희병 選注, 『한국한문소설』(한샘, 1995), 94쪽; 심경호 역, 앞의 책, 128쪽; 박희병 표점·교석, 『한국한문소설 교합구해』(소명출판, 2005), 125쪽에서는 『전등신화』 「牡丹燈記」에서 符麗卿이 喬生에게 원망을 품고 교생을 관 속으로 끌고 들어간 일로 풀이하였으나, 그렇게 볼 수 없다. 「취취전」을 보면, 취취가 김정에게 보낸 시 가운데 "녹주와 벽옥의 마음속 일이, 오늘날 나에게 이를 줄을 누가 알았으랴?[綠珠碧玉心中事 今日誰知也到儂]"(「翠翠傳」, 下42쪽)라는 구절이 있고, 『전등신화구해』의 註에서는 "唐喬知之妾曰碧玉 美而善歌舞 武承嗣借敎歌舞 不還 知之作綠珠怨詩云 辭君去君終不忍 徒勞掩袂傷鉛粉 百年離恨在高樓 一代容華爲君盡 碧玉得詩 繫於裙帶 投井而死 承嗣知之 遂殺喬知之"(「翠翠傳」, 下42쪽)라고 하였다. '喬怨'이 「모란등기」의 내용을 가리킨다는 설은 논리적으로도 옳지 않다. 「이생규장전」에서는 辛丑年[1361년]

최씨는 전고들을 인용하여 부모에게 자신이 병이 든 연유를 설명한 뒤, “만일 간곡한 정을 거절하신다면, 죽은 뒤에나 그만둠이 있을 것이니, 마땅히 이생과, 황천에서 다시 노닐지언정, 맹세코 다른 집에는 시집가지 않겠습니다.”라고 말한다. 여기서 “죽은 뒤에나 그만둠이 있을 것[斃而有已]”이라는 표현은, 『논어』 「태백(泰伯)」에서 “인으로 자기의 소임을 삼으니 또한 무겁지 않은가? 죽은 뒤에나 그만둘 것이니 또한 멀지 않은가?[仁以爲已任 不亦重乎 死而後已 不亦遠乎]”[13]라고 한 것, 그리고 제갈량(諸葛亮)이 「후출사표(後出師表)」에서 “신은 몸을 굽히고 수고로움을 다해 죽은 뒤에나 그만둘 것입니다.[臣鞠躬盡瘁 死而後已]”라고 말한 것과 같은 비장한 어조의 발언이다.[14] 그녀는 이와 같은 말투로써 자신의 결심이 죽음으로도 굽힐 수 없는 것이라는 점을 드러냈다고 볼 수 있다.

이상으로 최씨의 발화 속에 사용된 전고를 살펴보았다. 여기서 주목할 것은, 최씨가 유교의 경전인 『시경』과 『주역』 등을 인용하면서 자신이 저지른 행동이 반드시 예에 어긋나는 행동으로 볼 수만은 없으며 경전에서 말한 바와 같이 인정에서 나온 자연스러운 일이었다는 점을 은연중에 드러내고 있다는 사실이다.[15] 애정전기소설은 그 양식적 특성상 필연적으로 혼전 남녀

紅巾賊의 난으로 인해 최씨가 죽는 것으로 되어 있으니, 최씨의 말은 아무리 늦어도 1360년 이전에 한 것이다. 왜냐하면 「이생규장전」에서는 이생과 최씨가 혼인한 이듬해에 이생이 과거에 급제하고, 그 후에 홍건적의 침입이 일어난 것으로 되어 있기 때문이다. 그런데 「모란등기」의 서두에서는 “至正庚子之歲 有喬生者”(「牡丹燈記」, 上115쪽)이라고 하였던바, 여기서의 至正 庚子年은 1360년이다. 따라서 최씨가 교생·부여경의 고사를 언급한다는 것은 있을 수 없는 일이다.

13) 『論語』, 217쪽.

14) 「이생규장전」의 이 부분은 「취취전」에서 취취가 부모에게 “반드시 서쪽 집의 김정이어야 합니다. 저는 이미 그에게 마음을 허락하였습니다. 만약 따를 수 없다면 죽음이 있을 따름입니다. 맹세컨대 다른 집에는 시집가지 않겠습니다.[必西家金定 妾已許之矣 若不相從 有死而已 誓不登他門也]”(「翠翠傳」, 下33쪽)라고 말한 대목에 나오는 ‘有死而已’라는 표현을 변용한 것이다.

15) 신재홍, 「금오신화와 기재기이의 전기적 성격」(『한국몽유소설연구』, 계명문화사, 1994), 264~265쪽에서는 이 부분을 전기소설에 내포된 원시유학적 사유 체제와 관련지어 설

의 만남 및 결연을 다룰 수밖에 없는바, 이에 애정전기소설의 작자들은 애정과 규범의 충돌 지점에서 전고의 활용을 통해 남녀 주인공, 특히 여주인공의 행동이 내포하고 있는 '비윤리성'을 최대한 줄여보고자 했던 것이다.

「만복사저포기」에도 다양한 전고가 활용되고 있다. 앞서 보았듯이 여인이 순(舜)의 '불고이취(不告而娶)' 고사를 끌어들여 말하는 장면, 양생과 여인이 길을 가면서 『시경』을 인용하여 농담을 하는 장면 등에 사용된 전고들은, 작품의 주제적 의미와도 밀접한 관계가 있는 것들이다.

「하생기우전」에도 「만복사저포기」·「이생규장전」과 마찬가지로 다양한 전고가 사용되었다. 특히 여인이 부모에게 한 발언은 『시경』 시의 형식을 취하였을 뿐 아니라 거기에 사용된 전고도 대부분 『시경』에서 나온 것들이다.[16] 여인의 말 속에는 "중자가 단향목 꺾지 않았는데, 여자가 어찌 이슬에 젖겠습니까?[仲非折檀 女豈濡露]"[17]라는 구절이 있는데, 앞서 살펴보았듯이 여인은 이로써 자신의 행동이 규범에 어긋나는 일이 아니었다는 점을 말하고 있는 것이다. 이는 작자 신광한이 「하생기우전」이라는 애정전기소설을 창작하면서 예교의 문제에 얼마나 신경을 썼는지를 보여주는 단적인 예라고 할 수 있다.

「하생기우전」은 전고가 서사의 추동력으로 작용할 뿐 아니라 주제의식과 관련이 있다는 점에서도 주목할 만한 작품이다. 「하생기우전」은 결국 '명이지가인(明夷之佳人)'이라는 점괘를 서사화한 작품인바, 이는 원형리 은거시기 신광한의 현실 인식과도 긴밀한 관련이 있다고 볼 수 있다. 또한 하생이 여인에게 한 말 가운데 나오는 "부귀는 하늘에 달려 있는 것이요 길흉은 사람으로 말미암는다는 것을 몰랐다.[不識富貴在天 吉凶由人]"[18]라는 구

명하였다.

16) 「하생기우전」에 사용된 전고는 엄기영, 「기재기이의 창작 방법 연구」(『16세기 한문소설 연구』, 월인, 2009), 85~90쪽 참조.

17) 「何生奇遇傳」, 94쪽.

절, 작품 말미의 "(하생은) 두 아들을 낳아 장자를 적선이라 하고 차자를 여경이라 하였는데, 모두 세상에 이름이 드러났다.[生二男 長曰積善 次曰餘慶 皆顯于世]"[19]라는 서술 등은 모두 작품의 주제적 의미와 직접적인 관련이 있는 것들이다.

이상으로 나말여초~16세기 애정전기소설에 구사된 주요 전고들을 살펴보았다. 그 결과 이 시기 애정전기소설에서는 전고가 서사 진행의 추동력이 되기도 하고, 작품의 주제적 의미를 전달하는 수단이 되기도 하는 등, 소설 창작의 주된 문학적 배경이 되는 동시에 작품 이해에 있어서도 필수적인 요소라는 점을 확인할 수 있었다.

17세기 애정전기소설인 「주생전」에도 다양한 전고들이 사용되었지만, 「최치원」이나 「하생기우전」처럼 전고의 활용 자체가 서사의 추동력으로 작용하는 예는 찾아보기 어렵다. 「주생전」의 남녀 주인공인 주생과 선화는 부모 몰래 결연하는데, 이때 선화가 한 말에 전고를 인용한 부분이 있다. 선화가 『시경』 정풍(鄭風) 「장중자(將仲子)」와 소남 「행로」를 인용하며 주생에게 자신이 행한 일이 예교에 어긋난 일임을 토로하자, 주생은 반드시 예를 갖추어 선화를 맞이하겠다고 말하는데, 이에 선화는 부인의 덕을 노래한 『시경』 주남 「도요(桃夭)」와 소남 「채번(采蘩)」을 인용하여 현숙한 부인이 되겠다고 대답한다.[20] 그러나 이런 전고들은 애정전기소설에 흔히 등장하는 일반적인 것들로서, 작품의 주제적 의미를 형성하거나 서사 진행과 긴밀한 관련이 있다고 보기는 어렵다.

---

18) 「何生奇遇傳」, 83쪽.

19) 「何生奇遇傳」, 97쪽.

20) 仙花悄然曰 女子一身 與愁俱生 未相見 願相見 旣相見 恐相離 女子之身 安往而無愁哉 況郎君犯折檀之譏 妾受行露之辱 一朝不幸 情跡敗露 則不容於親戚 見賤於鄕黨 雖欲與郎君執手偕老 那可得乎 今日之事 比如雲間月葉中花 縱得一時之好 其奈不久何 言訖淚下 珠恨玉怨 殆不自堪 生抆淚慰之曰 丈夫豈不能取一女子乎 我當終修媒妁之信 以禮迎子 子休煩惱 仙花收淚謝曰 必如郎言 桃夭灼灼 縱乏宜家之德 采蘩祁祁 庶殫奉祭之誠(「周生傳」, 265~266쪽)

「주생전」의 전고 활용에서 주목할 만한 것은 「주생전」의 창작 연원이 된 작품들이 본문에 직접적으로 거론되고 있다는 점이다.

> 배도는 눈물을 거두고 얼굴빛을 고치며 말했다. "『시경』에 이르지 않았습니까? '여자는 잘못을 하지 않았는데, 남자는 행동을 달리한다.'라고요. 낭군께서는 이익과 곽소옥의 일을 보지 못하셨습니까? 낭군께서 만약 저를 멀리 물리치지 않으실 것이라면, 맹세의 말을 써 주시기 바랍니다."[桃收淚改容曰 詩不云乎 女也不爽 士貳其行 郎君不見李益霍小玉之事乎 郎君若不我遐棄 願立盟辭][21]

> 이날 밤 「고당부」를 읊으니, 두 사람[주생・배도]의 기쁨은 김생이 취취를 향한 것이나 위랑이 빙빙을 향한 것이라도 이보다 나을 수가 없었다.[是夜 賦高唐 二人相得之好 雖金生之於翠翠 魏郎之於娉娉 未足愈也][22]

> 주생은 낭패를 당해 도망갈 곳이 없게 되어 대숲 아래로 들어가서 엎드렸다. 그러자 신을 끌고 오던 이가 낮은 목소리로 이렇게 말했다. "주랑은 두려워 마세요. 앵앵이 여기 있답니다."[生狼狽無所逃避 投伏叢篁之下 曳履者低聲語曰 周郎無恐 鶯鶯在此][23]

인용문에서 거론된 작품은 「곽소옥전」・「취취전」・「가운화환혼기」・「앵앵전」인데, 이 소설들은 모두 선행 연구에서 「주생전」에 영향을 미친 작품으로 지목했던 것들이다. 17세기 이전의 한국 애정전기소설들도 중국이나 한국의 전대 서사문학 작품의 영향을 받아 창작되었지만, 「주생전」처럼 창작의 연원이 된 작품과 관련된 내용이 본문에 직접적으로 거론된 경우는 찾

21) 「周生傳」, 256쪽.
22) 「周生傳」, 257쪽.
23) 「周生傳」, 265쪽.

아보기 어렵다. 그런데 「주생전」의 작자는 「주생전」 창작의 연원이 된 작품들을 문면에 직접적으로 드러내고 있는바, 이 같은 현상이 담고 있는 의미에 대해 생각해 볼 필요가 있다.

「주생전」은 「곽소옥전」·「취취전」·「가운화환혼기」·「앵앵전」 등의 영향을 받았지만, 작자는 이들을 두루 활용하여 선행 작품과는 분명히 변별되는 새로운 작품을 창작했다고 할 수 있으며, 「주생전」이 이 작품들 가운데 어느 한 작품과 유사하다는 느낌이 들지는 않는다. 「주생전」의 작자가 창작 연원을 내세운 것은 다분히 의도적인 면도 있는 듯하다. 문면에 「곽소옥전」·「취취전」·「가운화환혼기」·「앵앵전」 같은 작품이 거론된 이상, 독자들은 이 작품들을 염두에 두고 「주생전」을 읽게 되는데, 작자는 이로써 「주생전」이 이와 같은 애정전기소설 명편(名篇)들과 비견(比肩)할 수 있는 작품이라는 점을 은연중에 과시하고 있는 셈이다. 뿐만 아니라 이런 전고들은 독자들로 하여금 「주생전」을 선행 작품과의 관련 속에서 독해하도록 유도하기도 한다. 앞서 살펴보았듯이 「주생전」에서 배도와 주생의 결연 장면은 「곽소옥전」의 서사를 차용한 것이다. 「곽소옥전」에서 곽소옥은 이익의 배신으로 인해 죽게 되는데, 곽소옥의 죽음이 이익의 잘못 때문이라는 점은 「곽소옥전」의 문면에 분명하게 드러난다. 이에 반해 「주생전」에서는 배도의 죽음이 주생과는 아무런 관련이 없는 것처럼 서술되어 있다. 「주생전」의 문면에 이익과 곽소옥이 언급되어 있지 않다면 모르되, 인용문과 같이 「곽소옥전」이 전고로 언급되어 있는 이상, 독자들은 「곽소옥전」과 「주생전」을 대비하여 읽을 가능성이 높다. 이에 독자들은 배도의 죽음이 주생의 배신에서 비롯된 결과인지에 대한 의문을 갖게 되는바, 이로써 「주생전」은 배도의 죽음에 대한 다양한 해석의 가능성들을 열어둘 수 있게 되었던 것이다.[24]

「위생전」·「운영전」·「상사동기」에도 전고들이 얼마간 보이나, 특별히

---

24) 이는 앞서 살펴본 것처럼 「주생전」이 '열린 결말'로 마무리되고 있다는 점과도 상통하는 면이 있는 것이다.

주목할 만한 것들은 눈에 띄지 않는다. 「위생전」에는 남주인공 위생이 부모에게 자신의 원정을 토로하는 장면이 있기는 하나, 여기에 인용된 전고는 증삼(曾參)과 자하(子夏)의 고사 정도이다. 「운영전」에서는 등장인물의 발화 가운데서 전고들을 찾을 수 있다. 예컨대 자란이 서궁을 찾아온 소옥과 비경에게 "아침 구름이 된 양대의 신녀는 자주 초왕의 꿈속에 들어가고 서왕모는 요대의 잔치에 몇 번이나 참여했던가? 여자의 마음은 서로 같지 않음이 없는데, 남궁 사람들은 어찌 홀로 항아처럼 괴로이 정절을 지키며 영약을 훔친 일을 후회하지 않는가?[朝雲臺神 而頻入楚王之夢 王母仙女 而幾參瑤臺之宴 女子之意 宜無異同 而南宮之人 何獨與姮娥苦守貞節 不悔靈藥之偸乎]"[25]라고 말하는 부분에서 초회왕·무산신녀 고사, 예(羿)·항아 고사, 주목왕(周穆王)·서왕모 고사 등이 언급되고 있으나, 이는 상투적이고 수사적(修辭的)인 것에 불과하다. 다만 「상사동기」에서는 앞서 살펴본 바와 같이 작품의 창작 연원이 된 「가운화환혼기」와 「곤륜노」가 전고로 인용되고 있다는 점, 영영을 향한 김생의 구애(求愛) 대목에 온갖 전고들이 인용되어 김생의 애타는 마음이 잘 표현되고 있다는 점, 김생과 영영의 말다툼 속에 『논어』·『장자』·『맹자』의 구절이 패러디됨으로써 독자들에게 웃음을 선사하고 있다는 점 등이 주목할 만한 것들이다.

이상으로 한국 애정전기소설의 전고 활용 양상을 살펴보았다. 그 결과 나말여초~16세기 애정전기소설에서는 전고가 많이 사용되었으나, 17세기 애정전기소설에서는 전고의 사용 빈도가 현저히 줄어들었다는 사실을 알 수 있었다. 이 글에서 논의의 대상으로 삼은 애정전기소설에 사용된 전고의 수를 통계적으로 제시하기는 어렵다. 하지만 고사와 경전의 인용을 중심으로 전고의 수를 계산해 보면,[26] 이 글에서 다룬 작품 가운데 약 2,050자로 가장 글자 수가 적은 「최치원」에 사용된 전고의 개수는, 약 13,000자로 가장

25) 「雲英傳」, 366쪽.

26) 한 작품 내에서 중복 사용된 것들은 제외하였다.

글자 수가 많은 「운영전」에 사용된 전고의 개수와 큰 차이가 없다. 「만복사저포기」·「이생규장전」·「하생기우전」에는 「최치원」과 비교가 되지 않을 정도로 전고가 많이 사용되었고, 17세기 애정전기소설 가운데 가장 많은 전고가 나오는 「주생전」은 약 5,600자 분량임에도 불구하고 그 수는 40개를 넘지 않는다.27)

이처럼 17세기 애정전기소설은 이전 시기 애정전기소설에 비해 분량이 대개 두 배 이상 늘어났음에도 불구하고 전고의 개수는 그다지 많아지지 않았다. 그리고 개별 작품 간의 차이는 있지만, 나말여초~16세기 애정전기소설에서는 전고에 대한 이해가 작품 독해에 있어서 거의 필수적이라고 말할 수 있을 만큼 매우 중요한 데 반해, 17세기 애정전기소설에서는 전고에 대한 이해가 작품 독해에 필수적이지 않은 경우가 대부분이었다. 이 같은 차이점은 나말여초~16세기 애정전기소설과 17세기 애정전기소설의 변별적 성격을 잘 보여준다.

전고의 가장 중요한 특징은 '함축'이다. 전고는 적은 수의 글자 속에 많은 분량의 정보를 함유하고 있다. 때문에 전고가 많이 사용된 작품은 그렇지 않은 작품에 비해 상대적으로 많은 양의 정보를 담고 있을 수밖에 없으며, 작자가 말하고자 하는 바를 문면에 직접적으로 드러내기보다는 '우회적'으로 표현하는 경우가 많다. 또한 전고를 많이 사용하고 그것을 서사 기법의 차원으로 끌어올린 작품일수록, 작자의 주제의식을 빗대어 말하는 '우의적' 성격이 강화된다고 할 수 있다. 나말여초~16세기 애정전기소설의 전고 활

---

27) 기실 어떤 단어나 구절이 전고인지의 판단 여부는 연구자에 따라 차이가 있을 수 있기 때문에 여기서 제시한 숫자가 객관적인 근거를 가지고 있는 것은 아니다. 애정전기소설에 사용된 전고의 수는 번역본이나 주석본의 註를 통해서도 그 대체적인 양상을 확인할 수 있다. 박희병 표점·교석, 앞의 책; 김현양·김희경·이대형·최재우 공역, 『역주 수이전 일문』(박이정, 1996); 심경호 역, 앞의 책; 정운채, 「하생기우전의 번역 문제와 주석」(『고전문학과 교육』 5, 한국고전문학교육학회, 2003); 이상구 역주, 『17세기 애정전기소설』(월인, 1999) 등의 주석만을 살펴보아도 나말여초~16세기 애정전기소설과 17세기 애정전기소설의 전고 사용 빈도가 얼마나 다른지 확인할 수 있을 것이다.

용 양상은 이 시기 애정전기소설의 우의적 성격을 잘 드러낸다.

이에 반해 17세기 애정전기소설의 전고들은, 이전 시기 애정전기소설에 비해 그 출현 빈도가 낮을 뿐 아니라 작품 내적 기능에 있어서도 상투적이거나 수사적인 경우가 많다. 때문에 전고에 대한 이해가 작품의 독해에 결정적인 영향을 미치는 경우를 거의 찾아볼 수 없으며, 작자가 말하고자 하는 바도 문면의 독해를 통해 대부분 드러난다. 이러한 현상은 17세기 애정전기소설의 통속화 경향과도 긴밀한 관계가 있다고 여겨진다. 17세기 애정전기소설은 이전 시기 애정전기소설에 비해 작품의 분량이 확대되면서 등장인물의 수가 늘어나고 사건의 전개 및 구성이 복잡해진다는 특징을 보이는데, 이런 현상은 결국 작품에서 서사의 비중이 높아짐을 뜻한다. 기실 17세기 애정전기소설 같은 중편 분량의 소설을 창작하면서 전고를 대거 끌어들이고 서사 기법으로까지 사용한다는 것은 매우 어려운 일이기도 하거니와, 굳이 그럴 필요도 없다고 할 수 있다.[28] 17세기 애정전기소설의 작자들은 자신이 말하고자 한 바를 구체적인 서술로써 풀어내면 되었던 것이다.

전대 서사문학 작품의 변용

앞 장의 논의에서 살펴보았듯이 한국 애정전기소설은 중국 혹은 한국의 전대 서사문학 작품을 한편으로는 '계승'하면서도 다른 한편으로는 '변용'하는 가운데 창작되었다. 여기서는 앞서 다룬 영향 관계를 종합·정리하는 동시에, 개별 작품론에서 미처 다루지 못했던 부분들을 보충하면서 한국 애정전기소설과 전대 서사문학 작품과의 영향 관계를 조망해 보도록 하겠다.

「최치원」은, 원래 「쌍녀분기」와 같은 지괴(志怪)의 형태로 전해지거나 그와 비슷한 내용의 설화로 전승되던 것이, 훗날 문인의 손을 거침으로써

---

28) 물론 「동선기」 같은 작품은 예외라고 할 수 있다. 약 15,000자 분량인 「동선기」는 여타 17세기 전기소설들과는 달리 무척 많은 전고가 활용되고 있는데, 「동선기」에 사용된 전고는 修辭的인 경우가 대부분이라고 여겨진다.

지금과 같은 형태로 확대되었다고 여겨진다. 『육조사적편류(六朝事迹編類)』 「쌍녀묘(雙女墓)」의 내용은 다음과 같다.

> 「쌍녀분기」에 다음과 같은 기록이 있다. "계림 사람 최치원은 당나라 건부 연간에 율수현위에 임명되었다. 그는 초현관에서 쉰 적이 있었는데, 그 앞 언덕에는 쌍녀분이라는 무덤이 있어 그 사적을 물었지만 아는 자가 없었다. 이에 시를 지어 조문하였다. 이날 밤 감동한 두 여인이 와서 고마움을 표하며 이렇게 말했다. '저희는 본래 선성군 개화현 마양향 장씨의 두 딸입니다. 어려서부터 붓과 벼루를 가까이했고 자라서는 재치 있는 생각을 가졌다고 자부했습니다. 그런데 뜻하지 않게 부모님을 위해 못난 소금장수 놈과 짝이 되었으므로, 이 때문에 분을 참지 못해 세상을 떠나, 천보 6년에 여기에 함께 장사 지냈습니다.' 최치원은 두 여인과 우스갯소리를 하다가 새벽이 되어 이별하였다." 쌍녀묘는 율수현 남쪽 110리 되는 곳에 있다.[29]

「쌍녀분기」는 이처럼 120자 정도밖에 안 되는 짧은 분량의 지괴인데, 대체적인 내용은 「최치원」과 동일하다. 「쌍녀분기」에서 서술의 초점은 최치원이 귀신인 여인들을 만났다는 사실보다는 두 여인이 원사(寃死)한 내력에 놓여 있다. 추측건대 율수현위에 제수된 최치원이 쌍녀분의 내력에 대해 듣고 시를 지은 일이 계기가 되어 이와 같은 이야기가 생겨났을 것이다. 그러다가 최치원의 사후 이와 같은 단편적인 지괴의 형태로 전하는 이야기에서 실존인물 최치원의 면모를 포착하려는 시도가 있었으리라고 여겨지는데, 이것이 「최치원」 창작의 직접적인 동인이 되었다고 볼 수 있다.

29) 雙女墳記曰 有雞林人崔致遠者 唐乾符中補溧水尉 嘗憩於招賢館 前岡有塚 號曰雙女墳 詢其事迹 莫有知者 因爲詩以弔之 是夜感二女至稱謝曰 兒本宣城郡開化縣馬陽鄕張氏二女 少親筆硯 長負才情 不意爲父母匹于鹽商小竪 以此憤恚而終 天寶六年 同葬于此 宴語 至曉而別 在溧水縣南一百一十里(『文淵閣四庫全書(史部 地理類)』 589, 臺灣商務印書館, 1983, 246쪽)

늦어도 『삼국사기』가 나올 무렵, 최치원은 낙척불우하고 고독한 인물로 인식되었을 것이며, 그와 같은 인식은 최치원처럼 능력은 있지만 신분의 한계 때문에 능력을 발휘하지 못하는 계층을 중심으로 형성되었을 것이다. 「최치원」의 작자가 누구인지는 알 수 없으나, 그는 자신을 최치원과 동일시한 인물이거나 적어도 최치원의 불우(不遇)에 대해 동정심을 가졌던 인물이라고 할 수 있다. 「최치원」의 작자는 「쌍녀분기」의 내용을 바탕으로 하여 실존인물 최치원의 고독과 불우를 형상화한 작품을 창작하려고 했으며, 창작의 과정에서 당 전기 독서의 경험을 십분 활용하였다. 당 전기가 다수 실려 있는 『태평광기』는 늦어도 12세기 중엽에는 우리나라에 전래되었다고 볼 수 있는데,[30] 「최치원」의 창작에 결정적인 영향을 미친 「유선굴」은 비록 『태평광기』에는 수록되어 있지 않으나 최치원과 같은 견당유학생(遣唐留學生)들에 의해 우리나라 문인들에게도 읽혔을 것이며, 「임씨」 같은 당 전기도 『태평광기』에 수록되기 이전에 이미 알려졌을 가능성이 높다.

「유선굴」은 「쌍녀분기」와 같은 단편적인 지괴를 소설화할 때 참조할 수 있는 최적의 작품이었다. 「유선굴」은 「쌍녀분기」와 마찬가지로 한 명의 남성과 두 명의 여성이 등장하는 작품이라는 점에서 유사하다. 그리고 「유선굴」은 주인공인 장작과 십랑·오수 사이의 재치 있는 대화와 시가 중심이 되고 있는데, 이는 「쌍녀분기」에서 최치원이 두 여인과 '우스갯소리[宴語]'[31]를 했다는 내용의 소설적 형상화에 결정적인 작용을 했을 것이다. 「최치원」에서 최치원이 바람둥이처럼 형상화된 이유도 「유선굴」의 주인공인 장작이 바람둥이였던 데서 비롯된 결과로 볼 수 있으며, 「유선굴」의 '전고를 활용한 대화' 역시 「최치원」의 그것에 영향을 주었다고 할 수 있다.

---

30) 장효현, 「전기소설 연구의 성과와 과제」(『민족문화연구』 28, 고려대학교 민족문화연구소, 1995), 7쪽.

31) '宴語'는 '燕語'와 같으며, 『詩經』 小雅 「蓼蕭」의 "燕笑語兮"(『詩經』, 206쪽)라는 구절에서 나온 말로 '잔치에서 술을 마시며 하는 우스갯소리'를 뜻한다.

「최치원」은 최치원과 팔랑·구랑의 만남과 이별 장면까지는 대체로 「유선굴」의 서사를 수용하고 있다. 때문에 최치원이 장가를 읊기 전까지의 장면만 보면 「최치원」도 「유선굴」과 같은 성애의 텍스트로 볼 여지도 있는 것이다. 그러나 앞서 보았듯이 장가에는 두 여인을 '성적 대상'에서 '지기(知己)'로 인식하게 된 최치원의 성찰이 담겨 있으며, 이와 같은 인식 변화와 성찰의 근거가 된 작품이 「임씨」이다. 하지만 「최치원」에는 이와 같은 반성과 성찰의 '과정'이 드러나지는 않는데, 이는 「최치원」의 작자가 실존 인물 최치원에 대한 보사적(補史的) 시각에서 「최치원」을 창작했기 때문에 창작의 기반이 된 「쌍녀분기」의 내용에서 크게 벗어날 수 없었던 데 기인한 결과로 볼 수 있다. 「최치원」은, 「쌍녀분기」 설화에 「유선굴」이나 「임씨」 같은 당 전기의 서사 기법 및 주제의식을 수용하여 창작된 소설로, 한국 소설사에서 애정 서사를 작자의 우의를 전달하기 위한 장치로 활용한 최초의 작품으로 평가할 수 있다.

앞서 살펴본 바와 같이 『금오신화』의 창작에 가장 큰 영향을 준 작품집은 『전등신화』인데, 『금오신화』의 창작에 『전등신화』의 광범위한 유통과 폭발적인 인기가 그 배경이 되었음은 새삼 거론할 필요가 없을 것이다.[32] 『전등신화』는 그 주석서인 『전등신화구해』가 조선에서 간행될 정도로 큰 인기를 누렸는데,[33] 『전등신화』는 이후 한국 애정전기소설의 창작에도 꾸준히 영향을 미쳤다.

김시습의 삶에 있어서 최대의 사건은 세조의 왕위찬탈이며, 『금오신화』 또한 이 사건과 직접적인 관련이 있다는 점은 널리 알려진 사실이다.[34] 『금

32) 『전등신화』의 창작과 그 영향에 대해서는 최용철, 「전등삼종의 창작과 전파에 대하여」(『전등삼종(상)』, 소명출판, 2005) 참조.

33) 『전등신화구해』의 간행과 전파에 대해서는 정용수, 「규장각소장 고본 전등신화구해의 판본 연구」(『고소설연구』 14, 한국고소설학회, 2002); 신상필, 「전등신화의 향유와 그 저변」(『한문교육연구』 26, 한국한문교육학회, 2006); 신상필, 「이본을 통해 본 전등신화구해의 전파 양상과 그 함의」(『고소설연구』 29, 한국고소설학회, 2010) 참조.

오신화』는 김시습 당대의 문제이자 그의 삶을 뒤바꿔놓은 세조의 왕위 찬탈 사건과 관련된 우의적 성격을 강하게 가지고 있는데, 그가 『전등신화』를 읽고 『금오신화』를 창작했던 데에는 『전등신화』 역시 우의적 성향이 강하다는 점[35]이 큰 작용을 했을 것이다. 이 글에서 다룬 「만복사저포기」와 「이생규장전」 역시 직접적으로는 『전등신화』 소재 애정전기소설의 영향하에 있다. 하지만 이 작품들이 간접적으로 한국 전대 서사문학의 영향을 받았다는 점 또한 주목할 필요가 있다.

「만복사저포기」는 「최치원」과 맥이 닿아 있는 작품이다.[36] 생사를 달리하는 두 남녀의 사랑 이야기를 다룬 명혼담(冥婚談)으로는 「최치원」 이외에도 「수삽석남」 및 『보한집(補閑集)』 소재 '이인보(李寅甫) 이야기' 등을 들 수 있지만, 「만복사저포기」와 직접적인 관계가 있는 작품은 「최치원」뿐이다.

「만복사저포기」에서 양생의 명혼 체험은 '그 자신의 고독이 이 세상에서는 해소될 수 없다는 사실을 깨닫는 과정'으로 그려지는데, 「만복사저포기」의 창작에 영향을 준 『전등신화』 소재 애정전기소설에서는 이런 주제의식을 구현한 작품을 찾아볼 수 없다. 이 점에서 「만복사저포기」는, 실존인물이자 작중인물이기도 한 최치원의 고독을 이 세상 사람 가운데서는 지기의 짝을 만나지 못한다는 내용으로 우의한 「최치원」의 서사를 이어받았다고 볼 수 있다. 「최치원」과 「만복사저포기」에서 인간인 남주인공은 귀신인 여주인공과 혼인한 후 다시 홀로 세상에 남지만, 이때의 남주인공은 여인들을

34) 김시습의 생애와 문학 전반에 대해서는 심경호, 『김시습 평전』(돌베개, 2003) 참조.

35) 『전등신화』와 『금오신화』의 우의적 성격에 대해서는 박희병, 「한국·중국·베트남 전기소설의 미적 특질 비교」(『베트남의 기이한 옛이야기 - 전기만록』, 돌베개, 2000), 311~329쪽 참조.

36) 「최치원」과 「만복사저포기」의 관련 양상은 조수학, 「최치원전의 소설성」(『영남어문학』 2, 영남어문학회, 1975), 98~106쪽; 박일용, 「명혼소설의 낭만적 형식과 그 소설사적 의미」(『조선시대의 애정소설』, 집문당, 1993), 97~106쪽에서 논의된 바 있다.

만나기 전의 그가 아니다. 「최치원」과 「만복사저포기」 모두 처음에는 남주인공과 여주인공 사이에 긴장과 갈등이 존재하다가 작품의 후반부에 둘 사이의 갈등이 해소되고, 그들은 하나의 자아가 되어 세계와 갈등하게 되는바, 작품 말미에서 남주인공들의 입산(入山)은 불합리한 세계에 대한 저항의 의미를 갖게 되는 것이다.

「이생규장전」 역시 「만복사저포기」처럼 『전등신화』 소재 애정전기소설의 영향을 가장 많이 받았지만, 박희병이 이미 지적한 바와 같이 이승인의 「배열부전」이나 정이오의 「열부최씨전」 같은 열녀전의 영향이 감지되는 작품이기도 하다.[37] 「만복사저포기」의 여인, 「이생규장전」의 최씨뿐만 아니라 「취유부벽정기」의 기씨(箕氏)의 형상이 고려 시대 열녀전에 입전된 여주인공의 형상과 비슷하다는 점은 이미 언급된 바인데, 「이생규장전」과 열녀 서사[38]의 관련 속에서 오히려 주목해야 할 점은 여주인공의 열녀 형상이라기보다는 열녀 서사의 '이면'에 숨어있는 남성의 문제이다.

「이생규장전」의 창작 연원이 된 「취취전」·「애경전」을 비롯하여 「배열부전」이나 「열부최씨전」을 보면, 남성들은 여성이 도적에게 죽임을 당할 때 공무로 출타했던 경우[「배열부전」·「열부최씨전」]도 있고, 벼슬 때문에 대도(大都)에 가 있었던 경우[「애경전」]도 있으며, 무엇을 했는지 아예 서술되지 않는 경우[「취취전」]도 있다. 이처럼 열녀 서사는 표면적으로는 정절을 지키다 죽임을 당한 여인들의 '절의'를 포장(褒奬)하고 있지만, 이면적으로는 여성의 죽음에 대해 남성은 직접적인 책임이 없다는 점과 여성의 죽음은 불가피한 일이었다는 점을 암시하는 데 그 목적이 있다고 할 수 있다. 이에 반해 「이생규장전」은, 최씨가 죽임을 당할 것을 뻔히 알면서도 홀로

37) 박희병, 『한국고전인물전연구』(한길사, 1992), 62~62쪽; 박희병, 「금오신화 창작의 연원과 배경」(『한국전기소설의 미학』, 돌베개, 1997), 176~177쪽 참조.

38) 여기서 사용한 '열녀 서사'라는 용어는 「배열부전」·「열부최씨전」 같은 '열녀전' 및 열녀가 등장하는 「취취전」·「애경전」 같은 '소설'을 아울러 일컫는 말이다.

목숨을 도모한 이생의 모습을 '그대로' 보여주고 있다는 점에서 「취취전」·「애경전」이나 「배열부전」·「열부최씨전」과는 질적으로 다른 작품으로 평가할 수 있다. 「이생규장전」은 그 제목에서도 드러나듯이 '절의'를 가진 여성에 대한 남성의 '부끄러움'을 형상화한 '고백'과 '성찰'의 글쓰기인바, 이전 시기 열녀 서사의 이념적 한계를 극복하였다는 점에서 그 의의를 찾을 수 있다.

「하생기우전」은 한국 애정전기소설에서 최초로 행복한 결말을 보여주는 작품이다. 당 전기나 명대(明代)의 『전등신화』에는 해피엔딩으로 마무리되는 작품이 적지 않지만, 「하생기우전」 이전의 한국 애정전기소설 가운데는 해피엔딩을 보여주는 작품이 없었는데, 이는 실존인물 최치원의 낙척불우함과 고독[「최치원」] 및 김시습의 비극적인 세계 인식[「만복사저포기」·「이생규장전」]과 직접적인 관련이 있다고 여겨진다. 「최치원」·「만복사저포기」·「이생규장전」과는 달리 「하생기우전」이 긍정적인 세계 인식 및 해피엔딩을 보이는 것은 신광한의 원형리 은거기의 현실 인식과 관련이 있다고 생각되는데, 그는 원형리 은거 시기에 스스로를 돌아보는 계기를 가지면서도 현실에 대한 관심의 끈을 완전히 놓을 수는 없었던 것으로 보인다.[39] 신광한의 고민은, 육두품이라는 신분제의 한계 속에서 절망하고 좌절해야 했던 최치원이나 세조의 왕위찬탈 및 그로부터 비롯된 신세모순(身世矛盾)을 겪어야 했던 김시습의 그것과는 달리, '진퇴(進退)'라는 다분히 개인적인 문제에 있었으며, 정치적 상황의 변화에 따라 벼슬길에 다시 나아갈 수 있는 가능성은 얼마든지 있었다. 신광한이 겪었던 불우는 밝음이 상한[明夷] 데서 비

39) 『企齋集』에 실린 대다수의 한시들은 신광한의 원형리 은거기에 창작된 것이므로, 이 시들의 분석을 통해 당시 신광한의 세계인식을 살펴볼 수 있다. 이에 대해서는 다음의 논문들을 참조할 수 있다. 윤채근, 「기재 신광한 한시 연구」(『어문논집』 36, 안암어문학회, 1997); 임채명, 「기재 신광한 우거기 시의 연구」(『한문학논집』 20, 근역한문학회, 2002); 강소영, 「기재 신광한의 한시 소고」(『동방학』 13, 한서대학교 동양고전연구소, 2007).

롯된 일시적인 것에 불과했던바, 이와 같은 신광한의 현실 인식이 「하생기우전」의 행복한 결말을 불러온 직접적인 동인이라고 할 수 있다.

「하생기우전」은 「만복사저포기」·「이생규장전」과 직접적으로 맥이 닿아 있는데, 이를 '계승'과 '변용'의 차원에서 구분해 살펴볼 필요가 있다. 신광한은 「만복사저포기」나 「이생규장전」 같은 애정전기소설에 나타난 '애정'이 작자의 주제의식을 '우의'하는 장치라는 점에 주목하여 「하생기우전」을 창작했다고 볼 수 있으며, 이는 이전 시기 애정전기소설의 서사적 특징을 '계승'한 결과로 평가할 수 있다. 그러나 「하생기우전」은 남녀의 사랑 이야기를 다룬 애정전기소설의 '불온성'에 대한 반론을 표출하고 있기도 한데, 이는 이전 시기 애정전기소설을 '변용'한 점이다. 그런데 애정전기소설은 그 양식적 특성상 사회적 규범에서 벗어날 수밖에 없는 남녀의 사랑 이야기를 다루고 있으므로, 자연스럽게 사회 비판적인 소외된 지식인의 세계관을 우의적으로 형상화하기에 적합한 양식이 될 수 있었으며,[40] 이에 따라 애정전기소설은 중세 사회의 모순을 드러내는 불온성을 일정 부분 가지고 있을 수밖에 없었던 것이다. 하지만 신광한은 애정전기소설의 '우의성'은 수용하면서도 '불온성'은 제거하려 하였고, 그 결과 「하생기우전」은 이전 시기 애정전기소설에 비해 애정 서사의 비중이 상당히 줄어들게 되었다고 할 수 있다.

17세기에 이르러 「주생전」·「위생전」·「운영전」·「상사동기」 같은 중편 애정전기소설이 창작되었다. 이들 작품의 창작 시기는 정확히는 알 수 없으나 17세기 초중반에 창작되었다고 여겨지며, 「위생전」보다는 「주생전」이, 「상사동기」보다는 「운영전」이 먼저 나온 것으로 보인다. 이 작품들의 창작에 큰 영향을 미친 것은 중국소설인데, 이전 시기에 이미 조선에 들어온 『전등신화』와 『전등여화』가 꾸준히 읽히고 있는 가운데, 원명(元明)의

40) 박일용, 「전기계 소설의 양식적 특징과 그 소설사적 변모 양상」(『민족문화연구』 28, 고려대학교 민족문화연구소, 1995), 82~86쪽 참조.

중편 애정전기소설 및 명말(明末)의 재자가인소설이 국내에 유입되어 17세기 애정전기소설의 창작에 영향을 미쳤다.[41)]

17세기 애정전기소설을 이전 시기 애정전기소설과 비교했을 때 가장 두드러지는 특징은 아무래도 그 통속성일 것이다. 그리고 그 통속화에서 가장 주목되는 현상은 국문본의 존재라고 할 수 있는데, 앞서 살펴보았듯이 「주생전」·「위생전」·「운영전」은 국문본이 있고 「상사동기」 또한 국문본이 있었을 가능성이 있으며, 「최척전」은 국문본을 재한역한 것으로 보이는 이본이 있고 「주생전」 또한 국문본의 재한역본이 있었을 가능성이 있다. 「주생전」·「위생전」·「운영전」·「상사동기」가 국문으로 번역되었다는 것은 곧 이 작품들이 서사나 줄거리 중심으로 읽혔다는 사실을 증명하는바, 이는 이전 시기 애정전기소설과는 질적으로 다른 새로운 유통 양상이라 할 수 있다.

「주생전」은 17세기 애정전기소설 가운데 삽입시가 서사의 전개와 가장 밀착되어 있는 작품이며, 소설을 읽는 재미 또한 서사와 삽입시의 조화에 있다.[42)] 「주생전」 이전에 나왔던 한국 전기소설에서도 삽입시는 일정한 기능을 하고 있었다. 전기소설의 삽입시는 서사의 전개와 밀접한 관련을 가지

41) 정환국, 「17세기 초 소설에 미친 원명전기소설의 영향에 대하여」(『한문학보』 1, 우리한문학회, 1999) 참조.

42) 이종묵, 「주생전의 미학과 그 의미」(『관악어문연구』 16, 서울대학교 국어국문학과, 1991), 176~186쪽에서 「주생전」이 '시로 읽는 소설'이라 할 수 있는 미학적 특질을 가지고 있다고 보았다. 삽입시는 서사적 진행을 멈춘 다음 이를 정지된 장면으로 재생하여 시를 읽는 즐거움을 독자에게 주는데, 이는 곧 詩話와도 유사하다는 것이다. 이종묵은 그 밖에도 「주생전」의 삽입시는 인물의 형상화에 기여하고, 등장인물의 성격이나 감정을 나타내기도 한다는 점을 지적했다. 한편 윤세순, 「17세기 전기소설에 나타난 삽입시가의 존재양상과 기능」(『동방한문학』 42, 동방한문학회, 2010에서 「주생전」의 삽입시와 서사의 관계를 다루었다. 「주생전」에서는 삽입시를 생략하면 작자가 의도한 서사 진행에 차질이 생기는 경우도 있으며, 작품의 마지막 부분에서 주생이 작자에게 보여준 「踏沙行」은 「주생전」의 총론적 역할을 하면서 주생 이야기가 세상에 존재하게 만들기도 하는데, 이런 점에서 볼 때 「주생전」은 17세기 애정전기소설 가운데 삽입시가 서사의 전개와 가장 밀착되어 있는 작품이라는 것이다.

고 있으면서도[43] 작자의 문재를 과시하기 위한 수단이기도 한데, 「최치원」·「만복사저포기」·「이생규장전」에 수록된 삽입시들 또한 이와 같은 특징을 가지고 있다. 「주생전」도 기본적으로는 이와 같은 전대 소설의 흐름을 이어받았다고 할 수 있지만, 「주생전」의 삽입시 수록 형태는 한국 전기소설보다는 중국 전기소설과의 친연성이 크다. 「주생전」의 후지에는 주생이 배도·선화와 수창한 시들이 수록된 『화간집』을 꺼내 보여주었다는 말이 있는데, 이는 『전등여화』의 「가운화환혼기」 말미에 위붕과 월아가 평소에 지었던 작품들이 『창수집』으로 전한다는 내용과 동일한 설정인 것이다. 「주생전」과 「가운화환혼기」의 말미에 나오는 이런 책들은 실제 존재했다고 보기는 어려우며, 시와 사가 다량 삽입되어 있는 「주생전」과 「가운화환혼기」 자체가 곧 『화간집』과 『창수집』인 셈이다.[44]

「주생전」은 삽입시가 매우 중요한 작품이므로, 국문으로의 번역은 작품의 진면목을 훼손하는 결과를 초래한다고 볼 수밖에 없다. 그럼에도 불구하고 「주생전」은 국문본이 유통되었는데, 이는 「주생전」의 서사 자체가 매우 흥미로웠던 데 기인한 결과가 아닐까 한다. 후대의 일이기는 하지만 「주생전」의 창작에 영향을 미친 「가운화환혼기」 역시 「빙빙전」으로 개작·국역되었거니와,[45] 16세기 중반 이전에 「취취전」이 이미 국문으로 번역되어 여항간에 널리 읽혔고[46] 17세기 중후반에 「녹의인전」이 국문으로 번역되었

---

43) 민병수, 「한문소설의 삽입시에 대하여」(『한국고전산문연구』, 동화문화사, 1981) 참조.

44) 「가운화환혼기」·「주생전」보다 먼저 창작된 「연방루기」의 서두에도 난영과 혜영이 지은 『聯芳集』이 있다는 말이 나온다. 『연방집』 또한 실제 있었던 책은 아니며, 난영과 혜영의 시가 다수 수록되어 있는 「연방루기」 자체가 곧 『연방집』인 것이다. 그런데 연산군은 『연방집』이 별도로 존재한다고 여겨 燕京에서 이를 구해오라고 명을 내리기도 했다. 관련 기록은 무악고소설자료연구회 편, 『한국고소설관련자료집』 1(태학사, 2001), 57~58쪽 참조.

45) 박재연, 「낙선재본 빙빙전 해제」(『빙빙뎐』, 학고방, 1995) 참조.

46) 洛西居士의 「五倫全傳」 序에 "내가 항간의 무지한 사람들을 살펴보니, 언문을 익히고 전하며, 노인들이 서로 전하는 말을 베껴 밤낮으로 이야기하고 있는데, 李石端과 翠翠 이야기 같은 것은 淫褻妄誕해서 실로 취해 볼 것이 없고, 오직 五倫全 형제의 이야기

으므로,[47] 중국 전기소설은 17세기 초중반에 이미 널리 국역되었으리라고 짐작할 수 있다.[48] 이런 추세에 따라 17세기 애정전기소설 역시 창작과 거의 동시에 국역되었던 것으로 추측할 수 있으며, 「위생전」도 이런 흐름 속에서 창작된 작품이라 할 수 있다.[49]

「위생전」은 「주생전」에 대한 반론적 성격을 지닌 작품이며, 창작의 과정에서 「이생규장전」과 「취취전」의 서사를 수용하였다. 이전 시기 작품 중에는 「하생기우전」이 「만복사저포기」와 「이생규장전」에 대한 일정한 반론을 담고 있기는 했지만 「위생전」처럼 창작의 목적 자체가 선행 작품에 대한 불만에서 비롯된 것은 아니었다. 「위생전」은 「주생전」에 대한 불만이 창작의 주된 동인이 되었다는 점에 그 의미를 부여할 수 있다.

선행 연구에서 이미 지적했듯이, 17세기 애정전기소설의 남녀 결합 방식이 이전 시기의 그것과는 달리 비교적 길고 상세하게 묘사된 이유는 원명(元明) 전기소설의 영향으로 볼 수 있다.[50] 「주생전」에서 배도는 주생과 선화 못지않게 비중이 큰 인물이지만, 주생과 선화의 만남을 가능케 하는 매개적 인물로 볼 수도 있다. 배도는 주생과 선화의 결연을 '방해'하기도 하는

만이, 아들이 되어서는 효를 행하고, 신하가 되어서는 충을 행하며, 부부에게 근본을 세우게 하고, 형제에게 서로 따르게 하고, 친구 간에 믿음을 주어 은혜가 있게 한다.[余觀巷間無識之人 習傳諺字 謄書古老相傳之語 日夜談論 如李石端翠翠之說 淫褻妄誕 固不足取觀 獨五倫全兄弟事 爲子而克孝 爲臣而克忠 夫與婦有體 兄與弟甚順 又能與朋友信而有恩]"(무악고소설자료연구회 편, 앞의 책, 103~105쪽)라는 말이 있다.

47) 김일근 편, 『친필언간총람』(경인문화사, 1974), 18쪽. 『전등신화』의 국역본에 대해서는 최용철·우춘희, 「전등신화의 조선시대 한글 번역본에 대하여」(『전등신화』, 학고방, 2009) 참조.

48) 윤세순, 「중국소설의 국내 유입과 향유 양상」(『묻혀진 문학사의 복원』, 소명출판, 2007), 105쪽에서 『전등신화』 같은 전기소설이 이미 16세기에 국문으로 번역되어 읽혔을 가능성을 제기하였다.

49) 「위생전」의 작자가 「주생전」의 국문본 혹은 국문본의 再漢譯本을 보았을 가능성이 있음은 앞서 논한 바 있다.

50) 정환국, 앞의 논문, 190~194쪽.

바, 결과적으로 그녀는 남녀 주인공인 주생과 선화의 결연을 가능케 하는 한편, 둘의 결연 과정이 길어지게 만드는 역할을 하고 있는 것이다. 「운영전」 또한 김진사와 운영이 결연하기까지의 과정을 매우 상세하게 묘사하고 있으며, 「상사동기」는 김생과 영영이 완전한 결합을 이루기까지의 우여곡절이 주된 내용이다. 그러나 「위생전」은 동시대 애정전기소설의 서사 문법을 거부하고 이전 시기 애정전기소설[「이생규장전」·「취취전」]의 서사 문법으로 회귀하는 양상을 보여주는데, 이는 「위생전」의 작자가 「주생전」 및 원명전기소설의 서사적 특징을 제대로 이해하지 못한 데서 비롯된 결과로 볼 수 있을 듯하다. 이에 「위생전」은 특별한 주제의식이나 우의를 담고 있지도 않고 그렇다고 하여 독자에게 새로운 흥미도 가져다주지 못하는, 소설사의 흐름에 '역행'한 작품이 되어 버렸다.

「운영전」이 소재적 차원에서 『전등신화』 「녹의인전」의 영향을 받았고 양식적 차원에서 몽유록의 영향을 받았음은 앞서 논한 바 있다. 「운영전」이 「녹의인전」의 영향하에 창작된 작품이기는 하지만 그 영향이 거의 느껴지지 않는 이유는 「녹의인전」이 운영과 김진사의 사랑 이야기에 기본적인 '소재'만을 제공한 데 있을 것이다. 「운영전」의 이야기 전개 방식이나 서사 기법에 명대의 중편 전기소설이 영향을 주었을 수 있지만, 「운영전」은 중국소설의 직접적인 영향이 거의 느껴지지 않을 정도로 독창적인 면모를 보인다.

「운영전」은 몽유록과의 관련 속에서 논의될 필요가 있다. 몽유록은 '입몽-좌정-토론-시연-각몽'의 서술구조를 가지고 있는데,[51] 「운영전」은 이 같은 몽유록의 서술구조에서 '토론' 부분이 확대된 형태이다. 「원생몽유록(元生夢遊錄)」에서 그 양식적 특성을 확고히 한 몽유록은 토론과 시연을 중

---

51) 신재홍, 「몽유록의 유형적 고찰」(서울대학교 석사논문, 1986), 15쪽에서 「元生夢遊錄」의 서술구조가 '入夢-引導 및 坐定-討論-討論의 鎭靜 혹은 잔치의 排設-詩宴-詩宴의 整理-覺夢'으로 이루어져 있다고 하였는데, 이는 몽유록의 일반적인 서술구조이기도 하다.

심으로 몽중세계가 전개되고 작품에 따라 시연이 약화·생략되기도 하는데,[52] '토론'은 작자의 주제의식을 직접적으로 드러내는 부분이기도 하다. 한편 몽유록에서는, 몽유자가 꿈을 꾸는 장소가 꿈속에 등장하는 인물과 직접적인 관계가 있다. 예컨대 「원생몽유록」에서 원자허(元子虛)는 장사(長沙)의 언덕으로 인식되는 곳[53]에서 단종과 사육신을 만나는데, 장사는 곧 초의제(楚義帝)가 항우(項羽)에게 죽임을 당한 곳인바, 이로써 '장사'라는 공간적 배경은 세조에게 죽임을 당한 단종의 비극을 더욱 부각시키고 있는 것이다.[54] 「운영전」에서 몽유자 유영은 안평대군의 옛집인 수성궁에서 꿈을 꾸므로, 「운영전」은 기본적으로 안평대군과 관련된 어떤 내용을 다루고 있는 작품으로 볼 수 있다.

몽유록에서 몽유자는 꿈을 꾼 곳과 직접적인 관련이 있는 사람들을 꿈속에서 만난다. 그런데 「운영전」에서 몽유자 유영이 안평대군의 옛집인 수성궁에서 만난 사람은 안평대군이 아니라 안평대군 시절의 궁녀였던 운영과 그녀의 연인 김진사이며, 안평대군은 그들의 과거사 진술 속에서 흐릿하게 암시될 뿐이다. 게다가 「운영전」에서는 확대된 '토론' 부분에서 토론이 이루어지는 것이 아니라 운영과 김진사의 '일방적인 진술'이 이루어지고 있으며, 작품의 제목 또한 몽유록을 표방하고 있지 않다. 요컨대 「운영전」에서 안평대군은 마치 폐허가 되어 옛 모습을 찾아볼 수 없는 수성궁처럼 그 모습이 잘 포착되지 않는 것이다. 이렇게 볼 때 「운영전」은, 몽유록과 애정전기소설의 양식적 특징을 절묘하게 결합함으로써, 이제는 그 자취조차 찾아보기 어려운 안평대군의 비극을 형상화한 작품이라 할 수 있다.

「상사동기」는 「운영전」에 대한 반론으로 창작된 작품으로 볼 수 있지만,

---

52) 위의 논문, 16쪽.

53) 恨入長江咽不流 荻花楓葉冷颼颼 分明認是長沙岸 月白英靈何處遊(「元生夢遊錄」; 박희병 표점·교석, 앞의 책, 168쪽)

54) 「원생몽유록」의 작품 분석은 김정녀, 「몽유록의 현실대응 양상과 그 의미」(고려대학교 석사논문, 1997), 18~31쪽 참조.

「위생전」처럼 선행 작품에 대한 불만이 창작의 동인이 되지는 않았으며, 창작의 과정에서 중편 애정전기소설인 「가운화환혼기」의 서사적 특징을 창조적으로 수용하여 「운영전」과는 전혀 다른 소설미학을 구현했다. 앞서 논했듯이 「상사동기」는 현실에서 벌어지는 남녀의 사랑 그 자체를 곡진하게 그려냈으며, 이 때문에 「상사동기」는 애정전기소설에서 벗어나 재자가인소설에 근접하는 면모를 보여주었다고 할 수 있다.

「상사동기」는 행복한 결말을 보여준다는 점에서도 의의가 있다. 「운영전」이 비극적으로 마무리되고 「가운화환혼기」가 비극적 정조가 바탕이 된 가운데 행복한 결말을 보여주는 데 반해, 「상사동기」는 「가운화환혼기」의 비극적 정조마저 소거하였다. 「가운화환혼기」는 가빙빙이 월아로 환생한다는 초현실적인 사건을 통해 해피엔딩을 이끌었지만, 가빙빙의 환생은 현실에서는 일어날 수 없는 일이므로, 작품이 가지고 있는 비극적 성격이 완전히 가시지는 않는다. 이에 반해 「상사동기」는 회산군의 사후 이정자의 도움으로 인해 김생과 영영이 결연한다는, 현실에서 일어나기는 어렵지만 전혀 일어날 수 없는 일은 아닌 비현실적 사건을 통해 행복한 결말을 이끌었다. 이에 다소 엉뚱하고 작위적이라는 느낌은 줄 수 있을지 모르나, 바로 이 때문에 「상사동기」가 비극적 애정전기소설과는 다른 소설미학을 구현할 수 있었던 것이다. 이전 시기 작품 가운데 행복한 결말을 보여주는 작품으로는 「하생기우전」이 있었지만, 「하생기우전」의 행복한 결말은 주제의식의 연장선상에서 서술된 것이므로 그것은 우의적 성격이 강하며, 한국 고전소설의 일반적 특징으로 거론되는 '행복한 결말'[55]과는 다르다. 「상사동기」의 행복한 결말은 후대 통속소설의 결말 방식과 직접적으로 연관된다는 점에서 「하생기우전」의 그것과는 질적으로 다르며, 「최척전」·「동선기」·「왕경룡전」 같은 동시대 소설의 행복한 결말과 연관 지어 볼 수 있다.[56]

---

55) 한국 고전소설의 결말 구조에 대해서는 서인석, 「고전소설의 결말구조와 그 세계관」(서울대학교 석사논문, 1984) 참조.

이상으로 한국 애정전기소설의 전대 서사문학 작품 변용 양상을 살펴보았다. '나말여초~16세기 애정전기소설'과 '17세기 애정전기소설'은 모두 중국이나 한국의 전대 서사문학 작품의 영향하에 창작되었다. 그러나 한국 애정전기소설은 선행 작품을 모방하는 데 그치지 않고 그것을 일정하게 '변용'함으로써 '독창성'을 보여주는데, 이 같은 변용의 양상에서 나말여초~16세기 애정전기소설과 17세기 애정전기소설은 '상대적'으로 주목할 만한 차이점을 드러낸다.

17세기 애정전기소설에 비해 나말여초~16세기 애정전기소설은 창작에 영향을 미친 작품과 내용적인 면에서의 변별점이 상대적으로 뚜렷하지 않다. 작품의 '내용'만을 놓고 볼 때, 「최치원」은 「유선굴」과 거의 비슷하고, 「만복사저포기」·「이생규장전」은 『전등신화』 소재 애정전기소설과 유사하며, 「하생기우전」은 「만복사저포기」·「이생규장전」과 그리 다르지 않다. 그러나 나말여초~16세기 애정전기소설은, 17세기 애정전기소설에 비해 그 주제의식의 측면에서는 창작의 연원이 된 작품들과의 변별성이 뚜렷하다. 요컨대 이 시기 애정전기소설 작자들은 기존에 있었던 작품과 뚜렷이 구별되는 '새로운 이야기'의 창작 그 자체에 주목적이 있었던 것이 아니라, 기존 작품의 서사를 차용하거나 조합하는 가운데 일정한 변개를 가하여 주제의식을 우의적으로 전달하는 데 그 목적이 있었던 것이다.

17세기 애정전기소설은, 나말여초~16세기 애정전기소설에 비해, 창작에 영향을 미친 작품과 '내용' 면에서의 변별성이 상대적으로 뚜렷하다. 「주생전」은 「곽소옥전」·「앵앵전」·「취취전」·「위당기우기」·「가운화환혼기」 등의 영향을 받았지만, 문면에서 이 작품들이 전고로 거론되지 않았다면 그 영향 관계를 거의 느낄 수 없을 정도로 독창적인 서사이다. 「운영전」은 몽유록과 「녹의인전」이 창작의 연원이므로, 유영의 입장에서 읽을 때는 '(수

56) 다만 「동선기」는 기본적으로는 비극적인 정조가 바탕이 되어 있다는 점에서 「상사동기」·「최척전」·「왕경룡전」 등과 구별된다고 할 수 있다.

성궁)몽유록'이지만 운영과 김진사의 입장에서 읽을 때는 애정전기소설이다. 그러나 「운영전」은 몽유록과 애정전기소설을 절묘하게 결합했기 때문에, 몽유록의 양식적 특징이나 「녹의인전」 서사와의 관련성을 거의 느낄 수 없다. 「운영전」이 이전 시기 작품이 성취하지 못한 새로운 경지를 개척할 수 있었던 중요한 이유 가운데 하나가 여기에 있다고 할 수 있다. 「상사동기」는 「운영전」을 뒤집은 작품이다. 「상사동기」는 인물 구성이나 사건 전개에서 「운영전」과 유사한 면모를 보이지만, 창작의 과정에서 「가운화환혼기」를 창조적으로 받아들임으로써 「운영전」이나 「가운화환혼기」와는 확실히 다른, 새로운 내용의 작품이 될 수 있었다. 다만 「위생전」은 「주생전」·「운영전」·「상사동기」와 동일한 차원에서 평가하기 어렵다. 「위생전」은 「주생전」에 대해 불만을 가진 작자가 「이생규장전」과 「취취전」의 서사를 무리하게 끌어들여 창작한 소설이다. 이에 「위생전」은 선행 작품인 「주생전」과의 변별점을 찾아보기도 어렵고, 그렇다고 하여 어떤 심중한 주제의식을 담고 있다고 보기도 어려운 작품이 되어 버리고 말았다. 요컨대 이 시기 애정전기소설의 작자들은, 나말여초~16세기 애정전기소설의 작자들에 비해, 기존 작품의 서사를 차용하거나 조합하는 차원을 넘어서는 '새로운 내용'의 소설을 창작하려는 의식이 보다 뚜렷했으며,[57] 주제의식을 우의적으로 전달하려는 의도는 상대적으로 적었다고 할 수 있다.

이처럼 '나말여초~16세기 애정전기소설'과 '17세기 애정전기소설'은 선행 작품의 '변용' 양상에서 '상대적'으로 변별성을 보이는바, 나말여초~16세기 애정전기소설이 작자의 주제의식 전달에 경사된 우의적 성향이 강한 작품들이라면, 17세기 애정전기소설은 독자에게 새로운 내용의 이야기를 전하려는 통속적 성향이 강한 작품들이라고 말할 수 있을 것이다.

---

57) 「위생전」의 작자도 기본적으로는 「주생전」과는 구별되는 새로운 이야기를 창작하려 했다고 할 수 있다. 문제는 작자의 역량이 이를 뒷받침하지 못했기 때문에 「위생전」이 결과적으로 「주생전」의 모방작에 머무르고 말았다는 점이다.

(2) 양식적 특징

애정전기소설은 전기소설 가운데 남녀 간의 '애정'이 중심 내용이 되는 소설이다. '애정전기소설(愛情傳奇小說)'이라는 용어에서도 볼 수 있듯이, 애정전기소설의 양식적 특징을 규정짓는 근거는 '남녀의 애정'과 '기(奇)를 전함'이라고 할 수 있다. 여기서는 앞 장의 논의를 총괄·정리하면서 애정전기소설의 양식적 특징을 '애정(愛情)과 규범(規範)의 관련 양상 및 결말의 방식', '기(奇)에 대한 인식과 그 의미'로 나누어 살펴보도록 하겠다. 애정전기소설은 혼전 남녀의 만남과 결연을 다루므로, 이를 금제(禁制)하는 규범과의 충돌이 문제시되는 경우가 많다. 그래서 애정의 문제는 규범의 문제와 별개인 경우가 별로 없는 것이다. 그리고 애정전기소설의 결말은 비극적 결말과 행복한 결말로 구분되는데, 이 같은 결말의 방식은 작품의 의미 및 주제의식과 긴밀한 관계가 있으며, 남녀 주인공의 애정과도 별개의 문제가 아니다. 애정전기소설에 나타난 애정의 양상을 규범의 문제 및 결말의 방식과 관련지어 설명하고자 하는 이유가 여기에 있다. 한편 선행 연구에서는 전기소설의 '기'에 대한 의미 및 그 구현 양상에 대한 논의가 다각도로 진행되었는데, 대체적으로 소재적 차원으로서의 '기'의 의미 해석에 집중된 감이 없지 않다. 하지만 소재적 차원의 '기'는 애정전기소설의 양식적 특징을 설명하기에는 부족한 면이 있다. 때문에 여기서는 먼저 '기'의 개념과 범주를 설정한 후 그것이 가지는 의미를 살펴보도록 하겠다.

애정과 규범의 관련 양상 및 결말의 방식

애정전기소설이란 전기소설 가운데 남녀 간의 '애정'에 관한 이야기가 주된 내용인 작품들을 일컫는 용어이다. 여기서 '애정'이란 대체로 혼인 관계에 있지 않은 남녀 사이의 사랑을 말하는데, 애정전기소설에서 남녀 주인공의 결연은 대부분 지기의 만남으로 그려지며, 남자는 재자나 군자로, 여자는 가인이나 숙녀로 설정되는 경우가 많다. 남녀의 만남을 다룬 이른 시기의 작품으로 『시경』 국풍(國風)에 수록된 여러 시들을 꼽을 수 있다. 『시경』 주남 「관저(關雎)」에는 군자와 숙녀라는 말이 보인다.

끼룩끼룩 물수리, 황하의 모래섬에 있도다. 요조숙녀는, 군자의 좋은 짝이로다.[關關雎鳩 在河之洲 窈窕淑女 君子好逑]

들쑥날쑥 마름 나물을, 이리저리 물길 따라 뜯네. 요조숙녀를, 자나 깨나 구하네. 구하여도 얻지 못하므로, 자나 깨나 생각하네. 아득하고 아득하여, 이리저리 뒤척이네.[參差荇菜 左右流之 窈窕淑女 寤寐求之 求之不得 寤寐思服 悠哉悠哉 輾轉反側]

들쑥날쑥 마름 나물을, 이리저리 가려 뜯네. 요조숙녀를, 금슬로 함께 하네. 들쑥날쑥 마름 나물을, 이리저리 삶아 올리네. 요조숙녀를, 종고로 즐겁게 하네.[參差荇菜 左右采之 窈窕淑女 琴瑟友之 參差荇菜 左右芼之 窈窕淑女 鐘鼓樂之][58]

원래 이 시는 이성을 그리워하는 내용을 담은 시였을 가능성이 높지만,[59] 후대의 주석가들은 후비(后妃)의 덕을 노래한 시로 해석했다.[60] 『논어』 「팔일(八佾)」에는 "공자가 말했다. '「관저」는 즐거우나 지나치지 않고, 슬프나 상하게 하지 않는다.'[子曰 關雎 樂而不淫 哀而不傷]."[61]라는 구절이 있는

58) 『詩經』, 12~14쪽.

59) 김학주, 『신완역 시경』(명문당, 2002), 48~51쪽 참조. 「관저」의 연애가적 성격에 대해서는 마르셀 그라네(신하령 · 김태완 역), 『중국의 고대 축제와 가요』(살림, 2005), 119~191쪽 참조.

60) 예컨대 朱熹는 군자를 文王으로 보고 숙녀를 문왕의 비 太姒로 보았으며, 「관저」를 后妃의 덕을 노래한 시로 해석했다.

61) 『論語』, 109쪽.

데, 이에 대해 주희는 다음과 같이 주를 달았다.

> 「관저」 시는 후비의 덕이 군자의 짝이 되기에 마땅하니, 구하다 얻지 못하면 오매불망(寤寐不忘)하고 전전반측(輾轉反側)하는 근심이 없을 수 없으며 구하여 얻게 되면 응당 금슬(琴瑟)과 종고(鍾鼓)의 즐거움이 있음을 말한 것이다. 그 근심이 비록 깊지만 화(和)를 해치지 않고 그 즐거움이 비록 성하나 올바름을 잃지 않았기 때문에 부자(夫子)께서 이렇게 칭찬하시고 배우는 자들이 그 말을 완미(玩味)하고 그 소리를 살펴서 성정의 올바름을 알 수 있도록 하고자 하신 것이다.[62)]

이처럼 「관저」는 덕이 있는 군자와 숙녀의 만남을 노래한 시로 이해되어 왔다. 사랑하는 사람을 구하지 못하면 슬프고 사랑하는 사람을 얻으면 기쁜 것이 인간의 본성이다. 하지만 슬프다고 하여 마음을 상하게 해서는 안 되며 기쁘다고 하여 올바름을 잃을 정도에 이르러서는 안 되는바, 중요한 것은 남녀의 관계 속에서 '화(和)'와 '정(正)'을 잃지 않아야 한다는 점이며, 그런 만남은 '군자'와 '숙녀'의 경우에 가능하다는 것이다. 이처럼 「관저」는 남녀의 만남이 극단적인 감정의 치우침으로 나아가는 것에 대한 경계의 메시지를 담고 있으며, 이런 생각은 자연스럽게 '예교'나 '윤리'의 문제와 연결될 수 있는 가능성을 가지고 있었다고 할 수 있다.

그런데 애정전기소설에 등장하는 남주인공과 여주인공은 군자와 숙녀로 형상화되기도 하지만, 재자와 가인으로 나타나는 경우도 많으며, 이에 따라 덕보다는 문장력이 중시되는 경우 또한 많다. 전기소설이라는 양식이 발생한 당대(唐代)에는 여성들이 제한적이나마 사회적인 활동이 가능했고, 정절의 문제도 그다지 중시되지 않았다. 또 당대의 사인(士人)들이 상대하는 기

62) 關雎之詩 言后妃之德 宜配君子 求之未得 則不能無寤寐反側之憂 求而得之 則宜其有琴瑟鐘鼓之樂 蓋其憂雖深 而不害於和 其樂雖盛 而不失其正 故夫子稱之如此 欲學者玩其辭審其音 而有以識其性情之正也(『論語』, 109~110쪽)

녀는 상당한 문학적 소양을 갖추고 있었다. 그러나 모든 여인들이 개방적인 삶이 보장되었다고 보기는 어려우며, 남녀의 혼인은 철저히 문벌제도의 지배를 받았다.63) 이러한 사회적 배경 속에서 생겨난 당대 애정전기에서, 남녀 주인공이 군자·숙녀보다는 재자·가인으로 형상화되는 것은 매우 자연스러운 일이었을 것이다.64)

그런데 군자와 숙녀, 재자와 가인 사이의 거리가 그렇게 먼 것만은 아니다. 군자·숙녀의 만남과 재자·가인의 만남은 오직 그 사람만이 내 배필이 될 수 있다는 생각이 바탕이 된 '지기의 만남'이라는 점에서 공통적이다. 또한 군자·숙녀의 '덕(德)'과 재자·가인의 '재(才)'는 완전히 별개의 자질은 아니며, '재덕(才德)'으로 함께 나타나는 경우가 많다.

군자는 숙녀를 만나야 하고 숙녀는 군자를 만나야 하며, 재자는 가인을 만나야 하고 가인은 재자를 만나야 한다. 그런데 문제는 남녀 간의 만남이 생각처럼 자유로운 게 아니었다는 점에 있다. 유교의 규범은 남성의 사회적 활동에는 별 제한을 두지 않았지만, 여성의 경우, 특히 사대부가 여성의 경우에는 규방 안으로 활동 범위를 제한해 놓았던바, 혼전 남녀의 만남은 생각처럼 쉬운 게 아니었던 것이다. 게다가 유가에서는 육례(六禮)를 갖춘 혼인만을 제대로 된 것으로 인정하고 그렇지 않은 경우는 비윤리적인 것으로 배척하였다. 『맹자』「등문공(滕文公)」하(下)와 『예기(禮記)』「내칙(內則)」에는 다음과 같은 말이 있다.

> 장부가 태어나면 그를 위해 아내가 있기를 원하며 여자가 태어나면 그를 위해 시가(媤家)가 있기를 원하는 것은 부모의 마음인지라 사람마다 다 그런 마

---

63) 최진아, 『환상·욕망·이데올로기, 당대 애정류 전기 연구』(문학과지성사, 2008), 54~63쪽 참조.

64) 위의 책, 167~202쪽에서는 당대 애정류 전기의 유형을 '人神戀愛 유형', '異類相愛 유형', '才子佳人 유형'으로 구분하였다.

음이 있지만, 부모의 명과 중매의 말을 기다리지 않고 구멍을 뚫고 엿보며 담을 넘어 좇아다니면, 부모와 국인들이 모두 천하게 여긴다.[65]

열다섯 살이 되면 비녀를 꽂고, 스무 살이면 시집을 가는데, 연고가 있거든 스물세 살에 시집을 간다. 육례를 갖추어 맞이하면 처가 되고, 그냥 따라가면 첩이 된다.[66]

모든 사랑 이야기가 그렇듯이, 애정전기소설에서도 남녀의 만남에는 장애와 갈등이 있기 마련이다. 예컨대 「이생규장전」에서 이생과 최씨는 서로 짝이 될 만한 이들이라고 일컬어졌지만, 여성의 활동 범위를 규방 안으로 제한해 둔 유교의 규범은 둘을 서로 만나지 못하게 만들었고, 두 집안의 문벌 차이와 빈부 격차라는 현실은 둘 사이의 혼인을 불가능하게 했던 것이다. 때문에 애정전기소설에서는 대개 남주인공 혹은 여주인공이 상대방을 '엿보는' 장면이 설정된다. 이러한 엿보기를 통해 남녀는 상대방에 대해 알게 되고, 나아가 혼전에 부모 몰래 성애를 나누는 관계로 발전한다. 그런데 이 같은 혼전 성관계는 비윤리적인 것이기에 남자는 '단향목을 꺾었다[折檀]'는 꾸중을 당하게 되고 여자는 '이슬에 젖었다[行露沾衣]'는 비난을 듣게 된다.

애정전기소설은 예교에서 벗어날 수밖에 없는 남녀의 사랑 이야기를 다루고 있으므로, 애정전기소설에서 '애정'의 문제는 필연적으로 '윤리' 및 '규범'의 문제와 직결된다. 때문에 「만복사저포기」·「이생규장전」·「하생기우전」에서는 부모 몰래 외간 남자와 결연한 여주인공이 부모에게 사언이나 사륙문의 형식으로 잘못을 토로하는가 하면, 「이생규장전」에서는 이생

65) 丈夫生而願爲之有室 女子生而願爲之有家 父母之心 人皆有之 不待父母之命 媒妁之言 鑽穴隙相窺 踰牆相從 則父母國人 皆賤之(『孟子』, 565쪽)

66) 十有五年而笄 二十而嫁 有故 二十三年而嫁 聘則爲妻 奔則爲妾(『禮記』, 377쪽)

이 부친에게 꾸지람을 듣고 「위생전」에서는 위생이 부친에게 잘못을 고백하는 것이다.

부모 몰래 이성을 만나 성관계를 가지는 일을 '야합'이라고 한다. 정절 이데올로기는 대개 남성보다는 여성에게 강요되기 때문에, 여성의 입장에서 야합은 목숨을 걸고 하는 행위이다. 왜냐하면 정절은 목숨보다도 중요한 가치로 인식되기 때문이다. 야합은 남성보다는 여성에게 치명적인 행동이어서, 그것은 대개 한미한 남주인공 집안과 부귀한 여주인공 집안의 우열 관계를 뒤집어 놓는 결과를 초래한다. 예컨대 「이생규장전」에서 최씨의 부친이 이생의 부친에게 청혼하는 장면이나 「위생전」에서 소숙방의 부친이 위생의 부친에게 청혼하는 장면 등을 보면, 여주인공의 부친이 남주인공의 부친보다 오히려 혼사에 적극적인 태도를 보인다는 사실을 알 수 있는데, 이는 여주인공이 야합으로 인해 정절을 잃은 데서 비롯된 결과이다.

애정전기소설에서 여주인공이 남주인공과 관계를 맺는 이유는, 「주생전」의 선화처럼 억압된 성적 욕망을 해소하기 위해서이기도 하지만, 「이생규장전」의 최씨나 「위생전」의 소숙방처럼 오직 그 사람[이생과 위생]만이 지기의 배필이 될 수 있다는 믿음 때문인 경우가 많다. 이에 애정전기소설에서 야합은, 숙녀·가인이 군자·재자와 '혼인'하기 위한 '권도(權道)'로 인식된다. 이는 귀녀들의 경우에도 마찬가지여서, 「최치원」의 팔랑·구랑, 「만복사저포기」의 여인은 모두 남주인공과의 결연을 '혼인'으로 인식하고 남주인공들을 지아비로 맞아들인 것이다. 「만복사저포기」에서 귀녀는 혼인이라는 큰 윤리를 폐할 수 없다는 생각 때문에 부모에게 고하지 않고 양생을 지아비로 맞아들였던바, 여기서도 야합은 혼인이라는 대의를 위한 권도로 치부되고 있다. 하지만 남녀의 결연이 혼인으로 이어진다고 해도 야합의 비윤리성이라는 문제가 완전히 해소되는 것은 아니다. 때문에 「만복사저포기」에서 여인은 부모에게 잘못을 토로하면서 「건상」과 「상서」를 운운할 수밖에 없었고, 「하생기우전」에서는 하생과 여인의 야합을 적선(積善)으로 전환할 수 있는 논리를 애써 마련해야 했다.

애정전기소설에서 '애정'의 문제는 대개 '윤리' 및 '규범'의 문제와 불가분의 관계에 있는데, 비교적 이 문제에 민감하지 않은 작품이 「주생전」이다. 「주생전」에는 기녀 배도가 등장한다. 천민인 기녀는 '예교'의 적용 대상이 아니었다. 그런데 배도는 자신이 원래부터 기녀가 아니었다는 사실을 주생에게 이야기하며 주생의 아내로 행세하려 한다는 점에서 문제적 인물이라 할 수 있다. 한편 선화는 주생과 결연한 뒤 야합이라는 비윤리적인 행동이 불러올 후환만을 걱정하고 있어, 혼인을 전제로 남주인공과 결연함으로써 당당한 태도를 취하고 있는 「최치원」의 팔랑·구랑, 「만복사저포기」의 여인, 「이생규장전」의 최씨, 「하생기우전」의 여인, 「위생전」의 소숙방과는 구별되는 면모를 보인다. 이처럼 「주생전」은 기녀이면서도 예교를 의식하는 배도, 예교의 굴레에 얽매이지 않는 주생과 선화를 주인공으로 내세움으로써 문제적인 작품이 되었지만, 서술자는 서사의 논리성이나 인과 관계에 대해서는 거의 무관심하다 싶을 정도의 서술 시각을 보인다. 이는 「주생전」의 창작 의도가 서사와 삽입시문의 조화에 놓여 있었기 때문에 생긴 결과로 봄이 타당할 것이다.

「운영전」과 「상사동기」에는 궁녀인 여주인공이 등장한다. 궁녀는 천민이지만 기녀와는 달라서 섬기고 있는 주군에게 '정절'을 지켜야 한다는 의무가 있으며, 궁녀의 신분에서 벗어나지 않은 상태에서 다른 남자와 결연한다면 이는 곧 '훼절'로 인식되었다. 이 점에서 운영과 영영은 모두 훼절한 죄인이라 할 수 있으며, 그녀들은 남주인공들과의 관계가 혼인으로 이어지기 어렵다는 사실을 알고서도 그들과 정을 나누었던 것이다. 하지만 「운영전」과 「상사동기」는 각각 비극적 결말과 행복한 결말이라는 상이한 방식의 결구를 보여준다. 「운영전」에서 운영은 정절을 지켜야 할 대상인 안평대군이 엄연히 존재하는 상태에서 자신이 저지른 죄가 발각되었기 때문에 자결할 수밖에 없었다. 이에 반해 「상사동기」에서 영영은 김생과 정을 나눔으로써 회산군에게 죄를 지었지만 그 일이 회산군에게 알려지지 않았고, 회산군의 사후 궁녀의 신분에서 벗어나 김생의 첩이 되었으므로 회산군의 시녀로 있었을 때의 일은 문제시되지 않았다.

이처럼 한국 애정전기소설은 혼전 남녀의 연애에서 생겨날 수밖에 없는 '윤리' 및 '규범'과 관련된 문제들에 대단히 민감하다는 특징이 있는데, 이는 당대 전기소설이나 『전등신화』 같은 명대 전기소설과 구분되는 한국 애정전기소설의 독특한 면모라고 할 수 있다. 당대에는 수도인 장안(長安)을 중심으로 기루(妓樓) 문화가 발달하였고, 도덕성이 전반적으로 쇠퇴해 있었다고 한다. 때문에 당대에는 「유선굴」처럼 성애를 중점적으로 다룬 작품들도 창작될 수 있었던바,[67] 당 전기가 '예교'의 문제에 민감하지 않은 것은 당대의 사회적 배경과 관계가 있는 것으로 보인다. 한편 명대의 『전등신화』는 당 전기에 비해 좀 더 '예교'의 문제에 관심을 두고 있으나, 혼전 남녀의 성관계라는 비윤리성을 지속적으로 문제 삼고 있지는 않다.[68] 반면에 한국 애정전기소설은 전반적으로 '예교'와 '윤리'의 문제에 민감하다는 특징을 보이는데, 이는 한국과 중국의 문화적 차이에서 기인한 결과로 볼 수도 있지만, 기본적으로는 한국 애정전기소설의 애정이 주제의식을 전달하기 위한 장치로 설정된 데서 비롯된 결과로 볼 수 있다. 「최치원」·「만복사저포기」·「이생규장전」·「하생기우전」·「위생전」에서 남녀 주인공의 만남 장면을 보면, 여주인공들은 모두 남주인공과의 '혼인'을 전제로 성관계를 가지는데, 이런 모습은 중국 전기소설에서는 많이 보이지 않는다. 그리하여 한국 애정전기소설의 애정은 남녀 간의 사랑 그 자체가 아닌 현실 세계에서의 고독[「최치원」·「만복사저포기」], 부부 간의 절의[「이생규장전」·「위생

---

67) 唐代의 성문화에 대해서는 R. H. 반훌릭(장원철 역), 『중국 성풍속사』(까치, 1993), 212~267쪽 참조.

68) 「연방루기」에서 蘭英과 蕙英이 鄭生에게 자신들의 행동을 '鑽穴'로 규정하는 장면 정도를 그 예로 꼽을 수 있다.

전」], 유자로서의 떳떳한 행동[「하생기우전」] 같은 주제를 우의하게 되는바, 한국 애정전기소설에서 '윤리'와 '규범'의 문제가 부각되는 이유도 이 같은 우의적 성격과 밀접한 관계가 있다고 볼 수 있다.

한국 애정전기소설에는 비극적 결말로 마무리되는 작품이 많다. 이에 「하생기우전」과 「상사동기」의 행복한 결말은 작위적이거나 안이한 방식이며 전기소설 일반 관습에서 볼 때 자연스럽지 않다는 견해가 제기되기도 했다.[69] 이 글에서 논의의 대상으로 삼은 애정전기소설 작품들 가운데 비극적 결말을 보이는 작품은 「최치원」·「만복사저포기」·「이생규장전」·「위생전」·「운영전」이고 행복한 결말로 마무리되는 작품은 「하생기우전」·「상사동기」이며, 「주생전」의 결말은 비극적 성격이 강하다.

한국 애정전기소설의 비극성은 '여주인공의 죽음'에서 비롯된다. 여주인공이 애초부터 귀신이었거나 죽임을 당한 경우, 혹은 죽어서 귀신으로 나타난 경우 남주인공과 여주인공은 필연적으로 이별할 수밖에 없는데, 이때 남주인공은 여주인공과 헤어진 후 여인의 뒤를 따라 죽거나 속세를 떠나 '부지소종(不知所終)'한다.

남주인공이 그 동안 살고 있던 세계를 버리는 까닭은, 너무나 당연한 말이겠지만, 이 세상에 있어야 할 이유가 없기 때문이다. 애정전기소설에서 남녀 주인공이 추구하는 가치는 오로지 애정의 성취에 놓여 있다. 그들은 사랑 이외의 가치를 추구하는 법이 없으며 다른 일에 몰두하지도 않는다. 이는 애정전기소설이 대개 단편의 분량으로 창작된 데 기인한 결과이기도 하지만, 애정이 생의 다른 가치들까지 두루 포함하거나 대변하기 때문이기도 하다. 바로 이 지점에서 애정전기소설은 작자의 '우의'를 담아내는 양식으로 기능하게 된다.[70]

69) 박희병, 「전기적 인간의 미적 특질」(『한국전기소설의 미학』, 돌베개, 1997), 40~41쪽.
70) 윤재민, 「전기소설의 성격」(『한국한문학연구』 19, 한국한문학회, 1996), 352~364쪽에서 애정전기소설에서 남주인공이 '知己나 知音을 만나는 형식'이 곧 사대부 문인지식층의

「최치원」과 「만복사저포기」는 소외되고 고독한 남주인공이 귀녀를 만나 사랑을 나누는 이야기다. 귀녀는 한시적으로 남주인공과 만나 유폐된 공간에서 사랑을 나눈 후에는 다시 저세상으로 돌아가야 한다는 '운명'에 얽매여 있기에, 인간인 남주인공과 귀신인 여주인공의 만남은 이별이 전제된 만남이다. 때문에 「최치원」의 최치원과 「만복사저포기」의 양생은 귀녀와의 결연이 혼인임을 인정하지 않고, 여인들을 희롱하는 모습을 보인다. 왜냐하면 귀녀와의 혼인을 인정한다는 것은 곧 이 세상의 살아 있는 여인 가운데는 자기의 배필이 있지 않다는 사실을 인정하는 것이기 때문이다. 하지만 최치원과 양생은 귀녀와 혼인할 수밖에 없다는 운명을 끝내 받아들이는데, 거기에는 여인의 비극을 자신의 불행과 동일시하는 사고가 깔려 있다. 지기의 남편을 만나지 못해 자결한 「최치원」의 팔랑·구랑과 중문을 나설 수 없다는 중세 규범의 강요 때문에 목숨을 잃게 된 「만복사저포기」의 여인은, 골품제 사회 속에서 능력을 발휘하지 못한 최치원 및 혼인의 나이가 되도록 장가도 들지 못한 양생과 동질적이라 할 수 있는 아픔을 겪은 이들이다. 이에 「최치원」과 「만복사저포기」는, 최치원과 양생의 고독 및 소외를 중세적 규범의 강요로 인해 목숨을 잃게 된 여인들의 비극으로 형상화하고, 나아가 실존인물 최치원 및 「만복사저포기」의 작자인 김시습의 불우를 이 세상에서는 배필을 찾을 수 없는 남주인공의 형상으로써 우의한 작품으로 읽을 수 있는 것이다.

애정전기소설의 우의적 성격은 「이생규장전」에서도 읽어낼 수 있다. 이생은 최씨에게서 남성인 자신도 실천하지 못한 '절의'라는 가치를 발견하고 자괴감(自愧感)을 느꼈기 때문에 더 이상 세상에 존재할 이유가 없었던바, 이는 작자 김시습의 '사육신의 절사'에 대한 부채(負債)의 감정과 연결될 수 있다. 한편 「위생전」은 「이생규장전」과 비슷한 비극적 결말로 마무리되

사회적·정치적 욕망의 문학적 형식화임을 지적했다.

지만, 이 작품에서는 남녀의 애정에 담긴 어떠한 우의나 주제의식을 찾아보기 어렵다. 그 이유는 「위생전」이 「주생전」의 서사에 대한 불만을 가진 작자가 여러 가지 무리를 범하며 창작한, 완성도가 떨어지는 작품이라는 데 있다.

「운영전」의 비극적 성격은 다른 작품들과는 좀 다른 차원에서 논의될 필요가 있다. 김진사와 운영의 사랑은 죽음이라는 비극으로 마무리되므로, 김진사와 운영의 이야기만 보면 「운영전」도 여타 애정전기소설과 동일한 비극적 결말이다. 그러나 김진사와 운영은 원래 천상의 선관·선녀로서 죄를 범하여 적강(謫降)한 인물인데, 인세(人世)에서의 고락을 거친 후에는 다시 천상에서 만나 이 세상의 행복과는 비할 수 없는 기쁨을 영원히 누리고 있다. 물론 이 같은 적강 모티프로 인해 김진사와 운영의 사랑 이야기가 가지고 있는 비극적 성격이 감소하는 것은 아니다.[71] 필자는 「운영전」의 적강 모티프 수용이 안평대군의 비극을 부각시키는 효과를 불러일으킨다고 생각한다. 「운영전」에서 몽유자 유영은 전란으로 인해 폐허가 된 안평대군의 수성궁에서 김진사와 운영을 만나 그들의 과거사를 듣는다. 꿈에서 깨어난 유영은 김진사가 기록한 책자를 거두어 집으로 돌아오고, 때때로 그것을 펼쳐

---

71) 정규복, 「운영전의 제문제」(『한국고소설사의 연구』, 한국연구원, 1992), 202쪽에서 "이와 같이 「운영전」의 작자와 작품의 비극성을 강조키 위해 운영과 김진사의 悲譚을 소재로 하여 소설을 엮으면서도, 여실하게 주인공의 戀死로 종결을 짓지 못하고 다시 蛇足을 달아 주인공들의 사후 永樂譚을 덧붙여 놓은 것은 우리 고소설 작가의 勸善的인 해결의식의 강한 결과이며, 비극 가운데도 시원한 해결을 보아야만 만족하는 李朝人들의 값싼 鑑戒的인 비극감정의 소산일 것이다."라고 하여 「운영전」이 비극적 결말을 보이는 작품이 아니라고 하였다. 한편 정길수, 「운영전의 메시지」(『고소설연구』28, 한국고소설학회, 2009), 98쪽에서는 "'적강 모티프'는 어떻게 해석할 수 있을까. 역시 메시지의 심각성과 작품 전반에 깔린 비극성을 다소나마 상쇄할 목적에서 고안된 것이라 본다. 현실세계에서 이루지 못한 사랑을 천상계에서 이루어 주는 한편, 이들이 겪은 시련은 본래 천상계 존재가 인간 세계로 유배 와서 겪도록 예정된 고난일 뿐이라는 설정에 의해 이 작품에서 제기하고 있는 문제의 핵심으로부터 초점을 분산하는 효과를 노리고 있는 것이다."라고 하였다.

보다가 망연자실하여 침식을 전폐하며, 이후 명산을 유람하다가 부지소종한다. 이처럼 「운영전」은 남주인공 김진사가 여주인공 운영을 따라 세상을 떠난다는 점에서 보면 여타 애정전기소설과 비슷하지만, 몽유자 유영이 부지소종한다는 점에서 다른 작품들과 차이가 있는 것이다. 그런데 유영은 연애 사건의 당사자가 아니므로 그가 인세를 떠난 일은 김진사 · 운영의 사랑 이야기와는 직접적인 관계가 없다. 유영과 김진사 · 운영을 매개하는 고리는, 유영이 찾아간 곳이 바로 안평대군의 옛집인 수성궁이라는 점에 있다. 유영이 만난 김진사와 운영은 세상에서 죄를 지은 후 스스로 목숨을 끊은 이들이었지만, 그들은 원래 천상의 선관 · 선녀였다는 이유로 이승에서 못다 한 인연을 천상에서 영원토록 이어가고 있다. 그런데 안평대군은 어떠한가? 안평대군 시절을 성시(盛時)로 기억하고 있는 유영의 앞에 펼쳐진 것은 '폐허'가 된 수성궁의 모습뿐이며, 거기서는 안평대군 성시의 '흔적'조차 찾아볼 수가 없다. 그리고 안평대군 시절의 일을 이야기하고 있는 운영과 김진사의 진술 속에서도 안평대군의 '모습'은 뚜렷하게 포착되지 않는다. 이처럼 「운영전」은 적강 모티프를 수용하여 천상에서 영원한 '행복'을 누리고 있는 운영과 김진사의 모습을 보여줌으로써, 이제는 그 '자취'조차 찾아볼 수 없게 된 안평대군의 '비극'을 상대적으로 부각시키고 있는 것이다.

한국 애정전기소설 가운데 행복한 결말로 마무리되는 작품은 「하생기우전」과 「상사동기」이다. 「하생기우전」과 「상사동기」는 여주인공의 죽음으로 작품이 끝나지 않음으로써 다른 애정전기소설과는 달리 해피엔딩을 보여준다. 이에 「하생기우전」의 결말 방식을 두고 훗날 군담소설에서 볼 수 있는 그것과 같다는 평가가 있기도 했지만,[72] 실상은 그렇지 않은 듯하다. 일반적으로 해피엔딩은 독자의 기대에 부응하는 결말 방식이므로 다분히 통속적이라고 생각하기 쉬우나, 「하생기우전」은 한국 애정전기소설 가운데

72) 박희병, 앞의 논문, 40~41쪽.

우의적 성격이 가장 뚜렷한 작품이다. 앞서 보았듯이 「하생기우전」은 '명이'의 시절이 지나고 '가인'의 시절이 도래하리라는 믿음, 그것을 위해 유자가 해야 할 일이 무엇인지에 대한 작자 신광한의 고민을 한미한 집안 출신 선비의 성공담으로 형상화한 소설이다. 때문에 작품 속에서 벌어지는 하생과 여인의 사랑 이야기는 하생이 겪는 성취 과정의 한 부분으로서 의미를 가질 뿐이다. 또한 남녀 주인공의 혼인과 자손의 현달이라는 해피엔딩은 주제의식의 연장선상에서 서술된 것일 뿐이며, 후대 통속소설이 보여주는 행복한 결말과는 거의 관계가 없다고 보아도 무방하다.

「상사동기」는 해피엔딩이지만 「하생기우전」과는 다른 층위에서 이해해야 하는 작품이다. 「상사동기」에 나오는 영영과 김생의 사랑 이야기에서 작자의 우의를 읽어내기는 어려우며, 「상사동기」가 말하고 있는 바는 작품에 형상화된 '남녀의 사랑' 그 자체이다. 남녀 간에 생기는 사랑의 감정은 상황에 따라 변하기도 하며 사랑의 성취 과정에는 우여곡절이 적지 않은 게 우리 삶의 모습이다. 「상사동기」는 현실에서의 사랑 그 자체를 담아내려다 보니, 자연스럽게 전기소설의 자장에서 벗어나 남녀 간의 사랑을 보다 핍진하게 묘사한 재자가인소설에 가까워질 수밖에 없었다고 할 수 있다.

「주생전」은 주생과 선화의 이야기만은 아니고, 주생과 배도의 이야기이기도 하므로, 「주생전」 서사의 결말을 논할 때에는 주생과 배도 이야기의 결말까지 다루어야 한다. 「주생전」에서는 여주인공인 배도가 병사하므로 이미 비극적 결말이고, 주생과 선화는 비록 죽지는 않지만 둘이 헤어진 상태에서 작품이 마무리되므로 역시 비극적 성격이 강하다. 「주생전」은 「곽소옥전」과 「앵앵전」의 영향을 받은 작품인데, 「주생전」이 「곽소옥전」·「앵앵전」과 다른 점은 남주인공의 이기적 욕망이 문면에서 소거되었다는 사실이다. 「곽소옥전」에서 곽소옥의 죽음, 「앵앵전」에서 앵앵과 장생의 이별은 모두 남주인공의 이기적 욕망이 불러온 것이며, 이는 작품의 문면에 드러나 있다. 그에 반해 「주생전」에서는 배도가 느닷없이 병사하고, 갑자기 임진왜란이 일어나 주생이 선화와 이별하는바, 이에 주생은 가혹한 운명[질병 · 전란]의 피해자인 것처럼 형상화되어 있지만, 배도의 병사와 임진왜란의 발발은 결국 남주인공의 이기적 욕망을 은폐하고 서사를 비극적으로 마무리하기 위해 설정된 서사적 장치로 볼 수 있다. 한편 「주생전」의 결말은, '주생과 배도 · 선화 이야기'의 결말이라기보다는 '주생과 선화 이야기'의 결말이라고 할 수 있으니, 「주생전」 말미의 '나'라는 서술자의 등장과 여색(女色)에 대한 경계 등은 모두 이미 「앵앵전」에 있었던 것들이며, 「주생전」의 결말 역시 「앵앵전」의 그것을 변용했을 뿐이다.[73)]

이상으로 애정전기소설에 나타난 '애정'의 양상을 '애정과 규범과의 관련 양상' 및 '결말의 방식'을 통해 살펴보았다. 한국 애정전기소설에서 남녀 주인공의 연애 대상은 오직 한 사람의 지기이고 그에 대한 사랑의 감정은 변하는 법이 없으며, 사랑이란 목숨을 버리면서까지 지켜내야 할 최고의 가치로 그려지는 것이 보통이다. 그러나 이러한 사랑은 현실 세계에서 실제로 벌어지는 남녀의 사랑과는 거리가 있는, 비현실적인 사랑이다.[74)] 요컨대 한국 애정전기소설은 남녀의 애정을 다루었지만 남녀 간의 '애정' 그 자체를 이야기하고자 한 것은 아닌 경우가 많으며, '애정'은 대개 생의 다른 가치들까지 두루 포함하거나 대변하는 상징적 의미를 지녔던 것이다. 그리하여 한국 애정전기소설에서 애정은 사회적 성취의 문제와 불가분의 관계에 놓이게 되며, 이는 결국 작자의 우불우(遇不遇)를 우의하게 되는 것이다.[75)]

---

73) 애정전기소설의 결말 구조에 대한 필자의 생각은 엄태식, 「애정전기소설의 서사 문법과 결말 구조」(『동양학』 53, 단국대학교 동양학연구원, 2013)에서 상세히 논하였다.

74) 여기서 사용한 '비현실적'이라는 말이 현실 세계에서 전혀 일어날 수 없다는 의미는 아니다. '비현실적'이라는 말은 현실 세계에서 일어날 가능성이 무척 적은 경우에도 사용할 수 있는바, 여기서의 '비현실적'이라는 말은 현실 세계의 논리를 뛰어넘는다는 의미의 '초현실적'이라는 말과 다른 뜻임을 밝혀 둔다.

75) 작자의 '遇不遇'는 작품 속에서 '남녀 주인공의 결연 여부' 혹은 '결말의 방식'으로 형상화된다. 「최치원」과 「만복사저포기」는 실존인물 최치원과 「만복사저포기」의 작자 김시습의 '不遇'를 이 세상에서는 짝을 만나지 못하는 남주인공의 형상으로 우의하였다

이 같은 애정의 양상은 나말여초~16세기 작품에서는 거의 흔들림 없이 고수된다. 그러다가 17세기 애정전기소설에 이르러 균열을 보이는데, 「주생전」과 「운영전」에서는 남녀의 삼각관계가 그려지고 「상사동기」에서는 사랑의 감정이 사정에 따라 변하는[情隨事變] 모습이 포착된다.76) 이를 두고 전기소설의 일반적 면모에서 벗어났다고 해석할 수도 있으나,77) 이 같은 변화는 17세기에 이르러 한국 애정전기소설이 비로소 남녀 간의 '사랑' 그 자체를 다루기 시작한 데서 기인한 결과로 보아야 할 것이다. 17세기 애정전기소설에서 남녀 주인공은 이전 시기 애정전기소설의 남녀 주인공처럼 만남 후에 곧바로 결연하지 못하며, 남녀 주인공이 서로 결연하기까지 생겨나는 우여곡절이나 장애 요소들이 보다 사실적으로 그려진다. 이에 따라 17세기 애정전기소설에서는 애정담의 흥미성이 강화되는데, 그 결과 애정의 우

는 점에서 동질적이라고 할 수 있다. 이에 반해 「이생규장전」과 「하생기우전」은 서로 대조적인 면모를 보인다. 「이생규장전」의 전반부는 이생과 최씨의 결연담이므로 여기까지만 보면 '遇'를 형상화했다고 볼 수도 있다. 그러나 「이생규장전」의 후반부에서 이생과 최씨는 끝내 현실계에서의 사랑을 이어나가지 못하는바, 작품 전반부의 결연담은 결국 '遇'를 말하고자 한 것이 아니라 '不遇'의 심각성을 드러내기 위한 설정이었던 것이다. '遇→不遇'의 서사 전개를 보이는 「이생규장전」과 달리 「하생기우전」은 '不遇→遇'의 서사 전개를 보이므로, 「하생기우전」은 작자 신광한의 '遇'를, 보다 정확히 말하면 '遇에의 희망'을 다룬 작품이라고 할 수 있다. 이처럼 나말여초~16세기 애정전기소설에서 작자의 '遇不遇'의 형상화는 '남녀 주인공의 결연 여부', 바꾸어 말하면 '여주인공의 生死 여부' 또는 '결말의 방식'에 따라 구별된다는 특징이 있다. 결국 이 시기 애정전기소설의 작자들에게 있어 '귀신과의 결연[만남]'은 작자의 '不遇'를 형상화하는 공통적인 소재였다고 할 수 있다. 그들은 '인간인 남주인공과 귀신인 여주인공의 결연[만남]'이 현실계에서 일어날 수 있는 일이라는 생각을 가졌기 때문에 귀녀가 등장하는 소설을 쓴 것이 아니라, 그러한 만남은 실제로 일어날 수 없는 일이라고 생각했기 때문에 귀녀가 등장하는 소설을 창작하여 자신의 '遇不遇'를 빗대었던 것이다.

76) 단 「위생전」은 17세기 애정전기소설임에도 불구하고 예외적으로 나말여초~16세기 애정전기소설의 '애정 공식'을 충실히 따르는 것처럼 보이기도 한다. 하지만 이 같은 「위생전」의 면모가 억지스럽다는 점은 앞서 논하였으므로, 여기서 다시 거론하지는 않는다.

77) 박희병, 앞의 논문, 36~41쪽에서 전기적 인간의 특징으로서 '고독감'을 들었다. 이에 전기소설의 남녀 주인공은 상호간의 교감에 의한 지고지순한 사랑을 하게 되는데, 이 때문에 둘 사이에 제3자가 개입되는 일은 일어나지 않는다고 하였다.

의적 성격은 상당히 줄어들게 되며, 이제 '애정'은 더 이상 애정 이외의 다른 가치들을 포함하거나 대변하기 어렵게 된다. 이와 같은 변화는 기본적으로 통속의 영역에 속하는 소설의 본질을 충실히 드러내는 자연스러운 현상이었던 것이다.

'기(奇)'에 대한 인식과 그 의미

전기(傳奇)는 당나라 때부터 창작되기 시작한 일군의 문언소설을 일컫는 용어인데, 원진(元稹)의 「앵앵전」을 '전기(傳奇)'로 칭한 사례가 있고 배형(裴鉶)의 저작인 『전기(傳奇)』에서 비롯된 말이라고 보기도 한다. 그런데 전기는 흔히 말하는 당대의 전기 또는 전기소설을 지칭하는 용어로만 사용된 것은 아니어서, 역사적으로는 송대(宋代)의 제궁조(諸宮調), 원대(元代)의 잡극(雜劇), 명대(明代)의 희곡 등을 '전기'로 일컫기도 했다. 전기는 후대에 이르러 위진남북조 시대의 지괴와 구분하기 위한 당대 문언소설의 범칭으로 일반화되었다.78)

전기소설(傳奇小說)이라는 용어에 들어 있는 '전기(傳奇)'라는 말은 '기(奇)를 전(傳)한다'는 뜻이다. 전기의 '기(奇)'는 위진남북조에 성행했던 지괴(志怪)의 '괴(怪)'와 구별되기도 하는데, '괴'가 '도리에 맞이 않음[不經]', '일반적이지 않음[不常]'의 의미가 있다면 '기'에는 '짝이 없을 정도임[不偶]', '올바르지 않음[不正]'의 의미가 있다고 해석된다.79) 또 '기'를 '정사

78) 傳奇의 개념과 성격에 대해서는 장효현, 앞의 논문, 4쪽; 윤재민, 앞의 논문, 333~336쪽; 소인호, 『한국전기문학연구』(국학자료원, 1998), 20~44쪽; 조관희, 「서사적 관점에서 본 중국 소설의 연변」(『중국소설론고』, 중국학@센터, 2000), 178~190쪽; 김진곤, 「중국 소설 연구 서설」(『이야기, 小說, Novel』, 예문서원, 2001), 53~59쪽; 程毅中, 「여러 문체를 겸비한 당대 전기」(『중국고대소설의 유파』, 중문, 2002); 홍상훈, 『전통 시기 중국의 서사론』(소명출판, 2004), 169~178쪽; 서경호, 『중국소설사』(서울대학교출판부, 2004), 201~234쪽; 최진아, 앞의 책, 64~81쪽 등을 참조할 수 있다.

79) 怪表示不經不常的 而奇表示不偶不正的(王鳳陽, 『古辭辨』, 吉林文史出版社, 1993, 973쪽)

(正史)에 들지 못한 것'으로 보아 제재상 정사에 기재되기는 좀 무리가 있는 사실을 전(傳)의 형식을 빌려 적는다는 뜻으로 보는 견해도 있다.[80]

이처럼 전기는 대개 지괴와의 관련 속에서 그 의미가 규정되었는데, '전(傳)'과 '지(志)', '기(奇)'와 '괴(怪)' 사이에는 상대적인 의미의 차이가 존재한다. 호응린은 "기이한 이야기는 육조(六朝)에 성행하였는데 대부분 어그러진 것들을 전하고 기록했으나 반드시 다 허구적인 것은 아니다. 당나라 사람들에 이르러서는 작의호기(作意好奇)하여 소설을 빌려 붓끝에 부쳤다."[81] 라고 하였고, 노신(魯迅)은 당대에 이르러 비로소 의식적으로 소설을 짓게 되었다고 했는데 호응린이 말한 '의식적으로[作意]'나 '허구의 활용[幻設]'이 곧 의식적인 창작을 뜻한다고 했다.[82] 호응린의 말을 두고 당 전기의 창의성을 지나치게 강조하는 뜻으로 해석해서는 곤란하다는 견해도 제출되었지만,[83] '지'와 '전' 사이의 의미 차이는 비교적 분명하다고 할 수 있다. 즉 '지'가 사건을 '기록한다'는 소극적인 의미라면, '전'에는 보다 적극적으로 독자에게 '전한다'는 의미가 담겨 있는 것이다.

그렇다면 '괴'와 '기' 사이에는 어떤 차이가 있는가? '괴(怪)'는 '괴이(怪異)'이고 '기(奇)'는 '기이(奇異)'인데, 여기서 '이(異)'는 곧 '이상(異常)'이다. 따라서 '괴'와 '기'는 '상(常)'과의 관련 속에서 의미를 가지는 말이라고 할 수 있다. 전자가 '초현실적'인 것이라면 후자는 '비현실적'인 것이라 할 수 있는데, 둘 사이의 차이점은 '상'에서의 실현 가능성에 달려 있다. '괴'는 현실의 논리로는 해명 불가능하며 실제로는 일어날 수 없다고 여겨지는 일을 일컬을 때 사용한다. 그리고 '기'는 현실에서 일어날 가능성이 전혀 없지

80) 최진아, 앞의 책, 66쪽.

81) 凡變異之說 盛於六朝 然多是傳錄舛訛 未必盡幻設語 至唐人乃作意好奇 假小說以寄筆端(胡應麟, 『少室山房筆叢』, 上海書店出版社, 2009, 371쪽)

82) 魯迅(조관희 역주), 앞의 책, 158~159쪽.

83) 홍상훈, 앞의 책, 169~178쪽 참조.

는 않지만 좀처럼 일어날 수 없는 사건을 가리킬 때 쓴다. 때문에 '괴이한 사건[怪]'은 '기록[志]'하는 데 중점이 놓이고 '기이한 사건[奇]'은 그것의 인과 관계를 설명하여 독자에게 '전달[傳]'하는 데 목적이 놓이게 되며, 전자는 설화의 영역에 머무르는 경우가 많고 후자는 소설의 영역으로 진입할 가능성을 내포하고 있는 것이다. 그런데 전기 혹은 전기소설에는 '기'에 해당하는 비현실적인 사건만 나오는 것이 아니라, '괴'에 해당하는 초현실적인 사건도 등장한다. 따라서 '전기·전기소설'에서의 '기'는 협의의 '괴'와 협의의 '기'를 두루 포괄하는 광의의 '기'라고 할 수 있다.

그런데 '기'는 누구의 감정인가? 작자 혹은 독자, 아니면 등장인물이 느끼는 감정인가? 이에 대하여 "기이의 판단은 임의의 독자의 몫이 아니라 인물의 것이며, 이때 인물이 지닌 일상에 대한 개념과 이에 따른 기이의 의식은 독자의 것을 내포한다."[84]라는 견해가 있다. 하지만 전기소설 가운데 등장인물이 '기이함'이라는 감정을 느끼고 이에 따라 머뭇거리는 모습이 문면에 드러난 작품은 그다지 많지 않다는 데 문제가 있다. 이 글에서 다룬 작품 가운데는 「만복사저포기」 정도에서만 등장인물의 머뭇거림이 구체적으로 드러날 뿐 다른 작품에서는 그런 모습을 발견하기 어려운바, 기실 '머뭇거림'은 「만복사저포기」에서만 독특하게 나타나는 미적 특질로 볼 수도 있는 것이다.[85]

필자는 전기소설에서의 '기'는 '작자'나 '독자'가 느끼는 감정으로 이해할 필요도 있다고 생각한다. 작자의 입장에서 본다면 그것은 '기를 전한다'는 '창작 의도'의 층위에서 논의되어야 하고, 독자의 입장에서 본다면 그것은 작품을 읽은 뒤에 느끼는 '기이한 감정'이라는 '수용 태도'의 층위에서 논의

84) 이정원, 「전기소설에서 전기성의 변천과 의미」(『한국고전여성문학연구』 6, 한국고전여성문학회, 2003), 368쪽.

85) 「만복사저포기」의 머뭇거림이 「녹의인전」의 의심 모티프를 미학적 차원으로 끌어올린 결과라는 점은 앞서 논한 바 있다.

되어야 한다. 또한 전기소설의 '기'는 단순히 소재적인 면에서 비롯되는 것만은 아니며, 구성이나 문체 등의 측면과도 관계가 있다고 할 수 있다.

이와 더불어 중요하게 고려해야 할 사항은, 우리가 사용하는 '전기소설'이라는 용어는 현대의 연구자들이 명명한 '학술 용어'라는 점이다. 전기소설은 '작가의 창작성 및 문식(文飾)의 가미'와 '사회현실의 보다 풍부한 반영',[86] 문학적 관습으로서의 '닫힌 시공·액자구성·의인화 수법·공식적 어투'와 미학적 기저로서의 '머뭇거림',[87] '문체' 및 '서사와 서정의 결합방식',[88] 사대부 문인지식층의 꿈과 원망(願望)의 반영[89] 등의 측면에서 특징적 면모를 보이는 일군의 소설 양식을 일컫는 말이며, 그 양식적 특징에 대한 합의는 아직까지 이루어지지 않았다. 우리가 전기소설로 일컫는 작품들이 과연 '기'를 전하는 데 목적을 두고 창작되었는지, 만약 그렇다면 그 '기'는 소재·구성·문체 가운데 어디에 중심이 놓여 있는 것인지 등의 문제는 개별 작품들의 분석을 통해 밝혀져야 하며, 그 같은 분석의 과정을 거치지 않은 상황에서 전기소설이 '기이하기 때문에 전한다'는 의식하에 창작된 소설이라고 말할 수는 없다.

나말여초~16세기 애정전기소설에는 생사의 경계를 넘나드는 여주인공들이 등장한다. 죽은 사람이 산 사람 앞에 모습을 드러낸다든지[「최치원」·「만복사저포기」·「이생규장전」], 죽은 사람이 다시 살아난다든지[「하생기우전」] 하는 사건들은 현실에서 일어날 수 없는 괴이한 사건이다. 따라서 이 작품들은 일단 소재적인 측면에서 '기'에 해당할 수 있는 요소들을 가지고 있다고 말할 수 있다. 그런데 문제는 과연 이 작품들이 기이함의 전달을

86) 임형택, 「나말여초의 전기문학」(『한국문학사의 시각』, 창작과비평사, 1984), 22쪽.
87) 신재홍, 「초기 한문소설집의 전기성에 관한 반성적 고찰」(『관악어문연구』 14, 서울대학교 국어국문학과, 1989), 132~146쪽.
88) 박희병, 「전기소설의 문제」(『한국전기소설의 미학』, 돌베개, 1997), 16~17쪽.
89) 윤재민, 「전기소설의 인물 성격」(『민족문화연구』 28, 고려대학교 민족문화연구소, 1995), 64쪽.

위해 창작되었으며, 서술 시각이 기이함의 부각에 놓여 있는가 하는 점이다. 이에 대해 박일용은 다음과 같은 견해를 제시하였다.

> '전기계 소설'에서는 서술시각의 초점이 현실세계의 갈등을 부각시키고 그것의 극복에 대한 열망을 표현하는 데 놓이기 때문에, 현실세계의 질곡과 그러한 질곡에 대하여 문제 제기적 세계관을 가지고 행동하는 인물의 행위 및 내면 심리를 구체적으로 형상화하게 된다. 그리고 그러한 인물의 문제 제기적 행위 및 심리를 야기시키는 객관세계로서의 환경이 구체적으로 형상화되게 된다. 그런데 전기계 소설에서는 서술자가 인물을 통해 문제 제기적으로 제시한 현실세계의 질곡을 극복할 수 있는 전망을 현실적인 차원에서 획득해내지 못하기 때문에, 비현실적인 모티프를 빌려서 그것의 극복에 대한 낭만적인 열망을 드러내는 것이다.[90]

'전기계 소설'[91]에 나타난 기이는 곧 작자층의 현실적 전망 부재를 상징적으로 드러내는바, 이는 곧 지괴·설화와는 다른 전기소설의 양식적 특징과도 밀접한 관계가 있는 것이다. 이와 같은 논리에 의하면 전기계 소설은 "조선 초기 비판적 지식인이 현실 세계에서 느끼는 소외 의식 및 그에 입각한 당대 질서에 대한 비판적 세계관의 서사적 표현 양식"[92]이라는 결론에 도달하게 되는데, 필자는 이 같은 견해에 대체로 동의한다. 다만 개별 작품 간의 차이를 보다 섬세하게 가려내고, 나말여초~16세기 애정전기소설을 '우의'로 읽어낼 수 있는 근거를 설명할 필요는 있다고 생각한다.

앞서 언급했듯이 「최치원」·「만복사저포기」·「이생규장전」·「하생기우전」에는 초현실적 사건들이 나타난다. 그렇기 때문에 작품 자체만 놓고 본

---

90) 박일용, 앞의 논문, 83쪽.

91) 여기서 말한 '전기계 소설'은 이 글에서 다루고 있는 「최치원」·「만복사저포기」·「이생규장전」 등을 대상으로 한 용어이다.

92) 박일용, 앞의 논문, 85쪽.

다면 이 작품들의 창작 목적이 '기'를 전하는 데 있다고 볼 수도 있다. 그런데 여기서 말하는 '기'란 작품이 창작되고 향유되는 당대의 작자와 독자가 느꼈으리라고 여겨지는 그것이다. 기실 당대의 독자와 작자들이 이 작품들을 어떤 의식하에서 창작하고 받아들였는지 정확히 알 수는 없다. 특히 독자의 경우 개개인에 따른 차이가 매우 심할 것이므로 일관된 기준을 적용하기 어렵다. 하지만 전기소설은 대개 한문학적 소양이 바탕이 된 문인들의 창작인바, 독자들도 기본적으로는 작자와 거의 동일한 수준의 지식과 견문을 가진 이들로 보아야 할 것이다.

전기소설의 작자나 독자가 가질 수 있는 '기(奇)'라는 감정은 '초현실적'이고 '비현실적'인 사건으로부터만 비롯되는 것은 아니며, '새로움'도 갖추고 있을 때 생겨나는 느낌이기도 하다. 전기소설 가운데는 '인귀교환(人鬼交歡)'을 내용으로 하고 있는 작품이 무척 많다. 사람과 귀신의 사랑 이야기를 다룬 최초의 작품은 그 소재만으로도 독자들에게 신선함과 기이함이라는 느낌을 주었을 수 있다. 하지만 그 이후에 창작된, 인귀교환을 다룬 작품들은 이전의 작품들과는 다른 어떤 '요소'들이 더해졌을 때 독자들에게 '기'를 전할 수 있는 가능성이 보다 높아질 것이라고 생각할 수 있다. 후행하는 작품이 선행하는 작품과 비교하여 전혀 새로운 점을 보여줄 수 없다면, 그 작품은 아무리 소재적으로 기이한 내용을 다루고 있다 하더라도 더 이상 독자들에게 '기'를 전할 수 없을 것이다.

「최치원」·「만복사저포기」·「이생규장전」·「하생기우전」은 '기'를 전한다는 차원에서 본다면 별로 성공적인 작품이라 할 수 없다. 소재적인 차원에서 보면, 「최치원」의 인물 구성은 「유선굴」의 그것과 별다른 차이가 없고, 「만복사저포기」·「이생규장전」의 내용은 『전등신화』 소재 애정전기소설에 나오는 것들을 적절히 조합하거나 한국적으로 변용했을 뿐이며, 「하생기우전」은 「이생규장전」과 「만복사저포기」를 적절히 섞은 정도이다. 이 글의 논의에서 상정하는 애정전기소설의 독자, 곧 작자와 동등한 수준의 식견을 가진 독자들의 독서 경험을 고려한다면, 그들의 입장에서 이 소설들에 나오는 내용들은 별로 새롭거나 기이할 것이 없었을 것이다. 때문에 독자들은 이 작품들에 나오는 기이한 사건에 주목하는 것이 아니라 "왜 작자가 이렇게 작품을 지었을까?"라는 새로운 의문을 던지게 되며, 그 같은 의문은 작품을 우의적으로 독해하도록 견인한다.

「최치원」·「만복사저포기」·「이생규장전」·「하생기우전」이 '기'를 전하기에 부적절한 방식이라는 점은 창작 의도와도 연관 지어 볼 만하다. 소설을 통해 어떤 주제의식을 전하려는 의도가 강한 작자의 경우, 독자들이 서사의 흥미에 지나치게 몰입하는 현상을 경계할 수밖에 없을 것이다. 왜냐하면 독자의 관심이 작품의 흥미 쪽으로 견인될수록 주제의식의 전달이라는 소기의 목적을 달성할 가능성이 상대적으로 줄어들 수 있기 때문이다.[93] 「최치원」의 작자 및 김시습과 신광한이 독자들에게 더 이상 기이함 혹은 신선함을 전하기 어려운 내용을 소재로 하여 작품을 창작한 데에는 이와 같은 이유가 있었다고 보아야 할 것이다.[94]

다만 「최치원」과 「만복사저포기」·「이생규장전」·「하생기우전」은 좀 다른 차원에서 이해할 필요가 있다. 「최치원」은 작자가 불분명한 대신 주인공이 실존인물이며, 「만복사저포기」·「이생규장전」·「하생기우전」은 작자는 분명하지만 등장인물들은 모두 허구적 인물들이다. 이에 「최치원」은 다

93) 이는 작품의 분량과도 일정한 관계가 있다. 양승민, 「17세기 전기소설의 통속화 경향과 그 소설사적 의미」(고려대학교 박사논문, 2003), 22쪽에서 "단편소설에서는 작가정신과 허구의 혼연일체가 상대적으로 용이해도, 일단 중편소설 정도만 되어도 양자의 조화를 완벽하게 추구해 독자를 그 안으로 끌어들이는 일은 거의 이상에 가깝다. 왜냐하면 소설의 길이가 늘어날 경우 작가정신과는 별도의 보편적 의미들이 생성될 틈새가 넓어져 독자는 작가의 속박으로부터 자유로울 수 있기 때문이다."라고 하였다. 나말여초~16세기 전기소설의 작자들이 단편 양식을 선택한 이유도 이와 관련이 있다고 본다. 당시에는 중편 이상 분량의 소설 양식이 발생할 여건이 되지 못했다는 점도 고려할 필요가 있지만, 주제의식의 전달에 가장 적절한 양식이 바로 단편소설이기 때문이다.

94) 기이함이나 신선함을 전하기 어렵다는 것은 절대적으로 그렇다는 의미가 아니며, 어디까지나 상대적인 의미에서 그렇다는 뜻이다. 이하의 서술도 마찬가지다.

른 작품들과는 달리 작자와 관련된 우의를 드러내기보다는 실존인물 최치원에 대한 보사적 성격을 강하게 드러낸다. 하지만 실존인물 최치원과 불가분의 관계에 있는 작중인물 최치원의 소외감과 고독이 작자의 현실적 처지를 반영한다고 보면, 「최치원」 역시 「만복사저포기」·「이생규장전」·「하생기우전」과 근본적으로는 동일한 성격의 작품이라 할 수 있다.

17세기 애정전기소설에는 초현실적 사건들이 거의 등장하지 않으며, 이전 시기 작품들에 비해 분량이 크게 증가했다. 이에 17세기 애정전기소설은 '현실성의 강화'와 '편폭의 확대'라는 측면에서 소설사적으로 의의를 가지는 것으로 인식되어 왔다.

17세기 애정전기소설에서 초현실적인 사건이 사라지는 현상에 대하여, 환상성이 약화되거나 제거되면서 그 자리를 현실성이 메우고 있다고 보고 이 같은 현실성이 전기소설이 본래부터 가지고 있었던 중요한 측면이었다는 견해[95]는 타당하다. 그렇다면 17세기 애정전기소설은 현실성의 강화로 인해 더 이상 '기'를 전하지 못하게 되었다고 볼 수 있을까? 이 같은 물음에 대하여 17세기 애정전기소설에서의 '기'는 현실 세계에서 이루어질 가능성이 적은 사건의 실현에서 비롯된다는 대답이 있을 수 있다.[96] 다시 말해 17세기 애정전기소설의 '기'는 '초현실적'인 그것이 아니라 '비현실적'인 그것이라는 견해이다. 하지만 이런 관점 역시 두 가지 측면, 곧 작품에서 이야기하고 있는 사건이 '초현실적'인지 '비현실적'인지의 여부와 작자의 창작 의도와 독자의 수용 태도가 '기'라는 인식과 연관이 있는지의 여부[97]에 따라

95) 박희병, 「한국고전소설의 발생 및 발전단계를 둘러싼 몇몇 문제에 대하여」(『한국전기소설의 미학』, 돌베개, 1997), 73~74쪽.

96) 예컨대 이정원, 앞의 논문, 384쪽에서 "「최척전」의 기이는 현실계에서 이루어지기에는 그 가능성이 희박한(불가능한 것은 아니다) 사건의 실현에서 비롯된다."라고 하였다. 이는 「최척전」을 분석한 결과이지만 17세기 애정전기소설 일반에도 적용할 수 있는 시각으로 이해된다.

97) 이는 소재적인 면뿐만 아니라 구성 및 문체 같은 면들을 두루 포괄하는 차원에서 논의되어야 할 것이다.

논의되어야 한다고 본다.

「주생전」·「위생전」·「운영전」·「상사동기」에는 '초현실적 사건'들과 '비현실적 사건'들이 모두 나오지만, 이전 시기 소설에 비한다면 전자보다는 후자가 많이 보인다는 특징이 있다. 따라서 소재적 차원에서 보면, 17세기 애정전기소설은 현실적 지향이 강화되었다고 이를 만하다. 문제는 이런 변화가 작자의 창작 의도 및 독자의 수용 태도와 어떤 관계가 있는가 하는 점이다.

17세기 애정전기소설들이 나말여초~16세기 애정전기소설과 마찬가지로 중국 혹은 한국의 전대 서사문학 전통을 수용하였음은 앞서 본 바와 같다. 하지만 그 수용의 양상은 이전 시기의 그것과는 분명히 구별되는 점이 있다. 소재나 구성의 차원에서 보면, 물론 개별 작품 간의 차이는 있지만, 「최치원」·「만복사저포기」·「이생규장전」·「하생기우전」은 그 창작 연원이 되는 작품들과 별반 다를 바 없음을 알 수 있다. 김태준이 "『금오신화』가 『전등』을 모방하였다 함은 그 체재와 내용이 혹사함으로써 말함이니 만일 『금오신화』의 한 편을 『전등신화』에 넣어도 얼른 골라내지 못할 듯하다."[98] 라고 하였듯이, 나말여초~16세기 애정전기소설은 그 '체재'와 '내용'의 측면에서 볼 때 대개 창작의 연원이 되는 작품들과 뚜렷한 변별성을 드러내지 않고 있는 것이다. 그에 반해 17세기 애정전기소설은, 마찬가지로 개별 작품 간의 차이는 고려해야 되겠지만, 창작의 연원이 되는 작품들과는 일정한 '변별성'을 지니며, 특히 나말여초~16세기 작품들과 비교할 때 그 변별성의 차이는 상대적으로 뚜렷하다.[99]

「주생전」은 중국 전기소설인 「곽소옥전」·「앵앵전」·「취취전」·「위당기우기」·「가운화환혼기」 등의 영향을 받은 작품이다. 그러나 이 작품들이 「주생전」에 영향을 미치기는 했으나, 「주생전」이 이 가운데 어느 한 작품과

98) 김태준(박희병 교주), 『교주 증보조선소설사』(한길사, 1990), 61쪽.

99) 이하의 내용은 앞서 '前代 서사문학 작품의 변용'을 다룬 부분과 얼마간 중복된다.

유사하거나 동일하다는 인상을 주지는 않는다. 이는 애정전기소설에 대한 풍부한 독서 경험이 있었던 「주생전」의 작자가 애정전기소설의 서사 문법을 체득(體得)한 상태에서 작품을 창작했기 때문에 가능했다고 생각된다. 또 「주생전」은, 선행 연구에서 이미 지적했듯이, 삽입시문과 서사의 긴밀한 관련성이라는 측면에서 새로움을 보인다. 특히 조선의 문인들이 창작하기 어려운 사(詞)가 다수 들어있다는 점은 그 자체만으로도 문체적인 측면의 '기'를 전하기에 충분했다고 본다.

「위생전」은 「주생전」에 대한 반론으로 창작된 작품이며, 그 같은 창작의 과정에서 「이생규장전」과 「취취전」을 수용했다. 「위생전」의 창작 의도는 작품의 마지막에 나오는 다음과 같은 서술에서 확인된다.

> 소낭자는 그 기구한 소식을 듣고 즉시 비단 수건으로 목을 매어 죽었다. 상국이 이를 가슴 아파하여 구의산 아래에 합장하니, 동서의 두 무덤이 길가에 완연했다. 초나라 사람들이 그들의 이야기를 듣고 다투어 기록하였다.[100]

이를 통해 볼 때 「위생전」 작자는 위생과 소숙방의 사랑 이야기가 기이하다는 인식하에 「위생전」을 창작했다고 할 수 있다. 그러나 독자들이 「위생전」을 읽고 '기'를 느꼈을지는 의문이다. 「위생전」은 「주생전」의 서사를 답습하면서 여러 가지 무리를 범했던바, 거기서 생긴 억지스러움은 독자들에게 작위적이라는 느낌을 주었을 가능성이 높다. 그리고 이미 널리 알려진 「이생규장전」과 「취취전」의 부적절한 삽입 역시 애정전기소설의 독서 경험이 있는 독자들에게는 별다른 감동을 주지 못했으리라고 추측할 수 있다.

「운영전」은 「녹의인전」의 서사를 뼈대로 하였지만, 「녹의인전」과의 연관성을 거의 감지하기 어려울 정도로 독창적인 면모를 보이고 있다. 「운영전」

100) 蘇娘聞其奇 卽以羅巾 縊其頸而死 相國痛之 同葬于九疑山下 東西兩墳 宛然路左 楚人聞之 爭爲掌記云(「韋生傳」)

은 몽유록의 양식적 특징과 「녹의인전」의 서술 방식을 창조적으로 받아들여 동시대 및 이후의 소설에서도 찾아보기 어려운 복잡한 서술 양상을 보여주고 있다. 뿐만 아니라 「운영전」은 등장인물의 개성적 면모 부각, 복선(伏線)의 활용 같은 서사 기법의 면에서도 가히 비약적이라 이를 만한 성취를 보여준다. 이 같은 제반 사항들이 창작 의도와 수용 태도의 면에서 '기'라는 인식과 관련될 수 있음은 거의 분명해 보인다. 「운영전」은 운영・김진사의 사랑 이야기라는 '기'와 안평대군에 관한 '우의'가 괴리감 없이 완벽하게 조화를 이루고 있다는 점에서도, 한국 애정전기소설의 수작으로 평가할 수 있다.

「상사동기」는 「운영전」을 뒤집은 작품이지만, 그 전복의 과정에서 「가운화환혼기」를 창조적으로 수용함으로써 새로운 면모를 보여주고 있다. 「상사동기」는 남녀의 만남에서 생기는 우여곡절을 상세히 그려내고 사랑에 빠져있는 주인공의 심리를 사실적으로 묘사하였다는 점에서 이전의 애정전기소설과는 다른 '기'를 보여준다. 그 밖에 정수사변(情隨事變)의 논리나 우연성을 기반으로 한 서사 전개 및 행복한 결말 역시 이전 시기 작품들과는 변별적이라는 점에서 '기(奇)'라는 인식의 범위에 포함된다고 말할 수 있다. 이런 변화를 가능케 한 동인은 무엇보다도 「상사동기」가 남녀의 '애정' 그 자체를 다루었다는 데서 찾을 수 있는바, 이것이 곧 「상사동기」가 재자가인소설에 근접하게 만든 동인이었다.

이상으로 나말여초~17세기 애정전기소설에 나타난 '기'에 대한 인식을 살펴보았다. 그 결과 나말여초~16세기 애정전기소설은 소재적인 측면에서는 주로 초현실적인 '기'를 보여주지만 작자・독자의 입장에서는 '우의'로 창작・수용되었을 가능성이 높으며, 17세기 애정전기소설은 소재적인 측면에서는 초현실적인 '기'가 거의 사라졌으나 작자・독자의 입장에서는 '기'라는 인식하에 창작・수용되었을 가능성이 높다는 점을 알 수 있었다.[101]

101) 특히 17세기 애정전기소설의 경우 개별 작품 간의 차이가 심함은 앞서 논했다. 여기서는 일반적인 경향만을 말한 것이다.

발생론적 측면에서 볼 때, '전기'는 '기를 전한다'는 의식하에 창작된 경우가 많으며, 소재적 차원에서도 대개 '기'[102]를 다루고 있기 때문에, '기'는 전기 혹은 전기소설의 양식적 특징을 가늠하는 중요한 기준의 하나임이 분명하다. 하지만 '기'가 전기소설이라 일컫는 모든 작품들에 동일한 형태로 구현된다고 보기는 어려운바, 이 절의 서술 목적은 '기'라는 잣대를 가지고 한국 애정전기소설의 양식적 특징을 가늠하는 데 있었다. 다시 말해 소재적 차원에서의 '기'와 창작·수용 차원에서의 '기'를 구분하여 논의함으로써, 나말여초~16세기 애정전기소설과 17세기 애정전기소설은 변별적이라는 사실을 확인할 수 있었던 것이다.

---

102) 唐 傳奇에서의 '奇'는 '초현실적인 奇'의 비중이 높다.

5. 맺음말

이 글은 나말여초에서 17세기까지 창작된 애정전기소설에 관한 연구이다. 그간 애정전기소설 연구는 소설사적인 관점 혹은 개별 작품론의 차원에서 다양하게 진행되었다. 그러나 사적 연구는 개별 작품들에 대한 정밀한 분석을 바탕으로 진행된 경우가 드물었고, 작품론은 창작의 연원에 대한 지적과 작품 해석이 유기적으로 이루어지지 못한 경우가 많았다. 이에 이 글에서는 애정전기소설 각 작품들의 창작 연원을 정확히 지적하고 그것의 작품 내 변용 양상을 '동태적'으로 드러내어 기존의 작품 해석에 대한 근거를 제시하거나 선행 연구에서 간과했던 부분들을 새롭게 밝히는 한편, 개별 작품론에서의 논의를 근거로 한국 애정전기소설의 창작 배경과 양식적 특징을 살펴보고자 하였다. 이를 위해 애정전기소설의 작자 문제를 다루었고, 작품 속에 사용된 전고를 분석하였으며, 전대 서사문학 작품이 끼친 영향을 살펴보았다. 또 연구의 대상으로 삼은 작품의 정독을 위해 기존의 교감 작업 및 번역의 성과를 작품 분석에 반영하였다.

제2장과 제3장은 개별 작품론인데, 제2장에서는 나말여초~16세기 애정전기소설인 「최치원」·「만복사저포기」·「이생규장전」·「하생기우전」을, 제3장에서는 17세기 애정전기소설인 「주생전」·「위생전」·「운영전」·「상사동기」를 다루었다. 여덟 작품을 두 장으로 나누어 서술한 이유는 17세기 이전과 이후의 소설이 변별적이고 각 장에서 다루는 작품들이 동질적이라는 판단 때문이었다. 제4장에서는 제2장과 제3장의 논의를 종합하여 '애정전기소설의 창작 배경과 양식적 특징'을 살펴보았다. '창작의 배경'은 '전고

의 활용'과 '전대 서사문학 작품의 변용'으로, '양식적 특징'은 '애정과 규범의 관련 양상 및 결말의 방식'과 '기(奇)에 대한 인식과 그 의미'로 구분하여 다루었는데, 이 장에서는 앞 장에서의 논의를 총괄하는 한편, 개별 작품론에서는 미처 다루지 못했던 부분들도 일부 보충하였으며, 각 절들에서는 '나말여초~16세기 애정전기소설'과 '17세기 애정전기소설' 간의 변별적 특징들도 드러내고자 하였다.

「최치원」은, 원래 「쌍녀분기」와 같은 지괴의 형태로 전해지거나 그와 비슷한 내용의 설화로 전승되던 것이, 훗날 문인의 손을 거침으로써 지금과 같은 형태로 확대되었다고 여겨진다. 「최치원」의 작자는 보사적 시각에서 「최치원」을 창작하면서, 「유선굴」의 서사를 차용하고, 전고를 활용하여 최치원과 팔랑·구랑의 갈등을 표현하였으며, 「임씨」의 주제를 끌어들여 최치원의 인식 변화 및 성찰을 그려냈다. 「최치원」은 소외되고 고독한 남주인공 최치원이 귀녀인 팔랑과 구랑을 만나 사랑을 나눈 이야기인데, 인간인 남주인공과 귀신인 여주인공의 만남은 이별이 전제된 만남이다. 「최치원」에서 팔랑·구랑은 최치원과의 결연을 '혼인'으로 생각하는 반면, 최치원은 팔랑·구랑과의 결연이 혼인이라는 점을 인정하지 않으려는 태도를 보인다. 왜냐하면 귀녀와의 혼인을 인정한다는 것은 곧 이 세상의 살아 있는 여인 가운데는 자기의 배필이 있지 않다는 사실을 인정한다는 의미이기 때문이다. 그래서 최치원은 팔랑·구랑을 성애의 대상으로 보는 희롱적 태도를 취하였고, 이로 말미암아 최치원과 팔랑·구랑 사이의 갈등이 생기게 되었는데, 작품 속에서는 이 갈등의 상황이 전고를 활용한 대화와 시로써 표현되었다. 하지만 최치원은 귀녀와 혼인할 수밖에 없다는 운명을 끝내 받아들이는바, 이는 그가 지기의 남편을 만나지 못해 자결한 여인의 비극을 자신의 불우와 동질적인 것으로 인식했음을 뜻한다. 이와 같은 변화와 성찰의 모습은 최치원이 팔랑·구랑과 헤어진 다음 날 무덤가를 다시 찾아와 읊은 장가 속에서 볼 수 있으니, 장가 속에는 최치원의 두 여인에 대한 '성적 대상'에서 '지기'로의 인식 변화와 성찰이 담겨 있다. 최치원은 팔랑·구랑과의 교감을 통해 자신의 고독이 그녀들의 한(恨)과 동질적인 것이며 또한 이 세상에서는 해소될 수 없음을 깨달았다고 볼 수 있다. 이에 최치원의 가야산 은거는 불합리한 세계에 대한 저항의 의미를 갖게 된다. 요컨대 「최치원」은 최치원의 고독과 소외를 아버지로 대표되는 중세적 규범의 강요로 인해 목숨을 잃게 된 여인들의 비극으로 형상화하고, 나아가 실존인물 최치원 및 「최치원」 작자의 불우를 이 세상에서는 배필을 찾을 수 없는 남주인공의 형상으로써 우의한 작품이다.

「만복사저포기」는 『전등신화』 소재 애정전기소설의 영향을 받은 작품이다. 「만복사저포기」는, 문장이나 소재의 측면에서 보면, 『전등신화』의 여러 작품들을 조합하였다고 할 수 있다. 하지만 '머뭇거림'이라는 미학적 특질과 '고독'이라는 주제적 의미는 『전등신화』에서는 찾아볼 수 없는 「만복사저포기」만의 특징이다. 「만복사저포기」에서 양생 앞에 나타난 귀녀는 중문을 나설 수 없다는 중세 규범의 강요 때문에 전란의 와중에서 규방 안에 있다가 목숨을 잃은 여인이다. 여인은 이미 죽은 몸이기 때문에 부모님께 고하고 결혼할 수 없는 현실, 대상을 얼마 남기지 않은 절박함, 혼인이라는 큰 윤리를 폐할 수 없다는 생각, 그리고 후사의 문제 때문에 만복사의 판방에서 양생과 결연하는 권도를 취했는데, 이 결연의 과정에서 순의 '불고이취(不告而娶)' 고사가 그녀의 행동을 정당화하는 전고로 활용되었다. 여인은 양생과의 만남을 '혼인'으로 생각한 반면, 양생은 그녀를 실절한 여인으로 보는 희롱적 태도를 드러내는데, 이는 양생과 여인이 『시경』을 인용하며 농담을 하는 장면에서 단적으로 확인할 수 있었다. 여인이 「행로」를 인용하며 자신의 행동이 예에서 벗어난 일이 아님을 말하자, 양생은 「유호」와 「재구」를 인용하여 그녀가 이 시들에 나오는 여인들처럼 음란한 여인은 아닌가 하는 의문을 우회적으로 드러냈던 것이다. 이처럼 양생은 여인과의 결연을 혼인으로 생각하지 않을 뿐만 아니라, 여인을 처음 만났을 때부터 그녀가 귀신임을 짐작했지만 이 사실을 인정하지 않고 줄곧 머뭇거리는 태도를 보인다. 왜냐하면 이 세상 사람이 아닌 여인과 혼인할 수밖에 없다는 것은, 곧 이 세상에서는 자신의 고독을 해소할 수 없음을 뜻하기 때문이다. 하지만 양생은 여인의 혼이 떠나간 후 결국 그녀가 귀신이라는 사실을 인정할 수밖에 없었던바, 이에 양생의 명혼 체험은 '자신의 고독이 이 세상에서는 해소될 수 없다는 사실을 깨닫는 과정'이라고 할 수 있다. 이 점에서 「만복사저포기」는, 최치원의 고독을 이 세상 사람 가운데서는 지기의 짝을 만나지 못한다는 내용으로 우의한 「최치원」의 서사를 이어받았다고 하겠다.

「이생규장전」도 「만복사저포기」와 마찬가지로 『전등신화』 소재 애정전기소설의 영향을 받은 작품이지만, 작자 김시습은 그 작품들을 변용함으로써 『전등신화』와는 다른 서사적 의미를 구현하였다. 「이생규장전」의 전반부는 「취취전」과 「연방루기」의 서사를 조합한 것이다. 「취취전」·「연방루기」의 수용 양상을 살펴본 결과, 문면에 서술된 것과는 달리 실은 최씨가 평소에 국학을 오가는 이생을 엿보았다는 사실을 확인할 수 있었는데, 이생이 소극적인 태도를 보이고 최씨가 적극적인 모습을 보이는 까닭을 이 같은 '이면 서사'를 통해 합리적으로 이해할 수 있었다. 최씨가 '야합'이라는 비윤리적인 행동을 저지른 이유는, 이생과의 결연이 그 같은 극단적인 방법을 통하지 않고서는 불가능하다고 판단했기 때문이다. 이생은 18세가 되도록 '아직' 국학에 다니는 상태였고, 최씨는 '이미' 혼인할 나이인 15~16세가 되어 있었으므로, 둘 사이의 결연은 정상적인 방법으로는 불가능했던 것이다. 결국 「이생규장전」의 전반부는 「취취전」과 「연방루기」의 서사를 결합함으로써 이생을 향한 최씨의 '절의'를 형상화했다고 할 수 있다. 「이생규장전」의 후반부는 「애경전」과의 친연성이 뚜렷하다. 「이생규장전」에서 이생은 홍건적의 난 때 칼을 들고 쫓아오는 한 명의 도적을 보고는 최씨를 버려둔 채 홀로 달아난다. 「이생규장전」은 달아나는 남성의 서사를 그대로 보여주는바, 이 점에서 「이생규장전」은, 여인이 죽임을 당할 때 남편이 부재중이었던 것으로 설정한 「애경전」·「취취전」·「배열부전」·「열부최씨전」 같은 열녀 서사의 이념적 한계를 극복하였다고 할 수 있다. 「이생규장전」에서 최씨는 남편인 이생이 자기를 죽음에 이르게 하였음에도 불구하고 다시 이생을 찾아와 부부의 인연을 잇는다. 여기서 「이생규장전」은 '절의'란 이해관계나 인정의 문제와는 관계없이 천성으로 추구해야 할 가치이며, 진정한 절의란 이 같은 극단적인 상황에서 드러나며 목숨보다 더 중요하다는 점을 보여주고 있다. 한편 「이생규장전」은, 「애경전」이나 「금봉차기」와는 달리 비극적 삶을 살다간 여인에 대한 보상을 마련하지 않고 비극적 결말을 택했는데, 이러한 결말 방식에서는 '절의'란 그에 따른 어떠한 '보상'도 이루어지지 않을 때가 있으며 또한 어떠한 '보답'도 기대하지 않고 행해야 할 덕목이라는 주제의식이 드러난다. 최씨의 절의에 대하여 이생이 느낀 감정은 자괴감이었다. '이생규장전'이라는 제목은 자괴감을 가진 이생이 절의를 가진 최씨의 세계를 엿본다는 의미로 해석할 수 있으며, 최씨의 '절의'와 이생의 '자괴감'은 사육신의 절사 및 그에 대한 김시습의 부끄러움과 관련이 있다.

「하생기우전」은 그간 「만복사저포기」와의 관련성을 중심으로 논의되어 왔다. 하지만 지리적 배경과 서사 전개 등의 측면에서 볼 때, 「이생규장전」이 「만복사저포기」 이상으로 「하생기우전」의 창작에 영향을 미쳤다는 사실을 확인할 수 있었다. 「하생기우전」에서 하생은 당시 조정이 어지러웠기 때문에 태학에서 4~5년이 지나도록 과거에 급제하지 못한다. 이에 하생은 복사를 찾아가 점을 쳐서 '명이지가인(明夷之家人)'이라는 점괘를 얻었던바, 이는 운명론적 사고에서 비롯된 행동이 아니라 자신의 상황을 적극적으로 타개해 나가고자 한 의지의 소산이자 유자·군자의 행동이다. 하생은 무덤에서 환생할 때를 기다리고 있던 여인에게 "부귀는 하늘에 달려 있는 것이요 길흉은 사람으로 말미암는다는 것을 몰랐다."라고 말한다. 하생은 자신의 문제가 부귀는 스스로 성취할 수 있다고 생각했던 데에서 비롯되었음을 깨닫고, 삶의 목표를 길(吉)함의 추구로, 곧 적선으로 전환한 것이다. 여인은 하생의 선행으로 인해 되살아났지만, 여인의 부친인 시중은 하생과 여인 사이에서 벌어진 일이 허탄하다고 여겨 하생을 사위로 맞아들이기를 꺼려 한다. 이와 같은 애매함으로 인해, 하생은 가사 상태라 할 수 있는 여인과 실제로 일어났다고 보기도 어려운 관계를 맺은 게 되었고, 여인은 하생과의 경험을 꿈속의 일로 알고 있었으므로, 부모 몰래 외간 남자와 통정했다는 불륜을 저지르지 않은 게 되었다. 여기서 작자 신광한이 「이생규장전」과 「만복사저포기」를 적절히 조합하여 「하생기우전」을 창작한 이유를 볼 수 있으니, 바로 이와 같은 논리로 인해 「하생기우전」의 남녀 주인공이 행한 일은 야합이라는 불륜으로 규정되지 않을 수 있었던 것이다. 「하생기우전」은 '명이지가인'이란 점괘를 서사화한 작품이라고 할 수 있으며, 이는 여주 원형리 은거 시기를 '명이'의 시기로 인식한 신광한 사유가 반영된 결과로 이해할 수 있다. 다시 말해 「하생기우전」은 '명이'의 시절이 지나고 '가인'의 시절이 도래하리라는 믿음, 그것을 위해서 유자가 해야 할 일을 한미한 집안 출신 선비의 성공담으로 형상화한 소설인 것이다. 「하생기우전」에서 하생과 여인의 결연은, 「이생규장전」의 이생과 최씨의 결연과는 달리, 규범에서 벗어나는 야합으로 규정되지 않는다. 또 하생은 현실에서 소외된 인물이었지만, 「만복사저포기」의 양생과는 달리, 세상에 대한 관심을 저버리지 않고 끝까지 유자로서 떳떳한 모습을 보여주고 있다. 요컨대 신광한은, 남녀의 사랑 이야기를 통해 유가 이데올로기에 대한 저항 담론을 담고 있는 두 편의 애정전기소설을 조합하여, 애정전기소설의 불온성에 대한 반론을 표출한 애정전기소설을 창작한 것이다.

「주생전」은 그간 『화몽집』에 수록된 「주생전」 말미의 "癸巳仲夏 無言子 權汝章記"라는 기록에 의거하여 권필의 작으로 인정되어 왔던 작품이다. 그러나 화몽집본 「주생전」의 '權汝章記'는 후대에 첨가되었을 가능성이 크다. 권칙의 「강로전」 말미에는 "崇禎庚午秋 無言子記"라는 기록이 있는데,

『화몽집』에는 「주생전」과 「강로전」이 동시에 실려 있으므로, 『화몽집』의 필사자가 두 작품에 나오는 '무언자'를 동일인으로 인식했을 가능성이 높은 것이다. 때문에 「주생전」의 작자는 권필로 단정 짓기보다는 확실한 근거가 나올 때까지 미상으로 놓아둘 필요가 있다. 한편 「주생전」은 「곽소옥전」·「취취전」·「가운화환혼기」·「앵앵전」 등의 영향을 받은 작품이며, 작품의 문면에서는 이 작품들의 주인공들이 직접적으로 거론되고 있다. 독자들은 이 작품들을 염두에 두고 「주생전」을 읽을 가능성이 높은데, 작자는 이로써 「주생전」이 이와 같은 애정전기소설 명편들과 비견할 수 있는 작품이라는 점을 은연중에 과시하고 있는 것이다. 「주생전」에는 주생의 상업 종사, 주생과 배도의 만남, 주생과 선화의 결연, 주생의 배신과 배도의 죽음, 주생과 선화의 이별, 주생과 선화의 혼약, 임진왜란의 발발, 주생의 종군 같은 문제적인 소재들이 집중적으로 등장하지만, 서술자는 이러한 사건들에 대하여 평가나 해석을 자제하고 있으며, 서사는 인과 관계를 결여한 채 진행되고 있다. 또한 「곽소옥전」과의 대비를 통해 본다면, 기녀 배도의 죽음에 대한 책임은 주생에게 있다고 생각할 수 있음에도 불구하고, 서술자는 주생에 대한 우호적인 서술 태도를 보여주고 있다. 그 이유는 「주생전」이 서사 이상으로 삽입시문에 공을 들인 작품이라는 점과 관련이 있는데, 이 점에서 「주생전」은 남녀 주인공의 행복과 불행이 교차되는 서사 속에 삽입시문을 적절히 삽입한 「가운화환혼기」와 동궤의 작품이라고 할 수 있다. 「주생전」의 후지는 사실의 기록이라기보다는 상투적인 마무리 방식으로 이해할 필요가 있다. 「주생전」의 후지에는 주생이 배도·선화와 수창한 시들이 수록된 『화간집』을 꺼내 보여주었다는 말이 있는데, 이는 「가운화환혼기」 말미에 위붕과 월아가 평소에 지었던 작품들이 『창수집』으로 전한다는 내용과 동일한 설정이며, 시와 사가 다량 삽입되어 있는 「주생전」과 「가운화환혼기」 자체가 곧 『화간집』과 『창수집』인 셈이다. 「주생전」의 마무리는 '여운'을 남기기 위한 서사 기법으로 볼 수 있다. 「주생전」은 주생과 선화가 약혼함으로써 행복한 결말이 예상되지만, 이야기는 계사년에 주생이 전쟁터에 와 있음으로써 앞날을 예측할 수 없는 상태에서 마무리되고 있다. 이러한 '열린 결말'은 독자들로 하여금 이후의 사건에 대한 지속적인 '의문'을 갖게 하고 '논쟁'을 부추기도록 만드는바, 이는 「주생전」이 배도의 죽음에 대한 다양한 해석의 가능성들을 열어두게 된 것과도 상통한다고 볼 수 있다.

「위생전」은 작자 문제에 논란이 있는 작품이다. 그간 임형택본 「위경천전」에 "權石洲製"라는 기록이 있음으로써 「위생전」의 작자가 권필일 가능성이 있었으나, 근래 발굴된 여타 이본들에서는 권필의 작이라는 기록이 없으므로, 「위생전」의 작자가 권필일 가능성은 매우 낮다. 이는 작품 분석을 통해서도 드러난다. 「위생전」의 작자는 「주생전」의 서사 전개를 답습하는 가운데 「이생규장전」과 「취취전」의 서사를 끌어들여 「위생전」을 창작했는데, 그 결과 「위생전」은 「주생전」에 대한 일정한 불만에서 비롯된 반론적 성격을 보여주고 있다. 「위생전」의 작자는 「주생전」에 보이는 바 인과 관계가 뚜렷하지 않은 문제적 장면들을 소거하였고, 「주생전」과는 반대로 남녀 주인공을 군자와 숙녀로 그려냈지만, 그 때문에 「위생전」에는 작품의 완성도가 떨어지는 부분이 생기게 되었다. 위생과 소숙방의 결연 장면이 매끄럽지 못하고 남녀 주인공의 형상화에 모순이 보인다는 점, 몰락한 위생의 부친이 임진왜란 때 정토제군사로 출전하면서 위생을 서기로 데려간다는 점, 굳이 나올 필요가 없는 김생이란 인물이 등장한다는 점 등이 그 예인데, 이는 결국 「위생전」의 작자가 「주생전」의 서사에 불만을 품고 「이생규장전」과 「취취전」의 서사를 무리하게 끌어들인 데서 비롯된 결과라 할 수 있다. 「위생전」의 작자가, 삽입시문의 미감이 서사 이상으로 중요한 「주생전」에 대하여 그 서사에 불만을 품고 「위생전」을 창작했던 것은 17세기 소설사의 흐름과도 일정한 관련이 있다. 17세기에는 한문소설의 창작과 국문으로의 번역이 거의 동시에 이루어지는 한편, 한문소설을 번역한 국문본을 재한역한 작품도 나왔을 가능성이 높은데, 이 같은 과정 속에서 산출된 국문본과 재한역본은 원작과는 달리 서사나 줄거리 중심으로 읽힐 수밖에 없다. 「위생전」의 작자가 「주생전」의 국문본이나 재한역본을 보았다고 단정할 수는 없으나 「위생전」의 창작에는 이 같은 소설사의 흐름이 자리하고 있었다는 점은 고려할 필요가 있을 것이다. 이렇게 본다면 「주생전」과 「위생전」의 작자가 동일인일 가능성은 거의 없다고 할 수 있다. 「주생전」의 작자가 자신이 지은 작품에 대해 불만을 품고, 「주생전」의 내용을 답습하면서 굳이 「위생전」을 창작할 리는 없기 때문이다.

「운영전」은 양식적 차원에서는 몽유록의 영향을, 소재적 차원에서는 「녹의인전」의 영향을 받은 작품이다. 그 결과 「운영전」은 고전소설 가운데서는 쉽게 찾아볼 수 없는, 네 층위의 액자구조를 보이게 되었는데, 이 같은 중층적 액자구조 속에 「운영전」의 서사 전략이 존재한다. 「운영전」의 대부분을 차지하는 '운영과 김진사의 사랑 이야기'는 거의가 '운영의 진술'이라는 1인칭 주인공 시점으로 서술되고 있다. 그런데 이런 서술 방식은 전지적 작가 시점으로 서술되는 경우와는 달라서, '운영이 유영에게 한 이야기'는 '유영 · 김진사 · 운영의 몽중세계'의 영향을 받아 '왜곡'과 '배제'와 '선택'이 일어날 수 있다. '운영이 유영에게 한 이야기'는 곧 운영의 주관적인 진술인데, 이는 '고백', '편지', '주변인물의 발화' 같은 객관적 서술 부분과 길항 관계를 갖게 되는바, 이 같은 서사 전략의 중심에 안평대군이 놓여 있다. 운영은 안평대군이 자신을 사랑했다는 점을 부인했지만, 이는 사실이 아니었다. 마찬가지로 운영의 진술 속에서는 운영이 안평대군에게 마음을 둔 적이 있다는 사실이 드러나지 않지만, 금련의 점괘 대목을 통해 운영이 김진사와 만나기 전 안평대군에게 마음을 두고 있었다는 사실을 확인할 수 있었다. 「운영전」에서 운영과 김진사의 사랑은 결국 죽음이라는 비극으로 끝난다. 하지만 안평대군을 둘의 사랑을 가로막은 폭압자로 볼 수는 없다. 운영과 김진사는 저승에서는 무죄일지 모르나 이승에서는 분명히 죄를 지었다. 그러나 안평대군은 죄인인 운영과 김진사를 처벌하지 않았고, 사랑하는 운영을 잃은 아픔을 홀로 감내해야 했을 뿐만 아니라, 결국에는 운영과 김진사를 죽게 만들었다는 비난에서 자유로울 수 없게 되었다. 이 지점에서 역모에 연루되어 억울하게 죽임을 당한 실존인물 안평대군과 작중인물 안평대군과의 관련성을 감지할 수 있는데, 안평대군의 비극은, 유영이 만난 운영과 김진사가 사후 천상에서 다시 만나 영원한 행복을 누리고 있다는 적강 모티프로 인해 더욱 부각된다. 안평대군의 비극은 몽유록의 양식적 특징과도 연관 지어 생각할 수 있다. 몽유록에서 몽유자는 대개 꿈을 꾼 곳과 직접적인 관련이 있는 사람들을 꿈속에서 만난다. 그런데 「운영전」에서 몽유자 유영이 만난 사람은 안평대군이 아니라 안평대군 시절의 궁녀였던 운영과 그녀의 연인 김진사이며, 안평대군은 그들의 과거사 진술 속에 흐릿하게 암시될 뿐이다. 게다가 「운영전」에서는, 몽유록의 '토론' 부분에서 토론이 이루어지는 것이 아니라 운영과 김진사의 '일방적인 진술'이 이루어지고 있으며, 작품의 제목 또한 몽유록을 표방하고 있지 않다. 요컨대 「운영전」에서 안평대군은 마치 폐허가 되어 옛 모습을 찾아볼 수 없는 수성궁처럼 그 모습이 잘 포착되지 않는 것이다. 이렇게 볼 때 「운영전」은, 몽유록과 애정전기소설의 양식적 특징을 절묘하게 결합함으로써, 이제는 그 자취조차 찾아보기 어려운 안평대군의 비극을 형상화한 작품이라 할 수 있다.

「상사동기」는 그간 주로 「운영전」과의 관련 속에서 논의되면서, 「운영전」을 뒤집은 작품으로 이해되어 왔지만, 인물의 구성이나 서사 진행에서 볼 때 「운영전」 이상으로 「가운화환혼기」의 영향을 받은 작품이다. 「상사동기」는 비극적으로 마무리되는 「운영전」 및 해피엔딩이면서도 비극적 정조를 담고 있는 「가운화환혼기」와는 달리 행복한 결말을 보여주는데, 「상사동기」의 행복한 결말은 후대 통속소설의 그것과 직접적으로 맥이 닿아 있다. 「상사동기」는 신분이 다른 남녀 주인공의 사랑 이야기지만, 신분 문제를 다루는 데 초점이 놓여 있지 않으며, 김생과 영영의 사랑 그 자체를 이야기하고 있는 소설이다. 작품 속에서 김생과 영영이 보여주고 있는 사랑은 당대 현실에서 상상할 수 있는 최대치의 애정으로 평가할 만하다. 「상사동기」는 '우연성'을 기반으로 한 서사 전개를 보여주지만 이를 부정적으로 평가할 수는 없다. 오히려 이 우연성이야말로 전기소설의 '기'에 부합한다고 볼 수 있으니, 「상사동기」는 구성의 신선함을 통해 '기'를 추구한 작품인 것이다. 또한 「상사동기」는 심중한 주제의식보다는 그 해학적 성격에서 보다 주목할 만한 가치가 있는 소설이다. 영영을 향한 김생의 구애 장면, 김생과 영영의 말다툼 장면에서는 전고를 활용한 대화가 독자들로 하여금 웃음을 유발케 하는데, 바로 이런 대목들에서 「상사동기」의 소설미학이 여실히 드러난다. 요컨대 「상사동기」는 남녀 간의 애정 그 자체를 곡진하게 그려낸 작품인바, 이 때문에 「상사동기」는 남녀의 애정 성취 과정에서 벌어지는 우여곡절에 중심이 놓여 있는 재자가인소설에 근접하는 모습을 보이게 되었다고 하겠다.

한국 애정전기소설에는 다양한 전고들이 사용되고 있는데, '나말여초~16세기 애정전기소설'과 '17세기 애정전기소설'은 전고의 활용 면에서 '상대적'인 변별성을 드러낸다. 나말여초~16세기 애정전기소설에서는 전고가 많이 사용되었으나, 17세기 애정전기소설에서는 전고의 사용 빈도가 현저히 줄어들었다. 하지만 더욱 중요한 사실은, '나말여초~16세기 애정전기소설'에서는 전고가 서사 진행의 추동력이 되기도 하고 작품의 주제적 의미를 전달하는 수단이 되기도 하는 등, 소설 창작의 주된 문학적 배경이 되는 동시에 작품 이해에 있어서도 필수적인 요소인 데 반해, '17세기 애정전기소설'에서는 상투적이거나 수사적인 전고가 대부분이어서 전고에 대한 이해가 작품 독해에 필수적이지 않다는 점이다. 전고는 적은 수의 글자 속에 많은 분량의 정보를 '함축'하고 있기 때문에 전고를 많이 사용하고 그것을 서사 기법의 차원으로 끌어올린 작품일수록, 주제의식을 우회적으로 드러내는 성격이 강화된다고 할 수 있다. 이와 같은 특징을 보이는 '나말여초~16세기 애정전기소설'의 전고 활용 양상은 이 시기 애정전기소설의 우의적 성향을 드러낸다. 이에 반해 '17세기 애정전기소설'은 서사의 비중이 커지면서 작자가 말하고자 하는 바도 문면의 독해를 통해 대부분 드러나는바, 이는 17세기 애정전기소설의 통속화 성향과 일정한 관련이 있다.

한국 애정전기소설은 모두 전대 서사문학 작품의 영향하에 창작되었다. '나말여초~16세기 애정전기소설'과 '17세기 애정전기소설'은 모두 중국이나 한국의 전대 서사문학 작품의 영향하에 창작되었지만, 선행 작품을 모방하는 데 그치지 않고 그것을 일정하게 '변용'함으로써 '독창성'을 보여주는데, 이 같은 변용의 양상에서 둘은 '상대적'으로 주목할 만한 차이점을 드러낸다. '17세기 애정전기소설'에 비해 '나말여초~16세기 애정전기소설'은 창작에 영향을 미친 작품과 내용적인 면에서의 변별점이 상대적으로 뚜렷하지 않다. 반면 '17세기 애정전기소설'은, '나말여초~16세기 애정전기소설'에 비해, 창작에 영향을 미친 작품과 '내용' 면에서의 변별성이 상대적으로 뚜렷하다. 결국 '나말여초~16세기 애정전기소설'의 작자들은 기존에 있었던 작품과 뚜렷이 구별되는 '새로운 이야기'의 창작 그 자체에 주목적이 있었던 것이 아니라, 기존 작품의 서사를 차용하거나 직조하는 가운데 일정한 변개를 가하여 주제의식을 우의적으로 전달하는 데 그 목적이 있었던 것이며, '17세기 애정전기소설'의 작자들은 기존 작품의 서사를 차용하거나 조합하는 차원을 넘어서는 '새로운 내용'의 소설을 창작하려는 의식이 보다 뚜렷했고, 주제의식을 우의적으로 전달하려는 의도는 상대적으로 적었다고 할 수 있다.

'애정'은 애정전기소설의 양식적 특징을 설명할 수 있는 중요한 기준인데, 이 글에서는 이를 '애정과 규범의 관련 양상' 및 '결말의 방식'을 통해 살펴보았다. 애정전기소설은 대개 혼전 남녀의 만남을 그리고 있다. 때문에 애정은 이를 금제하는 사회 규범 및 윤리의 문제와 불가분의 관계에 놓이게 되는데, 대체적으로 한국 애정전기소설은 중국 애정전기소설에 비해 윤리와 규범의 문제에 민감하다는 특징이 있다. 이는 한국 애정전기소설의 애정이 작자의 주제의식을 우의하기 위한 장치로 사용되고 있다는 점과도 관련이 있다. 애정전기소설의 여주인공들은, 억압된 성적 욕망 때문에 남주인공과 야합하는 경우보다는 혼인을 전제로 남주인공들과 성관계를 가지는 경우가 많은데, 그 결과 한국 애정전기소설은 현실 세계에서의 고독, 부부 간의 절의, 유자로서의 떳떳한 행동 같은 주제들을 우의하게 된다. 애정전기소설에서 사랑이란 목숨을 버리면서까지 지켜내야 할 최고의 가치로 그려지는 것이 보통이며 애정은 생의 다른 가치들까지 두루 포함하거나 대변하는 상징적 의미를 지닌다. 그리하여 애정은 사회적 성취의 문제와 불가분의 관계에 놓이게 되는 동시에, 현실 세계에서 실제로 벌어지는 남녀의 사랑과는 거리가 있는 비현실적인 것이 되며, 결국에는 주제의식을 우의하는 장치로 기능하기가 쉬운 것이다. 이와 같은 애정의 우의적 성격은 '나말여초~16세기 애정전기소설'에서는 거의 흔들림 없이 고수된다. 하지만 '17세기 애정전기소설'에서는 남녀의 삼각관계가 그려지고 사랑의 감정이 사정에 따라 변하는 등의 균열을 보이는데, 이는 17세기에 이르러 한국 애정전기소설이 비로소 남녀 간의 '사랑' 그 자체를 다루기 시작한 데서 기인한 결과로 보아야 할 것이다. 이 글에서 다룬 애정전기소설 가운데 「최치원」·「만복사저포기」 ·「이생규장전」·「위생전」·「운영전」은 비극적 결말이고, 「하생기우전」·「상사동기」는 행복한 결말이며, 「주생전」은 비극적 성격이 강하다. 애정전기소설의 비극성은 결말 부분에서의 '여주인공의 생사 여부'에 따라 갈리므로, 이것이 작자의 우불우(遇不遇) 문제와 직접적인 관련이 있다고 보기 쉽지만, 반드시 그렇지는 않다. '나말여초~16세기 애정전기소설'의 결말 방식은 작자의 우불우 문제와 직접적인 관계가 있지만, '17세기 애정전기소설'의 결말 방식은 그 문제와 반드시 직결되지는 않는다. 이는 '나말여초~16세기 애정전기소설'이 대개 우의적 성향이 강한 작품이고 '17세기 애정전기소설'이 대개 통속적 성향이 강한 작품이라는 데 그 원인이 있다.

'기(奇)' 역시 애정전기소설의 양식적 특징을 설명할 수 있는 중요한 기준이다. 선행 연구에서는 소재적 차원의 '기'에 주목한 경우가 많았는데, 이 글에서는 소재적 차원의 '기'와 더불어 작자의 창작 의도 및 독자의 수용 태도라는 측면에서의 '기'도 다루었다. 그 결과 '나말여초~16세기 애정전기소설'은 소재적인 측면에서는 주로 초현실적인 '기'를 보여주지만 작자·독자의 입장에서는 '우의'로 창작·수용되었을 가능성이 높으며, '17세기 애정전기소설'은 소재적인 측면에서는 초현실적인 '기'가 거의 사라졌으나 작자·독자의 입장에서는 '기'라는 인식하에 창작·수용되었을 가능성이 높다는 점을 확인할 수 있었다. 이와 같은 '상대적'인 변별성은 결국 '나말여초~16세기 애정전기소설'의 우의적 성향과 '17세기 애정전기소설'의 통속적 성향에서 비롯된 결과라 할 수 있다.

제2부

애정전기소설의 서사 문법과 결말 구조

1. 머리말

1980년대 후반부터 1990년대 후반까지 학계에서는 전기소설 논의가 활발하게 진행되었다.[1] 이 시기에 이루어진 성과는 전기소설 연구뿐만 아니라 고전소설 연구의 수준을 전반적으로 향상시켰고, 후속 연구 산출의 기반이 되었다. 그럼에도 불구하고 '전기소설(傳奇小說)'의 개념이나 양식적 특징은 여전히 불분명한 게 사실이다.[2]

한국의 전기소설은 중국의 그것과는 달리 '애정류(愛情類)'가 주를 이룬다는 특징이 있다.[3] 윤재민은 한국 전기소설을 '애정류'와 '지우류(知遇類)'로 구분한 바 있는데,[4] 필자는 이와 같은 유형 분류가 타당하다고 생각한

---

1) 김종철, 「서사문학사에서 본 초기소설의 성립 문제」(『고소설연구논총』, 다곡 이수봉 선생 회갑기념논총간행위원회, 1988); 신재홍, 「초기 한문소설집의 전기성에 관한 반성적 고찰」(『관악어문연구』 14, 서울대학교 국어국문학과, 1989); 장효현, 「전기소설 연구의 성과와 과제」(『민족문화연구』 28, 고려대학교 민족문화연구소, 1995); 김종철, 「전기소설의 전개 양상과 그 특성」(『민족문화연구』 28, 고려대학교 민족문화연구소, 1995); 박일용, 「전기계 소설의 양식적 특징과 그 소설사적 변모 양상」(『민족문화연구』 28, 고려대학교 민족문화연구소, 1995); 윤재민, 「전기소설의 인물 성격」(『민족문화연구』 28, 고려대학교 민족문화연구소, 1995); 윤재민, 「전기소설의 성격」(『한국한문학연구』 19, 한국한문학회, 1996); 강상순, 「전기소설의 해체와 17세기 소설사적 전환의 성격」(『어문논집』 36, 안암어문학회, 1997); 윤재민, 「조선 후기 전기소설의 향방」(『민족문학사연구』 15, 민족문학사연구소, 1999); 박희병, 『한국전기소설의 미학』(돌베개, 1997); 소인호, 『한국전기문학연구』(국학자료원, 1998).

2) 선행 연구에서 언급한 전기소설의 양식적 특징에 대해서는 이정원, 「조선조 애정 전기소설의 소설시학 연구」(서강대학교 박사논문, 2003), 2~4쪽의 정리를 참조할 수 있다.

3) 정범진, 『당대소설연구』(성균관대학교 대동문화연구원, 1982), 13~17쪽에서는 당 전기의 유형을 '신괴류 · 환상류 · 애정류 · 의협류 · 종교류 · 회고류'로 분류하였다.

4) 윤재민, 「조선 후기 전기소설의 향방」(『민족문학사연구』 15, 민족문학사연구소, 1999),

다. 선행 연구에서는 전기소설의 특질을 거론하면서 애정류와 지우류를 아울러 설명한 경우도 있었고, 애정전기소설을 전기소설과 동일시한 경우도 있었지만, '전기소설'이 아닌 '애정전기소설'의 특징을 찾으려는 시도는 거의 없었다. 다시 말해 '애정전기소설'이 '애정전기소설이 아닌 애정소설'과 어떻게 다른지에 대해서는 주목하지 않았다는 것이다. '전기'는 대개 당나라 때부터 창작되기 시작한 일군의 문언소설을 일컫는 역사적 장르종 개념이고,[5] '소설'은 서사 장르 가운데 하나를 일컫는 이론적 장르종 개념이기 때문에,[6] '전기'나 '소설'로는 이 양식의 서사적 특성을 설명하기 어렵다.

이 글의 목적은 애정전기소설의 양식적 특징을 '애정'의 측면에서 살펴봄으로써 애정전기소설의 서사 문법을 규명하는 것이다.[7] 한국 고전소설은 대개 행복한 결말로 마무리되며, 일반적으로 권선징악의 주제를 가지고 있다고 알려져 있다. 그런데 애정전기소설은 대개 비극적 결말로 마무리되며, 권선징악의 통속적 소설과는 다른 토대 위에 있는 것처럼 보인다. 그렇다면 그 이유는 무엇이며, 이와 같은 통념이 과연 옳은 것일까? 이 글의 문제의식은 다음과 같은 의문에서 비롯되었다.

(1) 애정전기소설은 왜 대개 비극적 결말인가?
(2) 애정전기소설 가운데 「하생기우전」과 「상사동기」는 왜 행복한 결말인가?

17~22쪽; 윤재민, 「한국한문소설의 유형론」(『민족문화연구』 35, 고려대학교 민족문화연구원, 2001), 151~154쪽.

5) '傳奇'의 개념에 대해서는 정범진, 앞의 책, 7~9쪽; 吳志達(강중탁 역), 『唐人傳奇』(명지대학교출판부, 1994), 11~12쪽; 장효현, 앞의 논문, 4쪽; 윤재민, 「전기소설의 인물 성격」(『민족문화연구』 28, 고려대학교 민족문화연구소, 1995), 53~55쪽 등 참조.

6) 조동일, 「자아와 세계의 소설적 대결에 관한 시론」(『한국소설의 이론』, 지식산업사, 1977).

7) 애정전기소설을 연구의 대상으로 삼지는 않았지만, 고전소설의 선악이야기를 대상으로 하여 그 서사 규범을 연구한 성과가 근래 제출되었다. 박상석, 「고소설 선악이야기의 서사규범 연구」(연세대학교 박사논문, 2011).

(3) 애정전기소설은 애정전기소설이 아닌 애정소설과 어떻게 다른가?

(4) 17세기 중반 이후의 소설들에서는 왜 행복한 결말이 보편화되었는가?

이와 같은 질문들에 대하여 합리적으로 설명할 수 있는 논리가 있다면, 그것이 바로 애정전기소설의 서사 문법이 될 수 있을 것이다. 이 글에서는 애정전기소설의 서사 문법을 결말 구조와의 관련 속에서 살펴보고자 한다.

기존에 애정전기소설로 다루어진 작품은 나말여초에서 조선 후기에 이르기까지 그 수가 매우 많은데, 이 글에서는 17세기까지 창작된 주요 작품으로 범위를 제한하고자 한다.

[1] 나말여초~16세기: 「최치원(崔致遠)」, 「만복사저포기(萬福寺摴蒱記)」, 「이생규장전(李生窺墻傳)」, 「하생기우전(何生奇遇傳)」.

[2] 17세기: 「주생전(周生傳)」, 「위생전(韋生傳)」, 「운영전(雲英傳)」, 「상사동기(相思洞記)」, 「최척전(崔陟傳)」, 「왕경룡전(王慶龍傳)」, 「동선기(洞仙記)」.

[1]이 애정전기소설이라는 데 대해서는 이견이 없다. [2]도 대개 애정전기소설로 보지만, 「상사동기」·「왕경룡전」·「동선기」는 선행 연구에서 재자가인소설로 다루어지기도 했다.[8] 주지하듯이 17세기 애정전기소설은 대개 '현실성의 강화'와 '서사적 편폭의 확대'라는 측면에서 소설사적으로 의의를 가지는 것으로 인식되어 왔으며,[9] 이는 [1]과는 변별되는 [2]의 특성에

8) 김정숙, 「조선후기 재자가인소설 연구」(고려대학교 박사논문, 2004); 윤재민, 「동선기의 장르적 성격」(『민족문화연구』 44, 고려대학교 민족문화연구원, 2006).

9) 17세기 전기소설을 주로 다룬 대표적 성과는 다음과 같다. 김종철, 「전기소설의 전개 양상과 그 특성」(『민족문화연구』 28, 고려대학교 민족문화연구소, 1995); 김대현, 『조선시대 소설사 연구』(국학자료원, 1996); 강상순, 앞의 논문; 황윤실, 「17세기 애정전기소설에 나타난 여성주체의 욕망발현 양상」(한양대학교 박사논문, 2000); 정환국, 「17세기 애정류 한문소설 연구」(성균관대학교 박사논문, 2000); 김문희, 「17세기 애정소설의 장르적 역동성」(『한국고전연구』 7, 한국고전연구학회, 2001); 송성욱, 「17세기 소설사의

주목한 결과이다. 하지만 이 글은 애정전기소설에 나타난 '애정서사'의 특징을 구명하는 것이 목적이기 때문에, [1]과 [2]의 변별적 특징이 아닌, [1][2] 전체에서 드러나는 애정서사의 공통점과 차이점에 주목한다.

한국 애정전기소설에 나타난 애정서사의 특징을 규명하는 것은 '애정전기소설'과 '애정전기소설이 아닌 애정소설'의 차이점을 밝히는 일이며, 이는 결국 애정전기소설의 개념 범주를 설정하는 작업으로 이어질 수밖에 없다. 이 글에서는 먼저 애정전기소설의 서사 유형을 설정하고 그 특징을 살펴본 다음, 각 서사 유형의 갈등 양상 및 결말 구조를 검토함으로써 애정전기소설의 서사 문법을 밝힐 것이며, 마지막으로 애정전기소설의 소설사적 전개 양상을 논하도록 하겠다.[10)]

한 국면」(『한국고전연구』 8, 한국고전연구학회, 2002); 양승민, 「17세기 전기소설의 통속화 경향과 그 소설사적 의미」(고려대학교 박사논문, 2003); 한의숭, 「17세기 전기소설의 낭만성과 현실성, 통속성에 대한 논의와 작품의 실제」(『인문연구』 51, 영남대학교 인문과학연구소, 2006); 엄태웅, 「17세기 전기소설에 나타난 남녀 관계의 변모 양상」(『한문학논집』 29, 근역한문학회, 2009); 김종철, 「고전소설사에서의 17세기 소설의 위상」(『한국 고소설 연구의 쟁점과 전망』, 보고사, 2011).

10) 이 책 제2부에서 인용하는 자료의 서지 사항은 다음과 같다. 「崔致遠」·「萬福寺摴蒱記」·「李生窺墻傳」·「何生奇遇傳」·「周生傳」·「雲英傳」·「崔陟傳」은 박희병 표점·교석, 『한국한문소설 교합구해』(소명출판, 2005)를, 「相思洞記」·「洞仙記」는 장효현·윤재민·최용철·심재숙·지연숙, 『교감본 한국한문소설 전기소설』(고려대학교 민족문화연구원, 2007)을, 「韋生傳」은 纛初本[정명기본]·간호윤본·엄태식본을 대상으로 필자가 교합한 「위생전」을, 「九雲夢」은 정규복 외, 『김만중문학연구』(국학자료원, 1993) 부록의 강전섭본 「九雲夢」을, 唐 傳奇는 李昉 等 編, 『太平廣記』(中華書局, 1961)를, 『剪燈新話』는 정용수 역주, 『전등신화구해 역주』(푸른사상, 2003) 부록의 규장각본 『剪燈新話句解』를 대본으로 하며, 인용 시에는 작품명과 쪽수만을 표시하기로 한다. 「위생전」은 그간 대개 '韋敬天傳'으로 불렸으나, 정명기, 「위생전(위경천전) 교감의 문제점」(『고소설연구』 22, 한국고소설학회, 2006); 정명기, 「위생전(위경천전) 이본 연구」(『어문학』 95, 한국어문학회, 2007)에서 작품의 원제목이 '韋生傳'이라는 점이 분명히 밝혀졌다. 「王慶龍傳」은 정학성 역주, 『역주 17세기 한문소설집』(삼경문화사, 2000)에서의 번역과 장효현·윤재민·최용철·심재숙·지연숙, 『교감본 한국한문소설 전기소설』(고려대학교 민족문화연구원, 2007)에서의 교감이 있었으나 오류가 있으므로, 정명기, 「고소설 유통사에 대한 새로운 시각」(『열상고전연구』 33, 열상고전연구회, 2011)에서 발굴·소개한 전북대본 「王慶龍傳」을 대본으로 한다. 간호윤본 「위생전」은

간호윤, 『새로 발굴한 주생전 · 위생전의 자료와 해석』(박이정, 2008)의 영인 자료이고 엄태식본 「위생전」은 엄태식, 「신자료 위생전의 특징과 위생전 이본의 계열 및 정본화」(『동남어문논집』 38, 동남어문학회, 2014)에 원문이 실려 있다. 필자의 「위생전」 교감본은 지면에 실린 것이 아니므로, 쪽수를 표시하지 않는다. 원문의 誤字를 밝힐 필요가 있을 경우에는 오자 뒤에 '[오자→정자]'를 표시하기로 한다.

2. 애정전기소설의 서사 유형

한국 애정전기소설에 나타나는 애정서사의 특징을 살펴보기 위해 가장 먼저 생각해 보아야 할 문제는 우리가 애정전기소설이라고 일컫는 작품들에서의 '애정'이 과연 무엇인지에 관한 것이다. 최진아는 '남녀의 애정을 기본 줄거리로 하는 전기 작품'을 당대 애정류 전기로 명명하였는데,[1] 이는 한국 애정전기소설에도 그대로 적용할 수 있다고 본다. 즉 애정담이 이야기의 중심이 되고, 작품 속 갈등도 남녀의 애정으로부터 비롯되며, 그것의 해결 여부가 결말의 방식[행복한 결말과 비극적 결말]을 결정하는 소설이라면, 애정소설로 볼 수 있을 것이다. 그렇다면 「최척전」은 최척과 옥영의 결연 서사보다는 후반부의 가족 서사가 중심이므로, 일단 애정전기소설이 아니라고 할 수 있다. 그런데 이 사실은 선행 연구에서 이미 논의된 것이므로, 이를 지적하는 것이 의미가 있는 것은 아니다. 그간 「최척전」은 전대 애정전기소설의 이른바 전기성을 극복하고 서사적 편폭을 확대했다는 점에서 그 의의가 있다고 논의되어 왔는데,[2] 「최척전」 전반부의 결연담은 주지하듯이 「이생규장전」의 영향을 받은 것이다. 그렇다면 「최척전」의 애정전기소설적 요소는 최척과 옥영의 결연담에서 찾아보아야 할 것이다.

---

1) 최진아, 『환상 · 욕망 · 이데올로기, 당대 애정류 전기 연구』(문학과지성사, 2008), 117쪽.

2) 여기서 사용한 '傳奇性'이라는 용어는 '초현실성' 정도의 말로 바꿀 수 있다. 선행 연구에서 일반적으로 사용했던 '전기성'의 의미와 그 변화에 대해서는 이정원, 「전기소설에서 전기성의 변천과 의미」(『한국고전여성문학연구』 6, 한국고전여성문학회, 2003)를 참조할 수 있다.

선행 연구에서는 전기소설의 주인공이 '고독감 · 내면성 · 소극성 · 문예 취향'을 보인다는 점이 지적되었고,[3] 애정전기소설을 '인물의 내면소설'로 읽으려는 시도도 있었다.[4] 하지만 애정서사의 측면에서 볼 때, 애정전기소설에 나타난 애정의 본질은 남녀 주인공의 '정신적 교감'이 아니라 혼전에 벌어지는 그들의 '육체적 관계'이다.[5] 「최척전」이 여타 작품들과 가장 뚜렷하게 변별되는 지점은 남녀 주인공이 '혼전'에 '동침'하지 않는다는 것이며, 바로 이것이 「최척전」이 애정전기소설일 수 없는 결정적인 이유이다. 「최척전」의 혼사 갈등은 최척이 변사정의 막하로 불려갔을 때 발생하는데, 이것은 옥영의 자살 기도로 인해 비교적 쉽게 해결되기도 하지만, 여타 애정전기소설들에서와는 달리 혼전의 성관계, 곧 애정 그 자체에서 비롯된 게 아니었다.

「최척전」을 제외한 여타 작품들은 혼전 남녀의 육체적 관계를 다루고 있으므로, 일단은 '애정'을 다룬 소설이라고 할 수 있다. 하지만 필자는, 「왕경룡전」과 「동선기」는 애정전기소설로 볼 수는 없다고 생각하는데, 그 이유

---

3) 박희병, 「전기적 인간의 미적 특질」(『한국전기소설의 미학』, 돌베개, 1997).

4) 김문희, 「인물의 내면소설로서 만복사저포기와 이생규장전의 독법」(『고소설연구』 32, 한국고소설학회, 2011).

5) 애정전기소설에서는 남녀 주인공이 시를 주고받는 장면이 있다. 선행 연구에서 지적하였듯이 이러한 문예 취향이 둘 사이의 정신적 공감대를 형성하는 것은 사실이며, 필자 역시 이를 부정하지는 않는다. 그러나 지금까지의 연구는 이 같은 '정신적 공감'을 지나치게 강조함으로써, 애정전기소설에 나타나는 애정의 본질이 마치 이것인 것처럼 논해 왔다. 그러나 '애정'의 본질이 혼전 남녀의 육체적 관계라는 점은 애정전기소설을 읽어 보면 너무도 쉽게 알 수 있다. 뿐만 아니라 「위생전」처럼 남녀의 정신적 교감이라고 할 것 자체가 거의 나타나지 않는 작품도 있으니, 이른바 '정신적 교감'이라는 게 애정의 필수 조건도 아니다. 보다 중요한 것은, 이 같은 정신적 교감이 철저히 남성 중심적 사고에서 비롯된 일이라는 사실이다. 중세 사회에서 여성의 정절은 목숨보다도 소중한 것이었고, 사대부가 여성이 외간 남자와 시를 주고받는 것은 그 자체가 이미 예법에 어긋난 일이었다. 고작 시 몇 편을 주고받은 일로, 여성이 목숨보다 더 소중한 정절을 버리는 일이 있을 수 있을까? 애정전기소설의 삽입시가 남녀 주인공의 '정신적 교감'을 보여준다는 것은 부인할 수 없지만, 그 목적은 결국 남성의 여성 겁탈을 미화하는 데 있다고 보아야 할 것이다.

에 대해서는 후술하기로 하고, 우선 여덟 작품을 중심으로 논의를 진행하겠다.

한국 애정전기소설의 작자는 대개 현실에서 소외된 사대부들이며, 작품 속의 남주인공은 작자의 처지나 세계관을 대변하는 인물이다. 이렇게 본다면, 애정전기소설의 남녀 주인공 가운데 중심이 되는 인물은 여주인공이 아닌 남주인공이지만, 그렇기 때문에 애정전기소설의 특징은 오히려 남주인공보다는 여주인공에 대한 탐색을 통해 보다 명확하게 드러날 수 있다. 대부분의 애정전기소설에서 남주인공의 삶의 목적과 의미는 여주인공과의 결연에 있다.[6]

그런데 애정전기소설의 플롯 자체가 남성 중심적이라는 사실을 고려한다면,[7] 애정서사의 특징을 여주인공을 향한 남주인공의 태도에서만 찾는 것은 온당하지 않다. 애정전기소설의 여성 인식은, 오히려 애정전기소설이라는 양식 혹은 플롯에 내재된 바 여성을 향한 남성의 욕망에서 찾아야 하며, 애정전기소설의 서사 문법 규명도 이에 의거하여 이루어져야 할 것이라 생각한다.

이 점에서 당대 애정류 전기를 '인신연애유형(人神戀愛類型)'·'이류상애유형(異類相愛類型)'·'재자가인유형(才子佳人類型)'으로 구분한 최진아의 연구는 시사하는 바가 크다.[8] 이 유형 분류는 여주인공이 신녀(神女)·선녀(仙女)·용녀(龍女)인 경우, 망혼(亡魂)·요괴(妖怪)인 경우, 인간(人間)인 경우에 따른 것인데, 중요한 점은 이와 같은 작업을 통해 각 유형의

6) 「하생기우전」 같은 작품에서는 남주인공의 애정 성취 욕구보다는 사회적 성취에 대한 욕망이 보다 강하게 드러난다. 그러나 「하생기우전」에서 하생의 사회적 성취가 여주인공과의 결연을 통해 이루어진다는 점에서 본다면, 하생의 삶의 목적과 의미 역시 여주인공과의 결연에 있다고 볼 수 있다.

7) 김경미, 「전기소설의 젠더화된 플롯과 닫힌 미학을 넘어서」(『한국고전여성문학연구』 20, 한국고전여성문학회, 2010)에서 전기소설의 플롯 자체가 성적 위계나 성적 억압의 구조를 가능하게 하는 장치라는 점을 지적하였다.

8) 최진아, 앞의 책, 171~202쪽.

연원과 특징 및 서술 원리를 밝히고, 개별 작품들의 이해에 진전을 가져올 수 있었다는 사실이다. 이에 반해 한국 애정전기소설 연구에서는 이와 같은 유형 분류가 이루어진 바 없는데, 문제는 유형 분류가 이루어지지 않았다는 사실 그 자체에 있지 않다. 서사에 대한 치밀한 분석을 수반하는 유형 분류가 이루어지지 않음으로써 애정전기소설의 '서사 문법'이 밝혀지지 않았을 뿐만 아니라, 애정전기소설의 개념 범주에 대한 합의조차도 이루어지지 않은 것이 근본적인 문제인 것이다.

이 글의 목적은 여태껏 우리가 '애정전기소설'이라 일컬어 온 작품들이 가지고 있는 서사적 특징을 '애정서사'의 측면에서 파악하고자 하는 것인데, 바꾸어 말하면 '애정소설사'의 관점에서 '애정전기소설'의 특징을 파악하고 그 범주를 규정하는 작업이라 할 수 있다. 이를 위해 필자는 애정전기소설의 '서사'를 몇 가지 유형으로 분류한 뒤, 유형별 분석을 통해 얻은 결과를 바탕으로 애정전기소설의 서사 문법을 밝히고자 한다.

한국 애정전기소설의 유형은 그 기준에 따라 다양하게 설정될 수 있다. 선행 연구에서 '만남과 이별', '삶과 죽음'을 기준으로 분류한 것이 그 예이다.[9] 이 글에서는 애정전기소설의 서사 유형을 여주인공의 형상과 그로부터 비롯되는 갈등의 성격에 따라 구분하고자 하는데, 그 이유는 이와 같은 서사 유형 분류가 애정전기소설의 서사 문법을 밝히는 데 유용하다고 보기 때문이다. 한국 애정전기소설의 여주인공은 '신분'과 '존재'를 기준으로 다음과 같이 분류할 수 있다.

9) 박희병, 「나려시대의 전기소설」(『한국전기소설의 미학』, 돌베개, 1997), 153~159쪽.

구분		신분		존재		결말	
작품	여주인공	상층	하층	인간	귀신	생(生)	사(死)
최치원	팔랑 · 구랑	○			○		○
만복사저포기	여인	○			○		○
이생규장전	최씨	○		○	○		○
하생기우전	여인	○		○	○	○	
주생전	선화	○		○		○	
주생전	배도		○	○			○
위생전	소숙방	○		○			○
운영전	운영		○	○			○
상사동기	영영		○	○		○	

애정전기소설에서 남녀의 사랑을 가로막는 갈등의 성격은 여주인공에 따라 크게 네 가지로 구분할 수 있다.

첫째, 여주인공이 귀신인 경우, 귀신이라는 사실 자체가 애정의 장애 요소로 부각되며, 여주인공의 환생 여부가 결말의 방식을 좌우한다. 이에 속하는 작품은 「최치원」·「만복사저포기」·「이생규장전」·「하생기우전」인데, 「이생규장전」은 작품의 후반부에 최씨가 귀신으로 나타나므로 여기에 포함시킬 수 있다.

둘째, 여주인공이 인간인 경우, 남녀의 애정을 가로막는 사회적 규범의 극복 여부가 중요한 문제로 부각된다. 이에 속하는 작품은 「이생규장전」·「하생기우전」·「주생전」·「위생전」·「운영전」·「상사동기」인데, 「하생기우전」은 작품 후반부에서 여주인공이 환생하므로 여기에 포함시킬 수 있다.

셋째, 상층 신분 여주인공이 등장하는 소설에서의 갈등은 애정과 예교(禮敎)의 충돌에서 비롯된다.[10] 애정전기소설에서 애정의 최종 지향점은 혼인

10) 윤재민, 「전기소설의 인물 성격」(『민족문화연구』 28, 고려대학교 민족문화연구소, 1995), 55~61쪽에서 신분을 기준으로 전기소설 남녀 주인공의 성격을 분석하면서 「최치원」의 팔랑 · 구랑을 '중간층'이라 한 바 있다. 「최치원」의 여주인공들은 엄밀히 말해 중간층이라 할 수 있지만, 일단 여기에 포함시키기로 한다.

이며, 상층 여주인공은 남주인공과 혼인하였을 때 그의 '처(妻)'가 된다. 그런데 중세 사회에서 상층 여성은 육례(六禮)를 갖추지 않으면 처가 될 수 없었고,[11] 처의 역할은 남성의 후사를 잇는 것이었으니, 애정전기소설의 상층 여주인공들은 남주인공과 혼전 성관계를 가지면서부터 이미 처의 자격을 상실하게 된 것이다. 필자는 상층 여주인공이 등장하는 작품들의 갈등과 결말이 이 문제와 밀접한 관계를 맺고 있다고 생각한다.

넷째, 하층 신분 여주인공이 등장하는 작품에서의 갈등은 애정과 예교의 충돌에서 비롯되지는 않는다. 하층 여주인공들은 남주인공과 혼인했을 때 대개 그의 '첩(妾)'이 되는데, 중세 사회에서 남성이 첩을 두었던 이유는 자손의 수를 늘리고 성욕을 해소하기 위해서였다. 또한 첩의 신분에 머무를 수밖에 없는 하층 여성들은 예교의 적용 대상도 아니었고 혼인에 육례가 필요하지도 않았다. 그런데 한국 애정전기소설에서 하층 여주인공의 신분은 기녀 혹은 궁녀로 설정되어 있다. 기녀는 혼전의 성관계가 문제 되지는 않지만, 궁녀는 왕족의 소유물이었기에 왕족이 아닌 다른 사람과 관계를 가질 수 없었다. 또 기녀와 궁녀는 대개 관(官)에 예속되어 있는 천민들이었다. 따라서 기녀나 궁녀가 주인공인 작품들에서의 갈등은 '신분'의 문제에서 비롯된다고 할 수 있다. 그런데 애정전기소설에서 남녀 주인공의 결연은 거의 대부분 '혼인'을 염두에 두고 이루어지는 일이다.[12] 때문에 하층 여주인공이 등장하는 작품에서 신분의 문제와 더불어 고려할 것은, '천민인 여주인공이 사대부인 남주인공의 후사를 이을 수 있느냐'의 문제라고 할 수 있다.

11) 『孟子』「滕文公」下에서는 "不待父母之命 媒妁之言 鑽穴隙相窺 踰牆相從 則父母國人 皆賤之"(『經書: 大學 · 論語 · 孟子 · 中庸』, 성균관대학교 대동문화연구원, 1965, 565쪽)라 하였고, 『禮記』「內則」에서는 "聘則爲妻 奔則爲妾"(『禮記』, 성균관대학교 대동문화연구원, 1985, 377쪽)이라 하였다.

12) 애정전기소설을 보면, 남주인공 가운데는 혼인을 염두에 두지 않고 여주인공과 결연하는 경우도 발견되지만, 여주인공의 경우에는 거의 예외 없이 혼인을 염두에 두고 남주인공과 결연한다.

이상으로 애정전기소설 속 여주인공의 유형에 따른 갈등의 성격을 살펴보았다. 이에 따라 애정전기소설의 '서사' 유형을 구분하면 다음과 같다.13)

구분	상층	하층
인간	①	②
귀신	③	④

① 「이생규장전」(전반부), 「하생기우전」(후반부), 「주생전」(선화), 「위생전」.
② 「주생전」(배도), 「운영전」, 「상사동기」.
③ 「최치원」, 「만복사저포기」, 「이생규장전」(후반부), 「하생기우전」(전반부).
④ 없음.

이처럼 한국 애정전기소설에서는 ④가 없으며, ①②는 사실상 각각 예교와 신분이라는 하나의 갈등 요소만을 가지고 있다. 한편 ③의 주된 갈등 요소는 여주인공들이 귀신이라는 점에 있지만, 그녀들이 상층 신분이라는 점 또한 아울러 고려해야 하므로, ③의 갈등 구조는 중층적이다.14)

애정서사는 갈등의 해결 여부에 따라 '행복한 결말'과 '비극적 결말'로 나뉘며, 그것은 대개 결말에서의 여주인공의 '생사' 여부와 일치한다.15) 그런데 한국 애정전기소설에서 행복한 결말로 끝나는 작품은 「하생기우전」과 「상사동기」뿐이다. 그렇다면 이 두 소설은 작품 내적 갈등을 해결하는 논리를 마련하였고 여타의 작품들은 그러지 않았다고 볼 수 있다.

13) 이 글에서는 이 네 가지 서사 유형을 ①②③④로 略稱한다.

14) 필자는 「이생규장전」과 「하생기우전」을 ①과 ③에 포함시켰는데, 이런 유형 분류 자체에 이미 이 작품들이 중층적 갈등구조를 가지고 있다는 의미가 담겨 있는 것이다.

15) 「주생전」에서 여주인공 선화는 죽지 않지만, 「주생전」은 남녀 주인공이 헤어진 상태에서 작품이 마무리되므로, 비극적 결말로 볼 수 있다.

이상과 같은 논의를 바탕으로 다음 장에서는 애정전기소설의 갈등과 그 해결 양상을 여주인공의 '존재'와 '신분'에서 각각 파생되는 문제들과 관련하여 다루어보고자 하는데, 본격적인 논의에 앞서 전제할 것이 있다. 이 글에서 애정전기소설을 몇 가지 서사 유형으로 구분한 목적은 개별 작품들을 특정 유형으로 귀속시키는 데 있지 않으며, 유형 분류는 애정전기소설의 서사 문법과 결말 구조를 탐색하기 위한 방법일 뿐이다. 그래서 '작품'이 아닌 '서사'의 유형을 설정한 것인바, 이에 따라 애정전기소설 가운데 어떤 '작품'은 두 가지 이상의 '서사 유형'이 복합된 것일 수 있다. 이는 한 작품을 둘 이상으로 파편화하여 분석하는 것이 아니라, 애정전기소설을 온당하게 이해하기 위한 연구 방법이다. 한편 애정전기소설 가운데는 '남녀의 사랑 이야기' 그 자체를 서술하는 데 목적이 있다기보다는, 그것을 작자의 우의를 드러내기 위한 도구로 사용한 것으로 이해해야 하는 경우도 있다. 하지만 이 글의 목적은 애정전기소설의 '서사' 문법을 밝히는 데 있기 때문에, 작품의 우의적 성격은 논의의 대상이 아니다.

3. 애정전기소설의 서사 문법과 결말 구조

앞서 한국 애정전기소설의 서사 유형을 세 가지로 구분해 보았다. 그런데 같은 유형의 작품들이라고 하여 개별 작품의 의미까지 유형에 따라 동일하다고 말할 수는 없을 것이므로, 여기서는 유형 순으로 작품을 분석하지는 않는다.

「최치원」과 「만복사저포기」는 ③인데, 이 유형의 작품들은 비극적 결말이 이미 전제된 상태에서 이야기가 시작된다. 귀신인 여주인공과 사람인 남주인공의 만남은 현실의 논리를 초월한 일이고, 유폐된 환상공간에서의 명혼체험이 끝나는 순간 여주인공은 다시 저세상으로 돌아가야 하기 때문이다. 그런데 주목할 점은 이 작품들에서 남주인공이 '여주인공이 귀신이라는 사실'을 애초부터 알고 있었다는 것이다. 「최치원」에서 취금은 팔랑·구랑의 시를 최치원에게 전하면서 아침에 덤불을 헤치고 먼지를 쓸어낸 곳[雙女墳]이 두 낭자가 사는 곳이라 말했고,[1] 「만복사저포기」에서는 양생과 여인이 정을 나눈 뒤에 그렇게 서로 기쁨을 나눈 것이 사람과 조금도 다르지 않았다고 했던바[2] 이 말 속에 여인이 사람이 아니라는 양생의 인식이 담겨 있는 것이다.[3] 그런데 보다 심각한 문제는 남녀 주인공들의 결연이 성욕에 이끌린 육체적 관계가 아니라 '혼인'이라는 사실이다.[4] 그래서 이 작품들에

1) 朝間披榛拂石題詩處 卽二娘所居也(「崔致遠」, 61쪽)

2) 生挑女而入 女不之難 相與講歡 一如人間(「萬福寺摴蒱記」, 101쪽)

3) 이 대목은 서술자의 서술로 처리되었지만, 사실상 양생의 인식이 반영된 것으로 보아야 한다. 이에 대해서는 엄태식, 「애정전기소설의 창작 배경과 양식적 특징」(경원대학교 박사논문, 2010), 35~36쪽 참조.

서 정말로 문제가 되는 것은 여주인공이 귀신이라는 기이함 그 자체가 아니라, 살아 있는 사람이 아닌 귀녀와 혼인할 수밖에 없는, 바꿔 말하면 이 세상의 살아 있는 여인 가운데서는 자기의 짝을 찾을 수 없는 남주인공들의 '고독'이다.

그렇다면 작품 속에서는 이 '고독'의 문제가 어떤 방식으로 형상화되고 있는가? 「최치원」과 「만복사저포기」에서 공통적으로 드러나는 점은 남주인공들이 여주인공들을 '실절(失節)'한 여인으로 희롱한다는 사실이다. 최치원은 팔랑·구랑을 식규(息嬀)와 선화부인(宣華夫人)에 비유했고 양생은 『시경』의 「유호(有狐)」와 「재구(載驅)」를 읊었던바, 이들은 여주인공과의 결연이 혼인이 아니라고 생각하고 싶었기에[5] 그녀들을 이 전고(典故)들에 나오는 분녀(奔女)로 규정하였던 것이다. 하지만 여인들은 이미 귀신이기 때문에 육례를 갖출 수 없었고, 남주인공과의 결연 그 자체를 '혼인'으로 생각했던 것이니, 이 작품들에서의 갈등은 바로 이 같은 남녀 주인공의 인식 차이에서 비롯되는 것이다.[6] 이런 관점에서 보면, 애정전기소설의 '애정'은 『예기(禮記)』「내칙(內則)」에서 "육례를 갖추어 맞이하면 처가 되고, 그냥 따라가면 첩이 된다.[聘則爲妻 奔則爲妾]"라고 했을 때의 '분(奔)'에 가깝다.

---

4) 조혜란, 「남성 환타지 소설의 시작, 최치원」(『여/성이론』 8, 여이연, 2003), 134쪽.

5) 여주인공과의 결연을 혼인으로 인정한다는 것은 살아 있는 사람과의 혼인은 불가능하지 않다는 뜻이 되며, 이는 곧 남주인공이 자신들의 '고독'을 인정한다는 의미이다. 「최치원」과 「만복사저포기」의 남주인공들은 자신의 고독이 이 세계에서 해소될 수 있다는 희망을 가지고 있었지만, 작품의 말미에서는 모두 여주인공과의 만남이 혼인 혹은 知己와의 만남임을 '인정'한다. 이에 「최치원」과 「만복사저포기」의 서사와 작품 속 갈등은 결국 '남주인공들의 고독이 이 세상에서는 해소될 수 없다는 사실을 확인하는 과정'이라는 의미를 갖게 되는 것이다. 「만복사저포기」에서 양생의 '머뭇거림'도 이 문제와 관련이 있다. 양생은 여인이 귀신이라는 사실을 이미 알고 있었지만 그 사실을 인정하기를 거부하며 머뭇거리는 태도를 보이는데, 이는 결국 이 세상에서는 자신의 고독이 해소될 수 없다는 사실을 인정하기 어려웠기 때문에 나온 행동이었던 것이다.

6) 엄태식, 앞의 논문, 17~49쪽.

최치원과 양생이 인용했던 전고의 주인공들은 모두 한 남자를 따르지 않은, 실절한 여인들이었다. 즉 남주인공들은 여주인공들과의 만남을 혼인으로 인식하고 싶지 않았을 뿐만 아니라 자신과 만나기 전에 그녀들이 누군가와 이미 관계를 맺었다고 단정한 것인데, 이런 생각의 바탕에는 여인들이 '처'의 자격을 상실했다는 의미가 담겨 있다고 할 수 있다.

여기서 잠시 그간 논란이 되었던 「쌍녀분기」와 「최치원」의 관계를 살펴보자. 「쌍녀분기」에서 두 여인은 최치원에게 "뜻하지 않게 부모님을 위해 못난 소금장수 놈과 짝이 되었습니다.[不意爲父母匹于鹽商小竪]"[7]라고 했는데, 여타 관련 기록들에서도 '匹'을 '妃[配]'로 쓴 정도의 차이가 있을 뿐 그 내용은 동일하다.[8] 여기서 문제는 '匹'의 의미이다. 이 말이 약혼을 뜻하는지 혼인을 뜻하는지 애매하기는 하지만, 이미 혼인했던 것으로 보는 게 낫지 않을까 생각한다. 그런데 「최치원」에서는 팔랑은 소금장수와 '정혼(定婚)'하였고 구랑은 차장수에게 '허가(許嫁)'하였다 하여[9] 팔랑·구랑이 '약혼'만 한 상태, 곧 성적 순결을 잃지 않은 상황이었음을 분명히 하였다. 이 점은 「최치원」이 「쌍녀분기」를 개작한 소설이라는 증거가 될 수 있다. 한편 「최치원」에서는 팔랑·구랑의 부친이 현의 관리조차 되지 못했다고 했다. 그러므로 팔랑·구랑은 '중간층' 정도로 보아야 할 것 같은데, 이는 「쌍녀분기」에 없었던 내용이다. 필자는 「최치원」의 작자가 육두품이라는 신분적 한계 때문에 능력을 발휘하지 못했던 최치원의 처지를 두 여인의 그것과 대응시키기 위해 이렇게 신분을 설정하지 않았나 생각한다.[10]

---

7) 『文淵閣四庫全書(史部 地理類)』 589(臺灣商務印書館, 1983), 246쪽.

8) 소인호, 「최치원의 작자와 문헌 성격」(『한국 전기소설사 연구』, 집문당, 2005), 52~53쪽 참조.

9) 紫裙者隕淚曰 兒與小妹 溧水縣楚城鄉張氏之二女也 先父不爲縣吏 獨占鄉豪 富似銅山 侈同金谷 及姊年十八 妹年十六 父母論嫁 阿奴則定婚鹽商 小妹則許嫁茗估 姊妹每說移天 未滿于心 鬱結難伸 遽至夭亡 所冀仁賢 勿萌猜嫌(「崔致遠」, 63~64쪽)

이처럼 「최치원」과 「만복사저포기」에서는 여주인공들이 '귀녀'라는 사실과 더불어, 그녀들의 행동이 '예교'에 부합하는 것이냐의 여부가 남녀 주인공 간의 갈등 요소가 되는데, 작품에서는 전자보다는 오히려 후자가 더 큰 문제로 부각되고 있다.[11] 한편 ③ 가운데는 「하생기우전」만이 행복한 결말로 마무리되고 있는데, 「하생기우전」은 ①에도 속하는 작품이다. 그렇다면 「하생기우전」이 행복한 결말로 마무리되었다는 것은, 이 작품이 귀신인 여주인공을 부활시켜 ③의 갈등을 해결했을 뿐만 아니라 ①의 갈등인 애정과 예교의 충돌 문제까지 해결했다는 뜻으로 이해해야 할 것이다. 이 문제를 고찰하기 전에 먼저 ①을 살펴보자.

①에 속하는 「이생규장전」·「주생전」·「위생전」은 모두 비극적으로 마무리되는데, 그 원인은 모두 '전란'이다. 그간 애정전기소설의 전란 소재는 이야기의 전환을 위한 계기 혹은 인간의 힘으로는 어쩔 수 없는 불합리한 세계의 횡포로 인식되어 왔는데,[12] 애정전기소설 속 전란의 가장 큰 특징은 그것이 '느닷없이' 닥쳐 남녀 주인공을 파국으로 몰아간다는 점이다. 이에 전란은 남녀의 애정을 금제하는 사회의 규범보다도 더 큰 세계의 횡포처럼 느껴지기도 한다. 더욱이 전란은 그 속성상 서사적 '인과 관계'에서 벗어나

---

10) 팔랑·구랑의 부친은 현의 관리조차 되지 못했다고 했는데, 이로써 보면 그녀들은 대략 지방 관청의 아전 정도는 될 수 있는 신분을 가진 집안의 딸들이었을 것이다. 이러한 팔랑·구랑의 신분은 阿飡까지 오를 수 있었던 육두품 최치원의 신분과 대응된다. 윤재민, 「전기소설의 인물 성격」(『민족문화연구』 28, 고려대학교 민족문화연구소, 1995)에서 지적하였듯이 그녀들의 신분은 '중간층'이고, 주인공 최치원 역시 '중간층'이라고 할 수 있는 것이다. 하지만 팔랑·구랑은 중간층인 그녀들의 신분에 걸맞은 혼인을 원하지 않고 상층 여인의 그것을 바랐던바, 이는 육두품이라는 자신의 신분에 만족하지 않고 그 너머를 꿈꾸었던 최치원의 지향과 동일한 것이다.

11) 왜냐하면 최치원과 양생 모두 여주인공이 귀녀라는 사실을 안 상태에서 결연했기 때문이다.

12) 박희병, 「나려시대의 전기소설」(『한국전기소설의 미학』, 돌베개, 1997), 159쪽; 정환국, 「전란 소재 애정전기소설의 성립과 발전에 대한 시론」(『민족문학사연구』 19, 민족문학사학회, 2001).

있다. 요컨대 '전란'은 주인공을 비극으로 몰아가기 위한 계기에 불과하다고 할 수 있는데, 그것이 정말로 비극적 결말의 견인 이외의 어떤 의미도 없는, 단순한 서사적 장치일 뿐일까? 이에 대한 단서를 「주생전」에서 찾아보자.

「주생전」의 어정쩡한 마무리는 이 작품을 결국 비극적 결말로 인식하게 만든다. 박희병은 이를 소재적인 제약에서 비롯된 것으로 이해하였는데,[13] 그 이상의 논의는 아직까지 진행되지 않은 것 같다. 선행 연구에서 지적하였듯이 「주생전」은 「앵앵전」의 영향을 받은 작품이다.[14] 선화의 모습은 앵앵과 유사한 점이 많으며, 주생 또한 호색한인 장생[15]과 닮았다고 할 수 있다. 「앵앵전」과 「주생전」의 여주인공들은 혼전 성관계를 가진 뒤 한목소리로 다음과 같이 이야기한다.

> 문란하게 맺어지기 시작한 사랑이라 버림받는 것으로 끝나는 것은 참으로 당연한 결과이겠지요. 저로서도 감히 원한은 품지 않겠어요. 그러나 틀림없는 사실은 낭군께서 저의 몸을 더럽혔고 또 낭군에 의해서 제가 버림을 받는다는 것인데, 이는 낭군의 저에 대한 은혜이오니 저의 전 생애를 건 맹세가 끝나는 것이옵니다. 그런데 또 무엇 때문에 이번의 이 이별을 그렇게 가슴 아프게 생각할 필요가 있겠어요? 그렇지만 낭군께서 이처럼 슬퍼하고 계시는 이상 저로서는 무어라 위안해 드릴 방법이 없사옵니다. 다만 낭군께서 언젠가 저를 보고 거문고를 잘 탄다고 말씀하셨는데, 그때는 부끄러워서 탈 수가 없었사오나, 지

13) 박희병, 「전기소설의 문제」(『한국전기소설의 미학』, 돌베개, 1997), 23~24쪽에서는 「주생전」의 작자인 권필이 주생으로부터 그가 실제로 겪었던 이야기를 들었기 때문에 「주생전」이 전기소설의 일반적 서사 문법을 벗어나게 되었다고 했던바, '소재적 제약'이란 바로 이를 뜻한다. 하지만 필자는 「주생전」의 작자를 未詳으로 놓아두는 것이 옳다고 본다. 이에 대해서는 엄태식, 앞의 논문, 84~89쪽에서 논하였다.

14) 김현룡, 『한중소설설화비교연구』(일지사, 1976), 301~307쪽; 왕숙의, 「주생전의 비교문학적 연구」(한양대학교 석사논문, 1986).

15) 登徒子非好色者 是有兇行 余眞好色者 而適不我值 何以言之 大凡物之尤者 未嘗不留連於心 是知其非忘情者也(「鶯鶯傳」, 4012쪽)

금은 장차 서로 작별하게 되었으니 낭군께서 바라시던 것을 해 드리겠어요.[16)]

여자의 몸은 근심과 더불어 삽니다. 아직 만나지 않았을 때는 만나기를 원하고 이미 만난 뒤에는 헤어질 것을 두려워하니, 여자의 한 몸이 어디를 간들 근심이 없겠습니까? 게다가 낭군께서는 단향목을 꺾은 죄[折檀之譏]를 저질렀고 저는 길섶의 이슬에 젖었다는 욕[行露之辱]을 받았습니다. 하루아침에 불행해져 일의 자취가 발각되면 친척에게 용납되지 못하고 향당에서 천대를 받을 것이니, 비록 낭군과 손을 잡고 백년해로하려 한들 그럴 수 있겠습니까? 오늘의 일은 비유하자면 구름 속의 달이요 잎사귀 속의 꽃인지라, 설사 한때의 좋음을 얻었지만 오래가지 못함을 어찌하겠습니까?[17)]

「앵앵전」에서 장생은 과거를 보러 가기 위해 앵앵과 이별하고 「주생전」에서 주생은 임진왜란의 발발로 선화와 헤어지는데, 두 작품은 모두 남주인공과 여주인공의 이별을 '우연한 계기' 때문에 발생한 사건처럼 서술하고 있다. 하지만 앵앵과 선화는 마치 비극적 결말을 예견하고 있었다는 듯이 말하고 있으며, 그것을 문란한 행동에 따른 '필연적 결과'로 인식하고 있다. 그런데 이것이 여성의 입을 빌려 드러낸 남성의 이기적 욕망이라는 점은 의심의 여지가 별로 없다.[18)] 즉 성욕을 표출한 음녀(淫女) 혹은 육례를 갖추

16) 始亂之終棄之 固其宜矣 愚不敢恨 必也君亂之君終之 君之惠也 則歿身之誓 其有終矣 又何必深感於此行 然而君既不懌 無以奉寧 君常謂我善鼓琴 向時羞顔 所不能及 今且往矣 既君此誠(정범진 편역, 『앵앵전』, 성균관대학교출판부, 1995, 243쪽; 「鶯鶯傳」, 4014~4015쪽)

17) 女子之身 與愁俱生 未相見 願相見 既相見 恐相離 女子一身 安住而無愁哉 況郎君犯折檀之譏 妾受行露之辱 一朝不幸 情跡敗露 則不容於親戚 見賤於鄉黨 雖欲與郎君執手偕老 那可得乎 今日之事 比如雲間月葉中花 縱得一時之好 其奈不久何(「周生傳」, 265쪽)

18) 김지선, 「여자·여우·귀신-도산씨 설화로부터」(『동아시아 여성의 기원』, 이화여자대학교출판부, 2009); 박일용, 「최치원의 형상화 방식과 남·녀 주인공의 성적·사회적 욕망」(『한국고전연구』 23, 한국고전연구학회, 2011).

지 못하고 결연한 여자는 내 아내[妻]가 될 수 없다는 것이며, 이는 곧 당대의 규범이자 애정전기소설이라는 양식에 내재된 남성들의 이기적 욕망에 다름 아닌 것이다.

「위생전」에서는 소숙방이 위생의 사망 소식을 듣고 자결하고, 「이생규장전」에서는 최씨가 전란의 와중에서 정절을 잃지 않기 위해 죽음을 택하니, 두 작품의 여주인공들은 모두 '열녀(烈女)'처럼 보인다. 그런데 문제는 그녀들이 혼전에 음분(淫奔)하여 처의 자격을 상실했음에도 불구하고 버젓이 남주인공들과 혼인하여 그들의 아내가 된다는 사실이다. 그렇다면 한국 애정전기소설은 예교에 반발하여 이른바 '자유연애'를 긍정했다는 말인가?[19]

필자는 「이생규장전」과 「위생전」에서의 전란의 개입, 그리고 그에 따른 여주인공의 비극적 결말이 「앵앵전」과 「주생전」의 여주인공의 입을 빌려 표출된 남성의 이기적 욕망을 기저에 깐 결과라고 생각한다. 다시 말해 최씨와 소숙방의 죽음은 그녀들의 음분에 따른 필연적 결과일 수 있다는 것이다.[20]

중세 사회에서 남성이 혼인하여 '처'를 맞아들이는 목적은 후사를 이어 제사가 끊어지지 않게 하는 데 있었다. 여기서 우리는 ①에 속하는 작품들

---

19) 이상구, 「고소설에 나타난 성적 욕망과 정절」(『고소설연구』 25, 한국고소설학회, 2008).

20) 이와 유사한 생각은 당대 애정류 전기 연구에서 이미 언급된 바 있다. 최진아, 『환상・욕망・이데올로기, 당대 애정류 전기 연구』(문학과지성사, 2008), 221쪽에서는 "재자가인 유형 가운데서는 「곽소옥전」・「장한가전」・「앵앵전」・「양창전」・「보비연」이 비극적 결말로 설정되어 있다. 그런데 이들 작품 가운데 「양창전」을 제외한 4편은 모두 예교에 합치되지 않은 남녀의 결합으로 인해 비극적 결말을 맞게 된 경우이다. 유교적 윤리 관념에 입각했을 때 남녀의 결합은 항상 '정에서 나오지만 예의에서 그치는' 차원을 견지해야만 되었다. 만일 남녀의 결합이 예의로써 맺음되지 않는다면 그것은 애정의 도피[私奔]가 되는 것이었다."라고 하였고, 또 "실제로 「앵앵전」과 「보비연」의 결미에 부가된 의론문에서도 여주인공인 앵앵과 보비연이 예교에 합치되지 않은 일을 했음을 비판하고 있는데 이는 「앵앵전」과 「보비연」의 비극적 결말 구조에 당위성을 부여하는 것이다."라고 하였다.

이 남녀 주인공을 혼인에 이르지 않게 하거나[「주생전」] 그들이 혼인에 이르렀어도 자식을 낳기 전에 여주인공들을 죽여버린다[「이생규장전」·「위생전」]는 사실에 유의할 필요가 있다. 이 점에서 「최척전」은 매우 흥미로운 비교의 대상이다. 필자는 「최척전」을 애정전기소설이 아니라고 생각하지만, 선행 연구에서는 「최척전」을 애정전기소설로 보기도 했다. 그런데 「최척전」에서는 옥영이 첫째, 최척과 혼전 성관계를 가지지 않았고, 둘째, 전란[정유재란]이 일어나기 전에 이미 아들 몽석을 낳아버렸으며, 셋째, 전란의 와중에서도 정절과 목숨을 모두 잃지 않고 끝까지 살아남아 가족과 재회하였다. ①에 속하는 대부분의 애정전기소설들과 정반대로 나타나는 이 세 가지 사실이 인과 관계를 결여한 우연의 소치일까?[21]

이제 행복한 결말로 마무리되는 「하생기우전」을 살펴보자. 선행 연구에서 「하생기우전」은 소설적 긴장감이 떨어지거나 소설사의 흐름을 후퇴시킨 작품으로 평가되기도 했다.[22] 이 같은 생각의 기저에는 「하생기우전」의 결말이 전혀 설득력이 없다는 인식이 작용하고 있지 않은가 한다. 하지만 애정전기소설의 서사 문법에 따르면, 「하생기우전」의 행복한 결말은 필연적인 것이다.

> 황천에는 틈 없으나, 무덤에는 빈 곳 있어, 화락하고 한가하여, 그 즐거움 컸습니다. 중자가 단향목 꺾지 않았는데, 여자가 어찌 이슬에 젖겠습니까?[黃泉無閒 大隧有空 融融洩洩 其樂亦孔 仲非折檀 女豈霑露][23]

---

21) 「최척전」의 분석은 엄태식, 「최척전의 창작 배경과 열녀 담론」(『한국고전여성문학연구』 24, 한국고전여성문학회, 2012) 참조.

22) 「하생기우전」을 부정적으로 보는 견해들은 다음과 같다. 박희병, 「한국한문소설사의 전개와 전기소설」(『한국전기소설의 미학』, 돌베개, 1997), 90쪽; 조동일, 『한국문학통사(제4판)』 2(지식산업사, 2005), 498쪽; 윤채근, 『소설적 주체, 그 탄생과 전변』(월인, 1999), 362쪽.

23) 「何生奇遇傳」, 215쪽.

「하생기우전」에서 여인이 부모에게 간(諫)하는 말 가운데 나오는 것이다. 주지하듯이 '절단(折檀)'과 '점로(霑露)'는 애정전기소설에서 남녀의 불륜을 이야기할 때 나오는 단골말들이다. 비극적으로 마무리되는 애정전기소설을 보면, 대개 주인공이 이와 비슷한 전고들을 언급하면서 자신이 죄를 저질렀다고 말한다.[24] 그런데 「하생기우전」에서는 하생이 '절단'을 하지 않고 여인이 '점로'하지 않은 것으로 되어 있으니, 이는 작자 신광한이 「이생규장전」과 「만복사저포기」의 서사를 결합하여 남녀 주인공의 '야합'을 실제로 일어나지 않은 일로 만드는 동시에, 그것을 가사(假死) 상태 혹은 죽기 직전의 여인을 구한 하생의 선행(善行)으로 바꾸어 버림으로써 가능했던 것이다.[25] 이와 유사한 논리는 이미 당 전기 「이혼기(離魂記)」에 있었는데,[26] 이에 필자는 「하생기우전」의 창작에 영향을 미친 작품으로 『전등신화(剪燈新話)』 「금봉차기(金鳳釵記)」를 추가할 수 있다고 본다. 「금봉차기」는 「만복사저포기」에 영향을 미친 작품이기에 결국 「하생기우전」과도 연관되지만, 무엇보다도 「금봉차기」가 바로 「이혼기」의 서사적 장치를 그대로 이어받고 있기 때문이다.[27] 그런데 「금봉차기」에서는 오흥랑의 혼이 오경랑에

24) 妾之犯律 自知甚明 少讀詩書 粗知禮義 非不諳褰裳之可愧 相鼠之可赧(「萬福寺摴蒱記」, 110~111쪽); 汝朝出而暮還者 將以學先聖仁義之格言 昏出而曉還 當爲何事 必作輕薄子 踰垣牆折樹檀耳(「李生窺墻傳」, 123쪽); 自將蒲柳之質 不念桑落之詩 行露沾衣 竊被傍人之嗤(「李生窺墻傳」, 124쪽); 況郎君犯折檀之譏 妾受行露之辱(「周生傳」, 265쪽); 乘節日 載酒南遊 誤入蘇相國家 有輕薄之行 窺垣之罪 死當萬矣(「韋生傳」); 僕以年少俠氣 志慮浩蕩 不能自抑 又以此女之故 將父母之遺體 竟作不孝之子 天地間一罪人 罪人之名 何用强知(「雲英傳」, 336쪽)

25) 엄태식, 「애정전기소설의 창작 배경과 양식적 특징」(경원대학교 박사논문, 2010), 76~80쪽.

26) 김지선, 앞의 논문, 283쪽에서 "「이혼기」의 이야기 속에서 왕주와 천낭이 5년간 지냈던 비합법적인 결혼 생활은 비난받지 않는다. 아니 작자는 비난받지 않을 장치를 미리 마련해 놓고 있다. 그것은 천낭의 실체를 분열시킴으로써 영혼의 형식으로 떨어져 나온 또 다른 분신에 분녀의 혐의를 씌우는 것이다. 떠돌았던 영혼은 원래의 몸속으로 다시 합체되면서 폐기되어 버리고 이로써 천낭과 왕주의 5년간의 비도덕적 행위에는 면죄부가 부여된다. 마치 사건을 깨끗하게 처리하는 완전범죄와도 같은 결말이다."라고 하였다.

게 빙의되었다고는 하나, 최홍가와 오경랑의 야합이 현실 세계에서 벌어진 일이었으므로, 「하생기우전」의 경우와는 좀 다르다. 여기서 주목할 또 다른 작품이 바로 『전등신화』 「위당기우기(渭塘奇遇記)」인데, 「위당기우기」의 남녀 주인공은 현실 세계가 아닌 꿈속에서 서로 만나 정을 나누므로, 그들의 야합은 실제로 벌어진 일이 아닌 것으로 귀결된다. 「하생기우전」의 '기우(奇遇)'는 바로 「위당기우기」의 '기우'를 염두에 둔 것이라 생각된다.[28] 어쨌든 「하생기우전」은 이 같은 기발한 착상으로 인해 ①과 ③의 갈등 요소를 단번에 해결해 버렸으니, 그 결과 여인은 첫째, 하생과 혼인하기 전에 성관계를 가지지 않았고, 둘째, 상제(上帝)의 진노에도 불구하고 결국 환생하였으며, 셋째, 적선(積善) · 여경(餘慶) 두 아들을 낳아 행복하게 잘 살게 되었던 것이다.[29]

「하생기우전」의 창작에 영향을 끼친 「이생규장전」에서는 이생과 최씨가 혼인에 이르게 함으로써 마치 ①의 갈등 요소를 극복한 것처럼 보이지만, 그것은 단지 비극적 결말의 '유예'일 뿐이었고, 그 유예기간은 최씨가 자식을 낳기 전까지였다. 주지하듯이 김시습은 「이생규장전」의 후반부를 ③으로 전환하였고, 그 결과 「이생규장전」은 ③의 여타 작품들[「최치원」 · 「만복사저포기」]과 동일한 갈등 요소를 해결하지 못한 채 비극적으로 마무리되었다. 이에 반해 신광한은 상술한 바와 같은 논리로써 두 가지 갈등 요소를 해결해 버렸으니, 그는 애정전기소설, 특히 「이생규장전」의 비극적 결말

27) 「금봉차기」에서는 吳興娘이 崔興哥에게 "打鴨而驚鴛鴦"(「金鳳釵記」, 上53쪽)이라고 말하고, 「하생기우전」에서는 하생이 여인에게 "主人莫打鴨 打鴨驚鴛鴦"(「何生奇遇傳」, 210쪽)이라고 말하는바, 두 작품 모두 呂士隆 故事를 인용하고 있기도 하다.

28) 「하생기우전」과 「위당기우기」의 관련 양상은 엄태식, 「한국고전소설의 전등신화 수용 연구 - 전기소설과 몽유록을 중심으로」(『동방학지』 167, 연세대학교 국학연구원, 2014), 162쪽에서 논하였다.

29) 선행 연구 가운데는 「하생기우전」의 행복한 결말을 17세기 소설의 통속화와 연관 지어 설명한 논의가 있었다. 이는 결과적으로 볼 때 타당성이 없지는 않으나, 그 이유를 독자에 대한 고려에서 찾는 시각에는 동의하기 어렵다.

의 원인이 어디에 있었는지를 정확히 꿰뚫고 있었던 것이다.

② 가운데 「주생전」·「운영전」은 비극적 결말이고, 「상사동기」는 행복한 결말이다. 이 작품들의 여주인공 가운데 그간 가장 논란이 되었던 인물은 배도인데, 선행 연구에서의 쟁점은 배도의 '신분상승 의지'와 '죽음의 원인'으로 요약된다. 전자와 관련해서는 배도가 주생에게 한 다음의 말이 항상 문제였다.

> 제 조상은 호족이었습니다. 조부께서는 천주 시박사 벼슬을 하고 계셨는데, 죄를 지어 서인으로 폐출되었고, 이로부터 자손들이 빈곤하여 떨쳐 일어나지 못했습니다. 저는 어려서 부모님을 여의고 남에게 양육되어 지금에 이르렀습니다. 정절을 지켜 스스로 깨끗해지고자 하였으나 이름이 이미 기적(妓籍)에 올라 있으므로, 어쩔 수 없이 억지로 다른 사람들과 연락(宴樂)하기도 했습니다. 매번 한가로이 홀로 있을 때마다 꽃을 보며 눈물을 감추고 달을 대하며 넋을 사르지 않은 적이 없습니다. 이제 낭군을 뵈니 풍채가 훤칠하고 재주가 뛰어납니다. 제가 비록 누추한 자질을 가지고 있지만, 침석을 모시고 영원히 건즐(巾櫛)을 받들고자 합니다. 바라건대 낭군께서는 타일에 입신하시어 일찍 요로(要路)에 올라 저를 기적에서 빼 주시어 조상의 이름을 더럽히지 않게 해 주신다면, 제 소원은 그것으로 끝입니다. 그 뒤에 비록 저를 버리시고 종신토록 보지 않으시더라도 은혜에 감사할 겨를도 없는데 감히 원망을 하겠습니까?[30)]

기적에서 빼 달라는 배도의 말만 놓고 보면, 배도의 신분 상승 의지가 대단히 강렬한 것처럼 느껴지기도 한다. 하지만 배도의 말에서 방점이 찍힐 곳은 기적에서 빼 달라는 말이 아니라 영원히 건즐을 받들겠다는 말인데,

30) 妾之先世 乃豪族也 祖某提擧泉州市舶司 因有罪廢爲庶人 自此子孫貧困 不能振起 妾早失父母 見養於人 以至于今 雖欲守貞自潔 名已載於妓籍 不得已强與人爲宴樂 每居閑處獨 未嘗不看花掩泣 對月消魂 今見郎君 風儀秀朗 才思俊逸 妾雖陋質 願薦枕席 永奉巾櫛 望郎君他日立身 早登要路 拔妾於妓籍之中 使不忝先人之名 則賤妾之願畢矣 後雖棄妾終身不見 感恩不暇 其敢怨乎(「周生傳」, 255~256쪽)

그녀의 입장에서 볼 때 영원히 건즐을 받들기 위한 최소한의 조건이 기녀의 신분에서 벗어나는 일이었던 것이다. 중요한 것은 배도가 주생과의 결연에 대해 가지고 있는 생각이다. 배도는 자신의 본질이 기녀가 아니라고 여기고 있으며, 주생과의 결연을 '혼인'과 별개의 문제로 생각하고 있지 않다. 다시 말해 그녀는 주생과의 '혼인'을 염두에 두고 주생과 결연한 것이고, 이런 생각은 애정전기소설의 여주인공이 갖추어야 할 필수적인 자질일 수 있다. 하지만 주생은 배도를 기적에서 빼 줄 능력이 없었으니, 기녀를 '아내'로 맞아들일 수는 없는 노릇이다.

여기서 또 하나 살펴보아야 할 점은 배도가 주생의 첩이 되는 것에 과연 만족했는지에 관한 것이다. 단언할 수는 없지만, 배도는 주생의 정처(正妻) 자리를 노렸던 것 같다. 이는 선화에 대한 배도의 '질투심'을 통해 어느 정도 짐작할 수 있다.[31] 그런데 '투기'는 첩의 자리는 말할 것도 없고 처의 지위까지 날려버릴 수 있는 '칠거지악(七去之惡)'의 하나였다. 더군다나 배도는 주생과 만나기 전에 '순결'을 잃었다는 치명적인 '결함'을 가지고 있었다. 요컨대 배도는 주생의 처는커녕 첩조차도 되기 어려운 그런 여자였던 것이다. 이런 시각에서 본다면, "그 뒤에 비록 저를 버리시고 종신토록 보지 않으시더라도 은혜에 감사할 겨를도 없는데 감히 원망을 하겠습니까?"라는 배도의 말은, 앞서 본 선화의 말과 똑같이 남성의 이기적인 욕망이 여주인공의 입을 빌려 표출된 것일 수 있다. 문면에는 배도의 죽음의 원인에 대한 단서가 없기에 선행 연구에서는 배도의 죽음을 주생과 관련 없는 우연한 사건으로 보기도 했지만,[32] 배도의 '병사(病死)'는 애정전기소설에서 아무런 필연성 없이 들이닥쳐 남녀 주인공을 파국으로 이끄는 '전란'과 마찬가지로 논리적인 설명이 필요한 성질의 사건이 아니다.[33] 이처럼 「주생전」 여주인

31) 지연숙, 「주생전의 배도 연구」(『고전문학연구』 28, 한국고전문학회, 2005), 333~336쪽.

32) 위의 논문, 337쪽.

33) 이는 「소현성록」에서 명현공주가 갑자기 병에 걸려 죽어버리는 것에 대해 의문을 제기

공들의 비극적 결말은 애정전기소설이라는 양식의 기저에 있는 남성의 이기적 욕망을 철저히 준수한, 당연한 귀결이었다.[34)]

이제 「운영전」을 보자. 「운영전」에서 자란은 김진사와의 도주를 계획하는 운영을 향해 '나이가 들면 안평대군의 마음도 시들해져서 고향으로 돌아가도록 허락할 것이고 그때가 되면 김진사와 백년해로할 수 있다'고 말한다.[35)] 이 말의 핵심은 운영이 궁녀라는 '신분'에서 벗어나지 못하는 한 결코 둘의 사랑은 이루어질 수 없으니, '욕망'에 이끌려 경박하게 행동하면 안 된다는 것이다. 선행 연구에서는 안평대군이 운영의 죄를 용서해주었음에도 불구하고 운영이 자결한 이유에 대해 다양한 견해를 제시하였지만,[36)] 운영

할 필요가 별로 없는 것과 동일한 성격의 문제이다. 만약 「주생전」에서 배도가 주생의 첩이 되는 것에 만족했다면, 그녀는 과연 죽음에 이르렀을까? 후술하겠지만 필자는 이것이 애정전기소설의 서사 문법과 관련이 있다고 본다. 즉 「주생전」이 애정전기소설인 이상, 주생이 선화를 처로 맞이하고 배도를 첩으로 맞이하는 일은 일어날 수 없다는 것이다. 만약 배도가 첩에 머무를 수밖에 없는 자신의 한계를 인식하고 선화를 인정했다면, 그때의 「주생전」은 이미 애정전기소설이 아닐 것이다.

34) 선행 연구에서는 「주생전」의 작자를 권필로 보았기 때문에 「주생전」의 내용을 실사로 이해하는 경우가 많았으나, 엄태식, 앞의 논문, 84~89쪽에서 언급했듯이 「주생전」의 작자는 未詳으로 놓아두는 것이 타당하므로, 「주생전」의 내용을 실제 있었던 일로 볼 근거는 없다. 「주생전」의 서사 전개와 결말 구조는 「곽소옥전」과 「앵앵전」의 그것을 그대로 따르고 있는바, 배도와 선화의 이야기는 각각 곽소옥과 앵앵의 이야기를 변용한 허구이지 실사가 아니다. 또한 「주생전」의 애매한 결말 역시 「앵앵전」의 결말 방식을 따른 것으로 볼 수 있다. 「주생전」의 말미에 서술자 '余'가 등장하는 것도 「앵앵전」 말미에 '予'가 나오는 것과 같다.

35) 卽呼紫鸞 三人鼎足而坐 妾以進士之計告之 紫鸞大驚 拍手罵之曰 相歡日久 無乃自速禍敗耶 一兩月相交 亦可足矣 踰墻逃走 豈人之所忍爲也 主君傾意已久 其不可去一也 夫人慈恤甚重 其不可去二也 禍及兩親 其不可去三也 罪貽西宮 其不可去四也 且天地一網罟 非陞天入地 則逃之焉往 倘或被捉 則其禍豈止於娘子之身乎 夢兆之不祥 不須言之 而若或吉祥 則汝肯往之乎 莫如屈心抑志 守靜安坐 以聽於天耳 娘子若年貌衰謝 則主君之恩眷漸弛矣 觀其事勢 稱病久臥 則必許還鄕矣 當此之時 與郎君携手同歸 與之偕老 則樂莫大焉 今不此之思 而敢生悖理之計 汝雖欺人 欺天乎 進士知事之不成 嗟歎含淚而出(「雲英傳」, 371~372쪽)

36) 정출헌, 「운영전의 중층적 애정 갈등과 그 비극적 성격」(『고전소설사의 구도와 시각』, 소명출판, 1996), 112쪽; 정길수, 「운영전의 메시지」(『고소설연구』 28, 한국고소설학회,

이 자결할 수밖에 없었던 근본적인 이유는 그녀가 김진사의 아내가 될 수 있는 기본적인 조건, 곧 궁녀의 신분에서 벗어나는 일이 불가능했다는 데 있었던 것이다. 더욱이 운영은 안평대군이 아닌 다른 남성과 관계를 가질 수 없는 궁녀였으니, 그녀가 저지른 일은 어떤 경우에도 결코 용납될 수 없는 '죄악'이었다.

「운영전」이 한국고전소설의 수작(秀作)이라는 점에 대해 이의를 제기하기는 어렵다. 하지만 「운영전」 남녀 주인공의 애정에 대한 선행 연구의 해석들은 지나친 면이 있지 않은가 한다. 필자는 운영과 김진사가 벌인 애정 행각이 정당화될 수 없다고 보며, 운영의 죽음을 '중세적 질서에 대한 저항'이나 '자유에 대한 열망'[37] 등으로 이해할 수만은 없다고 생각한다. 「운영전」의 다음 대목을 보자.

> 저는 젊은 협기와 호탕한 생각을 스스로 억누르지 못했고 또 이 여자 때문에 부모님이 물려주신 몸으로 마침내 불효의 자식이 되었으니 천지간의 한 죄인입니다. 죄인의 이름을 왜 굳이 알려고 하십니까?[38]

김진사가 자신의 이름을 묻는 유영에게 한 말이다. 사랑의 감정에 빠져 있을 때는 몰랐겠지만, 거기서 벗어나 객관적 거리를 확보했을 때의 운영이란, 자신을 천지간의 죄인으로 만들어 이름조차 밝힐 수 없게 만든 '우물(尤物)'[39]에 불과했던 것이다. 김진사는 사대부가의 남성으로서 처를 맞아들여 후사를 이어야 했다. 하지만 당시는 「춘향전」의 시대가 아니었기에, 설사

2009), 92쪽, 김수연, 「운영의 자살심리와 운영전의 치유적 텍스트로서의 가능성에 대한 시론」(『한국고전연구』 21, 한국고전연구학회, 2010), 260쪽 등 참조.

37) 정길수, 위의 논문, 91~92쪽.

38) 僕以年少俠氣 志慮浩蕩 不能自抑 又以此女之故 將父母之遺體 竟作不孝之子 天地間一罪人 罪人之名 何用强知(「雲英傳」, 336쪽)

39) '尤物'의 개념에 대해서는 이대형, 『금오신화 연구』(보고사, 2003), 53~62쪽 참조.

운영이 궁녀의 신분에서 벗어나 김진사와 혼인한다 해도 그녀는 처가 될 수 없었을 것이다. 또한 애정전기소설은 기본적으로 '1 : 1'의 남녀 관계를 추구하기에, 김진사는 운영 이외의 다른 여자를 처로 맞아들일 수 없었을 것이며, 결국 후사를 잇지 못해 불효의 자식이 됨을 면치 못했을 것이다.[40]

비극적 결말의 애정전기소설 가운데는 액자소설의 형식을 취한 작품들이 있다. 「임씨(任氏)」·「앵앵전(鶯鶯傳)」·「보비연(步飛煙)」 같은 당 전기와 「주생전」 등은 작품 말미에 서술자를 등장시켜 액자 내부의 사건에 대해 논평하게 하는 형식을 취하고 있는데,[41] 그들의 말 속에는 대개 우물에 미혹되어 파멸하는 남성들을 향한 경고의 메시지가 담겨 있다. 「운영전」도 이 작품들과 기본적으로 동일한 구조이다. 액자 외부의 김진사는 분명히 운영 '때문에' 불효의 죄인이 되었다고 말했으니, 김진사의 저 말에는 규범을 어겨 가면서 벌인 애정 행각이 결국 어떤 결말을 가져오는지에 대한 경계[42]가 들어 있는 동시에 비극적 결말의 책임을 여성에게 전가하려는 남성의 이

40) 이는 「상사동기」의 결말을 보면 어느 정도 짐작할 수 있다.

41) 嗟乎 異物之情也 有人道焉 遇暴不失節 狥人以至死 雖今婦人有不如者矣 惜鄭生非精人 徒悅其色而不徵其情性 向使淵識之士 必能揉變化之理 察神人之際 著文章之美 傳要妙之情 不止於賞玩風態而已 惜哉(「任氏」, 3697쪽); 時人多許張爲善補過者 予常於朋會之中 往往及此意者 夫使知者不爲 爲之者不惑(「鶯鶯傳」, 4017쪽); 噫 豔冶之貌 則代有之矣 潔朗之操 則人鮮聞 故士矜才則德薄 女衒色則情私 若能如執盈如臨深 則皆爲端士淑女矣 飛煙之罪 雖不可逭 察其心 亦可悲矣(「步飛煙」; 정범진, 『당대소설연구』, 성균관대학교 대동문화연구원, 1982, 부록 157쪽); 大丈夫所憂者 功名未就耳 天下豈無美婦人乎 況今三韓已定 六師將還 東風已與周郎便矣 莫慮喬氏之鎖於他人之院也(「周生傳」, 280쪽)

42) 김미영, 『유교문화와 여성』(살림, 2004), 41쪽에서 여성의 섹슈얼리티 통제방식에서는 성적 욕망이 주된 주제가 아니고 한 남자의 부인으로서 지켜야 하는 정절이데올로기에 의존해서 논의가 이루어지는 반면, 남성에게서 섹슈얼리티의 통제는 여성에게처럼 가족이라는 범위에 한정되어 논의되는 것이 아니라 자신의 뜻을 펴게 되는 정치사회의 공간 속에서 자신의 능력을 펼치는 데 장애가 되지 않아야 한다는 맥락에서 제기되는 바, 남성들에게서는 성적 욕망을 왜 어떻게 억제해야 하는지에 대한 논의가 이루어진다고 하였다.

기심이 드러나고 있는 것이다.[43]

「상사동기」는 ②에 속하는 작품이지만 행복한 결말로 마무리된다. 「상사동기」의 결말은 다음과 같다.

> (회산군 부인은) 영영에게 김생의 집에 가라고 명했다. 두 사람이 만나게 되니, 그 기쁨은 손으로 움켜쥘 것만 같았다. 김생은 앓던 기운이 갑자기 원래대로 되살아나 며칠 만에 자리에서 일어났다. 김생은 이로부터 공명을 영원히 버리고 끝내 처를 맞아들이지 않은 채 영영과 함께 살다가 삶을 마쳤다고 한다.[44]

선행 연구에서는 이 부분에 대해 당대의 윤리가 김생에게 양자택일을 강요하여 지배 체제 속에서의 영달을 포기한 것으로 해석하였다.[45] 사실 이와 같은 「상사동기」의 결말은 대단히 비현실적인 것이 아닐 수 없는데, 주목할 점은 「상사동기」가 김생과 영영의 결연 과정을 지연시키고 김생과 영영이 헤어진 후에는 이른바 '정수사변(情隨事變)'의 논리[46]를 개입시켜 이별한 두 남녀를 죽음에 이르게 하지 않았다는 사실이다. 선행 연구에서 언급하였듯이 이는 재자가인소설적 면모라 할 수 있다.[47] 그런데 「상사동기」는 회산

---

43) 선행 연구 가운데는 「운영전」에서 여성의 주체적 면모를 읽어낸 경우도 있었고, 애정전기소설 전반에서 여성에 대한 진전된 의식을 발견할 수 있다고 주장한 경우도 있었다. 하지만 애정전기소설에서 여성은, 남성의 욕망의 대상인 타자에 머무를 수밖에 없으며, 「운영전」도 여기서 예외가 아니다.

44) 卽命英英 歸金生家 二人相見 其喜可掬 生憊氣頓蘇 數日乃起 自此永謝功名 竟不娶妻 與英英相終云云(「相思洞記」, 506쪽)

45) 박일용, 「운영전의 비극적 성격과 그 사회적 의미」(『조선시대의 애정소설』, 집문당, 1993), 180쪽.

46) 정환국, 「17세기 애정류 한문소설 연구」(성균관대학교 박사논문, 2000), 145~151쪽; 신동흔, 「운영전에 대한 문학적 반론으로서의 영영전」(『국문학연구』 5, 국문학회, 2001), 231~232쪽.

47) 김정숙, 「조선후기 재자가인소설 연구」(고려대학교 박사논문, 2004), 79~89쪽.

군의 삼년상이 끝나고 김생과 영영이 재회한 지점부터 애정전기소설로 급선회한다. 영영은 김생에게 전한 편지에서 「녹의인전」과 「운영전」에 나왔던 그 유명한 비유,[48] 곧 "하늘이 황폐해지고 땅이 늙어도 제 한은 끝이 없을 것입니다."라는 말을 하면서 이제는 죽을 수밖에 없을 것이라 하고,[49] 김생은 영영의 편지를 받고 영영에 대한 그리움이 갑자기 배로 늘어나 마침내 병에 걸려 죽을 지경에 이르게 된다.[50] 그런데 바로 이 시점에 이정자의 도움으로 회산군 부인의 자비가 베풀어져, 영영이 궁녀의 신분에서 벗어나 김생의 첩이 될 수 있었으니, 결국 「상사동기」에 나타난 재자가인소설적 특성은 행복한 결말을 가로막는 장애 요소가 제거될 때까지 남녀 주인공을 살려두기 위한, 다소 억지스러운 설정이었던 것이다. 이와 더불어 회산군 생존 시에 궁녀인 영영이 외간 남자인 김생과 야합했던 일이 발각되지 않았다는 점, 회산군의 죽음으로 영영과 김생이 저지른 죄의 의미가 없어지면서 영원히 비밀로 감추어질 수 있게 되었다는 점도 「상사동기」의 행복한 결말과 직결되는 요소이다. 이처럼 「상사동기」의 행복한 결말은 회산군의 죽음이라는 '우연'과 회산군 부인의 자비라는 '행운' 때문에 가능했던 것인데, 이러한 우연과 행운은 애정전기소설의 비극적 결말을 불러오는 전란이나 병사와 마찬가지로, 서사적 인과 관계에 의한 필연이 아니라 행복한 결말을 견인하는 장치일 뿐이다.

이상으로 ②의 갈등 구조를 살펴보았다. 그 결과 ②의 갈등은 천민인 여주인공이 그 신분에서 벗어날 수 있는지의 여부에 따라 결말의 방식이 결정

48) 海枯石爛 此恨難消 地老天荒 此情不泯(「綠衣人傳」, 下110쪽); 地老天荒 此情不泯 海枯石爛 此恨難消(「雲英傳」, 364쪽); 海枯石爛 此情不泯 地老天荒 此恨難消(「雲英傳」, 382쪽)

49) 天荒地老 妾恨無窮 嗟哉奈何 死而已矣(「相思洞記」, 500쪽)

50) 生覽之 沈吟愛玩 不忍釋手 置念英英 倍於曩時 然靑鳥不來 消息難傳 白雁久絶 音信莫寄 斷絃不能復續 破鏡難得重圓 憂心悄悄 輾轉何益 形枯體鑠 臥而成疾 幾過數月(「相思洞記」, 502쪽)

된다는 점을 알 수 있었다. 그런데 「상사동기」에서는 김생이 공명을 버리고 끝내 처를 맞아들이지 않으므로, 진정한 의미에서의 행복한 결말은 아니라고 할 수 있다. 또 「상사동기」는, 「하생기우전」과는 달리 남녀 주인공의 자손에 대한 언급이 없는데, 필자는 이것이 천민인 여주인공이 후사를 이을 수는 없다는 점과 관계가 있다고 본다. 이에 대해서는 「왕경룡전」을 검토하는 자리에서 논하도록 하겠다.

한국 애정전기소설은 그 전제에서부터 이미 비극적으로 끝날 수밖에 없는 조건들을 떠안고 있었다. 다시 말해 그것은 '이루어질 수 없는 사랑의 이야기'였던 것이다. 혼전의 성관계를 맺은 사대부가 여인은 처의 자격을 상실하였고, 기녀나 궁녀가 자신의 신분에서 벗어난 후 남주인공과 혼인하여 그의 후사를 잇는다는 것은 사실상 불가능했으며, 귀녀는 어차피 남주인공의 배필이 될 수 없었다. 때문에 이런 악조건들을 무릅쓰고 행복한 결말을 이루기 위해서는 얼마간의 억지를 감수해야만 했다. 그렇다면 애정전기소설이 대개 주인공의 젊은 시절만을 다루고 혼인 이후 및 자손의 이야기까지 나아가지 못하였던 점 역시 비극적 결말이 전제되어 있는 이 양식의 특성에서 비롯된 결과일 수 있으며, 이는 애정전기소설이 기본적으로 단편소설일 수밖에 없는 이유이기도 했다.

17세기에 이르러 한국 애정전기소설은 남녀의 삼각관계를 도입하고 다수의 주변인물들을 작품 속에 등장시키면서 서사적 편폭을 확장시키고 작품의 분량을 늘렸지만, 애정전기소설은 기본적으로 남녀 주인공의 자손 대까지 이야기를 끌고 가기 어렵다는 한계가 있었다. 17세기 중반 이후 소설사의 흐름이 장편화로 향할 수밖에 없었다면, 이제 남은 과제는 소설의 장편화를 가로막는 애정전기소설이라는 양식을 버리고 새로운 형식을 모색하는 일이었을 것이다.

주지하다시피 17세기 중반 이후에 소설사의 주도권은 (국문)장편소설로 넘어가게 되는데, 이와 관련하여 매우 주목되는 현상은 '행복한 결말'이 보편화된다는 사실이다.[51] 애정전기소설의 쇠퇴와 행복한 결말의 등장은 어떤 관계가 있을까? 다음 장에서는 이 문제를 검토한다.

51) 서인석, 「고전소설의 결말구조와 그 세계관」(서울대학교 석사논문, 1984); 이종필, 「행복한 결말의 출현과 17세기 소설사 전환의 일 양상」(『고전과 해석』 10, 고전문학한문학연구학회, 2011).

4. 애정전기소설의 쇠퇴와 행복한 결말의 탄생

17세기는 한국 고전소설사에서 대단히 중요한 시기로, 그간 이에 대한 다각도의 분석이 있었다. 이에 대해서는 최근에 김종철의 논의에서 종합적으로 정리되었으므로,[1] 여기서는 애정전기소설과 관련된 지점들만 짚어보기로 하겠다.

17세기 소설사에서 주목되는 점은 17세기 중반 이후 이른바 '행복한 결말'의 소설들이 주류를 이루었다는 사실이다. 이것이 17세기 소설이 추구한 통속적 성향과 관계가 있음은 주지의 사실이다. 한국 고전소설사에서 행복한 결말은 「하생기우전」에서 처음 나타나는데, 앞서 언급했듯이 그것은 작품 속의 갈등을 서사 내에서 논리적으로 해결한 결과였고,[2] 「상사동기」 역시 마찬가지였다.

애정전기소설에서의 애정은 대개 '지기(知己)'로 일컬어지는 한 사람의 이성에 대한 그것이며, 남녀의 사랑은 기본적으로 '1 : 1'의 관계이다. 즉 애정전기소설이 말하는 사랑이란 한 사람에 대한 감정이며, 이 때문에 애정전기소설에서는 두 명의 이성을 동시에 사랑하거나 남주인공이 처첩을 두는 일은 일어나지 않는 게 보통이다. 선행 연구에서는 이를 남녀 주인공의 지고지순한 애정 혹은 전기적 인간의 근원적 고독으로 설명했다.[3] 하지만 애

1) 김종철, 「고전소설사에서의 17세기 소설의 위상」(『한국 고소설 연구의 쟁점과 전망』, 보고사, 2011).

2) 물론 억지스런 면이 있기는 하지만, 그럼에도 불구하고 인과 관계를 확보하고 있다는 점에서 '논리적'이라고 한 것이다.

3) 박희병, 「전기적 인간의 미적 특질」(『한국전기소설의 미학』, 돌베개, 1997), 36~41쪽.

정서사의 측면에서 볼 때, 이 문제는 좀 더 정밀하게 논의될 필요가 있다.

박희병은 「주생전」의 삼각관계를 애정전기소설 일반에 나타나는 상호독점적 남녀 관계에서 벗어난 파격으로 보았다.[4] 하지만 「최치원」·「운영전」·「상사동기」 및 『전등신화』 「연방루기(聯芳樓記)」 등에는 '1 : 다(多)'의 관계 혹은 '삼각관계'가 보이고,[5] 전기소설 가운데도 '변심 테마'라 할 것이 있었으므로,[6] 애정전기소설의 서사 문법으로서의 '상호독점적' 관계라는 것이 '1인 : 1인'의 관계로 규정될 수는 없다.

「주생전」은 이 문제를 살펴보는 데 매우 적절한 텍스트이다. 「주생전」에는 배도와 선화라는 여주인공들이 등장하는데, 주목할 점은 주생의 애정이 두 명의 여성에게 분산되지 않았다는 사실이다. 주생은 선화를 처음 본 순간, 배도를 올빼미나 자갈로 여기며,[7] 선화를 만난 후부터는 언제 그랬냐는 듯이 배도를 향한 사랑의 감정을 '완전히' 지워버린다. 이러한 주생의 매정함은 대단히 비현실적인 것으로, 그간 연구자들을 곤혹스럽게 만들었던 것인데, 필자는 바로 이 부분에 애정전기소설식 애정의 본질이 있지 않나 생각한다. 즉 애정전기소설에서는 남성의 애정[욕망]이 다수의 여성, 이를테면 처가 될 여인과 첩이 될 여인에게로 분산되지 않는바, 바로 이 점이 애정전기소설이 비극적으로 마무리되는 근본적인 이유이자 이 양식의 본질적 특성이라는 것이다.

애정전기소설에서 '애정'은 '육례를 갖추지 못한 남녀 주인공의 육체적 관계'이고, 그것은 대개 '혼인'을 염두에 두고 이루어지는 일이다. 다시 말해 애정전기소설에서 애정의 최종 목표는 혼인인 것이다. 중세 사회에서 혼

4) 위의 논문, 38~40쪽.

5) 신재홍, 「운영전의 삼각관계와 숨김의 미학」(『고전문학과 교육』 8, 한국고전문학교육학회, 2004); 엄태식, 「애정전기소설의 창작 배경과 양식적 특징」(경원대학교 박사논문, 2010), 122~137쪽.

6) 권도경, 『조선 후기 전기소설사의 전변과 새로운 시각』(보고사, 2004), 27~85쪽.

7) 桃坐於其間 不啻若鵰梟之於鳳凰 沙礫之於珠璣也(「周生傳」, 259쪽)

인의 목적은 아내를 얻어 후사를 잇는 데 있었다. 그런데 애정전기소설의 여주인공들을 살펴보면, 기녀는 혼전에 다른 남성들과 관계를 가졌고 궁녀는 왕족의 소유물이었으며 사대부가 여인들은 혼전에 순결을 잃고 더럽혀졌다. 이미 살아 있는 사람이 아닌 귀녀는 말할 것도 없으니, 그런 여성들이 후사를 잇는다는 것은 있을 수 없는 일이었다. 요컨대 여주인공이 남주인공의 '유일한 애정의 대상'인 동시에 '유일한 혼인의 대상'이라는 사실은 애정전기소설이 비극적으로 마무리될 수밖에 없는 원인이었고, 바로 그것이 애정전기소설식 애정서사의 본질이었던 것이다.[8] 앞서 살펴본 「상사동기」의 저 어색한 결말은 애정전기소설의 자장이 어디까지인지를 단적으로 보여주고 있다.

애정전기소설과 구별되는 「왕경룡전」의 가장 큰 특징은 남주인공이 처와 첩을 둔다는 사실이다. 그런데 왕경룡의 처는 그 성조차 언급되지 않을 뿐만 아니라, 심지어 등장인물도 아니다. 그녀는 단지 서술자의 서술을 통해 언급되는 인물이기 때문에, 작품 속에 굳이 등장할 필요는 없다고 할 수 있다. 그런데 「왕경룡전」의 작자는 왜 왕경룡이 굳이 처를 맞아들이게 했을까?

주지하듯이 「왕경룡전」은 「옥당춘낙난봉부(玉堂春落難逢夫)」를 번안한 작품이고 「옥당춘낙난봉부」는 당 전기 「이와전(李娃傳)」의 영향을 받은 작품이다.[9] 「옥당춘낙난봉부」와 「이와전」은 모두 기녀인 여주인공이 남주인

8) 애정전기소설의 여주인공들은 모두 혼전에 남주인공과 성관계를 가진 뒤 그의 아내가 되고자 한다. 그런데 그녀가 상층 신분이라면 혼전에 남주인공과 성관계를 가져서는 안 되고, 하층 신분이라면 남주인공과 혼전 성관계를 가지더라도 그의 妻가 될 마음을 먹어서는 안 될 것이다. 이런 관점에서 보면, 애정전기소설의 여주인공들은 처와 첩의 임무를 한 몸에 떠안고 있다고 할 수 있다. 한편 귀녀가 여주인공으로 등장하는 애정전기소설에서도 남주인공의 애정과 혼인의 대상은 오로지 '그녀'일 수밖에 없으니, 이와 같은 논리는 「최치원」이나 「만복사저포기」 같은 작품에도 동일하게 적용될 수 있다.

9) 김현룡, 「왕경룡전에 대한 고찰」(『어문논집』 19·20, 고려대학교 국어국문학연구회, 1977); 박일용, 「왕경룡전계 애정소설의 흐름과 사회적 성격」(『조선시대의 애정소설』,

공과 혼인한다는 행복한 결말로 끝나기 때문에, 이 작품들의 영향을 받은 「왕경룡전」 역시 동일한 방식으로 마무리될 수밖에 없다.

「왕경룡전」의 왕경룡 처 모씨(某氏)는 「옥당춘낙난봉부」의 왕경륭(王景隆) 처 유씨(劉氏)에 대응하는 인물이기에 작품 속에 등장했다고 할 수 있다. 「옥당춘낙난봉부」에서는 과거에 급제한 왕경륭이 부친 왕경(王瓊)의 명으로 유씨를 맞아들이고, 「왕경룡전」에서도 왕경룡이 과거 급제 후 왕각로의 명을 받고 모씨와 혼인한다. 하지만 두 작품 사이에는 간과할 수 없는 차이점이 있다. 「옥당춘낙난봉부」에서는 왕경륭이 옥당춘에게 자신이 이미 처 유씨를 맞아들였다는 사실을 알리고 유씨가 결코 투기하지 않을 것이라 말한다. 또 왕경륭은 유씨와 옥당춘이 처와 첩으로서 자매처럼 지내게 되는 것을 보고 기뻐한다. 그에 반해 「왕경룡전」에서는 왕경룡이 옥단을 잊지 못해 유씨와 혼인한 뒤에도 그녀와 동침조차 하지 않으며, 옥단을 맞아들인 뒤에는 아내를 내쫓을 생각까지 한다. 왕경룡은 옥단의 간언(諫言)을 들은 뒤에도 다시 부인을 박대하지만, 결국 옥단의 말을 듣고 마음을 돌린다.

선행 연구에서 언급했듯이 「왕경룡전」의 개작 방향은 '전기소설화'이다.[10] 「왕경룡전」의 작자는 애정전기소설의 서사 문법을 수용하여 선행 작품을 개작하였기에 왕경룡과 옥단은 여타 애정전기소설의 남녀 주인공처럼 상호독점적 관계를 형성하게 된다. 왕경룡이 본처 모씨를 구박하는 이유도 바로 이 때문이라고 할 수 있으니, 그의 애정[욕망]은, 여타 애정전기소설 남주인공들의 그것과 마찬가지로 복수의 여성들[처와 첩]에게로 분산되지 않았던 것이다. 이와 더불어 주목할 점은, 「옥당춘낙난봉부」에서는 서사 전개의 과정에서 왕경륭과 유씨의 혼인 이야기가 나오지만, 「왕경룡전」에서는 왕경룡이 옥단을 구한 뒤에 후일담의 형식으로 왕경룡과 모씨의 혼인 이야기가 언급된다는 사실이다. 이 역시 상호독점적 남녀 관계를 추구하는 애

집문당, 1993); 심경호, 「조선후기소설고증」(『국문학 연구와 문헌학』, 태학사, 2002).

10) 김정숙, 「조선후기 재자가인소설 연구」(고려대학교 박사논문, 2004), 115쪽.

정전기소설의 서사 문법에 견인된 결과이며, 왕경룡의 처가 굳이 무명씨(無名氏: 某氏)로 설정된 것도 이와 관련이 있다고 할 수 있다.

이처럼 「왕경룡전」은 애정전기소설적 면모를 보이고 있지만, 애정전기소설은 아니다. 앞서 언급했듯이 「왕경룡전」은 「옥당춘낙난봉부」의 번안작이기 때문에, 작자의 입장에서 볼 때 행복한 결말은 이미 전제된 것이었다고 할 수 있다. 옥단은 본처를 내쫓으려는 왕경룡에게 다음과 같이 말한다.

> 창가의 천한 자질로 값을 받고 낭군께 정을 주었으니 몸은 이미 더러워졌습니다. 교언영색으로 사람을 속여 약속을 지켰으니 절개는 이미 다하였습니다. 살아 돌아오기를 도모하고자 계책으로 사람을 죽였으니 선하다 할 수 있겠습니까? 오랫동안 감옥에 있으면서 세상에 더럽혀졌으니 길하다 할 수 있겠습니까?[11]

옥단은 절개를 잃은 더러운 여자이기에, 그런 여자를 정처로 삼아 후사를 잇는 것 역시 절개를 잃고 더럽혀지는 것이며,[12] 이는 결국 가문을 더럽히는 일이다.[13] 때문에 「왕경룡전」이 행복한 결말로 마무리되기 위해서는 모씨의 존재가 필수적이었던 것이고, 이로 인해 「왕경룡전」은 애정전기소설의 자장에서 아슬아슬하게 벗어나게 되었던 것이다.[14]

---

11) 娼家賤質 受直而媚君 身已陋矣 巧言令色 瞞人而守約 節已卑[卑→畢]矣 欲圖生還 以計殺人 可謂善乎 久在縲絏 爲世所鄙 可謂吉乎(「王慶龍傳」, 58쪽)

12) 程頤는 "무릇 아내를 취함은 자신을 짝하는 것이니, 만약 절개를 잃은 자를 취하여 몸을 짝하면 이것은 자신이 절개를 잃는 것이다.[凡取 以配身也 若取失節者 以配身 是己失節也]"(성백효 역주, 『현토완역 소학집주』, 전통문화연구회, 1993, 315쪽)라고 하였다.

13) 이는 「하생기우전」을 제외한 애정전기소설 전반에 적용되는 논리이다.

14) 「상사동기」와 「왕경룡전」은 애정전기소설의 자장이 어디까지인지를 보여주는 작품들이라고 할 수 있다. 「상사동기」가 재자가인소설식으로 진행되다가 애정전기소설로 마무리된 작품이라면, 「왕경룡전」은 애정전기소설식으로 진행되다가 마침내 애정전기소설의 자장에서 벗어나게 된 작품이라고 할 수 있다. 「왕경룡전」은, 애정전기소설이 '진

이제 「동선기」를 보자. 「동선기」에서 서문적(西門勣)은 유씨(劉氏)를 처로 맞이한 후 어느 날 장만부(張萬夫)・최심(崔諗)과 유람을 떠나는데, 그는 경경(瓊瓊)・설영(雪英)과 관계를 맺은 후에야 동선(洞仙: 楚臺)과 만난다. 작품에서는 서문적과 경경・설영의 결연에 아무런 의미도 부여되지 않으며, 유씨는 주인공의 반열에 오르지 못하고 주변인물에 머문다. 「왕경룡전」과 「동선기」의 재자가인소설적 성향은 이미 선행 연구에서 언급되었는데,[15] 이 글의 논지와 관련하여 주목되는 점은, 「왕경룡전」과 「동선기」에 이르러 애정전기소설식 남녀 관계가 파괴되기 시작하면서 여성을 향한 남성의 욕망이 복수의 여성[처와 첩]에게로 분화될 조짐을 보이고 있으며, 여주인공들은 자신의 신분과 그에 따른 역할을 명확히 인지하고 실천한다는 사실이다. 「왕경룡전」과 「동선기」는 애정전기소설에서 벗어났다고 판단되지만, 여전히 애정전기소설의 입김이 강하게 작용하고 있기에 여주인공이 아닌 '남주인공의 처'는 부수적 인물에 머무르고 있다. 중요한 것은 이 작품들이 상술한 바와 같은 변화의 단초를 보이기 시작하면서 소설사적 전환을 예고하고 있다는 사실 그 자체이다.

「왕경룡전」과 「동선기」 이후 한국 고전소설은 상호독점적 남녀 관계를 청산하고 남주인공이 처와 첩을 두는 구조로 바뀌는데, 필자는 이와 더불어 '애정'의 개념 자체가 달라진 것이 17세기 소설사, 나아가 한국 고전소설사에서 매우 중요한 전환점이 아니었나 생각한다. 앞서 언급했듯이 애정전기소설의 애정은 남녀 주인공의 '혼전 성관계'였는데, 이 시기 애정소설에서는 상층 여주인공[妻]과 남주인공의 애정에서 혼전 성관계가 삭제되는 대신 '예교의 범위를 벗어나지 않는 만남', '적강 모티프', '천정인연'[16] 등이 그

정한' 행복한 결말, 곧 남녀 주인공이 혼인에 이를 뿐만 아니라 자식을 낳는 데까지 나아가기 위해서는 애정전기소설이라는 양식에서 벗어날 수밖에 없다는 역설을 보여주고 있는 셈이다.

15) 김정숙, 앞의 논문, 114~125쪽.

16) 성현경, 「적강소설연구」(『한국소설의 구조와 실상』, 영남대학교출판부, 1981), 10~33쪽.

자리를 메꾸었다.[17] 「최척전」의 최척 · 옥영, 「구운몽」의 양소유 · 정경패, 「숙향전」의 이선 · 숙향이 이에 해당한다. 한편 하층 여주인공이 등장하는 작품에서는 여전히 남녀 주인공의 혼전 성관계가 나오지만, 여주인공들은 자신들이 '첩'의 지위에 머무를 수밖에 없다는 점을 명확히 인지하고 그 본분에 충실했으니, 「왕경룡전」의 옥단, 「동선기」의 동선, 「구운몽」의 6첩 등이 그 예이다. 이 소설들에 등장하는 여주인공들은, 비극적 애정전기소설의 여주인공들과는 달리 모두 행복한 결말을 맞이했다.

하지만 이 시기 소설 속의 모든 여주인공들이 행복했던 것은 아니었으며, 다른 쪽에서는 자신의 본분을 망각한 여성들에 대한 징벌이 병행되었다. 선행 연구에서는 「구운몽」이 전기소설의 영향을 받았음을 지적하였는데,[18] 「구운몽」과 애정전기소설의 관련에서 특히 주목되는 인물은 진채봉이다. 그녀는 부모가 계시지 않는다는 이유로 스스로 중매하려 했지만, 양소유와의 만남을 앞두고 갑작스레 '전란[仇士良의 반란]'의 소용돌이에 휩쓸리고, 결국 궁녀로 전락하여 양소유의 처가 아닌 첩이 되고 만다. 만약 진채봉이 양소유와 혼전 성관계를 가졌다면, 김만중이 그녀가 전란의 와중에서 목숨을 건지도록 놔두었을까? 가설에 불과할 수 있겠지만, 필자는 그럴 수 없었을 것이라고 생각한다. 이는 진채봉이 스스로 중매하려 했다는 사실 때문에 욕을 먹는 것을 보면 어느 정도 짐작할 수 있으며,[19] 「소현성록」의 소교영을 통해서도 유추 가능하다. 진채봉이 대개 죽음을 맞이한 애정전기소설의 여주인공들과 달랐던 점은 양소유와의 혼인 이전에 양소유를 포함한 그 누

17) 필자는 앞서 '애정'을 '혼전 남녀의 성관계'로 규정하였는데, 이런 원칙을 굳이 준수한다면, 애정의 개념이 달라진 것이 아니라 상층 여주인공이 등장하는 소설에서 '애정이 사라졌다'고 해야 할 것이다.

18) 신재홍, 「몽유양식의 소설사적 전개 양상」(『한국몽유소설연구』, 계명문화사, 1994), 142~156쪽; 박희병, 「한문소설과 국문소설의 관련양상」(『한국한문학연구』 22, 한국한문학회, 1998), 15~26쪽.

19) 秦女雖有才貌 擧動殊未尊重 何比於李小姐乎(「九雲夢」, 86쪽)

구와도 성관계를 가지지 않았다는 사실뿐이었고, 그래서 그녀는 죽지 않았다. 하지만 진채봉은 스스로 중매하려 한 잘못을 저질렀으니, 바로 이것이 그녀가 처의 자격을 상실하고 첩으로 전락하게 된 이유였다. 「구운몽」의 전란은, 비극적 애정전기소설의 그것과 마찬가지로, 진채봉을 첩으로 떨어뜨리기 위해 설정된 소설적 장치일 뿐이다.[20]

이상 살펴보았듯이, 육례를 갖추지 않으면 처가 될 수 없다는 것, 한 명의 남성을 향한 여성의 성적 종속성은 죽음을 감수하고서라도 반드시 지켜져야 한다는 것[21]은 애정전기소설의 시작부터 17세기 이후까지 지속된 한국 고전소설의 서사 문법이었으며, 여성을 대하는 남성의 태도는 기본적으로 변하지 않았다. 애정서사의 관점에서 본다면, 한국 고전소설 속 여주인공들의 행복은 자신의 신분과 그에 따른 역할을 명확히 인지하고 실천한 이들에게만 부여되었으며, 한국 고전소설의 '행복한 결말'도 이로부터 시작되었다.

남성들은 애정전기소설 속에서, 여성을 억압하기 위해 만들어 놓은 규범을 넘어서는 여성상을 창출하여 자신들의 욕망을 상상 속에서 해소했다. 그들은 내가 사랑하는 여인을 아내로 맞이하여 살고 싶다는, 중세적 질서 내에서는 용납될 수 없는 욕망을 소설 속에서 펼쳐본 셈이다. 하지만 남성들은 자신들이 짓밟은 여성들을 책임지지 않고 결국 불행으로 내몰았으니, 그들에게 여성이란 결국 후사를 잇는 도구가 아니면 성욕 해소의 대상일 수밖에 없었다. 요컨대 '국가-남성'이 만들어 놓은 규범을 어긴 여주인공이 행복한 결말을 맞이한다는 이야기는 중세 사회에서는 용납되기 어려운 서사였던 것이다. 애정전기소설의 작자들은 남성 중심의 가부장제 사회에서 타자일 수밖에 없었던 여성에 대해 관심을 가지기도 했지만, 그것은 대개 정

20) 한편 애정전기소설 및 애정소설의 영향을 받아 형성된 작품으로 「정향전」·「지봉전」·「종옥전」·「오유란전」 같은 소설이 있다. 이 작품들에 대해서는 엄태식, 「금기시된 욕망과 속임수: 애정소설과 한문풍자소설의 소설사적 관련 양상」(『문학치료연구』 35, 한국문학치료학회, 2015)에서 논하였다.

21) 강명관, 『열녀의 탄생』(돌베개, 2009).

치적·사회적으로 타자인 자신들의 불우에 대한 우의였을 뿐, 여성들을 타자화했던 자신[남성]들에 대한 반성이 있었다고 보기는 어렵다.

애정전기소설은 여성을 철저하게 타자화한 남성의 욕망을 드러냈으며, 그 같은 뒤틀린 욕망 자체가 애정전기소설이라는 양식을 존속하게 만든 원동력이었다. 선행 연구에서는 한국 애정전기소설이 기본적으로 비극적 성격을 띠고 있다는 점을 지적하였다.[22] 그렇다면 애정전기소설은 그것을 떠받치고 있는 '정신적 토대'가 이미 뒤틀린 것이었기에 비극으로 치달을 수밖에 없었던 것은 아닐까? 이런 관점에서 보면, 17세기 중후반 소설에서부터 본격적으로 등장하기 시작한 행복한 결말 역시 애정전기소설의 정신적 토대를 극복한 결과는 아니었다고 할 수 있다.

---

22) 박희병, 「전기적 인간의 미적 특질」(『한국전기소설의 미학』, 돌베개, 1997), 40~41쪽.

5. 맺음말

이 글은 애정전기소설의 애정서사를 분석하여, 애정전기소설의 서사 문법과 결말 구조를 살펴본 글이다. 그 내용을 요약하면 다음과 같다.

애정전기소설의 애정서사는 여주인공이 귀신인 경우, 상층 신분인 경우, 하층 신분인 경우로 구분할 수 있다. 애정전기소설에서 애정은 혼인하지 않은 남녀의 성관계이고, 애정의 최종 목표는 혼인이다. 그런데 혼전의 성관계를 맺은 상층 신분 여인은 처의 자격을 상실하였고, 하층 신분 여인이 자신의 신분에서 벗어난 후 남주인공과 혼인하여 그의 후사를 잇는다는 것은 사실상 불가능했으며, 귀녀는 어차피 남주인공의 배필이 될 수 없었다. 이처럼 애정전기소설은 그 전제에서부터 이미 비극적으로 끝날 수밖에 없는 조건들을 떠안고 있었던 '이루어질 수 없는 사랑 이야기'였던 것이다. 「하생기우전」과 「상사동기」가 행복한 결말인 이유는, 작자가 무리를 하면서 비극적 결말의 조건들을 소거했기 때문이다.

애정전기소설에서는 남주인공의 욕망이 다수의 여성에게로 분산되지 않고 오직 한 명의 여성에게 투영된다. 즉 애정전기소설의 여주인공은 처와 첩의 역할을 한 몸에 떠안고 있었던 것인데, 이는 중세 사회에서는 용납될 수 없는 일이었던바, 바로 이것이 애정전기소설이 비극적으로 마무리될 수밖에 없는 이유였다고 할 수 있다.

17세기에 중후반에 이르면 애정전기소설이 쇠퇴하고, 행복한 결말로 마무리되는 애정소설이 나타난다. 이 소설들에서는 남성의 욕망이 복수의 여성에게 분산되며, 여성들은 자신들의 신분과 그에 따른 역할에 충실한 모습을 보이고 있으니, 이것이 바로 17세기 이후의 고전소설들이 대개 행복한 결말로 마무리될 수 있었던 이유였다. 이런 현상은 애정전기소설과는 대조적인 면모처럼 보이기도 하지만, 기실 애정전기소설의 기저에 깔려 있었던 남성 욕망의 이면이었던 것이다.

제3부

애정전기소설의 양식 교섭과 소설사적 전개

1. 머리말

한국 애정전기소설은 15세기 『금오신화』의 「만복사저포기」·「이생규장전」에서부터 본격적으로 창작되었고, 16세기 『기재기이』의 「하생기우전」을 거쳐, 17세기에 이르러 「운영전」이라는 걸작이 나왔다. 한국 애정전기소설은 17세기 후반에 이르러 쇠퇴하였지만, 애정전기소설은 여타 서사 양식과의 교섭을 통해 다양한 변주를 선보이기도 했다.

이 글에서 다룰 작품은 「운영전」·「최척전」·「김영철전」이다. 이 책의 제2부에서 '애정전기소설의 서사 문법과 결말 구조'를 논하면서 애정전기소설의 개념 범주를 규정하였는데, 그에 따르면 「최척전」은 애정의 기본 조건, 곧 혼전 남녀의 성관계가 나타나지 않으므로, 애정전기소설이 아니다. 반면에 「운영전」은 지금까지의 연구에서 애정전기소설로 다루어지지 않은 적이 없기에 「운영전」이 애정전기소설이라는 사실은 의심의 여지가 없을 것으로 여겨진다. 하지만 엄밀히 말해 「운영전」에 나오는 바 운영과 김진사의 사랑 이야기는 운영과 김진사의 입으로 진술된 과거사이고, 작품 전체로 보았을 때의 「운영전」은 유영이 몽유자로 등장하는 몽유록이다. 한편 「김영철전」은 지금까지의 연구에서 전(傳) 혹은 전계소설(傳系小說)로 다루어져 왔을 뿐이다.

「운영전」은 애정전기소설만은 아니고 「최척전」·「김영철전」은 애정전기소설이 아니지만, 모두 애정전기소설과 여타 서사 양식과의 교섭 양상을 확인할 수 있는 작품이라는 점에서 함께 다루어 볼 만하다. 「운영전」에서는 애정전기소설과 몽유록의 교섭을, 「최척전」에서는 애정전기소설과 야담의 교섭을, 「김영철전」에서는 애정전기소설과 전계소설의 교섭을 확인할 수 있다.

「운영전」·「최척전」·「김영철전」의 양식 교섭에 대한 고찰이 가지는 의미는, 작자들이 애정전기소설이나 여타 서사 양식에 대한 독서 경험이 있었다는 사실을 확인하는 데서 그치지 않는다. 작자가 하나의 소설을 창작하면서 둘 이상의 이질적인 양식을 결합시킨 데에는 그만한 이유가 있다고 보아야 마땅하다. 「운영전」·「최척전」·「김영철전」에 나타나는 바 서사 양식의 교섭 양상 및 그 의미를 탐색하는 일은 작품 이해의 관건이기도 하다.[1)]

1) 이 책 제3부에서 인용하는 자료의 서지 사항은 다음과 같다. 「李生窺墻傳」·「元生夢遊錄」·「周生傳」·「雲英傳」·「崔陟傳」·「沈生傳」과 홍세태본 「金英哲傳」은 박희병 표점·교석, 『한국한문소설 교합구해』(소명출판, 2005)를, 안석경본 「김영철전」은 『雪橋集』上(아세아문화사, 1986) 수록본을, 柳夢寅의 『於于集』과 『於于野談』은 『於于集附於于野談』(경문사, 1979)을, 趙緯韓의 『玄谷集』과 梁慶遇의 『霽湖集』은 『영인표점 한국문집총간』 73(민족문화추진회, 1991)을, 李民宬의 『敬亭集』은 『영인표점 한국문집총간』 76(민족문화추진회, 1991)을, 趙纘韓의 『玄洲集』은 『영인표점 한국문집총간』 79(민족문화추진회, 1991)를, 李民寏의 『紫巖集』은 『영인표점 한국문집총간』 82(민족문화추진회, 1992)를, 鄭泰齊의 『菊堂排語』는 국립중앙도서관 소장본을, 唐 傳奇는 李昉 等 編, 『太平廣記』(中華書局, 1961)를, 『전등신화』는 정용수 역주, 『전등신화구해 역주』(푸른사상, 2003) 부록의 규장각본 『剪燈新話句解』를, 四書는 『經書: 大學·論語·孟子·中庸』(성균관대학교 대동문화연구원, 1965)을 대본으로 한다. 이하 자료의 인용 시에는 작품명 혹은 書名 뒤에 인용 서적의 쪽수만 표시하며, 원문의 오자는 해당 글자 뒤에 '[오자→정자]'의 형식으로 표시한다. 문집 자료의 일차 검색은 한국고전종합DB(http://db.itkc.or.kr/)를 활용했다.

2. 「운영전(雲英傳)」

「운영전」은 문학사적 의의와 문학적 성취를 모두 획득한 작품으로, 이미 고전(古典)의 반열에 올라 있다고 보아도 무방하다. 「운영전」은 학생이나 일반 독자를 대상으로 한 고전소설 시리즈에서 거의 빠짐없이 수록되는 작품이고,[1] 고전소설 전공자들의 번역·교감 작업도 매우 많이 이루어졌으며 그 연구 성과 또한 무척 많아서 연구사도 거듭 정리되었다.[2] 그럼에도 불구하고 「운영전」을 향한 연구자들의 관심은 갈수록 뜨거워 최근 절정에 이르고 있는데, 그 이유는 이 소설이 매우 문제적인 작품이기 때문이었다. 운영을 비롯한 궁녀들의 항거 및 중세적 질서에 대한 문제 제기,[3] 운영·김진사의 죽음과 비극적 결말,[4] 여성 주인공과 여성 서술자의 등장,[5] 몽유 양식의 수용과 중층적 액자구조,[6] 자란·무녀 같은 주변인물의 부각과 특이라는

1) 권혁래, 「생산과 수용의 측면에서 본 고전소설의 다시쓰기 출판물」(『고전소설의 다시쓰기』, 박이정, 2012), 116~117쪽.

2) 「운영전」 연구사는 성현경, 「운영전」(『고전소설연구』, 일지사, 1993); 양승민, 「운영전의 연구 성과와 그 전망」(『고소설연구사』, 월인, 2002)으로 미룬다.

3) 정출헌, 「운영전의 중층적 애정 갈등과 그 비극적 성격」(『고전소설사의 구도와 시각』, 소명출판, 1996); 이상구, 「운영전의 갈등양상과 작가의식」(『고소설연구』 5, 한국고소설학회, 1998); 정길수, 「운영전의 메시지」(『고소설연구』 28, 한국고소설학회, 2009).

4) 박일용, 「운영전의 비극적 성격과 그 사회적 의미」(『조선시대의 애정소설』, 집문당, 1993).

5) 김경미, 「운영전에 나타난 여성 서술자의 의의」(『한국고전여성문학연구』 4, 한국고전여성문학회, 2002).

6) 심치열, 「운영전의 서사체계와 주제의식」(『어문연구』 89, 한국어문교육연구회, 1996); 조용호, 「운영전 서사론」(『한국고전연구』 3, 한국고전연구학회, 1997); 엄태식, 「운영전

악인의 존재,[7] 안평대군에 대한 애매한 서술 태도,[8] 수성궁이라는 공간,[9] 등장인물 간에 얽혀 있는 삼각관계,[10] 작품 창작의 연원 및 양식적 특징,[11] 「운영전」의 시대적 배경 및 사상사의 관련성,[12] 「운영전」과 「상사동기」의 관계,[13] 작자 문제와 창작 시기,[14] 소설사적 의미[15] 등, 실로 「운영전」은 작품 안팎의 모든 것이 다 문제적인 작품으로 여겨졌던 것이다.

의 서술양상과 그 의미」(『고소설연구』 28, 한국고소설학회, 2009); 김수연, 「운영의 자살심리와 운영전의 치유적 텍스트로서의 가능성에 대한 시론」(『한국고전연구』 21, 한국고전연구학회, 2010); 안창수, 「운영전에 나타난 규범과 일탈의 변증법」(『한민족어문학』 59, 한민족어문학회, 2011).

7) 김정숙, 「운영전과 동선기 속 악인 탄생의 의미」(『한문고전연구』 21, 한국한문고전학회, 2010); 엄기영, 「운영전과 갈등 상황의 조정자로서의 자란」(『한국문학이론과 비평』 49, 한국문학이론과비평학회, 2010).

8) 박기석, 「운영전」(『한국고전소설작품론』, 집문당, 1990).

9) 엄기영, 「운영전 수성궁의 공간적 성격과 그 의미」(『Journal of Korean Culture』 18, 한국어문학국제학술포럼, 2011); 정규식, 「운영전에 형상화된 삶의 권력과 죽음의 권리」(『고소설연구』 31, 한국고소설학회, 2011).

10) 신재홍, 「운영전의 삼각관계와 숨김의 미학」(『고전문학과 교육』 8, 한국고전문학교육학회, 2004).

11) 김현룡, 『한중소설설화비교연구』(일지사, 1976); 송정애, 「운영전 연구」(서울대학교 석사논문, 1977); 하은하, 「운영전에 관한 양식내적 접근」(서울여자대학교 석사논문, 1994); 전용오, 「운영전의 발생론적 고찰」(『인문논총』 10, 배재대학교 인문과학연구소, 1996); 이지영, 「운영전 창작의 문학적 배경과 연원」(『국문학연구』 26, 국문학회, 2012).

12) 신경숙, 「운영전의 반성적 검토」(『한성어문학』 9, 한성대학교 국어국문학과, 1990); 정환국, 「16세기 말 17세기 초 사상사의 흐름 속에서 본 운영전」(『한국고전여성문학연구』 7, 한국고전여성문학회, 2003).

13) 배원룡, 「운영전과 영영전의 비교고찰」(『국제어문』 2, 국제어문학회, 1981); 김낙효, 「영영전과 운영전의 비교연구」(『한국학논집』 18, 한양대학교 한국학연구소, 1990); 신동흔, 「운영전에 대한 문학적 반론으로서의 영영전」(『국문학연구』 5, 국문학회, 2001).

14) 大谷森繁, 「운영전 소고」(『조선후기 소설독자 연구』, 고려대학교 민족문화연구소, 1985); 정규복, 「운영전의 제문제」(『한국고소설사의 연구』, 한국연구원, 1992).

15) 전성운, 「운영전의 인물 성향과 비회의 정조」(『어문논집』 56, 민족어문학회, 2007); 최재우, 「운영전 갈등구조의 양상과 그 소설사적 의미」(『열상고전연구』 29, 열상고전연구회, 2009); 강상순, 「운영전의 인간학과 그 정신사적 의미」(『고전문학연구』 38, 한국고전문학회, 2011).

양식적으로 볼 때 「운영전」은 애정전기소설이기도 하고 몽유록이기도 하다. 운영과 김진사의 진술로 이루어진 사랑 이야기는 애정전기소설이지만, 몽유자 유영을 중심으로 본다면 '입몽(入夢) - 좌정(坐定) - 토론(討論) - 시연(詩宴) - 각몽(覺夢)'의 서술 구조를 따르고 있는 몽유록인 것이다. 그런데 지금까지 이루어진 연구 성과에 따르면, 「운영전」은 이 작품이 속해 있는 양식의 특성을 뛰어넘는, 돌출적인 작품으로 보인다. 애정전기소설은 대개 남녀의 사랑 이야기를 통해 남성의 성적 욕망을 표출한 양식이다. 그런데 「운영전」은 궁녀라는 신분의 여주인공을 등장시키고 그녀의 목소리로 연애 사건을 진술하게 만듦으로써, 이전 시기 애정전기소설과는 달리 여성 '주체'의 욕망을 드러내고 있는 작품으로 해석되고 있다. 한편 몽유록은 몽유자의 몽중 체험을 통해 이념의 관철 혹은 사회적 욕망의 표출에 중심이 놓여 있는 양식이다. 그러나 「운영전」은 지금까지 대개 그 형식적인 면에서만 몽유록과의 관련성이 언급되어 왔을 뿐, 대부분의 연구에서 애정전기소설로 다루어 왔다. 「운영전」은 왜 애정전기소설이면서도 몽유록의 형식을 취하고 있을까? 이 글에서는 애정전기소설과 몽유록의 양식적 특성에 주목하면서 「운영전」을 다시 읽어보고자 한다.

(1) 애정전기소설의 전통과 「운영전」

애정전기소설에서 여주인공은 남주인공의 욕망의 객체이다. 선행 연구에서 지적하였듯이, 애정전기소설은 사대부 문인지식인층의 꿈과 원망(願望)을 반영하는 양식이자 사랑받는 주인공의 양식이기 때문이다.[16] 그런데 「운영전」은 애정전기소설이면서도 여타 애정전기소설과는 달리 여성의 주체적

16) 윤재민, 「전기소설의 성격」(『한국한문학연구』 19, 한국한문학회, 1996), 333～365쪽; 윤재민, 「전기소설의 인물 성격」(『민족문화연구』 28, 고려대학교 민족문화연구소, 1995), 53～67쪽.

면모가 뚜렷이 부각되는 작품으로 인식되고 있다.[17] 이에 대한 가장 정밀한 분석은 김경미의 논문에서 볼 수 있는데, 그에 따르면 「운영전」은 1인칭 여성 서술자의 존재로 인해 '여성 공간의 확보, 여성 내면의 풍부한 서술, 남녀의 정욕에 대한 여성의 욕망, 여성으로서의 자의식 등'을 보여주고 있으며, 「운영전」은 여타 애정전기소설에서는 욕망의 대상으로만 존재했던 여성 인물을 주체의 모습으로 등장시킨 소설로 이해된다.[18] 「운영전」은 정말로 애정전기소설의 남성 중심적 서사 문법에서 벗어나 여성 주체의 욕망을 형상화하고 있는 작품일까?

「운영전」은 그 제목에서 여성을 주인공으로 내세우고 있는데, 이는 한국 애정전기소설의 일반적인 제명(題名) 방식과는 다르다. 한국 애정전기소설은 대부분 남성을 제목에 내세우고 있으며,[19] 여성이 주인공인 작품은 「동선기(洞仙記)」·「숙향전(淑香傳)」·「사씨남정기(謝氏南征記)」 등 17세기 중후반부터 본격적으로 등장한다. 그런데 중국 애정전기소설에서는 여성이 주인공인 작품을 쉽게 찾아볼 수 있다. 당(唐) 전기(傳奇) 가운데는 「앵앵전(鶯鶯傳)」·「임씨전(任氏傳)」·「유씨전(柳氏傳)」·「곽소옥전(霍小玉傳)」·「이와전(李娃傳)」·「사소아전(謝小娥傳)」·「보비연(步飛煙: 飛煙傳)」·「무쌍전(無雙傳)」 등이 있고, 당 전기를 계승한 『전등신화(剪燈新話)』에는 「애경전(愛卿傳)」·「취취전(翠翠傳)」·「녹의인전(綠衣人傳)」 등이 있으니, '여주인공+전(傳)'은 중국 애정전기소설의 일반적인 제명 방식인 것이다. 이처럼 중국과 한국의 애정전기소설은 그 제명 방식에서 확연한 차이가 있

17) 황윤실, 「17세기 애정전기소설에 나타난 여성주체의 욕망발현 양상」(한양대학교 박사논문, 2000)에서는 17세기 애정전기소설 전반에서 여성을 욕망의 주체로 읽었고, 김경미, 앞의 논문; 김경미, 「전기소설의 젠더화된 플롯과 닫힌 미학을 넘어서」(『한국고전여성문학연구』 20, 한국고전여성문학회, 2010)에서는 여타 애정전기소설과는 달리 「운영전」에서만큼은 여주인공이 욕망의 대상이 아닌 주체라고 하였다.

18) 김경미, 「운영전에 나타난 여성 서술자의 의의」(『한국고전여성문학연구』 4, 한국고전여성문학회, 2002), 59~61쪽.

19) 「崔致遠」·「李生窺墻傳」·「何生奇遇傳」·「周生傳」·「韋生傳」 등이 그 예이다.

다.[20]

작품의 제목에 누가 나오는지는 매우 중요하다. 모든 애정전기소설에는 남성과 여성이 등장하는데, 작자가 이 가운데 어느 한 쪽을 제목에 내세웠던 데에는 분명 의도가 있을 것이기 때문이다. 그렇다면 여성을 제목에 내세우지 않는 것이 일반적인 한국 애정전기소설의 전통에서, 「운영전」은 독특한 작품임이 분명하다. 하지만 「운영전」만큼 여성 등장인물의 비중이 압도적인 작품은 없다는 점, 「운영전」이 여성 서술자를 내세우고 있다는 점 등을 고려한다면, '운영전(雲英傳)'이라는 제목은 기실 당연한 것이기도 하다. 문제는 이와 같은 사실이 과연 운영을 욕망의 주체이자 작품의 진정한 주인공으로 볼 수 있는 근거가 되느냐는 점에 있다.

「운영전」은 운영이라는 여성 서술자의 목소리로 사랑 이야기가 진술됨으로써 남성 중심적인 애정전기소설의 서사 문법을 전복시킨 작품으로 인식되고 있다.[21] 그런데 이는 「운영전」의 독창이 아니라, 「녹의인전」에 이미 있었던 것이다.[22] 역시 중요한 문제는 여성 서술자의 존재가 과연 여성의 주체성을 담보하는 근거가 될 수 있느냐는 것이다.

「운영전」에 1인칭 여성 서술자가 등장하는 이유는 단순하지가 않다. 1인칭 주인공 시점의 치명적인 약점은 서술자가 보지 못한 부분에 대해서는 도저히 서술할 수 없다는 데 있다. 1인칭 주인공 시점은, 전지적 작가 시점과는 달리 사건의 전모를 독자들에게 완벽히 전달할 수 없게 만들므로, 현대소설도 아닌 고전소설에서 이 같은 서술시점을 사용하는 것은 그 자체로 대단한 파격이 아닐 수 없다. 이 점에서 「운영전」은 몇 가지 방법을 사용하여 1인칭 시점의 약점을 보완하고 있다.

---

20) 「英英傳」도 여주인공을 제목에 내세웠지만, 이 작품의 原題는 '相思洞記' 혹은 '相思洞餞客記'였을 가능성이 높다고 생각한다. '英英傳'은 「운영전」과의 관련성 속에서 나온 제목일 것이다.

21) 김경미, 앞의 논문, 59쪽.

22) 송정애, 앞의 논문; 전용오, 앞의 논문.

「운영전」에서는 운영이 생전에 있었던 일들에 대해 사후(死後)에 전지(全知)하고 있다는 점이 전제되어 있다고 보아야 한다.23) 유영에게 안평대군 성시(盛時)의 일을 들려주고 있는 운영과 김진사는 원래 천상의 선관·선녀로서 죄를 범하여 적강(謫降)한 인물인데, 인세(人世)에서의 고락을 거친 후에는 다시 천상에서 만나 이 세상의 행복과는 비할 수 없는 기쁨을 영원히 누리고 있다. 운영과 김진사는 사후에 천상에서 만나 생전에 있었던 일들에 대한 정보를 공유했을 것이므로, 운영이 유영에게 들려주는 이야기 속에는 운영이 생전에 알았던 내용뿐 아니라 김진사가 알고 있는 내용까지 들어 있다고 보아야 한다. 하지만 운영이 완벽한 전지적 서술자라고 할 수는 없다. 그녀가 사후에 만나 정보를 공유할 수 있는 사자(死者)들 가운데 적어도 안평대군은 없다고 보아야 하기 때문에, 작자는 운영과 김진사가 생전에 직접 참여할 수는 없으나 이야기의 전개상 들어가지 않을 수 없는 내용을 서술하기 위한 보완 수단을 마련해야 했다. 그 가운데 하나가 바로 '엿듣기' 혹은 '엿보기'이다.

> 이때 열 사람은 창틈으로 몰래 엿듣고 있다가 (성삼문의 말에) 탄복하지 않음이 없었습니다.24)

이를 통해 작자는 안평대군과 성삼문이 궁녀들이 지은 시를 두고 평론하는 장면 등을 아무런 논리적 모순 없이 서술할 수 있었던 것이다.

선행 연구에서는 엿보기의 대상과 주체가 역전됐다는 점이 중시되었다. 그리고 「운영전」 속의 여성 공간은 엿보기의 대상이 아니라 여성 서술자의 시점에 의해 자연스럽게 드러난다는 점, 여성의 공간이 남성들의 눈에 비친

---

23) 엄태식, 「애정전기소설의 창작 배경과 양식적 특징」(경원대학교 박사논문, 2010), 116~137쪽.

24) 于時 十人從窓隙暗聞 莫不歎服(「雲英傳」, 345쪽)

것처럼 아름답게 꾸며진 공간과는 다르다는 점, 이 공간은 궁녀들 스스로 서로를 인격적인 하나의 주체로 이해하고 있는 진정한 유대 공간이라는 점 등이 지적되었다.[25)]

애정전기소설에서 엿보기의 주체는 대개 남성인 것처럼 보이지만, 반드시 그렇지는 않다. 「운영전」 이외에도 여성이 남성을 엿보는 경우는 있었으니, 「연방루기」에서는 난영과 혜영이 목욕을 하는 정생을 엿보았고,[26)] 「이생규장전」에서는 최씨가 국학에 다니는 이생을 엿보았으며,[27)] 「최척전」에서는 옥영은 정상사의 집에서 글공부하는 최척을 엿보았다.[28)] 「연방루기」·「이생규장전」·「최척전」에서는 여성이 남성보다 적극적인 면모를 보이고 있는바, 엿보기는 여성의 적극성을 단적으로 보여준다고 할 수 있다. 그런데 이 작품들의 엿보기에 투영된 욕망은, 엿보고자 하는 욕망이라기보다는 엿보이고자 하는 욕망이며, 이는 결국 윤재민이 지적한 바와 같이 사랑받고자 하는 남성의 욕망인 것이다.[29)] 한편 「주생전」·「위생전」 같은 애정전기소설에서는 남성이 여성의 내밀한 공간을 엿보는 장면이 나타나는데, 이 작품들에서의 엿보기가 남성 욕망의 투영인 이유는, 남성 인물들의 시선에 노출되고 있는 여성 공간이 마치 남성들에게 보이기 위해 치장된 것처럼 유혹적인 공간으로 묘사되고 있기 때문이다.[30)] 그렇다면 「운영전」에서 엿보기의 진정한 주체는 누구일까?

---

25) 김경미, 앞의 논문, 46~48쪽.

26) 夏月 於船首澡浴 二女於窓隙窺見之 以荔芰一雙投下 生雖會其意 然仰視飛甍峻宇縹緲於霄漢 自非身具羽翼 莫能至也(「聯芳樓記」, 上66쪽)

27) 엄태식, 앞의 논문, 50~55쪽.

28) 每講學之時 輒有丫鬟 年可十七八 眉眼如畫 髮黑如漆 隱伏于窓壁間 潛聽焉 一日上舍方食不出 陟獨坐誦書 忽然窓隙中 投一小紙 取而視之 乃書摽有梅末章(「崔陟傳」, 422쪽)

29) 윤재민, 「전기소설의 성격」(『한국한문학연구』 19, 한국한문학회, 1996), 352~364쪽.

30) 김경미, 앞의 논문, 44~45쪽.

「운영전」에서 안평대군은 궁녀들을 모아 놓고 시를 가르치면서 "시녀가 한 번이라도 궁문을 나가면 그 죄는 죽음에 해당하며 바깥사람이 궁인의 이름을 안다면 그 죄 또한 죽음일 뿐이다."31)라고 말했다. 수성궁 안을 엿보려면 목숨을 걸어야 하는 것이다. 그런데 수성궁이라는 공간은, 설사 목숨을 내놓는다고 해도 들어갈 수 없는 곳이다.

> 김진사가 몰래 그곳을 엿보니 담장이 높고 험하여 몸에 날개가 없으면 닿을 수가 없었습니다.32)

「이생규장전」·「주생전」·「위생전」 같은 애정전기소설에서 남주인공은 '유장(踰牆)'과 '찬혈(鑽穴)'이라는 방법을 통해 여주인공이 있는 규방에 접근할 수 있었지만, 운영이 살고 있는 수성궁은 '유장'과 '찬혈' 자체가 불가능한 곳이다. 여기서 우리는, 수성궁 속 궁녀들의 이야기가 1인칭 여성 서술자가 존재하지 않았다면 도저히 서술될 수 없는 내용들이라는 점에 주목할 필요가 있다. 이전 시기 애정전기소설에서는 여성의 은밀한 공간인 규방이 남성의 '엿보기'를 통해 제한적으로 포착될 수밖에 없었지만, 「운영전」에서는 여성 서술자의 존재로 인해 '엿보기'의 '시공간적 제약'이 완벽히 극복될 수 있었던 것이다. 이제 텍스트를 덮고 생각해 보자. 누가 누구를 엿본 것인가?

「운영전」의 독자인 남성들은 운영이라는 여성 서술자를 통해 규방보다도 더 깊은 수성궁과 그곳에 살고 있는 궁녀들의 모습을 눈에 보이듯이 생생하게 포착할 수 있게 되었다. 「이생규장전」·「주생전」·「위생전」 등에서는 남주인공이 담을 넘기도 하고 여주인공의 거처를 엿보기도 하므로, 그 자체가 이미 떳떳하지 못한 행동으로 인식된다. 또 이런 작품들에서는 여성이

---

31) 侍女一出宮門 則其罪當死 外人知宮人之名 則其罪亦死(「雲英傳」, 339쪽)

32) 進士密窺其處 則墻垣高峻 自非身具羽翼 莫能至矣(「雲英傳」, 366쪽)

남성보다 적극적인 면모를 보이기도 하고, 시의 수창이라는 정신적 교감을 통해 서로 지기(知己)임을 확인하기도 하지만, 그래도 남성의 여성 겁탈을 미화한 것으로 읽힐 여지가 남아 있다. 반면에 「운영전」에서는 이와 같은 남성 폭력의 흔적조차 말끔히 소거되었던바, 그것은 결국 운영이라는 1인칭 여성 서술자의 등장에서 비롯된 일이었다고 할 수 있다.[33] 이제 남성들은 '찬혈'과 '유장'이라는 부끄러운 행동을 했다는 비난[34]을 듣지 않아도 되었고, 그 자신이 여성의 공간을 엿보고[엿듣고] 있다는 사실마저도 인식하지 못하게 되었다.

「운영전」은 여주인공이 궁녀라는 점에서 여타 애정전기소설과 구분된다. 17세기에 이르러 한국 고전소설에는 하층 신분의 여주인공이 등장하는데, 「주생전」·「왕경룡전」·「동선기」 등의 여주인공은 '기녀'이고 「운영전」과 「상사동기」의 여주인공은 '궁녀'이다. 궁녀는 기녀와 마찬가지로 하층 신분이지만, 사대부 남성들이 일반적으로 접할 수 있는 대상이 아니었다. 그들이 현실 속에서 애정을 줄 수 있는 대상은, 「주생전」의 배도, 「왕경룡전」의 옥단, 「동선기」의 동선 같은 기녀였을 뿐이다.

「운영전」에 보이듯이 궁녀는 궁궐 속에 갇혀 있기에 그 실체조차 제대로 파악되지 않는 존재들이다. 안평대군과 가장 가까운 거리에 있었던 성삼문조차 궁녀들의 존재 여부를 알 수 없었으니, 벼슬하지 못한 포의(布衣)의 경우는 말할 것도 없을 것이다. 「운영전」에서와 같이 안평대군이 김진사를 부르는 일이 벌어지지 않고서는 포의가 궁녀와 만날 가능성은 전혀 없는 셈이다.

애정전기소설의 여주인공은 지기인 남주인공을 향해 목숨보다 더 중요한

33) 「운영전」의 서술 시점과 그 의미를 다룬 논문은 다음과 같다. 조용호, 앞의 논문; 신재홍, 앞의 논문; 엄태식, 「운영전의 서술 양상과 그 의미」(『고소설연구』 28, 한국고소설학회, 2009); 김수연, 앞의 논문.

34) 『孟子』 「滕文公」 下에서 "不待父母之命 媒妁之言 鑽穴隙相窺 踰牆相從 則父母國人 皆賤之"(『孟子』, 565쪽)라고 하였다.

정절을 아낌없이 포기하는데, 이런 행동들은 남주인공과의 혼인을 전제로 한 경우가 대부분이다. 선행 연구에서도 언급되었듯이 남주인공과 여주인공의 결연 장면은 남성의 폭력과 겁탈을 남성의 입장에서 미화한 연애 각본이라고 할 만하다.[35] 대개 사대부가의 외동딸로 설정되어 있는 여주인공이 보잘것없는 남주인공을 위해 정절을 버리고 죽음도 불사한다는 것 자체가 이미 남성적 욕망을 적나라하게 드러낸 애정전기소설의 서사 문법인 것이다.

현실적으로 보았을 때, 궁녀의 최대 목표는 왕족의 첩실이 됨으로써 천한 신분과 고된 생활에서 벗어나는 일이었을 것이다. 그런데 「운영전」에서는 운영이 자신을 사랑하는 왕족 안평대군을 마다하고 포의 김진사를 택한다. 여타 애정전기소설에서는 설사 여주인공이 남주인공과 혼전 성관계를 가졌을지라도 남주인공과 혼인하면 되었기 때문에 실절이 곧 죽음은 아니었다. 그에 반해 운영과 김진사의 사랑은 그 자체가 곧 죽음으로 이어지는 일이었고, 그들의 부정한 관계는 행복한 결말로 마무리될 가능성이 거의 없는 것이었다. 운영은 분명 자신의 '의지'에 따라 김진사를 선택했으며, 그것은 그녀의 '주체적'인 행동이었다. 여기에 투영된 것은 운영의 욕망인가, 아니면 그런 여성을 꿈꾸는 남성의 욕망인가?

운영과 김진사의 사랑에 투영된 남성의 욕망을 찾을 수 있다면, 그것은 중세 사대부 남성의 일반적 애정 대상인 노류장화(路柳墻花) '기녀'가 아닌, 누구나 꺾을 수는 없는 꽃인 '궁녀'를 꺾어 보고 싶은 욕망일 것이며, 그 같은 궁녀가 왕족인 안평대군조차 마다하고 목숨을 버리면서까지 자신을 사랑해 주기를 바라는 욕망일 것이다. 「운영전」에 형상화된 바 궁녀들의 비현실적 생활공간과 삶의 모습, 그 자체가 이미 궁녀라는 존재에 대한 남성들의 환상을 그려낸 것이 아닌가?

---

35) 김경미, 「전기소설의 젠더화된 플롯과 닫힌 미학을 넘어서」(『한국고전여성문학연구』 20, 한국고전여성문학회, 2010), 231~233쪽.

운영을 비롯한 10명의 궁녀들은 수성궁에 살고 있다. 선행 연구에서 수성궁은 대체적으로 '억압의 공간'으로 인식되어 왔는데, 수성궁에서의 탈출을 꿈꾸는 운영의 입장에서 보면 이는 타당한 견해이다. 하지만 애정전기소설의 전통에서 볼 때, 수성궁은 「최치원」·「만복사저포기」·「하생기우전」의 무덤, 「이생규장전」·「주생전」·「위생전」의 규방과 동일한 성격의 공간이며, 이곳들은 모두 여성들만의 내밀한 공간이라는, 다시 말해 '금남(禁男)의 공간'이라는 공통점이 있다. 수성궁은 사대부가 여성들의 공간인 규방보다 깊숙한 곳이고, 기녀들이 있는 주루보다 신비한 곳이며, 궁녀들은 사대부가 여인이나 하층의 기녀들과는 달리 그 존재조차 감지할 수 없는, 상상 속에서나 존재하는 이들이다.[36]

필자는 「운영전」이 「유선굴」과 매우 흡사한 작품이라고 생각한다. 주지하듯이 「유선굴」은 「최치원」의 창작에 직접적인 영향을 끼치기도 했는데, 「유선굴」이 「운영전」에 직접적으로 영향을 미쳤다고 볼 만한 증거는 찾기 어렵지만, 둘 사이에는 적지 않은 유사점이 발견된다. 「운영전」에서 자란은 김진사와 운영의 결연을 적극적으로 돕는다. 자란과 같은 존재는 이전 시기 한국 애정전기소설에서는 찾을 수 없지만, 「유선굴」을 보면 오수(五嫂)가 장작(張鷟)과 십랑(十娘)의 결연을 돕고 있어 자란과 유사하다. 「유선굴」의 여주인공은 선녀와 기녀의 이미지가 교착된 것으로 알려져 있는데,[37] 이와 같은 선기합류(仙妓合流)의 모습은 「운영전」의 여주인공인 운영의 이미지와도 상통하니, 「운영전」에서 운영을 비롯한 열 명의 궁녀들은 '여선(女仙)'처럼 형상화되고 있는 것이다.[38] 새삼스러운 지적이지만, '운영(雲英)'은 당 전기 「배항(裴航)」에 등장하는 여선의 이름이었다.[39]

36) 정규식, 앞의 논문, 47~49쪽; 엄기영, 앞의 논문 등에서 수성궁의 공간적 성격에 대해 논하였다.

37) 최진아, 『환상·욕망·이데올로기, 당대 애정류 전기 연구』(문학과지성사, 2008), 266~276쪽.

38) 進賜宮中 必儲養此十仙人 願毋隱一見(「雲英傳」, 345쪽)

앞서 보았듯이 「운영전」의 수성궁은 날개가 없으면 들어갈 수 없는 곳이다. 「유선굴」에서는 십랑과 오수가 살고 있는 신선굴이 다음과 같이 묘사되고 있다.

> 고로들은 다음과 같은 말을 전한다. "이곳은 신선굴이다. 사람의 발자취는 거의 미치지 않으며, 새가 다니는 길로만 겨우 통할 수 있다. 항상 향기로운 과실과 아름다운 가지가 있고, 선녀의 옷과 석발이 절로 떠오르는데, 어디로부터 오는지 알 수 없다."[40]

수성궁과 신선굴이 유사한 이미지를 가지고 있음을 볼 수 있다. 그런데 「운영전」과 「유선굴」의 유사한 면모는 여기서 그치지 않는다. 「운영전」에는 유독 '성정(性情)'이란 말이 많이 나온다. 성정은 감추거나 억누를 수 없다든지, 시는 곧 성정의 발현이라든지 하는 생각은 성삼문·김진사·운영·자란을 비롯하여 안평대군에 이르기까지 등장인물 대부분이 공유하는 인식이다. 그런데 「운영전」에서 '성정'은 대개 여성의 성욕과 관계가 있다.

> 자란 또한 원녀인지라 이 말을 듣고는 눈물을 머금으며 말했습니다. "시는 성정에서 나오므로 속일 수가 없구나."[紫鸞亦怨女 及聞此言 含淚而言曰 詩出於性情 不可欺也][41]

안평대군은 운영의 부연시(賦煙詩)[42]를 보고는 "시는 성정에서 나오므로 감출 수가 없다."[43]라고 말했는데, 다음 날 밤 자란은 운영이 그간의 일을

---

39) 김현룡, 앞의 책, 316~317쪽.

40) 古老相傳云 此是神仙窟也 人踪罕及 鳥路纔通 每有香菓瓊枝 天衣錫鉢 自然浮出 不知從何而至(張鷟, 川島 校點, 『游仙窟』, 書目文獻出版社, 1989, 1쪽).

41) 「雲英傳」, 354쪽.

42) 望遠青烟細 佳人罷織紈 臨風獨惆悵 飛去落巫山(「雲英傳」, 342쪽)

털어놓자 위와 같이 안평대군과 똑같은 말을 했던 것이다. 운영의 부연시에서 성정을 드러낸 말은 '무산(巫山)'으로, 이는 남녀의 운우지정(雲雨之情)을 뜻한다. 또 운영은 자란이 '원녀(怨女)'였다고 했는데, 여기서의 원녀는 『맹자(孟子)』「양혜왕(梁惠王)」하(下)에서 "안에는 원녀가 없었고 밖에는 광부가 없었다.[內無怨女 外無曠夫]"[44]라고 했을 때의 원녀로, 남편이 없는 여자라는 뜻이다. 자란이 눈물을 머금으며 저와 같은 말을 한 이유는, 그녀 역시 운영처럼 성욕을 억누르고 살아왔기 때문이었던 것이다.[45]

그 밖에도 「운영전」은 여성의 성담론에 여타 애정전기소설들과는 비교할 수 없을 정도로 많은 분량을 할애하고 있는데, 이 점 「유선굴」에서 장작·십랑·오수의 대화나 시가 성애와 관련된 내용으로 흐르면서 「유선굴」이 음서(淫書)로서의 면모를 여실히 보여 주는 것에 비할 수 있다. 물론 「운영전」은 음서가 아니지만, 여타 애정전기소설과 비교할 때 성담론의 비중이 대단히 큰 것 또한 부정할 수 없는 사실이다. 「운영전」에 나오는 바 여성의 입을 통해 흘러나오는 성담론들이 정말로 여성 주체의 목소리일 수 있는지 매우 의심스럽다.

「운영전」 여성 서술자의 연원은 「녹의인전」에 있다. 하지만 「녹의인전」에서는 녹의인이 조원에게 전생의 일을 요약적으로 진술할 뿐이어서 「운영전」과는 다르다. 그런데 「유선굴」은 작자 장작이 주인공인 1인칭 주인공 시

43) 詩出於性情 不可掩匿(「雲英傳」, 343쪽)

44) 『孟子』, 482쪽.

45) 정환국, 앞의 논문, 275쪽에서 "운영과 자란이 얻은 닉네임은 '怨女'이다. 사전적인 의미로 원녀란 '나이가 찼는데도 시집을 가지 못한 여인'을 뜻하지만, 여기서는 거기에 '恨을 안은 여인'이란 의미가 더 포함되어 있다. 그런데 그들 자신들이 원녀라고 부르짖는 상황은 좀 다르다. 김진사에 대한 사랑이 깊어져 돌이킬 수 없는 상황에 봉착한 운영 앞에 나타난 자란은 이미 자의식이 투철한 인격체였다. 그녀는 궁녀로서의 한을 누구보다도 분명하게 깨달은 자다. 그래서 그는 怨女로 자임하며, 운영의 아픔을 어루만지려 한다."라고 하였다. 필자는 이 대목에서의 怨女가 원래의 의미 그대로 쓰였다고 보는 게 타당하다고 생각한다.

점의 소설이어서, 1인칭 여성 서술자를 등장시킨 「운영전」과 상통한다.

애정전기소설, 특히 비극적 결말의 애정전기소설 가운데는 액자소설의 형태를 취한 작품들이 많다. 「임씨전」·「앵앵전」·「보비연」·「주생전」·「심생전」 등은 작품 말미에서 연애 사건에 대해 평하는 형식을 취하고 있으며,[46] 그 논평 속에는 대개 우물(尤物)에 미혹되어 파멸하는 남성들을 향한 경고의 메시지가 담겨 있다. 이런 액자 구성은, 액자 외부에서 액자 내부의 사건을 '객관적 거리'를 두고 바라보게 하는 데 그 목적이 있다고 할 수 있는데, 「운영전」 역시 이와 같은 애정전기소설의 구성을 충실히 따르고 있다.

> 저는 젊은 협기와 호탕한 생각을 스스로 억누르지 못했고 또 이 여자 때문에 부모님이 물려주신 몸으로 마침내 불효의 자식이 되었으니 천지간의 한 죄인입니다. 죄인의 이름을 왜 굳이 알려고 하십니까?[47]

김진사가 자신의 이름을 묻는 유영에게 한 말이다. 선행 연구에서는 이상

---

46) 嗟乎 異物之情也 有人道焉 遇暴不失節 狥人以至死 雖今婦人有不如者矣 惜鄭生非精人 徒悅其色而不徵其情性 向使淵識之士 必能揉變化之理 察神人之際 著文章之美 傳要妙之情 不止於賞玩風態而已 惜哉(「任氏」, 3697쪽); 時人多許張爲善補過者 予常於朋會之中 往往及此意者 夫使知者不爲 爲之者不惑(「鶯鶯傳」, 4017쪽); 噫 豔冶之貌 則代有之矣 潔朗之操 則人鮮聞 故士矜才則德薄 女衒色則情私 若能如執盈如臨深 則皆爲端士淑女矣 飛煙之罪 雖不可逭 察寄心 亦可悲矣(「步飛煙」; 정범진, 『당대소설연구』, 성균관대학교 대동문화연구원, 1982, 부록 157쪽); 大丈夫所憂者 功名未就耳 天下豈無美婦人乎 況今三韓已定 六師將還 東風已與周郎便矣 莫慮喬氏之鎖於他人之院也(「周生傳」, 280쪽); 梅花外史曰 余十二歲游於塾 日與同學兒 喜聽談故 一日 先生於沈生事甚詳曰 此吾之少年時窗伴也 其山寺哭書時 吾及見之 故聞其事 至今不忘也 又曰 吾非汝曹欲效此風流浪子耳 人之於事 苟以必得爲志 則閨中之女 尙可以致 況文章乎 況科目乎 余輩其時聽之 爲新說也 後讀情史 多如此類 於是追記爲情史補遺(「沈生傳」, 775~776쪽)

47) 僕以年少俠氣 志慮浩蕩 不能自抑 又以此女之故 將父母之遺體 竟作不孝之子 天地間一罪人 罪人之名 何用强知(「雲英傳」, 336쪽)

할 정도로 이 대목에 주목하지 않았으나, 애정전기소설의 전통에서 본다면 이 말에는 간과할 수 없는 중요한 의미가 담겨 있다. 위의 인용문은 작품의 앞부분에 배치되어 있지만, 사건이 전개된 시간적 순서에 따르면, 여타 애정전기소설에서의 그것과 마찬가지로 연애 사건이 비극적으로 마무리된 후 이루어진 진술이다. 액자 형식을 취한 애정전기소설을 보면, 대부분 작자나 서술자 혹은 제3자가 액자 내부의 사건을 평론하고 있다. 그에 비해 「운영전」에서는 당사자인 남주인공이 연애 사건에 대해 직접 평론하고 있는바, 김진사의 진술은 여타 애정전기소설의 논평과는 비교할 수 없을 정도로 심중한 발언이다. 「운영전」에서 운영은 김진사 때문에 죽고 김진사 역시 운영을 그리워하다 죽으므로 둘의 사랑은 지고지순한 것처럼 보이지만, 그 사건의 의미는 결국 저와 같이 요약되는 것이다. 사랑의 감정에 빠져 있을 때는 몰랐겠지만, 거기서 벗어나 객관적 거리를 확보했을 때의 운영이란, 자신[김진사]을 천지간의 죄인으로 만들어 이름조차 밝힐 수 없게 만든 '우물'에 불과했던 것이다.

김진사는 사대부가의 남성으로서 처를 맞아들여 후사를 이어야 했다. 맹자가 말했듯이 불효 가운데 가장 큰 것은 후사를 잇지 못하는 일인데,[48] 김진사는 운영 때문에 부모의 유체를 상하게 했을 뿐만 아니라 후사도 잇지 못했다. 그런데 우리는 불행의 책임을 운영 탓으로 돌리는 김진사의 말에 이의를 제기하기 어렵다. 왜냐하면 운영과 김진사의 사랑은, 운영의 주체적 선택과 적극적 행동에서 비롯된 일로 그려지고 있기 때문이다. 그러나 돌이켜 보면, 김진사의 저 말이야말로 규범을 어겨 가면서 벌인 애정 행각이 결국 어떤 결말을 가져오는지에 대한 경계[49]인 동시에 비극적 결말의 책임을

48) 孟子曰 不孝有三 無後爲大(『孟子』, 599쪽)

49) 김미영, 『유교문화와 여성』(살림, 2004), 41쪽에서 여성의 섹슈얼리티 통제방식에서는 성적 욕망이 주된 주제가 아니고 한 남자의 부인으로서 지켜야 하는 정절이데올로기에 의존해서 논의가 이루어지는 반면, 남성에게서 섹슈얼리티의 통제는 여성에게처럼 가족이라는 범위에 한정되어 논의되는 것이 아니라 자신의 뜻을 펴게 되는 정치사회의

오롯이 여성에게 전가하려는, 남성의 자기합리화일 뿐이다.[50]

이상 애정전기소설의 전통 속에서 「운영전」을 살펴보았다. 「운영전」은 그 제목에서부터 여성을 주인공으로 내세웠고 1인칭 여성 서술자를 등장시켰으며 여성의 주체적 면모가 매우 부각되었다는 점에서 여타 애정전기소설과 구분되는 것처럼 느껴진다. 하지만 이런 것들은 「운영전」만의 독창이 아니라 전대 애정전기소설의 서사 기법을 원용한 결과로 보아야 할 것이다. 또한 「운영전」에서 여성의 비중 강화가 여성의 주체성과 직결된다고 볼 수만은 없다. 오히려 「운영전」이야말로 당대까지 창작된 어떤 애정전기소설보다도 남성적 욕망이 극대화된 작품이며, 여성은 남성적 욕망의 객체로 대상화되어 있다고 할 수 있다.

(2) 몽유록의 전통과 「운영전」

지금까지 「운영전」은 대개 애정전기소설로 다루어졌다. 하지만 조선 시대 독자들은 「운영전」을 애정전기소설로만 읽었던 것 같지는 않다. 국립중앙도서관 소장 『삼방요로기(三芳要路記)』에 실려 있는 「운영전」의 제목은 '유영전(柳泳傳)'이고 고려대학교 소장본으로 같은 제목의 이본이 있다. 또 국립중앙도서관 소장본 「운영전」에는 '조선국초안평대군사적(朝鮮國初安平大君史蹟)'이란 말이 보인다.[51] 필자 또한 『어록해(語錄解)』가 부록된 「운영전」을 소장하고 있는데, 이 책의 표제(表題)는 '비해당소설(匪懈堂小說)'이다. 한편 김태준은 「운영전」이 일명 「수성궁몽유록(壽聖宮夢遊錄)」

공간 속에서 자신의 능력을 펼치는 데 장애가 되지 않아야 한다는 맥락에서 제기되는 바, 남성들에게서는 성적 욕망을 왜 어떻게 억제해야 하는지에 대한 논의가 이루어진다고 하였다.

50) 「운영전」을 비롯한 애정전기소설의 비극적 결말에 대해서는 엄태식, 「애정전기소설의 서사 문법과 결말 구조」(『동양학』 53, 단국대학교 동양학연구원, 2013)에서 논하였다.

51) 박혜진, 「운영전 이본의 변이양상과 그 의미」(서울대학교 석사논문, 2003), 12~13쪽.

이라고도 하였다.[52] 이러한 사실들은 「운영전」이 애정전기소설로만 읽힌 것이 아니라, 안평대군의 사적, 곧 몽유록으로 읽히기도 했다는 점을 알려 주는 증거들이라고 할 수 있다. 그렇다면 「운영전」은 왜 몽유록의 형식을 취하고 있으며, 그 의미는 무엇일까?

「운영전」은 형식적인 측면에서 몽유록의 서술구조를 충실히 따르고 있다. 몽유록은 '입몽 - 좌정 - 토론 - 시연 - 각몽'의 서술구조를 가지고 있는데,[53] 「운영전」은 이 같은 몽유록의 서술구조에서 '토론' 부분이 확대된 형태이다. 「원생몽유록(元生夢遊錄)」에서 그 양식적 특성을 확고히 한 몽유록은 토론과 시연을 중심으로 몽중세계가 전개되고 작품에 따라 시연이 약화 · 생략되기도 하는데,[54] '토론'은 주제의식이 집약된 부분이다. 그런데 「운영전」에서는 몽유자 유영과 몽중인물 김진사 · 운영 사이에 토론이 이루어지는 게 아니라, 몽중인물들의 일방적인 진술이 이루어지고 있다는 특징이 있다. 이 점에서 유영은 '(방)청자'라 할 만하다.[55]

> 유생(柳生)이 말했다. "말이 나왔는데 다 하지 않는다면, 말을 꺼내지 않는 게 더 나음만도 못하지요. 안평대군 성시의 일과 진사께서 가슴 아파하는 이유를 자세히 들어볼 수 있겠습니까?"[56]

---

52) 김태준(박희병 교주), 『교주 증보조선소설사』(한길사, 1990), 73쪽.

53) 신재홍, 「몽유록의 유형적 고찰」(서울대학교 석사논문, 1986), 15쪽에서 「元生夢遊錄」의 서술구조가 '入夢 - 引導 및 坐定 - 討論 - 討論의 鎭靜 혹은 잔치의 排設 - 詩宴 - 詩宴의 整理 - 覺夢'으로 이루어져 있다고 하였는데, 이는 몽유록의 일반적인 서술구조이기도 하다.

54) 위의 논문, 16쪽.

55) 서대석, 「몽유록의 장르적 성격과 문학사적 의의」(『한국학논집』 3, 계명대학교 한국학연구소, 1975), 2~7쪽에서는 몽유록의 유형을 방관자형 · 참여자형 · 주인공형으로 구분한 바 있다.

56) 生曰 言出而不盡 則不如不言之爲愈也 安平盛時之事 進士傷懷之由 可得聞其詳乎(「雲英傳」, 337쪽)

유영은 꿈속에서 김진사를 만나 '안평대군 성시의 일[安平盛時之事]'과 '김진사가 가슴 아파하는 이유[進士傷懷之由]'를 묻는다. 유영은 안평대군 시절을 성시로 알고 있는 사람으로, 그와 같은 성시에도 김진사처럼 가슴 아파하는 일이 있을 수 있는지에 대한 의문으로 위와 같이 말했다고 볼 수 있다. 그렇다면 「운영전」에서 운영과 김진사가 말한 내용이 곧 '안평대군 성시의 일'과 '김진사가 가슴 아파하는 이유'인 셈이다. 김진사가 가슴 아파하는 이유는 다음의 말에서 찾아볼 수 있다.

> 쓰기를 마치고 붓을 던지니 두 사람이 마주보고 슬피 울며 스스로 그치지 못했다. 유영이 위로하며 말했다. "두 사람이 다시 만났으니 소원은 이미 다 이루었습니다. 원수 종놈은 이미 제거되었으니 분통함도 없어졌습니다. 그런데도 어찌하여 비통함을 그치지 않으십니까? 인간 세상에 다시 나오지 못함을 한하십니까?" 김생이 눈물을 거두며 사례하여 말했다. "우리 두 사람은 다 한을 머금고 죽었기에 명사에서 그 무죄함을 가련히 여겨 인세에 다시 태어나게 하려 했으나, 지하의 즐거움도 인간세상보다 덜하지 않거늘 하물며 천상의 즐거움이겠습니까? 그래서 세상에 나가는 일은 돌아보지도 않은 것입니다. 다만 오늘 저녁 슬퍼하는 까닭은 대군이 한 번 패하매 고궁에는 주인이 없고 참새만 슬피 울며 사람의 발자취는 이르지 않아 슬픔이 극에 달했기 때문입니다. 더욱이 갓 전란을 겪은 후라 화려한 집은 잿더미가 되고 분칠한 담장은 무너졌는데, 오직 섬돌에는 꽃들만 향기롭고 뜰에는 풀들만 무성합니다. 봄빛은 옛날의 모습과 다르지 않으나 인사는 이렇게 바뀌고 말았습니다. 다시 찾아와 옛일을 생각하니 어찌 슬프지 않겠습니까?"[57]

57) 寫畢擲筆 兩人相對悲泣 不能自止 柳泳慰之曰 兩人重逢 志願畢矣 讐奴已除 憤惋洩矣 何其悲痛之不止耶 以不得再出人間爲恨乎 金生收淚而謝曰 吾兩人皆含怨而死 冥司怜其無罪 欲使再生人世 而地下之樂 不減人間 況天上之樂乎 是以不願出世矣 但今夕之悲傷 大君一敗 故宮無主 鳥雀哀鳴 人跡不倒 已極悲矣 況新經兵火之後 華屋成灰 粉墻頹毁 而唯有階花芬茀 庭草敷榮 春光不改昔時之景 而人事之變易如此 重來憶舊 寧不悲哉(「雲英傳」, 381~382쪽)

유영은 운영과 김진사의 불행을 특의 악행으로 말미암은 것으로 이해하고 있으며, 운영과 김진사도 그렇게 생각하고 있다. 그런데 김진사는 자신이 가슴 아파하는 이유로 '대군일패(大君一敗)', 곧 안평대군이 수양대군에 의해 죽임을 당한 역사적 사실을 거론하고 있는 것이다. 이를 어떻게 이해해야 할까?

여기서 잠시 몽유록의 양식적 특징을 살펴볼 필요가 있다. 몽유록이 교술인지 서사인지 단정하기는 어렵지만, 몽유록이 교술적 성향을 가지고 있음은 분명하다.[58] 예컨대 「원생몽유록」을 보면, 원자허의 꿈속에 나타난 왕과 신하들은 단종과 그 신하들로 인식되므로, 바로 여기에서 몽유록의 교술성이 드러나는 것이다. 하지만 보다 정확히 말하면, 몽유록의 교술적 성격은 결국 몽중인물들의 진술 내용을 통해 드러난다고 할 수 있다. 「원생몽유록」에서 둘째 자리에 앉은 사람이 성삼문일 수 있는 이유는 그의 시 가운데 나오는 "의를 취하고 인을 이룸은 부자가 한가지라.[取義成仁父子同]"라는 대목이 성삼문과 그의 부친 성승이 함께 죽임을 당한 사실을 암시하고 있기 때문이다. 이런 면은 「강도몽유록」 등에서도 찾아볼 수 있으니,[59] 몽유록은 몽유자가 만난 몽중인물의 진술이 작품 외적 사실, 곧 역사적 사실을 직접적으로 가리키거나 암시한다는 양식적 특징을 가지고 있는 것이다.

---

58) 몽유록을 교술로 보는 견해는 조동일, 「가전체의 장르 규정」(『한국문학의 갈래 이론』, 집문당, 1992)에서 확인할 수 있으나, 이에 대한 반론이 적지 않다. 예컨대 신재홍, 「몽유양식의 소설사적 전개양상」(『한국몽유소설연구』, 계명문화사, 1994), 98~106쪽에서는 몽유록이 기본적으로 서사물이라고 하면서 몽유록을 '교술적 서사'로 규정하였다. 몽유록 가운데는 '교술성'이 강화된 것과 '서사성'이 강화된 것이 있고, 논자의 시각에 따라 둘 가운데 어느 한 쪽을 강조할 수도 있다. 필자는 몽유록을 '교술적 서사'로 보는 신재홍의 견해에 동의하며, 여타 서사물들과 다른 '몽유록'의 특징 가운데 하나가 바로 '교술성'이라고 이해한다.

59) 「강도몽유록」에 대해서는 김정녀, 「조선후기 몽유록의 전개 양상과 소설사적 위상」(『조선후기 몽유록의 구도와 전개』, 보고사, 2005), 63~79쪽; 김일환, 「숨긴 것과 드러낸 것 - 변호의 텍스트로 강도몽유록 다시 읽기」(『민족문학사연구』 51, 민족문학사학회, 2013) 참조.

필자는 이와 같은 몽유록의 양식적 특징이 「운영전」에도 그대로 구현되고 있다고 생각한다. 운영과 김진사의 진술 내용은 '안평대군 성시의 일[安平盛時之事]'이고, '김진사가 가슴 아파하는 이유[進士傷懷之由]'는 '안평대군의 패배[大君一敗]'인데, 이는 역사적 사실이기도 하고 운영과 김진사의 진술 내용이기도 한 것이다. 다시 말해 운영과 김진사의 사랑 이야기는 곧 안평대군 성시의 일과 그의 패배에 대한 은유일 수 있는 것이다.

「운영전」 연구에서 쟁점이 되었던 것은 안평대군에 대한 평가인데, 선행연구에서는 안평대군을 긍정적 인물로 보는 입장과 부정적 인물로 보는 입장이 팽팽하게 맞서고 있다. 「운영전」을 애정전기소설로 보는 관점에서 안평대군은 결코 긍정적일 수 없다. 작품의 문면에서는 남녀 주인공을 파국으로 치닫게 한 인물이 특인 것으로 되어 있지만, 그 배후에 안평대군이 있다는 점을 부정할 수 없기 때문이다. 그러나 안평대군의 입장에서 보면, 김진사와 운영이야말로 자신을 패배에 이르게 한 장본인이자 국법을 범한 죄인에 불과하다.

안평대군의 입장에서 「운영전」을 이해하는 것이 온당한 일인지 의문이 들 수 있을 것이다. 왜냐하면 「운영전」의 주인공은 운영과 김진사이고 그들의 사랑은 절대적인 가치를 가진 것처럼 보이기 때문이다. 이 문제는 수성궁의 형상 및 몽중인물의 성격과 관련지어 생각해 볼 필요가 있다.

몽유록에서는 몽유자가 꿈을 꾸는 장소가 꿈속에 등장하는 인물과 직접적인 관계가 있다. 예컨대 「원생몽유록」에서 원자허(元子虛)는 장사(長沙)의 언덕으로 인식되는 곳[60]에서 단종과 사육신을 만나는데, 장사는 초(楚)의제(義帝)가 항우(項羽)에게 죽임을 당한 곳이므로, '장사'라는 공간적 배경은 세조에게 죽임을 당한 단종의 비극을 더욱 부각시키고 있는 것이다.[61]

---

60) 恨入長江咽不流 荻花楓葉冷颼颼 分明認是長沙岸 月白英靈何處遊(「元生夢遊錄」, 168쪽)

61) 「원생몽유록」의 작품 분석은 김정녀, 「몽유록의 현실대응 양상과 그 의미」(고려대학교

이렇게 본다면 「운영전」에서는 몽유자 유영이 안평대군의 옛집인 수성궁을 찾아와 꿈을 꾸므로, 「운영전」은 곧 안평대군과 관련된 내용을 다루고 있는 작품으로 이해할 수 있다. 그런데 문제는 유영이 꿈속에서 만난 사람이 안평대군이 아니라 엉뚱하게도 안평대군 시절의 궁녀였던 운영과 그녀의 연인 김진사라는 점이다. 더욱이 안평대군은 운영과 김진사의 진술 속에서 단지 흐릿하게 포착될 뿐 뚜렷하게 드러나지는 않는데, 이 점은 폐허가 되어 옛 모습을 찾아볼 수 없는 수성궁의 형상과 대응 관계에 있다. 요컨대 수성궁이 폐허가 되어 옛 모습을 찾기 어렵다는 점, 유영이 꿈속에서 만난 사람이 안평대군이 아니라는 점, 운영과 김진사의 진술 속에서 안평대군이 잘 포착되지 않는다는 점 등은 결국 안평대군에 대한 '기억'의 문제와 관련된 것이다.

「원생몽유록」에서는 몽유자 원자허를 비롯하여 몽중인물인 단종과 여섯 신하 및 폭건자(幅巾者)가 모두 동일한 생각을 가지고 있고, 그들은 모두 왕위를 찬탈한 수양대군에 대해 적대적 감정을 품고 있다. 한편 「운영전」에서 안평대군의 성시와 그 패배를 진술하는 인물은 운영과 김진사인데, 문제는 그들과 안평대군의 관계가 단순하지 않다는 사실이다. 안평대군은 운영과 김진사가 주군으로 섬겨야 했던 인물이지만, 그들의 사랑을 가로막은 장본인이라는 점에서는 적대자이기도 하다.

안평대군에 대한 평가에 대해서는 선행 연구에서 다양한 해석이 있었지만, 필자는 안평대군에 대한 '양가감정'을 가진 운영과 김진사의 입을 통해 안평대군 당대의 일이 진술된다는 사실 그 자체에 주목할 필요가 있다고 본다. 「운영전」의 안평대군이 운영과 김진사의 사랑을 가로막는 적대자처럼 느껴지는 이유는 운영 · 김진사 · 안평대군 사이에서 벌어졌던 일들이 운영과 김진사의 목소리로써 들리기 때문이다. 그 결과 미천한 궁녀도 똑같은

석사논문, 1997), 18~31쪽 참조

인간이라 여겨 중세사회에서 있을 수 없는 은전을 베풀었던 안평대군은 인간의 본성을 억압한 인물로, 국법을 범한 죄인인 운영과 김진사는 안평대군의 폭압에 항거하다가 죽임을 당한 인물로 기억되었으며, 안평대군의 패배는 그의 자기모순으로 인한 몰락으로 인식되기에 이르렀다.

몽유자 유영은 만력 신축년에 수성궁을 찾아간다. 문면에는 나타나 있지 않지만, 그가 수성궁을 찾아간 이유는 '안평대군의 성시'에 대한 희구에서 비롯되었다고 짐작할 수 있다. 왜냐하면 수성궁이야말로 안평대군을 가장 잘 기억할 수 있는 장소이기 때문이다. 문제는 당시가 전란을 갓 겪은 뒤여서 수성궁에서 안평대군 시절의 모습을 찾아볼 수 없다는 점이다. 즉 안평대군을 기억할 수 있는 '기념물'조차 거의 남아 있지 않은 것이다. 이렇게 본다면, 유영의 꿈속에 안평대군이 아니라 운영과 김진사가 나타난 것은 너무나도 당연한 귀결이라 할 수 있으며, 그들의 진술 속에서 안평대군이 잘 포착되지 않는 것도 같은 맥락에서 이해할 수 있는 현상이다. 하지만 보다 심각한 사태는 안평대군의 사적이 안평대군을 패배로 몰아넣은 운영과 김진사의 '일방적 진술'로 이야기되고 있다는 사실이다. 1인칭 주인공 시점으로 이루어지는 서술은 사태를 객관적으로 진술할 수 없기에 거기에는 왜곡이 수반되기 마련이다. 요컨대 「운영전」은 안평대군을 패배시킨 인물들의 입을 통해 안평대군의 사적이 서술되고 있는 몽유록인 것이다.

유영이 수성궁에서 안평대군을 소환하지 못한 이유는 안평대군을 기억할 수 있는 근거들이 거의 사라졌기 때문이다. 「운영전」의 서두는 수성궁과 그 주변의 승경에 대한 묘사로 시작하는데, 그 아름다운 장관을 잿더미로 만들어 버린 것은 임진왜란이었다. 여기서 우리는 전란이라는 폭력이 곧 안평대군 당대의 일인 계유정난을 빗댄 것임을 짐작할 수 있다.

전란은 안평대군을 기억할 수 있는 기념물들을 소거시켜 버렸지만, 유영은 그 같은 폐허 속에서도 안평대군의 흔적을 찾기 위해 수성궁으로 간다. 그가 수성궁을 찾은 1601년은 계유정난으로부터 약 150년이 지난 때이고,

안평대군의 복권까지는 또 그만큼의 시간이 필요했다. 따라서 17세기 초반의 안평대군에 대한 공식기억들은 모두 안평대군을 패배시킨 자들이 만들어낸, 왜곡된 기억일 수밖에 없었을 것이다.[62] 그리고 이와 같은 당대의 현실은, 「운영전」에서 안평대군을 패배시킨 운영과 김진사가 그들의 입장에서 안평대군 시절의 이야기를 진술하는 것으로 형상화되었다고 할 수 있다. 이 점에서 「운영전」은 그와 같은 공식기억에 대한 대항기억으로서의 의미를 갖는다. 「운영전」은 17세기 초반 안평대군에 대한 기억이 왜곡되었다는 사실 그 자체를 드러내고 있을 뿐만 아니라, 진정한 안평대군의 모습은 왜곡된 일방적 목소리 너머에 어렴풋이 존재하고 있음을 보여주고 있는 작품인 것이다.

(3) 「운영전」의 양식적 특징과 소설사적 의미

앞서 살펴본 바와 같이 「운영전」은 애정전기소설과 몽유록의 양식적 특징을 모두 가지고 있는 작품이라고 할 수 있다. 여기서는 이와 같은 「운영전」의 양식적 특징이 17세기 소설사에서 어떤 의미를 가지는지 살펴보고자 한다.[63]

---

62) 이종묵, 「안평대군의 문학 활동 연구」(『진단학보』 93, 진단학회, 2002)에서 안평대군의 문학 활동에 대해 다루었는데, 안평대군은 수양대군에게 죽임을 당하였기에 관련 자료들이 거의 사라져 버렸다고 했다. 이 논문 273쪽에서 안평대군이 죽은 지 약 2백여 년 후에 南九萬과 吳道一이 지은 시를 소개하였는데, 남구만의 「見安平書刻本有感」에서는 "무계동 깊은 곳에 새 소리 슬픈데, 비해당 높은 집은 터도 찾기 어렵네. 호화로운 의기는 꿈결 같은데, 그저 유묵을 가지고서 당시를 알아볼 뿐.[武溪深洞鳥聲悲 匪懈高堂不辨基 意氣豪華如夢裏 只將遺墨認當時]"이라고 했다. 「운영전」의 시간적 배경인 1601년보다 몇 십 년 뒤의 작이지만, 유영이 수성궁에서 느꼈을 비회와 그리 다르지 않아 보인다.

63) 17세기 소설사와 관련된 논의는 매우 많은데, 최근 김종철, 「고전소설사에서의 17세기 소설의 위상」(『한국 고소설 연구의 쟁점과 전망』, 보고사, 2011)에서 종합적으로 정리되었다.

「운영전」이 창작된 17세기 이전의 애정전기소설로는 「최치원」·「만복사저포기」·「이생규장전」·「하생기우전」을 꼽을 수 있다. 이 소설들은 남녀의 사랑 이야기를 다루고 있지만, 그것은 모두 남주인공 혹은 작자의 불우한 처지나 세계관을 빗댄 '우의'로서의 성격을 강하게 띠고 있다. 그러기에 이 작품들 속의 남주인공들은 여성을 향한 성적 욕망을 드러내는 인물이면서도 혼인할 때가 되어도 짝을 찾지는 못하는 고독한 인물, 혹은 현실에서 소외된 낙척불우한 인물로 그려지고 있는 것이다. 이에 반해 17세기 애정전기소설의 남주인공들은 이전 시기 애정전기소설에 비해 고독한 인물 혹은 낙척불우한 인물로서의 이미지가 사라지고, 「주생전」의 주생이나 「위생전」의 위생처럼 성적 욕망에 탐닉하는 인물, 혹은 「운영전」의 김진사나 「상사동기」의 김생처럼 전도유망한 서생으로 그려지고 있다. 그 결과 17세기 애정전기소설의 애정서사에서는 이전 시기 애정전기소설의 그것과는 달리 우의적 성격을 거의 찾아볼 수 없게 된다. 요컨대 17세기 이전의 애정전기소설은 우의적 성향이 강한 반면 17세기 애정전기소설은 통속적 성향이 강한 것이다.[64)]

이처럼 17세기 애정전기소설은 이전 시기 애정전기소설의 우의성을 소거하면서 남녀의 사랑 이야기 그 자체에 주목하게 되었다고 할 수 있는데, 그 결과 애정전기소설은 이전 시기 작품들과는 변별되는 새롭고 기이한 이야기를 전달하는, 그야말로 '전기(傳奇)'의 속성에 충실하게 되었다. 17세기 애정전기소설의 작품 분량 증가와 서사적 편폭 확대는 이에 따른 자연스런 결과였다고 할 수 있다.[65)]

17세기 애정전기소설이 우의성을 탈거하게 된 것은 이 시기 소설의 통속

64) 17세기 애정전기소설의 통속성에 대해서는 양승민, 「17세기 전기소설의 통속화 경향과 그 소설사적 의미」(고려대학교 박사논문, 2003)을 참조할 수 있다.

65) 엄태식, 「애정전기소설의 창작 배경과 양식적 특징」(경원대학교 박사논문, 2010), 154~194쪽.

적 성향에 기인한 결과이겠지만, 역으로 생각해 보면 남녀의 사랑 이야기를 통해 남성의 성적 욕망을 추구한 통속적 서사와 어떤 이야기를 통해 작자의 세계관을 표현한 우의적 서사가 이 시기에 이르러 분리된 결과로 볼 수도 있다. 이와 같은 서사문학사의 흐름에서 주목되는 것이 바로 몽유록이다.

몽유록의 원천으로는 『전등신화』의 「수궁경회록」·「영호생명몽록」·「용당영회록」 및 『금오신화』의 「취유부벽정기」·「남염부주지」·「용궁부연록」 등을 꼽을 수 있는데,[66] 이 작품들은 지우류(知遇類) 전기소설이다.[67] '입몽-좌정-토론-시연-각몽'의 서술구조를 가진 몽유록은 16세기 「원생몽유록」에 이르러 그 양식적 특징을 분명하게 드러내었다. 그런데 「원생몽유록」에서는 아직 '공간'과 '기억'이 직접적 관계를 맺지 않고 있다. 원자허는 초의제가 죽임을 당한 장사에서 단종과 사육신 등을 만나는데, 이 점에서 「원생몽유록」은 「조의제문」과 밀접한 관련이 있다고 할 수 있다. 장사는 분명 역사적 공간이기는 하지만, 그곳을 단종이나 사육신과 연결시키기 위해서는 『사기』나 「조의제문」을 경유해야 했으므로, 「원생몽유록」의 장사는 기본적으로 허구의 공간이다. 이처럼 「원생몽유록」에서 그 싹이 보였던 '공간'과 '기억'의 문제는, 1591년에 창작된 최현의 「금생이문록」 및 1600년에 창작된 윤계선의 「달천몽유록」에 이르러 불가분의 관계를 맺음으로써 몽유록의 서사 문법으로 자리 잡는다.[68] 그리고 이로 말미암아 몽유록은 그 교술적 성격 및 그로부터 비롯되는 우의의 양식으로서의 지위를 더욱 확고히

66) 김정자, 「몽유록연구」(이화여자대학교 석사논문, 1978), 76~84쪽; 신재홍, 「몽유록의 유형적 고찰」(서울대학교 석사논문, 1986), 40~41쪽.

67) 윤재민, 「조선 후기 전기소설의 향방」(『민족문학사연구』 15, 민족문학사연구소, 1999), 17~22쪽; 윤재민, 「한국한문소설의 유형론」(『민족문화연구』 35, 고려대학교 민족문화연구원, 2001), 151~154쪽. 여기서는 편의상 윤재민의 견해를 따라 '지우류 전기소설'이라는 명칭을 사용한다. 다만 필자는 '지우류 전기소설'이 모두 '知遇'를 보여주는 작품이라고 생각하지는 않는다.

68) 몽유록에 나타난 '공간'과 '기억'의 문제에 대해서는 김정녀, 「몽유록의 공간들과 기억」(『우리어문연구』 41, 우리어문학회, 2011)에서 상세히 논하였다.

하게 된다. 16세기 말에서 17세기 초까지 서사문학사의 판도는 몽유록의 약진으로 인해 (애정)전기소설이 그 우의적 성격을 상실하고 통속적으로 경사되고 있는 상황이었는데,[69] 「운영전」은 바로 이와 같은 흐름 속에서 탄생한 작품이다.

「최치원」·「만복사저포기」·「이생규장전」·「하생기우전」 같은 애정전기소설은 남녀의 사랑 이야기이면서도 우의이지만, 그 우의가 명확히 드러나지 않는다는 약점이 있다. 「최치원」은 나말의 실존인물 최치원이 등장하는 작품이기에 그 의미가 상대적으로 명확해 보이지만, 다른 작품들은 작자가 누구인지를 알지 못한다면 이 작품들이 무엇을 말하고 있는지를 분명하게 파악하기 어렵다. 예컨대 『금오신화』가 계유정난 같은 김시습 당대의 일과 그로부터 비롯된 그의 삶과 세계관을 서술한 작품이라는 점은 짐작이 가능하지만, 『금오신화』 전편에서 그것을 직접적으로 가리키는 구절을 발견하기란 사실상 불가능하다. 그조차도 작자가 김시습이라는 사실을 알고 있기에 가능한 이야기이지, 만약 『금오신화』가 작자 미상의 작품으로 전승되었다면, 우리는 『금오신화』를 계유정난 등의 사건과 연결시킬 엄두조차 내지 못했을 것이다. 김시습 당대에 계유정난 같은 사건을 직접적으로 언급한다는 것은 매우 위험한 일이었기에 소설이야말로 그 자신의 생각을 빗댈 가장 적합한 양식이었겠지만, 소설은 기본적으로 허구의 서사이기 때문에 그 우의가 명확하게 드러나지 않는다는 한계가 있을 수밖에 없는 것이다.

그러나 몽유록은 그 교술적 성격으로 말미암아 소설에 비할 수 없을 정도로 우의를 강하게 표출할 수 있었다. 물론 몽유록 중에도 몽유자의 꿈속에서만큼은 몽중인물의 실명이 밝혀지지 않는 경우가 있지만, 몽유록에서는 몽중인물의 이야기가 작품 외적 사실을 직접적으로 가리키고 있을 뿐만

69) 그 밖에 「안빙몽유록」·「서재야회록」·「천군전」·「수성지」·「화사」같이 의인화의 수법을 활용한 작품들도 16세기에 활발하게 창작되었는데, 이들 역시 우의로서의 성격을 뚜렷이 드러내고 있었다.

아니라 몽유자가 꿈을 꾸는 곳이 몽중인물과 직접적인 관계를 맺고 있으므로, 독자의 입장에서 몽중인물이 누구이며 그들이 말하고 있는 바가 어떤 사건을 가리키는지를 파악하는 것은 그리 어려운 일이 아니다.

「운영전」은 이와 같은 몽유록의 특성을 창조적으로 계승했다고 할 수 있다. 「운영전」은 몽유자 유영의 꿈속에 나타난 몽중인물들이 완전히 허구적인 인물이라는 점에서는 같은 시기의 몽유록과 구분된다. 하지만 몽중인물들의 진술 속에 등장하는 인물 가운데 하필 '안평대군'과 '성삼문'만이 실존인물이라는 점은 각별한 주의를 요한다. 몽유록의 전통에서 본다면, 작품 속에 '안평대군'과 '성삼문'이라는 실존인물이 실명 그대로 등장한다는 사실 그 자체에 이미 절대적인 의미가 있다고 해도 과언이 아니다. 「운영전」이 창작된 17세기 초에 '안평대군'과 '성삼문'의 조합이 어떤 의미로 받아들여졌을지는 굳이 설명할 필요가 없을 것이다.

앞서 17세기 이전의 애정전기소설과 17세기 애정전기소설의 남주인공이 그 성격에서 뚜렷한 차이를 보인다고 지적했다. 즉 「최치원」의 최치원, 「만복사저포기」의 양생, 「이생규장전」의 이생, 「하생기우전」의 하생 등에서 보였던, 낙척불우하거나 고독한 남주인공의 유전자는 17세기 애정전기소설의 남주인공들에게 이어지지 않았던 것이다. 이처럼 17세기 애정전기소설에서는 낙척불우하고 고독한 남주인공이 사라졌지만, 그러한 남주인공의 형상은 서사문학사에서 완전히 사라진 게 아니라 몽유록으로 계승되었으니, 「원생몽유록」의 원자허와 「운영전」의 유영이 바로 그들이다. 「최치원」·「만복사저포기」·「이생규장전」·「하생기우전」 같은 애정전기소설 남주인공의 욕망을 '성적 욕망'과 '사회적 욕망' 구분할 수 있다면,[70] 16세기 말~17세기 초에 이르러 이 두 욕망은 각각 애정전기소설과 몽유록이라는 두 양식으로 분화된 셈이다. 이렇게 본다면, 「운영전」은 김진사라는 남주인공의 성적

70) 박일용, 「초기 애정 전기소설의 형상화 방식과 남·녀 주인공의 성적·사회적 욕망」(『한국 고소설 연구의 쟁점과 전망』, 보고사, 2011).

욕망을 다룬 애정전기소설이자 유영이라는 몽유자의 사회적 욕망을 다룬 몽유록이라고 할 수 있으니, 「운영전」은 이 시기 두 양식에 분리되었던 두 가지 남성적 욕망을 동시에 형상화한 작품으로 이해할 수 있을 것이다.

「운영전」의 주인공은 누구인가? 「운영전」은 그 제목에서부터 이미 몽유록이 아니고 한국 애정전기소설의 일반적인 제명 방식을 따르지도 않았다. 작품의 제목이나 등장인물의 비중으로 본다면, 우리는 「운영전」의 주인공이 운영이 아니라고 말할 수는 없다. 그러나 운영이 주인공이라 하여 욕망의 진정한 주체마저 운영이라고 할 수는 없다. 애정전기소설과 몽유록의 전통에서 본다면, 운영은 남성의 성적 욕망을 교묘히 은폐하는 서술자이고 안평대군에 대한 기억이 왜곡되었음을 증언하는 전달자이다. 운영은 한국 고전소설사에서 여성으로서는 최초로 주인공의 반열에 오르는 영광을 차지했지만, 실은 두 가지 남성적 욕망의 객체였던 것이다.

「운영전」은 애정전기소설이기도 하고 몽유록이기도 하다. 그런데 운영과 김진사의 사랑이야기는 결국 몽유록의 '토론'에 해당하는 부분이니, 「운영전」은 기본적으로 몽유록이라고 해야 하지 않을까 생각되는데, 이와 관련하여 작품 말미에 나오는 김진사의 발언을 주목할 필요가 있다.

> 김진사가 눈물을 뿌리고 유영의 손을 잡으며 말했다. "바닷물이 마르고 돌이 문드러져도 이 정은 사그라지지 않을 것이며 땅이 늙고 하늘이 황폐해져도 이 한은 사라지기 어려울 것입니다. 오늘 밤 당신을 만나 진실한 마음을 터놓았으니 전생의 인연이 아니라면 어찌 이럴 수 있었겠습니까? 엎드려 바라건대 존군께서는 이 글을 거두어 주시어 길이 전해 주시되, 경박한 자들의 입에 오르내리어 우스갯거리가 되지 않도록 해 주신다면 정말로 다행이겠습니다."71)

71) 乃揮淚而執柳泳之手曰 海枯石爛 此情不泯 地老天荒 此恨難消 今夕與子相遇 攄此悃愊 非有宿世之緣 何可得乎 伏願尊君 俯拾此藁 傳之不朽 而勿使浪傳於浮薄之口 以爲戲翫之資 幸甚幸甚(「雲英傳」, 382～383쪽)

우리는 이 대목에서 사랑의 절대적 가치를 읽어낼 수도 있다. 그런데 김진사는 이미 운영과 함께 생전에 못다 한 인연을 천상에서 영원히 이어가고 있으므로, 적강(謫降)했었을 때의 일에 대해 미련을 가질 이유는 없다. 그렇다면 저 말은, 다름이 아니라 「운영전」이라는 작품에 대한 작자의 견해일 수 있다. 즉 이 작품이 경박한 자들의 입에나 오르내릴 '우스갯거리'가 아니라는 말이며, 이는 곧 「운영전」을 그런 이야기로 읽지 말라는 뜻이기도 한 것이다. 그렇다면 그 '우스갯거리'란 무엇을 말하는가? 그것은 '운영과 김진사의 사랑 이야기'를 가리키는 게 아닐까? 이런 가정이 성립될 수 있다면, 결국 작자는 김진사의 입을 빌려 「운영전」이 '청춘 남녀의 사랑 이야기[애정전기소설]'만은 아니라고 말하고 있는 셈이다.[72] 여기서 우리는 「운영전」을 '안평대군의 사적[몽유록]'으로 읽었음을 증언하는 기록들을 다시 주목할 필요가 있다.

> 유영은 술기운에 잠시 잠들었던 것이다. 잠시 후 산새 소리에 잠에서 깨어나 바라보니, 안개는 땅에 가득하고 새벽빛은 아득한데, 사방을 둘러봐도 아무도 없었고, 단지 김생이 기록한 책자만 있을 따름이었다. 유영은 서글프고 무료하여 책을 소매에 넣고 집으로 돌아와 책상자에 간직해 두면서 때로 열어보곤 하다가 망연자실하여 침식을 전폐하였다. 그 후 명산을 두루 유람하였는데, 어디에서 삶을 마쳤는지는 알지 못한다.[73]

72) 이에 대해서는 이미 박기석, 앞의 논문, 722쪽에서 "이 글에서 우리는 작가의 숨은 의도가 무엇인지를 감지할 수 있다. 즉, 겉으로는 운영과 김진사의 情恨을 말하고 있는 것 같지만, 내면적으로는 안평대군의 실상이 올바르게 평가되기를 기대한 것이다. 또 이 말 속에는 역사적 사실이 올바르게 전해지지 않으며, 정당하게 평가받지도 못하는 현실에 대한 작가의 간접적인 비판의식이 내재해 있다고도 하겠다."라고 지적한 바 있다.

73) 柳泳乘醉暫睡 少焉 山鳥一聲 覺而視之 雲烟滿地 曙色蒼茫 四顧無人 只有金生所記冊子而已 泳悵然無聊 袖冊而歸 藏之篋笥 時或開覽 茫然自失 寢食俱廢 後遍遊名山 不知所終云爾(「雲英傳」, 383쪽)

「운영전」의 마지막 대목이다. 이와 같은 '입산부지소종(入山不知所終)'의 결말은 몽유록의 결말 방식이 아니라, 「최치원」·「만복사저포기」와 같은 애정전기소설의 결말 방식이다.74) 「최치원」·「만복사저포기」의 남주인공들은 모두 짝을 찾지 못하는 고독한 인물로 형상화되고 있는데, 최치원과 양생이 작품의 말미에서 세상을 등지는 이유는 이 세상에서는 자신의 짝을 찾을 수 없기 때문이다. 즉 그들이 귀신과 혼인할 수밖에 없다는 것은 이 세상의 살아 있는 사람 가운데는 배필을 찾을 수 없다는 의미인바, 그들의 '입산부지소종'은 결국 명혼이라는 환상 체험이 욕망이나 의문을 충족·해결시켜 주기는커녕 오히려 고독을 재확인시켜주는 계기밖에 되지 않은 데 따른 필연적 귀결인 것이다. 그렇다면 유영의 부지소종은 어떻게 이해해야 할까?

몽유록은 기본적으로 몽유자의 욕망이나 의문이 몽중체험을 통해 해소되는 구조를 가지고 있다고 생각된다.75) 몽유록은 다루고 있는 주제가 아무리 심각하거나 비극적이어도 '입산부지소종'의 결말로 마무리되는 경우가 거의 없는데, 이는 몽유자가 평소 만나고 싶었던 인물을 꿈속에서 만났기 때문에 그런 게 아닐까 싶다. 그런데 「운영전」은 몽유록임에도 불구하고 저와 같이 '입산부지소종'으로 마무리되고 있으니, 이는 유영이, 마치 최치원과 양생처럼, 평소에 만나고 싶었던 사람을 만나지 못한 데 따른 결과라 할 수 있다.76) 몽유록의 전통에 따르면, 몽유자 유영은 안평대군 시절 같은 성시

74) 「최치원」의 경우 '不知所終'이란 말로 마무리되지는 않지만, 그 의미는 '不知所終'과 크게 다르지 않다.

75) 신재홍, 「몽유양식의 소설사적 전개양상」(『한국몽유소설연구』, 계명문화사, 1994), 43쪽에서 몽유록에 대하여 "이 양식은 이념의 관철에 서사적 탐색의 기본축이 놓인다. 주인공은 좌절된 이념을 품고 방황하는데, 그가 꿈속에서 만나는 인물은 모두 주인공의 의식을 대변하는 인물이다. 그리하여 꿈속체험은 경험세계와 이념 사이의 모순과 갈등으로 인해 원한을 품은 인물들과의 만남으로 이루어지고, 꿈속체험에서 다시 현실로 돌아왔을 때에는 더 이상의 서사적 진행이 이루어지지 않는다."라고 하였다.

76) 최치원과 양생이 만나고 싶었던 사람은 살아있는 여인이었지, 이미 죽은 귀녀가 아니었

를 꿈꾸는 동시에 그의 패배에 대해 의문을 품은 인물이라 할 수 있다. 그런 유영이 수성궁에서 만난 사람은 안평대군이 아니라 운영과 김진사였고, 그들의 일방적이고 왜곡된 진술은 유영의 욕망이나 의문을 해소해 주지 못했다. 요컨대 유영은 몽중체험을 통해 안평대군의 성시는 이루어질 수 없다는 사실을 깨달았을 뿐만 아니라, 안평대군의 패배에 대한 납득할 만한 해답도 찾지 못했던 것이다.

다. 마찬가지로 유영이 만나고 싶었던 사람은 안평대군이었지 운영이나 김진사가 아니었던 것이다. 한편 「용궁부연록」이나 「최생우진기」 같은 지우류 전기소설도 '入山不知所終'으로 마무리되고 있는데, 필자는 이 작품들에 나타나는 '入山不知所終'의 결말이, 주인공의 이계 체험이 욕망을 충족시키지 못한 데 따른 결과가 아닌가 생각한다. 이 글에서는 「운영전」을 '몽유록'으로 다루었지만, 「운영전」은 「남염부주지」와 더불어 '몽유록'이 아닌 '몽유전기소설'로 다룰 수 있다. 이에 대해서는 후속 연구에서 논하도록 하겠다.

3. 「최척전(崔陟傳)」

그간 「최척전(崔陟傳)」은 조위한(趙緯韓)이 1621년에 창작한 소설로 알려져 왔다. 작품 말미에 "天啓元年辛酉閏二月日素翁題"라는 말이 있기에 작자와 창작 연대가 확실하다고 인식되었을 뿐 아니라, 작자의 생애를 살펴볼 수 있는 기록도 많이 남아 있어, 「최척전」은 동시대의 다른 작품들에 비해 연구에 유리한 조건이 마련되었다고 할 수 있다. 이에 작가론적 고찰, 동아시아 전란의 문학적 형상화, 실기(實記)와의 관련 양상, 이본의 존재 양상, 『어우야담(於于野談)』 소재 「홍도(紅桃)」와의 선후 문제 및 장르적 특징, 후지(後識)의 가탁 여부, 소설사적 조망, 동시대 작품과의 비교 연구, 작품의 주제, 서사 기법 등등, 「최척전」은 실로 다양한 관점에서의 논의가 이어져 왔으며 연구사도 거듭 정리되었다.[1] 이처럼 「최척전」은 그 연구 성과가 많아 보이지만, 여전히 해결되지 않은 근본적인 문제가 하나 있으니, 바로 「최척전」과 「홍도」의 관련 양상이다. 이 문제는 단지 둘 사이의 선후 관계를 따지는 게 필요하기 때문에 중요한 것이 아니라, 궁극적으로는 작품 해석의 근거가 되는 사안이기에 중요하다고 할 수 있다. 「홍도」와 「최척전」의 선후 관계에 대해서는 선학들에 의해 여러 차례 주목된 바 있는데, 이는 다음과 같이 정리할 수 있다.[2]

---

1) 「최척전」 연구사는 정명기, 「최척전」(『고전소설연구』, 일지사, 1993); 민영대, 「최척전 연구사」(『고소설연구사』, 월인, 2002)를 참조할 수 있으므로, 이 글에서 연구사 정리는 별도로 하지 않고 이 논문들로 미룬다.

2) 이 글에서는 이 세 가지 설을 [1][2][3]으로 略稱하겠다.

1 「홍도」 선행설.[3]

2 「홍도」와 「최척전」 무관설.[4]

3 「최척전」 선행설.[5]

연구사적으로 볼 때 논의는 대체적으로 '1→2→3'의 순으로 진행되어 왔는데, 근래에는 2를 지지하는 경향이 지배적인 것 같다. 그런데 이 세 관점은 모두 문제가 있다. 먼저 1은 설화에서 소설로의 이행이라는 도식 이외의 뚜렷한 근거를 제시하지 못하고 있다. 다음으로 2는 두 작품의 창작 시기가 거의 같다는 점 및 두 작품의 차이점에 주목한 것인데, 상식적으로 보면 가장 타당한 주장이라고 할 수 있다. 하지만 그 차이점 못지않게 둘 사이의 유사점도 무시할 수 없는바, 이에 대한 해명이 이루어지 않았다. 마지막으로 3은 최척의 이야기, 곧 「최척전」의 내용이 구전되어 「홍도」를 파생했다고 보는 입장인데, 이 관점은 실존인물 최척(崔陟) 관련 자료를 근

3) 김기동, 「불교소설 최척전 소고」(『불교학보』 11 ,동국대학교 불교문화연구원, 1974); 소재영, 「기우록과 피로문학」(『임병양란과 문학의식』, 한국연구원, 1980); 박일용, 「장르론적 관점에서 본 최척전의 사회적 성격」(『조선시대의 애정소설』, 집문당, 1993).

4) 김기동, 『한국고전소설연구』(교학연구사, 1983), 258쪽 및 김재수, 「최척전의 소설화 과정」(『논문집』 26, 광주교육대학, 1985), 129쪽. 한편 박희병, 「최척전」(『한국고전소설작품론』, 집문당, 1990), 97~100쪽에서는 두 작품의 창작 시기를 근거로 「홍도」가 「최척전」보다 먼저 성립되었다고 볼 근거는 없으며 오히려 「최척전」이 선행할 수도 있다고 하였다. 또한 유몽인과 조위한의 처지 및 「홍도」와 「최척전」에 보이는 인명의 변이를 고려할 때 두 작품이 아무 영향 관계를 가지고 있는 게 분명하다고 하면서, 「홍도」는 최척 이야기가 유포되는 과정에서 기록된 것이고, 「최척전」은 최척에게서 직접 들은 이야기를 소설화한 것이라고 하여, 선행 연구들보다 좀 더 구체적인 견해를 보였다. 이를 지지하는 논의들은 다음과 같다. 민영대, 『조위한과 최척전』(아세아문화사, 1993); 박태상, 「최척전에 나타난 애정담과 전쟁담 연구」(『조선조 애정소설 연구』, 태학사, 1996); 이상구 역주, 『17세기 애정전기소설』(월인, 1999); 정환국, 「17세기 애정류 한문소설 연구」(성균관대학교 박사논문, 2000).

5) 장효현, 「형성기 고전소설의 현실성과 낭만성 문제」(『민족문학사연구』 10, 민족문학사연구소, 1997); 양승민, 「최척전의 창작동인과 소통과정」(『고소설연구』 9, 한국고소설학회, 2000). 이 설은 장효현이 먼저 제기했지만, 다양한 근거를 제시하며 구체적인 논의를 펼친 논자는 양승민이다. 이 글에서 3은 모두 양승민의 논문을 가리킨다.

거로 삼으면서 「최척전」과 「홍도」의 유사점까지 설명할 수 있는 논리를 마련한 것처럼 보이지만, 재론의 여지가 있다.

이처럼 「최척전」과 「홍도」의 관련 양상은 여전히 해명되지 않았으니, 이 같은 논란의 가장 큰 원인은 두 작품의 창작 시기가 거의 비슷하다는 데 있다.[6] 이와 더불어 「최척전」이 허구의 서사라는 점, 후지(後識)가 가탁성이 짙다는 점 등이 창작 시기 문제와 맞물리면서 논의를 더욱 복잡하게 만들고 있는 실정이다. 그런데 선행 연구에서는 정작 「홍도」와 「최척전」의 문면을 정밀하게 대비하거나 관련 자료들을 검토하면서 둘 사이의 선후 관계를 따져보려는 노력은 별로 하지 않은 것 같다. 이에 이 글에서는 먼저 「최척전」과 「홍도」의 텍스트 분석을 통해 둘 사이의 선후 관계에 관한 작품 내적 근거를 마련한 뒤 여타 자료들을 검토함으로써, 이 문제에 대한 새로운 가설을 제시하고자 한다.

한편 「최척전」은 그간 애정전기소설의 흐름 속에서 논의되기도 했다. 「최척전」의 전반부가 「이생규장전」을 수용했다는 점은 선행 연구에서 이미 언급되었지만,[7] 연구자들의 관심은 대개 최척과 옥영의 결연 대목보다는 전란 이후의 가족 서사에 집중되었다. 때문에 「최척전」의 애정전기소설적 특징은 잘 드러나지 않았고, 작품의 전반부와 후반부를 유기적으로 이해하기 어려웠다. 이에 이 글에서는 선행 연구에서 상대적으로 소홀히 다루었던 「최척전」의 전반부에도 관심을 기울임으로써 작품을 해석하는 새로운 시각

---

6) 「최척전」 後識에는 조위한이 '1621년 윤2월'에 최척으로부터 들은 이야기를 기록했다는 말이 있고, 「홍도」는 1621년 가을까지 창작된 『어우야담』에 포함되었을 가능성이 높다. 따라서 1621년 윤2월과 1621년 가을은 각각 「최척전」과 「홍도」 창작 시기의 하한선이다. 한편 「최척전」과 「홍도」에서 작품 속 서사가 종결되는 시기는 대략 1620년 4~5월경이므로, 「최척전」과 「홍도」 창작 시기의 상한선은 이때라 할 수 있다. 『어우야담』의 창작 시기에 대해서는 이경우, 「초기야담의 문학성에 관한 연구」(서울대학교 박사논문, 1991), 7~9쪽 참조.

7) 박일용, 앞의 논문; 장경남, 「임진왜란 실기의 소설적 수용 양상 연구」(『국어국문학』 131, 국어국문학회, 2002) 등의 논의 참조.

을 마련하고자 한다.

(1) 「최척전」과 「홍도」의 관련 양상

「최척전」과 「홍도」의 선후 관계에 대한 기존의 논의 가운데 두 작품의 관계를 가장 논리적으로 설명하고 있는 듯한 관점은 3이다. 양승민은 변사정(邊士貞)의 『도탄집(桃灘集)』과 정태제(鄭泰齊)의 『국당배어(菊堂排語)』에 나오는 실존인물 최척(崔陟) 관련 기록을 분석한 뒤, 이를 근거로 「최척전」과 「홍도」의 선후 관계에 대해 "「최척전」이 먼저 성립된 것임은 의심의 여지가 없다."[8]라고 하였다. 필자는 『도탄집』에 나오는 최척이 「최척전」의 최척과 동일 인물임은 의심의 여지가 없다고 생각한다.[9] 다만 『국당배어』의 기록은 다시 한 번 살펴볼 필요가 있다고 본다.

> 충주에서는 예로부터 문사가 많이 배출되었으니, 최진방과 최척은 모두 본주 사람이다. 최진방의 시 중에는 "세상만사에 머리털은 세는데, 삼추에 나그네는 누각에 기댔네. 외딴 객점에는 흰 연기 피어오르고, 작은 다리 가에는 단풍잎 떨어졌네."라는 작품이 있고, 최척의 「낙엽회서」에서는 "가인이 유련사를 부르매, 오늘 오늘 또 오늘. 취객이 은근한 뜻으로 이으매, 한잔 한잔 또 한잔."이라고 했으니, 다 인구에 회자되었다. 정문원 어르신께서는 이런 말씀을 하신 적이 있다. "소싯적 남원에 우거할 때, 호남 방백이 순제로 「개형운부」를 냈지. 이때 제호 양경우가 집에 있었으므로, 여러 유생들이 각자 지은 것을 써 와서 먼저 양경우에게 상고를 청했어. 마침 최척이 지은 「개형운부」가 있기에 또한 아무개 이름으로 써 보내어 양경우의 안목을 시험해 보았는데, 다른 작품들은 다 등제로 보냈으면서도 최척의 부에 대해서는 '감히 상고할 수 없다.'라고 말했지. 이튿날 내가 가서 뵙고 '이 작품은 새롭거나 기이하지 않은 것 같은데, 어찌

8) 양승민, 앞의 논문, 101쪽.
9) 『桃灘集』의 기록은 위의 논문, 70~73쪽 참조.

이처럼 지나치게 허여하십니까?'라고 물었더니, 양경우는 또 한 번 읽어 내려 보고는 '이러이러하므로 문장가의 솜씨가 아니면 불가능하니, 결코 부 유생의 작이 아닐세. 늙은이를 속일 수는 없는 법이지.'라고 말하더군. 그제야 제호가 안목을 갖춘 사람임을 알았지."[10]

양승민은 『국당배어』의 기록을 근거로 최척을 관향이 충주인 남원의 재지사족으로 보았고, 조위한이 남원에 우거할 적에 양경우를 통해 최척과 만났을 것이라고 하였던바,[11] 이에 따라 위의 내용은 「최척전」 말미의 기록, 곧 조위한이 남원에 있을 때 최척을 만나 그로부터 이야기를 들었다는 내용에 대한 방증이 되었던 것이다. 그는 정문원이 한 말 가운데 나오는 최척의 「개형운부」 관련 대목을 "마침 최척이 지은 「개형운부(開衡雲賦)」가 있었는데, 역시 아무개라는 이름으로 적어 보내와 양경우의 안목을 시험하자, 다른 작품들은 모두 등제(登第)시켜 보냈으나 최척(崔陟)의 부(賦)만큼은 '감히 검토할 수 없다'고 했네."라고 번역하면서 최척이 양경우에게 「개형운부」를 보낸 것으로 이해하였는데,[12] 그렇지 않다. 양경우에게 「개형운부」를 보낸 사람은 최척이 아니라 정문원이며, 정문원은 마침 충주 사람 최척의 작품을 가지고 있었기에 그것을 양경우에게 보내 그의 안목을 시험했던 것이다.[13]

---

10) 忠州自古文士多出 崔鎭邦崔陟皆本州人 崔鎭邦有詩 萬事霜侵鬓 三秋客依樓 白烟孤店外 紅葉小橋頭 崔陟落葉會序 佳人唱流連之詞 今日今日又今日 醉客續慇懃之意 一盃一盃又一盃 皆膾炙人口 鄭聞遠丈嘗言 少時寓居南原 湖南方伯出旬題開衡雲賦 時霽湖梁慶遇在家 諸生各書所製 爲先請考於梁 適有崔陟所作開衡雲賦 亦以某名書送 以試梁眼 它作皆登第以送 而崔賦則曰 不敢考 翌日 余往見 問之曰 此作似不新奇 而何過許至此耶 梁又讀下一遍曰 如此如此 非文章手 不能也 決非府儒生之作 老夫不可瞞云 始知霽湖爲具眼也(『菊堂排語』, 42～43쪽)

11) 양승민, 앞의 논문, 69～77쪽.

12) 위의 논문, 74쪽.

13) 만약 최척이 「개형운부」를 보냈다면, 최척이 정문원에게 이 사실을 미리 알려주지 않은 다음에야, 이튿날 양경우를 찾아가 사람은 정문원이 아니라 최척이었어야 마땅하다.

「개형운부(開衡雲賦)」는 양경우의 『제호집(霽湖集)』에도 실려 있는데, 제목의 주(註)에서 "방백이 출제하여 도내의 과거 응시자를 시험했는데, 나를 종유하는 이들이 내가 지은 것을 보고서 그 양식을 본뜨고자 하였으므로, 이 부를 지어 보여주었다."[14]라고 했으므로, 당시의 사정을 잘 알 수 있다. 『국당배어』와 『제호집』의 기록만으로는 물론 확신할 수 없지만, 당시 50세 정도였던 양경우에게 찾아와 상고를 요청했던 이들은 대개 남원부의 젊은 유생들이 아니었을까 짐작되는데, 만약 『도탄집』에 나오는 최척이 이때까지 남원에 있었다면 적어도 40세는 되었을 것이다. 양승민은 "인용문에서 읽히는 최척은 향촌사족끼리의 시주회(詩酒會)에 참석하고 향교유생(鄕校儒生)의 신분으로 순제(旬題)에 응시하는 따위의 모습이다. 여기서 최척은 관향이 충주(忠州)로서 남원의 재지사족이고 유학(幼學)의 신분이었으며 문재(文才)가 걸출했다는 사실이 거듭 확인된다."[15]라고 하고, 또 "최척이 양경우에게 「개형운부」를 보내 검토를 요청했다고 했는데, 이 역시 1620년 무렵의 일이었을 것이다."[16]라고도 하여, 최척이 '남원부'의 '유생'이라고 했다. 하지만 양경우는 "決非府儒生之作"이라고 말함으로써, 「개형운부」의 작자가 '남원부' 사람도 아니고 '유생'도 아니라는 점을 '결코[決]'라는 말까지 쓰면서 분명히 했다.[17]

『도탄집』과 『국당배어』의 최척을 동명이인으로 단정 짓기에 석연치 않

14) 方伯出題 試道內擧子 從余遊者 願見余所製而依樣之 故賦此示之(『霽湖集』, 513쪽)

15) 양승민, 앞의 논문, 74쪽.

16) 위의 논문, 75~76쪽.

17) 신태수, 「최척전의 허실 논변」(『고소설연구』 37, 한국고소설학회, 2014), 155쪽에서는 "양경우가 최척의 「개형운부」를 두고 '결코 남원 유생이 지은 것이 아니다'고 평한 것은 출신 지역과 신분을 적시한 것이 아니라 문장의 수준을 두고 한 말임에 주의해야 한다."라고 하면서 필자의 주장이 잘못되었다고 하였다. 필자 또한 당연히 양경우의 말이 남원 유생의 문장 수준을 두고 한 말이라고 생각한다. 중요한 것은 양경우의 말이 애초에 어떤 맥락에서 나왔느냐가 아니라, 『국당배어』에 나오는 최척이 남원 사람이었다면 『국당배어』에 "決非府儒生之作"이라는 말이 들어갈 수 있겠느냐는 점이다.

은 점이 있는 것은 사실이다. 정문원이 충주 사람 최척의 부를 어떻게 가지고 있게 되었는지, 혹 충주 사람 최척이 남원으로 이사를 온 것은 아닌지 등에 대한 의문을 가질 수 있지만, 현재로서는 충주 사람 최척의 「개형운부」가 호남 방백의 순제와는 무관하게 창작된 것이며, 우리가 알 수 없는 어떤 계기로 인해 정문원의 손에 들어갔다고 보는 수밖에 없다. 『국당배어』에 의하면, 양경우가 「개형운부」를 상고했을 당시, 정문원이 보낸 「개형운부」의 작자 최척은 분명 남원 사람이 아니었다. 양경우와 조위한은 1618년부터 1623년까지 함께 남원에 있으면서 교유했는데,[18] 양경우가 「개형운부」를 지은 시기는 지금까지 알려진 바 「최척전」의 창작 시기와 거의 같다.[19]

2 3의 주된 근거는 「최척전」 말미의 "天啓元年辛酉閏二月日素翁題"[20]라는 기록이다. 그런데 『어우야담』의 '구서(舊序: 跋文)'에 "時天啓元年鶴泉成汝學識"[21]라고 하였으니, 두 작품은 거의 동일한 시기에 창작된 것으로 받아들여질 수밖에 없었던 것이다. 하지만 창작 연대만을 놓고 2 3을 주장하기에는 석연치 않은 점들이 있다.

첫째, 「최척전」은 실제 있었던 일을 그대로 기록한 전(傳)이 아니라 허구

---

18) 양승민, 앞의 논문, 75~76쪽.

19) 『국당배어』에서는 "忠州自古文士多出 崔鎭邦崔陟皆本州人"이라 했고, 「최척전」의 서두에서는 "崔陟 字伯升 南原人也"(「崔陟傳」, 421쪽)라고 했다. 한쪽에서는 '忠州人'이라 했고 다른 한쪽에서는 '南原人'이라고 했으니, 모두 본관 혹은 출생지를 말한 것이다. 「최척전」 서두에서 언급한 최척의 자와 본관은 『도탄집』에 나오는 실존인물 최척의 그것이었을 가능성이 있다. 한편 『국당배어』의 崔鎭邦은 '明宗 15년[1560년] 庚申 別試 丙科 3위'의 崔鎭邦이 아닌가 한다. 그는 본관이 忠州이고 자는 '之屛'이다. 具鳳齡의 『栢潭集』에 「次謝崔之屛韻」과 「次崔之屛韻」이 있으며, 『輿地圖書』 忠淸道 「忠原」에도 그의 이름이 보인다. 崔鎭邦의 생몰년은 알 수 없으나, 그의 동생인 崔鎭國이 1542년생이므로, 최진방이 1542년 이전에 태어난 사람임을 알 수 있다. 『여지도서』에서는 '崔鎭邦'에 대하여 "以邑吏登第官至郡守"라고 하였다. 『국당배어』의 기록이, 최진방과 최척이 충주의 詩會에서 함께 어울렸던 것을 이야기한 것인지는 분명하지 않다.

20) 「崔陟傳」, 450쪽.

21) 『於于野談』, 2쪽.

의 소설이기에, 주인공 최척을 작품에 나온 바와 같은 일을 실제로 겪은 사람으로 볼 수 없다는 점이다.[22] 필자는 현대의 연구자들이 이 점을 인정하고 있는 것과 마찬가지로 당대인들 역시 「최척전」을 실사(實事)로 받아들였을 가능성은 별로 없다고 생각한다. 이는 이민성(李民宬)의 「제최척전(題崔陟傳)」을 통해서도 분명히 드러난다. 그럼에도 불구하고 [3]은, 「최척전」의 허구성을 인정하면서도 후지(後識)에서 최척으로부터 이야기를 들었다는 내용 및 "天啓元年辛酉閏二月日素翁題"라는 기록을 근거로 하여 「최척전」의 창작 시기는 1621년으로 그대로 받아들이고 「최척전」이 민간설화로 유통되어 불과 몇 달 만에 「홍도」를 낳았다고 보고 있는데,[23] 재고의 여지가 충분하다. 만약 조위한이 남원에 있었던 1621년경에 최척도 남원에 같이 있었다면, 아무리 소설이라지만 조위한이 최척을 주인공으로 삼아 그러한 '거짓말'을 꾸며낼 수 있었을까? 더군다나 「최척전」에는 당시 민감한 문제였던 심하전투 관련 대목에서 이민환이 교일기를 죽음으로 몰아넣었다고 서술되어 있는데, 후지에 의하면 이는 최척이 한 말을 조위한이 그대로 옮긴 게 된다. 조위한이 같은 동네에 살며 절친한 관계를 유지했던 최척[24]을

---

22) 이 점은 선행 연구에서 여러 차례 지적되었는데, 권혁래, 「최척전의 문학지리학적 해석과 소설교육」(『새국어교육』 81, 한국국어교육학회, 2009)에서 「최척전」의 공간을 실제 지리와 비교함으로써 「최척전」의 허구성을 더욱 분명하게 밝혔다.

23) 양승민, 앞의 논문에서 "필자는 이 작품의 '줄거리'조차 최척 일가의 경험담을 토대로 한 것이 아님을 명백히 하고자 한다. 작자 스스로 '최척에게 들은 이야기를 서술한다'고 밝혔지만, 완벽에 가까운 소설적 구성, 작자와 작품과의 긴밀한 상관성 등은 이 진술을 믿을 수 없게 만든다."(88쪽)라고 하였고, 또 "이렇듯 「최척전」은 그 이본의 파생과 함께 가장 먼저 「홍도」를 낳음으로써, 최척의 소설담이 오히려 민간설화로 확산되었던 당시의 사회적 정황을 짐작케 한다. 「최척전」이 이처럼 삽시간에 설화로 번졌던 이유는 겨우 20여 년 전 막을 내린 임진왜란의 상흔이 그와 같은 내용에 공감했기 때문이다. 소설의 많은 독자가 확보돼 여러 필사본 이본이 양산된 것이 아니라, 원작과는 무관하게 하나의 설화가 민간을 유전한 것이라 할 수 있다. 그리고 그 과정에서 이 이야기는 하나의 實事로 인식되었을 것이 뻔하다. 더욱이 최척이 실존인물이었기 때문에 「최척전」이든 「홍도」이든 독자 및 청자들은 이를 참 사실로 믿었을 것이다."(105쪽)라고 하였다.

난처하게 만들 이유가 있는가?

둘째, 「최척전」의 서사가 완전한 허구라면 작품 말미의 기록도 허구일 가능성이 충분하다는 점이다. 다시 말해 조위한이 최척으로부터 이야기를 들었다는 내용은 물론, '천계원년(天啓元年)'이라는 창작 연대도 사실로 받아들일 수 있는지 의심해 보아야 한다는 것이다. 이 점은 17세기에 창작된 중편 한문소설과의 관련 속에서 살펴볼 필요가 있다. 「주생전(周生傳)」의 말미에는 "癸巳仲夏無言子傳"[25]이라는 기록이 있다. 『화몽집(花夢集)』에는 이 부분이 "癸巳仲夏無言子權汝章記"[26]로 되어 있어 그간 권필(權韠)이 주생(周生)으로부터 들은 일을 적은 것으로 인식되어 왔지만, 『화몽집』의 기록을 그대로 믿을 수 없으며 「주생전」의 작자는 미상(未詳)으로 보아야 한다는 견해가 제출되었으므로[27] 「주생전」이 1593년에 창작되었다고 볼 근거도 별로 없지 않은가 한다. 「주생전」의 말미에 하필 '계사(癸巳)'라는 말이 나오는 이유는, 작자가 주생이 종군한 지 얼마 되지 않았을 때[1593년]를 상정하였던 데서 기인했을 가능성이 큰 것이다. 「운영전」에서도 유영이 수성궁을 찾아간 때를 "萬曆辛丑春三月旣望"[28]으로 기록하고 있으나, 이것이 반드시 「운영전」의 창작 시기를 뜻한다고 볼 수는 없다. 1601년은 전란이 끝난 지 얼마 되지 않았을 때[29]를 상정한 것일 뿐이다. 이런 관점에서 「최척전」 말미의 '1621년 윤2월'도 최척의 일가가 다시 단원(團圓)한 후 얼

---

24) 실제로 그랬으리라는 게 아니라, ③의 논리에 따르면 이렇다는 말이다.

25) 장효현·윤재민·최용철·심재숙·지연숙, 『교감본 한국한문소설 전기소설』(고려대학교 민족문화연구원, 2007), 266쪽 註922) 참조.

26) 최웅권·마금과·손덕표 교주, 『17세기 한문소설집 화몽집 교주』(소명출판, 2009), 영인 27쪽.

27) 엄태식, 「애정전기소설의 창작 배경과 양식적 특징」(경원대학교 박사논문, 2010), 84~89쪽.

28) 「雲英傳」, 334쪽.

29) 生慙而無聊 乃入後園 登高四望 則新經兵燹之餘 長安宮闕 滿城華屋 蕩然無有 壞垣破瓦 廢井頹砌 草樹茂密 唯東廊數間 巋然獨存(「雲英傳」, 334쪽)

마 되지 않았을 때를 나타내기 위한 설정일 가능성이 있다. 17세기 애정전기소설은 이전 시기의 작품과는 달리 말미에 견문(見聞)의 기록이라는 형식을 취한 경우가 많은데, 이는 당대의 역사적 사실과 관련된 내용을 작품 속에 끌어들였기 때문에 나타난 현상으로 이해할 수 있으며, 작품 내의 연도 기록이 반드시 창작 연대를 뜻한다고 보기는 어렵다.

셋째, 「홍도」와 「최척전」 사이에는 구전에 의한 영향 관계가 아닌, 문헌 전승에 의한 영향 관계가 있을 가능성이 높다는 점이다. 이는 「홍도」와 「최척전」의 동이(同異)를 비교해 보면 알 수 있는데, 이에 대해서는 선행 연구에서 누차 다루었으므로, 여기서는 등장인물들의 이름만을 '「홍도」 : 「최척전」'의 형식으로 비교해 보기로 한다.

> ❶남주인공 - 鄭生 : 崔陟. ❷여주인공 - 紅桃 : 李玉英. ❸남녀 주인공의 아들 - 夢錫 · 夢賢[夢眞] : 夢釋 · 夢仙. ❹남녀 주인공의 며느리 - 無名氏 : 紅桃. ❺남녀 주인공의 바깥사돈 - 無名氏 : 陳偉慶. ❻남녀 주인공의 바깥사돈이 임진왜란에 출전할 때 소속되었던 군대의 장수 - 無名氏 : 劉摠兵. ❼남주인공이 심하전투에 출전할 때 소속되었던 군대의 장수 - 劉綎 : 喬一琦 · 吳世英. ❽정유재란 때 남원에 있었던 明將 - 總兵 楊元 : 吳摠兵. ❾남주인공이 중국으로 갈 때 따라갔던 사람 - 天兵[無名氏] : 余有文. ❿여주인공이 일본으로 갔을 때 함께 지냈던 사람 - 無名氏 : 頓于. ⓫남주인공이 여주인공과 상봉하기 전에 함께 있었던 사람 - 天官道主 : 宋佑[朱佑]. ⓬남주인공과 여주인공이 상봉하기 전에 옆에 있었던 사람 - 無名氏 : 杜洪. ⓭남주인공의 스승 - 없음 : 鄭上舍.

이처럼 두 작품에서 등장인물들의 이름은 단 하나도 일치하지 않는다. 다만 ❷❹의 '홍도(紅桃)'는 일치하고, ❸은 발음이 같거나 유사하며, ❼❻의 '유정(劉綎) : 유총병(劉摠兵)', ❶⓭의 '정생(鄭生) : 정상사(鄭上舍)'는 성(姓)이 같다는 유사점이 있는데, 선행 연구에서는 이를 구전(口傳)에 의한 변이의 증거로 설명하기도 했다.[30] 하지만 아무리 구전에 의해 변이가 생겼다 해도, 불과 몇 개월의 시차를 두고 창작되었다고 볼 수밖에 없는 두 작품에서 남녀 주인공을 비롯한 모든 등장인물들의 이름이 이처럼 발음상의 유사성조차 전혀 없는 것들로 모조리 다 달라질 수 있는지 의문이다. ❸을 두고 혹 '구전'에 의한 변이로 생각할 수 있을지도 모르겠다. 하지만 「최척전」의 '몽석(夢釋)'은 부처를 꿈꾸었다는 의미인바, '석(錫)'과 '석(釋)'은 두 작품 간의 '불교적 요소'의 유무에 의한 의도적 변개의 결과로 보는 게 타당하며, '몽석'이라는 동일한 발음이 구전의 증거가 될 수는 없다. ❼❻과 ⓫⓭에서 성(姓)이 같다는 점 역시 구전에 의한 결과이기는 어려우며, 오히려 의도적인 변개의 과정에서 나타나게 된 유사성으로 설명하는 게 더 합리적이다.

「최척전」의 전반부는 최척과 옥영의 결연담으로 「이생규장전」과 「만복사저포기」를 적절히 활용하여 재구성한 것인데, 이 부분은 작품 전체 분량의 1/4 이상을 차지한다. 이에 반해 「홍도」에서 정생과 홍도의 결연담은 작품 전체 분량의 10%를 조금 넘을 뿐이며 서술도 매우 간략하여, 이후에 전개될 가족 이산 서사의 도입부일 따름이다. 「최척전」 전반부의 결연 서사는 적지 않은 분량에다 흥미롭기도 하고 작품 내적으로도 매우 중요한 기능을 맡고 있는데, 구전의 과정에서 이 부분이 현전하는 「홍도」처럼 축약될 수 있을까? 그 밖에 「최척전」 서사 전개의 핵심이 되는 '장륙불' 및 '불교적 요소'가 「홍도」에서 완전히 사라졌다는 점 등도 두 작품의 차이를 구전에 의한 결과로만 설명하기 어려운 근거가 될 수 있다.

필자는 ①이 옳다고 생각하며, 조위한이 「홍도」를 의도적으로 변개하여 「최척전」을 창작했을 가능성이 높다고 본다. 이와 같은 개작의 양상은 작품

30) 예컨대 양승민, 앞의 논문, 103쪽에서는 "분명 「최척전」이 설화로 구전되는 과정에서 부분적 변모를 일으킨 것이다. 대상인물의 이름이 바뀌고 부분적 변개 및 생략이 가해진 것은 가장 단적인 예가 될 터인데, 특히 「홍도이야기」의 남주인공 이름이 하필 '鄭生'인 것은 최척 부친의 벗이자 옥영이 피란해 살던 집주인 '鄭上舍'의 姓에서 와전된 것으로 보인다."라고 하였다.

내에서도 어느 정도 확인할 수 있다.

「홍도」에서는 홍도의 부친이 정생이 배움이 없다 하여 혼사를 거절하는 것으로 되어 있고,[31] 「최척전」에서는 과부인 심씨(沈氏)가 옥영을 부잣집에 시집보내려 한 것이 혼사의 장애 요소로 설정되고 있다.[32] 「최척전」의 서두는 다음과 같다.

> 최척의 자는 백승으로, 남원 사람이다. 일찍이 어머니를 여의고 외롭게 부친 최숙과 함께 남원부 서문 밖 만복사의 동쪽에서 살았다. 최척은 어려서부터 뜻이 크고 기개가 있어, 교유하기를 좋아하고 약속을 중히 여겼으며, 자잘한 예절에 얽매이지 않았다. 그의 부친이 일찍이 그를 경계하여 이렇게 말했다. "네가 공부는 않고 무뢰한 짓을 하니, 필경 어떤 사람이 되겠느냐? 하물며 지금은 국가에 전쟁이 나서 주현에서 무사를 징병하고 있으니, 너는 활쏘기와 사냥을 일삼아 늙은 아비에게 근심을 끼치지는 말거라. 머리를 숙이고 글을 배워 과거 준비하는 사람의 일에 종사한다면 비록 과거에 급제하지는 못한다 할지라도 화살을 짊어지고 종군하는 일은 면할 수 있을 것이다. 성 남쪽의 정상사는 내 어렸을 적 친구로, 학문에 힘써 글에 능하니, 초학자들을 깨우쳐 이끌 수 있을 것이다. 너는 가서 그분을 스승으로 모셔라."[33]

---

31) 南原鄭生者 失其名 少時 善吹洞簫善歌詞 義氣豪宕不羈 懶於學問 求婚於同邑良家 良家有女 名紅桃 兩家議結 吉日已迫 紅桃父 以鄭生不學辭之 紅桃聞而言於父母曰 婚者天定也 業已許定 當行於初定之人 中背之可乎 其父感其言 遂與鄭結婚 第二年 生子名夢錫(「紅桃」, 7쪽)

32) 上舍入言于沈氏 沈氏亦難之曰 我以盡室流離 孤危無托 只有一女 欲嫁富人 貧家者 雖賢不願也(「崔陟傳」, 425쪽)

33) 崔陟 字伯昇 南原人也 早喪母 獨與其父淑 居于府西門外萬福寺之東 自少倜儻 喜交遊 重然諾 不拘齪齪小節 其父嘗戒之曰 汝不學無賴 畢竟做何等人乎 況今國家興戎 州縣方徵武士 汝無以射獵爲事 以貽老父憂 屈首受書 從事於擧子業 雖未得策名登第 亦可免負羽從軍 城南有鄭上舍者 余少時友也 力學能文 可以開導初學 汝往師之(「崔陟傳」, 421～422쪽)

실존인물 최척이 정상사에게 수학했는지는 알 수 없지만, 『도탄집』에서는 최척이 문필이 뛰어나다고 했으니, 「최척전」에서 최척이 학업에 힘써 몇 달 만에 학업을 이루었다는 서술은[34] 실존인물 최척의 면모와 어느 정도 부합하는 것이라 할 수 있다. 「최척전」에서 최척이 옥영과 만난 것은 1593년의 일이고 최척이 종군한 것은 최척이 옥영과 만난 이후의 일로 되어 있다. 실존인물 최척은 1592년에 변사정의 막하로 들어가 서기(書記) 노릇을 했을 가능성이 높으므로, 「최척전」의 전반부는 허구이다.

여기서 주목할 것은 최척이 원래 학문에 힘쓰지 않은 인물로 서술되고 있다는 점인데, 이는 바로 「홍도」에서 정생이 배움이 없었다는 점과 일치한다. 「최척전」에서 최척은 부친 최숙의 말을 듣고 정상사에게 글을 배우다가 옥영을 만나게 되는데, 작품 서두에 나오는 최숙의 말은 최척과 옥영의 결연 계기가 된다. 이렇게 본다면 실존인물 최척과 달리 작품 속 최척이 원래 학문에 힘쓰지 않은 것으로 그려지고 있는 이유는, 작자가 최척과 옥영의 결연 계기를 마련하고자 했기 때문으로 이해할 수 있으며, 그것은 「홍도」에 나오는 바 정생이 배움이 없었다는 내용을 변용한 결과로 보는 게 타당할 것이다.

「최척전」을 자세히 읽어보면, 작자가 「홍도」를 무리하게 변개한 흔적이 역력하다. 최숙은 글을 배우면 종군을 면할 수 있으리라는 점을 들어 최척에게 학업에 힘쓰도록 권하고 있는데, 작품에서 최척은 최숙의 말이 무색하게 '문재(文才)' 때문이 아니라 '궁마지재(弓馬之才)' 때문에 변사정의 막하로 끌려가지 않았던가?[35] 학업에는 힘쓰지 않고 무뢰한 짓을 일삼던 최척이 불과 몇 달 만에 여타 애정전기소설의 남주인공처럼 학문에 능통하게 되었다는 것도 역시 억지다. [3]에 따르면, 조위한이 작품의 서두에서 쓸데없

34) 陟卽日挾冊及門 請業不輟 浹數月 詞藻日富 沛然如決江河 鄕人感服其聰敏(「崔陟傳」, 422쪽)

35) 居無何 府人前參奉邊士貞 起義兵赴嶺南 以陟有弓馬才 遂與同行(「崔陟傳」, 427쪽)

이 무리를 범했다고 보아야 하는 동시에, 「최척전」이 구전되면서 남녀 주인공의 이름이 바뀌고 정생이 원래 배움이 없었던 인물로 '논리적' 변개가 이루어졌다고 이해해야 할 텐데, 이런 가능성이 얼마나 될지 의문이다. 조위한이 전기소설인 「이생규장전」과 야담인 「홍도」를 창작의 연원으로 삼아 「최척전」을 지었다고 한다면, 이와 같은 모순은 결국 두 작품의 결합 과정에서 부득이하게 발생한 것으로 설명된다. 그간의 「최척전」 연구에서는 남녀 주인공인 최척과 옥영의 신분이 양반임에도 불구하고 작품 속에 나타난 그들의 모습에는 기층민의 형상이 투영되었다고 보기도 했지만, 이 역시 당대 몰락 양반층의 현실을 직접적으로 반영한 것이라기보다는 이질적인 두 양식의 결합에서 비롯된 결과로 보는 게 타당할 것이다.

「홍도」에서는 몽현(夢賢)[36]의 장인이 임진왜란 때 조선으로 갔다고 되어 있는데 그가 따라갔던 장수의 이름은 나오지 않고, 정생은 1618년에 유정(劉綎)을 따라가 심하전투에 참전한 것으로 되어 있다. 그리고 「최척전」에서는 몽선(夢仙)의 장인이자 홍도(紅桃)의 부친인 진위경(陳偉慶)이 임진왜란 때 유총병(劉摠兵)을 따라 조선으로 갔고, 최척은 유격(遊擊) 교일기(喬一琦)의 천총(千摠)인 오세영(吳世英)을 따라 출전한 것으로 되어 있다. 「최척전」에서 이민환(李民寏)은 교일기를 죽음으로 몰아넣은 부정적 인물로 형상화되고 있는데, 이 때문에 이민성은 「제최척전」을 지어 이민환을 변호하기도 했다. 여기서 생각해 보아야 할 것은 두 작품에 등장하는 명나라 장수의 이름이 다르다는 사실이다. 「홍도」에서 몽현의 장인이 임진왜란 때 누구를 따라갔는지 서술되지 않은 점과 정생이 유정을 따라 출전했다는 점은 아무런 무리가 없고 매우 자연스럽다. 그런데 「최척전」에서 진위경이 유총병을 따라갔다는 것은 역시 이상할 게 없지만, 최척이 교일기의 휘하에 있었다는 점은 '의도적인 변개'의 혐의가 짙다. 유정과 교일기는 모두 1619년

36) 이본에 따라 '夢眞'으로 되어 있기도 하다.

에 후금(後金)과의 전투에서 전사했는데, 당시 여러 가지 설이 있었던 것 같다.[37] 이민환은 「책중일록(柵中日錄)」에서 교일기가 절벽에서 투신자살하였다고 기록했다.[38] 그런데 이에 대한 논란이 있었던 모양인지, 그는 「월강후추록(越江後追錄)」에서 교일기가 참나무에 목을 매어 죽었다는 설이 억측에서 나온 것이라고 굳이 다시 변명하고 있는 것이다.[39] 요컨대 이민환은 조명(朝明) 연합군의 심하전투 패배 및 교일기의 죽음에 대한 논란의 중심에 있었던 셈인데, 「최척전」에 서술된 교일기의 죽음 대목은 당시에 떠돌았던 여러 가지 말들 가운데 이민환에게 가장 불리한 설을 끌어들인 것으로 보아야 할 것이다. 조위한이 왜 그토록 이민환에게 불리한 내용을 썼는지는 알 수 없지만, 그가 이민환을 안 좋게 보았다는 것만은 분명하다. 그렇다면 「최척전」에서 최척이 하필 교일기의 진중에 있었다는 것은 다분히 의도적인 설정으로 볼 수 있으며, 이는 「홍도」의 내용을 변개한 결과로 이해하는 것이 타당할 것이다. [2][3]은 남주인공이 심하전투에 참전했을 때 따라간 장수가 '유정'과 '교일기'로 각각 다르게 나타나는 이유를 오직 구전에 의한 변이로 설명할 수밖에 없다.[40]

이상 살펴본 바에 따르면, 「최척전」이 「홍도」보다 선행할 가능성은 별로 없으며, 오히려 조위한이 「홍도」를 변용하여 「최척전」을 창작했을 가능성이 높다. 하지만 이는 여전히 '가능성'일 뿐 근거가 되기에는 아직 부족하다. 무엇보다도 「최척전」 말미의 "天啓元年辛酉閏二月日素翁題"라는 기록

37) 예컨대 宋英耉는 「金將軍應河輓」에서 "提督自焚遊擊縊 元帥兩將坐而視"라고 하였다. 임형택 편역, 『이조시대 서사시』 하(창작과비평사, 1992), 45~51쪽 참조.

38) 喬遊擊謂軍官輩曰 貴軍爲賊所迫如此 我雖同去 必不得免 附一書 使傳其子 卽墮崖死(『紫巖集』, 120쪽)

39) 一日 喬將雉經於眞木下 喬之墮崖處 無尺株寸莖 則其蔑實搆虛之語 皆出臆料(『紫巖集』, 138쪽)

40) 이런 시각은 [2][3]뿐 아니라 [1]에서도 마찬가지인바, 필자는 선행 연구가 「홍도」와 「최척전」의 同異를 대개 '口傳'에 의한 변이의 결과로만 생각한다는 점이 큰 문제라 생각한다.

이 [2][3]의 가장 중요한 근거라 할 수 있으므로, 이와 관련하여 아래에서는 「최척전」 창작의 단서를 짐작할 수 있는 여러 기록들을 살펴보기로 하겠다.

(2) 「최척전」의 창작 시기 변증

이민성의 『경정집(敬亭集)』에 수록된 「제최척전(題崔陟傳)」[41]은 이민환의 『자암집(紫巖集)』에는 「제최척전후(題崔陟傳後)」라는 제목으로 실려 있는데, 그 내용은 동일하다. 그런데 『경정집』에서는 제목에 “상산에 한 사인이 있어 스스로 말하기를 자신이 지은 것이라 했다.[商山有一士人 自言渠所作]”[42]라고 주를 달았고, 『자암집』에서는 제목에 “당시에 상산의 한 사인이 스스로 일컫기를 「최척전」을 지었다고 했는데, 공[이민환]을 무고하는 말을 삽입했으므로 경정공[이민성]이 이 시를 지어 변증하였다.[時商山一士人 自稱作崔陟傳 挿入誣公之說 故敬亭公作此詩以辨之]”[43]라고 주를 붙였다. 상산(商山)은 곧 경상북도 상주(尙州)인데, 조위한이 상주에 있었다는 구체적인 기록은 없는 것 같으므로 그가 ‘상산(商山)의 사인(士人)’으로 불릴 이유도 없어 보인다.[44] 그런데 이민성은 「제최척전」의 서두에서 “怪哉

41) 怪哉崔陟傳 不知誰所作 事之有與亡 文之工與拙 今姑不暇論 略破其心術 其曰崔陟者 本帶方士族 其妻名玉英 才慧爲偶匹 亂離俱被擄 相失日本國 分離與偶合 恍惚莫可測 陟也抵江浙 遇知喬遊擊 隨陷東征時 走回乃得脫 英則泛使船 前已歸故域 破鏡竟重圓 分鈿終復合 其中縛喬段 牽連因敍及 以陟之生還 立證爲駕說 前後走回者 越江卽時刻 鎭將取供申 監兵竝巡晝 押解平壤府 逐一嚴査覈 某年某月日某地某甲乙 二千四百餘 一一注簿冊 然後馳啓聞 經拆下備局 備局引其人 鞫畢許還籍 陟云喬標下 與他走回別 厥跡旣新異 宜播遠耳目 奚暇此傳出 始獲其顚末 況聞帶方郡 原無還人物 或云資話柄 未必憑事實 噫文非一端 或者游戲設 烏有與子虛 滑稽爭雄傑 廣紀述異傳 不害於捃摭 故誕而可喜 或詭而不激 豈若騁險詖 乘時肆胸臆 莫耶斯爲下 筆端甚鋒鏑 譬如屠膾子 刀几恣爩斮 雖快手敏妙 死者痛楚極 觀其立傳意 乃在於佞佛 佛果如可信 應墮無間獄 周禮造言刑 嗚呼今不復(『敬亭集』, 252쪽)

42) 『敬亭集』, 252쪽.

43) 『紫巖集』, 141쪽.

崔陟傳 不知誰所作"이라고도 하였다. 정리하면 이민성은 결국 「최척전」의 작자에 대해 다음과 같이 이야기하고 있는 셈이다.

① 趙緯韓: 余流寓南原之周浦 陟時來訪余 道其事如此 請記其顚末 無使湮沒 不獲已 略擧其槩 天啓元年辛酉閏二月日 素翁題(「崔陟傳」後識)
② 商山의 한 士人: 商山有一士人 自言渠所作(「題崔陟傳」註); 時商山一士人 自稱作崔陟傳(「題崔陟傳後」註)
③ 未詳: 怪哉崔陟傳 不知誰所作(「題崔陟傳」)

①에 대해서는 이민성이 읽은 「최척전」의 말미에 "天啓元年辛酉閏二月日素翁題"라는 작자 관련 기록이 없었으리라는 견해가 있지만,[45] 현전하는 이본은 대부분 ①과 같이 마무리되므로 그럴 가능성이 있다고 생각하기는 어렵다.[46] 그런데 ①은 ②③과 양립할 수 없는 것 같고, ②와 ③의 관계도 마찬가지로 보인다. 하지만 ②와 ③이 반드시 모순 관계에 있는 것은 아니다. 오춘택은 「제최척전」의 서두를 "괴이하구나! 「최척전」이여. 누가 지었는지 모르겠구나."라고 번역한 뒤 이민성은 작자를 분명히 알고 있었으며 누가 지었는지 모르겠다는 문구는 관용적인 표현으로 보아야 한다고 하였

44) 조위한의 연보는 민영대, 앞의 책, 113~119쪽 참조.

45) 민영대, 「최척전고」(『고소설연구』 6, 한국고소설학회, 1998), 253~254쪽.

46) 장효현 · 윤재민 · 최용철 · 심재숙 · 지연숙, 앞의 책, 217쪽 참조. 현전하는 대부분의 「최척전」과 달리 후일담이 부가된 천리대본의 말미는 후대인의 개작임이 분명하다. 이상구 역주, 앞의 책, 324쪽 참조. 한편 『先賢遺音』 소재 「최척전」의 말미는 "天啓元年閏二月日"로 끝나고 있어 여타 이본과 다르다. 하지만 이민성이 살았던 당대에 이런 이본이 유통되었을 가능성은 없다. 『선현유음』에 수록된 「周生傳」의 말미는 대개 "癸巳仲夏無言子傳"(장효현 · 윤재민 · 최용철 · 심재숙 · 지연숙, 앞의 책, 266쪽)으로 끝나는 대부분의 이본들과는 달리 "癸巳仲夏序"로 마무리되고 있는바, 이는 작자의 號를 삭제한 『선현유음』 필사자의 독특한 성향에서 비롯된 것이기 때문이다. 간호윤, 『선현유음』(이회, 2003), 영인 15쪽, 영인 102쪽 참조. 필자는 필사본 『剪燈新話句解』 말미의 여백에 「韋生傳」과 함께 필사된 「崔陟傳」을 소장하고 있는데, 이 역시 여타 이본들과 동일하게 마무리되고 있다.

다.[47] 필자도 이 견해에 동의하지만, '怪哉崔陟傳'과 '不知誰所作'이 대장(對仗)임을 고려한다면, "괴이하구나, 「최척전」이여! 알 수 없구나, 누가 지은 것이냐?"라고 번역하는 게 본래의 의미에 더 가까워 보인다. '怪哉崔陟傳'과 '不知誰所作'은 사실 같은 말이다. 즉 도대체 어떤 놈이 이런 식으로 「최척전」이라는 괴상한 소설을 지었는지 알다가도 모르겠다는 뜻일 뿐이며, 「최척전」의 작자가 누구인지 몰라 궁금하다고 이야기하는 문맥이 아니다. 따라서 「최척전」의 작자가 누구인지 모르겠다는 뜻은 애초부터 들어 있지도 않았던 것이다. 만일 이민성이 「최척전」의 작자를 몰랐다면 결코 ②처럼 말할 수는 없는바, 사실 ②에는 정말로 작자를 모르는 게 아니라는 뜻이 이미 담겨 있다. 그리고 시의 서두에서 ③처럼 쓴 이상, 주(註)에서는 당연히 작자의 이름을 정확히 밝힐 수 없는 노릇이고, 때문에 ②와 같이 에둘러 쓸 수밖에 없었다고 할 수 있다.

「제최척전」은 「최척전」 관련 기록 중 가장 이른 시기의 것이기 때문에 「최척전」에 대한 가장 정확한 정보를 담고 있다고 보아야 한다. 더군다나 이민성은 「최척전」의 작자 조위한과 동시대인이었기에, 「제최척전」은 「최척전」과 관련된 정확한 정보를 입수하기 어려운 처지에 있었을 후대인들의 언급과는 기본적으로 차원이 다른 소중한 기록이다. 그뿐이 아니다. 이민성은, 그저 소설 독자의 입장에서 「최척전」이 옳고 「홍도」가 그르다고 인상비평한 '이덕무'나 '이수봉본 『어우야담』의 필사자' 등과는 달리,[48] 「최척전」으로 인해 집안의 운명이 좌우될 수도 있는 심각한 상황에 처해 있었다. 이런 처지에 놓여 있었던 이민성이 「최척전」의 작자조차 몰랐을 것이라고 치부하면서 오히려 후대인들의 기록을 신빙하는 논의에는 동의하기 어렵다.

이민성은 「제최척전」에서 "그 자취가 이미 새롭고 기이하니, 마땅히 먼

---

47) 오춘택, 「17세기의 소설비평」(『어문논집』 35, 고려대학교 국어국문학연구회, 1996), 255쪽.

48) 이경우, 앞의 논문, 107~109쪽 참조.

곳의 이목에 전파되었을 것이다. 어느 겨를에 이 전[「최척전」]이 나와, 그제야 비로소 그 전말을 얻었겠는가? 더구나 듣기로는 대방군[남원]에는, 원래 돌아온 인물이 없었다는데. 어떤 이는 이르기를 이야깃거리나 만든 것이지, 반드시 사실에 근거한 것은 아니라 하네.[厥跡旣新異 宜播遠耳目 奚暇此傳出 始獲其顚末 況聞帶方郡 原無還人物 或云資話柄 未必憑事實]"라고 했다. 이 대목은 그간 무심코 지나쳐 왔던 몇 가지 문제들을 해결할 실마리를 제공한다. 우선 대부분의 연구자들이 인정했듯이 「최척전」의 내용이 '허구'라는 사실이다. 그런데 「제최척전」에서 말하고 있는 '허구'는 단지 최척이 겪은 일 그 자체에만 해당하는 것이 아니라, 주인공 최척의 실존인물 여부 및 후지(後識)의 내용까지를 포함한 것이다.[49] 다음으로 「최척전」에 나오는 바 최척의 사적이 구전(口傳)되지 않았으며 구전될 수도 없다는 점이다. 「최척전」의 창작 시기로부터 거의 '4백 년'이 지난 시점에서 ③은 「최척전」의 내용이 '허구'일 것이라 '추정'하고,[50] 이 '허구'가 다시 '실사(實事)'처럼 인식되었으리라는 '추정'에 근거하여 「최척전」의 내용이 불과 몇 달 만에 남원에서 서울까지 '구전'되어 「홍도」를 파생했다고 말한다. 그조차도 대단히 복잡한 구비전승의 과정을 거쳤다고 상정하지 않으면 도저히 이루어지기 어려운 와전(訛傳)의 결과일 것 같은데, 「홍도」는 구전의 과정에서 주인공의 이름까지 바뀌었다는 치명적인 오류를 가진 텍스트라고 말하기 놀라울 정도로 서사 진행에 있어서만큼은 논리적 모순을 조금도 드러내지 않고 있는 셈이다.[51] 이에 반해 「최척전」의 작자와 '동시대'에 살았던 이민성은

49) 이민성은 「제최척전」에서 「최척전」의 작자를 비난하였는데, 이는 그가 「최척전」의 내용뿐만 아니라 등장인물인 최척까지도 모두 허구의 산물로 보았다는 증거이다. 만약 이민성이 최척을 실존인물로 판단했다면, 최척에게 들은 이야기를 옮겨 적었다고 말한 작자보다 최척을 더 강하게 비판했을 것이다.

50) 이 같은 추정의 중요한 근거로 인용되는 자료가 이민성의 「제최척전」이다.

51) 민영대, 『조위한과 최척전』(아세아문화사, 1993), 237~238쪽에서는 「홍도」에서 정생이 홍도와 만나는 대목에 대하여 "부부가 이국 땅에서 만나는 묘사에서, 「紅桃傳」은 정생이 절강에 이르러 달밤에 통소를 불자 이웃 배에 있던 홍도가 '전날 조선에서 듣던 소

최척의 일이 '허구'임을 '당대의 실상'을 근거로 들어 논리적으로 '증명'하고, 거기에다가 '당대인들의 견해'까지 덧붙이면서 최척의 사적은 구전될 수 없다고 말하고 있다.

이제 ①과 ②③의 모순을 해결해 보자. '상산(商山)'은 조위한의 아우인 조찬한(趙纘韓)과 관련되어 나온 말일 가능성이 높다. 조찬한은 1621년에 상주목사(尙州牧使)로 부임했다. 『현주집(玄洲集)』에 수록되어 있는 「현주조공묘갈명(玄洲趙公墓碣銘)」은 박세채(朴世采)가 지은 것으로, 여기에는 조찬한이 상주목사로 부임하면서 지은 시가 기록되어 있다.[52] 이 시가 바로 『현주집』에 실려 있는 「검호취별(劍湖醉別)」[53]인데, 이 시 가운데 "큰 둑의 향기로운 풀에는 절로 봄바람이 이네.[大堤芳草自春風]"라는 구절이 있으므로, 조찬한이 상주목사로 부임했던 때는 1621년 봄이었을 것이다. 한편 조찬한은 1622년에 맏형 조계한(趙繼韓)이 죽었다는 소식을 듣고 상경했다.

리'라 외쳐 정생이 이웃 배에 홍도가 있는 것을 알았고, 이어 이를 확인하기 위해 다시 정생은 전에 아내와 화답하던 곡을 불고 아내와 해후하는 것으로 되어 있다. 작품의 시작에서 정생이 소개될 때 통소를 잘 불고 노래를 잘 불렀다는 것은 기술되어 있지만 그러나 작품의 앞부분 어디에서도 일찍이 이들이 함께 통소로 화답했다는 묘사는 보이지 않는다. 그러니까 홍도가 '전날 조선에서 듣던 소리'라 했던 것은 기술상 오류를 범하고 있는 것이다."라고 하였고, 장효현, 앞의 논문, 128쪽에서도 정생과 홍도의 만남 대목에 대하여 "鄭生과 紅桃가 훗날 浙江의 배에서 서로 만날 때에, '乃復吟前日與妻相和之歌詞'라고 적고 있는데, 「홍도」 작품의 앞부분에는 정생이 '소싯적부터 洞簫를 잘 불어 가사를 잘했다(善吹洞簫 善歌詞)'는 대목이 있으나, 부부가 함께 시를 唱和하는 대목은 들어 있지 않다. 곧 「최척전」의 내용을 옮기는 과정에서의 누락인 셈이다."라고 하였다. 하지만 「홍도」의 앞부분에서 정생이 퉁소를 잘 불고 노래를 잘 했다고 한 것은, 다름이 아니라 정생과 홍도가 절강에서 만날 때를 염두에 둔 설정이며, 만남 장면과 똑같은 장면이 앞에 보이지 않음을 근거로 오류라고 할 수는 없다. 「홍도」와 같이 짧은 이야기 속에 굳이 '퉁소로 화답하는 대목'이나 '시를 唱和하는 장면'을 넣는다면, 오히려 쓸데없는 서술의 중복을 불러올 뿐이다.

52) 時光海政亂 奸凶得志 金墉之禍方生未艾 公不樂在朝 無何 復求出爲尙州牧使 途中有詩曰 聞來世故心如醉 看到時危鬢已蓬 安得滄波無限月 解官歸作釣魚翁(『玄洲集』, 436쪽)

53) 咸關商嶺路西東 一抹斜陽畫角終 極浦孤舟空別淚 大堤芳草自春風 聞來世故心如醉 看到時危鬢已蓬 安得滄波無限月 解官歸作釣魚翁(『玄洲集』, 281쪽)

이때 조위한도 서울로 올라왔으니, 『현곡집(玄谷集)』에 실려 있는 "10월 6일에 맏형의 부음을 듣고 초순에 길을 떠나 서울에 들어가니, 선술(善述: 趙纘韓)도 상산에서 와서 만났다. 11월[至月] 16일에 선술과 함께 상산(商山)으로 같이 향하여 음죽(陰竹: 京畿道 利川)에 이르렀는데 도중에 선술이 지은 시에 차운하니, 이날이 바로 동지였다."라는 제목의 「十月六日聞伯氏訃初旬發行入京善述亦自商山來會至月十六偕善述同向商山至陰竹途中次善述韻是日乃冬至也」를 통해 이를 확인할 수 있다. 시는 다음과 같다.

> 窮年悲慟已傷情　한평생 비통하여 이미 마음 상했는데,
> 稍慰天涯鴈序成　하늘 끝[타향]에서 기러기 행렬[형제] 이룸으로 조금 위안이 됐지.
> 忍見栢從秋後實　측백(側柏)나무가 가을이 지난 후에 열매 맺음을 어찌 차마 보랴?
> 寬心草入夢中生　풀이 꿈속에 들어와 돋아남으로써 마음을 달래노라.
> 四年遠別音書阻　사 년의 먼 이별에 소식은 막히고,
> 千里相逢鬢髮明　천 리를 와서 상봉하니 머리털이 세었구나.
> 聚散有期難久合　모임과 흩어짐에는 기약 있어 오래도록 함께하긴 어려우니,
> 悲懷慘慘不能平　슬픈 마음 참혹하여 진정할 수 없도다.[54)]

마치 이별할 때 준 시처럼 보이기도 하고, 이에 따라 조위한이 조찬한과 상주로 향하다가 음죽(陰竹)에서 헤어지면서 준 것 같기도 하지만, 실은 그렇지 않다. 수련(首聯)은 타향에 떨어져서 슬프지만 그래도 형제가 있음으로 위안을 삼았다는 내용이다. 함련(頷聯)에서는 맏형 조계한의 죽음을 슬퍼했다. 측백나무가 가을에 열매를 맺었다는 내용은 『장자(莊子)』 잡편(雜篇) 「열어구(列禦寇)」에서 정(鄭)나라 사람 완(緩)이 아우 때문에 자살한 뒤

54) 『玄谷集』, 239쪽.

그 아버지의 꿈에 나타나 “그대의 아들을 묵자로 만든 것은 나요. 그런데 내 무덤에는 이미 측백나무가 열매를 맺었는데도 어째서 찾아와 보지 않소?[使而子爲墨子者予也 闔胡嘗視其良 旣爲秋柏之實矣]”55)라고 말했다는 데서 나온 말로, 형의 죽음을 뜻한다. 꿈속에 풀이 났다는 말은 회남소산(淮南小山)의 「초은사(招隱士)」에 나오는 “왕손은 놀러나가 돌아오지 않건만, 봄풀은 돋아나서 무성하구나.[王孫遊兮不歸 春草生兮萋萋]”56)라는 구절에서 나온 것으로, 먼 곳으로 떠난 이를 그리워함을 뜻한다. 경련(頸聯)은 조찬한과의 만남을 말하고 있는 듯하다. 하지만 이 역시 단순히 둘의 만남 그 자체만을 이야기한 게 아니며, 맏형 조계한의 죽음으로 인해 상봉하게 되었다는 비극적 정조가 더 큰 비중을 차지한다. 문제는 미련(尾聯)이다. “모임과 흩어짐에는 기약 있어 오래도록 함께하긴 어렵다.[聚散有期難久合]”라는 말이 아우 조찬한과의 헤어짐을 말하는 것처럼 보이지만, 여기서의 ‘취산(聚散)’은, 『장자』 외편 「지북유(知北遊)」의 “사람이 사는 것은 기가 모이기 때문이며, 기가 모이면 삶이 되고 기가 흩어지면 죽음이 된다.[人之生 氣之聚也 聚則爲生 散則爲死]”57)라는 구절 및 『장자』 잡편 「즉양(則陽)」의 “취산이 이루어진다.[聚散以成]”라는 구절 등에서 나온 말로, 곧 ‘생사(生死)’라는 뜻이다.58) 따라서 미련 또한 조계한의 죽음을 슬퍼한 것일 뿐, 조찬한과의 헤어짐을 안타까워하는 내용이 아니다. 만약 조위한이 조계한의 상을 치르고 조찬한과 함께 서울을 떠나 남원으로 돌아가다가 이 시를 지었다면, 다시 말해 그가 조찬한과 함께 상주로 가지 않았다면, “偕善述同向商山”이라는 말을 쓰지는 않았을 것이므로, 이때 조위한은 조찬한과 함께 상

---

55) 안동림 역주, 『장자』(현암사, 1998), 761~763쪽 참조.

56) 朱熹 撰, 『楚辭集注』(上海古籍出版社・安徽教育出版社, 2001), 162쪽.

57) 안동림 역주, 앞의 책, 534~535쪽.

58) 위의 책, 646~647쪽 참조. 王先謙, 『莊子集解』(『莊子集解・莊子集解內篇補正』, 中華書局, 1987), 234쪽에서 “聚散謂生死”라고 하였다.

주[상산]로 갔을 가능성이 높다.[59)]

이민성은 「제최척전」에서 당시 상산의 한 '사인(士人)'이 「최척전」을 지었다고 했다. 물론 이 주(註)는 이민성의 시문을 정리하는 과정에서 붙었을 수 있지만, 당연히 이민성이 「제최척전」을 창작했을 당시 언급한 내용을 근거로 한 말일 것이다. 그런데 '사인'은 보통 '벼슬을 하지 않은 선비'를 가리키는 말이므로, 이민성이 상주목사인 조찬한을 가리켜 '사인'이라고 했을 가능성은 별로 없어 보인다. 그렇다면 「제최척전」에서 말한 '상산의 사인'[60)]은 다름이 아니라 '상주에 가 있었던 조위한'을 가리킨 말일 가능성이 무척 높은 것이다.

이상 살펴본 바에 따르면, 이민성이 「최척전」을 읽은 시기는 1622년 이후, 다시 말해 조위한이 조찬한과 함께 상주에 간 이후였으리라고 추측할 수 있다. 그런데 조위한은 1623년 인조반정 이후 서울로 돌아왔으므로, 그가 '상산의 사인'으로 불릴 수 있는 시기는 1622년에서 1623년 사이의 불과 몇 달도 안 되는 매우 짧은 기간이다. 거듭 말하지만, 이민성의 입장에서 볼 때 「최척전」에 실린 이민환 관련 대목은 매우 심각한 문제를 야기할 수 있는 것이기 때문에, 그가 작품과 관련된 잘못된 정보, 그것도 버젓이 조위

---

59) 陰竹은 지금의 경기도 이천시 장호원읍 부근으로, 충주와 가까운 곳이며, 조선 시대에 서울에서 상주로 가는 길목이었다.

60) 보통 '商山士人'이라고 하면, '상산 출신의 선비' 혹은 '상산에 거주하고 있는 선비'를 일컫는 말이라고 보아야 할 것이다. 하지만 「제최척전」에서는 "商山有一士人 自言渠所作" 혹은 "時商山一士人 自稱作崔陟傳"이라고 했던바, '有'·'一'·'時' 등은 '당시'에 상산에 '어떤' 사람이 있었다는 뜻을 나타내므로, 士人의 貫籍이 商山이라는 의미로 볼 수 없다. 만일 일반적인 의미의 '商山士人'을 의미한 것이라면 굳이 이와 같이 쓰지는 않았을 것이며, 예컨대 박재연본 「김영철전」의 말미에 나오는 바 "영유사인 김응원은 영철과 젊었을 때부터 같은 마을에 살았는데, 우연히 자모산성을 지나가다 영철을 방문하였다.[永柔士人金應元 與英哲自少時同鄕里 偶過慈母山城 爲訪英哲]"(68쪽)라는 대목에서 '永柔士人'이라고 했던 것처럼, 그냥 '商山士人'이라고 쓰지 않았을까 싶다. 이 글에서 편의상 사용하는 '商山의 士人'이란 말은 일반적인 의미로 사용하는 것이 아님을 밝혀둔다.

한이 지었다고 쓰여 있는 작품의 작자에 관한 잘못된 정보를 가지고 있었을 가능성은 전혀 없다고 보아도 무방하며, 당연히 작품의 창작과 관련된 사실들을 모두 알고 있었다고 보는 게 타당하다. 그렇다면 「제최척전」의 주는, 다름이 아니라 조위한이 '상산의 사인'이었던 1622년에서 1623년 사이에 「최척전」을 창작했다는 의미를 담고 있다고 볼 수 있는 것이다. 그리고 「제최척전」에 나오는 바 '상산의 사인'이 "스스로 자기가 지은 것이라고 말했다. [自言渠所作]"라는 말은 조위한이 여기저기 돌아다니며 자신이 「최척전」을 지었다고 떠벌렸다는 뜻이 아니라, 작품 말미의 "소옹이 지었다.[素翁題]"라는 기록을 두고 한 이야기인 셈이다. 조위한은 「최척전」 후지(後識)에서 분명히 남원의 주포에 있을 때 최척으로부터 그간의 이야기를 들었다고 했으며, 이 내용은 당연히 이민성이 읽은 「최척전」에도 있었을 것이다. 그럼에도 불구하고 이민성이 「최척전」의 작자를 '한양사인(漢陽士人)' 혹은 '남원사인(南原士人)'이라고 하지 않고 '상산의 사인'이라고 했던 데에는 그만한 이유가 있었다고 보아야 한다. 이민성이 '조위한이 남원에 있을 때 최척으로부터 들은 일을 적었다'는 내용의 후지가 붙어 있는 「최척전」에 대하여 '상산의 사인이 지었다'는 모순된 말을 한 이유 중에는, 「최척전」의 실제 창작 시기와 장소를 밝힘으로써 「최척전」의 후지까지 모두 허구라는 점을 드러내기 위한 의도도 있었을 것이다.

그간 「제최척전」은 이민성이 아우 이민환을 변론하기 위해 쓴 것으로 이해되어 왔고, 「최척전」의 허구성 및 소설적 성격을 잘 드러내는 자료라는 점에서도 그 가치가 인정되어 왔다. 이민성은 심하전투 당시의 주회인(走回人)들이 어떤 과정을 거쳤는지를 상세히 서술한 다음, 대방군(帶方郡: 南原)에는 원래 돌아온 인물이 없다는 점까지 구체적으로 언급하며 「최척전」이 허구라는 사실을 변증하였다. 「제최척전」의 창작 목적은 「최척전」이 '허구'라는 점을 입증하는 데 있는데, 이민성이 '거짓말'을 부정하기 위해 또 '거짓말'을 썼을 리는 없는 것이다. 요컨대 이민성은 「최척전」과 관련된 모든 자료를 입수하여 「제최척전」을 썼다고 보는 게 타당하며, 그 가운데는 「최척전」의 실제 창작 시기와 관련된 정보도 당연히 들어 있었으리라고 보아야 할 것이다.

이상의 가설에 따르면, 조위한이 「홍도」를 직접 읽고서 「최척전」을 창작했을 가능성은 더욱 높아진다. 『어우야담』을 지은 유몽인(柳夢寅)은 1582년에 조계한과 함께 과거에 급제하였는데, 『어우집(於于集)』에 「봉증우봉조연형잉류조참(奉贈牛峯趙年兄仍留朝驂)」[61]이라는 시가 있는 것으로 보아 그가 조계한과 교분이 있었음이 확인된다. 한편 조위한은 남원에서 우거할 때 양경우와 교유가 있었다. 그런데 공교롭게도 양경우는 『어우야담』의 '구서(舊序: 跋文)'를 쓴 성여학(成汝學)과 교유했으니, 『제호집』에 수록된 「성별좌모부인만시(成別坐母夫人挽詩)」[62]와 「궁사성여학(窮士成汝學)」[63]을 통해 이를 확인할 수 있다. 조위한이 유몽인과 직접적인 교유가 있었는지는 알 수 없지만, 그 가능성은 충분하다.

이상 살펴본 바에 따르면, 「최척전」은 1622년에서 1623년 사이에 창작되었다고 볼 수 있다. 추측건대 조위한은 1622년 조계한의 죽음을 계기로 상경했을 때 「홍도」를 보았을 것이며, 조찬한과 함께 상주로 내려갔을 때 「최척전」을 창작했을 가능성이 높다. 그리고 「최척전」의 후지에 나오는 바

---

61) 昔曾童丱逐詩流 長鬣于思記我侯 泮學追隨聯玉武 三飧莽蒼共瓊輈 窮途白首山中縣 旅泊青燈水上郵 傳語神駒休戀主 仲由車馬弊何尤(『於于集』, 170쪽)

62) 夫人之賢世所聞 孝子之孝人共言 此母由來有此兒 四壁雖空家道敦 兒無肉兮母難飽 兒無帛兮母難溫 旣無肉帛溫飽之 母心猶自常忻忻 母兮黃髮兒白髮 愛母不忍離母膝 兒戲於庭幾弄雛 兒來自外或懷橘 忽然一夕病在床 兒忘饑渴走遑遑 刃股承血點母口 纊息已冷回微陽 至誠有應終莫救 司幽冥冥理難詳 我時承訃忝諸客 耳聞孝子三日哭 先王制禮貴終孝 粥水漿存視息 玄棺在堂如事生 丹旐出門情豈極 一聲薤露天欲曉 孝子之腸應寸圻 嗚呼若母猶我母 不覺攀轝淚盈掬(『霽湖集』, 451쪽)

63) 成教官 金南窓之甥也 自幼少成癖於詩 着力旣久 往往有佳句 其草露蟲聲濕 林風鳥夢危 爲人所稱 如面唯其友識 食爲丈夫哀者 窮語也 余嘗往來其家 每見其破衣矮巾 滿鬢衰髮 獨依一間書齋 盡日授書童子 眞一世之窮士 詩能窮人者 殆爲成教授而發也(『霽湖集』, 502쪽)

1621년 윤2월에 「최척전」을 지었다는 기록은 「홍도」의 창작 시기를 염두에 둔 결과가 아닐까 싶다.64)

(3) 「최척전」의 열녀 담론과 유씨 이야기

조위한은 왜 「홍도」를 개작하여 실존인물 최척을 주인공으로 한 「최척전」을 창작했으며, 왜 아우 조찬한을 따라 상산에 갔을 때 「최척전」을 지었을까? 「최척전」의 창작에 결정적인 영향을 미친 계기는 무엇이었고, 그와 관련된 실사(實事)는 과연 어떤 것이었을까? 여기서는 「최척전」의 열녀 담론에 대한 분석 및 「최척전」과 조찬한·유씨 부부 이야기의 관련성 검토를 통해, 이와 같은 의문에 대한 해답을 마련하고자 한다.65)

---

64) 신태수, 앞의 논문, 155쪽에서는 필자의 주장이 그르다며 "작품에서 조명연합군이 누루하치에게 패하여 胡地에 억류되어 있을 때 함께 갇혀 있던 몽석이 최척에게 거주를 물어보니, 최척이 '때로는 전라도 사람이라 대답하기도 하고 때로는 충청도 사람이라 대답하기도 하였다.'고 한 대목에 주목할 필요가 있다. 남원은 전라도에 속하였고 충주는 충청도에 속한 곳이므로 최척이 두 곳 모두에 연고가 있는 사람임을 알 수 있으니, '南原'사람이라고 한 「최척전」 서두와 '忠州' 사람이라고 한 『국당배어』는 서로 모순된 것이 아니며, 따라서 『도탄집』의 최척과 『국당배어』의 최척은 동일인이고, 그가 곧 「최척전」의 최척이라고 보아야 타당할 것이다."라고 하였다. 이 부분은 신태수의 여러 주장의 근거가 되므로, 살펴보지 않을 수 없다. 신태수는 민영대, 앞의 책, 362쪽에 있는 「최척전」 원문의 "或稱全羅 或稱忠淸"만을 인용하면서 저와 같이 주장한 것인데, 신태수가 인용한 부분의 앞뒤 원문을 더 인용해 보면, "詰其住居 陟亦疑其胡人之詗得實狀也 權辭詭說 或稱全羅 或稱忠淸 夢釋心怪而不測"(「崔陟傳」, 439쪽)이라고 되어 있는바, 이 부분은 "(몽석이) 그 사는 곳을 묻자, 최척 또한 호인이 실상을 염탐하려는 것으로 의심하여 말을 둘러대고 거짓말을 하면서 혹 전라도라고 일컫기도 하고 혹 충청도라고 일컫기도 했다. 몽석은 마음속으로 괴이하게 여기면서 헤아리지를 못했다."라는 의미이다. 이에 대해 굳이 따져 보면, 「최척전」의 최척은 남원 사람이므로 '或稱忠淸'이 곧 '權辭詭說'인 것이다. 필자는 '或稱忠淸'이 가지고 있는 의미에 대해 생각해볼 필요는 있다고 생각하며, 이 점에서 신태수의 문제제기가 완전히 무가치하지만은 않다고 생각한다. 그러나 그가 앞뒤 문맥을 소거하고 '或稱全羅 或稱忠淸' 여덟 자만을 인용하면서 저와 같은 주장을 한 것에 대해서는, 올바르지 못한 인용이라고 생각한다.

「최척전」의 전반부는 「이생규장전」의 영향을 받은 것이며, 최척과 옥영의 결연담은 그 자체로만 놓고 보아도 한 편의 애정소설이라 이를 만하다. 그런데 최척과 옥영의 결연 대목과 여타 애정전기소설에 나오는 남녀 주인공의 결연 장면의 가장 큰 차이점은 옥영이 최척과 혼인하기 전에 '동침'을 하지 않는다는 점이다. 대표적인 애정전기소설인 「최치원」·「만복사저포기」·「이생규장전」·「하생기우전」·「주생전」·「위생전」·「운영전」·「상사동기」에서 여주인공들은 모두 남주인공과 혼전에 동침한다. 물론 그 양상이나 의미까지 다 같지는 않지만, 어쨌든 바로 이 때문에 애정전기소설에서의 '애정'은 '규범'의 문제와 불가분의 관계에 놓이게 되는바, 이는 곧 애정전기소설의 '양식적 특징'이기도 하다.66)

「이생규장전」에서 최씨는 평소에 국학에 다니던 이생을 줄곧 엿보고 있다가 이생이 우연히 담 너머를 바라보았을 때 이생을 유혹하는 내용의 시를 읊는다. 이와 마찬가지로 「최척전」에서 옥영은 정상사의 집에서 글공부하는 최척을 엿보다가 그를 유혹하는 내용의 「표유매(摽有梅)」 시를 던지고 춘생을 통해 최척이 보낸 편지에 대한 답장을 보내기도 하지만, 「이생규장전」의 최씨처럼 부모 몰래 외간남자와 야합하는 '불륜'을 저지르지는 않는다. 이전까지의 애정전기소설에서 '애정'이란 '혼인 관계에 있지 않은 남녀'의 그것이었으며, 그들의 사랑은 곧바로 '육체적 관계'로 이어졌다. 반면에 최척과 옥영의 애정은 혼전의 성관계로 이어지지 않았으니, 바로 이 지점에서 「최척전」은 애정전기소설의 자장에서 벗어나고 있는 것이다. 한편 옥영은 최척에게 보낸 편지에서, 여자가 먼저 시를 적어 던지는 행위 그 자체가 이미 정절을 잃은 것이라고 말하기도 하고, 이후로는 반드시 매파를 통해

---

65) 「최척전」의 창작 배경에 대해서는 장효현, 「최척전의 창작 기반」(『고전과 해석』 1, 고전문학한문학연구학회, 2006)에서 포괄적으로 논의되었다. 여기서는 선행 연구에서 주목하지 않은 점들을 중심으로 고찰한다.

66) 엄태식, 앞의 논문, 176~185쪽.

혼사를 의논하겠다고 말하기도 한다.67) 요컨대 「최척전」의 옥영은, 적어도 표면적으로는 여타 애정전기소설의 여주인공들보다 훨씬 강화된 정절 관념을 보여주고 있는 셈이다. 모친 심씨가 양생(梁生)과의 혼사를 약속하자 목을 매어 자결하려 했다는 대목 역시 옥영의 정절 관념이 얼마나 투철한지를 드러내는 삽화이다. 이 같은 우여곡절을 겪은 후 최척과 옥영은 마침내 혼인한다. 「최척전」에서 최척・옥영이 혼인하는 부분의 서술은 「이생규장전」에서 이생・최씨가 혼인하는 부분의 그것과 거의 유사하다.

> 동뢰(同牢)한 뒤로부터 부부가 사랑하고 공경하며 서로 손님같이 대하여 양홍・맹광이나 포선・환소군이라도 그 절의를 말하기에 부족했다. 이생은 이듬해 고과(高科)에 급제하여 높은 벼슬에 올라 명성이 조정에 알려졌다.68)

> 원근에서 이 소식[옥영이 婦德이 있다는 소식]을 듣고 모두 양홍의 아내나 포선의 부인이라도 아마 나을 수 없으리라고 여겼다. 최척은 아내를 얻은 이후로 하는 일마다 뜻대로 되었으며, 집안 살림도 점점 풍족해졌다.69)

이듬해인 갑오년(甲午年: 1594년)에 최척과 옥영은 만복사에서 불공을 드려 아들 몽석(夢釋)을 얻는다. 1597년에 정유재란이 일어나 최척 일가는 지리산 연곡(燕谷)으로 피신하는데, 작품에서는 이때 옥영이 남장을 하여 누구도 그녀가 여자인 줄을 알지 못했다고 했다. 한편 최척은 양식을 구하

---

67) 妾雖無狀 初非依市之徒 寧有鑽穴之道 必告父母 終成委禽之禮 則貞信自守 敢懈擧案之敬 投詩先瀆 已犯自媒之醜行 往復私書 尤失幽閑之貞操 今旣肝膽相照 不須書札浪傳 自此以後 必以媒妁相通 而毋令妾 重貽行露之譏 千萬幸甚(「崔陟傳」, 424～425쪽)

68) 自同牢之後 夫婦愛而敬之 相待如賓 雖鴻光鮑桓 不足言其節義也 生翌年 捷高科登顯仕 聲價聞于朝著(「李生窺墻傳」, 126～127쪽)

69) 遠近聞之 皆以爲梁鴻之妻 鮑宣之婦 殆不能過也 陟聚婦之後 所求如意 家業稍足(「崔陟傳」, 428쪽)

기 위해 남자 두세 명과 함께 산에서 나와 구례(求禮)에 이르러 적병을 만났지만, 몸을 숨겨 간신히 위기를 모면한다. 그러나 이때 왜적은 연곡에도 들어와 노략질하였던바, 이로써 최척과 옥영은 헤어지게 된다.

최척과 옥영이 정유재란 때 헤어지는 장면에 대하여 선행 연구에서는 실기류와 같은 사실적 묘사라는 점을 주목하였는데,[70] 필자는 이와 더불어 「이생규장전」을 비롯한 열녀서사와의 관련 속에서 이해해야 할 필요도 있다고 생각한다. 「이생규장전」의 창작 연원이 된 「취취전(翠翠傳)」이나 「애경전(愛卿傳)」 같은 소설, 그리고 이숭인(李崇仁)의 「배열부전(裵烈婦傳)」이나 정이오(鄭以吾)의 「열부최씨전(烈婦崔氏傳)」 같은 열녀전을 보면, 여성들이 적에게 죽임을 당할 때 남주인공들은 항상 부재중이었던 것으로 그려지고 있다. 이 같은 열녀서사는 표면적으로는 정절을 지키다 죽임을 당한 여인들의 절개를 포장(褒奬)하고 있지만, 이면적으로는 여성의 죽음에 대해 남성이 직접적으로 책임이 없다는 점 및 여성의 죽음은 불가피한 일이었다는 점을 암시하는 데 목적이 있는 것이다. 이에 반해 「이생규장전」은, 최씨가 죽임을 당할 것을 뻔히 알면서도 혼자 살기 위해 달아나는 이생의 모습을 '그대로' 보여주었다는 점에서 여타 열녀서사의 이념적 한계를 극복했다고 이를 만하다.[71] 그런데 「최척전」에서는 어떠한가? 「최척전」은 이전까지는 「이생규장전」과 거의 동일하게 서사를 진행시키다가, 이 지점에 이르러서는 여타 열녀서사의 서술구조로 회귀하고 있는 것이다.

하지만 「최척전」의 작자인 조위한은 여타 열녀서사의 여주인공들과는 달리 옥영을 '남장(男裝)'시켜 전란의 와중에서 '정절'을 잃지 않으면서도 '목숨'을 보존하게 했다.[72] 사실 여타 애정전기소설의 여주인공 못지않은 미모

---

70) 박일용, 앞의 논문, 155~156쪽; 장경남, 앞의 논문, 383~385쪽.

71) 엄태식, 앞의 논문, 167쪽.

72) 「최척전」의 '男裝' 모티프는 「홍도」에서 가져온 것이긴 하지만, 「최척전」 이전의 한국고전소설 가운데는 남장 모티프가 등장하는 작품이 없었다는 점을 주목할 필요가 있다. 「최척전」은 남장 모티프가 한국고전소설에 왜 등장하게 되었는지를 설명해 준다는 점

의 여인 옥영이 안남(安南)에서 최척과 재회할 때까지 여자라는 사실이 발각되지 않았다는 것은 현실성이 전혀 없으며, 이는 「홍도」에 나오는 정생의 아내 홍도의 경우보다도 심한 것이다. 왜냐하면 적어도 「홍도」에서는 홍도가 미모의 여인이라고 말하지는 않았기 때문이다. 현실의 논리에 따르면, 옥영은 연곡에서 죽임을 당했거나, 설사 죽지 않았더라도 왜적에게 붙잡혀가 절개를 잃었을 것이며, 이것이 전란 당시 여인들이 겪었을 일반적인 상황이었을 것이다. 하지만 「최척전」에서 옥영은 전란의 와중에서 죽임을 당하지 않았을 뿐만 아니라 절개도 잃지 않았고, 마침내 남편인 최척과 다시 만났다.[73]

필자는 「최척전」의 서사는 물론, 후지(後識)까지도 모두 허구일 가능성이 높다고 생각하지만, 「최척전」 창작의 동인이 되었을 어떤 '실사(實事)'가 존재했을 수는 있다고 본다. 그것은 아마도 '아내를 버리고 도망친 남편의 이야기' 혹은 '적에게 붙잡혔다가 절개를 잃고 살아 돌아온 여인의 이야기' 정도가 아니었을까? 이렇게 보면, 최척과 옥영의 결연담에서 옥영이 왜 그토록 강화된 정절 관념을 가진 여인으로 형상화되고 있는지를 짐작할 수 있다. 그것은 '전란'의 와중에서도 결코 '정절'을 잃을 수 없는 여인상을 그려내기 위한 하나의 준비과정이었던 것이다.

이처럼 「최척전」에서 옥영은 전형적인 열녀의 모습으로 형상화되고 있다. 하지만 옥영은 작품이 끝날 때까지 죽지 않고 살아남아야만 했다. 적의 수중에 떨어졌다가 살아 돌아온 열녀(烈女)! 이런 말은 있을 수 없다. 이에 작자는 옥영을 「이생규장전」의 최씨를 능가하는 '열녀'로 형상화하고, 「홍도」에서보다도 비현실적인 '남장' 모티프를 활용하는 것도 모자라, 마침내

에서도 의의가 있다.

73) 이종필, 「행복한 결말의 출현과 17세기 소설사 전환의 일 양상」(『고전과 해석』 10, 고전문학한문학연구학회, 2011); 장경남, 「17세기 열녀 담론과 소설적 대응」(『민족문학사연구』 47, 민족문학사학회, 2011)에서 이 문제를 17세기 소설사의 전개와 관련하여 논의한 바 있다.

「만복사저포기」에 등장했던 만복사 부처, 곧 '장륙불'이라는 초월적 존재까지 작품 속으로 끌어들이고 말았다. 장륙불은 옥영이 몽석을 낳을 때, 옥영이 돈우에게 사로잡혔다가 자살을 결심할 때, 옥영이 몽선을 낳을 때, 옥영이 심하전투에 출전한 최척이 죽었다고 생각하여 단식할 때, 옥영이 무인도에 표류하여 절벽에서 투신자살하려다가 몽선·홍도가 붙잡는 바람에 어쩔 수 없이 죽지 못했을 때, 모두 다섯 번 그녀의 꿈속에 등장한다. 그간 장륙불의 작품 내적 기능에 대해서는 적지 않은 논의가 있었지만,[74] 기실 장륙불의 역할은 '열녀' 옥영이 열녀라면 마땅히 죽어야 할 대목에서 죽지 못하도록 만드는 것이다.[75] 열녀는 남편이 죽으면 당연히 따라 죽어야 하지만, 그렇게 하지 않고 '삶'을 유지할 수 있는 조건은 '아들'의 존재뿐이다. 「최

74) 강진옥, 「최척전에 나타난 고난과 구원의 문제」(『이화어문논집』 8, 이화여자대학교 한국어문학연구소, 1986), 239~252쪽; 박희병, 「최척전」(『한국고전소설작품론』, 집문당, 1990), 95~97쪽; 박일용, 앞의 논문, 159~164쪽; 김종철, 「전기소설의 전개 양상과 그 특성」(『민족문화연구』 28, 고려대학교 민족문화연구소, 1995), 46쪽; 신해진, 「최척전에서의 장육불의 기능과 의미」(『어문논집』 35, 고려대학교 국어국문학연구회, 1996), 362~369쪽; 김진규, 「임란 포로소설 연구 - 최척전을 중심으로」(『동악어문논집』 11, 동악어문학회, 1998), 352~357쪽; 권혁래, 『조선 후기 역사소설의 성격』(박이정, 2000), 75~79쪽; 양승민, 앞의 논문, 98~99쪽; 김문희, 「최척전의 가족 지향성 연구」(『한국고전연구』 6, 한국고전연구학회, 2000), 178~183쪽; 정환국, 「17세기 실기류와 소설의 거리」(『한문학보』 7, 우리한문학회, 2002), 111~114쪽; 이정원, 「전기소설에서 전기성의 변천과 의미」(『한국고전여성문학연구』 6, 한국고전여성문학회, 2003), 382~388쪽; 한의숭, 「17세기 전기소설의 낭만성과 현실성, 통속성에 대한 논의와 작품의 실제」(『인문연구』 51, 영남대학교 인문과학연구소, 2006), 161~162쪽; 김현양, 「최척전, 희망과 연대의 서사」(『한국 고전소설사의 거점』, 보고사, 2007), 95~100쪽; 조현설, 「17세기 전기·몽유록에 나타난 타자 연대와 서로주체성의 의미」(『국문학연구』 19, 국문학회, 2009), 18~19쪽; 최기숙, 「17세기 고소설에 나타난 여성 인물의 유랑과 축출, 그리고 귀환의 서사」(『고전문학연구』 38, 한국고전문학회, 2010), 44~48쪽; 진재교, 「월경과 서사 - 동아시아의 서사 체험과 이웃의 기억 - 최척전 독법의 한 사례」(『한국한문학연구』 46, 한국한문학회, 2010), 149~150쪽; 이종필, 위의 논문, 98쪽. 장경남, 위의 논문, 116~119쪽.

75) 선행 연구에서 여러 번 언급한 바와 같이 「최척전」에서 장륙불은 오직 옥영에게만 현몽한다. 「최척전」에 나타난 장륙불 혹은 불교적 요소를 '열녀 담론'과 관련하여 해석해야 하는 중요한 이유 중의 하나가 이것이다.

척전」의 창작에 영향을 미친 「이생규장전」에서 최씨는 전란이 일어나기 전에 자식을 낳지 못했다. 반면에 「최척전」에서 옥영은 정유재란이 일어나기 전에 이미 만복사 장륙불의 계시를 받고 아들 몽석을 낳아 버렸다.[76] 이제 열녀 옥영에게는, 설사 남편 최척이 죽었다고 여겨져도 쉽게 따라 죽을 수 없는 '명분'이 생긴 셈이다.[77]

이런 관점에서 보면, 그간 '가족적 인간애'를 보여준 '다정한 이웃'으로 인식되었던 돈우(頓于) 역시 새로운 시각에서 이해할 수 있다. 「최척전」에서 옥영은 왜노(倭奴) 돈우에게 붙잡혔지만, 불심(佛心)이 깊은 그의 배려로 인해 목숨을 부지한다. 대부분의 이본에서는 돈우가 옥영의 민첩함을 아끼고 혹 달아날까 싶어 좋은 의식(衣食)을 제공하고 옥영의 마음을 안심시킨 것으로 되어 있는데,[78] 천리대본에서는 문장이 약간 바뀌면서 '돈우가 옥영이 여자인 줄을 몰랐다'는 내용이 첨가되어 있다.[79] 안남에서 옥영과 최척이 만났을 때, 돈우는 송우(宋佑)[80]에게 다음과 같이 이야기한다.

> 내가 이 사람을 얻은 지 이제 4년이 되었는데, 그 단정하고 성실함을 아끼어 자식[己出]과 같이 대하며 잠을 자고 밥을 먹을 때 잠시도 떨어진 적이 없었건만, 끝내 이 사람이 부인인 줄을 몰랐습니다.[81]

---

76) 「홍도」에서는 정생과 홍도가 임진왜란이 일어나기 전에 아들 '夢錫'을 낳은 것으로 되어 있다.

77) 여기에 작동하고 있는 논리는 여성의 殉節이 '不孝不慈'라는 것이다. 이혜순, 「열녀전의 입전의식과 그 사상적 의의」(『조선시대의 열녀담론』, 월인, 2002), 21~24쪽에서는 '不孝不慈'를 18세기 후반에 대두된 순절에 대한 비판적 담론들과 관련하여 다루었지만, 그 논리의 단초는 「최척전」에서도 찾아볼 수 있지 않을까 생각된다.

78) 頓于愛玉英機警 惟恐見逋 給以善衣善食 慰安其心(「崔陟傳」, 432~433쪽)

79) 頓于愛玉英之穎悟 惟恐見逋 衣以華服 餉以美食 慰安其心 而不知其爲女子也(이상구 역주, 앞의 책, 314쪽; 장효현·윤재민·최용철·심재숙·지연숙, 앞의 책, 180쪽)

80) 이본에 따라 '朱佑'로 되어 있기도 하다.

81) 我得此人 四年于茲 愛其端愨 視同己出 寢食未嘗少離 而終不知其是婦人也(「崔陟傳」, 436쪽)

4년 동안 함께 생활하면서 여자인 줄도 몰랐다는 이 말은, 결국 옥영이 정절을 잃지 않았음을 증명하기 위한 것이다. 중세 사회에서 여성은 가족 이외의 남성과는 함께 있을 수 없었다. 돈우가 옥영을 '기출(己出)'처럼 대했다는 말은 돈우가 외간 남자가 아니라 아버지였다는 뜻이다. 때문에 옥영은 남편이 아닌 남자와 4년 동안이나 함께 살았지만, 결국 가족[아버지]과 함께 있었던 것이기에 그녀의 행동은 문제될 것이 없다.[82] 돈우는 옥영과 침식(寢食)을 함께 하며 '잠시도' 떨어진 적이 없었다고 했는데, 이 말은 옥영이 아버지인 돈우 이외의 다른 남자를 접할 기회가 '전혀' 없었다는 의미이다. 돈우가 옥영이 부인인 줄을 '끝내' 몰랐다는 말은, 물론 설득력이 없긴 하지만, 역시 옥영의 정절 보전과 관계가 있는 말이다. 그런데 이와 같은 내용은 천리대본에도 동일하게 들어 있다.[83] 그렇다면 천리대본의 작자는 왜 같은 내용을 굳이 거듭 서술하고 있는 것일까? 다름이 아니라 옥영이 왜적에게 붙잡혀 있었던 동안에도 '정절'을 절대 잃을 수 없었다는 점을 강조하고 싶었던 것이다. 한편 돈우의 집에는 그의 아내와 어린 딸만 있었고, 돈우는 옥영을 자기 집에 살게 하면서 바깥출입도 못하게 한다.[84] 만약 돈우가 옥영이 남자인 줄로만 알았다면 바깥출입을 하지 못하게 할 이유가 별로 없지만,[85] 이 역시 작자가 옥영의 정절이 훼손될 수 있는 가능성을 봉쇄해 버린 것으로 이해해야 한다.[86] 옥영은 돈우에게 자신은 약골이라 바느질

82) 박희병·정길수 편역, 『전란의 소용돌이 속에서』(돌베개, 2007), 43쪽에서는 이 대목을 "내가 이 사람을 얻은 지 4년이 되었습니다. 그동안 이 사람의 단정한 모습과 성실한 성품을 좋아해 친형제 대하듯이 지냈지요. 함께 밥 먹고 함께 잠자며 떨어져 지낸 적이 없건만 이 사람이 여자인 줄은 꿈에도 몰랐습니다."라고 번역했는데, '視同己出'을 "친형제 대하듯이 지냈지요."라고 한 것은 옳지 않다.

83) 我得此人 四載于玆 而愛其端慤 視同至親 居處飮食 未嘗暫離 而終不知其爲婦人也(이상구 역주, 앞의 책, 316쪽; 장효현·윤재민·최용철·심재숙·지연숙, 앞의 책, 188쪽)

84) 頓于家 在狼姑射 妻老女幼 無他男子 使玉英居家 不得出入(「崔陟傳」, 433쪽)

85) 물론 옥영이 돈우가 사사로이 데려온 조선인 포로라는 점에서 본다면, 전혀 납득할 수 없는 일은 아니다.

과 밥 짓는 일만 할 줄 안다고 말했고, 이에 돈우는 장사하러 다닐 때 옥영을 화장(火長)으로 삼아 배 안에 머무르게 하며 민(閩)·절(浙) 지방으로 돌아다닌다.[87] '화장'은 '배에서 밥 짓는 일을 맡은 사람'인데,[88] 옥영이 취사(炊事)를 맡았다는 것 또한 그녀가 돈우 이외의 남성과 접촉할 기회가 없었다는 점을 암시하기 위한 것이다. 게다가 옥영은, 깊은 불심을 지녀 이미 세속적 욕망[성욕]을 소거해 버린 돈우와 함께 있었기에, 적의 수중에 떨어져 있었던 동안에도 정절을 잃지 않았다는 완벽한 증거를 확보할 수 있게 된 것이다.

「최척전」의 남주인공인 최척의 형상에 조위한의 사상 및 체험 등이 반영되었다는 점은 선행 연구에서 충분히 밝혀졌고, 그 타당성이 인정된다. 하지만 「최척전」의 또 다른 축인 여주인공 옥영의 입장에서 보면, 「최척전」은 '전란의 와중에서 적에게 붙잡혔다가 살아 돌아온 열녀'의 이야기이다. 전란의 소용돌이에서 적에게 끌려갔던 한 부녀(婦女)가 구사일생으로 살아 돌

86) 박희병·정길수 편역, 앞의 책, 37쪽에서는 이 부분을 "돈우의 집은 나고야에 있었다. 늙은 아내와 어린 딸만 있을 뿐 집안에 달리 남자가 없어, 옥영을 집에 살게 하되 아내와 딸이 있는 內室에는 출입하지 못하게 했다."라고 번역했는데, "아내와 딸이 있는 內室에는"이라는 말은 원문에 없는 것이다. 혹 돈우가 옥영을 남자로 알았다는 점을 고려하여 이렇게 번역했는지 모르겠으나, 그래도 결국 문맥을 잘못 이해한 것이다. '不得出入'은 옥영이 여자들만 있었던 집 이외의 다른 곳, 다시 말해 남자들이 있는 곳에는 갈 수 없었다는 의미로 쓴 말이다.

87) 玉英謬曰 我本藐少男子 弱骨多病 在本國不能服役丁壯之事 只以裁縫炊飯爲業 餘事固不能也 頓于尤憐之 名之曰沙于 以火長置舟中 往來于閩浙之間(「崔陟傳」, 433쪽)

88) '火長'에 대하여 박희병 표점·교석, 앞의 책, 433쪽과 박희병·정길수 편역, 앞의 책, 38쪽에서는 '航海長'이라 하였고, 심경호, 『여행과 동아시아 고전문학』(고려대학교출판부, 2011), 101쪽에서도 "배의 항해를 지휘하는 인물. 일부 번역본에 부엌일의 책임을 맡겼다고 풀이한 것은 잘못임."이라고 하였는데, 그렇지 않다. 돈우가 옥영을 '火長'으로 배 안에 두었다는 서술은, 바로 앞에 나오는, 옥영이 바느질과 밥 짓기밖에 못한다고 말한 내용과 연결되는 것이다. '火長'을 '배에서 밥을 짓는 사람'이란 뜻으로 사용한 용례는 李德懋의 「耳目口心書」三에 보인다. 관련 내용은 『靑莊館全書』(『영인표점 한국문집총간』 258, 민족문화추진회, 2000), 402쪽 참조.

아왔다. 그런데 그녀는 결코 정절을 잃어서는 안 되는 위치에 있는 여인이었으며, 반드시 열녀라는 점이 증명되어야 했다. 하지만 소설과 전을 막론하고 그때까지 존재했던 '열녀서사'의 자장 안에서는 '적의 수중에 떨어졌다가 살아 돌아온 열녀'를 형상화할 방법이 없었다. 필자는 이 같은 난관을 극복할 수 있게 만든 것이 바로 『어우야담』에 실린 「홍도」가 아니었나 생각한다.

이상으로 「최척전」의 열녀 담론을 살펴보았는데, 마지막으로 「최척전」과 '조찬한(趙纘韓)·유씨(柳氏) 부부 이야기'의 관련성을 언급하기로 한다. 『한양조씨현주공파세보(漢陽趙氏玄洲公派世譜)』의 기록[89] 및 『현주집』의 「제망실문(祭亡室文)」[90] 등에 따르면,[91] 조찬한은 정유재란 때 나주(羅州) 삼향(三鄕)에 피신해 있었다. 그러다가 9월 17일에 전란의 와중에서 순간적으로 유씨와 헤어졌고, 이튿날 어떤 사람을 만나 유씨의 소식을 들었다. 그는 유씨가 남편을 잃은 까닭으로 세 번이나 물에 빠져 죽으려 했으나 여종이 말리는 바람에 실행하지 못했다고 말했고, 조찬한은 그 사람이 일러준 곳으로 가서 부인과 상봉했다. 이때 숙모(叔母)가 없어져서 다시 함께 찾으려 했으나, 적들은 주위를 둘러싸고 있었고 유씨는 발이 부르터 걷기가 어려웠다. 조찬한·유씨 부부는 그날 밤을 넘기고 이튿날 정오(亭午)에 적의 핍박에서 벗어났지만 미시(未時)에 다시 적을 만났다. 유씨는 자기 때문에 앉아서 적이 오기를 기다릴 수는 없다고 말하며 조찬한에게 피신하기를 권했고, 이에 조찬한은 맨몸에 맨발로 종 한 명과 함께 탈출했다. 날이 저문 후 조찬한은 얼숙(孽叔)과 함께 유씨를 찾아왔으나, 유씨는 이미 죽어 그

89) 『漢陽趙氏玄洲公派世譜』에 수록된 유씨 이야기는 민영대, 『조위한의 삶과 문학』(국학자료원, 2000), 157~160쪽에서 언급한 바 있다.

90) 趙纘韓의 「祭亡室文」은 김경미, 「전기소설의 젠더화된 플롯과 닫힌 미학을 넘어서」(『한국고전여성문학연구』 20, 한국고전여성문학회, 2010), 229~230쪽에서 다룬 바 있다.

91) 趙纘韓·柳氏 부부의 이야기는 『현주집』에 수록되어 있는 「欲哭」 둘째 수에도 보이나, 그 내용은 「제망실문」에 비해 자세하지 않다.

흘린 피가 풀을 적셨으니, 그녀는 조찬한이 차고 있던 칼로 자문(自刎)했던 것이다.

물론 이 이야기는 「최척전」의 내용과는 다르지만, 「최척전」 창작의 직접적 배경이 되었을 가능성이 매우 높다. 유씨가 남편 조찬한에게 피신하라고 권한 것은 아마 사실일 것이다. 이 점에서 조찬한의 기술은, 여성들이 적에게 죽임을 당할 때 남편들이 부재중인 것으로 설정한 여타 열녀서사의 그것보다 좀 더 솔직하긴 하지만, 그는 「제망실문」에서 "목에 있던 칼날은 내가 차던 칼로 당신이 그때 몸소 지니고 있었지만 나는 그 이유를 몰랐었소.[有刃在頸 吾所佩刀 君時自帶 我昧其由]"[92]라고 말함으로써 결국 유씨의 죽음에 대해 책임회피를 하고 있는 것이다.[93] 이와 더불어 '유씨 이야기'에서 주목할 점은 유씨가 남편 조찬한을 잃었다는 이유로 세 번이나 물에 뛰어들려다가 여종의 만류로 시행하지 못했다는 사실인데,[94] 이는 「최척전」에서 옥영이 남편 최척이 죽었으리라고 여겨 투신자살하려다 결국 시행하지 못하는 대목의 소재적 원천이 되었을 가능성이 있다.[95] 한편 「최척전」에서는

92) 『玄洲集』, 385쪽.

93) 필자는 「제망실문」 가운데 적어도 이 부분만은 거짓이라고 생각한다. 전란의 와중에서 사대부가 부녀가 칼을 소지한다는 것이 어떤 의미인지를 조찬한이 몰랐을 리 없다. 더군다나 유씨는 조찬한과 헤어진 후 세 번이나 자살을 시도한 바 있었다.

94) 忽遇一人 問我何客 吾告姓名 他聞卽愕 云子內君 惟彼道側 失君之故 呼天乞死 三赴于水 三被婢止 節義則高 性命可憐 吾驚急往 他語果然(『玄洲集』, 385쪽)

95) 민영대, 앞의 책, 159쪽에서 조찬한・유씨 이야기와 「최척전」의 최척・옥영 이야기의 유사점으로 남녀 주인공의 고향이 서울(조찬한)・나주(유씨), 남원(최척)・서울(옥영)이라는 점, 모두 계사년에 혼인한다는 점, 유씨의 殉死가 옥영이 신의를 지킨 것과 비슷하다는 점을 들었다. 그 밖에도 「제망실문」의 서두에서는 "惟靈受氣爽淑 貞順天得 弱失怙恃"(『玄洲集』, 385쪽)라고 하였으니, 유씨가 早失父母한 것 또한 옥영이 어려서 부친을 여의었다는 점과 유사하다. 한편 김대현, 『조선시대 소설사 연구』(국학자료원, 1996), 72쪽에서는 "여주인공 玉英은 『三綱行實圖』에 나오는 열녀의 이름이다. 『三綱行實圖』의 烈女 玉英은 배를 타고 가다가 정절을 지키기 위하여 변복을 하고 투신자살한다. 배, 변복 등의 소재가 「崔陟傳」의 옥영과 연상되는 점이 많다."라고 하였다. 필자는 「최척전」 창작의 한 연원으로 이 이야기를 주목할 필요가 있다고 본다. 다만 김대현이 말한 '변복'은 「최척전」의 옥영이 한 男裝과는 달라, 오해의 여지가 있다. 符

최척과 옥영이 계사년(癸巳年: 1593년)에 혼인을 하는데, 「제망실문」을 보면 "나와의 혼사를 논하는데 큰처남을 실로 의지하여 계사년 봄에 비로소 혼례를 치렀소.[與我論婚 長甥實倚 祭巳之春 始執棗栗]"[96]라는 말이 있어 조찬한과 유씨도 계사년에 혼인했음을 알 수 있다. 조찬한·유씨 부부가 최척·옥영 부부의 모델이었다는 점은 거의 분명해 보인다.[97]

조위한은 맏형 조계한의 죽음을 계기로 아우 조찬한을 만나게 되었는데, 이 일은 그들로 하여금 인생의 무상감을 느끼게 하는 동시에 지난날을 회상케 하는 계기도 되었을 것이다. 유씨의 죽음은 25년 전의 일이지만, 조찬한은 맏형의 죽음을 계기로 아내의 일을 떠올리면서 더욱 가슴 아파하였을 수 있다. 만약 이와 같은 사정이 「최척전」 창작의 동기가 되었다면, 조위한은 유씨에 대한 조찬한의 그리움과 미안함을 소설이라는 허구 속에서나마 해소·위로해 주었다고 볼 수 있는바, 그 기저에는 전란의 와중에서 남편과 헤어졌을 때 자의든 타의든 간에 죽음을 택할 수밖에 없었던 여성들에 대한 연민의 감정이 깔려 있었다고 할 수 있다. 그러나 결국 조찬한과 조위한이 한 일은 남성들의 잘못으로 인해 초래된 전란과 그것의 최대 피해자인 여성들의 죽음에 대하여 책임회피하기 위해 '기만의 서사'를 만들어낸 것에 불과했고,[98] 그들은 전란이라는 특수하고 불가피한 상황 속에서도 한 명의 남

鳳의 妻 玉英의 이야기는 『新唐書』·『朝野僉載』·『太平廣記』 등에 실려 있는데, 그 내용은 모두 같다. 『太平廣記』 「符鳳妻」에는 "玉英 唐時符鳳妻也 尤姝美 鳳以罪徙儋州 至南海 爲獠賊所殺 脅玉英私之 對曰 一婦人不足以事衆男子 請推一長者 賊然之 乃請更衣 有頃 盛服立於舟中 罵曰 受賊辱 不如死 遂自沈於海"(「符鳳妻」, 2121쪽)라고 되어 있다.

96) 『玄洲集』, 385쪽. 원문의 '祭'는 '癸'의 잘못이다.

97) 조찬한·유씨 부부 이야기와 「최척전」의 관련 양상은 민영대, 앞의 책에서 이미 언급되었던 것이다. 하지만 민영대는 「최척전」의 창작 시기를 1621년으로 보았기 때문에, 둘이 직접적인 관련이 있다는 사실을 간취하지 못하였다.

98) 황윤실, 「17세기 애정전기소설에 나타난 여성주체의 욕망발현 양상」(한양대학교 박사논문, 2000), 89~112쪽에서는 「최척전」에 형상화된 전쟁이 '사실적'이며 전란을 헤쳐나가는 여주인공 옥영이 주체적 면모를 보이고 있다고 하였다. 하지만 필자는 작품의

성[자신]을 향한 여성의 성적 종속성은 죽음을 감수하고서라도 반드시 지켜져야 한다는 사고방식에서 벗어나지 못했다.[99]

앞서 필자는 「최척전」 창작의 동인이 되었을 이야기가 '아내를 버리고 도망친 남편의 이야기' 혹은 '적에게 붙잡혔다가 절개를 잃고 살아 돌아온 여인의 이야기'였을 가능성이 있다고 했는데, 조찬한·유씨의 이야기는 전자이고 정생·홍도의 이야기는 후자이다. 조위한이 「최척전」을 창작한 동기 가운데 하나가 조찬한·유씨 부부에 대한 연민이라면, 그가 「홍도」를 수용한 또 다른 이유를 여기서 찾아볼 수 있을 것이다.

문면에 드러난 옥영이 주체적인 면모가 무엇을 위한 것이었는지, 또 정말로 사실적인지 따져볼 필요가 있다고 생각한다.

99) 강명관, 『열녀의 탄생』(돌베개, 2009), 241~349쪽 참조.

4. 「김영철전(金英哲傳)」

「김영철전(金英哲傳)」은 17세기에 벌어진 동아시아의 전란을, 김영철(金英哲)이라는 인물이 겪은 고난으로써 형상화한 작품이다. 「김영철전」은 박희병에 의해 본격적으로 다루어진 후 관련 논의가 이어졌는데,[1] 「김영철전」 연구의 전환점이 된 계기는 홍세태본의 원작이 된 「김영철유사(金英哲遺事)」와 동일한 원본 계열 이본인 박재연본 「김영철전」의 발굴이다.[2] 이에 박재연본을 대상으로 한 작품론들이 「김영철전」의 이해를 심화시켰던바, 작품에 형상화된 가족의 문제, 당대 현실에 대한 비판 의식, 홍세태본과의 대비, 동아시아 전란 속에서의 조망 등이 논의의 주된 내용이었다.[3]

---

1) 박희병, 「17세기 동아시아의 전란과 민중의 삶 - 김영철전의 분석」(『한국근대문학사의 쟁점』, 창작과비평사, 1990); 정출헌, 「고전소설에서의 현실주의 논의 검토 - 15세기 금오신화에서 18세기초 김영철전까지」(『민족문학사연구』 2, 민족문학사연구소, 1992); 권혁래, 「나손본 김철전의 사실성과 여성적 시각의 면모」(『고전문학연구』 15, 한국고전문학회, 1999); 김진규, 「김영철전의 포로소설적 성격」(『새얼어문논집』 13, 새얼어문학회, 2000); 권혁래, 『조선 후기 역사소설의 성격』(박이정, 2000).

2) 양승민·박재연, 「원작 계열 김영철전의 발견과 그 자료적 가치」(『고소설연구』 18, 한국고소설학회, 2004).

3) 양승민, 「김영철전의 형상화 방식과 그 작가의식」(『국어국문학』 138, 국어국문학회, 2004); 권혁래, 「김영철전의 작가와 작가의식」(『고소설연구』 22, 한국고소설학회, 2006); 권혁래, 「17세기 동아시아 전란의 소설적 수용양상 - 김영철전에 그려진 부부애의 성격을 중심으로」(『고소설연구』 26, 한국고소설학회, 2008); 정환국, 「전근대 동아시아와 전란, 그리고 변경인」(『민족문학사연구』 44, 민족문학사학회, 2010); 이종필, 「조선중기 전란의 소설화 양상과 17세기 소설사」(고려대학교 박사논문, 2012). 한편 박재연본 발굴 이후에도 홍세태본을 대본으로 한 논의가 이어졌는데, 이승수, 「김영철전의 갈래와 독법 - 홍세태의 작품을 중심으로」(『정신문화연구』 107, 한국학중앙연구원, 2007); 이민희, 「전쟁 소재 역사소설에서의 만남과 이산의 주체와 타자」(『국문학연구』

이와 같은 논의들을 통해 「김영철전」의 실상에 보다 근접하게 된 것은 사실이지만, 「김영철전」을 보다 꼼꼼히 읽어볼 필요는 여전히 남아 있다. 박재연본의 발굴로 인해 「김영철전」의 소설적 면모가 보다 선명하게 드러난 것은 사실이지만, 「김영철전」을 '전(傳)' 혹은 '전계소설(傳系小說)'로 읽는 관점이 여전히 존재하고 있어, 작품의 '소설적 형상화' 양상에 대한 논의는 상대적으로 소홀한 감이 있기 때문이다. 이에 이 글에서는 박재연본의 소설적 형상화 양상과 서사적 특징을 살펴보고, 작품에 형상화된 건주・등주・평안도의 모습과 작가 의식, 그리고 박재연본・홍세태본・안석경본의 서술 시각을 검토하고자 한다. 이를 통해 선행 연구에서 미처 지적하지 못했던 부분들을 보충하고, 작품의 이해에 도움이 될 수 있기를 기대한다.

(1) 박재연본 「김영철전」의 양식적 특징

박재연본은 홍세태본의 저본이 된 「김영철유사」와 동일한, 원작 계열의 이본이다. 그런데 박재연본 역시 「김영철전」 원작은 아니며, 원작 한문본의 국역본을 재한역(再漢譯)한 이본임이 밝혀졌다.[4] 문제는 박재연본이 '한문본→국역본→재한역본'의 유통 과정을 거치면서 어떤 변개가 일어났을지 알 수 없다는 점이다. 특히 한문에서 국문으로, 또 국문에서 한문으로 번역되면서 표기문자가 거듭 바뀌었다는 점이 가장 큰 문제인데, 단정할 수는 없으나 박재연본은 그래도 원작 「김영철전」의 면모를 충실하게 보존하고 있지 않은가 한다. 예컨대 박재연본에는 서인석본에서처럼 국문소설의 서사 문법에 의거하여 부연했다고 볼 만한 대목이 거의 없는바,[5] 그 이유는

17, 국문학회, 2008); 최원오, 「17세기 서사문학에 나타난 월경의 양상과 초국적 공간의 출현」(『고전문학연구』 36, 한국고전문학회, 2009) 등이 그것이다. 그 밖에 서인석, 「국문본 김영텰뎐의 이본적 위상과 특징」(『국어국문학』 157, 국어국문학회, 2011)에서는 신자료를 소개하고 그 의의를 밝혔다.

4) 서인석, 위의 논문, 117~125쪽.

박재연본의 저본이 되었을 국문본에 그런 대목이 없었기 때문이 아닌가 한다. 또 박재연본은 구어체의 문장을 구사하고 있는데,[6] 이는 박재연본의 번역자[7]가 국문본을 충실히 번역했기 때문으로 볼 수 있다. 박재연본의 저본이 되었을 국문본은 원작 「김영철전」을 축자직역(逐字直譯)한 부분이 많았을 것으로 짐작된다.[8]

박재연본은 현재 남아 있는 이본 가운데 가장 선본(善本)이기는 하지만 오류가 없는 이본은 아니다. 박재연본은 '釜蓋浦'를 '富家浦'로, '蘇湖里'를 '踈草里'로, '河瑞國'을 '河瑞圖'로, '李晦'[9]를 '李繪'로 표기하는 등, 인명과 지명에서 오류를 보이고 있으니,[10] 이는 박재연본이 영유(永柔) 지역에서 번역・유통되지 않았을 가능성이 높음을 시사한다.[11]

「김영철전」은 그간 대개 '전' 혹은 '전계소설'로 읽혀 왔고, 이에 따라 「김영철전」이 허구적 성격 역시 전이나 전계소설의 형상화 방식과 관련하여 논의되었다. 이승수는 서사가 실제 역사에 종속되어 전개되고 있다는 점, 「김영철전」의 내용이 당대와 후대에 사실로 인정되었다는 점, 「김영철전」이 정통 전으로서의 완결된 형식을 갖추었다는 점 등을 근거로 김영철 이야기

5) 위의 논문, 125~136쪽.

6) 양승민・박재연, 앞의 논문, 104~106쪽.

7) 여기서의 번역자는 박재연본의 필사자를 가리키는 게 아니라, 박재연본의 모본인, 최초 재한역본의 번역자를 가리키는 말이다.

8) 그 밖에 「김영철전」의 이본으로는 조원경 소장본이 있다. 송하준, 「새로 발견된 한문필사본 김영철전의 자료적 가치」(『고소설연구』 35, 한국고소설학회, 2013) 참조.

9) 『승정원일기』에 따르면, 李晦는 1635년에 永柔縣令이 되었다.

10) 이러한 오류들은 모두 국문본을 再漢譯하는 과정에서 발생한 것이다.

11) 박재연본의 모본이 되었을 최초의 재한역본까지 포함해서 그렇다는 뜻이다. 필자는 박재연본의 필사 연대를 19세기 이전으로 보기는 어렵다고 생각한다. 하지만 박재연본 역시 선행 한문본을 전사한 것이므로, 박재연본의 모본이 되었을 재한역본의 산출 시기를 단정할 수는 없다. 박재연본에는 한문필사본의 전승과정에서 발생하는 오기가 여러 곳 보인다. 예컨대 박재연본에는 '田檀'(56쪽)이라는 인물이 나오는데, 홍세태본에는 보이지 않는다. 박재연본의 '田檀'은, 『승정원일기』에는 '申檀'으로 되어 있는바, 박재연본이 전사본임을 알려주는 한 예이다. 신단은 1639년에 영유현령이 된 인물이다.

가 실전(實傳)에서 출발하여 소설로 변모하였을 가능성을 제기하기도 했다.[12)]

원작 「김영철전」이 소설로서 창작되었으리라는 견해는 양승민 · 박재연에 의해 이미 제기된 바 있으며,[13)] 필자 역시 이에 동의한다. 한편 양승민은 박재연본이 종종 현실과의 치열한 대결을 그리는 데 관심이 높았던 전대 전기소설의 전통을 비교적 충실히 계승하고 있다고 했는데,[14)] 그 밖에도 박재연본에는 애정전기소설의 영향을 살펴볼 수 있는 부분들이 있다.

박재연본의 서두[15)]는 일반적인 전의 그것과 동일한 '인정기술'로 시작된다. 하지만 주인공 대에 이르러 몰락했다든지, 나이 스무 살에 이르도록 집이 가난하여 장가들지 못했다든지 하는 내용 등은 대개 한미한 집안 출신 선비가 주인공인 전기소설의 서두와 상통한다. 홍세태본에는 이 부분이 단지 "김영철은 평안도 영유현 중종리 사람이다. 집안 대대로 무과를 하였는데, 영철은 어렸을 때부터 말타기를 좋아하고 활을 잘 쏘아 본현의 무학이 되었다."[16)]라고 되어 있어 애정전기소설적 요소를 찾아볼 수 없다.

애정전기소설의 남주인공들은 혼전에 여주인공과 성관계를 갖지만, 그들이 추구하는 바는 결국 여주인공과의 혼인이며, 혼인을 통해서만 남주인공의 결핍은 해소된다.[17)] 이는 「김영철전」에서도 어느 정도 찾아볼 수 있으

12) 이승수, 앞의 논문, 295~299쪽.

13) 양승민 · 박재연, 앞의 논문, 99쪽.

14) 양승민, 앞의 논문, 299쪽.

15) 皇明萬曆末 朝鮮永柔縣 有英哲者 凡民之大族也 其曾祖裕漢 登武科 早死未及筮仕 祖永愷亦以武成功 俄有毒疾 無仕宦意 終老於畎畝間 有一子曰汝寬 汝寬卽英哲之父也 英哲自童丱 已有昂霄之氣 學韜鈐[鈐→鈐]習弧矢 馳馬鳴劍 頗有聲於州里間 年至二十 家貧未娶(박재연본 「金英哲傳」, 1쪽)

16) 金英哲 平安道永柔縣中宗里人也 其家世武科 英哲自幼好馳馬善射 爲本縣武學(홍세태본 「金英哲傳」, 540쪽)

17) 엄태식, 「애정전기소설의 창작 배경과 양식적 특징」(경원대학교 박사논문, 2010), 176~185쪽.

니, 김영철이 건주와 등주, 그리고 조선에서 그토록 혼인에 대한 열망을 보이고 있는 것도 이 같은 애정전기소설의 서사 문법과 일정한 관련이 있다고 할 수 있다.

박재연본에는 김영철이 등주에 왔을 때 전유년의 작은 누이동생을 엿보고 내심 기뻐하는 장면이 있다.[18] 애정전기소설에서 남녀 주인공은 문벌이나 빈부의 격차, 혹은 신분의 차이로 인해 정상적인 방법으로는 혼인하기가 불가능한 경우가 대부분이고, 사회의 규범은 그들의 직접적인 만남을 근원적으로 차단한다. 때문에 애정전기소설에서는 남주인공이나 여주인공이 상대방을 '엿보는' 장면이 설정되는데, 박재연본에서 김영철이 전유년의 누이동생을 엿보는 장면도 결국 애정전기소설의 영향을 받은 것이라고 할 수 있다.

애정전기소설에서 '전란'은 남주인공과 여주인공의 이별의 '계기'라는 기능적 요소로 작용한다. 「김영철전」에 형상화된 전란은 마치 17세기에 벌어진 동아시아의 전란을 사실적으로 반영하고 있는 듯하지만, 실은 애정전기소설의 그것과 동일한 기능을 하고 있다. 김영철은 1618년에 종군하여 심하전투에 출전하는데, 이는 종조부 김영화의 죽음 및 건주 여인과의 만남의 계기가 된다. 1625년에 여진은 영원위(寧遠衛)를 침공할 계획을 세운다. 이에 아라나는 김영철에게 전유년 등과 함께 강변에 가서 말을 기르도록 하는바, 이는 김영철이 건주를 떠나 등주에 이르러 전유년의 여동생과의 인연을 맺는 계기가 된다. 심양이 함락된 이후 조선의 사신은 해로(海路)를 통해 등주에 들렀다가 황성으로 가게 되는데, 이 역시 결국 김영철이 등주를 통해 조선으로 돌아가 결국 이군수의 딸과 혼인하는 계기로써 작용한다. 그 밖에도 1637년의 가도(椵島) 정벌은 김영철과 아라나의 조카가 만나는 계기가 되며, 1636년 병자호란과 1637년 조선의 패배는 이연생이 김영철의 소

18) 英哲見有年之兩妹 其長已適人 其季未及笄矣 英哲心自慰喜 密伺其擧止容顔 而其妻[妻→處]子及父母 莫知之也(박재연본 「金英哲傳」, 22쪽)

식을 등주의 전씨에게 전하는 계기가 된다. 김영철은 1640년 청나라가 개주(蓋州)를 공격할 때 다시 출전한다. 이때 김영철은 이수남과 함께 통사가 되어 임경업의 밀서를 명나라 장수에게 전하는데, 그는 답서(答書)를 받아 가지고 나오다가 전유년을 만난다. 이 이야기는 홍양호의 『해동명장전(海東名將傳)』에도 실려 있어 주목된 바 있지만,[19] 김영철이 실제로 임경업의 막하에서 통역의 일을 맡았다고 보기는 어려우며 원작 계열 「김영철전」의 내용이 『해동명장전』에 수용되었다고 보는 게 타당할 것이다.[20] 김영철은 1641년 청(淸)이 금주(錦州)를 정벌할 때도 출전하며, 이 역시 아라나 및 득북(得北)과의 상봉 계기가 된다.

이처럼 「김영철전」에 수용된 전란은 철저하게 만남과 이별의 계기로써 기능한다. 「김영철전」의 서사는 17세기 당대의 역사적 사실과 거의 어긋남이 없이 진행되고 있어[21] 마치 실전(實傳)처럼 읽힐 수 있는 여지를 마련하고 있지만 기실은 허구이며, 작품의 주인공 김영철조차도 작품에 나오는 바와 같은 일을 겪은 실존인물일 가능성은 별로 없다. 그럼에도 불구하고 조선 시대의 독자들은 대개 김영철의 이야기를 실전으로 받아들였던바, 그 이유는 원작 「김영철전」의 주도면밀한 구성 및 홍세태본의 영향 때문이라고 할 수 있다.

「김영철전」이 전의 형식을 취하여 실사처럼 읽힌 것은 17세기 중편 한문소설의 지향과도 일정한 관계가 있다. 17세기에 창작된 한문소설들은 견문(見聞)의 형식을 취한 경우가 많은데, 허균의 전을 비롯하여 「주생전」·「운영전」·「최척전」·「강로전」·「안상서전」 등이 이에 해당한다. 「김영철전」

19) 박희병, 앞의 논문, 24~25쪽.

20) 홍세태본에는 '李秀南'이라는 사람이 나오지 않는바, 홍양호의 『해동명장전』에 수록된 내용은 원작 계열 「김영철전」을 수용한 것으로 보아야 할 것이다. 한편 박재연본에는 '李秀男'으로 표기되어 있어, 『해동명장전』의 표기와 다르다.

21) 이승수, 앞의 논문; 권혁래, 「김영철전과 해로사행의 수용양상」(『우리어문연구』 31, 우리어문학회, 2008).

역시 이 같은 17세기 소설사의 흐름과 무관하지 않다. 박재연본에서는 영유사인(永柔士人) 김응원(金應元)이 자모산성(慈母山城)을 지나다가 김영철을 만나서 그로부터 지난날의 이야기를 들은 것으로 되어 있으니, 「김영철전」 역시 견문의 기록이라는 형식을 취하고 있는 것이다.

17세기 초중반의 한문소설이 이와 같은 형식으로 마무리되고 있는 이유 가운데 하나는 이 작품들이 얼마 지나지 않은 과거의 역사적 사실을 작품에 끌어들이고 있는 데 기인한다. 즉 이 시기 한문소설들의 작자들은 작품 속에서 벌어진 일들을 마치 실제 있었던 일처럼 서술하였던 것인데, 「김영철전」의 작자 역시 기본적으로는 이 같은 소설사의 흐름을 따랐던 것이다.

이상으로 박재연본의 양식적 특징을 간략히 살펴보았다. 박재연본은 기본적으로는 전의 형식을 취하고 있지만 이는 작품의 외피에 불과하며, 실상은 완전한 소설인 것이다. 따라서 박재연본의 독해에서 중요한 것은 17세기 당대의 역사적 사실과의 관련 양상이라기보다는 작품의 소설적 형상화 방식이라고 할 수 있다.[22)]

(2) 「김영철전」의 서사적 특징과 소설적 형상화의 양상

「김영철전」의 공간적 배경은 조선의 평안도, 후금(後金)의 건주(建州),

---

22) 「김영철전」은 17세기 동아시아의 전란을 배경으로 하고 있기에 그간 역사소설 혹은 사실계 소설로 인식되어 왔다. 이 글에서 「김영철전」을 전기소설의 전통에서 살펴본 이유는 이 소설을 전기소설로 보았기 때문이 아니라, 그간 「김영철전」의 내용을 實事로 이해했던 경향에 대해 재고할 필요가 있었기 때문이다. 다시 말해 「김영철전」의 허구적 성격을 드러내기 위해, 작품이 창작된 당대까지 존재했던 소설 양식과의 관련성을 짚어볼 필요가 있었던바, 이를 위해 전기소설의 전통에서 「김영철전」을 살펴보았을 뿐이다. 필자는 김영철이 실존인물일 가능성까지 배제하지는 않지만, 김영철이 작품에 나오는 바와 같은 그런 일을 실제로 겪었던 인물이라고 생각하지는 않는다. 「김영철전」에 형상화된 17세기 동아시아 전란은, 전란 체험의 핍진한 반영으로 보기 어려우며, 「김영철전」의 작자조차도 당대 전란의 '현장'을 직접 체험한 인물은 아니었을 가능성이 있다고 본다.

명(明)의 등주(登州)이다. 김영철은 이 세 곳에서 모두 혼인을 하여 가정을 이루고 자식을 낳는데, 이 지역들에서의 김영철의 행적과 그 형상화 양상을 살펴보는 일은 「김영철전」 이해의 긴요한 과제라 할 수 있다.

김영철은 심하 전투에서 포로가 되어 죽을 위기에 처했으나, 그 모습이 전사한 아라나의 아우와 유사하다는 이유 때문에 전유년 등 한인(漢人) 포로들과 함께 건주로 끌려가 아라나의 가정(家丁)이 된다. 김영철은 한인 포로들보다 후한 대접을 받았지만, 부모를 생각하는 마음을 이길 수 없어 1619년과 1620년에 탈출을 시도하나, 결국 붙잡혀 두 차례 월형(刖刑)을 당한다. 아라나는 김영철에게 한인 포로보다 후하게 대접하였음에도 불구하고 도망친 까닭에 대해 묻는데, 이 대목은 다음과 같다.

> 그해 8월에 영철은 밤을 틈타 달아나 몰래 산골짜기 사이로 숨어들어 창성 지경으로 향하였으나, 호인에게 붙잡혀 왼쪽 발꿈치를 베였다. 이듬해 4월에 또 도망쳤는데, 호병이 쫓아와 붙잡는 바람에 오른쪽 발꿈치를 베였다. 아라나가 영철을 꾸짖어 말했다. "지난해 너는 죽어 마땅했으나, 네 모습이 죽은 아우와 같음을 애석히 여겼기에 주장(主將)께 청하여 너의 죽을죄를 용서토록 한 것이다. 게다가 후히 길러주고 정성껏 대접한 일이 만자(蠻子)와 다름이 있거늘, 네가 이제 다시 도망친 까닭은 무엇이냐? 만약 개전(改悛)의 정(情)을 보이지 않는다면 법에 따라 죽게 되어도 내 감히 구해줄 수 없다." 영철이 사례하여 말했다. "고향을 생각하고 부모를 그리워함은 인지상정입니다. 하물며 저는 동국에 있을 때 장가도 들지 못해 부모를 봉양할 사람도 없는데, 타국을 떠돌아다니며 이 한 몸 기댈 곳조차 없습니다. 비록 요행히 목숨은 온전하나, 무슨 즐거움이 있겠습니까? 삶과 죽음은 사람으로서 면할 수 없는 것입니다. 그래서 만 번 죽어 마땅할 죄를 범하고 다시 살려주신 은혜를 잊어버려, 주인을 배신하고 도망친 것이 벌써 두 번째에 이르렀습니다. 그 사정을 돌아보건대 어찌 가련하지 않을 수 있겠습니까?" 아라나가 이 말을 듣고 그 뜻에 가슴이 아파서 아내에게 말했다. "남자가 여색을 좋아하는 것이야 천하에 공통된 일이므로, 이

> 사람이 두 번이나 도망친 것이 사실 나의 은혜를 저버린 것은 아니오. 나이가 스물이 넘도록 아직 처자의 즐거움이 없으니, 그 심사가 어찌 그러하지 않겠소?" 이어 죽은 아우의 아내를 가리켜 말했다. "저 과부가 된 제수(弟嫂)를 이 사람에게 시집보낸다면 내가 전장에 가 있다 하더라도 이 사람으로 가사를 주간(主幹)하게 할 수 있으니 좋을 것이오. 또 이 사람은 궁마지재(弓馬之才)가 있어 내가 혹시 병이라도 들면 이 사람을 대신 보낼 수 있으리니, 이 역시 한 방법이오. 당신 생각은 어떠하오?" 그의 아내가 천천히 대답하였다. "그 말씀이 제 뜻과도 꼭 맞습니다. 제가 이 사람을 보건대 대체로 죽은 시숙(媤叔)과 방불하여 저도 이런 뜻을 가진 지 오래되었으나, 아직 말을 꺼내지 못하고 있었습니다." 그 죽은 아우의 아내는 곧 그 아내의 동생이었는데 자매의 자색(姿色)이 모두 대단히 아름다웠다.23)

김영철은 고향과 부모를 그리워하는 것이 인지상정이라고 말한 뒤 자신이 조선에서 장가를 들지 못해 부모를 모실 사람도 없고 타국에서 몸을 기댈 곳조차 없다고 이야기한다. 그런데 이 말을 자세히 살펴보면, 탈출의 이유가 단지 부모에 대한 그리움에만 있는 게 아니었음을 알 수 있다. 혼인하여 안정된 생활을 누리지 못하는 현실 또한 그로 하여금 탈출을 감행케 한 중요한 원인이었던 것이다. 이는 김영철이 그 아내와 나눈 대화에서도 확인할 수 있다. 김영철은 자기를 버릴 마음이 있는 게 아니냐는 아내의 물음에

---

23) 其年八月 英哲乘夜逃遁 潛入山谷間 向昌城地界 爲胡人所捉 斬其左趾 明年四月 又亡走 胡兵追捕 斬其右趾 阿羅那叱英哲曰 去年汝當死也 我愛汝貌猶亡弟 請於主將 貸你之死 仍厚養款待 與蠻子有異 汝今再亡 何也 若不悛 則於法當死 吾不敢更救矣 英哲謝曰 思鄕貫慕父母 乃人之常情也 況我在東國 未及娶妻 無可奉養父母者 流落他國 一身無依 雖幸生全 何樂之有 有生有死 人所不免 是以犯萬死之罪 忘再生之恩 背主人而亡者 已至再矣 顧其情事 豈不可憐乎 阿羅那聞之 悲傷其意 謂其妻曰 男子好色 天下所同 此人之再亡者 實非背我之恩也 年過二十 尙無妻子之樂 其心事 豈不然乎 因指其亡弟之妻 而言曰 以彼寡嫂 妻于此人 則我雖往戰場 使此人主幹家事 則好矣 且此人有弓馬之才 我或有病 則使此人代行 亦一道也 未知何如 其妻徐對曰 其言正合吾意 吾觀此人 大與亡叔彷彿 吾有此意久矣 未及發口 蓋其亡弟之妻 卽其妻之弟 而兄弟姿色 皆絶美矣(박재연본 「金英哲傳」, 9~10쪽)

대해, 전일에 두 번 도망쳤던 것이 부모님을 그리워하는 마음에서 비롯된 일이었음은 사실이나 빨리 장가들고 싶어서 그랬던 것이기도 했다고 대답한다.[24] 김영철의 말을 단순히 아내의 의심을 무마하기 위한 핑계로 보기만은 어렵다. 그에게 있어서 혼인과 안정된 삶은 부모에 대한 효 못지않게 중요했던 것이다. 대부분의 연구자들은, 김영철이 비록 부부애와 효행 사이에서 갈등하기는 했지만 고국으로 돌아올 의지가 확고했다는 데 대해서는 기본적으로 동의하고 있다. 하지만 김영철의 '회토지심(懷土之心)'이 정말로 그렇게 절실했는지는 의심스럽다. 다음은 김영철이 전유년 등과 탈출을 모의하는 장면이다.

영철이 말하였다. "당신들 여덟 명은 하늘 신령의 보살핌을 받아 고향으로 돌아간즉 부모님을 뵙고 처자식과 만날 수 있지만, 저는 천만다행으로 등주에 도달한다 해도 멀리 고국을 바라보매 아득히 바닷물만 출렁거리리니, 무엇 때문에 해 지는 동네에 몸을 부치겠습니까? 차라리 여기 머물러 처자식을 보살피며 살다가 늙는 게 낫습니다." 유년이 말하였다. "그대 말이 맞네. 하지만 내 반드시 그대를 위해 계책을 세워 작은 정성을 표하겠네. 그대가 만약 우리들과 함께 중토(中土)로 돌아가 등주에 도착한즉, 내게 두 누이동생이 있으니 큰 누이동생은 나이가 벌써 열여덟이고 작은 누이동생은 이제 열여섯인데 모두 자색이 있고 바느질도 잘 한다네. 이제 그대와 함께 우리 집으로 돌아갔을 때 큰 누이동생이 아직 남을 따르지 않았다면 큰 누이동생으로 그대를 섬기도록 할 것이요, 만약 이미 비녀를 꽂았다면 둘째 누이동생을 그대에게 시집보낼 것이야. 만약 두 누이동생 모두 이미 다른 사람에게 시집갔다면, 그대는 잠시 우리

24) 是年 英哲生子 名曰得北 癸亥又生子 名曰得建 其妻謂英哲曰 君卽朝鮮之人 妾是女眞之人 初以異國之男女 幸爲同室之夫婦 生此二子 慶溢一家 若非天緣 焉能至斯 然聞君之父母 在於東國云 得非有棄我歸國之心乎 英哲曰 前日之再度亡歸 雖出於戀父母 而亦欲及時娶妻之計也 今蒙主人之厚恩 不惟免死 且以汝妻我 會合未久 連生兩子 此亦天也 吾豈敢違天而負恩哉 其妻曰 我國之人 以高麗之人爲拙狡 君言何可信也 或呵之 或戲之 英哲亦笑而不答(박재연본 「金英哲傳」, 10~11쪽)

> 집에 머무르며 조선의 왕래하는 배를 기다렸다가 곧바로 긴 돛을 달고 조선으로 잘 돌아간즉 부모님도 뵐 수 있고 성명도 온전할 것이니, 이를 오랑캐에게 포로가 되어 초목과 함께 썩어가는 것과 비교한다면 영욕과 고락이 과연 어떠하겠는가? 이 두 가지 계책 가운데 하나를 쓸 수 있으니, 그대의 뜻은 어떠한가? 그대가 만일 믿지 못하겠다면, 저 밝은 달이 하늘에 있네." 여러 사람들이 모두 말하였다. "전백총께서 이런 마음을 갖고 계시다면, 두 분이 달을 향하여 술잔을 나누며 맹세의 말씀을 하셔야 합니다." 영철이 문득 아내가 이별할 때 했던 말을 생각하니, 실로 마음에 차마 할 수 없는 바가 있었으나, 다시 묵묵히 생각해 보았다. '내가 만약 유년의 말을 따르지 않는다면 저 여덟 사람은 반드시 나를 죽여 입을 막을 것이니, 개죽음 당해 봐야 좋을 게 없다.' 마침내 뜻을 결정하고 응낙하니 유년이 크게 기뻐하였다. 그리하여 손가락을 깨물어 피를 내어 술에 섞어 같이 마시며 함께 달을 향하여 맹세하였다. "이제 함께 약속한 뒤로 만약 식언을 한다면 하늘이 반드시 미워할 것이며 신령이 반드시 죽일 것이다."25)

김영철은 목숨을 걸고 등주로 가 보았자 고국에 돌아갈 길은 막막하다며 차라리 이곳에서 사는 것이 낫다고 대답한다. 이에 전유년은 김영철의 마음이 변할까 두려워 누이동생을 아내로 삼도록 하겠으며 만약 그럴 수 없다면

---

25) 英哲曰 君輩八人 若賴天之靈 得歸故國 則父母可見 妻子可逢 我則雖得萬一之幸 達于登州 一望故國 滄波萬里 何能致身於桑楡之鄕乎 反不如淹留於此 守妻子而終老矣 有年曰 君言 是矣 然吾當爲君畫策 以表一寸之誠矣 君若與吾輩 同歸中土 得到登州 則吾有兩妹 長妹年已十八 季妹年今十六 俱有姿色 且工針線 今與君同歸吾家 長妹若未及從人 使長妹事君 若已上笄 當使次妹歸於君 若兩妹俱已適人 君可姑留於吾家 待得朝鮮往來之船 直掛長帆 好歸朝鮮 則父母可見 性命可全 與其作俘於夷虜 同腐草木 榮辱苦樂 果何如哉 此兩策中 可保其一者 君意何如 君如不信 明月在天 諸人皆曰 田百摠苟有此心 兩人酌酒對月 以成矢言可也 英哲忽思其妻臨別之語 實有所不忍於心 而又默念曰 我若不從有年之言 則彼八人者 必殺我而滅口 徒死無益也 遂決意而諾之 遂決意而諾之 有年大喜 齧指出血 和酒同飮 相與對月而盟曰 今與成誓後 若食言 則天必厭之 神必殛之矣(박재연본 「金英哲傳」, 15~16쪽)

등주에 오는 조선의 배를 타고 조선으로 돌아갈 수도 있으니 함께 가자고 말한다. 그런데 이 같은 전유년의 두 가지 제안은 양립할 수 없는 것이다. 김영철이 전유년의 누이와 혼인한다면 조선으로 돌아가는 것을 포기한다는 말이 되고, 조선으로 돌아가고자 한다면 전유년의 누이와 혼인하면 안 되기 때문이다. 이에 앞서 전유년은 김영철에게 "아! 심양이 함락된 후로 육로가 막혔으므로 동국의 조공은 필시 바닷길을 거쳐 등주에 정박했다가 황성에 도달할 것일세. 그대가 만약 우리의 계획을 따라 함께 도망쳐 등주에 다다른다면, 산천으로 가는 길은 비록 막혀 있을지라도 뱃길로는 통할 수 있으니, 돌아가 부모님을 뵙는 일은 손바닥 뒤집듯 쉬울 것일세."[26]라고 말했는데, 이때 김영철은 "선생의 계책은 잘못되었습니다. 우리들에게는 날개가 없은즉 심양조차 날아 넘어갈 수 없는데, 등주에는 어떻게 도착할 수 있겠습니까?"[27]라고 말하며 같이 가기를 꺼려했다. 그러던 그가 위의 인용문에 보이는 바와 같이 마음을 돌린 이유는 무엇인가? 다름이 아니라 누이동생을 아내로 삼게 하겠다는 전유년의 약속 때문이었던 것이다. 이 점에서 "내가 만약 유년의 말을 따르지 않는다면 저 여덟 사람은 반드시 나를 죽여 입을 막을 것이니, 개죽음 당해 봐야 좋을 게 없다."라는 김영철의 말은 참으로 의미심장하다. 그것은 그의 현실 인식인 동시에, 탈출을 감행하게 된 실질적인 이유에 대한 자기기만이자 합리화였던 것이다.

김영철은 죽을 고비를 여러 차례 넘긴 후 마침내 탈출에 성공한다. 영원위에서 1625년 겨울을 보낸 김영철과 전유년 등은 주장에게 고향으로 돌아가기를 청했고, 이에 그들은 경사로 호송된다. 명나라 조정에서는 김영철이 조선인인 데다가 부모도 없으므로 가고자 하는 곳을 묻는다. 박재연본에서

26) 嗟乎 自瀋陽陷沒之後 陸路阻絶 東國朝貢 必由海道 泊于登州 達于皇城 君若從吾計 與之偕亡 至于登州 則山川雖隔 舟楫可通 歸見父母 易如反掌矣(박재연본 「金英哲傳」, 14쪽)

27) 君之計 過矣 吾輩旣無羽翼 則瀋陽不可飛越 登州何可到也(박재연본 「金英哲傳」, 14쪽)

이 부분은 다음과 같이 서술된다.

> 주장이 불쌍히 여기어 이 뜻을 조정에 아뢰었다. 조정에서는 주장으로 하여금 여섯 사람을 경사로 압송(押送)케 하여, 적중(賊中)의 동정을 다 물어보고 부모의 성명을 물어보았다. 그리고 그들의 고향으로 돌아가게 하면서 그들이 들르는 고을에 명을 내려 각기 양식을 제공토록 하였으며, 또 본읍에 공문을 보내 그들의 호역(戶役)을 면제하고 그들의 신역(身役)을 견제(蠲除)하였다. 그런데 오직 영철만은 조선 사람으로서 이미 부모가 없고 고향도 없으므로 조정에서는 그가 가고자 하는 곳을 물었다. 영철이 아뢰었다. "소인은 다섯 사람들과 생사를 함께 하기로 약속하여 정이 골육과 같습니다. 그중에서도 전유년은 일찍이 건주에 있을 때부터 한 집에서 같이 살며 결의하여 형제가 되었으니, 유년과 함께 돌아가기를 원합니다." 묘당(廟堂)의 여러 장관들이 이 말을 듣자 낯빛이 변하여 말했다. "이 사람은 참으로 의사(義士)로다! 이 사람은 동국이 아닌데도 처자를 버리고 다섯 사람들과 함께 몸을 빼내 도망쳐 올 수 있었으니, 웅장(熊掌)과 어육(魚肉)을 취사(取捨)할 줄 아는 이가 아니라면 이와 같을 수 있을까? 책을 읽어보면, 임금에게 녹을 받아먹고 사는 사람으로서 임금을 잊어버리고 오랑캐에게 항복하는 자들이 예로부터 줄기차게 이어져 왔는데, 그들이 이 사람을 본다면 어찌 부끄럽지 않겠는가?" 그리하여 영철로 하여금 유년을 따라 가도록 했다.[28)]

김영철은 생사를 같이한 전유년을 따라가겠다고 말한다. 이에 조정의 장관들은 『맹자(孟子)』「고자(告子)」상(上)에 나오는 물고기와 곰발바닥 이야

---

28) 主將憐之 以此意奏聞于朝 朝廷使主將押送六人於京師 備問賊中動靜 且詢其父母姓名 使歸其鄉里 而令所經邑 各給其粮饌 且行會於本邑 復其戶蠲其役 而獨英哲朝鮮之人 旣無父母 又無鄉里 朝廷問其欲往之處 英哲告曰 小的與五人等 約同死生 情同骨肉 而其中田有年 曾在建州時 同居一室 結爲兄弟 願與有年同歸 廟堂諸宰爲之動色曰 此眞義士也 此非東國而能棄妻子 與五人等 抽身亡歸 非知熊魚之取舍者 能若是乎 讀書 食君之人 忘君降虜者 從古滔滔 其觀此人 寧不愧乎 使從有年而去(박재연본「金英哲傳」, 20쪽)

기[29]를 하며 김영철의 사생취의(捨生取義)를 칭찬한다. 여기서 우리는 김영철이 조선으로 가겠다고 말하지 못할 이유가 아무것도 없었다는 점을 명심해야 한다. 명나라 조정에서 김영철에게 가고자 하는 곳을 물었다는 것은 곧 그에게 고국으로 가겠느냐고 물었다는 뜻이다. 그런데 김영철은 조선으로 돌아가지 않겠다고 대답했다.

김영철은 등주로 가서 전유년과 함께 살게 되는데, 그는 조선 사신의 배가 왕래하는 곳에 살면서도 고향에 돌아갈 생각은 하지 않는다. 김영철은 전유년의 누이동생을 엿본 후 전유년에게 다음과 같이 이야기한다.

> 당신들은 다 고향으로 돌아와 위로는 부모님의 기뻐하시는 마음을 받들고 아래로는 처자식의 즐거움이 있는데, 나만 홀로 이국을 떠돌고 있습니다. 고향 산천은 까마득하여 소식은 기댈 데 없고, 큰 바다는 아득하여 배는 통하기 어려우니, 죽고 살며 슬프고 즐거울 때 서로 물어볼 친척도 끊어지고, 굶주리고 추위에 떨며 병이 위중할 때 서로 의지할 처자도 없습니다. 아, 전형! 나는 어찌해야 됩니까?[30]

고향에 돌아가 부모님을 만나지 못하는 슬픔보다는 처자를 두지 못하는 현실에 대한 불안감만이 묻어나는 말이다. 김영철은 전유년에게 고향 산천은 까마득하여 소식은 기댈 데 없고 큰 바다는 아득하여 배는 통하기 어렵다고 말한다. 그러나 건주에서 탈출하기 전, 전유년은 김영철에게 분명히 '등주는 조선 사신의 배가 왕래하는 곳'이라고 말했으므로, 김영철의 저 말은 사실이 아니다. 김영철은 고국으로 돌아가기 가장 쉬운 곳에 있으면서도,

29) 孟子曰 魚我所欲也 熊掌亦我所欲也 二者不可得兼 舍魚而取熊掌者也 生亦我所欲也 義亦我所欲也 二者不可得兼 舍生而取義者也(『孟子』, 677쪽)

30) 君輩皆歸故土 上而承父母之歡 下而有妻子之樂 而我獨流落於異國 家山杳杳 消息莫凭 大海茫茫 舟楫難通 死生哀樂 旣絶親戚之相問 飢寒疾病 又無妻孥之相依 嗟哉 田兄 我何爲哉(박재연본 「金英哲傳」, 22쪽)

조선을 돌아갈 수 없는 곳으로 단정하고 있다.

우여곡절 끝에 김영철은 전유년의 누이 전씨와 혼인한다. 전씨는 시부모를 뵙지 못한 것을 한스럽게 여겨 화공(畵工)을 청해 김영철 부모의 초상을 그려서 벽에 걸어 놓게 한다. 그 장면은 다음과 같다.

> (혼인한) 다음 날 아침, 전씨는 부모님을 뵙는 자리에서 문득 수심에 잠겨 눈물을 머금고 금방이라도 흘릴 듯 눈물이 그렁그렁하여 말했다. "여자가 다른 사람을 따르매 시부모를 뵙는 일은 인륜의 대사입니다. 이 예(禮)는 사람이 똑같이 행하는 것이건만, 소녀는 유독 이를 행할 수 없으니 어찌 슬픈 마음이 없을 수 있겠습니까?" 부모 또한 길게 탄식하며 말했다. "이 또한 네 운명이니, 부질없이 슬퍼할 것은 없느니라." 전씨가 말하였다. "우리 고을에 한 화사(畵師)가 있는데 그림을 잘 그려 이름을 드날리매 사람의 형상을 묘사함에 있어서 조금도 틀림이 없다는 말을 들은 적이 있습니다. 이제 이 사람을 불러와 시부모님의 형안(形顔)을 그리게 하여 매일 단청(丹青)을 우러러 절을 한다면, 저의 애모하는 정을 조금이나마 풀 수 있을지도 모르겠습니다." 부모가 불쌍히 여겨 허락하였다. 이에 유년으로 하여금 화공을 청하여 당 위로 맞아들이게 하였다. 영철이 빈주(賓主)의 예를 행하고 예폐(禮幣)를 후히 주어 사귄 뒤 그 부모님의 연세와 생김새 및 동방 남녀들의 의복 제도를 화사에게 모두 말하였다. 화사가 여러 달을 머무르며 정성을 모으고 생각을 깊이 하여 몇 번이나 종이를 바꾼 뒤에야 그림이 완성되었으니, 완연히 무오년 이별할 때와 서로 비슷하였으나 조금은 노쇠한 기색이 있었다. 이에 영철과 신부는 구매한 집의 동쪽 벽에 영철의 부모님 화상을 걸어 놓았다. 부부가 목욕을 하고 향을 피운 뒤 예를 갖추어 공경히 절하니, 이 모습을 보고 이 소문을 듣는 사람마다 경탄하며 그 어짊에 감복(感服)하고 그 효를 칭찬하지 않음이 없었다. 영철은 그의 아내와 함께 아침저녁으로 반드시 예를 갖추어 절하고 출입할 때마다 반드시 공경히 아뢰었는데, 슬픔이 상례(常禮)보다 지나쳤으며 오래도록 깊고 절실하였다. 영철의 아내가 영철에게 말하였다. "비록 부모님을 받들어 모실 수는 없으나 부모님의 모습이 완연히 당상(堂上)에 있으니, 당신은 다시는 지나치게 슬퍼하지 마시고

> 귀한 몸을 잘 보전하십시오." 영철이 말하였다. "응당 그대 말대로 하리다."[31]

이 대목은 전씨가 김영철의 마음을 붙잡아두기 위해 벌인 일을 서술하고 있는 것 같지만,[32] 그보다 더 주목해야 할 점은 그림 속 김영철 부모의 모습이 "완연히 무오년 이별할 때와 서로 비슷하였으나 조금은 노쇠한 기색이 있었다."라는 서술이다. 이제 김영철은 굳이 고향에 돌아가지 않아도 '살아계신 부모님'을 곁에서 모실 수 있게 된 것이다. 필자는 결코 김영철의 효심을 부정하지 않으며, 김영철이 처자와 부모 사이에서 갈등했다는 점을 인정한다. 중요한 것은 김영철에게서 왜 이런 면모가 발견되는가 하는 점이다.

김영철은 1627년에 아들 득달(得達)을 낳고 1630년에 아들 득길(得吉)을 낳는다. 그런데 김영철이 득길을 낳은 그 해에 조선의 진하사(進賀使)가 등주에 도착하였고, 이때 김영철은 영유현에 사는 이연생을 만나 집안 소식을 묻는다. 이연생은 김영철에게 다음과 같이 말한다.

> 아, 어찌 차마 말하랴! 정묘년의 난에 자네의 아버님께서는 안주에서 돌아가셨네. 적들이 돌아가자 집안사람들이 시신을 찾았으나 발견하지 못하여 자네

---

31) 明朝 田氏謁於父母 忽愀然含涕 泫然凝涕曰 女子從人 謁於舅姑 卽人倫之大節 此禮 人所同行 而小女獨不得行之 烏得無感愴之心乎 父母亦長歎曰 是亦汝命也 不必爲無益之悲也 田氏曰 曾聞此州有一畵師 能繪素擅名 描寫人形 毫末不差云 今若邀致此人 俾畵舅姑形顔 每日瞻拜於丹青 則或可以少展孩兒愛慕之情矣 父母憐而許之 使有年請畵工來 邀之上堂 英哲施賓主之禮 以厚幣交之 以其父母年歲形貌及東方男女衣服制度 備言於畵師 畵師留數月 聚精繹思 再三易紙而後 畵乃成 宛然如戊午年離別時相似 而少有衰老之色矣 於是英哲與新婦 於所買家 以其父母畵象 掛於東壁上 夫婦沐浴焚香 具禮祗拜 瞻聆所及 無不聳歎服其賢稱其孝矣 英哲與其婦 晨昏必禮拜 出入必祗告 悲哀過常 久而采切 其妻謂英哲曰 雖未得奉侍父母 而父母儀形 宛在堂上 君不復過哀 善保貴體 英哲曰 當如君言矣(박재연본 「金英哲傳」, 29~30쪽)

32) 권혁래, 「17세기 동아시아 전란의 소설적 수용양상 - 김영철전에 그려진 부부애의 성격을 중심으로」(『고소설연구』 26, 한국고소설학회, 2008), 73쪽.

> 조부께서 애통해 마지않으시면서 "영철이가 돌아오지 않았는데 여관이마저 죽었으니 늙어 병든 이 한 몸이 죽지 않고 무엇을 하랴?"라고 말씀하셨지. 그리고 전답을 모두 팔아 신령님께 제사하고 부처님께 공양하며 밤낮으로 기도하시기를 "영철이가 만약 죽지 않았다면 바라옵건대 가호를 내리시어 고향에 돌아오도록 하소서. 황천과 후토께서 앎이 있으시다면 저를 딱하고 가엾게 여기소서." 라고 하셨네. 얼마 후 가산을 탕진하여 생활을 꾸려 나갈 길이 없게 되자 조카 이룡의 집으로 가서 의지하셨지. 자네의 모친께서도 소초리(踈草里: '蘇湖里'의 잘못) 본가로 돌아가시어 형제들에게 몸을 의탁해 계시네. 자네 집안의 일을 어찌 차마 말하랴![33]

이 말을 들은 김영철은 고국으로 떠날 결심을 굳히고, 이듬해인 1631년 봄에 조선 사신이 황도에서 돌아왔을 때 탈출을 감행하여 마침내 조선 평안도로 돌아온다. 김영철은 부친상을 마친 후, 이연생의 주선에 힘입어 임신년(壬申年: 1632년)에 이군수(李君秀)의 딸과 혼인한다. 김영철의 장인 이군수는 집안이 넉넉했기에, 김영철은 처가의 도움을 받아 조부와 모친을 봉양할 수 있게 된다.

이상 김영철이 건주에서 등주로 갔다가 평안도로 돌아오기까지의 과정을 살펴보았다. 고국에 돌아온 김영철은 모친에게 "불효막심하고 못난 제가 구차한 목숨을 지금껏 보전하고 만 번 죽을 고비를 넘기고 돌아온 것은 부모님의 인자한 모습을 뵙고 절하려 하였던 것입니다."[34]라고 말했다. 하지만 앞서 살펴본 바와 같이 건주와 등주에서 보인 김영철의 행동은 분명 고향에 돌아가고 싶지 않은 이의 그것이었다. 이를 어떻게 이해해야 할까?

---

33) 嗟乎 尙忍言哉 丁卯之亂 君之父親 死於安州 及賊還 家人求其屍而不得 君之祖父 傷痛不已曰 英哲不還 汝寬又歿 老病一身 不死何爲 盡賣田土 享神供佛 日夜祈祝曰 英哲若不死 願降冥佑 俾還故土 皇天后土 若有所知 倘或哀我而悶我矣 未幾 家業盡蕩 無路資活 往依於侄子二龍之家 君之母親 亦還歸于踈草里本家 托身於兄弟 君之家事 尙忍言哉(박재연본 「金英哲傳」, 33~34쪽)

34) 不孝無狀 尙保頑喘 萬死歸來 幸拜慈顔(박재연본 「金英哲傳」, 43쪽)

김영철은 건주에서 아라나의 가정으로 있을 때 등주 사람 전유년을 만나는데, 이것이 김영철을 결국 조선으로 귀환케 하기 위한 작자의 의도적인 설정임은 명백하다. 다시 말해 작자는 조선을 떠난 김영철을 어떻게 해서든지 다시 고국으로 돌아오게 만들었던 것이다. 이에 대해 선행 연구에서는 대개 김영철의 귀국 의지가 매우 확고했다고 보았으며, 이런 시각은 「김영철전」을 읽는 전통적인 독법과도 기본적으로 궤를 같이한다.

그러나 김영철에게 있어서 조선의 평안도는 '반드시 돌아가야 하는 곳'이 아니라, '반드시 돌아가지는 않아도 되는 곳' 혹은 '돌아가고 싶지 않은 곳'이었다. 다시 말해 부모가 거기에 있지 않았다면 평안도는 결코 돌아갈 필요가 없는 곳이었으며, 조선의 평안도에 부모가 있다는 사실은 그가 애써 떠올리고 싶지 않은 생각이었다. 하지만 조선의 진하사를 따라 온 이연생이 김영철에게 전한 저 말은 김영철로 하여금 더 이상 그 생각을 억누르지 못하게 만들었고, 이에 김영철은 건주에서와 똑같이 생이별을 감수하며 고향으로 돌아올 수밖에 없었다. 요컨대 김영철의 귀국은 그의 절실한 '회토지심(懷土之心)'에서 비롯된 것이 아니며, 이국에서 편히 살고 싶은 바람을 그냥 내버려두지 않은 '운명'이 그를 고향으로 이끌었던 것이다. 여기서 우리는 김영철이 건주・등주・평안도를 어떻게 기억하고 있는지 살펴볼 필요가 있다.

> 영철이 전후로 종군하니 남에게 진 빚이 매우 많아, 좌우로 침해하고 독촉하므로 버티어 보존할 방법이 없었다. 그 나머지를 모두 팔아 빚을 다 갚으니 집안 살림을 탕진하여 죽으로 끼니를 이을 수조차 없게 되었다. 영철은 처자를 대할 때마다 이렇게 말했다. "옛날에 등주에 있을 때에는 생계가 매우 풍족하여, 취하도록 술을 마시고 배불리 음식을 먹으며 날을 보내, 인간 세상에 기한이 있는 줄을 알지 못했다. 지난날 건주에 있을 적에는 살 집도 있고 논밭도 있어, 오직 말을 달리고 칼을 울리는 것을 일삼아도 술과 고기를 내 마음대로 먹을 수 있었다. 이제 노경에 접어들어 재산을 잃고 집안을 결딴내 입에 풀칠

> 하기조차 매우 어려우니, 어찌 운명이 아니랴? 내 하늘을 원망하랴, 내 남을 탓하랴? 내가 고향을 그리워하는 마음[懷土之心]이 없었다면, 어찌 이 지경에 이르렀겠는가?" 이씨는 연이어 세 아들을 낳았으니, 득상·득발·기발이다. 기해년, 조정에서는 자모산성이 서로의 요새라 여겼으나, 그 땅이 척박하여 거주하는 백성이 적었으므로 백성 가운데 그곳에 거주하기를 원하는 자들을 모집하여 그들의 신역을 면제하였다. 영철은 젊었을 때부터 종군의 고통을 익히 겪었기 때문에 그 세 아들의 역을 덜기 위해 마침내 집안사람들을 데리고 가 자모산성에서 살다가 그곳에서 삶을 마쳤다.35)

김영철은 건주와 등주를 삶의 기본 조건인 의식(衣食) 걱정을 할 필요가 없는 곳으로 기억하고 있다. 이에 반해 그가 현재 살고 있는 평안도는 끼니조차 잇지 못하게 만든 곳이다. 의식 걱정을 할 필요가 없는 풍요의 땅인 건주와 등주를 떨쳐 버리고 돌아온 김영철이 갈 수 있는 곳은 척박하여 사람이 살 수 없는 '자모산성'뿐이었다. 이처럼 「김영철전」에 형상화된 평안도는 결국 자모산성으로 상징되는 바 '사람이 살 수 없는 곳'이었던 것이다.

앞서 살펴보았듯이 「김영철전」은 17세기 중편 한문소설들과 마찬가지로 '견문의 기록'이라는 형식을 취하고 있는데, 작자가 작품의 말미에서 김영철과 김응원을 만나게 한 이유는 김영철의 효를 부각시키기 위해서이다.36)

---

35) 英哲前後從軍 負債甚多 左侵右督 無計支保 盡賣所餘 □民而畢償之 家契蕩盡 饘粥不繼 每對妻子而言曰 昔在登州 生理甚足 醉飽度日 不知人間有飢寒 往在建州 有家有室 且有田土 惟以馳馬鳴劍爲事 而酒肉惟意所欲矣 到今老境 破產亡家 糊口甚艱 豈非命乎 我其怨天乎 我其尤人乎 我無懷土之心 則豈至此境乎 李氏連生三子 及[及→曰]得祥得發祺發 己亥年 朝廷以慈母山城 爲西路關防之地 而以其土瘠, 民居甚少 募民願居者 蠲其身役 英哲自少時 飽經從軍之苦 爲其三子減役 遂挈家人 居慈母城中 以終焉(박재연본 「金英哲傳」, 67~68쪽)

36) 권혁래, 「김영철전의 작가와 작가의식」(『고소설연구』 22, 한국고소설학회, 2006), 96~108쪽에서는 "英哲未死之前 具由呈文於巡營 乞上其事蹟於朝廷 以爲轉達於天聽之地 則巡使稱以事在久遠 不可煩於上聞 却之 饋酒一盃 給米一斗 而送之"(박재연본 「金英哲傳」, 70쪽)라는 대목에서 순영에 글을 바친 사람을 김응원으로 보고, 이를 근거로 「김영철전」의 작자를 김응원으로 추정하였다.

김응원은 김영철의 이야기를 듣고 다음과 같이 말한다.

> 노인장께서는 참으로 효자이십니다. 세 나라의 아들이 모두 일곱 명이므로, 훗날 번연(蕃衍)한 경사가 더할 것이니 하늘이 보답하여 베푼 은혜가 이에 해당할 것입니다. 노경의 빈곤함은 개의할 필요가 없습니다.[37)]

> 인정상 누군들 아름다운 아내와 사랑스런 자식에 얽매이지 않을 수 있겠습니까마는, 선생께서는 처자를 버리기를 눈엣가시를 쾌히 없애듯 하셨습니다. 끝내 부모님을 사랑하는 마음을 놓지 않아 건주를 저버리고 등주를 버리매 일축(一蹴)하여 집으로 돌아와 부친상(父親喪)을 추복(追服)하고 조부와 편모(偏母)를 봉양하며, 생전에 봉양하고 사후에 장사지낼 때 효성을 다할 수 있었으니, 천하의 달효(達孝)가 아니라면 이와 같을 수 있겠습니까?[38)]

김응원은 영유 지방에서 효행으로 이름난 사람이었다.[39)] 그리고 인용문에 나오는 것처럼 김영철은 당대의 효자인 김응원조차도 행하기 어려운 효를 실천한 인물로 평가되고 있다. 하지만 이를 문면 그대로 이해하고 말 수는 없다. 차마 못할 짓을 하며 고향으로 돌아온 김영철에게 남은 것은 아무

---

37) 老人誠孝子也 三國子幷七人矣 日後蕃衍之慶 其有況乎 天之報施 當於此乎 老境貧窶 不須介懷耳(박재연본 「金英哲傳」, 70쪽)

38) 人情 孰不眷係於美妻愛子 而君能棄之 如快去眼中之物 終不弛愛父母之心 背建棄登 一蹴歸家 追服父喪 以盡其哀 奉其祖父及偏母 克盡誠孝於養生送死之際 非天下之達孝 能若是乎(박재연본 「金英哲傳」, 70쪽)

39) 『승정원일기』 1698년 9월 24일 기사에 나오는, 영유현령 吳命俊의 疏에는 "신이 도임한 후에 선행이 있는 선비들을 찾은즉 현인 정계충과 김응원 두 사람이 어버이를 섬김에 효를 다하여 향당에서 한가지로 칭찬하고 있습니다. 손가락에서 피를 내서 약에 타 먹여 어머니의 병을 낫게 하기도 하고 장례와 제사 때 감응이 나타나기도 하였던바, 기타 다른 이보다 뛰어난 행실과 신령을 감동케 하는 정성을 감히 다 진술할 수 없을 정도입니다.[臣於到任之後 求訪善士 則縣人鄭繼忠金應元二人 事親盡孝 鄕黨共稱 或指血和藥 母病獲痊 或送終追遠 冥應寔著 其他出類之行 感神之誠 不敢盡陳]"라는 내용이 있다.

것도 없었다. 평안도는 건주나 등주 같은 의식의 풍요함은 생각할 수조차 없는 곳이었고, 건주 · 등주에서와 같은 화목한 가정생활은커녕 가족의 존재 기반마저 흔드는 곳이었다. 풍요와 가족애의 땅인 건주와 등주를 저버리고 어쩔 수 없이 죽음의 땅인 평안도로 돌아온 김영철로 하여금 힘든 삶을 견딜 수 있게 만든 것은, 자신의 행동이 '효(孝)'와 '회토지심(懷土之心)'에서 비롯되었다는 자위가 아니었을까? 김응원이 김영철에게 한 저 말들은, 다름이 아니라 김영철 스스로의 자기합리화이자 그가 받을 수 있었던, 껍데기뿐인 최대한의 '보상'인 셈이다.

사실 김영철이 건주와 등주에서 겪었던 일들은 심하전투 포로들이 실제로 겪었을 일들과는 다르다고 보아야 할 것이다. 물론 증명할 방법은 없지만, 이역에서의 김영철의 삶은 17세기 전란의 소용돌이에 휩쓸렸던 당대 민중의 그것과는 정반대의 것이라고 보아도 큰 무리는 없다고 생각한다. 여기서 주목할 점은 「김영철전」의 서사, 곧 김영철이 김응원에게 들려준 과거의 일들이 그의 기억 속에서 '재구성'된 것이라는 사실이다.[40] 즉 김영철은 자신이 겪었던 모든 일을 이야기하고 있는 것이 아니라, 자신에게 '의미'가 있는 부분만을 '선택'한 것이며, 그의 술회는 자신이 처해 있는 '현재의 상황'을 기반으로 재구성된 기억에서 나온 것이다. 의식의 문제조차 해결할 수 없고 종군의 고통으로 인해 가족을 파탄의 지경에 이르게 만든 현재 평안도의 상황이, 김영철로 하여금 건주와 등주를 '풍요'와 '행복[가족애]'의 땅으로 회상케 했다고 할 수 있다.

「김영철전」의 공간적 배경은 건주 · 등주 · 평안도인데, 이 가운데 서술의 비중이 가장 적은 지역은 김영철이 태어나고 죽은 평안도이다. 김영철은 이

---

40) 永柔士人金應元 與英哲自少時同鄕里 偶過慈母山城 爲訪英哲 英哲殺鷄賖酒 以待應元 出其三子而拜之 應元問其平生所經憂樂 英哲嚬蹙曰 欲說往事 徒增怨懷 而長者有問 敢不悉陳 仍說其終始甚悉而曰 年老神耗 多有遺失矣(박재연본 「金英哲傳」, 68~69쪽)

세 지역에서 모두 여인을 만나 혼인을 하고 아들을 낳는다. 하지만 「김영철전」에서, 평안도에서의 김영철의 삶은 다른 두 곳에서의 그것에 비해 매우 간략하게 서술될 뿐이며, 그는 항상 건주와 등주의 처자를 생각하면서 눈물을 흘리는 것으로 그려지고 있다. 또한 작품 후반부의 서사는 김영철이 건주・등주의 가족들과 만나거나 소식을 전하는 데 중심이 놓여 있다. 이렇게 본다면 「김영철전」은 평안도가 아닌 건주・등주가 중심인 작품으로 이해할 수도 있지만, 작자가 '저곳[건주・등주]'의 이야기를 통해 보여주고자 했던 것은 결국 '이곳[평안도]'의 실상이었던 것이다.

(3) 이본의 서술 시각과 주제의식

앞서 박재연본을 중심으로 「김영철전」의 서사적 특징을 살펴보았다. 그 결과 박재연본은 홍세태본과는 무척 다른 주제의식을 구현한 작품임을 알 수 있었다. 앞서 예로 든 인용문에서 보았듯이 박재연본에서의 김영철은 평안도로 돌아가고 싶지 않은 이의 모습으로 형상화되고 있는데, 이 대목들이 홍세태본에서는 어떻게 바뀌었는지 보자.

> (영철은) 반년을 있다가 밤에 도망하였으나 붙들려 왼쪽 발꿈치를 베였다. 후에 또 도망했다가 오른쪽 발꿈치를 베였다. 오랑캐 법에는 항복했다가 도망친 자가 세 번 월형(刖刑)을 당하면 죽이게 되어 있었다. 아라나는 영철이 끝내 도망치리라 생각하여 그 아우의 아내를 영철에게 시집보냈다.41)
>
> 유년은 영철이 처자를 잊지 못할까 걱정돼 영철에게 이렇게 말했다. "내게는 두 누이 미귀와 일장이 있는데, 가서 반드시 작은애를 자네에게 시집보내겠네."

41) 居半年 夜亡走 得 刖左跟 後又亡 刖右跟 虜法 降逃者刖三而戮之 阿羅那意英哲竟亡 以其弟妻妻之(홍세태본 「金英哲傳」, 542쪽)

> 이에 유년과 영철은 손가락을 깨물어 피를 내어 술에 섞어 함께 마시고는 달에 절하여 맹세했다.42)

> 일[김영철과 전유년 등이 건주에서 탈출하여 영원위로 왔다는 사실]이 알려지자, (명나라 황제는) 조서를 내려 영철에게 의식과 많은 돈을 하사하여 집을 사고 아내를 얻게 했다. 영철은 유년과 함께 등주로 갔다.43)

> 여인[전씨]이 영철에게 말했다. "남들은 다 시부모님을 뵙는데, 저만 홀로 그럴 수 없군요." 이에 화공을 청해 그 모습을 그려 절을 했다.44)

이 같은 축약이 어떠한 의미 변화를 초래했는지는 굳이 설명할 필요가 없으리라고 본다. 한편 홍세태본에는, 박재연본에 없는 '논찬(論贊)'이 있는데, 이 부분 또한 박재연본과의 대비 속에서 새롭게 읽을 필요가 있다.

> 외사씨는 말한다. "영철은 종군하여 오랑캐 진영에 빠져 있다가 도망쳐 중국으로 들어가 처자를 두었으나, 다 팽개쳐버리고 돌아보지 않아 마침내 고국으로 돌아올 수 있었으니, 얼마나 그 뜻이 장렬한가! 그 일 또한 기이하다고 할 것이다. 가도(椵島)의 전역(戰役)에서는 사지(死地)를 드나들어 노고가 매우 심했던바, 그 공이 기록할 만한 것이었으나 일찍이 조그만 상도 없었다. 현령은 말 값을 요구하고 호조는 또 남초 값으로 은을 독촉하여 그로 하여금 늙도록 성을 지키는 군졸이 되어 곤궁함과 억울함 속에서 죽게 만들었다. 이 어찌 천하의 충성스런 뜻을 가진 선비들을 권면하는 일이겠는가? 나는 그 사적이 인멸

42) 有年恐英哲有顧戀意 謂英哲曰 吾有二妹美歸日長者 行則必以小室汝 於是有年與英哲 嚙指出血 和酒共飮 拜月爲誓(홍세태본 「金英哲傳」, 543쪽)

43) 事聞 詔賜英哲衣食及百金 令買宅娶妻 英哲與有年歸登州(홍세태본 「金英哲傳」, 544쪽)

44) 女謂英哲曰 人皆謁舅姑 我獨未 乃請畫工 畫其像而拜之(홍세태본 「金英哲傳」, 544쪽)

(湮滅)되어 세상에 드러나지 않음을 가슴 아파하였다. 그래서 이 전을 지어 후세 사람에게 보여 동국에 김영철이 있었음을 알리고자 한다."[45]

이 부분에 담겨 있는 홍세태의 서술 시각은 이승수의 논의에서 이미 충분히 설명되었다고 본다.[46] 요컨대 홍세태는 김영철의 기구한 삶을 자신의 불행한 삶과 동일시한 것이다. 홍세태는 현재는 볼 수 없는 원작 계열 「김영철전」, 곧 「김영철유사」를 읽고 완전한 전의 형식으로 「김영철전」을 개작했는데, 그의 입전(立傳) 목적 가운데 하나는 박재연본에 보이는 것과 같은 '불온성'의 소거였다고 할 수 있다.

홍세태본의 논찬은 개작자 홍세태의 서술 시각을 단적으로 드러내는데, 여기에는 작품의 내용과 양립하기 어려운 모순이 이미 내재해 있다. 홍세태는 당시 벌어졌던 여러 전투에 참가한 김영철의 군공(軍功)을 높이 평가하면서 이 같은 훌륭한 인물에 대한 포상이 제대로 이루어지지 않은 현실에 대해 개탄하였다. 하지만 앞서 살펴보았듯이 「김영철전」에서의 전란은 철저하게 만남과 이별의 계기일 뿐이며, 작품에서 김영철의 군공은 아예 서술의 대상에서 배제되었다고 보아도 과언이 아니다. 이 점은 박재연본뿐만 아니라 원작 계열 「김영철전」을 축약한 홍세태본에서도 마찬가지다. 홍세태는 원작 「김영철전」의 불온성을 소거하고 김영철의 불우를 자신의 그것과 동일시하면서 전후(戰後)의 '포상' 문제를 부각시키려 하였으나, 원작의 내용과 주제의 자장에서 완전히 벗어나기란 애초부터 불가능했던 것이다.

안석경(安錫儆)도 이 같은 모순을 이미 인식하고 있었다. 그는 홍세태본

---

45) 外史氏曰 英哲從征陷虜 逃入中國 有妻子 皆棄去不顧 卒能返故國 何其志之烈也 其事亦可謂奇矣 及椵島之役 出入死地 勤勞至甚 其功可紀 曾無尺寸之賞 而縣令索馬價 戶曹又督南草銀 使之老爲守城卒 困窮抑鬱而死 此何以勸天下忠志之士也 余悲其事迹湮沒 不顯於世 故爲此傳 以示後人 使知東國有金英哲云(홍세태본 「金英哲傳」, 549쪽)

46) 이승수, 앞의 논문, 310~313쪽.

에 대해 불만을 품고 「김영철전」을 다시 썼는데,[47] 안석경본의 서두와 말미에는 다음과 같은 말들이 있다.

> 나는 홍세태가 지은 「김영철전」을 읽을 때마다 슬퍼서 길게 한숨을 쉰 지가 오래되었다. 아! 대명(大明)이 사해(四海)를 하늘처럼 덮어 조선이 대명을 부모의 나라로 섬길 때, 어찌 한 명의 백성이라도 제자리를 얻지 못한 적이 있었겠는가? 비록 바람이 부는 바다에 표류하여 먼 나라에 던져진 자라도 가깝게는 한 해를 지나지 않고 멀어도 삼 년을 넘지 않아 자급(資給)이 있고 호장(護將)이 있어 부모와 처자의 땅으로 돌아올 수 있었다. 아! 천하가 한 임금을 섬겨 사해가 서로 통함이 어찌 생민(生民)의 지극한 즐거움이 아니랴? 영철은 조선의 편맹(編氓)으로 마침 천조(天朝)의 변란이 일어난 때를 당하여 전쟁터 가운데를 드나들었다. 하지만 그가 죽지 않은 것만도 요행이니, 그 절역에서 나그네 생활을 한 근심과 그보다 넓기 어려운 한이야 어찌 말할 가치나 있겠는가? 홍씨가 지은 전은 유감스럽게도 너무 번다하므로, 내 이 때문에 삭제하여 그 대략만 옮긴다.[48]

> 안아무개는 말한다. "인륜이 다스려지면 치세라 하고 인륜이 어지러워지면 난세라 한다. 아! 김영철은 사람이 미천하고 사적도 보잘것없지만, 나라가 군신의 의를 잃었기에 그 자신도 부자와 부부의 관계를 지키지 못했던 것이다. 아! 난세의 일이 슬프지 않은가? 하지만 만약 영철이 정말 고국을 한결같이 마음에 두고 반드시 돌아가겠다는 온갖 계책을 세웠다면, 그가 갔던 두 나라에서 장가

---

47) 안석경의 「김영철전」에 대한 논의는 윤지훈, 「삽교 안석경의 기록정신과 김영철전」(『동방한문학』 30, 동방한문학회, 2009) 참조.

48) 余讀洪世泰所撰金英哲傳 每慘然長太息者久之 嗚呼 方大明之天覆四海而朝鮮之父事大明也 何嘗有一民不得所哉 雖風海之漂而絶國之投者 近不過朞歲 遠不出三季 有資給有護將 得返乎父母妻子之地 嗚呼 天下一君而四海相通者 豈非生民之至樂乎 英哲以朝鮮之編氓 適値天朝喪亂之際 而出入於兵戈中 抑其不死幸也 其羈絶之憂 難濶之恨 何足道哉 洪氏之爲之傳也 恨太繁 余爲之芟除而移其略(안석경본 「金英哲傳」, 230쪽)

들어 자식을 낳지는 않았을 것이니, 그랬다면 아마도 인륜을 상하는 한은 없었으리라."[49)]

안석경은 김영철의 행적을 명나라가 변을 당해 기강이 무너진 데서 비롯된 일로 보고, 홍세태와는 달리 김영철을 보잘것없는 인물로 폄하하면서 그의 인물됨에 대해 의심의 눈초리를 보내고 있다.[50)] 요컨대 이역에서 처자를 두었다는 것 자체가 애초부터 고향에 돌아올 생각이 없었다는 뜻이 아니냐는 말이다. 안석경은 원작 계열 「김영철전」은 보지 못했지만, 홍세태본만 읽고도 김영철의 이야기가 결국 무엇을 말하고자 했던 것인지 정확히 꿰뚫고 있었던 것이다. 이는 본문의 개작 양상에서도 어느 정도 드러난다. 예컨대 홍세태본에서는 전유년이 김영철이 처자를 잊지 못할까 걱정되어 누이를 시집보내겠다고 말한 것으로 서술되어 있는 데 반해, 안석경본에서는 전유년과 김영철이 도주를 모의하는 대목에 전유년의 누이에 대한 언급이 전혀 없다. 그리고 김영철이 전유년과 등주에 도착한 이후의 서술로써 "애초에 유년은 영철과 도주를 모의할 때 누이를 그에게 시집보내기로 약속하였는데, 이에 이르러 과연 영철에게 시집보냈다."[51)]라고 기술된다. 안석경은 홍세태본의 짤막한 서술 속에서도 김영철이 도주를 결심한 결정적 이유가 누이와 혼인케 하겠다는 전유년의 말 때문일 수 있다는 가능성을 보았기에, 등주에 도착한 이후의 일을 기록한 뒤 '전에 이런 일이 있었더라'는 식으로 슬쩍 넘겨버린 것이라 할 수 있다. 이처럼 안석경은 김영철의 행적에 대해 의심을 품고 홍세태본의 불온성을 소거하는 방향으로 작품을 개작하였으나, 그 역시 홍세태본의 자장에서 완전히 벗어날 수는 없었기에, 홍세태와 마찬

49) 安○○曰 人倫治曰治世 人倫亂曰亂世 嗚呼 金英哲者 人微事小 然國失君臣之義 而其身父子夫婦不相保 嗚呼 亂世之事 可不哀耶 然使英哲 誠一心舊邦 百計必還 則所之兩邦 不取妻生子 庶幾無傷倫之恨矣(안석경본 「金英哲傳」, 237쪽)

50) 윤지훈, 앞의 논문, 181쪽에서 이 점이 지적되었다.

51) 初有年與英哲謀走 約以妹妻之 及是果以妻英哲(안석경본 「金英哲傳」, 233쪽)

가지로 마지막에 논찬을 붙여 자신의 견해를 밝혔던 것이다.

이상으로 박재연본 · 홍세태본 · 안석경본의 서술 시각을 살펴보았다. 세 이본의 작자는 모두 김영철이 인정상 차마 할 수 없는 일을 저지를 수밖에 없었던 비극의 주인공이라는 점에 대해서는 동의하고 있다. 하지만 박재연본의 작자는 죽음의 땅인 평안도로 돌아가고 싶지 않았던 김영철의 심리를 탁월한 서사 기법으로 형상화하였고, 홍세태는 김영철의 회토지심(懷土之心)과 군공(軍功)을 강조하였으며, 안석경은 홍세태본에 불만을 표하면서 김영철을 향한 의심의 눈길을 거두지 않았다. 이처럼 김영철의 사적을 이해하는 시각은 다양했지만, 그 기저에는 김영철 이야기의 핵심이 되는, 이국에서 처자를 두었다는 사실 그 자체가 가지고 있을 수밖에 없는 '불온성'에 대한 인식이 공통적으로 자리 잡고 있었던 것이다.

5. 맺음말

이 글은 한국 애정전기소설의 양식 교섭과 소설사적 전개 양상을 살펴본 것이다. 논의의 대상으로 삼은 「운영전」·「최척전」·「김영철전」은 모두 17세기에 창작된 소설인데, 이 작품들은 각각 애정전기소설과 몽유록, 애정전기소설과 야담, 애정전기소설과 전계소설의 양식 교섭을 보여주고 있다. 그 내용을 요약하면 다음과 같다.

제2장에서 다룬 「운영전」은 애정전기소설과 몽유록의 양식 교섭을 보여주는 작품이다. 기존의 논의에서는 「운영전」을 대개 애정전기소설로만 보았으나, 이 글에서는 애정전기소설과 몽유록의 전통을 아울러 고려하는 가운데 「운영전」의 양식적 특징과 소설사적 의미에 대해 살펴보았다.

「운영전」은 그 제목에서 여성을 주인공으로 내세우고 있다는 점, 궁녀라는 특수 신분의 여성이 등장한다는 점, 여성 서술자가 등장하여 연애 사건을 진술한다는 점, 여성의 엿보기가 등장한다는 점 등에서 독특한 면모를 보이고 있는 소설이다. 선행 연구에서는 이런 특징에 주목하여 「운영전」을 여성 주체의 욕망을 드러내고 있는 작품으로 해석하였다. 하지만 애정전기소설의 전통에서 볼 때, 이런 면모는 「운영전」만의 독창이 아니라 전대 애정전기소설의 서사 기법을 원용한 결과이며, 남성의 성적 욕망과 긴밀한 관계가 있다. 「운영전」에서 여성 서술자가 등장한 이유 가운데 하나는 남성 독자들로 하여금 규방보다도 깊숙한 궁궐을 엿보도록 하는 데 있다. 또한 운영은 여선과 유사하게 형상화되고 있으며 수성궁은 여성들의 내밀한 공간이라는, 다시 말해 금남의 공간이라 특징을 가지고 있는데, 이는 남성의 성적 환상을 그려낸 것으로 볼 수 있다. 궁녀 운영이 안평대군의 구애를 거절하고 포의 김진사와의 사랑을 위해 목숨을 버린다는 것 역시 남성의 이기적 욕망이 투영된 결과이다. 요컨대 「운영전」은, 여타 애정전기소설과 마찬가지로 남녀의 사랑 이야기를 통해 남성의 성적 욕망을 표출한 소설인 것이다.

몽유록은 '입몽 - 좌정 - 토론 - 시연 - 각몽'의 서술구조를 가지고 있으며, 「운영전」은 이 같은 몽유록의 서술구조에서 '토론' 부분이 확대된 형태이다. 「운영전」에서 몽유자 유영은 꿈속에서 김진사에게 '안평대군 성시의 일'과 '가슴 아파하는 이유'를 묻는데, 이는 곧 운영과 김진사의 진술 내용이라고 할 수 있다. 일반적으로 몽유록에서는 몽유자가 꿈을 꾸는 장소가 꿈속에 등장하는 인물과 직접적인 관계가 있다는 특징이 있다. 그런데 「운영전」에서는 안평대군의 옛집에서 입몽하는 유영의 꿈속에 안평대군이 나타나지도 않으며, 오히려 안평대군은 운영과 김진사의 진술 속에서 그들의 사랑을 가로막는 적대자처럼 그려지고 있다. 이 점에서 「운영전」은 여타 몽유록과는 다른 면모를 보이고 있는데, 이는 전란을 겪은 후 수성궁이 폐허가 되어 안평대군을 소환할 수 있는 기념물이 남아 있지 않다는 점, 그리고 안평대군에 대한 양가감정을 가진 인물들의 입을 통해 안평대군 시절의 이야기가 회상되고 있다는 점에 기인한 것이다. 「운영전」이 창작된 17세기 초, 안평대군에 대한 공식기억들은 모두 안평대군을 패배시킨 자들이 만들어낸, 왜곡된 기억일 수밖에 없었을 것인바, 이와 같은 당대의 현실은 「운영전」에서 안평대군을 패배시킨 운영과 김진사가 그들의 입장에서 안평대군 시절의 이야기를 진술하는 것으로 형상화되었다고 할 수 있다. 요컨대 「운영전」은 17세기 초반 안평대군에 대한 기억이 왜곡되었다는 사실 그 자체를 드러내고 있을 뿐만 아니라, 진정한 안평대군의 모습은 왜곡된 일방적 목소리 너머에 어렴풋이 존재하고 있음을 보여주고 있는 몽유록인 것이다.

「운영전」은 애정전기소설과 몽유록의 특성을 모두 가지고 있다. 17세기

이전의 애정전기소설은 남녀의 사랑 이야기를 통해 남성의 성적 욕망을 드러내는 동시에 남주인공 혹은 작자의 불우한 처지나 세계관을 빗댄 우의로서의 성격을 강하게 띠고 있었다. 그러나 17세기에 이르러 애정전기소설은 우의적 성격을 상실하고 통속적으로 기울었는데, 이는 16세기 말부터 몽유록이 우의의 양식으로서의 위치를 확고하게 했던 점과 관계가 있다. 「운영전」은 17세기에 애정전기소설과 몽유록이라는 두 양식에 각각 투영된 두 가지 욕망, 곧 남주인공의 성적 욕망과 사회적 욕망을 동시에 형상화한 작품이라고 할 수 있다.

제3장에서 다룬 「최척전」은 애정전기소설과 야담의 양식 교섭을 보여주는 작품이다. 「최척전」 연구의 쟁점 가운데 하나는 「홍도」와 「최척전」의 선후 관계인데, 이 문제는 단지 둘 사이의 선후 관계를 따지는 게 필요하기 때문에 중요한 것이 아니라, 궁극적으로는 작품 해석의 전제 및 근거가 되기에 중요하다. 또한 「최척전」에서는 「홍도」 같은 야담적 요소만 발견되는 게 아니라 「만복사저포기」나 「이생규장전」 같은 애정전기소설의 영향도 느껴지는바, 이 역시 「최척전」 연구에서 반드시 해명해야 할 과제이다. 이 글에서는 「최척전」 창작의 배경을 종합적으로 고찰하는 한편 「최척전」의 열녀 담론이 가지고 있는 의미에 대해 살펴보았다.

『국당배어』에 나오는 최척은 「최척전」의 최척과 동일인으로 보기 어려우며, 「최척전」의 후지는 허구일 가능성이 높다. 또 「홍도」와 「최척전」 사이에는 문헌 전승에 의한 영향 관계가 있다고 보는 게 타당한데, 「홍도」와 「최척전」 간의 인명 표기, 서사의 합리성 등을 고려한다면, 조위한이 「홍도」를 변용하여 「최척전」을 창작했다고 보아야 한다.

이민성은 「제최척전」에서 '당시 상산의 어떤 사인이 스스로 「최척전」을 지었다고 말했다'고 썼다. 조위한은 1622년에 맏형 조계한의 부음을 듣고 상경했다가 상산 목사였던 아우 조찬한과 함께 상산으로 갔다. 그렇다면 「제최척전」에서 말한 '상산의 사인'은 결국 '상산에 가 있었던 조위한'을 가리키는 것인데, 조위한이 상산에 있었던 시기는 1622~1623년이다. 이로써 볼 때, 「제최척전」의 언급은 결국 조위한이 1622~1623년에 「최척전」을 지었다는 뜻을 담고 있다고 이해할 수 있는바, 그간 「최척전」 후지에 의거, 조위한이 1621년에 남원의 주포에서 「최척전」을 창작했다고 본 견해는 수정될 필요가 있다.

조위한이 「이생규장전」·「만복사저포기」·「홍도」를 활용하여 「최척전」을 창작한 주된 이유는, 여주인공 옥영을 '적의 수중에 떨어졌다가 살아 돌아온 열녀'로 형상화하기 위함이었다. 그런데 옥영의 이야기는, 정유재란 때 남편 조찬한을 적의 포위망에서 벗어나게 하고 스스로 목숨을 끊은 유씨의 이야기와 밀접한 관계가 있다. 조위한은 조찬한·유씨 부부에 대한 연민 때문에 「최척전」을 지었지만, 그 역시 전란이라는 특수하고 불가피한 상황 속에서도 정절은 반드시 지켜져야 한다는 사고방식에서 벗어나지 못했다.

제4장에서 다룬 「김영철전」은 애정전기소설과 전계소설의 양식 교섭을 보여주는 작품이다. 선행 연구에서는 대개 홍세태본만을 연구의 대상으로 삼았기 때문에 「김영철전」을 전(傳) 혹은 전계소설로 이해하였다. 그러나 이 글에서 대상으로 삼은 박재연본 「김영철전」은 원작 「김영철전」에 가장 가까운 이본으로서 '전'이 아닌 '소설'이며, 주인공의 형상, 전란의 작품 내적 기능 등의 측면에서 애정전기소설의 영향을 감지된다. 이에 박재연본 「김영철전」의 독해에서 중요한 것은 작품 내용과 당대 역사적 사실의 관련 양상이라기보다는 그 소설적 형상화 방식이라고 할 수 있다.

김영철은 17세기 동아시아의 전란에 휩쓸려 건주와 등주에서 혼인하여 아들을 낳고, 결국 조선의 평안도로 돌아오지만, 작품에서 그는 고국으로 돌아가고 싶지 않은 이의 모습으로 형상화되고 있다. 즉 김영철의 귀국은 그의 절실한 회토지심(懷土之心)에서 비롯된 것이 아니며, 이국에서 편히 살고 싶은 바람을 그냥 내버려두지 않은 '운명'이 그를 고향으로 이끌었던 것이다.

「김영철전」의 공간적 배경은 건주·등주·평안도이다. 김영철은 이 세 지역에서 모두 여인을 만나 혼인을 하고 아들을 낳지만, 평안도에서의 그의 삶은 다른 두 곳에서의 그것에 비해 매우 간략하게 서술된다. 이는 「김영철전」이 17세기 중편 한문소설과 마찬가지로 '견문의 기록'이라는 형식을 취하고 있다는 점과 밀접한 관계가 있다. 「김영철전」에 형상화된 김영철의 이야기는 결국 노년의 김영철이 김응원에게 들려준 그것이며, 이는 그의 기억 속에서 '재구성'된 것이다. 다시 말해 김영철은 자신이 겪었던 모든 일을 이야기한 게 아니며, 그 자신에게 '의미'가 있는 부분만을 '선택'하여 김응원에게 들려준 것이다. 작품에서 건주와 등주는 '풍요'와 '가족애'의 땅으로, 평안도는 '죽음'의 땅으로 형상화되고 있는바, 의식의 문제조차 해결할 수 없고 종군의 고통으로 인해 가족을 파탄의 지경에 이르게 만든 현재 평안도의 상황이, 김영철로 하여금 건주와 등주를 마치 낙원처럼 회상케 한 것이다. 그렇다면 결국 「김영철전」의 작자가 '저곳[건주·등주]'의 이야기를 통해 보여주고자 했던 것은, 다름이 아니라 '이곳[평안도]'의 실상이었다고 할 수 있다.

박재연본·홍세태본·안석경본의 서술 시각에는 큰 차이가 있다. 세 이본의 작자는 모두 김영철이 인정상 차마 할 수 없는 일을 저지를 수밖에 없었던 비극의 주인공이라는 점에 대해서는 동의하고 있다. 하지만 박재연본의 작자는 죽음의 땅인 평안도로 돌아가고 싶지 않았던 김영철의 심리를 탁월한 서사 기법으로 형상화하였고, 홍세태는 김영철의 회토지심(懷土之心)과 군공(軍功)을 강조하였으며, 안석경은 홍세태본에 불만을 표하면서 김영철을 향한 의심의 눈길을 거두지 않았다. 이처럼 김영철의 사적을 이해하는 시각은 다양했지만, 그 기저에는 김영철 이야기의 핵심이 되는, 이국에서 처자를 두었다는 사실 그 자체가 가지고 있을 수밖에 없는 '불온성'에 대한 인식이 공통적으로 자리 잡고 있었던 것이다.

제4부

전기소설의 꿈과 환상 그리고 현실

1. 머리말

한국의 전기소설은 중국의 전기소설과는 달리 '애정전기소설'이 주를 이루고 있으며, 애정전기소설이 아닌 작품은 「취유부벽정기(醉遊浮碧亭記)」·「남염부주지(南炎浮州志)」·「용궁부연록(龍宮赴宴錄)」·「최생우진기(崔生遇眞記)」 정도를 꼽을 수 있다. 이 소설들은 김시습의 『금오신화(金鰲新話)』와 신광한의 『기재기이(企齋記異)』에 실려 있는데, 모두 우의(寓意)로 이해해야 하는 작품들이다. 이는 『금오신화』와 『기재기이』에 실려 있는 애정전기소설들이 남녀의 사랑 이야기 그 자체에 초점이 맞춰져 있는 게 아니라 애정서사를 통해 작자의 처지나 세계관을 표현한 우의인 것과 마찬가지다.

이 글에서 다룰 「취유부벽정기」·「남염부주지」·「용궁부연록」·「최생우진기」는 이계 탐방 혹은 몽중 체험을 소재로 하고 있다. 꿈과 환상을 그린 문학작품은 오래전부터 창작되었지만, 이 소설들의 작자인 김시습과 신광한이 궁극적으로 말하고 싶었던 것은 꿈이나 환상 그 자체가 아니라, 그들이 처한 현실에 관한 것이었다. 그들이 말하고 싶었던 것은 직접적으로 표출하기 곤란한 것이었기에, 무언가에 기대어서 에둘러 표현할 필요가 있었는데, 그때 시야에 포착된 것이 바로 '전기소설'이었다. 김시습에게는 당시 선풍적 인기를 누렸던 『전등신화』가 있었고, 신광한에게는 『금오신화』라는 모범사례가 있었다.

전기소설은 김시습과 신광한이 보기에는 자신의 생각을 담아내기에 가장 적절한 양식일 수 있었겠지만, 그들의 작품을 연구의 대상으로 삼아 분석하는 입장에서는 작품의 '결'과 '행간'을 세심하게 살피지 않으면, 서사적 의미와 우의를 읽어내기 어렵다. 이 글에서는 「취유부벽정기」·「남염부주지」·「용궁부연록」·「최생우진기」를 대상으로 하여 작품의 창작 연원과 그 변용 양상을 살펴보고 서사적 의미를 분석한 뒤, 작품에 담긴 작가 의식에 대해 고찰하기로 한다.[1)]

---

1) 이 책 제4부에서 인용하는 자료의 서지 사항은 다음과 같다. 『금오신화』는 최용철 편, 『금오신화의 판본』(국학자료원, 2003)에 수록된 조선간본 『금오신화』를, 『기재기이』는 소재영, 『기재기이연구』(고려대학교 민족문화연구소, 1990) 부록의 고려대학교 만송문고본 『기재기이』를, 『전등신화』는 정용수 역주, 『전등신화구해 역주』(푸른사상, 2003) 부록의 규장각본 『전등신화구해』를, 四書는 『經書: 大學·論語·孟子·中庸』(성균관대학교 대동문화연구원, 1965)을 대본으로 한다. 이하 작품 인용 시에는 원문 뒤에 작품명 및 서명과 이 책들의 쪽수만을 표시하기로 한다. 작품의 번역은 심경호 역, 『매월당 김시습 금오신화』(홍익출판사, 2000)와 박헌순 역, 『기재기이』(범우사, 1990)를 참조했다.

2. 「취유부벽정기(醉遊浮碧亭記)」

지금까지의 『금오신화』 연구는 대개 작자 김시습의 생애 및 사상과의 관련성, 소설사적 의의 및 장르적 성격, 『전등신화』와의 관련성 등의 측면에서 이루어졌는데, 그 성과가 매우 많아서 이제 선행 연구를 완전히 뒤집을 만한 새로운 논의가 나오기는 힘든 상황이 되었다.[1] 『금오신화』를 총괄적으로 다룬 논의에다가 개별 작품론 및 여타 주제 논문에서의 단편적인 언급들까지 포함하면, 『금오신화』와 관련된 연구 성과들은 족히 수백 편에 이를 것이다.

『금오신화』 연구의 중요한 쟁점 가운데 하나는 『금오신화』와 『전등신화』의 관련 양상이다. 이는 일찍이 김안로(金安老)가 『용천담적기(龍泉談寂記)』에서 『금오신화』가 『전등신화』를 본떴다는 사실을 언급한 이래로,[2] 현대의 연구자들에 이르기까지 꾸준히 주목되어 온 문제이다.[3] 초기 연구자들은

---

1) 『금오신화』 연구사는 정규복, 「금오신화의 연구사」(『한국고소설사의 연구』, 한국연구원, 1992); 이석래, 「금오신화는 전등신화의 모방인가」(『한국문학사의 쟁점』, 집문당, 1986); 김광순, 「금오신화의 연구사적 검토와 쟁점」(『어문논총』 33, 경북어문학회, 1999); 소인호, 「금오신화 연구의 성과와 전망」(『고소설연구사』, 월인, 2002) 등에서 이루어졌다. 이 글에서 다루고자 하는 「취유부벽정기」의 연구사는 특히 박일용, 「취유부벽정기의 형상화 방식과 그 의미」(『고소설연구』 14, 한국고소설학회, 2002), 6~9쪽; 박일용, 「취유부벽정기의 삽입시와 서사 구조」(『고전문학과 교육』 15, 한국고전문학교육학회, 2008), 421~424쪽에서 상세히 다루어졌다.

2) 入金鰲山 著書藏石室曰 後世必有知岑者 其書大抵述異寓意 効剪燈新話等作也(무악고소설자료연구회 편, 『한국고소설관련자료집』 1, 태학사, 2001, 177쪽)

3) 최남선, 「금오신화해제」(『계명』 19, 계명구락부, 1927); 김태준, 『증보 조선소설사』(학예사, 1939); 박성의, 「비교문학적 견지에서 본 금오신화와 전등신화」(『문리논집』 3, 고려

두 작품의 모티프나 구절 등의 영향 관계에 주목하였는데, 이런 관점에서 이루어진 연구는 결국 『금오신화』의 '독창성 여부' 문제로 귀결될 수밖에 없었다. 이에 『금오신화』의 독창성을 강조하며 전기소설의 장르관습 속에서 『금오신화』를 살펴본 경우도 있었지만,[4] 연구자들은 『금오신화』 연구에서 『전등신화』를 배제하지 못한다. 왜냐하면 『금오신화』의 창작에 끼친 『전등신화』의 영향은 '절대적'이라고 해도 과언이 아니기 때문이다. 그래서 최근에 이루어지고 있는 비교 연구의 방향은 『전등신화』와의 정밀한 대비를 통해 『금오신화』를 재해석하는 쪽으로 나아가고 있으며, 이 글 역시 이와 같은 관점에 있다.

『금오신화』에 수록된 다섯 작품 가운데 「취유부벽정기」는 그 연구 성과가 다른 작품들에 비해 상대적으로 소략한 편이지만, 연구자들의 견해차가 큰 작품이기도 하다. 그 이유는 여러 가지가 있겠으나, 근본적으로는 「취유부벽정기」가 「만복사저포기」나 「이생규장전」 같은 애정전기소설에 비해 서사가 상대적으로 빈약하다는 데 있지 않은가 한다. 또한 「취유부벽정기」는 「용궁부연록」만큼 시문이 중심인 작품도 아니며 「남염부주지」처럼 의론이 중심인 작품도 아니니, 어디서부터 논의를 시작해야 할지 갈피를 잡기가 어려운 게 사실이다.

「취유부벽정기」는 『전등신화』에 수록되어 있는 「등목취유취경원기」와 「감호야범기」의 영향을 받은 작품이다. 「취유부벽정기」의 비교문학적 연구

대학교, 1958); 정주동, 『매월당 김시습 연구』(신아사, 1965); 한영환, 『금오신화와 전등신화의 구성비교연구』(개문사, 1975); 이상익, 「금오신화와 전등신화」(『한중소설의 비교문학적 연구』, 삼영사, 1983); 박일용, 「금오신화와 전등신화에 나타난 애정 모티프의 형상화방식과 그 의미」(『동아시아문학 속에서의 한국한문소설 연구』, 고려대학교 민족문화연구원, 2002); 정환국, 「금오신화와 전등신화의 지향과 구현화 원리」(『고전문학연구』 22, 한국고전문학회, 2002); 정환국, 「전란 소재 애정전기소설의 성립과 발전에 관한 시론」(『초기 소설사의 형성 과정과 그 저변』, 소명출판, 2005); 정출헌, 「고전소설의 천편일률을 패러디의 관점에서 읽는 법」(『국제어문』 38, 국제어문학회, 2006).

4) 박희병, 「전기소설의 장르관습과 금오신화」(『한국전기소설의 미학』, 돌베개, 1997).

는 대체로 이 작품들 사이의 동이(同異)를 평면적으로 비교하는 수준에 머물러 있었는데, 근래 박일용은 「취유부벽정기」가 「등목취유취경원기」와 「감호야범기」를 창의적으로 교합하는 과정을 논하였다.[5] 이 글 역시 박일용의 논문과 동일한 문제의식에서 출발하지만, 필자의 「취유부벽정기」 이해는 선학의 그것과 일정한 차이가 있다. 이 글에서는 「취유부벽정기」와 「등목취유취경원기」·「감호야범기」의 관련성을 검토하고, 작품의 서사적 의미와 작가 의식을 살펴보고자 한다.

(1) 「취유부벽정기」와 『전등신화』의 관련 양상

선행 연구들에서 언급한 바와 같이 「취유부벽정기」는 『전등신화』에 수록된 「등목취유취경원기」·「감호야범기」의 영향을 받은 작품이다. '취유부벽정기(醉遊浮碧亭記)'라는 제목은 '등목취유취경원기(滕穆醉遊聚景園記)'라는 제목과 같다. '홍생취유부벽정기(洪生醉遊浮碧亭記)'라고 하면 『금오신화』 소재 다른 작품들의 제목과 자수(字數)가 많이 달라지기에 주인공의 이름을 뺐을 것이다. 그런데 「취유부벽정기」의 서사 전개는 「등목취유취경원기」보다는 「감호야범기」와 더 유사하다. 「취유부벽정기」에서 홍생이 부벽정에서 기씨를 만나는 대목까지는 「등목취유취경원기」에서 등목이 위방화를 만나는 대목과 비슷하지만, 그 이후에 홍생이 기씨와 만나 대화를 나누고 시를 수창하는 장면은 「감호야범기」에서 성영언이 직녀를 만나는 장면과 거의 같기 때문이다. 요컨대 「취유부벽정기」는 그 제목과 만남 장면까지는 「등목취유취경원기」의 그것을, 만남 이후의 서사 전개는 「감호야범기」의 그것을 취한 것이다. 그런데 이와 같은 「취유부벽정기」의 구성 방식은, 서론에서 언급했듯이 결국 이 작품을 「만복사저포기」나 「이생규장전」에 비

5) 박일용, 「취유부벽정기의 형상화 방식과 그 의미」(『고소설연구』 14, 한국고소설학회, 2002).

해 서사를 빈약하게 만드는 한편, 「남염부주지」나 「용궁부연록」에 비해 의론이나 시의 비중을 약화시키는 결과를 초래했다. 이와 관련하여 「등목취유취경원기」와 「감호야범기」의 구성적 특징을 잠시 언급할 필요가 있을 것 같다.

전기소설을 이해하는 데 삽입 문예 양식이 대단히 중요하다는 점은 선행 연구에서 이미 언급된 바 있다.[6] 명확히 가를 수는 없지만, 전기소설은 서사가 중요한 작품과 삽입 문예 양식이나 의론이 중요한 작품으로 나누어 볼 수 있으니, 「등목취유취경원기」는 전자이고 「감호야범기」는 후자라고 할 수 있다. 이 글의 논지에서 약간 벗어난 이야기가 될 수는 있으나, 필자는 「감호야범기」가 희작적(戱作的) 성격을 상당히 가지고 있지 않은가 생각한다. 「감호야범기」에서 직녀는 성영언에게 세상에 떠도는 견우·직녀 이야기들이 모두 잘못된 것이라 말하고는 그에게 세상에 나가 시비를 밝혀달라고 청한다. 그런데 다시 속세로 돌아온 성영언의 행동은 직녀의 부탁 따위는 안중에도 없는 이의 그것인바, 이는 「감호야범기」의 창작 목적이 직녀의 정절 의식 같은 문제와는 별 관계가 없음을 뜻한다. 즉 「감호야범기」의 작자는 억울한 사연을 가진 직녀를 여주인공으로 등장시키고 그녀의 입을 통해 애정 고사들을 나열함으로써 자신의 식견을 과시하는 데 목적이 있었던 것이다.

그렇다면 「취유부벽정기」 역시 「감호야범기」와 마찬가지의 성격을 가지고 있다고 할 수 있을까? 다시 말해 희작으로까지 볼 수는 없더라도 서사보다는 시가 중심인 작품으로 이해할 수는 없을까? 그간의 「취유부벽정기」 연구는 삽입시와 서사의 관련성 및 부벽정의 공간적 의미 파악에 집중되었다고 할 수 있는데,[7] 이 점에서 필자는 선행 연구가 대체적으로 타당하게

6) 민병수, 「한문소설의 삽입시에 대하여」(『한국고전산문연구』, 동화문화사, 1981); 박희병, 「전기소설의 문제」(『한국전기소설의 미학』, 돌베개, 1997).

7) 윤호진, 「취유부벽정기의 공간구조와 작가의식」(『중국어문학』 18, 영남중국어문학회,

이루어졌다고 생각한다. 하지만 그렇기 때문에 현시점에서 「취유부벽정기」 연구의 중요한 과제는 오히려 작품의 서사적 의미를 밝히는 일일 수 있다고 본다.

윤재민은 전기소설을 '애정류(愛情類)'와 '지우류(知遇類)'로 구분한 바 있는데,[8] 이에 따르면 「등목취유취경원기」는 전자이고 「감호야범기」는 후자라 할 수 있다. 그렇다면 「취유부벽정기」는 어디에 속할까? 애정류 전기소설에서 남주인공은 대개 여주인공과 혼전 성관계를 갖는다. 이에 애정류 작품에서의 갈등은 '야합'과 '규범'의 충돌에서 비롯되고, 갈등의 해소 여부에 따라 결말의 방식이 갈린다. 한편 지우류 전기소설에서는 남주인공이 초현실적인 공간으로 진입하여 현실에서는 발휘하지 못했던 재주를 펼쳐 보인다. 때문에 지우류에서는 주인공의 문재나 사상을 드러내는 삽입 문예 양식에 많은 부분이 할애되기 마련이다. 그렇다면 「취유부벽정기」는 기본적으로 지우류 전기소설이라고 해야 할 것이다. 그런데 김시습은 「취유부벽정기」를 창작하면서 『전등신화』에 수록되어 있는 애정류와 지우류 작품을 하나씩 끌어들여 변용하였다. 필자는 바로 이 점이 작품을 이해하는 데 매우 중요하다고 생각한다. 이를 염두에 두고 「취유부벽정기」와 「등목취유취경원기」의 서두를 보자.

1990); 이승수, 「한국문학의 공간 탐색 1 평양-김시습의 취유부벽정기와 이태준의 패강랭을 중심으로」(『한국학논집』 33, 한양대학교 한국학연구소, 1999); 박일용, 「취유부벽정기의 삽입시와 서사 구조」(『고전문학과 교육』 15, 한국고전문학교육학회, 2008); 전성운, 「취유부벽정기의 공간성과 서사 전개」(『우리어문연구』 34, 우리어문학회, 2009); 김수연, 「취유부벽정기의 경계성에 대하여」(『한국고전연구』 19, 한국고전연구학회, 2009); 문복희, 「취유부벽정기에 나타난 김시습의 시세계」(『인문과학연구』 27, 강원대학교 인문과학연구소, 2010).

8) 윤재민, 「조선 후기 전기소설의 향방」(『민족문학사연구』 15, 민족문학사연구소, 1999), 17~22쪽; 윤재민, 「한국한문소설의 유형론」(『민족문화연구』 35, 고려대학교 민족문화연구원, 2001), 151~154쪽.

평양은 고조선의 수도이다. 주 무왕이 상나라를 이기고 기자를 방문하니, 기자는 홍범구주의 법을 진술하였다. 무왕은 이 땅에 기자를 봉하고 신하로 삼지 않았다. 그곳의 명승지인 금수산·봉황대·능라도·기린굴·조천석·추남허는 다 고적이며, 영명사·부벽정도 그중 하나다. 영명사는 동명왕의 구제궁으로 성곽 바깥 동북쪽 20리 되는 곳에 있는데, 긴 강을 굽어보고 평원을 멀리 바라보고 있으니, 한눈에 바라볼 수 없을 정도로 끝없어 참으로 승경이다. 화려한 배와 상선들이 저물녘에 대동문 밖 버들 숲 물가에 정박하는데, 그곳에 머무르면 반드시 물길을 거슬러 올라가 이곳에서 마음껏 구경하고 실컷 즐기다 돌아갔다. 부벽정의 남쪽에는 돌을 다듬은 층계가 있어 왼쪽은 청운루라 하고 오른쪽은 백운제라 한다. 돌에다 새겨 화표주를 세워놓았기에 호사가들이 완상하는 곳이 되었다. 천순 초, 송경에 부잣집 홍생이 있었는데, 나이가 젊고 용모가 아름다웠으며 풍모가 있는데다가 글도 잘 지었다. 마침 추석을 맞이하여 친구들과 함께 베를 가지고 가서 실을 사려고[抱布貿絲] 나루터에 배를 대었다. 그랬더니 성중의 유명한 창기들이 성문에 나와 그에게 눈길을 보냈다. 성중에서는 친구 이생이 잔치를 벌여 위로하였다. 홍생은 잔뜩 술에 취하여 배로 돌아왔는데, 밤기운이 서늘하여 잠을 이루지 못했다. 그러다 갑자기 장계의 「풍교야박」 시가 생각나 맑은 흥을 이기지 못해 작은 배를 타고 달빛을 받으며 노를 두드려 물길을 거슬러 올라갔다. 홍이 다하면 돌아오리라 생각하다 이른 곳이 바로 부벽정 아래였다.9)

연우 초, 영가의 등생은 이름이 목이었는데, 나이는 26세였다. 풍모가 아름답

---

9) 平壤 古朝鮮國也 周武王克商 訪箕子 陳洪範九疇之法 武王封于此地而不臣也 其勝地 則錦繡山鳳凰臺綾羅島騏驎窟朝天石楸南墟 皆古跡 而永明寺浮碧亭 其一也 永明寺 卽東明王九梯宮也 在郭外東北卄里 俯瞰長江 遠矚平原 一望無際 眞勝境也 畫舸商舶 晩泊于大同門外之柳磯 留則必泝流而上 縱觀于此 極歡而旋 亭之南有鍊石層梯 左曰靑雲梯 右曰白雲梯 刻之于石 立華柱 以爲好事者玩 天順初 松京有富室洪生 年少美姿容 有風度 又善屬文 値仲秋望 與同伴 抱布貿絲于箕城 泊舟艤岸 城中名娼 皆出闉闍 而目成焉 城中有故友李生 設宴以慰 生酣醉回舟 夜凉無寐 忽憶張繼楓橋夜泊之詩 不勝淸興 乘小艇 載月打槳而上 期興盡而返 至則浮碧亭下也(「醉遊浮碧亭記」, 50~51쪽)

고 시를 잘 읊었으므로 뭇 사람들의 추앙을 받았다. 그는 평소에 임안의 산수가 뛰어나다는 말을 듣고 한번 그곳에서 노닐어야겠다고 생각했다. 갑인년, 과거가 부흥하자 드디어 향서로 추천을 받아 갔다. 그곳[임안]에 이르러 용금문 밖에 부쳐 살면서, 남북의 두 산 및 서호 가의 여러 절들, 곧 영은사·천축사·정자사·보석사 등으로부터 옥천·호포천·천룡봉·영취봉·석옥동·냉천정에 이르기까지 왕래하지 않는 날이 없었으며, 그윽한 골짜기와 깊은 수풀, 낭떠러지와 절벽에 발자취가 거의 다 이르렀다. 등생은 7월 보름에 국원에서 연꽃을 감상하다가 서호에서 묵게 되어 뇌봉탑 아래에 배를 댔다. 이날 밤, 달빛은 대낮 같고 연꽃 향기는 온몸에 퍼지는데, 큰 물고기가 물결 사이에서 뛰어오르고 자던 새들이 언덕 가로 날아오르며 우는 소리가 때때로 들려왔다. 등생은 이미 술에 잔뜩 취해 누워도 잠을 이룰 수 없었다. 옷을 걸치고 일어나 둑을 돌며 경치를 구경했는데 발걸음이 취경원에 이르자 발길이 가는 대로 안으로 들어갔다.[10)]

「취유부벽정기」의 서두는 평양의 역사적 유적지에 대한 묘사로 시작한다. 이를 지리서의 공식적 어투 혹은 산수기 창작의 전통과 연결시켜 이해한 관점도 있지만,[11)] 사실 이 부분은 항주(杭州)의 명승지에 대한 묘사로 시작되는 「등목취유취경원기」의 서두와 보다 직접적인 관련이 있다고 보아야 할 것이다. 그런데 둘 사이에는 간과할 수 없는 차이점이 있다. 「등목취유취경원기」의 서두는 남주인공 등목에 대한 소개로 시작된다. 등목은 과거

---

10) 延佑初 永嘉滕生名穆 年二十六 美風調 善吟咏 爲衆所推許 素聞臨安山水之勝 思一遊焉 甲寅歲 科擧之詔興 遂以鄕書赴薦 至則僑居湧金門外 無日不往來於南北兩山 及湖上諸刹靈隱天竺淨慈寶石之類 以至玉泉虎跑天龍靈鷲石屋之洞冷泉之亭 幽澗深林 懸崖絶壁 足跡殆將徧焉 七月之望 於麯院賞蓮 因而宿湖 泊舟雷峯塔下 是夜 月色如晝 荷香滿身 時聞大魚跳躑於波間 宿鳥飛鳴於岸際 生已大醉 寢不能寐 披衣而起 遶堤觀望 行至聚景園 信步而入(「滕穆醉遊聚景園記」, 上100~102쪽)

11) 신재홍, 「금오신화와 기재기이의 전기적 성격」(『한국몽유소설연구』, 계명문화사, 1994), 255쪽; 박희병, 「금오신화 창작의 연원과 배경」(『한국전기소설의 미학』, 돌베개, 1997), 181~183쪽.

에 응시하기 위해 임안(臨安: 항주)으로 갔다가 용금문(湧金門) 밖에 머무르며 근처의 명승지를 유람하는데, 어느 날 밤 술에 취해 취경원에 이르고 그곳에서 가귀비(賈貴妃)의 궁녀였던 여주인공 위방화(衛芳華)를 만난다. 이에 반해 「취유부벽정기」의 서두는 남주인공 홍생에 대한 묘사가 아닌, 기자(箕子)의 동래(東來) 이야기 및 고구려의 역사가 담겨 있는 유적지에 대한 묘사로 시작되며, 남주인공 홍생은 평양에 대한 묘사가 다 끝난 후 소개되고 있다.

그런데 이는 무의미한 순서 교체가 아니다. 『금오신화』 다섯 편 가운데 주인공에 대한 서술로 시작되는 작품은 「만복사저포기」·「이생규장전」·「남염부주지」이고, 경치에 대한 묘사로 시작되는 작품은 「취유부벽정기」·「용궁부연록」이다. 「용궁부연록」은 『전등신화』의 「수궁경회록」과 「용당영회록」을 조합한 작품인데, 「용궁부연록」의 서두는 오강(吳江)의 용왕당(龍王堂)에 대한 묘사로 시작되는 「용당영회록」의 서두를 참조한 것이다. 그런데 「취유부벽정기」의 서두는 분명히 「등목취유취경원기」의 그것을 염두에 두었음에도 불구하고 「취유부벽정기」와는 다르게 시작하고 있으니, 여기에는 어떤 의도가 담겨 있을 가능성이 높은 것이다.

평양은 전통적으로 '고도(古都)'와 '기도(妓都)'의 이미지를 가지고 있는 곳이다.[12] 「취유부벽정기」의 서두에서 주목해야 할 점은, 홍생이 평양에서 한 일이 전자가 아닌 후자와 관련이 있다는 사실이며, 이것이 바로 「취유부벽정기」의 서두가 「등목취유취경원기」의 서두와 다르게 시작하는 중요한 이유이다. 다시 말해 「등목취유취경원기」의 등목은 임안의 역사적 명소들에 관심을 가지고 그곳들을 유람하는 데 반해 「취유부벽정기」의 홍생은 평양의 유적지에는 전혀 관심을 두지 않고 오로지 그곳을 색향(色鄕)으로만

12) 심경호, 「관서·관북 지역의 인문지리학적 의의와 문학」(『한국고전연구』 24, 한국고전연구학회, 2011); 탁원정, 「고소설 속 관서·관북 지역의 형상화와 그 의미」(『한국고전연구』 24, 한국고전연구학회, 2011).

인식하고 있는 것이다. 요컨대 두 작품 서두의 기술 순서는 남주인공이 명승지를 유람했는지의 여부와 관련된 것이며, 김시습은 바로 이 점을 염두에 두고 「등목취유취경원기」의 서두를 변용하여 「취유부벽정기」의 서두를 평양의 경치와 유적지에 대한 묘사로 시작했던 것이다.

등목은 원나라 연우(延祐: 1314~1320년) 연간의 사람인데, 그가 임안의 명승지를 유람한 이유는 일차적으로 그곳의 승경에 대한 관심 때문이다. 하지만 등목의 발걸음이 취경원으로 향한 이유는 결국 멸망한 지 40년이 지난 전조(前朝) 송나라에 대한 서리지탄(黍離之歎)에서 비롯된 것이며, 그 같은 회고 의식이 위방화와의 만남의 계기가 되었다고 할 수 있다.[13] 한편 홍생은 천순(天順: 1457~1464년) 초(初)의 사람인데, 여기서 주목해야 할 점은 홍생이 역사와 현실에 '무관심'한 인물로 그려지고 있다는 사실이다. 그것이 홍생의 본래적인 면모인지 혹은 의도적인 회피인지는 자세히 살펴보아야 할 문제이지만, 「취유부벽정기」의 서두 구성 방식이 결국 홍생의 그 같은 무관심을 형상화하기 위한 것임은 분명해 보인다. 선행 연구에서는 대개 이와 같은 작품 서두의 의미를 간과하고 홍생이 마치 애초부터 기씨와의 만남을 꿈꾸었던 것처럼 이해한 경우가 많았다. 하지만 홍생은, 「만복사저포기」의 양생처럼 애초부터 결핍을 가진 존재가 아니었으며, 부잣집 자제로서 기녀와의 유흥[抱布貿絲]이나 즐기면서 역사와 현실에 관심을 기울이지 않는 인물이었다.[14]

---

13) 時宋亡已四十年 園中臺舘 如會芳殿淸輝閣翠光亭 皆已頹毁 惟瑤津西軒 巋然獨存 生至軒下 凭欄少憩 俄見有一美人先行 一侍女隨之 自外而入 風鬟霧鬢 綽約多姿 望之殆若神仙 生於軒下 屛息以觀其所爲 美人言曰 湖山如故 風景不殊 但時移世換 令人有黍離之悲爾(「滕穆醉遊聚景園記」, 上102~103쪽)

14) 임형택, 「김시습의 사상체계와 금오신화」(서울대학교 석사논문, 1971), 40~41쪽에서 "主人公 洪生은 開城商人인데 豪男兒요 詩를 잘했다. 그는 商人이면서도 말하자면 훌륭한 文士였던 것이다. 여기서 우리는 商業에 종사하는 점에 의문이 가지 않을 수 없다. 이에 대한 해답은 그가 開城人이라는 데서 찾아질 수 있다. 王朝의 交替로 政治權力에서 疎外된 高麗의 遺臣들이 일부 '隱於商'했음을 우리는 알고 있다. 이러한 開

「등목취유취경원기」에서 등목이 위방화를 만난 곳은 취경원이다. 취경원은 송(宋) 이종(理宗)의 비(妃)인 가귀비가 묻혀 있는 연복사(演福寺) 옆에 위치한 곳이며, 위방화는 가귀비의 시녀이다. 때문에 등목과 위방화의 만남은, 등목의 전조에 대한 회고 의식과 이민족이 세운 원(元)나라에 대한 거부감 및 한족(漢族) 중심의 정통 왕조에 대한 희구와 어느 정도 연관 지을 수 있다. 한편 「취유부벽정기」에서 홍생이 기씨를 만난 곳은 부벽정이다. 부벽정은 기자묘(箕子墓) 근처에 있는 곳이며, 기씨는 기자의 후손이다. 때문에 홍생과 기씨의 만남은 홍생의 전조[고려]에 대한 회고 의식과는 직접적인 관련이 없다.[15] 요컨대 「등목취유취경원기」에서는 연우 연간이라는 시간적

城商人은 文化的인 傳統이 있었기 때문에 장사를 하면서도 선비로서 敎養을 지닐 수 있었다고 보인다. 즉 洪生은 開城的인 風土에서 성장한 인물이었다. 우리는 洪生의 意識에 주목할 필요가 있다. 그는 平壤으로 貿易하러 가서 배를 정박시키고 추석날 밤 흥을 따라서 浮碧亭에 올랐던 것이다."라고 한 이래로, 이상택, 「취유부벽정기의 도가적 문화의식」(『한국고전소설의 탐구』, 중앙출판, 1981), 129쪽; 문영오, 「금오신화에 굴절된 한의 고찰」(『한국문학연구』 10, 동국대학교 한국문학연구소, 1987), 115쪽; 윤채근, 『소설적 주체, 그 탄생과 전변』(월인, 1999), 189쪽; 이대형, 『금오신화 연구』(보고사, 2003), 107쪽에서 홍생을 商人으로 보았다. 이는 「취유부벽정기」의 서두에 나오는 경치 묘사 가운데 "畫舸商船 晚泊于大同門外之柳磯 留則必泝流而上 縱觀于此 極歡而旋"(「醉遊浮碧亭記」, 50쪽)이라고 한 부분과 홍생을 소개하는 대목에서 "天順初 松京有富室洪生 年少美姿容 有風度 又善屬文 值仲秋望 與同伴 抱布貿絲于箕城 泊舟巘岸"(「醉遊浮碧亭記」, 50~51쪽)이라고 한 부분이 서로 관련이 있다고 보았기 때문일 것이다. 하지만 이 대목들은 서로 연관이 없는 별개의 서술이며, 더구나 '抱布貿絲'가 『詩經』 衛風 「氓」에 나오는 구절로 '여자를 유혹함'을 의미한다는 사실이 심경호 역, 『매월당 김시습 금오신화』(홍익출판사, 2000), 154쪽에서 언급되었으므로, 홍생을 개성 상인으로 보는 견해는 수정되어야 할 것이다.

15) 예컨대 임형택, 위의 논문, 40~41쪽에서는 홍생을 정권으로부터 소외된 고려유민·개성상인으로 보았고, 이혜순, 「금오신화」(『한국고전소설작품론』, 집문당, 1990), 19~22쪽에서는 홍생을 前朝인 고려에 대한 유한을 가진 인물로 보고 홍생과 기씨의 만남을 '단군왕검→기자조선→고구려→고려'로 이어지는 민족사 정통의 재확인으로 보면서, 이와 같은 김시습의 고려에 대한 회고 의식이 단종을 퇴위시키고 왕위를 찬탈한 세조에 대한 불만으로 촉진되었다고 하였다. 하지만 「취유부벽정기」의 시간적 배경은 고려에 대한 회고의 감회를 느낄 수 있는 시기라기보다는 세조가 왕위를 찬탈하고 단종이 죽은 때로서의 의미가 더 크다. 문범두, 「취유부벽정기의 구조와 의미」(『한국소설

배경과 취경원이라는 공간적 배경이 직접적인 연관이 있는 반면, 「취유부벽정기」에서는 천순 초(初)라는 시간적 배경과 부벽정이라는 공간적 배경이 직접적인 연관성을 갖지 못하는 것이다.

홍생은 친구인 이생과 평양에서 질탕하게 논 뒤 술에 취해 배로 돌아왔다가 잠을 이루지 못하고, 장계(張繼)의 「풍교야박(楓橋夜泊)」을 읊은 후 흥을 이기지 못해 작은 배에 몸을 싣고 물길을 거슬러 올라간다. 이 부분은 「등목취유취경원기」에서 등목이 '술에 취해' 취경원으로 걸어가는 장면과 「감호야범기」에서 성영언이 송지문(宋之問)의 「명하편(明河篇)」을 읊은 뒤 '배를 타고' 직녀가 있는 곳[은하수]으로 가는 장면[16]을 섞은 것이다. 즉 김시습은 '술'에 취한 등목의 정신 상태와 '시'를 읊은 뒤 '배'를 타고 가는 성영언의 형상을 조합한 것인데, 이 점 역시 작품을 이해하는 데 중요하다.

앞서 언급했듯이 「취유부벽정기」에서 홍생과 기씨의 만남 이후 서사는 「감호야범기」에서 성영언이 직녀를 만나는 장면과의 유사성이 더 크지만, 홍생이 술에 취한 상태에서 기씨를 만나는 것은 등목이 취중에 위방화를 만난 것과 같다. 그런데 「등목취유취경원기」와 「취유부벽정기」의 '취유(醉遊)'는 그 의미가 같지 않다. 등목은 술에 취한 상태에서 취경원을 찾아가 위방화를 만나고, 그녀와 3년 동안 함께 생활한 뒤 헤어진다. 때문에 「등목취유취경원기」에서의 '취유'는 단순히 등목이 술에 취해 취경원으로 가서 노닐었다는 사실 그 자체를 가리킬 뿐이다. 그러나 「취유부벽정기」의 '취유'에는 홍생이 술에 취해 부벽정으로 갔다는 사실 이상의 의미가 내재되어

의 전개』, 문창사, 1998), 79쪽에서 이혜순의 논의를 비판하며 "고려의 도읍지 開城 출신인 홍생으로 하여금 고구려 옛터에서 망국한에 빠져들게 한 구성을 그렇게 해석할 소지를 갖게 한다. 그러나 매월당이 설혹 고려 패망에 대해 깊은 유감을 지니고 있었다 하더라도 그것이 작품에 특별한 의미를 지니는 것 같지는 않다. 작품배경이 된 평양은 오히려 그것이 고조선이나 고구려의 遺墟일 때 작가적인 의미를 지니기 때문이다."라고 하였다.

16) 乃扣船舷 歌宋之問明河之篇 飄飄然有遺世獨立 羽化登仙之意 舟忽自動 其行甚速 風水俱駃 一瞬千里 若有物引之者 令言莫測 須臾至一處(「鑑湖夜泛記」, 下91쪽)

있다. 다음은 홍생과 기씨가 헤어지는 장면이다.

> 기씨는 시를 다 쓰고는 붓을 던지고 허공으로 솟아올라 떠났는데, 어디로 갔는지 알 수 없었다. 그녀는 돌아가려 할 때 시녀를 통해 다음과 같은 말을 전하였다. "천제의 명이 지엄하시므로 흰 난새를 타고 가려 하오. 맑은 이야기를 다 하지 못하였으니 내 마음이 아프오." 잠시 후 회오리바람이 땅을 말더니 생의 자리까지 불어와 시를 낚아채 갔는데, 역시 어디로 갔는지 알 수 없었다. 아마도 기이한 이야기가 인간 세상에 전파되지 않게 하고자 하여 그랬던 것 같았다. 홍생은 정신이 번쩍 들어 일어나서 아득히 생각해보니, 꿈인 것 같기도 하고 아닌 것 같기도 하였으며 참인 것 같기도 하고 아닌 것 같기도 하였다. 그는 난간에 기대어 주의 깊게 생각하여 그 말들을 다 기억했다. 그리고 기이한 만남이었는데 두터운 정을 다하지 못했다는 생각이 들었다. 이에 지난 일을 추억하여 다음과 같은 시를 읊었다.
>
> 양대에서의 운우지정은 한바탕 꿈,
> 언제나 옥소의 가락지를 다시 볼 수 있을까?
> 강 물결이 비록 무정하다 하나,
> 오열하듯 슬피 울며 이별의 물굽이를 흘러내려가네.[17)]

기씨와 헤어진 후 "홍생은 정신이 번쩍 들어 일어났다.[生惺然而立]"라고 하였다. '성연(惺然)'은 정신이 맑아졌다는 뜻이며, 문맥상 '惺'은 '醒'과도 같아 '술이 깸[酒醒]'인 동시에 '깨달아 앎[覺醒]'이기도 하다. 또 '성(惺: 醒)'은 '취(醉)'와는 대조적인 정신 상태를 의미하기에, '취'는 '술에 취함'인

---

17) 寫訖 擲筆淩空而逝 莫測所之 將歸使侍兒傳命曰 帝命有嚴 將驂白鸞 淸話未盡 愴我中情 俄而回飆捲地 吹倒生座 掠詩而去 亦不知所之 蓋不使異話 傳播人間也 生惺然而立 藐爾而思 似夢非夢 似眞非眞 倚闌注想 盡記其語 因念奇遇 而未盡情款 乃追懷以吟曰 雲雨陽臺一夢間 何年重見玉簫環 江波縱是無情物 嗚咽哀鳴下別灣(「醉遊浮碧亭記」, 64～65쪽)

동시에 '깨닫지 못함'이라고 할 수 있다. 이처럼 '취'에서 '성'으로의 변화는 주인공 홍생의 '깨달음'을 상징한다고 볼 수 있는데, 홍생이 기씨와의 만남을 통해 얻은 깨달음이란 과연 무엇일까?

이 문제를 살펴보기 전에 생각해 보아야 할 것은 홍생과 기씨의 관계이다. 위의 인용문에 보이듯 기씨를 대하는 홍생의 태도는 연인을 향한 그것이고, 홍생은 기씨를 연모하다가 세상을 떠나므로, 그의 죽음은 연인을 향한 그리움에서 비롯된 일처럼 보이기도 한다. 다음은 「취유부벽정기」의 마지막 부분이다.

> 홍생은 놀라 잠에서 깨었다. 그리고 집안사람들에게 명하여 목욕하고 옷을 갈아입히도록 하고는 향을 사르고 땅을 쓴 뒤에 뜰에다 자리를 깔게 하였다. 그런 후 턱을 괴고 잠깐 누웠다가 갑자기 세상을 떠났는데, 이날이 곧 9월 보름이었다. 홍생은 초빈한 지 며칠이 되었는데도 안색이 변하지 않았기에, 사람들이 신선을 만나 시해한 것으로 여겼다.[18]

「만복사저포기」·「이생규장전」·「운영전」 같은 애정전기소설에서 남주인공이 세상을 버리는 이유는 더 이상 이 세상에 존재할 이유가 없기 때문이다.[19] 애정전기소설의 남주인공이 추구하는 가치는 오로지 애정의 성취에 놓여 있는바, 애정전기소설에서의 애정은 생의 다른 가치들까지 두루 포함하거나 대변하게 된다. 그리고 그 때문에 남주인공의 죽음은 이승에서 못다 한 사랑을 저승에서라도 이루고자 하는 의지의 표현이 되는 것이다. 그렇다면 「취유부벽정기」에서의 홍생의 시해(尸解)도 다른 애정전기소설에서의 남주인공의 죽음과 동일한 맥락에서 해석할 수 있으며, 홍생과 기씨의

---

18) 生驚覺 命家人 沐浴更衣 焚香掃地 鋪席于庭 支頤暫臥 奄然而逝 卽九月望日也 殯之數日 顔色不變 人以爲遇仙尸解云(「醉遊浮碧亭記」, 66쪽)

19) 「만복사저포기」의 결말이 가지고 있는 의미를 임치균, 「용궁부연록의 환상 체험 연구」(『정신문화연구』 124, 한국학중앙연구원, 2011), 8~9쪽에서 논하였다.

만남도 여타 애정전기소설 남녀 주인공의 그것과 동일한 성격을 가지고 있다고 볼 수 있을까?[20] 필자는 다음과 같은 이유로 인해 홍생과 기씨의 만남이 애정전기소설의 남녀의 만남과는 다르다고 생각한다.

우선 애정전기소설인 「등목취유취경원기」에서는 위방화가 먼저 서리지탄을 하고 등목을 유혹하는 내용의 시를 읊은 후 등목이 이 모습을 보고 그녀의 시에 걸맞은 내용의 화답시를 짓는 데 반해, 「취유부벽정기」에서는 홍생이 먼저 맥수지탄(麥秀之歎)을 하고 평양의 유적지에 관한 시를 읊은 후 기씨가 나타나 그에 걸맞은 내용의 화답시를 짓는다는 점이다. 이처럼 두 작품은 탄식의 주체, 시를 짓는 순서 등이 정반대로 되어 있는바, 이는 작자 김시습의 의도적인 변개로 볼 수 있다. 애정전기소설의 여주인공들은 대개 남주인공들과의 관계에서 적극적인 면모를 보인다. 특히 「등목취유취경원기」의 위방화나 「만복사저포기」의 여인 같은 귀녀(鬼女)의 경우, 남주인공을 유혹한다고 볼 수 있는 내용의 시문을 먼저 짓는 게 보통인데, 이는 결국 애정전기소설이 사랑받는 주인공의 양식이라는 점과 관계가 있다.[21] 그러나 「취유부벽정기」에서는 홍생과 기씨의 성애를 암시하는 어떤 단서도 찾아볼 수 없다. 더욱이 기씨는 홍생에게 "나는 꽃과 달의 요정도 아니니요 연보의 여인도 아닙니다.[我非花月之妖 步蓮之姝]"[22]라고 말함으로써 자신

---

20) 설중환, 『금오신화연구』(고려대학교 민족문화연구소, 1983), 160쪽에서 "여기서 女人을 연모한다는 것은 異性으로서의 여인이 아니라, 超越한 존재로서의 女人이라 생각된다. 왜냐하면 그는 「萬福寺樗蒱記」의 梁生과 같이 女性을 만날 수 없었던 것이 아니라, 城中의 모든 기생을 차지할 수 있는 그였기 때문이다."라고 하였다. 한편 김수성, 앞의 논문, 47쪽에서는 "이 追懷詩를 通하여 洪生은 仙娥와 情款을 다하지 못함을 嘆息하며 素朴한 人間的인 戀情을 품어보고 있는 뜻이 生生히 나타나고 있음을 알 수 있다."라고 하였고, 신재홍, 「몽유양식의 소설사적 전개양상」(『한국몽유소설연구』, 계명문화사, 1994), 65쪽에서는 이 시에 대하여 "이와 같이 「취유부벽정기」에 나타나는 욕망의 성격은 처음에는 이념적인 성향이 내포된 허무의식과 회고의 정이었다가 나중에는 정욕으로서의 욕망으로 전환되고 있다."라고 하였다.

21) 윤재민, 「전기소설의 성격」(『한국한문학연구』 19, 한국한문학회, 1996), 352~364쪽.

22) 「醉遊浮碧亭記」, 55쪽.

이 애정의 대상이 아님을 분명히 밝혔고, 홍생 또한 기씨와 만났을 때에는 문사(文士)로서의 면모를 보였다. 때문에 홍생과 기씨의 관계는 등목과 위방화 같은 연인이 아니라 성영언과 직녀 같은 지음(知音)인 것이다.

다음으로 작품의 말미에서 홍생이 옥황상제에게 그 재주를 인정받아 하고(河鼓: 牽牛星)의 종사관으로 임명된다는 점이다. 그런데 이와 같은 결말 방식은 애정류 전기소설의 그것이 아니라, 「수문사인전(修文舍人傳)」 같은 지우류 전기소설의 그것이다. 다시 말해 홍생의 죽음은 기씨와의 재회에 대한 희망 때문이 아니며, 그 자신의 문재(文才)에 대한 지우(知遇)에서 비롯된 일이라는 것이다. 이는 기씨가 사후 항아(姮娥)의 시녀가 되었다는 점과도 관련이 있다. 항아는 예(羿)가 서왕모에게 얻은 불사약을 훔쳐 먹고 달 속으로 달아났는데, 이 때문에 애정전기소설에서 전고로 인용되는 '항아'는 대개 독수공방(獨守空房)과 정절(貞節)의 상징이다. 만약 「취유부벽정기」의 기씨가 「감호야범기」에 등장하는 직녀의 시녀로 설정되었다면, 홍생의 죽음은 기씨에 대한 애정 성취의 욕망과 연관될 수 있을 것이다. 하지만 「취유부벽정기」에서 기씨는 항아의 시녀가 되었기 때문에 홍생이 하고의 종사관이 되어 보았자 기씨를 만날 가능성은 없는 것이다.[23]

마지막으로 홍생이 기씨를 연모하다가 병이 들어 정신이 나가지만, 꿈속에서 기씨의 시녀를 만난 뒤에 의연한 태도로 죽음[시해]을 맞이한다는 사실이다. 여기서 중요한 것은 홍생의 꿈속에 나타난 여인이 기씨가 아니라 그녀의 '시녀'라는 점이다. 예컨대 「금봉차기」나 「만복사저포기」 같은 애정전기소설에서는 모두 초월계에 있는 '여주인공'이 남주인공의 꿈에 나타나 이야기를 한다. 그러나 「취유부벽정기」에서는 여주인공 기씨가 아닌, 그녀의 '시녀'가 남주인공의 꿈에 나타나는바, 이는 홍생과 기씨의 관계가 여타

23) 이대형, 앞의 책, 145~146쪽에서는 "기씨녀는 천제에게 주달하였고, 천제는 그 재주를 아껴서 종사관이 되게 한다. 이로써 기씨녀를 다시 만날 수 있는 길이 열린 것이다."라고 하였다.

애정전기소설 남녀 주인공의 그것과 다르다는 점을 보여주는 '의도적'인 설정이며, 기씨가 결코 홍생에게 애정의 대상이 아니라는 점을 재확인시켜주는 것이다. 홍생은 기씨 시녀의 말을 통해 기씨와의 만남 및 애정 성취는 초월계에서조차도 불가능하다는 것을 알았던 것이고, 자신이 해야 할 일은 문재를 펼쳐 보이는 것임을 깨달았다고 볼 수 있다.

이상 살펴본 바에 따르면, 홍생에게 있어서 기씨와의 만남은 그로 하여금 기녀와의 유흥이나 즐기면서 역사와 현실에 무관심했던 그간의 삶에서 벗어나 자신의 본질이 문사로서의 면모에 있다는 사실을 깨닫게 된 계기였다고 할 수 있다. 그리고 그것은 작품 속에서 '취'에서 '성'으로의 변화 및 '시해'라는 결말을 통해 상징적으로 암시되고 있는 것이다.

(2) 삽입시의 작품 내적 기능과 '덧없음'의 서사적 의미

지금까지 이루어진 「취유부벽정기」 연구는 그 시각과 논의 전개 방식은 다양했으나, 작품의 의미와 주제는 대개 김시습 당대의 문제와 관련된 우의로 기울었다. 이런 결론은 타당하며 필자 또한 이러한 논지 자체에 대해서는 별 이의가 없다. 다만 이 글에서는 작품의 서사와 작가 의식 간의 관련성을 좀 더 분명하게 밝힘으로써 선행 연구를 보완하고자 한다.

「취유부벽정기」가 김시습 당대의 문제를 우의하고 있다고 볼 수 있는 근거는 기씨가 홍생에게 한 다음의 말에 있다.

> 약질인 나는 은나라 왕의 후예요 기씨의 딸이오. 나의 선조께서는 이곳을 실봉(實封)으로 받으셨는데, 예악과 전형을 모두 탕 임금의 가르침을 따르고 팔조금법으로 백성을 가르쳐, 문물이 선명하고 화려한 게 천여 년이었지요. 그런데 하루아침에 나라의 운명이 힘들고 어려워지면서 재앙과 환란이 갑자기 닥쳐, 선친께서는 필부의 손에 패전하셨고 끝내 종사를 잃었다오. 위만이 이때를

틈타 그 보위를 훔치니 조선의 왕업이 추락했지요. 약질인 나는 전전하다가 낭패를 당했지만 정절을 지키려고 죽음을 기다릴 따름이었소.[24]

이 부분이 김시습 당대의 사건을 우의했다는 점은 매우 분명하므로, 작품 말미에서 홍생이 이 세상을 떠난 까닭도 기씨가 세상을 떠난 이유와 동일할 것이라는 추론이 가능하다. 문제는 「취유부벽정기」가 홍생의 깨달음을 어떤 방식으로 형상화하고 있는지 다소 불분명하다는 데 있는데, 선행 연구에서는 이 점이 충분히 밝혀지지 않았다.

앞서 「취유부벽정기」의 시간적 배경과 공간적 배경이 「등목취유취경원기」의 그것에 비해 긴밀하지 않다는 점을 지적하였다. 다시 말해 세조 3년에서부터 세조 10년까지에 해당하는 천순(天順: 1457～1464년)이라는 시간적 배경과 고조선의 수도[평양]라는 공간적 배경을 연결시켜 줄 매개가 뚜렷하지 않아 보이기에, 이 소설이 김시습 당대의 문제를 우의했다고 볼 수 있는 직접적인 근거를 작품 속에서 찾기 어려운 것이다. 그런데 이는 「취유부벽정기」만의 문제는 아니다. 『금오신화』 소재 여타 작품들도 김시습 당대의 문제 혹은 그 자신의 문제를 우의하고 있다는 점은 거의 분명해 보이지만, 『금오신화』 전편에서 그것을 직접적으로 가리키는 구절을 발견하기란 사실상 불가능한 것이다.

「취유부벽정기」의 시간적 배경인 천순 초(初)가 가지고 있는 의미는 선행 연구에서 이미 지적된 바 있으므로,[25] 이 자리에서 재론할 필요는 없을

---

24) 弱質 殷王之裔 箕氏之女 我先祖 實封于此 禮樂典刑 悉遵湯訓 以八條敎民 文物鮮華 千有餘年 一旦天步艱難 災患奄至 先考敗績匹夫之手 遂失宗社 衛瞞乘時 竊其寶位 而朝鮮之業墜矣 弱質顚蹶狼狽 欲守貞節 待死而已(「醉遊浮碧亭記」, 59쪽)

25) 설중환, 앞의 책, 154쪽에서 "시대적 배경으로 되어 있는 '天順 초년'은 세조 3년(1457)으로 실제 정치적으로 상당히 복잡한 시기였다. 그러므로 세간에서는 人生無常을 충분히 느낄 수 있는 때이기도 하였다. 왜냐하면 세조 3년은 端宗遜位事件으로 많은 사람이 죽거나 벼슬에서 물러났고, 또한 그와 같은 수의 사람들이 윗자리로 올라간 직후였기 때문이다."라고 하였다. 다만 「취유부벽정기」에서 "天順初"(「醉遊浮碧亭記」, 50～

것이다. 이 글에서는 「취유부벽정기」의 시간적 배경이 삽입시를 통해 공간의 문제와 연결되고 있다는 점에 주목하고자 한다.

「취유부벽정기」의 삽입시는 홍생이 읊은 시 6수, 기씨가 홍생의 시에 화답한 시 6수, 그리고 홍생의 청으로 기씨가 읊은 40운(韻) 배율(排律) 「강정추야완월(江亭秋夜翫月)」인데,[26] 이 시들의 성향은 비교적 명확하게 구분된다. 홍생의 시는 작품 서두에 묘사된 평양의 명승지를 읊은 것이다. 그리고 기씨의 화답시는 기본적으로 홍생의 그것과 동일한 성격을 가지고 있으나 시적 화자의 무상감이 보다 강화되었다는 특징이 있다. 그런데 기씨가 마지막에 읊은 「강정추야완월」은 앞의 시들과는 매우 다른 양상을 보이고 있어, 자세히 살펴볼 필요가 있다.

「강정추야완월」에서는 인생과 세계에 대한 비회(悲懷)와 선계로의 초월에 대한 지향성이 매우 강화되어 있다. 다시 말해 앞서의 시들에서 보였던 바 '과거'의 '수도 평양'에 국한되었던 무상감이 '현재'의 이 '세계 전체'에 대한 그것으로 지평이 확대되고 있는 것이다. 이런 내용이 제34운까지 이어진 후 제35운에서는 "옛날을 조문하니 그저 눈물만 흐르고, 지금을 슬퍼하니 절로 근심만 이는구나.[弔古多垂淚 傷今自買憂]"[27]라는 말이 나오면서 시상이 집약·전환된다. 이에 대해 박일용은 "고조선의 유민으로서 화자가 옛날을 조상하는 것은 당연한 일이지만, 오늘날과는 아무런 연관이 없는 화자이지만 현실을 초월할 수 없는 홍생의 입장을 이해하기 때문에 스스로 근심을 사서 슬퍼한다는 것이다."[28]라고 하였는데, 이 구절은 기씨의 과거와

51쪽)라고 한 것은 천순 1년인 1457년만을 가리키는 게 아니라, 천순 초반을 가리킨다고 보아야 할 것이다. 「취유부벽정기」와 관련하여 이 시기에 일어난 가장 중요한 사건은 1457년 단종의 죽음이다.

26) 「취유부벽정기」의 삽입시는 특히 박일용, 앞의 논문에서 자세히 다루었으므로, 이 글에서 삽입시에 대한 분석은 별도로 하지 않고 이 논문으로 미룬다.

27) 「醉遊浮碧亭記」, 64쪽.

28) 박일용, 앞의 논문, 455쪽.

홍생의 현실이 동질적이라는 인식하에 나온 것으로 이해할 수도 있지 않을까 한다.[29] 이처럼 「강정추야완월」은 영원의 세계인 선계로의 지향을 통해 선계와 대비되는 속세를 '덧없는 것'으로 만들고 있는바,[30] 여기서 주목할 점은 이 '덧없음'이 기씨의 과거와 홍생의 현재를 이어주면서 둘 사이에 동질성을 부여하고 있다는 사실이다.

'덧없음'이란 빨리 흐르는 시간에 대한 인식을 표현한 말이다. 선행 연구에서는 이 '덧없음'을 대개 홍생이 고도 평양에서 느꼈던 맥수지탄 및 그의 초월 의지와 연관시켰다. 그러나 그것은 선계라는 영원불멸의 세계로의 지향을 통해 유한하고 덧없는 속세에서의 시간 흐름이 무의미함을 보여줌으로써, 기씨와 홍생 사이에 놓인 시간의 장벽을 허물어뜨리는 데 보다 큰 의미가 있다고 본다. 다시 말해 '덧없음'의 시상(詩想)으로 인한 시간성의 소거는 기씨의 저 말 속에 나오는 바 과거 이곳에서 벌어진 사건과 현재 이 땅에서 벌어진 사건을 동질적으로 인식하게 만들고 있다는 것이다. 그렇다면 홍생에게 있어서 기씨와의 만남은, 그가 처한 현실이 기씨의 그것과 동일한 것임을 깨닫게 된 계기이자, 고도에 대한 역사의식이 그가 딛고 있는 현실에 대한 인식으로 확대되는 각성의 장이었다고 할 수 있다.

이처럼 「취유부벽정기」는 「등목취유취경원기」와는 다른 방식으로 시간과 공간을 연결시키는 서사 기법을 구사하고 있다. 즉 「취유부벽정기」는, 전조에 대한 회고 의식을 촉발시키는 시공간을 설정한 「등목취유취경원기」와는 달리, '영원'의 세계와 대비되는 이 세상의 '덧없음'을 부각시켜 과거와 현재를 동일한 차원에서 바라보게 만들고 있는 것인데, 이런 서사 기법은 「감호야범기」에서 암시를 받은 것으로 볼 수 있다. 「감호야범기」에서 직

29) 제35운에 나오는 '自買憂'는 김시습이 즐겨 사용한 표현이라는 점에서 주목할 만하다. 한국고전종합DB(http://db.itkc.or.kr/)에서 '買憂'를 검색해 보면, 『매월당집』 제3권의 「秋日卽事」와 제6권의 「南山訪七休」 두 곳에서만 '自買憂'라는 표현으로 검색된다.

30) 임형택, 앞의 논문, 42쪽에서 "箕氏女는 이 두 편의 시를 통해서 인생의 덧없음과 만남의 즐거움을 말하면서 영원한 세계인 仙界로의 同伴을 암시했던 것이다."라고 하였다.

녀의 이야기는 역사적으로 계속 '반복'되면서 그녀를 원통하게 만들고 있으며, 그 이야기들은 성영언이 직녀를 만난 은하수라는 초월계에서 초시간적(超時間的)으로 동시에 언급되고 있다. 이와 마찬가지로 「취유부벽정기」에서 기씨가 겪었던 일은 홍생이 살고 있는 현재에도 '되풀이'되면서 그녀를 가슴 아프게 만들고 있으며, 그 두 사건은 홍생이 기씨를 만난 부벽정이라는 초현실적 공간에서 초시간적으로 동질적인 의미를 갖게 되는 것이다.

이상 살펴본 바에 따르면, 「취유부벽정기」에서는 다음과 같은 대립항을 추출할 수 있다.

	부정적	긍정적
홍생	風流男兒	文士
기씨	戀人[性愛의 對象]	知音[超越的 存在]
평양	妓都	古都
역사	斷絶的[個別的]	連續的[反復的]

이를 부정적 가치와 긍정적 가치로 명명하는 것이 적절치 않아 보일 수도 있겠지만, 「취유부벽정기」에는 이처럼 시종일관 타협점을 찾을 수 없는 두 개의 대립적인 가치가 기저에 깔려 있으며, 이 둘은 서사가 종결될 때까지 갈등 요소로 작용하고 있다. 그렇다면 이 대립적인 가치 사이의 갈등은 작자 김시습의 분신이라 할 수 있는 홍생의 내면에서 벌어진 그것으로 볼 수 있으며, 작품 말미에서 홍생이 현실을 버리고 초월계의 신선이 되는 것은 그간 몸담았던 부정적 가치를 떨쳐 버리고 긍정적 가치를 추구한다는 상징적 의미로 이해할 수 있을 것이다.

(3) 김시습의 관서 유람과 「취유부벽정기」

김시습의 「취유부벽정기」 창작이 그의 관서(關西) 유람과 직접적인 관련이 있다는 점은 선행 연구에서 이미 언급된 바 있다.[31] 『매월당집(梅月堂集)』 제9권에 실린 「탕유관서록후지(宕遊關西錄後志)」[32]에는 당시 김시습의 심정이 잘 나타나 있는데, 이 후지는 세조 4년인 천순(天順) 무인년(戊寅年: 1458년)에 쓴 것으로, 「취유부벽정기」의 시간적 배경인 천순 초와 같은 시기이다. 김시습이 『금오신화』를 창작한 때는 1465년 이후이므로 그의 관서 유람으로부터 약 10년 정도의 시차가 있는바, 이 점에서 「취유부벽정기」는 그의 관서 유람에 대한 추체험적(追體驗的) 성격을 가지고 있다고 볼 수 있다. 한편 김시습은 관서 · 관동(關東) · 호남(湖南)을 유람한 후 쓴 후지(後志)의 앞에 '탕유(宕遊)'라는 말을 붙였는데, 그의 유람의 시발이 된 관서 기행을 '탕유'라 명명한 것과 「취유부벽정기」의 '취유'는 비슷한 정신 상태를 나타내는 말이라는 점이 주목된다.

『매월당집』 제9권 '유관서록(遊關西錄)'에는 「취유부벽정기」 서두에 언급된 고적(古蹟)들에 대한 영사시(詠史詩)들이 수록되어 있다. 이 시들은

---

31) 문범두, 앞의 논문, 81~86쪽; 박태상, 「금오신화에 나타난 애정모티프 연구」(『조선조 애정소설 연구』, 태학사, 1996), 234쪽; 이승수, 앞의 논문, 109쪽. 한편 김시습의 생애와 문학 전반에 관해서는 심경호, 『김시습 평전』(돌베개, 2003) 참조.

32) 余自少跌宕 不喜名利 不顧生業 唯以清貧守志爲懷 素欲放浪山水 遇景吟翫 嘗爲擧子 朋友過以紙筆 復勵薦鶚 猶不干懷 一日 忽遇感慨之事 以謂男兒生斯世 道可行則潔身亂倫 恥也 如不可行 獨善其身 可也 欲泛泛於物外 仰慕圖南思邈之風 而國俗且無此事 猶豫未決 一夕 忽悟若染緇爲山人 則可以塞願 遂向松都 登眺故城 徘徊墟里 宮殿陵墓 鞠爲梧楸禾黍 寧不感乎 又登天摩 聖居諸山 以觀衆峯巑峭之狀 瓢淵湫瀑之雄 而入關西 登岊嶺之險 涉浿水之波 以觀箕都井田城郭之址 宮祠廟觀之壯 人物之繁華 桑麻之蓊藹 可想殷之宗子餘風不墜矣 由是而遡薩水之涯 入安市之城 隋唐攻戰之跡 依俙然慘烈 使後之騷人墨客 徘徊踟躕 足以激千古之恨 又登香嶺 南望渤澥島嶼之縹緲 北眺朔漠山河之險阻 坐巖扃 伴明月 或倚澗邊之石 或登巍峨之峯 見松櫟參天 蔬菌狼藉 鳥獸之奇怪 草木之精華 皆使我欣然吟哦 或題樹葉 或書巖崖 還于蓬廬 翛然默坐 煮茗茹蔬 足以遣慮而忘情矣 若吾在宦途 欲窮此清翫 不可得也 而又不能自在遊戲矣 嗚呼 人生天壤之間 戚戚於利名 營營於生業 以困其身 如鷦鷯之戀茗 匏瓜之繫樹 豈不苦哉 是爲志以激俗士 時天順戊寅秋 山人清寒志(金時習, 『梅月堂全集』, 성균관대학교 대동문화연구원, 1973, 184~185쪽)

「취유부벽정기」의 삽입시와 비슷한 정조를 보이고 있는데, 이는 「탕유관서록후지」에서 "패수의 물결을 건너, 기자 도읍의 정전·성곽의 옛터와 궁사·묘관의 웅장함, 인물의 번화함과 상마의 무성함을 보니, 은나라 종자의 여풍이 실추되지 않았음을 짐작할 수 있었다.[涉浿水之波 以觀箕都井田城郭之址 宮祠廟觀之壯 人物之繁華 桑麻之蓊鬱 可想殷之宗子餘風不墜矣]"라고 언급한 것과 연결된다.

한편 김시습은 같은 글에서 "어느 날 문득 감개한 일을 만나매, 남아가 이 세상에 태어나 도가 행해질 수 있는데도 몸만 깨끗이 하여 인륜을 어지럽히는 것은 치욕이지만, 만약 (도가) 행해질 수 없다면 홀로 그 몸만을 착하게 하는 것이 옳다고 생각하였다.[一日 忽遇感慨之事 以謂男兒生斯世 道可行則潔身亂倫 恥也 如不可行 獨善其身 可也]"라고 하여 관서 유람이 어떤 목적에서 비롯된 것인지를 분명히 밝혔다. '결신난륜(潔身亂倫)'과 '독선기신(獨善其身)'은 각각 『논어(論語)』「미자(微子)」[33]와 『맹자(孟子)』「진심(盡心)」상(上)[34]에 나오는 말이다. 『논어』에서 자로는 공자의 뜻을 진술하면서[35] 공자는 이미 도가 행해지지 않고 있음을 알고 있지만 인륜을 폐할 수 없기에 벼슬하는 것이니 이는 곧 의(義)를 행하는 것이라 하였고, 장인(丈人)의 행동에 대해서는 자기의 몸만 깨끗하게 하고 큰 인륜을 어지럽히는 일이라 하였다. 이 논리에 따르면, 도(道)가 행해짐의 여부와 관계없이

---

33) 子路從而後 遇丈人以杖荷蓧 子路問曰 子見夫子乎 丈人曰 四體不勤 五穀不分 孰爲夫子 植其杖而芸 子路拱而立 止子路宿 殺鷄爲黍而食之 見其二子焉 明日子路行以告 子曰 隱者也 使子路反見之 至則行矣 子路曰 不仕無義 長幼之節 不可廢也 君臣之義 如之何其廢之 欲潔其身而亂大倫 君子之仕也 行其義也 道之不行 已知之矣(『論語』, 418쪽)

34) 孟子謂宋句踐曰 子好遊乎 吾語子遊 人知之 亦囂囂 人不知 亦囂囂 曰 何如斯可以囂囂矣 曰 尊德樂義 則可以囂囂矣 故士窮不失義 達不離道 窮不失義 故士得己焉 達不離道 故民不失望焉 古之人 得志 澤加於民 不得志 修身見於世 窮則獨善其身 達則兼善天下(『孟子』, 711쪽)

35) 朱熹는 자로의 말에 대하여 "子路述夫子之意如此"(『論語』, 418쪽)라고 하였다.

'결신'은 곧 '난륜'이 되기에, 이는 유자(儒者)가 해서는 안 되는 행동이다. 그런데 김시습은 '(道)不可行'과 관련하여서는 『논어』가 아닌 『맹자』를 끌어와 '독선기신'하겠다고 하면서, 그 말 속에 담긴 바 '궁(窮)하여도 의(義)를 잃지 않는다'는 뜻을 취하였다.

공자가 처한 상황과 김시습이 처한 상황 사이에는 미묘한 차이가 있다. 공자가 도가 행해지지 않음[道之不行]을 이미 알고 있으면서도[已知之] 벼슬을 한 까닭은 '군신지의(君臣之義)'를 폐할 수 없기 때문이었는데, 이는 결국 도가 행해질 수도 있다는 희망에서 비롯된 일이었다고 할 수 있다. 그런데 김시습은 '道行·(道)不行'이라고 하지 않고 '道可行·(道)不可行'이라고 하였다. 즉 현재 도가 행해지지 못하고 있는 것을 문제 삼은 게 아니라 앞으로도 도가 행해질 가능성이 없음을 문제 삼은 것이니, 이는 결국 '군신지의'가 존재하지 않는다는 생각에서 나온 말로 볼 수도 있는 것이다. 김시습의 관서 유람은 이와 같은 현실 인식에서 시작되었다.

김시습은 「탕유관서록후지」에서 자신의 유람이 유가적 이념이 붕괴된 세상을 '잊고자' 하는 의도에서 시작되었음을 말했는데, 이러한 그의 정신 상태는 「취유부벽정기」의 서두에 나오는 바 역사와 현실에 대해 '무관심'한 홍생의 그것과 매우 유사하지 않은가 생각된다. 그렇다면 '탕유관서록후지(宕遊關西錄後志)'의 '탕(宕)'과 '취유부벽정기(醉遊浮碧亭記)'의 '취(醉)'는 각각 천순 초(初)라는 '시간'에 기자의 도읍[평양]이라는 '공간'에 있는 김시습과 홍생의 정신 상태를 뜻한다고 볼 수 있으며, 이를 환언하면 '탕'이나 '취'의 상태가 아니고서는 그 같은 시공간 속에 있을 수 없다는 뜻이 된다고 할 수 있을 것이다.

앞의 인용문에서 보았듯이, 기씨가 현실을 초월한 이유는 정절을 지키기 위해서였다. 이에 대해 박일용은 "기씨녀가 이처럼 천명적 정통성을 얻지 못한 위만의 지배 아래서 살아가는 것은 그 자체만으로도 절의를 잃는 것으로서, 절의를 지킬 수 있는 길은 죽음뿐이라 할 수 있다. 이처럼 죽음을 기다리던 기씨녀가 신인의 도움을 받아 초월계로 진입하여 구원을 받은 것이다."[36]라고 하였는데, 그렇다면 작품 말미에 나오는 홍생의 시해[초월] 역시 이와 같은 의미를 갖는 것으로 이해할 수 있을 것이다. 즉 홍생은 세조가 왕위를 찬탈하고 단종이 죽임을 당한 천순 초(初)의 조선에서 산다는 것 자체를 훼절로 인식했기에, 기씨가 현실을 초월했던 것과 동일한 방식[시해]으로 현실을 떠났던 것이다. 이와 같은 홍생의 각성은, 앞서 설명한 바와 같이 시간성이 소거된 부벽정이라는 초현실적 공간에서의 '동질성' 체험으로부터 비롯된 것이었다.

김시습의 관서 유람은 '감개한 일'이 벌어진 현실을 잊고자 하는 의도에서 시작되었지만, 그가 발을 딛고 있었던 관서 지방 역시 찬위(簒位)한 왕이 다스리고 있는 곳이었기에, 관서 유람으로 현실을 완전히 잊어버릴 수는 없었다. 오히려 고도 평양과 그곳의 유적지들은 그로 하여금 역사를 통해 현실을 돌아보는 계기를 만들었을 것이다. 「취유부벽정기」는 이와 같은 관서 유람의 추체험적 성격을 가진 소설이라 할 수 있다.

그간의 연구에서는 『금오신화』가 중요하게 다루고 있는 주제 가운데 하나는 '절의'이며, 특히 「이생규장전」이 이 문제를 탁월하게 형상화하고 있다고 논해 왔는데,[37] 이상의 논의에 따르면 「취유부벽정기」 역시 절의의 문제를 다루고 있는 작품으로 이해할 수 있다. 김시습은 「취유부벽정기」를 통해 "천순 초(初)의 조선에서 산다는 것은 어떤 의미인가?"라는 질문을 던졌고, 그에 대해 "절의를 지키지 못한 것이다."라고 대답했다. 「취유부벽정기」는 현실에서 벗어남으로써만 획득될 수 있는 절의를 지키지 못한 김시습의 고뇌를 표현한 작품이다.

36) 박일용, 「취유부벽정기의 형상화 방식과 그 의미」(『고소설연구』 14, 한국고소설학회, 2002), 23쪽.

37) 박희병, 「전기소설의 장르관습과 금오신화」(『한국전기소설의 미학』, 돌베개, 1997), 203~204쪽; 엄태식, 「애정전기소설의 창작 배경과 양식적 특징」(경원대학교 박사논문, 2011), 49~67쪽.

3. 「남염부주지(南炎浮州志)」

『금오신화』를 이해하는 데 중요하게 고려해야 할 텍스트는 『전등신화』이다. 『금오신화』와 『전등신화』의 비교 연구는 『금오신화』 연구의 한 흐름을 이루어왔는데, 초기 연구가 두 작품집 사이의 동이(同異) 확인과 영향관계 입증에 주력했다면, 근래에는 이를 『금오신화』를 해석하기 위한 방법론으로 활용하는 경향이 주를 이루고 있다.[1)]

필자는 『금오신화』를 『전등신화』의 패러디로 이해한다. 패러디는 종종 오해하듯이 수준이 낮은 서사 기법이 아니라, 원텍스트의 권위를 이용하는 서사 기법이다.[2)] 『금오신화』는 작품집의 명칭뿐만 아니라 개별 작품의 제목까지도 『전등신화』를 따랐으며, 다섯 작품의 내용 역시 『전등신화』 소재 여러 작품들의 그것을 재구성한 것이다. 『금오신화』와 『전등신화』의 상호텍스트성은 작품의 창작 과정이나 주제를 이해하는 핵심이 되지만, 역으로

---

1) 다음은 『금오신화』와 『전등신화』의 관계를 포괄적으로 언급한 성과다. 최남선, 「금오신화해제」(『계명』 19, 계명구락부, 1927); 김태준, 『증보 조선소설사』(학예사, 1939); 박성의, 「비교문학적 견지에서 본 금오신화와 전등신화」(『문리논집』 3, 고려대학교, 1958); 정주동, 『매월당 김시습 연구』(신아사, 1965); 한영환, 『금오신화와 전등신화의 구성비교연구』(개문사, 1975); 이상익, 「금오신화와 전등신화」(『한중소설의 비교문학적 연구』, 삼영사, 1983); 설중환, 『금오신화연구』(고려대학교 민족문화연구소, 1983); 박일용, 「금오신화와 전등신화에 나타난 애정 모티프의 형상화방식과 그 의미」(『동아시아문학 속에서의 한국한문소설 연구』, 고려대학교 민족문화연구원, 2002); 정환국, 「금오신화와 전등신화의 지향과 구현화 원리」(『고전문학연구』 22, 한국고전문학회, 2002); 정출헌, 「고전소설의 천편일률을 패러디의 관점에서 읽는 법」(『국제어문』 38, 국제어문학회, 2006).

2) 정끝별, 『패러디 시학』(문학세계사, 1997).

보면 작자의 의도와도 밀접한 관계가 있다. 『금오신화』는 우의(寓意)이다. 『금오신화』는 여인과의 사랑이나 이계 체험 같은 기이한 이야기로 구성되어 있지만, 작자의 창작 의도는 기이함 그 자체를 전달하는 데 있었던 게 아니라 그것을 통해 무언가를 이야기하고자 하는 데 있었던 것이다. 그렇다면 그 우의를 풀어낼 열쇠는 어디에 있는가? 필자는 그것이 『전등신화』에 있다고 생각하며, 김시습 역시 이 점을 염두에 두고 『금오신화』를 창작했다고 생각한다. 『금오신화』가 제목과 내용에서 『전등신화』를 답습하였다는 사실 그 자체에 작자의 의도가 단적으로 드러나 있는 것이다.

그런데 그간의 「남염부주지」 연구에서 『전등신화』는 그다지 중요하게 다루어지지 않았고,[3] 박생과 염왕 사이에 벌어진 문답, 지옥의 형상과 그 의미, 작자 김시습의 생애 및 사상과의 관련성, 작품의 현실 비판적 성격 등에 연구자들의 관심이 집중되었는데, 「남염부주지」의 사상적 측면에 대한 탐구는 연구의 중심축을 이루었다.[4] 한편 선행 연구에서는 염마왕이 저승을 부정하는 모순이 발견된다는 점을 어떻게 이해해야 하는지의 문제가 쟁점으로 부각되었다. 이것이 「남염부주지」 이해의 핵심이 되는 이유는, 작품의 대부분을 차지하고 있는 바 박생과 염마왕 사이에 벌어진 문답의 의미가 결국 이에 따라 좌우될 수 있기 때문이다. 그런데 선행 연구에서는 이 쟁점에 대해 정밀하게 따지기보다는, 논자들의 작품 이해에 의거하여 그 나

3) 『금오신화』 소재 여타 소설에 비해 상대적으로 덜 중요하게 여겨졌다는 뜻이다.

4) 「남염부주지」의 사상적 측면에 주목한 연구는 다음과 같다. 임형택, 「김시습의 사상체계와 금오신화」(서울대학교 석사논문, 1971); 조동일, 「소설의 성립과 초기소설의 유형적 특징」(『한국소설의 이론』, 지식산업사, 1977); 최삼룡, 「남염부주지에 나타난 귀신설」(『국어문학』 23, 국어문학회, 1983); 김명호, 「김시습의 문학과 성리학사상」(『한국학보』 35, 일지사, 1984); 김용덕, 「남염부주지의 구성 분석」(『고전소설연구의 방향』, 새문사, 1985); 윤승준, 「김시습의 귀신론과 금오신화」(『국문학논집』 14, 단국대학교 국어국문학과, 1994); 문범두, 「남염부주지에 나타난 작가적 문제의식」(『한민족어문학』 34, 한민족어문학회, 1999); 정출헌, 「15세기 귀신담론과 유명서사의 관련 양상」(『동양한문학연구』 26, 동양한문학회, 2008); 김수연, 「사상전환기 지식인의 방황과 신념 모색, 남염부주지」(『고소설연구』 33, 한국고소설학회, 2012).

름의 견해를 제시한 경우가 대부분이었다. 저승의 왕으로 보이는 염마왕이 저승이나 지옥을 부정한다는 모순을 어떻게 해석해야 하는지가 작품 이해의 핵심 과제라는 공감대는 형성되었지만, 정작 이에 대해 집중적으로 고찰하거나 선행 연구를 비판적으로 계승한 경우는 찾아보기 어려운 것이다. 이 글의 목적은 그동안 쟁점으로 부각되었던 이 문제를 『전등신화』와의 관련 속에서 짚어보는 것이다.

지금까지 「남염부주지」의 창작에 영향을 끼친 작품으로 주로 언급된 것은 「영호생명몽록(令狐生冥夢錄)」·「태허사법전(太虛司法傳)」·「영주야묘기(永州野廟記)」·「수문사인전(修文舍人傳)」이었는데, 그 이유는 이 작품들에 공통적으로 저승이나 지옥이 나타나기 때문이었다. 그런데 「남염부주지」를 이 작품들 가운데 어느 하나와 평면적으로 비교하는 것은 큰 의미가 없다. 왜냐하면 「남염부주지」는 『전등신화』의 어느 한 작품과 '1:1'의 대응 관계에 있는 게 아니라 여러 작품들과 관계를 맺고 있기 때문이다. 이에 이 글에서는 「남염부주지」의 『전등신화』 수용 양상을 동태적으로 살펴보고, 「남염부주지」의 서사적 의미에 대해 고찰하고자 한다. 이를 통해 선행 연구에서 쟁점이 되었던 부분들에 대한 그 나름의 해답을 마련하는 동시에 「남염부주지」의 작가 의식에 대해서도 논의할 수 있기를 기대한다.

(1) 「남염부주지」와 『전등신화』의 관련 양상

「남염부주지」의 주인공인 박생은, 『금오신화』 소재 여타 소설들의 주인공들과는 달리 강직한 인물이다.

> 성화 초, 경주에 박생이라는 사람이 있었는데, 유학에 힘을 썼다. 그는 태학관에 들어간 적은 있었지만 한 번도 등제하지 못하여 항상 앙앙불락하며 서운한 감정을 가지고 있었으며, 의기가 고매하여 위세를 보고도 굽히지 않아 사람

들은 자부심과 협기가 있다고 생각했다. 그러나 사람들과 대화할 때에는 순박하고 돈후하여 온 마을 사람들이 그를 칭찬하였다.[5)]

이와 같은 그의 성격은 「영호생명몽록」·「태허사법전」·「수문사인전」의 주인공들과 유사한 점을 가지고 있다. 「영호생명몽록」의 영호선(令狐譔)은 신령을 믿지 않는 인물로, 귀신의 변화나 저승의 과보에 관한 일이 나올 때마다 큰소리를 치는 강직한 사람이다. 그는 이웃에 사는 탐욕스런 오로(烏老)가 사후에 불사를 후히 행함으로써 환생했다는 말을 듣고는 저승을 비방하는 시를 짓고,[6)] 이로 인해 저승으로 끌려가게 된다. 「태허사법전」의 풍대이(馮大異)는 자신의 재주를 믿는 오만한 인물로서 귀신을 믿지 않고 요괴를 욕보이다가[7)] 저승으로 끌려가 봉변을 당한다. 「수문사인전」의 하안(夏顔)은 박학다식하고 재주가 뛰어난 인물인데, 비분강개한 목소리로 세사를 논하기를 좋아하지만, 그의 이름이 말해주듯이 안연(顔淵)처럼 가난한 생활을 면치 못한다.[8)] 「남염부주지」의 박생은 비분강개형의 불우한 인물이라는 점에서는 하안과 가장 비슷하지만, 귀신이나 인과응보를 믿지 않는다는 점에서는 영호선 및 풍대이와 유사한 것이다.

박생은 승려와 천당지옥의 설을 문답한 것을 계기로 천지는 하나의 음양

---

5) 成化初 慶州有朴生者 以儒業自勉 常補大學館 不得登一試 常怏怏有憾 而意氣高邁 見勢不屈 人以爲驕俠 然對人接話 淳愿慤厚 一鄕稱之(「南炎浮州志」, 66～67쪽)

6) 令狐譔者 剛直之士也 生而不信神靈 傲誕自得 有言及鬼神變化幽冥果報之事 必大言折之 所居隣近 有烏老者 家貲巨富 貪求不止 敢爲不義 凶惡著聞 一夕病卒 卒之三日而再甦 人問其故 則曰 吾歿之後 家人廣爲佛事 多焚楮幣 冥官喜之 因是得還 譔聞之 尤其不忿曰 始吾謂世間貪官汚吏受財曲法 富者納賄而得全 貧者無貲而抵罪 豈意冥府乃更甚焉 因賦詩曰(「令狐生冥夢錄」, 上73～74쪽)

7) 馮大異 名奇 吳楚之狂士也 恃才傲物 不信鬼神 凡依草附木之妖 驚世而駭俗者 必攘臂當之 至則凌慢毁辱而後已 或火其祠 或沉其像 勇往不顧 以是人亦以膽氣許之(「太虛司法傳」, 下71쪽)

8) 夏顔 字希賢 吳之震澤人也 博學多聞 性氣英邁 幅巾布裘 遊于東西兩浙間 喜慷慨論事 亹亹不厭 人每傾下之 然而命分甚薄 日不暇給(「修文舍人傳」, 下79쪽)

일 뿐이며 이 천지 이외에 다시 천지가 없으리라고 말한다. 이와 같은 그의 신념이 잘 드러난 것이 바로 「일리론(一理論)」이다. 선행 연구에서 이 논문은 대개 주인공 박생의 세계관을 나타낸다고 인식되었는데, 「일리론」은 「영호생명몽록」에서 영호선이 지은 바 저승을 비방하는 시와 관련이 있다. 다음은 영호선이 지은 시이다.

一陌金錢便返魂　일백 금의 돈이면 곧 영혼도 돌아오니,
公私隨處可通門　공사 간에 어디나 통할 수 있는 문일세.
鬼神有德開生路　귀신은 살 길 열어줄 덕이 있지만,
日月無光照覆盆　일월은 억울한 곳 비춰줄 빛이 없다네.
貧者何緣蒙佛力　가난한 자 무슨 수로 불력을 힘입을까?
富家容易受天恩　부자는 쉽게도 천은을 받는구나.
早知善惡都無報　선악의 인과응보 전혀 없음을 진작 알았다면,
多積黃金遺子孫　황금이나 많이 쌓아 자손에게 물려줄 것을.[9)]

「영호생명몽록」에서 영호선은 밤에 촛불을 밝히고 이 시를 몇 번 읊다가 두 명의 저승사자에게 끌려가 지옥에 도착하는데, 이 대목은 「남염부주지」에서 박생이 「일리론」을 지은 후 『주역』을 읽다가 가매(假寐) 상태에서 남염부주로 가게 되는 장면과 같다. 영호선이 귀신의 변화나 저승의 인과응보에 대해 믿지 않았던 이유는, 그의 시와 공초(供招)에서 드러나듯이 빈자는 지옥에 들어가 재앙을 받고 부자는 독경(讀經) 같은 불사(佛事)를 통해 면죄를 받기 때문이었다. 그는 무엇보다도 지옥이나 저승 역시 현세와 동일하게 부정부패가 만연한 곳이라는 점에 분개했던 것인바, 그가 부정했던 것은 지옥이나 저승의 존재 그 자체라기보다는 인과응보의 원리가 실현되는 저승이었던 것이다. 이후 영호선은 자신의 무죄를 인정받은 후 이승으로 돌아

9) 「令狐生冥夢錄」, 上74~75쪽.

가는 길에 사자들에게 청하여 지옥을 구경한다. 그는 진회(榛會) 등 세상에서 죄를 지은 자들이 지옥에서 벌을 받는 모습을 구경하고는 세상으로 돌아오는데, 이 체험은 그의 평소 생각을 바꾸는 계기가 되었다. 영호선은 몽중체험을 통해 저승은 인과응보의 원리가 작동하고 있는 곳이라는 사실을 확인했던 것이다.

「남염부주지」의 박생은 「영호생명몽록」의 영호선과 마찬가지로 저승을 부정하지만, 그 이유는 다르다. 박생은 천지 이외의 또 다른 천지는 있을 수 없다는 일리론을 믿고 있었으니, 이것이 그가 천당과 지옥을 부정할 수밖에 없었던 까닭이다. 그런데 그가 일리론을 믿었던 이유는 의외로 단순하다.

> 유자의 일은 여기에서 그칠 따름이다. 천하에 어찌 두 이치가 있겠는가? 저 이단의 설을 나는 믿을 수 없다.10)

「일리론」의 마지막 부분이다. 박생은 유학자였기에 그가 근거로 삼을 수 있는 것이라고는 『중용』이나 『주역』 같은 유가 경전 및 그에 대한 주석뿐이었던바, 「일리론」의 내용이 신유학의 일반론에서 벗어나지 못했던 이유 역시 여기에 있다. 결국 박생은, 그 자신이 유학자였기 때문에 '일리론'을 믿을 수밖에 없었던 것이고, 천당지옥의 설은 이단의 설이었기 때문에 배척할 수밖에 없었던 것이다

「영호생명몽록」의 영호선은 평소에도 귀신의 변화와 저승의 인과응보를 믿지 않았지만, 그가 저승을 비방하는 시를 지은 직접적인 계기가 된 사건은 탐욕스런 오로의 환생이었고 이는 그가 저승에 끌려가는 계기가 되었다. 「남염부주지」의 박생 역시 평소에 부도(浮屠)·무격(巫覡)·귀신(鬼神)의

10) 儒者之事 止於此而已矣 天下豈有二理哉 彼異端之說 吾不足信也(「南炎浮州志」, 69쪽)

설에 대해 의심을 품고 있었는데,[11] 그렇다면 박생으로 하여금 「일리론」을 짓게 만들어 그를 결국 남염부주로 가게 만든 계기가 된 사건은 무엇인가?

> 하루는 스님이 천당과 지옥의 설을 물은 것을 계기로 다시 의심하기를 '천지는 하나의 음양일 뿐이니, 어찌 천지 바깥에 다시 천지가 있겠는가? 분명히 편파적인 주장이다.' 하였다. 박생은 스님에게 이를 물었는데, 스님 역시 결단하여 대답할 수 없어 죄복향응의 설로 대답하였고, 박생 역시 심복할 수 없었다. 그는 일찍이 「일리론」을 지어 스스로를 경계하였으니, 대개 다른 길에 미혹되지 않으려는 것이었다.[12]

박생은 처음 스님과 문답했을 때에는 천지는 하나의 음양일 수밖에 없으므로 천당과 지옥의 설은 피사(詖辭)라고 단정했지만, 의문은 완전히 해소되지 않았기에 다시 스님에게 물었다. 그러자 스님 역시 결정적인 대답을 해 줄 수 없어서 죄복향응(罪福響應), 곧 인과응보(因果應報)의 설로 대답했다. 천당과 지옥의 존재를 두고 벌어진 유학자와 스님의 설전인 셈인데, 유가(儒家)에서는 일리론을 내세워 천당과 지옥을 부정하고, 불가(佛家)에서는 인과응보의 설을 내세워 천당과 지옥을 긍정했던 것이다. 그런데 중요한 것은 바로 이 문답이 박생의 신념을 크게 흔드는 계기가 되었다는 사실이다.[13] 박생은 평소에 읽었던 유가 경전을 근거로 「일리론」을 짓는데, 그

---

11) 生嘗疑浮屠巫覡鬼神之說 猶豫未決 旣而質之中庸 參之易辭 自負不疑 而以淳厚故與浮屠交 如韓之顚柳之巽者 不過二三人 浮屠亦以文士交 如遠之宗雷遁之王謝爲莫逆友(「南炎浮州志」, 67쪽)

12) 一日 因浮屠問天堂地獄之說 復疑云 天地一陰陽耳 那有天地之外 更有天地 必詖辭也 問之浮屠 浮屠亦不能決荅 而以罪福響應之說荅之 生亦不能心服也 常著一理論 以自警 蓋不爲他岐所惑(「南炎浮州志」, 67~68쪽)

13) 작품에서는 박생이 '일찍이[常]' 「일리론」을 지었다고 했지만, 그가 「일리론」을 지은 때는 이 문답이 있기 전이 아니다. 「일리론」은 박생이 스님으로부터 죄복향응의 설을 들은 후 지은 것으로 보아야 한다.

이유는 스스로를 '경계'하고 다른 길에 '미혹'되지 않기 위해서였다. 그렇다면 그를 경계하게 만들고 이단에 미혹되게 만든 것, 다시 말해 그의 신념인 일리론을 뒤집어엎을 만한 충격으로 다가온 것은 무엇인가? 그것은 다름이 아니라 '인과응보'의 설이었던 것이다.

이처럼 「남염부주지」의 서두는 『전등신화』 소재 여러 소설들 가운데서도 특히 「영호생명몽록」과 밀접한 관계를 맺고 있다. 두 작품의 주인공은 모두 평소에 저승을 믿지 않고 있다가 어떤 사건을 계기로 자신의 신념을 드러내는 글을 짓게 되고, 이것이 계기가 되어 꿈속에서 이계를 찾아가게 되었던 것이다.

「남염부주지」에서 박생이 간 곳은 남염부주이고, 그곳에서 박생은 염마왕과 주공·공자와 부처, 귀신과 천당·지옥, 윤회와 인과응보 등에 대해 묻고 대답한다. 선행 연구에서 이 부분은 「남염부주지」의 주제 및 작가 의식이 집약되어 있는 부분으로 인식되어 왔고, 또 '문대(問對)'라는 양식이 수용된 것으로 논해 왔는데,[14] 이에 못지않게 중요하게 고려해야 할 작품은 『전등신화』의 「감호야범기」이다.

「감호야범기」의 주인공 성영언은 어느 맑은 가을밤에 송지문(宋之問)의 「명하편(明河篇)」을 읊은 후 직녀가 있는 은하수로 가게 되고, 은하수의 직녀는 성영언에게 세상에 떠도는 견우·직녀 이야기들이 모두 잘못된 것이라 말하고는 그에게 세상에 나가 시비를 밝혀달라고 청한다. 「감호야범기」의 대부분은 성영언과 직녀 사이에 벌어진 문답을 통해 서술되는 고사들로 채워져 있는데, 기실 「감호야범기」의 창작 목적은 그리 대단한 게 아니다. 작자는 억울한 사연을 가진 직녀를 여주인공으로 등장시키고 그녀의 입을 통해 애정 고사들을 나열함으로써 자신의 식견을 과시하는 데 목적이 있었던 것이니, 이 점에서 「감호야범기」는 희작적(戲作的) 성격이 매우 강한 작

14) 박희병, 「금오신화 창작의 연원과 배경」(『한국전기소설의 미학』, 돌베개, 1997), 183~184쪽.

품인 것이다. 그런데 「감호야범기」는 다음과 같은 점에서 「남염부주지」와 매우 유사한 면모를 보인다.

우선 두 작품 모두 주인공과 별계 인물 사이의 문답이 작품의 대부분을 차지하고 있다는 점이다. 「남염부주지」가 '문대'의 전통을 수용했다기보다는 「감호야범기」를 수용한 것으로 보아야 하는 이유도 여기에 있다. 다음으로 주인공이 별계 인물의 부탁을 실천하지 않는다는 사실이다. 「감호야범기」에서 직녀는 성영언에게 세상에 나가 시비를 밝혀달라고 청하지만, 다시 속세로 돌아온 성영언의 행동은 직녀의 부탁 따위는 안중에도 없는 이의 모습을 보인다.[15] 이와 마찬가지로 「남염부주지」에서 박생은 염마왕으로부터 자신의 말을 세상에 전하여 황당한 일들을 일소해 달라는 부탁을 받고는, 이에 대해 감히 지키지 않을 수 있겠느냐고 대답까지 했지만, 꿈에서 깨어난 박생은 자신의 신변만 정리할 뿐 그 중대한 부탁을 실천하지 않았던 것이다.[16]

「남염부주지」의 결말 부분, 즉 박생이 꿈에서 깬 후의 이야기는 선행 연구에서 여러 차례 언급한 바와 같이 「수문사인전」을 수용한 것이다. 주인공이 별계의 인물로부터 왕위나 관직을 물려받는다는 점, 주인공이 병이 든 후 고칠 생각을 하지 않고 세상을 떠난다는 점이 두 작품의 공통점이다. 다만 「남염부주지」에서는 박생이 죽던 날 꿈에 신인(神人)이 이웃사람들에게 박생이 염라왕이 될 것이라고 말하는 장면이 있는데, 이는 「태허사법전」에서 풍대이가 죽은 후 관 속에서 태허전의 사법이 되었다고 말하는 부분을 취한 것이다.

---

15) 이에 대하여 엄태식, 「취유부벽정기의 서사적 의미와 작가 의식」(『정신문화연구』 130, 한국학중앙연구원, 2013), 66~67쪽에서는 「감호야범기」의 희작적 성향에서 비롯된 것으로 보았다.

16) 「남염부주지」와 유사한 작품으로 알려져 있는 「수문사인전」에서는 주인공 하안이 친구의 부탁을 들어준다.

이상으로 「남염부주지」의 『전등신화』 수용 양상을 살펴보았다. 그 결과 「남염부주지」는 「영호생명몽록」·「감호야범기」·「수문사인전」·「태허사법전」을 패러디한 작품이라는 사실을 알 수 있었다. 이제 김시습이 왜 이 작품들의 서사를 조합하여 「남염부주지」를 창작했는지를 살펴보고, 그간의 연구에서 쟁점이 되었던 남염부주의 형상과 그 의미에 대해서 고찰하기로 한다.

(2) 남염부주의 모순적 형상과 그 의미

「남염부주지」는 적지 않은 연구 성과가 축적되었는데, 연구자들이 가장 당혹스러워했던 부분은 작품 속에서 염마왕이 저승이나 지옥을 부정하는 말을 한다는 점이었다. 「남염부주지」를 다룬 논문 중에 이를 건드리지 않은 경우가 거의 없을 만큼 이 문제는 「남염부주지」 이해의 핵심이라고 할 수 있는데, 이에 대하여 귀신으로 귀신을 물리치고 지옥으로 지옥을 부정하기 위한 것,[17] 염왕을 통해 염왕이나 저승의 존재를 부정하고 제왕을 통해 제왕의 횡포를 부정하는 역설,[18] 인간 세상과 지옥의 별개의 것이 아님을 드러내고 세상에는 근본적인 모순과 부조리가 존재한다는 것을 보여주기 위한 반어,[19] 염왕을 교화적 방편으로 상정하면서 박생의 소망이 실현 불가능함을 보여주기 위한 장치,[20] 이론과 실제 혹은 당위와 현실의 모순·괴리를 보여주기 위한 의도,[21] 유학을 정(正)이라 하고 불교를 사(邪)로 간주했던 조선 전기 사대부들이 현실세계의 정사(正邪) 구분에서는 여전히 동요하고

17) 임형택, 앞의 논문, 31쪽.
18) 조동일, 앞의 논문, 236~237쪽.
19) 진경환, 「남염부주지의 반어」(『고전문학연구』 13, 한국고전문학회, 1998), 299~306쪽.
20) 박일용, 「남염부주지의 이념과 역설」(『고소설연구』 22, 한국고소설학회, 2006), 55~63쪽.
21) 안창수, 「남염부주지의 작품세계와 의미」(『한민족어문학』 53, 한민족어문학회, 2008), 285~286쪽.

있었던 실상의 반영[22] 등으로 이해하는 견해들이 제출되었다. 여기서는 이 문제를 앞 절에서 논한 내용과 연관 지어 생각해 보기로 하겠다.

「남염부주지」에서 박생은 꿈속에서 염부주로 가는데, 이는 「영호생명몽록」과 동일하다. 그런데 주목할 점은 박생이 간 곳이, 「영호생명몽록」·「태허사법전」·「수문사인전」 등의 경우와는 달리, 명확히 저승으로 형상화되고 있지는 않다는 사실이다. 이에 대한 선행 연구의 해석은 무척 다양한데,[23] 분명한 것은 「남염부주지」의 염부주에 저승과 이승의 모습이 공히 나타나며, 이는 매우 의도적인 설정이라는 사실이다. 다음은 박생이 남염부주로 가는 장면이다.

> 어느 날 박생은 거처하는 방 가운데서 밤에 등불을 돋우고 『주역』을 읽다가 베개에 기대어 얼핏 잠이 들었다. 문득 어떤 나라에 도착하였는데 바다 가운데의 한 섬이었다. 그 땅에는 초목도 자갈도 없었으며 밟히는 것이라곤 구리가 아니면 철이었다. 낮이면 뜨거운 화염이 하늘까지 닿아 대지가 녹아 문드러지고, 밤이면 차가운 바람이 서쪽으로부터 불어와 살과 뼈를 찌르니, 장애를 견딜 수가 없었다. 또 쇠로 된 벼랑이 성과 같이 바닷가를 따라 이어졌는데, 다만 굉장한 하나의 철문이 있을 뿐이었고 거기에는 빗장과 자물쇠가 단단히 잠겨 있었다. 주둥이와 이빨이 튀어나와 영악하게 생긴 문지기는 창과 쇠몽둥이를 들고 바깥에서 오는 이들을 막고 있었다. 그 가운데 사는 백성들은 쇠로 집을 짓고 살았는데, 낮에는 살이 불에 데어 문드러졌고 밤에는 살이 얼어서 갈라져, 그저 아침저녁으로 꾸물꾸물하는 게 마치 웃고 이야기하는 모습이 있는 듯하였으나, 또한 심하게 괴로워하지도 않았다.[24]

22) 정출헌, 앞의 논문, 440쪽.

23) 이를 다룬 대표적인 연구 성과는 다음과 같다. 정주동, 앞의 책, 684~687쪽; 엄기주, 「남염부주지의 우의성」(『반교어문연구』 5, 반교어문학회, 1994), 140~144쪽; 진경환, 앞의 논문, 299~304쪽; 허원기, 「남염부주지 지옥 공간의 성격과 의미」(『동아시아고대학』 14, 동아시아고대학회, 2006), 406~414쪽.

24) 一日 於所居室中 夜挑燈讀易 支枕假寐 忽到一國 乃洋海中一島嶼也 其地無草木

남염부주는 바다 가운데 있는 나라로 설정된다. 위의 인용문에서 보듯이 그곳은 사람이 사는 세상 같지 않지만, 분명 사람들이 웃고 이야기하면서 살아가는 세계이다. 그런데 다음 장면을 보면 남염부주는 저승처럼 여겨진다.

> 검은 옷과 흰 옷을 입은 두 동자가 손에 문권을 쥐고 나왔다. 문권은, 하나는 검은 바탕에 푸른 글씨였고 하나는 흰 바탕에 붉은 글씨였는데, 동자들은 박생의 좌우에서 문권을 펼쳐 보였다. 박생이 붉은 글씨를 보니 성명이 이렇게 적혀 있었다. "현재 아무 나라에 사는 박아무개는 이승에서 죄가 없으므로 이 나라의 백성이 될 수 없다." 박생이 물었다. "저에게 문권을 보여주시는 이유는 무엇입니까?" 동자들이 말했다. "검은 바탕으로 되어 있는 것은 악인의 명부이고 흰 바탕으로 되어 있는 것은 선인의 명부입니다. 선인의 명부에 있는 사람들은 왕께서 응당 선비를 초빙하는 예로 맞이하시지만 악인의 명부에 있는 사람들은 비록 죄를 더하지는 않더라도 백성이나 노예의 전례로 명하십니다. 왕께서 당신을 보신다면 응당 예를 갖추실 것입니다."[25]

박생이 이승에서 죄가 없으므로 이 나라 백성이 될 수 없다는 점, 선인 명부와 악인 명부를 운운하는 점 등을 보면, 남염부주는 저승이라 하지 않을 수 없다. 다음은 염마왕이 박생에게 한 말이다.

沙礫 所履非銅則鐵也 晝則烈焰亘天 大地融冶 夜則凄風自西 砭人肌骨 吒波不勝 又有鐵崖如城 緣于海濱 只有一鐵門宏壯 關鍵甚固 守門者 喙牙獰惡 執戈鎚以防外物 其中居民 以鐵爲室 晝則焦爛 夜則凍裂 唯朝暮蠢蠢 似有笑語之狀 而亦不甚苦也(「南炎浮州志」, 69~70쪽)

25) 有黑衣白衣二童 手把文卷而出 一黑質青字 一白質朱字 張于生之左右以示之 生見朱字 有名姓曰 現住某國朴某 今生無罪 當不爲此國民 生問曰 示不肖以文卷 何也 童曰 黑質者惡簿也 白質者善簿也 在善簿者 王當以聘士禮迎之 在惡簿者 雖不加罪 以民隸例勑之 王若見生 禮當詳悉(「南炎浮州志」, 71~72쪽)

선비는 이 땅이 어딘지 알지 못하오? 이른바 염부주인데, 궁의 북쪽은 옥초산이오. 이 섬은 하늘의 남쪽에 있기 때문에 남염부주라고 하는데, 염부라는 것은 화염이 혁혁하여 항상 태허에 떠 있기 때문에 그렇게 일컫는다오. 내 이름은 염마로, 불꽃에 의해 어루만져지고 있다는 말이오.[士不識此地乎 所謂炎浮洲也 宮之北山 卽沃焦山也 此洲在天之南 故曰南炎浮洲 炎浮者 炎火赫赫 常浮大虛 故稱之云耳 我名燄摩 言爲燄所摩也][26]

선행 연구에서 언급했듯이 불교에 정통했던 김시습이 '염부'나 '염마'가 범어(梵語)의 음차라는 점을 몰랐을 가능성은 없지만, 이를 인간세상과 지옥의 경계를 허물어 인간세상이 곧 지옥이고 지옥이 곧 인간세상임을 드러내 보인 것으로만 이해하기는 어렵다.[27] 위의 인용문들은 남염부주가 지옥의 형상과 유사하지만 실은 지옥은 아니라는 점을 말하고 있다. 염마왕의 저 말 역시 이러한 의도의 연장선상에 있는 것으로, 남염부주(南炎浮洲)가 불교에서 말하는 남섬부주(南贍部洲: 南閻浮洲)나 저승인 염라국(閻羅國)과는 다르며, 염마(燄摩) 역시 염마(閻魔: 閻羅)와는 다르다는 점을 말하고 있는 것이다. '炎'이나 '燄'이 '閻'과 통용될 수 있다는 점은 별로 중요하지 않다. 중요한 것은 '炎'과 '燄'을 저와 같이 억지스럽게 해석했다는 사실 그 자체이고, 작자 김시습이 굳이 이런 대목을 넣은 의도이다.

이처럼 남염부주는 분명 저승이나 지옥이 아니지만, 그렇다고 하여 이승이라고 볼 수도 없다. 필자는 이 문제가 「남염부주지」 이해의 핵심이 된다고 보지만, 이에 대해 과도하게 천착하거나 근거 없이 추론해서는 안 된다고 생각한다. 박생이 지은 「일리론」에 의하면, 이 천지 이외의 또 다른 천지는 있을 수 없다. 박생은 남염부주에 가던 그날 밤에도 『주역』을 읽다가 잠이 들었던바, 이렇게 투철한 신념을 가진 박생에게 이 천지 바깥의 또 다른

26) 「南炎浮州志」, 73쪽.
27) 진경환, 앞의 논문, 299~304쪽.

천지인 저승은 존재할 수 없는 것이다.

여기서 우리는 「남염부주지」가 몽유 형식을 취하고 있다는 점에 주목할 필요가 있다. 「남염부주지」에 영향을 미친 「영호생명몽록」·「태허사법전」·「수문사인전」에는 모두 지옥이나 저승의 이야기가 나오지만, 오직 「영호생명몽록」만이 「남염부주지」처럼 몽유 형식을 취하고 있다. 「영호생명몽록」에서 영호선은 실제로 저승에 갔다고 볼 수도 있지만, 그의 저승 체험은 꿈속에서 벌어진 일이기도 하다. 이에 저승은 결국 현실은 부조리하지만 저승에서만큼은 인과응보의 법칙이 실현되어야 한다는 주인공의 신념이 투영된 세계로 이해할 수 있다. 그렇다면 박생의 꿈속 세계인 남염부주 역시 박생이 평소에 가지고 있던 신념이나 욕망이 투영된 가상의 세계라고 해석할 수 있는데, 남염부주가 염라국이 아닌 이유는 그곳이 이 세계 이외의 다른 세계는 있을 수 없다는 박생의 신념, 곧 '일리론'이 투영된 공간이기 때문이다.[28] 이런 관점에서 보면, 그간의 「남염부주지」 연구에서 저승의 왕이 저승이나 지옥을 부정했다고 이해하면서 이를 모순·역설·반어 등으로 해석한 것 역시 엄밀히 말해서는 옳지 않다. 왜냐하면 염부주는 저승도 지옥도 아니며, 이에 따라 염마왕 역시 저승에서 지옥에 떨어질 사람을 심판하는 염라왕이 아니기 때문이다.

남염부주는 염라국, 곧 저승이 박생의 일리론에 의해 굴절된 공간으로 이해할 수 있다. 다시 말해 박생이 간 그곳은 염라국이고 그가 만난 사람은 염라왕이어야 했지만, 일리론이라는 신념이 염라국을 염부주로 만들고 염라왕을 염마왕으로 만들었던 것이다. 이를 역으로 생각해 보자. 만약 박생의 몽중 세계에 일리론이라는 신념이 반영되지 않았다면, 박생이 꿈속에서

28) 꿈이 현실의 반영이라는 생각은 중세인들이 가졌던 보편적인 관념이었던 듯하다. 윤채근, 『소설적 주체, 그 탄생과 전변』(월인, 1999), 151~165쪽에서 김시습의 꿈에 대한 생각을 분석하면서 "김시습은 낮(현실)이 밤(꿈)에 의해 재현된다고 생각했다. 그 재현 방식은 유추에 의해서인데, 이는 현실과 꿈 사이의 유사 관계에 주목한 소산이다."라고 하였다.

간 곳은, 『전등신화』 소재 여러 작품들에서와 마찬가지로 저승이었을 터이고 그가 만난 사람 역시 염라왕이었을 것이다. 앞서 살펴보았듯이 박생이 평소에 가지고 있던 신념인 일리론을 강하게 흔든 것은 '인과응보'의 설이었는데, 그것이 박생으로 하여금 「일리론」이라는 논문을 지어 스스로를 경계하게 만든 까닭은, 다름이 아니라 그의 마음 깊은 곳에 '인과응보'의 믿음이 자리 잡고 있었기 때문이다.

이제 우리는 남염부주가 왜 저승이 아니면서도 저승처럼 형상화되고 있는지 짐작할 수 있다. 그곳은 박생이 가지고 있었던 '인과응보'라는 믿음과 '일리론'이라는 신념이 복합적으로 구현된 공간으로, '인과응보'라는 믿음의 투영인 염라국을 '일리론'이라는 신념이 굴절시킨, 모순적 세계였던 것이다.

「남염부주지」는, 박생의 믿음과 신념이 투영된 남염부주라는 공간 속에서 벌어지는 박생과 염마왕의 토론이 그 내용의 대부분을 차지하고 있다. 그런데 임형택이 이미 언급했듯이 박생과 염마왕의 토론에 의해 표현된 사상은 작자 자신의 기본적인 입장과 주장을 같이하는 것이다.[29] 이후의 연구에서도 이 점은 기본적으로 부정되지 않았다. 그런데 문제는 너무나도 당연하다고 할 수 있는 이 사실에서부터 발생한다. 왜 김시습은 굳이 「남염부주지」라는 '소설'에다까지 그런 내용을 써 넣었을까? 그것은 『매월당집』 잡저(雜著)의 「귀신(鬼神)」 같은 논문으로 쓰는 게 더 낫지 않은가?[30] 더욱이 그 문답 속의 내용은 김시습만의 독창이라고 볼 수 있는 것도 아닌데 말이다.[31] 필자는 박생과 염마왕 사이에 오간 문답의 중요성을 부정하지는 않지만, 「남염부주지」를 사상소설로 이해하는 시각에는 동의하기가 어렵다. 앞서 설명했듯이 이 대목은 기본적으로 「감호야범기」를 수용한 것이므로, 「감

29) 임형택, 앞의 논문, 31쪽.

30) 문범두, 앞의 논문에서 「남염부주지」와 김시습의 논설을 상세하게 비교·검토하였다.

31) 김명호, 앞의 논문, 37~53쪽.

호야범기」에 대한 분석은 「남염부주지」의 이해에 일정한 도움을 줄 수 있을 것이다.

「감호야범기」의 성영언은 은하수의 직녀에게 자신이 이미 알고 있었던 이야기들에 대해 질정한다. 이에 직녀는 자신의 정절을 훼손하는 터무니없는 이야기들에 대해 반박한 후 성영언에게 세상에 나가 잘못된 것을 바로잡아달라고 부탁한다. 「감호야범기」는 희작에 가까우므로, 여기에서 어떤 주제의식을 포착하려는 것 자체가 무의미한 일일 수 있지만, 그래도 성영언이 직녀의 부탁을 실천하지 않은 이유에 대해서는 좀 생각해 볼 필요가 있다.[32] 세속의 입장에서 볼 때 직녀는 상상 속의 인물이고, 그 존재 기반은 직녀가 부정했던 바 『제해(齊諧)』·『형초세시기(荊楚歲時記)』 등의 내용이나 유종원(柳宗元)의 「걸교문(乞巧文)」 및 장뢰(張耒)의 「칠석가(七夕歌)」 등에 있다. 이미 허구적 인물인 직녀를 만났다는 것 자체도 세속의 사람들이 믿을까 말까 한 상황에서, 직녀의 고사가 잘못되었다고 전파하는 것이 얼마나 무의미한 일일지는 충분히 짐작할 수 있다. 따라서 직녀와의 만남은 성영언이 홀로 마음속에 묻어둘 수밖에 없는 사건이었다.

이제 「남염부주지」를 보자. 박생과 염마왕 사이에 벌어진 문답의 주제는 귀신·저승·윤회·인과응보 등이다. 「남염부주지」가 「감호야범기」와 다른 부분은 주인공의 환상 체험이 꿈속에서 벌어진 일이라는 점인데, 이런 관점에서 보면 박생의 물음에 대한 염마왕의 대답 역시 박생의 신념이 염마왕의 입을 빌려 표출된 것으로 이해할 수 있다. 그런데 참으로 아이러니한

32) 이에 대하여 이대형, 『금오신화 연구』(보고사, 2003), 150~151쪽에서는 "하안은 기이한 인물이 한 부탁을 들어주었다는 점에서 「남염부주지」의 박생과 다르고, 치료 받지 않고 죽었다는 점에서는 같다. 두 이야기의 차이는 부탁한 내용이 다르다는 데서 연유한다. 수문사인의 부탁은 세상에 통용될 만한 것이었고, 염마왕의 부탁은 통용되기 어려웠다."라고 하였고, 또 "성영언이 직녀신의 부탁을 이행하지 않은 이유는 염마왕의 부탁을 거절한 박생의 경우와 동일하다. 그 일이 세속 사람들에게 이해되기 어렵기 때문이다."라고 하였다.

것은, 박생과 염마왕 사이에 오간 대부분의 말들이 '박생이 염부주[저승]에서 염마왕[염라왕]과 대화를 나누고 있다'는 사실 그 자체에 의해 근원적으로 부정될 수밖에 없다는 점이다. 이는 「감호야범기」에서 보였던 것과 동일한 모순이자 그간의 「남염부주지」 연구에서 그토록 쟁점으로 부각되었던 바로 그 모순인데, 박생이 염마왕과 대화를 하면서 이 불합리를 느끼지 못한 이유는, 앞서 설명했듯이 남염부주와 염마왕이 일리론에 의해 굴절된 산물이기 때문이고, 궁극적으로는 그것이 현실에서 보았을 때에는 모순이라고 느껴지는 일조차도 자연스럽게 느껴지는 '꿈속에서 벌어진 사건'이기 때문이다. 요컨대 염마왕의 부탁은, 「감호야범기」에서 직녀가 한 부탁과 마찬가지로 현실에서 전혀 먹혀들 수 있는 것이 아니었다. 현실 세계의 입장에서 보았을 때 염마왕은 염라왕일 수밖에 없고 남염부주는 염라국일 수밖에 없다. 저승의 왕(처럼 보이는 왕)이 저승(으로 보이는 곳)을 부정하는 말을 했다는 사실 자체도 말이 안 되는데, 그마저도 실제로 벌어진 일이 아니라 꿈속에서의 일이었던 것이다.

『금오신화』의 다섯 편 소설 가운데 몽유 형식을 취한 작품은 오직 「남염부주지」뿐이다. 「남염부주지」를 제외한 네 편의 소설에서는 주인공의 환상 체험이 실제로 벌어졌던 일로 기술된다. 설사 그 환상 체험이 유폐된 시공 속에서 벌어진 것이었다 할지라도, 어쨌거나 그것은 적어도 주인공의 입장에서만큼은 실재의 일이었다. 그러나 유독 「남염부주지」만은 그렇게 그려지고 있지 않은바, 박생의 이계 체험은 말 그대로 꿈속에서의 일이었던 것이다.

주인공의 환상 체험을 꿈속의 일로 처리하는 서사 기법은 이미 『전등신화』에 있었던 것이다. 『전등신화』 가운데 몽유 형식을 취한 작품은 「영호생명몽록」·「위당기우기」·「영주야묘기」 세 작품이다. 그런데 이 소설들에서는 주인공의 몽유 체험이 실재의 일이었음을 알려주는 증거가 등장한다. 「영호생명몽록」에서는 오로가 다시 죽었고, 「위당기우기」에서는 왕생이 꿈속에서 보고 겪었던 일들이 모두 실제였으며, 「영주야묘기」에서는 필응상이 꿈꾸던 날 영주야묘의 대망이 번개를 맞아 죽었다. 그러나 「남염부주지」에서는 주인공의 이계 체험이 실제 벌어진 일이었음을 증명하는 서술이 전혀 없으니, 이는 작자의 의도적인 설정이다.

염마왕은 박생에게 왕위를 물려준다는 말을 한 뒤 세상에 나가서 황당한 일들을 일소해 달라고 청한다. 그런데 현실로 돌아온 박생은 염마왕의 부탁을 실천할 생각은 하지도 않고 곧 죽을 것이라는 생각에 신변을 정리하는 데만 몰두한다. 여기서 우리는 박생이 남염부주에서 벌어졌던 일을 그저 꿈으로만 여겼음을 알 수 있다. 그리고 그 꿈 가운데서 현실적으로 의미가 있는 부분은 왕위를 넘겨받았다는 사실뿐이었던바, 결국 박생에게 있어서 그 꿈은 단지 자신의 죽음을 암시하는 '흉몽(凶夢)'에 불과했던 것이다.

그렇다고 하여 꿈의 의미가 이뿐이라고 할 수는 없다. 박생은 꿈을 통해 유가 이념의 실현이라는 자신의 소망이 실현 불가능한 것임을 깨달았던 것일까? 혹은 현실 세계에서는 당위적 질서가 실현되지 않는다는 사실을 확인했던 것일까? 그럴 수 있다. 그러나 '현실'로 돌아온 박생이 그 무엇보다도 절실하게 느낀 것은 그토록 확신했던 일리론이 전제에서부터 철저하게 부정되고 있었다는 사실 그 자체가 아니었을까? 현대의 연구자들, 아니 「남염부주지」를 읽는 누구나 다 알 수 있는 그 모순을, 꿈을 꾼 본인 박생이, 그리고 「남염부주지」를 쓴 김시습이 모를 수가 있을까?

거듭 말했듯이 남염부주는 박생의 몽중 세계이며, 그것은 결국 박생이 만들어낸 세계이다. 만약 그곳이 「태허사법전」·「수문사인전」에서와 같이 몽중 세계가 아니었다면, 왕이 저승을 부정하는 모순 자체가 나타날 수도 없었겠지만, 현실로 돌아온 박생의 충격도 그리 대단하지는 않았을 것이다. 하지만 「남염부주지」의 남염부주는 박생이 만들어낸 세계였다. 이 천지 이외의 다른 천지는 없다고 믿고 있었던 자신의 무의식이 만들어낸 세계가 그토록 부정하고 싶었던 바로 그 세계였다는 사실. 이것이 바로 박생이 느꼈던 충격의 본질이다.

여기서 우리는 「남염부주지」와 「영호생명몽록」의 중요한 차이점을 발견할 수 있다. 두 작품은 모두 주인공의 저승 체험이 꿈의 형식을 빌려 나타난다는 점에서는 동질적이지만, 주인공의 욕망 충족 여부에서는 뚜렷한 차이를 보인다. 「영호생명몽록」은 주인공의 욕망이 몽중 체험을 통해 충족될 뿐만 아니라, 오로의 죽음이라는 사건을 통해 현실로 실현되기까지 한다. 이에 반해 「남염부주지」에서는 주인공의 욕망이 몽중 세계에서조차 철저하게 부정되는바, 꿈에서 깨어나 현실로 돌아온 주인공은 삶의 의미를 상실하고 만다. 「남염부주지」가 「영호생명몽록」과 같은 방식의 결말이 아닌, 「수문사인전」에 보였던 바 주인공의 죽음이라는 결말을 택한 이유도 여기에 있다. 다음은 「남염부주지」의 마지막 장면이다.

> 박생은 몇 달 후 병이 생겼는데, 필시 일어나지 못하리라 여겨 의원과 무당을 사절하고 세상을 떠났다. 그가 세상을 떠나려던 날 밤에 꿈속에서 신인이 사방 이웃에 고하였다. "네 이웃집 아무개 공은 장차 염라왕이 될 것이다."[數月有疾 料必不起 却醫巫而逝 其將化之夕 夢 神人告於四鄰曰 汝鄰家某公 將爲閻羅王云][33]

기존의 연구에서는 이를 박생이 염마왕의 뒤를 이어 왕이 된 것으로 이해하였는데, 이런 관점에서 본다면 이 장면이야말로 박생의 몽중 체험이 실재의 일이었다는 증거가 된다고 생각할 수도 있을 것이다.[34] 하지만 그렇지 않다. 선행 연구에서는 무심코 지나쳤지만, 위 인용문에서 매우 주의 깊게 보아야 할 부분이 있다. 그것은 '염라왕(閻羅王)'이라는 말인데, 「남염부주

33) 「南炎浮州志」, 85쪽.

34) 물론 이웃 사람의 꿈을 빌렸다는 점에서 본다면, 박생이 정말로 왕이 되었느냐 아니냐의 문제는 논란이 될 수 있다. 하지만 선행 연구에서는 그 이상의 문제 제기가 이루어진 적이 없다.

지」의 마지막 장면인 위 대목 이전까지 작품에서는 '閻羅'는 말할 것도 없고 심지어는 '閻'이나 '羅'라는 글자조차도 나온 적이 없다. 박생이 염라왕이 되었다는 것은, 「수문사인전」에서 하안이 수문사인(修文舍人)의 직을 이어받는 내용과 「태허사법전」에서 풍대이가 관 속에서 사람들에게 태허전 사법이 되었다고 말한 내용을 결합한 것인데, 「수문사인전」과 「태허사법전」의 마지막 장면은 주인공들이 사후에 저승의 관리가 되었다는 점을 암시하는 동시에 그들의 '죽음'을 비유하고 있다. 그러나 「남염부주지」에서는 『전등신화』 소재 소설들에서와는 달리 박생의 저승 체험이 실재였다는 증거가 나타나지 않으므로, 신인의 저 말은 단지 박생의 죽음에 대한 비유로 이해하는 게 타당할 것이다. 그런데 염라왕이 누구인가? 저승에 있으면서 지옥에 떨어질 사람의 선악을 심판하는 왕이다. 염라왕이 있는 저승, 그곳은 박생이 「일리론」을 지으면서까지 그토록 부정하고 싶어 했던 세계가 아니었던가?

이렇게 본다면, 신인의 말은 박생의 세계관 변화, 곧 일리론의 포기를 상징하는 것으로 이해할 수 있을 것이다. 요컨대 박생의 몽중 체험은 그의 일리론을 처절할 정도로 근저에서부터 부정하게 만든 계기였던 것이다.[35] 그렇다면 박생의 일리론이 부정된 근본적인 원인은 무엇인가? 그것은 다름이 아니라 「영호생명몽록」이나 「수문사인전」에서는 문면에 분명하게 드러났지만 「남염부주지」에서는 작품의 서두에 슬쩍 언급된 죄복향응, 곧 인과응보였던 것이다.

박생이 인과응보에 대한 믿음으로 인해 '일리론'을 포기한 시기는 '성화(成化) 초(初)'인데, 이 시기 조선에서는 세조가 세상을 떠났다. 이 사실이

35) 「태허사법전」에서는 주인공 풍대이가 관 속에서 사람들에게 '소송에서 이긴 뒤 귀신을 전멸시키고 태허전 사법의 일을 맡아 인세에 다시 내려오지 못하게 되었다'고 말하는 바, 이는 죽어서까지도 자신의 신념을 포기하지 않는 주인공의 의지를 상징한다고 할 수 있다.

의미하는 바에 대해서는 굳이 설명할 필요가 없을 것이다.

(3) 김시습의 현실 비판과 「남염부주지」

「남염부주지」의 시간적 배경은 '성화(成化) 초(初)'이다. 성화는 명(明) 헌종(憲宗)의 연호로서 1465년부터 1487년까지 사용되었는데, 성화 초(初)는 김시습의 『금오신화』 창작 시기와 같은 때이다. 더욱이 「남염부주지」의 공간적 배경이 김시습이 『금오신화』를 창작했던 장소인 경주(慶州)라는 점은, 「남염부주지」가 이 시기 김시습의 사유와 현실 인식을 반영한 작품이라는 점을 강하게 암시한다. 한편 이 무렵은 세조의 불교 사업이 절정을 이루었던 때이기도 하다. 김시습은 이때를 전후하여 거기에 동참하였지만, 김시습은 세조의 호불정책의 정치성을 강하게 비판하기도 하였다.[36] 「남염부주지」에 나오는 바 박생과 염마왕의 문답은 이와 같은 현실을 반영한 것으로 볼 수 있다.

앞서 필자는 「남염부주지」를 박생의 일리론이 부정되는 이야기로 이해하였고, 그 궁극적인 근거를 인과응보의 믿음에서 찾았다. 이를 염두에 두면, 「남염부주지」는 1468년에 세상을 떠난 세조에 대한 적개심을 표출한 작품으로 이해할 수도 있겠다. 선행 연구에서 언급했듯이 박생이 염라왕이 되었다는 것은 세조를 저승에서나마 처단하겠다는 의지를 담은 것일 수 있기 때문이다.[37]

문학 연구에서 작가의 삶과 작품의 내용을 무매개적으로 일치시키는 것은 매우 경계해야 할 일이다. 그럼에도 불구하고 우리는 『금오신화』를 읽으면서 김시습의 삶과 시대를 생각하지 않을 수 없는데, 필자는 『금오신화』 전편을 계유정난과 그로부터 비롯된 일련의 사건들에 대한 작자의 자전적

36) 이 무렵 김시습의 행적은 심경호, 『김시습 평전』(돌베개, 2003), 203~283쪽 참조.
37) 이재호 역, 『금오신화』(을유문화사, 1972), 14쪽; 위의 책, 272쪽.

소설로 이해하며, 「남염부주지」 역시 여기서 예외일 수는 없다고 본다. 하지만 「남염부주지」를 단지 세조를 향한 김시습의 적개심의 반영으로만 읽기에는 주저되는 면이 없지 않다. 박생과 염마왕 사이에 오간 담론들의 주요 내용들은 김시습의 여러 논문에서 언급한 내용과 일치하는바, 작자가 왜 이것들이 결국 부정되도록 했는지를 설명할 필요가 있기 때문이다.

박생의 물음에 대한 염라왕의 대답은 모두 일리론에 근거한 것이다. 박생이 주공·공자와 구담에 대해 묻자, 염마왕은 그들은 결국 하나의 이치를 다른 방법으로 실현한 이들이라고 말한다. 박생이 귀신은 무엇이냐고 물었을 때에도 염마왕은 인물과 귀신은 다르지 않으며 제사를 받는 귀신과 조화를 이루는 귀신은 다르지 않다고 대답한다. 이어지는 박생의 물음에 대해서도 염마왕은 건곤의 바깥에는 건곤이 없다느니, 두 임금은 없다느니, 윤회는 없다느니 하는 식으로 대답한다. 선행 연구에서는 이와 같은 문답이 박생에게 있어서 각성의 계기가 되었다고 보기도 했지만, 엄밀히 말해 염마왕의 대답은 일리론의 논리를 충실히 따르다 보면 도달할 수 있는 결론에 불과하다. 왜냐하면 염마왕 자체가 박생이 만들어낸 존재이기 때문이다. 그러나 한편으로 염마왕은 일리론이라는 신념만이 투영된 존재는 아니다. 염마왕은 박생에게 자신이 생전에는 왕에게 충성을 다했고 죽어서는 여귀가 되어 도적을 토벌하겠다는 결심을 하여 남염부주의 왕이 되었다고 말하는데, 이는 결국 박생이 평소 믿고 있었던 인과응보의 믿음이 반영된 결과로 볼 수 있는 것이다.

이처럼 염마왕은 일리론에 의거하여 귀신이나 저승을 부정하는 발언을 하면서도 자신이 인과응보의 법칙에 의거하여 인간들을 심판하는 존재라고 말하는 모순을 범하고 있다. 그 이유는 앞서 언급했듯이 남염부주와 염마왕이 일리론이라는 신념과 인과응보라는 믿음이 복합적으로 투영된 결과이기 때문이며, 결국에는 그것이 모순을 자각할 수 없는 꿈속의 일이기 때문이다.

우리는 김시습이 왜 『전등신화』의 저승 이야기에 주목하면서 이를 재구성하여 「남염부주지」를 창작했는지를 생각해볼 필요가 있다. 『전등신화』 수록 소설 21편 가운데 저승 이야기가 등장하는 작품은 「영호생명몽록」·「영주야묘기」·「태허사법전」·「수문사인전」이다. 이 가운데 「남염부주지」와 밀접한 관계에 있는 것은 「영호생명몽록」과 「수문사인전」인데, 이 두 작품이 공히 이야기하고 있는 주제는 저승 이야기의 주요한 테마인 '인과응보'이다. 「영호생명몽록」은 현실에서 탐욕과 부정을 저지른다면 반드시 저승에서 그 보과를 받게 된다는 신념을 이야기하고 있으며, 「수문사인전」의 저승 이야기 속에는 인과응보의 믿음이 뚜렷이 반영되어 있다. 그런데 이 인과응보의 주제가 지향하고 있는 바는 저승 그 자체가 아니라 현실 세계다. 「영호생명몽록」은 저승에서의 인과응보를 이야기하면서 결국 현세에서의 삶이 어떠해야 하는지를 말하고 있으며, 「수문사인전」은 저승 이야기를 통해 현실 세계에서의 부정부패를 비판하고 있는 것이다.

김시습은 세조의 불경 언해 사업에 참여하고 세조를 예찬하는 시를 짓기도 했으며, 세조로부터 도첩을 받아 승려로서의 지위를 보장받기도 했다. 물론 세조의 불교 사업은 그 자신의 정치적 목적을 위한 것이었기에, 김시습은 이를 다시 비판하기도 했다. 그러다가 얼마 후 세조가 세상을 떠났다. 세조는 인간으로서 해서는 안 될 짓을 저질렀지만, 살아서는 천수를 누렸고 사후에도 비판이 대상이 될 수 없었다. 뿐만 아니라 세조의 왕위 찬탈을 도운 자들은 여전히 정권을 장악하고 있었기에, 세조가 죽었다 해서 근본적으로 달라질 것은 없었다.

「남염부주지」는 이 무렵 김시습의 현실 인식을 반영한 작품으로 이해할 수 있다. 김시습은 「남염부주지」에서 귀신·저승·윤회·인과응보 등 그의 논문에서 구체적으로 서술했던 주제들을 되풀이하였는데, 그것은 한마디로 '일리론'이라는 말로 요약될 수 있는 것이었으며, 그 가운데 일부는 현실에서의 실천에 중점을 둔 발언이었다. 예컨대 주공·공자와 구담의 말이 군자와 소인을 올바른 이치로 돌아가게 한 것이었다는 염마왕의 말은 결국 현실에서의 실천을 목표로 한 발언이었던 것이다. 그런데 실제 현실은 어떠했던가? 불교는 왕의 정치적 목적을 위해 이용되었고, 유학 역시 왕권의 정당성과 정권 유지에 봉사할 뿐이었다. 어느 것도 김시습이 그토록 중시했던 실천적 삶과는 거리가 멀었다.

이러한 현실에서 김시습은 『전등신화』를 읽었고, 거기에 들어 있는 저승 이야기에 주목하여 「남염부주지」를 지었다. 「영호생명몽록」이나 「수문사인전」은, 어찌 보면 대단히 허황되고 소박한 이야기에 불과하지만, 그 이야기 속의 세계는 그가 발을 딛고 있는 이 세계보다는 훨씬 나은 곳이었다. 왜냐하면 적어도 '인과응보'라는 원리만큼은 구현되고 있었기 때문이다. 어쩌면 김시습은 신유학에서 말한 바 실천적 삶과는 거리가 먼, 복잡하고 추상적인 일리론보다도 착한 일을 하면 복을 받고 악한 일을 하면 벌을 받는다는 인과응보의 설이야말로 현실에서의 실천적 삶을 가능케 할 수도 있는, 진정한 일리론에 가깝다고 느꼈을지도 모른다.

결국 김시습은 「남염부주지」를 통해 귀신·저승·윤회·인과응보에 대한 자신의 학설을 근저에서부터 부정한 것인데, 이는 당대의 유학에 대한 신랄한 비판이었다. 현실 세계와는 괴리된 사변적 논리에만 집착하고 실천적 삶과는 얼마든지 무관할 수 있는 신유학의 이론. 그것은 당시 유학자들이 그토록 배척했던 이단의 설이자 당대 민중들이 믿고 있었던 바 소박하고 황당하며 유치하기까지 한 천당·지옥 및 인과응보의 설보다도 가치 없는 것이었던 셈이다.[38)]

38) 「남염부주지」의 서두에는 박생이 이웃 사람들로부터 칭송을 들었다는 말이 있고, 작품의 마지막은 신인이 이웃 사람들에게 박생이 염라왕이 되었다고 말하는 것으로 종결된다. 이로써 볼 때 박생은 일반 백성들과 함께 호흡하며 살아갔던 인물임을 알 수 있으며, 천당·지옥과 인과응보의 설 또한 단지 불교의 그것일 뿐만 아니라 당대 민중들이 믿고 있었던 그것이기도 했음을 짐작할 수 있다.

4. 「용궁부연록(龍宮赴宴錄)」

「용궁부연록」은 총 다섯 편의 소설이 실려 있는 『금오신화』의 마지막 작품이다. 「용궁부연록」은 『금오신화』의 다른 작품들과 마찬가지로 『전등신화』 소재 작품들의 서사와 화소를 수용하였는데, 용궁 이야기를 다룬 「수궁경회록」과 「용당영회록」의 영향이 강하게 느껴진다. 이에 「용궁부연록」과 「수궁경회록」·「용당영회록」의 비교 연구는 「용궁부연록」 연구의 중심을 이루어왔다.

「용궁부연록」은 해제적 성격을 다룬 글들 및 『금오신화』를 종합적으로 검토한 연구들에서 『금오신화』 소재 여타 작품들과 논의된 경우가 많고,[1] '용궁'이라는 환상 공간에 주목하면서 「용궁부연록」을 다룬 연구도 있다.[2] 그러나 「용궁부연록」만을 중점적으로 다룬 논문들은 그리 많지 않은데,[3]

---

1) 최남선, 「금오신화해제」(『계명』 19, 계명구락부, 1927); 김태준, 『증보 조선소설사』(학예사, 1939); 박성의, 「비교문학적 견지에서 본 금오신화와 전등신화」(『문리논집』 3, 고려대학교, 1958); 정주동, 『매월당 김시습 연구』(신아사, 1965); 한영환, 『금오신화와 전등신화의 구성비교연구』(개문사, 1975); 이상익, 「금오신화와 전등신화」(『한중소설의 비교문학적 연구』, 삼영사, 1983); 설중환, 『금오신화연구』(고려대학교 민족문화연구소, 1983); 정환국, 「금오신화와 전등신화의 지향과 구현화 원리」(『고전문학연구』 22, 한국고전문학회, 2002); 이대형, 『금오신화 연구』(보고사, 2003); 정출헌, 「고전소설의 천편일률을 패러디의 관점에서 읽는 법」(『국제어문』 38, 국제어문학회, 2006).

2) 김미령, 「환상공간으로서의 꿈의 기능」(『인문학연구』 33, 조선대학교 인문학연구소, 2005), 113~136쪽; 조재현, 『고전소설의 환상세계』(월인, 2009) 등을 들 수 있다.

3) 「용궁부연록」을 다룬 석사논문으로 김선영, 「용궁부연록의 우의성 연구」(성균관대학교 석사논문, 2004); 김현정, 「용궁부연록의 심리적 고찰」(충남대학교 석사논문, 2009); 장조청, 「용궁부연록과 수궁경회록의 비교 연구」(충남대학교 석사논문, 2012) 등이 있지만, 선행 연구와의 변별성이 거의 포착되지 않는다.

그 주된 이유는 「용궁부연록」이 삽입시문이 압도적인 분량을 차지하기 때문이 아닌가 한다. 「용궁부연록」은 『금오신화』의 다섯 편 가운데 삽입시문이 가장 많이 들어 있는 작품으로, 삽입시문을 제외한 서사의 분량은 그리 많지 않기에 작품에서 뚜렷한 주제적 의미를 찾아내기 어려운 것처럼 느껴지기도 한다.[4] 때문에 「용궁부연록」의 서사적 의미나 주제의식은, 작품 자체에 대한 정밀한 분석으로써가 아니라 대개 작자의 전기적 사실에 의거하여 논의되었다. 그리하여 「용궁부연록」은 김시습이 세종으로부터 입은 지우를 형상화한 작품으로 여겨진 경우가 많았고, 또 과다하게 느껴지기까지 하는 삽입시문의 존재로 인해 작자의 시재(詩才)에 대한 과시욕의 소산으로 해석되기도 하였다.[5]

한편 「용궁부연록」에 주목한 개별 작품론들은 기존의 논의를 심화하면서 삽입시문에 대한 정밀한 분석 및 작품의 서사적 의미에 대한 새로운 해석들을 내놓고 있다. 안창수는 삽입시에 나타난 애조의 정서에 주목하면서 「용궁부연록」을 지배 질서에서 소외되었던 한생이 용궁의 체험을 통해 세속적 가치와 욕망의 부질없음을 깨닫게 되는 내용의 작품으로 이해하였고,[6] 전성운은 「용궁부연록」의 상량식의 서사 전개와 삽입시에 주목하여 작품을 분석하였다.[7] 안창수와 전성운이 삽입시문과 서사의 관계에 주목했다면, 작품의 서사적 의미를 구체적으로 분석한 연구자는 임치균이다. 그에 따르

4) 예컨대 이상익, 앞의 논문, 345쪽에서는 "뚜렷한 주제를 찾아내기가 아주 어렵다."라고 하였다.

5) 설중환, 앞의 책, 181쪽에서는 "본 작품을 대하면 우선 눈에 뜨이는 것은 삽입시의 양이 타 작품에 비하여 풍부할 뿐만 아니라 그 질에 있어서도 우수하다는 것을 금방 알아낼 수 있다. 따라서 우리는 이 소설에서 작가가 타 작품과 달리 그의 시재를 과시하고 있다는 느낌을 받을 수 있다. 따라서 본 삽입시의 기능은 다른 작품에서만큼 문과의 유기적인 결합성을 결여하고 있다. 즉 꼭 필요해서 시를 삽입한 것이 아니라 그의 시재를 자랑하다 보니 자연 유기성이 결여된 것이다."라고 하였다.

6) 안창수, 「용궁부연록의 작품세계와 의미」(『한국문학논총』 53, 한국문학회, 2009).

7) 전성운, 「용궁부연록의 연회와 서사 전개」(『어문연구』 60, 어문연구학회, 2009).

면, 주인공 한생이 용궁에서 한 일은 보잘것없는 일이었으며, 용궁은 그 자신이 웃음거리로 전락할 수도 있는 공간이다. 더욱이 용궁은 언제라도 다시 찾아갈 수 있는 곳이었기에, 한생의 부지소종은 언제라도 궁궐에 불려갈 수 있는 현실의 악순환을 막는 방법이었고, 이는 결국 궁궐로부터 초대를 받았지만 끝내 거기로 나아가지 않고 세상을 떠돌아다닌 김시습의 모습과 의지를 상징한다는 것이다.[8] 필자는 임치균의 논문이 지금까지 이루어진 「용궁부연록」 연구 가운데 가장 정밀할 뿐만 아니라, 작품의 서사적 의미와 주제의식을 탁월하게 짚어낸 성과라고 생각한다. 이에 이 글의 논의 역시 임치균의 연구 성과를 상당 부분 수용하는 가운데 이루어질 것이다. 다만 그의 논의에서는 주로 「용궁부연록」과 「수궁경회록」의 관계에 주목하였기에, 「용궁부연록」과 「용당영회록」의 관련 양상 속에서 찾아낼 수 있는 의미들을 포착하지 못했다는 아쉬움이 있다.

「용궁부연록」의 형성에 가장 큰 영향을 끼친 작품은 「수궁경회록」이고, 지금까지 이루어진 비교문학적 연구 역시 두 작품의 관련 양상에 주로 주목하였다. 하지만 「용궁부연록」은 「수궁경회록」과 「용당영회록」을 아울러 수용한 작품이기에, 「용궁부연록」과 「용당영회록」의 관계까지 아울러 고려해야 작품의 서사적 의미를 온전히 읽어낼 수 있다. 이에 이 글에서는 「용궁부연록」의 『전등신화』 수용 양상을 살펴본 뒤, 이를 통해 「용궁부연록」의 서사적 의미에 대해 고찰하고자 한다.

(1) 「용궁부연록」과 『전등신화』의 관련 양상

「용궁부연록」과 「수궁경회록」·「용당영회록」의 관련 양상은 선행 연구에서 아주 세밀한 부분까지 누차 언급되었으므로, 이들 사이의 동이(同異)

8) 임치균, 「용궁부연록의 환상 체험 연구」(『정신문화연구』 124, 한국학중앙연구원, 2011).

에 대해서는 새롭게 언급할 내용이 없다. 다음은 「용궁부연록」·「수궁경회록」·「용당영회록」의 서사 단락을 비교하여 정리한 것이다.9)

용궁부연록	수궁경회록	용당영회록
①송도 천마산의 박연 묘사와 문헌 기록 소개	×	[1]소주 오강의 용왕당 묘사와 『오군지』 기록 소개
×	×	[2]문인자술이 오강의 장관을 구경하고 고풍 장시를 지음
②한생이 박연 신룡[신왕]의 초청을 받아 수부로 감	❶여선문이 남해 광리왕의 초청을 받아 수부로 감	[3]문인자술이 오강 용왕의 초청을 받아 수부로 감
③조강신·낙하신·벽란신의 등장	❺동해용왕·서해용왕·북해용왕의 등장	[4]범려·장한·육구몽 및 오자서의 등장
×	×	[5]자리다툼이 벌어지자 오자서가 범려의 죄를 꾸짖음
④왕들과 한생의 좌정	❷왕들과 여선문의 좌정	[6]오자서·범려·장한·육구몽·문인자술·용왕 순으로 좌정
⑤신왕이 한생에게 가회각 상량문을 지어달라고 부탁함	❸광리왕이 여선문에게 영덕전 상량문을 지어달라고 부탁함	×
⑥한생이 상량문을 지음	❹여선문이 상량문을 지음	×
×	❻광연왕이 적혼공의 무례함을 꾸짖음	×
⑦미녀들의 「벽담곡」	❼미녀들의 「능파사」	×
⑧총각들의 「회풍곡」	❽가동들의 「채련곡」	×
⑨용왕의 「수룡음」	×	×
⑩곽개사의 「팔풍무」와 노래	×	×
⑪현선생의 「구공무」와 노래	×	×
⑫목석·산림의 요괴·정령들의 정재와 노래	×	×
⑬조강신의 시작	×	[7]오자서의 시작
⑭낙하신의 시작	×	[8]범려의 시작
⑮벽란신의 시작	×	[9]장한의 시작
×	×	[10]육구몽의 시작

9) 「용궁부연록」의 서사 단락을 기준으로 하여, 이에 대응하는 「수궁경회록」·「용당영회록」의 서사 단락을 정리하였다.

⑯한생의 20운 시작	❾여선문의 「수궁경회시」 20운 시작	⑪문인자술의 장단구
⑰한생의 용궁 구경	×	×
⑱한생이 신왕에게 명주 두 알과 빙초 두 필을 받음	❿여선문이 광리왕에게 조야주 열 개와 통천서 두 개를 받음	⑫문인자술이 용왕에게 조승주와 개수각을 받음
⑲한생이 방으로 돌아와 명주와 빙초를 상자에 넣은 뒤 남에게 보여주지 않음	⓫여선문이 집으로 돌아온 뒤 보물을 페르시아 상인에게 팔아 부자가 됨	⑬문인자술이 배로 돌아와 용왕당에 절을 올림
⑳한생의 입산부지소종	⓬여선문의 입산부지소종	×

이를 통해 우리는 김시습이 「수궁경회록」과 「용당영회록」을 숙지한 상태에서 「용궁부연록」을 창작했음을 알 수 있다. 「용궁부연록」의 서사 단락 가운데 「수궁경회록」·「용당영회록」과 무관한 부분은 한생이 용궁을 구경하는 대목인 ⑰뿐이다. 『전등신화』의 여타 작품에서도 이와 직접적인 관련이 있는 부분은 찾아보기 어렵지만, 그나마 가장 유사한 대목은 「영호생명몽록」에서 영호선이 지옥을 구경하는 장면이라고 할 수 있다. 「영호생명몽록」의 영호선은 저승을 비방하는 시를 지은 후 저승으로 끌려갔다가 염라대왕으로부터 자신의 무죄를 인정받고 무사히 집으로 돌아가게 되는데, 이때 영호선은 자신을 인도하게 될 두 사자에게 저승에 온 김에 지옥을 구경하겠다고 청하여 여러 지옥들을 구경한다. 이는 「용궁부연록」에서 한생이 신왕에게 궁실과 강토를 구경하겠다고 청한 뒤 그곳들을 구경하는 대목과 매우 흡사한바, 한생의 용궁 구경 장면은 「영호생명몽록」에서 착안했을 가능성이 있다.

위의 서사 단락 대비에서 드러나듯이 「용궁부연록」에 끼친 「용당영회록」의 영향은 「수궁경회록」의 그것에 비해 결코 미미한 수준이 아니다. 그렇다면 김시습은 왜 굳이 이와 같은 방식으로 「용궁부연록」을 창작했을까? 필자는 이와 같은 조합에서 이루어진 선택과 배제 및 변주의 의미를 읽어내는 것이 「용궁부연록」의 독법이라고 생각한다.

(2) 박연 전설의 수용과 그 서사적 의미

「용궁부연록」·「수궁경회록」·「용당영회록」은 모두 주인공이 용왕의 초청을 받아 용궁으로 가는 것으로 작품의 서두가 시작된다. 그런데 「용궁부연록」과 「용당영회록」에는 주인공 소개 이전에, 용궁 주변의 경치 묘사 및 관련 기록들이 있다는 내용을 언급하는 서사 단락이 공통적으로 들어가 있는 반면, 「수궁경회록」에는 그런 내용이 없다. 다음은 「용궁부연록」의 서두이다.

> 송도에 천마산이 있는데 그 산은 뾰족하고 가파르게 솟아 있으므로 이름을 천마산이라 한다. 산속에는 깊은 못이 있어 이름을 박연이라 하였는데 좁고도 깊어 몇 길이나 되는지 알 수 없다. 못의 물이 넘쳐 백여 길의 폭포를 이루어 경개가 맑고도 아름다우니, 지나가는 승려와 나그네들은 반드시 여기에서 관람하였다. 일찍부터 기이하고 신령한 일들이 나타났는데 여러 전기에 그 일이 실려 있으며, 나라에서는 세시마다 희생을 바쳐 제사지냈다.[10]

「용궁부연록」의 서두에 대하여 신재홍은 지리서에 사용되는 공식적 어투로 이해하면서 작자의 견문이 반영된 것이라 하였고,[11] 박희병은 산수기(山水記)를 수용함으로써 자연배경에 대한 실경묘사를 전기소설에 선보인 것으로 보았다.[12] 그런데 「용궁부연록」 서두의 배경 묘사는 「용당영회록」 서두와 매우 유사하다.

---

10) 松都有天磨山 其山高揷而峭秀 故曰天磨 山中有龍湫 名曰瓢淵 窄而深 不知其幾丈 溢而爲瀑 可百餘丈 景槩淸麗 遊僧過客 必於此而觀覽焉 夙著異靈 載諸傳記 國家歲時 以牲牢祀之(「龍宮赴宴錄」, 86쪽)

11) 신재홍, 「금오신화와 기재기이의 전기적 성격」(『한국몽유소설연구』, 계명문화사, 1994), 255～256쪽.

12) 박희병, 「금오신화 창작의 연원과 배경」(『한국전기소설의 미학』, 돌베개, 1997), 183쪽.

> 오강에 용왕당이 있으니, 당이란 사당으로, 향화를 받들어 모시는 곳이므로 '당(堂)'이라고도 하며, 혹은 가파르게 솟은 절벽이 당안(塘岸)과 같으므로 또 '용왕당(龍王塘)'이라고도 한다. 그 땅은 오송을 동쪽에 두고 태호를 서쪽에 두고 있는데, 바람과 물결이 험악하며 여러 물길이 모이는 곳인지라 지나가는 이들이 반드시 사당에다 경의를 표한 후에 지나갔다. 일찍부터 신령하고 기이한 일들이 나타났는데 범성대가 편찬한 『오군지』에 자세히 실려 있다.[13]

이처럼 두 작품의 서두는 작품이 무대가 되는 곳의 승경 및 지명의 유래를 소개한 뒤, 그곳과 관련된 기록이 문헌에 전한다는 말을 덧붙이는 방식으로 서술되고 있으며, 자구(字句)에서도 유사한 점이 적지 않게 발견된다. 따라서 「용궁부연록」의 서두는 지리서나 산수기의 영향이라기보다는 「용당영회록」의 서두에서 착안한 것으로 보는 게 타당할 것이다. 그렇다면 김시습은 왜 「용궁부연록」의 서두를 저와 같이 시작하였을까? 선행 연구에서는 「용궁부연록」과 「수궁경회록」의 관련성에 주로 주목하다 보니, 「용궁부연록」과 「용당영회록」의 관계에 대한 심도 있는 분석이 이루어지지 못했는데, 필자는 이 대목이 「용궁부연록」을 이해하는 데 있어서 매우 중요하다고 생각한다.

「용당영회록」에서는 범성대의 『오군지』에 오강 용왕당의 영험한 일들이 기록되어 있다고 했다. 『오군지』는 제1권의 연혁(沿革)·분야(分野)·호구조세(戶口租稅)·토공(土貢)에서 시작하여 풍속과 건물의 유래 및 인물과 기사(奇事)·이문(異聞) 등을 기록한 지방지로서, 총 50권으로 되어 있다.[14] 「용당영회록」의 서두에서 『오군지』를 인용한 까닭은, 작품의 무대가 바로 소주의 오강이기에 그런 것이기도 하지만, 「용당영회록」에 이 지역을 무대

13) 吳江有龍王堂 堂蓋廟也 所以奉事香火 故謂之堂 或以爲石崖陡出 若塘岸焉 故又謂之龍王塘 其地左吳淞而右太湖 風濤險惡 衆水所匯 過者必致敬於廟庭而後行 夙著靈異 具載于范石湖所編吳郡志(「龍堂靈會錄」, 下51쪽)

14) 范成大, 『吳郡志』(中華書局, 1985).

로 활약했던 오자서와 범려가 등장하기 때문이다. 『오군지』는 지방지이므로 『사기』의 기록만큼 오자서와 범려의 이야기가 자세하게 실려 있지는 않으며, 사당이나 건물 등의 유래와 관련된 기록들에서 오자서와 범려의 이야기가 언급되고 있다. 그렇다면 「용당영회록」의 서두는 작품의 내용이 지역의 전설과 관련된 이야기임을 암시하는 동시에, 독자들로 하여금 이후 전개될 서사에 대한 기대감을 고조시키는 역할을 하고 있다고 하겠다.

선행 연구에서 언급했듯이 「용당영회록」은 몽유록의 연원으로 지목되는 작품이다. 「용당영회록」은 주인공의 환상 체험이 현실에서의 일이었다는 점에서 몽유록과 차이를 보이지만 '좌정 - 토론 - 시연'이라는 몽유록의 서술구조를 그대로 보여주고 있는 것이다.[15] 그런데 몽유록의 또 다른 특징은 몽유자가 꿈을 꾸는 장소가 꿈속에 등장하는 인물과 직접적인 관계가 있다는 점인바, '공간'과 '기억'의 문제는 몽유록을 이해하는 데 중요하게 고려해야 할 문제이다.[16] 물론 「용당영회록」은 몽유록이 아니지만, 오강이라는 공간과 관련된 역사적 사실이 작품의 서사 전개와 직접적인 관계가 있다는 사실은 매우 주목할 만한 점이다.

이제 「용궁부연록」을 보자. 「용궁부연록」 역시 「용당영회록」과 마찬가지로 박연 주변의 승경을 묘사하면서 작품을 시작하고 있고 그곳과 관련된 많은 기록들이 전한다고 언급되어 있다. 그런데 「용궁부연록」에서는 구체적인 서명은 언급하지 않고 다만 '전기'라고만 되어 있어서 그것이 어떤 내용인지는 불분명하다. 그러나 이후의 이야기, 곧 한생이 용녀 신방(新房)의 상량문을 쓴다는 점을 생각해 보면, 여기서 언급한 박연의 전설은 박연 용왕의 딸과 관련된 이야기일 것이다.

---

15) 김정자, 「몽유록연구」(이화여자대학교 석사논문, 1978), 76~84쪽; 신재홍, 「몽유록의 유형적 고찰」(서울대학교 석사논문, 1986), 11~18쪽.

16) 몽유록에 나타난 '공간'과 '기억'의 문제에 대해서는 김정녀, 「몽유록의 공간들과 기억」(『우리어문연구』 41, 우리어문학회, 2011), 327~360쪽에서 상세히 논하였다.

옛적에 박진사라는 이가 못가에서 피리를 불고 있었는데, 용녀가 이에 감동하여 그 지아비를 죽인 뒤 그를 끌고 들어가 남편으로 삼았으므로, 박연이라고 이름 붙였다.[昔有朴進士者 吹笛於淵上 龍女感之 殺其夫 引之爲壻 故號朴淵]

龍娘感笛嫁先生　용녀가 피리소리에 감동하여 선생에게 시집가니,
百載同歡便適情　백년가약 즐거움을 제멋대로 하였구나.
猶勝臨邛新寡婦　그래도 임공의 새 과부가,
失身都爲聽琴聲　거문고 소리만 듣고 실절한 것보다는 낫겠지.[17]

용녀의 일을 읊은 이규보(李奎報)의 「제박연(題朴淵)」이다. 이 시는 박연의 유래담 가운데 이른 시기의 기록인데, 박연 전설은 『신증동국여지승람』을 비롯하여 각종 문헌과 문집들에서 확인되는 유명한 이야기다.

앞서 살펴본 바와 같이 「용궁부연록」의 서두는 「용당영회록」과 동일하다. 그렇다면 김시습이 「용궁부연록」의 서두를 「수궁경회록」이 아닌 「용당영회록」과 같은 방식으로 시작한 데에는 어떤 의도가 있다고 보아야 하지 않을까? 필자는 작자 김시습이, 「용당영회록」이 '지역'과 관련된 전설이 작품의 서사 전개와 밀접한 관련을 가지고 있다는 점에 주목하여, 「용궁부연록」의 서두를 「용당영회록」처럼 시작했다고 생각한다. 다시 말해 「용궁부연록」에 나오는 바 용녀의 혼인 이야기는 박연의 전설과 무관한 게 아니라는 것이다.

「용궁부연록」에서 한생은 용녀의 신방인 가회각(佳會閣)의 상량문을 짓기 위해 용궁으로 간 것으로 되어 있다. 작품에서 용녀의 혼인에 대한 구체적인 정보는 찾을 수 없기에,[18] 그녀의 혼인이 본부(本夫)와 하는 것인지, 아니면 박진사와 하는 것인지 확정할 수는 없다. 그러나 박연의 전설을 염

17) 李奎報, 『東國李相國集』(『고려명현집』 1, 성균관대학교 대동문화연구원, 1986), 160쪽.
18) 용왕이 한생에게 "寡人止有一女 已加冠笄 將欲適人"(「龍宮赴宴錄」, 89쪽)이라고 한 것 이외에는 용녀의 혼인에 대해 알 수 있는 정보가 없다.

두에 둔다면, 「용궁부연록」에 나오는 바 용녀의 혼인은 당연히 박진사와의 그것일 터이다. 그런데 용녀의 혼인은, 이규보가 용녀를 탁문군에 비유했듯이 떳떳한 일이 아니며 '실절'과 '살인'이라는 비윤리적 행동의 결과이니, 그런 혼인에 쓸 신방인 가회각의 상량문을 짓는 행위 역시 자랑스러운 일이 아니다.[19] 선행 연구에서 "「수궁경회록」의 여선문은 광리왕이 새로운 정치를 펼 수 있는 궁전에 상량문을 써준다. '공주의 거처'와 '왕의 새로운 정치 터전인 궁궐'에 상량문을 쓰는 행위는 그 경중에서 차이가 난다. 결국 한생은 용궁[궁궐]에 가도 중요한 듯하지만 그리 중요하지 않은 '공주의 거처' 정도에서 문재를 드러낸 존재가 되었을 뿐이다. 칭찬과 인정을 받지만 그 정도 수준일 뿐이다."[20]라고 한 지적은 타당하지만, 그 의미는 용녀의 혼인이 어떤 사건인지를 고려할 때 분명하게 드러난다.

『금오신화』 다섯 작품의 시대적 배경 설정에는 그 나름의 이유가 있다. 「만복사저포기」와 「이생규장전」은 각각 고려 말 왜구와 홍건적의 침입을 배경으로 하고 있는데, 이 작품들의 서두에는 시대적 배경이 명확히 언급되어 있지 않다. 「만복사저포기」와 「이생규장전」에서는 여주인공들을 죽게 만든 '전란'이라는 사건 그 자체가 중요할 뿐이며, 그것이 굳이 '여말(麗末)'의 역사적 사건이 아니더라도 크게 문제될 것은 없다. 한편 「취유부벽정기」는 천순 초를 시대적 배경으로 하고 있고 「남염부주지」는 성화 초를 배경으로 하고 있는데, 이 작품들에서는 주인공을 소개하는 대목에서 시대적 배경을 명확히 밝혀 놓고 있다. 주지하듯이 천순 초는 단종이 죽임을 당한 때이고 성화 초는 세조가 죽은 시기인바, 「취유부벽정기」와 「남염부주지」의 서사적 의미는 그 시대적 배경을 고려하지 않고서는 제대로 읽어내기 어렵

19) 심경호 역, 『매월당 김시습 금오신화』(홍익출판사, 2000), 226~227쪽에서는 '佳會'를 『주역』 건괘(乾卦) 「문언전(文言傳)」의 "君子體仁足以長人 嘉會足以合禮 利物足以和義 貞固足以幹事"(『易經』, 성균관대학교 대동문화연구원, 1984, 79~80쪽)라고 한 데서의 '嘉會'로 보았다.

20) 임치균, 앞의 논문, 14쪽.

다.[21] 그런데 김시습은 「취유부벽정기」·「남염부주지」에서와 마찬가지로 「용궁부연록」에서도 주인공을 소개하면서 “전조에 한생이라는 이가 있었다.[前朝有韓生者]”[22]라고 하여, 「용궁부연록」의 시대적 배경이 고려조임을 명확히 해 두었다. 만약 「용궁부연록」의 서사가 고려조의 일이든 김시습 당대의 일이든 아무 상관이 없었다면, 시대적 배경을 굳이 명확히 해 둘 필요가 없었을 것이다. 김시습이 「용궁부연록」의 시대적 배경을 하필 고려 시대로 설정한 까닭은, 다름이 아니라 박진사의 이야기가 고려 시대의 전설이었기 때문이다.

「용궁부연록」에서 한생이 가회각의 상량문을 쓴 일은, 「수궁경회록」에서 여선문이 영덕전의 상량문을 쓴 것과 일치한다. 그런데 「수궁경회록」에서는 여선문이 지은 상량문과 장시 사이에 「능파사」와 「채련곡」만이 들어 있고 다른 인물들의 시작은 전혀 보이지 않으며, 용궁의 화려한 잔치는 “두 차례의 춤이 모두 끝나자 영타고를 치고 옥룡적을 부는 등 온갖 음악이 베풀어지고 술잔과 산가지가 뒤섞였다.”[23]라고 간단히 서술되어 있다. 그에 반해 「용궁부연록」에서는 한생이 지은 상량문과 장시 사이에 「벽담곡」과 「회풍곡」만 들어 있는 것이 아니라, 용왕의 「수룡음」, 곽개사와 현선생의 자기소개 및 노래, 목석·산림의 요괴·정령들의 정재(呈才)와 노래, 조강신·낙하신·벽란신의 시작이 있다.

「용궁부연록」의 시작들에서 우선 주목되는 점은 슬픔과 기쁨의 정서가 그대로 노출되어 있다는 점이다. 이에 대해서는 선행 연구의 성과들을 참조할 수도 있지만,[24] 문면의 서술에서도 확인할 수 있다.

---

21) 이에 대해서는 엄태식, 「취유부벽정기의 서사적 의미와 작가 의식」(『정신문화연구』 130, 한국학중앙연구원, 2013); 엄태식, 「남염부주지의 패러디와 풍자 - 남염부주의 모순적 형상을 중심으로」(『동남어문논집』 36, 동남어문학회, 2013) 참조.

22) 「龍宮赴宴錄」, 86쪽.

23) 二舞既畢 然後擊靈鼉之鼓 吹玉龍之笛 衆樂畢陳 觥籌交錯(「水宮慶會錄」, 上23쪽)

24) 안창수, 앞의 논문, 65～99쪽; 전성운, 앞의 논문, 171～196쪽.

> 춤이 끝나자 신왕은 기뻐하며 손뼉을 치고는 잔을 씻고 뿔잔을 받들어 생의 앞에다 가져다 놓았다. 그리고 스스로 옥룡적을 불고 「수룡음」 한 곡조를 불러 환락의 정을 다하였다.[25]

> 이에 곽개사가 왼쪽으로 돌고 오른쪽으로 꺾으며 뒤로 물러났다가 앞으로 내달으니, 온 좌중이 데굴데굴 구르며 웃음을 참지 못했다.[26]

> 노래가 끝나자 현선생이 흐느적거리며 비틀거리고 날뛰면서 몸을 낮추었다 올렸다 하니 그 모습을 이루 형언할 수 없었고, 자리에 앉은 모든 사람들은 입을 크게 벌리고 깔깔대며 웃었다.[27]

왕이 된 자가 기쁨의 감정을 여과 없이 드러낸다든지, 우스꽝스러운 배우들의 정재를 보고 데굴데굴 구르며 웃음을 그치지 않는다든지 하는 것들은, 공자가 말한 바 '낙이불음(樂而不淫)'과 '애이불상(哀而不傷)'의 정신에 크게 어긋난다. '낙이불음'과 '애이불상'은 『논어』 「팔일(八佾)」에서 공자가 「관저(關雎)」를 평하면서 한 말인데, 「관저」는 한생의 상량문에서도 언급되었다.[28] 「관저」는 올바른 부부의 관계와 관련하여 많이 인용되는 전고로서, 부부는 인륜의 시작이기에 이를 '정시(正始)'라고도 한다. 그런데 「용궁부연록」에서 공주의 혼인은 '정시'라고 할 수 없고, 그곳에서 벌어지는 연회 역시 유가적 정신과는 상당히 거리가 있는 것이다.

다음으로 주목되는 것은 등장인물들의 시작들이 지루할 정도로 장황하게 나열됨으로써 결과적으로 한생의 역할이 축소되고 있다는 점이다. 앞에서

---

25) 舞竟 神王喜抃 洗爵捧觥 致於生前 自吹玉龍之笛 歌水龍吟一闋 以盡歡娛之情(「龍宮赴宴錄」, 94~95쪽)

26) 於是 左旋右折 殿後奔前 滿座皆輾轉失笑(「龍宮赴宴錄」, 98쪽)

27) 曲終 夷猶恍惚 跳梁低昂 莫辨其狀 萬座嗢噱(「龍宮赴宴錄」, 100쪽)

28) 是以關雎好逑 所以著萬化之始(「龍宮赴宴錄」, 90쪽)

보았듯이 「용궁부연록」에는 「수궁경회록」에 없는 ⑨~⑫가 있고 「용당영회록」의 [7]~[10]에 해당하는 ⑬~⑮가 있다. 임치균은 "이 부분에 '한생'이 웃었다는 서술은 없다."라고 하면서 한생이 곽개사와 현선생을 관찰하는 입장에 있다고 하였고, 이는 결국 "한생 역시 곽개사와 현선생처럼 용궁의 고관대작들에게 웃음거리가 될 수 있다는 것을 암시한 것이다."라고 하였다.[29] 필자 역시 이 견해에 동의하는데, 이와 더불어 주목할 것은 ⑦~⑮ 사이에 주인공 한생과 관련된 서술이 보이지 않는다는 점이다. 한생이 용궁의 화려한 잔치에서 소외되고 있는 것은 「용당영회록」과의 관계 속에서 살펴볼 필요가 있다.

「용궁부연록」에 조강신·낙하신·벽란신이 등장한 것은 「수궁경회록」에서 동해·서해·남해의 세 용왕이 등장한 것과 유사해 보이지만, 「수궁경회록」에서 세 용왕은 작품 속에서 단지 잔치에 참여했다고 언급만 될 뿐 별다른 역할이 없다. 따라서 「용궁부연록」에 세 명의 신이 등장하는 것은, 오히려 「용당영회록」에 범려·장한·육구몽 및 오자서가 등장한 것과 더 유사하다. 「용당영회록」에서는 좌정 장면에서 오자서와 범려의 자리다툼이 벌어지고 이에 따라 오자서가 범려의 죄를 꾸짖게 되는데, 「용당영회록」은 오자서가 범려를 꾸짖는 부분에 매우 많은 지면을 할애하고 있으며, 이 부분에서 문인자술은 아무런 역할도 없다. 「용당영회록」의 주인공 문인자술(聞人子述)은 그 이름에서 드러나듯이 남의 말만 듣고 그대로 따라하는 소극적 인물이며,[30] 몽유록의 주인공 유형으로 보자면 방관자형에 해당한다.[31] 그렇다면 「용궁부연록」에서 주인공 한생이 아닌, 여타 등장인물들의

29) 임치균, 앞의 논문, 17쪽.

30) '聞人子述'은 성이 '聞人'이고 이름이 '子述'이다. 여기서 '聞人'은 '이름이 널리 알려진 사람'이라는 뜻이 아니라 '남의 말을 듣는다'는 뜻이며, '子述'은 『中庸』 제18장의 "無憂者 其惟文王乎 以王季爲父 以武王爲子 父作之 子述之"(『中庸』, 798쪽)라고 한 데서 취한 것이다.

31) 서대석, 「몽유록의 장르적 성격과 문학사적 의의」(『한국학논집』 3, 계명대학교 한국학

시작들이 나열된 것은, 「용당영회록」에서 주인공 문인자술이 아닌, 여타 등장인물들의 대화가 큰 비중을 차지한 것과 같은 기능을 한다고 볼 수 있다. 요컨대 「용궁부연록」에서 한생은 처음에 상량문을 지으므로 마치 그 용궁 잔치의 주인공인 듯 보이지만, 뒤로 갈수록 점점 소외되다가 결국 「용당영회록」의 문인자술처럼 마지막에 시 한 수를 짓고 있는 셈이다.

이상 살펴본 바를 정리해 보자. 한생은 박연 신왕의 초대를 받아 용궁으로 가서 상량문을 짓지만, 그 상량문은 본부를 살해하고 새 남편을 맞아들이는 용녀의 신방을 위해 지은 것이기에, 상량문을 짓는 행위는 결코 자랑스러운 게 아니다. 또 한생이 상량문을 지은 뒤 벌어진 용궁의 잔치는 난잡하다 할 수 있을 정도로 무절제한 것이며, 한생은 그 잔치에 적극적으로 참여하지 못한 채 소외되고 있는 것이다. 그렇다면 한생이 초대를 받아서 간 용궁은 과연 어떤 의미를 갖고 있는 공간일까?

한생이 간 곳은 박연의 용궁인데, 이를 두고 '향토적' 혹은 '민족적'이라고만 설명하는 것은 단순하다. 「용궁부연록」의 창작에 「수궁경회록」·「용당영회록」이 영향을 미쳤다면, 박연의 의미 역시 이 두 작품과의 관련 속에서 살펴보아야 마땅하다.

「수궁경회록」에서 여선문이 간 곳은 남해의 용궁이고, 「용당영회록」에서 문인자술이 간 곳은 오강의 용궁이며, 「용궁부연록」에서 한생이 간 곳은 박연의 용궁이다. 이처럼 세 주인공이 간 곳은 바다·강·못으로 그 규모에서 차이를 보이는데, 이와 관련하여 「수궁경회록」에서 적혼공이 한 다음의 말은 「용궁부연록」의 해석과 관련된 의미심장한 메시지를 담고 있다.

> 지금 이 전의 낙성식으로 말하자면, 특별히 세 용왕을 위하여 이 연회를 배설한 것이어서 비록 장강·한수의 우두머리나 하천·못의 군장이라 할지라도 모

연구소, 1975), 2~7쪽에서는 몽유록의 유형을 방관자형·참여자형·주인공형으로 구분한 바 있다.

> 두 자리에 참여할 수 없으니 그 예가 지엄하다 할 것입니다. 그런데 저 말석에 앉은 백의서생은 도대체 누구이기에 감히 이처럼 당돌하단 말입니까?[32)]

「수궁경회록」의 잔치는 남해용왕인 광리왕이 베푼 것으로서 거기에 참석할 수 있는 이는 세 바다의 용왕뿐이다. 그런데 여선문은 장강이나 한수의 용왕조차 참여할 수 없는 그 자리에 사해용왕들과 대등한 자격으로 참여한 것이니, 그가 용궁에서 받은 대우는 최고로 융성한 것이 아닐 수 없다. 여선문은 용왕의 말마따나 불세출의 재주와 시대를 구할 지략을 가진 인물이었던바, 여선문은 용궁 잔치의 주인공이며, 용궁은 비록 이계이기는 하지만 그를 인정해 주는 지우의 공간이었던 것이다.

이제 「용궁부연록」을 보자. 「용궁부연록」의 용궁 잔치는 송도 천마산의 박연에서 벌어진 것이다. 박연은 「수궁경회록」의 남해는 말할 것도 없고 「용당영회록」의 오강에도 미치지 못하는 곳이니, 「용궁부연록」의 박연신 및 조강신·낙하신·벽란신은 바로 적혼공이 말한 바 하천이나 못의 군장에 불과하다. 그런데 한생은 일개 연못의 용궁에서 벌어진 잔치에서조차 제대로 대접 받지 못한 채 소외되고 있는 것이다.

한생은 20운의 장시를 지은 후 신왕에게 궁실과 강토를 구경하기를 청하는데, 한생의 용궁 구경 부분의 의미는 임치균의 다음 논의를 참조할 수 있다.

> 용궁을 유람하는 한생에게 용궁은 자신이 할 수 있는 것보다 할 수 없는 것이 더 많은 공간이 된다. 더 이상 오를 수 없는 '조원루(朝元樓)', 쳐볼 수 없었던 '북', 풀무질해 볼 수 없었던 '풀무 같은 물건', 물을 뿌려볼 수 없었던 '먼지떨이 같이 생긴 물건' 등이 바로 그것이다. 모두 한생이 해보려고 하면 용궁의 사람이 제지를 하는 형국이었다. (…) 이들은 항상 왕과 함께한다. 그리고 비,

---

32) 今玆貴殿落成 特爲三王而設斯會 雖江漢之長 川澤之君 咸不得預席 其禮可謂嚴矣 彼白衣而末坐者 爲何人斯 乃敢於此唐突也(「水宮慶會錄」, 上20~21쪽)

> 바람, 우레, 번개 등은 백성의 삶과 밀접한 관련을 맺는다. 한생은 백성의 삶과 관련된 일을 할 수 없는 존재가 된다. 게다가 몇 리나 되는 회랑은 금빛 자물쇠로 잠겨 있어 더 이상 한생이 속속들이 볼 수 있는 상황이 아니었다. 결국 용궁은 한생이 할 수 있는 것이 아무것도 없는 공간이 되고 만다. 그저 문재 하나로 칭찬을 받을 수는 있을지 모르지만, 한생이 실질적으로 역할을 할 수 있는 곳이 아닌 것이다. 그러자 한생은 스스로 세상으로 돌아가기를 청한다.[33)]

한생이 용궁을 다 구경한 뒤 돌아가려 하자 용왕은 한생에게 명주(明珠)와 빙초(氷綃)를 윤필지자(潤筆之資)로 준다. 이 대목은 「수궁경회록」에서 여선문이 조야주(照夜珠)와 통천서(通天犀)를 받는 장면 및 「용당영회록」에서 문인자술이 조승주(照乘珠)와 개수각(開水角)을 받는 부분을 수용한 것이다. 다음은 각각 「용궁부연록」·「수궁경회록」·「용당영회록」의 마지막 장면들이다.

> 한생이 본래의 자리로 돌아와 왕에게 사의를 표하며 말했다. "영광스런 은혜를 후히 입어 아름다운 광경을 두루 구경하였습니다." 그리고 두 번 절하고 이별하였다. 이에 신왕은 산호반에다 명주 두 알과 빙초 두 필을 담아 전별의 예물로 삼고 문 밖에서 절하고 작별하였다. 세 신왕도 동시에 절하고 하직하였는데, 세 신왕은 수레를 타고 곧바로 돌아갔다. 신왕은 두 사자에게 명하여 천산파수각을 가지고서 휘두르며 전송하게 하였다. 한 사자가 한생에게 말했다. "제 등에 올라 잠깐만 눈을 감고 있으면 됩니다." 한생은 그 말대로 하였다. 다른 한 사자는 천산파수각을 휘두르며 앞장서서 인도하였는데, 흡사 공중에 오른 듯하였다. 오직 바람소리와 물소리만 들릴 뿐이었는데, 그 소리는 한참을 그치지 않았다. 소리가 그쳐서 눈을 떠 보니, 다만 거실에 누워 있을 뿐이었다. 한생이 문 밖으로 나와서 보니, 큰 별은 막 드문드문해지고 동방이 밝아왔으며, 닭이 세 홰를 쳐 오경이 되었다. 급히 그 품을 더듬어 보니, 명주와 빙초가 거기

33) 임치균, 앞의 논문, 17~18쪽.

에 있었다. 한생은 그것을 비단 상자에다 보관하고는 지극히 중요한 보배라 여겨 남에게 보여주려 하지 않았다. 그 뒤 한생은 이익과 명예를 마음에 두지 않고 명산으로 들어갔는데, 그가 어디서 삶을 마쳤는지는 알지 못한다.[34)]

잔치가 끝나자 광리왕은 유리 쟁반에 조야주 열 개와 통천서 두 개를 담아 윤필지자로 삼고, 두 사자에게 명하여 그를 군으로 돌려보내도록 하였다. 여선문은 집으로 돌아와 용궁에서 얻은 것을 페르시아 보석상에게 가지고 가서 팔았는데, 재물을 얻은 것이 억만으로 헤아릴 정도였던바, 그는 마침내 부자가 되었다. 그 후 또한 공명을 생각하지 않고 집을 버리고 구도의 길을 떠나 명산을 두루 유람하였는데, 그가 어디서 삶을 마쳤는지는 알지 못한다.[35)]

오자서가 먼저 떠나고 세 고사도 뒤이어 나갔다. 왕은 붉은 호박 쟁반에다 조승주를 받들어 올리고 푸른 구슬 상자에 개수각을 담아서 문인자술에게 선물하였고 사자에게 명하여 돌려보내도록 하였다. 문인자술이 배에 이르니 동방이 환해지고 물길이 밝아졌다. 이에 문인자술은 물 위에서 사당을 향해 머리를 조아리고 떠났다.[36)]

이처럼 세 작품의 마지막 부분은 그 내용에서는 동일하지만, 분량에서는

34) 生到本座 致謝於王曰 厚蒙恩榮 周覽佳境 再拜而別 於是 神王以珊瑚盤 盛明珠二顆 冰綃二匹 爲贐行之資 拜別門外 三神同時拜辭 三神乘輦直返 復命二使者 持穿山簸水之角 揮以送之 一人謂生曰 可登吾背 閉目半餉 生如其言 一人揮角先導 恰似登空 唯聞風水聲 移時不絕 聲止開目 但偃臥居室而已 生出戶視之 大星初稀 東方向明 鷄三鳴而更五點矣 急探其懷而視之 則珠綃在焉 生藏之巾箱 以爲至寶 不肯示人 其後 生不以利名爲懷 入名山 不知所終(「龍宮赴宴錄」, 107～108쪽)

35) 宴罷 以玻瓈盤 盛照夜之珠十 通天之犀二 爲潤筆之資 復命二使送之還郡 善文到家 携所得於波斯寶肆鬻焉 獲財億萬計 遂爲富族 後亦不以功名爲意 棄家求道 遍遊名山 不知所終(「水宮慶會錄」, 上26～27쪽)

36) 伍君先別 三高繼往 王以紅珀盤 捧照乘之珠 碧瑤箱 盛開水之角 餽贈於子述 命使送還 抵舟 則東方洞然 水路明朗 乃於中流稽首廟堂而去(「龍堂靈會錄」, 下70～71쪽)

차이가 있어 「용궁부연록」이 가장 길다. 「용궁부연록」에는 「수궁경회록」·「용당영회록」에는 없는 몇 가지 내용들이 더 들어가 있는데, 이를 이해하기 위해서는 「감호야범기」를 아울러 살펴볼 필요가 있다.

마침내 직녀는 비단 두 필을 내어 주며 말했다. "그대는 돌아가셔도 좋습니다. 그리고 부탁드린 일은 부디 잊지 마시기 바랍니다." 성영언은 절하고 하직한 뒤 배에 올랐는데, 다만 바람과 이슬이 매우 차갑고 파도가 거세다는 느낌만 들었다. 한 식경 쯤 되자 원래 있던 곳으로 돌아왔는데 엷은 안개는 막 피어오르고 큰 별은 점점 지고 있었으며 닭이 세 홰를 쳐 오경이 되었다. 비단을 꺼내어 보니 세상에서 짠 비단과 크게 다르지 않았으므로, 그것을 상자에 넣어두고서 박물군자를 기다려 분변하기로 하였다. 그 후 우연히 서역의 상인을 만나 시험 삼아 보여주었더니, 그는 한참을 만지작거리다가 낯빛을 고치며 이렇게 말하는 것이었다. "이것은 천상의 지극한 보배이며 인간세상의 물건이 아닙니다." 성영언이 어떻게 아느냐고 묻자, 상인이 말했다. "제가 보니 이 비단은 무늬가 순조롭고 어지럽지 않으며 색이 순수하고 잡되지 않습니다. (…) 어찌 직녀의 베틀에서 나온 물건이 아니겠습니까? 그대는 어디서 이것을 얻었습니까?" 성영언은 사실을 숨기고 그 사연을 말하려 들지 않았다. 성영언은 마침내 작은 노가 딸린 가벼운 배에 몸을 싣고 긴 유람을 떠나 돌아오지 않았다. 이십 년 후, 어떤 사람이 옥사봉에서 성영언과 마주쳤는데, 그는 안색은 홍조가 돌았고 두 눈동자는 맑았으며 누런 관을 쓰고 갖옷을 입었는데 두건과 띠는 착용하지 않았다. 읍을 하고 문안하려 하자, 바람을 타고 떠나버렸는데, 나는 듯이 빨라 뒤쫓아 갈 수 없었다.37)

---

37) 遂出瑞錦二端以贈之曰 卿可歸矣 所托之事 幸勿相忘 令言拜辭登舟 但覺風露高寒濤瀾洶湧 一飯之頃 却回舊所 則淡霧初生 大星漸落 鷄三鳴而更五點矣 取錦視之與世間所織 不甚相異 藏之篋笥 以待博物者辨之 後遇西域賈胡 試出示焉 撫翫移時 改容言曰 此天上至寶 非人間物也 令言問何以知之 曰 吾見其文順而不亂 色純而不雜 (…) 豈非織女機中之物乎 君何從得此 令言秘之 不肯述其故 遂輕舟短棹長遊不返 後二十年 有遇之于玉笥峯者 顔貌紅澤 雙瞳湛然 黃冠布裘 不巾不帶 揖而問之 則御風而去 其疾如飛 追之不能及矣(「鑑湖夜泛記」, 下102~103쪽)

주인공이 '비단'을 선물로 받았다는 점, 이계에서 인세로 돌아오기까지의 과정, 주인공이 선물을 상자에 넣어 보관했다는 점 등에서 「감호야범기」와 「용궁부연록」은 공통점을 가지고 있다. 이를 염두에 두고 「용궁부연록」 결말의 의미를 생각해 보자.

「용궁부연록」·「수궁경회록」·「용당영회록」의 주인공들은 모두 용왕으로부터 선물을 받은 뒤 사자의 인도를 받아 집으로 돌아온다는 점에서는 같다. 그러나 이 작품들 사이에는 적지 않은 의미의 차이가 존재한다.

먼저 세 명의 주인공이 받은 물품은 그 값어치에서 차이가 있다. 한생은 명주 두 알과 빙초 두 필을 받았고, 여선문은 조야주 열 개와 통천서 두 개를 받았으며, 문인자술은 조승주와 개수각을 받았다. 이 가운데 여선문이 받은 조야주는 수후(隋侯)의 구슬이고, 문인자술이 받은 조승주는 위(魏) 혜왕(惠王)이 가지고 있었던, 수레 12대를 비추는 구슬이다. 여선문이 받은 통천서는 『포박자(抱朴子)』에 나오는 바 물길을 가르는 무소뿔이니, 문인자술이 받은 개수각도 곧 통천서이다. 이처럼 여선문과 문인자술이 받은 선물은 모두 세상에 둘도 없는 진귀한 보배이다.

이에 비한다면 한생이 용궁에서 받은 선물은 초라하기 그지없다. 한생이 받은 구슬은 명주인데, 이에 대해서 명주가 곧 조야주라고 본 견해가 있으나,[38] 그렇지 않다. 명주는 용궁의 주렴이나 창을 장식하는, 조개에서 나는 진주(眞珠)일 뿐이다.[39] 빙초는 「감호야범기」의 직녀가 입었던 옷의 소재이자[40] 성영언이 받았던 그 비단이지만, 한생이 상량문을 썼던 바로 그 비단이기도 하기에,[41] 귀하기는 하지만 세상에 둘도 없는 대단한 보물까지는 아

---

38) 심경호 역, 앞의 책, 243쪽.

39) 「수궁경회록」의 여선문이 지은 상량문 가운데 "列明珠白璧之簾櫳"(「水宮慶會錄」, 上16쪽)이란 구절이 있고, 『전등신화구해』 「연방루기」의 주석에서는 "明珠 蚌珠也"(「聯芳樓記」, 上69쪽)라고 하였다.

40) 有一仙娥 自內而出 被冰綃之衣 曳霜紈之帔 戴翠鳳步搖之冠 躡瓊紋九章之履(「鑑湖夜泛記」, 下92쪽)

니다. 한생이 받은 선물의 가치는, 용왕이 사자로 하여금 천산파수각을 가지고 한생을 인도하게 했다는 점을 통해 분명히 알 수 있는데, 이 천산파수각이 바로 통천서·개수각이니, 결국 용왕은 한생에게 정작 진귀한 보물은 내어 주지 않은 셈이다. 정리하면 한생이 용궁에서 한 일은 「수궁경회록」의 여선문이 한 일과 그리 다를 바 없지만, 그가 받은 보답은 여선문의 그것에 미치지 못함은 말할 것도 없고 심지어는 남의 말만 듣다가 장단구 한 편만 짓고 나온 문인자술의 그것에도 훨씬 미치지 못했던 것이다.

다음으로 주인공의 행동과 결말에서 차이가 있다. 「용궁부연록」의 한생은 용궁에서 받은 보배를 남에게 보여주지 않았고, 이익과 명예를 마음에 두지 않고 '입산부지소종(入山不知所終)' 했는데, 이 부분은 「수궁경회록」과 유사하다. 이에 대해 임치균은 명주와 빙초를 용궁에서의 환상 체험을 환기시키는 기제로 해석하면서 바로 그 때문에 한생이 지극한 보배라고 여긴 것이라 하였는데,42) 이와 더불어 주목할 부분은 한생이 보배를 남에게 보여주려 하지 않았다는 점이 아닌가 한다.

「수궁경회록」의 여선문은 보물을 상인에게 보여준 뒤 이를 팔아 큰 부자가 되었고, 「감호야범기」의 성영언은 상인에게 보여주기만 하고 그 사연을 이야기하지 않았으며, 「용당영회록」에는 이와 관련된 언급이 없다. 이렇게 보면 「용궁부연록」의 결말은 「감호야범기」의 그것과 가장 유사한바, 두 작품의 주인공들은 모두 이계에서의 환상 체험을 자신만의 비밀로 묻어두려 한 것이다. 그런데 성영언의 경우, 자신이 받은 비단을 남에게 보여주기라도 하는 데 반해 한생은 명주와 빙초를 타인에게 보여주지도 않고 있으니, 이는 명주와 빙초가 실은 그리 대단한 값어치를 가지고 있는 물건이 아니기 때문이다. 이렇게 본다면, 한생에게 있어서 용궁 체험은 남에게 전혀 알리고 싶지 않은, 부끄러운 일로 여겨진 것이라고 해석할 수 있을 것이다.

---

41) 有二丫童 一捧碧玉之硯 湘竹之管 一捧氷綃一丈 跪進於前(「龍宮赴宴錄」, 89쪽)
42) 임치균, 앞의 논문, 19~20쪽.

(3) 김시습의 현실 인식과 「용궁부연록」

그간 이루어진 『금오신화』 연구에서는 『금오신화』의 다섯 작품이 김시습의 삶의 어떤 지점들과 관계있는지에 대한 탐구가 꾸준히 이어져 왔는데, 「용궁부연록」의 경우에는 한생을 김시습으로 보고 용궁을 세종으로 이해하면서 김시습 자신이 세종대왕의 은총을 받은 과거를 추억한 작품으로 이해한 견해, 문재를 표출하기 위한 작품으로 보는 시각, 세조의 정변 후 정신적 자유를 얻으려 했던 심경을 작품화했다는 관점 등이 있어 왔다. 하지만 앞서 살펴본 바 「용궁부연록」의 서사적 의미에 따르면, 「용궁부연록」은 김시습이 세종에게 받은 지우를 형상화한 작품으로 이해할 수는 없다고 생각한다.

「용궁부연록」의 작가 의식에 대해 가장 주목되는 견해를 제시한 임치균은 김시습이 원각사 낙성회에 부름을 받은 사실을 들면서, 낙성식에 참석한 것과 궁궐 방문이 「용궁부연록」에 보이는 주요 모티프들과 일치한다고 보았다.[43] 김시습이 효령대군의 요청으로 원각사의 낙성회에 참석했던 시기는 1465년, 그의 나이 31세 때이다.[44] 「용궁부연록」에는 원각사 낙성회와 관련지어 이해할 만한 대목이 분명 존재하지만, 필자는 「용궁부연록」이 작자 김시습의 현실 참여에의 좌절 및 자신의 문학 활동에 대한 인식을 포괄적으로 반영한 작품이 아닐까 생각한다.

「용궁부연록」에서 한생은 박연 신왕의 부탁으로 용녀의 신방인 가회각의 상량문을 쓰는데, 그 글에서는 『주역』을 인용하면서 용왕의 덕을 칭송하는가 하면, 『시경』을 인용하여 용녀가 "집안을 화목하게 하리라.[宜室宜家]"라고 하면서 자손이 번성할 것이라 하기도 한다. 한생의 상량문을 「수궁경회록」 여선문의 그것과 비교해 보면, 여선문의 상량문이 용궁의 화려함과

43) 위의 논문, 22~23쪽. 한편 정규식, 「용궁부연록의 창작과 원각사 낙성회」(『고소설연구』 38, 한국고소설학회, 2014)에서 이 문제를 보다 자세히 다루었다.

44) 이하 김시습의 생애와 관련된 내용은 심경호, 『김시습 평전』(돌베개, 2003)을 참조하였다.

성대함의 칭송에 초점이 맞춰져 있는 데 반해 한생의 글은 용왕의 덕과 교화에 관한 내용이 많은 비중을 차지하고 있다. 그런데 이 상량식은, 앞서 언급했듯이 본부(本夫)를 죽이고 새 남편을 맞이하는 용녀가 쓸 가회각의 상량식이다. 따라서 한생이 상량문을 지은 일은, 상량문의 내용과는 관계없이 떳떳한 것일 수 없다.

여기서 우리는 한생의 상량문과 김시습의 문학 활동을 연결 지어 볼 수 있다. 실제로 김시습은 세조에 대해 오로지 비판만 한 것은 아니었으니, 그는 세조의 불경 언해 사업을 예찬하기도 하였고, 세조의 만년에는 세조의 덕을 칭송하면서 인의의 정치를 기대하기도 하였으며, 성종 즉위 후에는 현실 참여에의 의지를 보이기도 하였다. 그러나 그것은 어찌 되었든 결국 인간으로서 해서는 안 될 짓을 저지른 세조의 비윤리적 행동과 완전히 무관할 수 없는 일이었다. 김시습의 입장에서 보면, 그런 현실 속에서 자신의 재능을 펼쳐 보인다는 것은, 비윤리적인 행동을 저지른 용녀의 신방에 상량문을 써 주는 일이나 마찬가지였을 것이다.

사대부의 공부는 '수기(修己)'에서 '치인(治人)'으로 나아가기에, 김시습 역시 자신의 학문을 백성을 다스리는 데 펼쳐 보이고 싶었을 것이다. 그러나 김시습은 그 문학적 재능만 인정받았을 뿐, 현실 정치에서 자신의 뜻을 펼쳐 보일 수는 없었으며, 그가 능력을 발휘할 수 있는 곳은 불경 언해 사업 정도에 불과했다. 또 그는 세조에게서 도첩을 받아 승려의 신분을 보장받기도 하였지만, 그것은 그다지 자랑스러운 일일 수 없었을 것이다. 「용궁부연록」의 공간적 배경이 일개 연못에 불과한 박연이라는 점, 한생이 용궁에서 시재로만 인정받고 중요한 기물들은 다룰 수 없었다는 점, 한생이 용궁에서 받은 명주와 비단을 아무에게도 보여주지 않았다는 점 등은 이와 무관하지 않다고 본다.

이상 살펴본 바에 의하면, 「용궁부연록」은 『금오신화』의 다른 작품들과 마찬가지로 당대의 사회적 금기(禁忌)를 건드리고 있다. 「용궁부연록」에 나오는 바 용녀의 혼인 이야기는 세조의 왕위찬탈 및 단종의 죽음을 비유하고 있으며, 나아가 세조의 손자인 성종 역시 세조의 비윤리적 행동과 결코 무관할 수 없다는 인식을 드러냄으로써 당대 현실과 정권에 대한 강한 비판과 부정을 보여주고 있는 것이다. 만약 김시습이 「용궁부연록」에서 용녀의 혼인에 대한 정보를 명확히 해 두었다면, 우리는 「용궁부연록」의 서사적 의미를 보다 쉽게 파악할 수 있었을지도 모른다. 하지만 작자의 입장에서 본다면 그것은 바람직한 방법이 아니었을 가능성이 높다. 「용궁부연록」을 비롯하여 『금오신화』 전편은 우의(寓意)인데, 우의는 다른 사물에 빗대어 자신의 생각을 이야기하는 것이다. 우의는 작자 이외에는 그 의미를 파악할 수 없을 정도로 난해해서도 안 되지만, 그렇다고 하여 작자의 의도가 너무 쉽게 드러나서도 안 되는바, 우의의 생명력은 이 둘 사이의 적절한 긴장 속에 있다. 더욱이 「용궁부연록」에서 말하고자 한 주제는 당대의 사회적 금기에 저촉되기에, 직접적으로 표현하기에는 매우 위험한 것이었다. 이에 김시습은 「용궁부연록」의 서두를 「용당영회록」과 유사한 방식으로 시작하고, 작품의 시대적 배경을 고려조로 설정함으로써 「용궁부연록」과 박연 전설의 연관성을 넌지시 드러낼 수밖에 없었던 것이다.

「용궁부연록」은 총 다섯 편의 소설이 실려 있는 『금오신화』의 마지막 작품이므로, 『금오신화』 전체를 마무리 짓는 작품으로 생각해 볼 수도 있을 듯하다.[45] 『전등신화』의 21편 소설 가운데 「용궁부연록」과 가장 유사한 작품은 「수궁경회록」인데, 공교롭게도 「수궁경회록」은 『전등신화』의 첫 작품이다. 『전등신화』의 작자인 구우는 경사(經史)는 물론 고금의 고사(故事)와

45) 안창수, 앞의 논문, 96쪽에서는 이에 주목하여 "『금오신화』는 「만복사저포기」에서부터 시작된 치열한 내면적 갈등의 소용돌이가 「용궁부연록」에 이르러 종식되고 있는 과정을 보여주고 있다. 이것은 김시습이 「만복사저포기」부터 「용궁부연록」에 이르는 다섯 편을 하나의 완결된 작품으로 구성해서 세조의 정변 이후 세상에서 이탈해 나가 삶의 진정한 가치를 찾기 위한 고통스런 시간을 보내다가 다시 마음의 평정을 되찾기까지의 삶 모두를 총체적으로 드러내려 했다는 것을 보여주는 것이다."라고 하기도 하였다.

기이한 이야기에 깊은 관심을 가진 인물이었고,[46] 『전등신화』는 구우의 문예취향이 집적된 전기소설집이라고 할 수 있다. 특히 『전등신화』의 첫 작품인 「수궁경회록」 주인공의 이름은 '나는 글을 잘한다'는 뜻의 '여선문(余善文)'이니, 「수궁경회록」은 작자의 문학적 재능에 대한 자부심을 넌지시 드러낸 작품이라고 볼 수 있다.

『금오신화』에서는 작자의 문재를 가장 뛰어나게 드러낸 「용궁부연록」이 마지막에 위치하고 있으며, 「용궁부연록」에는 「수궁경회록」을 의식한 듯 「수궁경회록」보다도 훨씬 많은 양의 삽입시가 과다하다 싶을 정도로 들어 있다. 이렇게 보면 김시습은 「용궁부연록」에서 자신의 시재를 한껏 뽐내고 있는 듯하지만, 실은 그렇지 않을 것이며, 오히려 자조적인 느낌마저 든다. 「수궁경회록」의 여선문이 구우의 분신인 것처럼, 「용궁부연록」의 한생은 다름이 아니라 김시습 그 자신이다.[47] 그런데 「용궁부연록」에서 한생은 자신의 문학적 재능을 발휘하기는 하였으나, 그것은 결국 떳떳하지 못한 일에 봉사하는 것에 불과했다. 이와 마찬가지로 김시습은 현실에서 자신의 재능을 발휘하고 싶었으나, 그것이 가질 수 있는 의미의 한계는 분명했던 것이다.

46) 『전등신화』 및 구우의 생애에 대해서는 최용철, 「전등삼종의 창작과 전파에 대하여」(『전등삼종(상)』, 소명출판, 2005) 참조.

47) 이는 작품의 서두에서 "한생은 젊어서부터 문장을 잘하여 조정에 이름이 알려져서 문사라고 일컬어졌다.[韓生者 少而能文 著於朝廷 以文士稱之]"(「龍宮赴宴錄」, 86쪽)라고 한 것을 통해 알 수 있다.

5. 「최생우진기(崔生遇眞記)」

「최생우진기」는 신광한의 『기재기이』에 실려 있는 소설이다. 『기재기이』는 소재영에 의해 발굴된 후 후속 연구들이 이어졌는데, 그간의 「최생우진기」 연구에서는 소설사적 의미에 대한 조망, 작품 창작의 문학적 배경, 작자 신광한의 전기적(傳記的) 사실과의 관련성, 작품의 사상적 배경, 전고의 활용과 인물 형상화 등이 논의되었다. 이런 연구 경향은 『기재기이』 소재 여타 작품들의 그것과 별로 다르지 않다.[1)]

『기재기이』는 1553년에 간행된 한문소설집으로 「안빙몽유록」·「서재야회록」·「최생우진기」·「하생기우전」이 실려 있다. 소설사적으로 볼 때 『기재기이』는 15세기 중엽에 나온 『금오신화』를 계승하는 작품집일 뿐만 아니라, 영성한 16세기 소설사를 대표한다는 점에서도 적지 않은 의의가 있는데, 그 연구 성과는 『금오신화』의 그것보다 훨씬 적다. 그 이유는 여러 가지가 있겠으나, 근본적인 원인은 개별 작품들이 의미하고 있는 바가 『금오신화』에 비해 상대적으로 명료하게 파악되지 않는다는 점에 있지 않은가 한다. 그래서인지 『기재기이』는 『금오신화』에 비해 수준이 떨어지는 작품이라는 견해도 있었고,[2)] 작품 속에서 어떤 의미를 찾아내는 것 자체가 불가능하다

---

1) 「최생우진기」의 연구사는 유기옥, 「기재기이의 연구 동향과 쟁점」(『고소설연구사』, 월인, 2002)으로 미룬다.

2) 박희병, 「한국한문소설사의 전개와 전기소설」(『한국전기소설의 미학』, 돌베개, 1997), 90쪽에서는 "『기재기이』의 네 작품 중 그래도 취할 만한 작품은 「하생기우전」이 아닐까 생각되는데, 그러나 이 작품 역시 그 예술적 긴장감은 현저히 떨어진다. 이는 역시 작자의 사상의 높이나 문제의식의 심천과 관련되지 않을까 생각한다."라고 하였고, 조

는 관점도 있었다.[3] 이런 주장은 『기재기이』의 작자 신광한의 전기적 사실과 결부되며 설득력을 얻게 되는데, 이 역시 김시습과의 대조적인 면모에 기인하는 바가 크다고 본다.

『금오신화』 연구에서 작자 김시습의 전기적 사실을 배제할 수 없듯이, 『기재기이』 연구에서도 작자 신광한의 삶을 배제할 수는 없을 것이다. 지금까지의 연구에서도 『기재기이』가 신광한의 삶, 특히 그의 정치적 이력과 무관하다고 본 경우는 거의 없었다. 이 글에서 다루고자 하는 「최생우진기」의 공간적 배경은 강원도의 두타산인데, 신광한이 삼척부사로 나간 때는 1520년이다. 그러므로 「최생우진기」에는, 기묘사화 이후 삼척부사로 나갔을 무렵의 신광한의 경험이 반영되었다고 가정할 수 있다. 이 점은 대부분의 선행 연구에서 지적하고 있는 내용이기도 하지만, 신광한이 두타산을 작품의 공간적 배경으로 설정했다는 것 자체에 이미 그런 의도가 깔려 있다고 볼 수 있기 때문이다. 그런데 문제는, 앞서 언급했듯이 이와 같은 신광한의 전기적 사실과 작품의 서사적 의미를 매개할 고리를 찾기가 쉽지 않다는 점이다.

동일, 『한국문학통사(제4판)』 2(지식산업사, 2005), 498쪽에서는 "기이한 이야기를 흥미롭게 전하는 데 치우치고, 자아와 세계의 대결을 심각하게 갖추지 않아 되다가 만 소설이라고 할 수 있다. 소설의 발전에 기여하지 못하고 오히려 후퇴한 작품이다."라고 하였으며, 윤채근, 『소설적 주체, 그 탄생과 전변』(월인, 1999), 362쪽에서는 "『기재기이』에 나타나는 감상성과 기호성은 이 작품집의 수준을 『금오신화』 이전 단계로 역류시키고 있다."라고 하였다.

3) 윤채근, 「기재기이의 창작 배경과 그 소설적 의미」(『고전문학연구』 29, 한국고전문학회, 2006), 365~366쪽에서는 "『기재기이』의 기본적 수사학적 특징은 알레고리의 중첩적 나열인데, 위에서 살펴보았듯이 알레고리는 현실적 유비 대상을 지니지 않거나 유의미하게 지니지 않는다. 소설 해석에 중요한 의미 요소들은 등장하자마자 모호해지고 그것의 해명은 유예될 뿐이다."라고 하였고, 또 "『기재기이』가 유예하는 듯한 이 작품의 어떤 본질, 또는 주제적 진실은 이 작품 자체임을 우선 인정해야 한다. 그것 이외에 이 작품이 외부를 향해 지시하는 구체적이며 현실적인 우의의 과녁은 따로 설계되지 않았다. 결국 무언가를 은폐하는 것처럼 스스로 계속 혐의를 드러내지만 고의적으로 숨겨야 할 것은 애초에 없었다는 게 우리의 결론이다."라고 하였다.

「최생우진기」 서사의 핵심은 주인공 최생의 용궁 체험이다.[4] 따라서 용궁이 어떤 의미를 가지는 공간이며 최생의 용궁 체험이 어떻게 규정되는지를 밝히는 일은, 「최생우진기」 이해의 핵심 과제라 할 수 있다. 여기서는 「최생우진기」의 용궁 체험과 그 의미를 분석하여, 「최생우진기」의 주제와 작가 의식을 탐색해 보고자 한다.

(1) 창작의 문학적 배경과 허구화의 양상

「최생우진기」의 창작에 가장 큰 영향을 미친 것으로 꼽히는 작품은 『금오신화』의 「용궁부연록」이다. 그런데 「용궁부연록」은 『전등신화』 「수궁경회록」·「용당영회록」의 영향을 받았으므로, 「수궁경회록」과 「용당영회록」 역시 「최생우진기」에 영향을 주었다고 할 수 있다. 이는 『기재기이』를 발굴한 소재영이 이미 언급한 것으로,[5] 작품을 일독(一讀)해 보면 금세 알 수 있다.

「최생우진기」와 「용궁부연록」의 관계는 기존 연구에서 여러 차례 언급되었으므로, 여기서는 「최생우진기」와 「수궁경회록」·「용당영회록」의 관련 양상 가운데 선행 연구에서 주목하지 않은 부분을 하나 살펴보기로 한다. 「최생우진기」에는 '무주암(無住菴)'에 사는 '증공(證空)'이라는 인물이 나오는데, 이는 등장인물의 이름을 통해 이야기의 허구성을 드러내는 수법이다. 이런 명명법은 그 유래가 오래되었지만, 『전등신화』에 흔히 사용된 작명 방식이기도 하다. 「수궁경회록」의 주인공 '여선문(余善文)'은 '나는 글을 잘 짓는다'는 뜻이며, 이는 여선문의 글재주를 드러내는 데 중심이 놓여 있는 작품의 서사와 그대로 부합한다. 「용당영회록」의 주인공 '문인자술(聞

4) 한국 고전소설에 나타난 용궁의 전반적 양상에 대해서는 조재현, 『고전소설의 환상세계』(월인, 2009), 87~202쪽 참조.

5) 소재영, 『기재기이연구』(고려대학교 민족문화연구소, 1990), 61~65쪽.

人子述)'은 성이 '문인(聞人)'이고 이름이 '자술(子述)'이다. 여기서 '문인'은 '이름이 널리 알려진 사람'이라는 뜻이 아니라 '남의 말을 듣는다'는 뜻이며, '자술'은 『중용(中庸)』 제18장에서 공자가 "근심이 없는 사람은 오직 문왕일 것이다. 왕계를 아버지로 삼고 무왕을 아들로 삼았으니, 아버지가 일으키매 아들이 조술(祖述)하였다.[無憂者 其惟文王乎 以王季爲父 以武王爲子 父作之 子述之]"[6]라고 말한 대목에서 취한 것이다. 「용당영회록」에서 문인자술은 용궁에 가서 별다른 일을 하지 않고 남의 말만 듣다가 마지막에 시 한 수를 짓고 나오는데, 문인자술이란 이름은 그의 소극성을 잘 드러내고 있다.

「최생우진기」가 「수궁경회록」·「용당영회록」과 다른 점은 주인공의 이름인 아닌, 증공의 이름이 허구적으로 명명되었다는 것인데, 이 때문에 「최생우진기」의 허구는 두 작품의 그것보다 훨씬 복잡한 양상을 보인다. 「수궁경회록」의 경우에는 '여선문'이라는 주인공을 등장시켜 이 이야기가 실제로 일어난 일이 아니라는 점을 드러내는 데서 그치고 있다. 그러나 「최생우진기」에서는 최생의 용궁 체험이 허구인지 아닌지에 대한 판단이 쉽지 않으며, 오히려 그 자체가 문제로 부각되고 있다.

「최생우진기」의 증공은 그 이름에서 드러나듯이 '신뢰할 수 없는 화자', 곧 거짓말쟁이다.[7] 그런데 문제는 증공뿐만 아니라 최생 역시 거짓말쟁이로 볼 수 있는 면이 있다는 점이다. 다음은 용추동에서 돌아온 최생이 증공과 만나는 장면이다.

> 증공이 신을 거꾸로 신고 나가 문을 열고 보니 과연 최생이었다. 증공이 그 손을 덥석 잡으며 말했다. "그대가 내 말을 듣지 않다가 나를 이 지경에 이르도

---

6) 『中庸』, 798쪽.

7) 이경규, 「신광한의 기재기이 연구」(한남대학교 석사논문, 1999), 57~67쪽; 엄기영, 「기재기이의 창작 방법 연구」(『16세기 한문소설 연구』, 월인, 2009), 157~166쪽.

> 록 만들었습니다. 비록 그러하나 설마 최자의 혼이 온 것은 아니겠지요?" 최생이 웃으며 뒤를 가리킨즉, 현학 한 마리가 빙 돌아 날아가고 있었다.8)

현학을 타고 왔다는 최생의 말에 의하면, 현학이 최생을 무주암에 내려놓고 돌아간 것으로 이해된다. 다음은 최생이 증공에게 한 최초의 진술이다.

> 처음 떨어졌을 때 나뭇잎이 쌓여 있어 다치지 않을 수 있었고, 그 후에는 신령한 풀을 먹어 굶주리지 않을 수 있었으니, 그 가운데 산수의 즐거움이야 어찌 형언할 수 있겠습니까? 그런데 가만히 보니 현학 한 쌍이 내려와 못의 물을 마시고 있기에, 기회를 엿보아 그 목을 끌어안고, 그 등에 올라타 학이 가는 대로 몸을 맡겼는데, 절의 뜰에 이르게 되었습니다. 학이 땅에 가까이 왔을 때 제가 아래로 떨어졌으니 어찌 이상한 일이 아니겠습니까?9)

이 말을 들은 증공은 최생이 숨기는 것이 있는 듯하다고 말했고, 이에 최생은 증공에게 누설하지 않을 것을 전제로 그간의 이야기를 전한다. 그런데 최생은 용궁에 있을 때 동선으로부터 10년 뒤에 봉도(蓬島)에서 만날 터이니 이 이야기를 가벼이 퍼뜨리지 말라는 부탁을 받고는 감히 명을 어기지 않겠다고 대답했었다. 그럼에도 불구하고 최생은 참으로 가볍게도 용궁에서의 일을 증공에게 이야기했을 뿐만 아니라, 결국 봉도로 가지도 않고 '입산부지소종(入山不知所終)'해 버린 것이다. 이쯤 되면 최생의 최초 진술이 오히려 사실이 아닐까 의심이 가기도 하지만, 그 어느 것도 진실이라고 딱 잘라 말하기 어려운 상황에 부딪친다.

---

8) 空倒舄而出 推門而見 果崔生也 空遽幄其手曰 子不聽我 而賣我至此 雖然將非崔子之魂來歟 生笑而背指 則玄鶴一隻 回翔而去(「崔生遇眞記」, 54쪽)

9) 初墜積葉得不傷 後啗靈草得不飢 其中山水之樂 何可形言 竊看玄鶴一雙 下飮湫水得伺其便 抱其吭而登其背 聽鶴所之 至于寺之庭 鶴亦近地 吾亦墜下 豈非異歟(「崔生遇眞記」, 56쪽)

지금까지 「최생우진기」의 창작 연원으로 주로 지목된 작품은 「용궁부연록」·「수궁경회록」·「용당영회록」이다. 이 소설들에서 주인공들은 모두 용궁을 방문하여 그곳의 주인인 용왕으로부터 신물(信物)을 받아 가지고 온다. 「용궁부연록」과 「수궁경회록」에서는 현실로 돌아온 주인공이 신물을 확인하는 장면이 있고 「용당영회록」에는 그런 장면이 없지만, 이 작품들에서 주인공이 용궁을 다녀온 일은 서사 내에서는 분명 실제로 벌어진 사건이었다. '여선문'이나 '문인자술'이란 이름은 「수궁경회록」과 「용당영회록」이란 작품이 허구임을 드러내는 것이지, 주인공의 환상 체험이 서사 내적으로 허구임을 말하는 게 아니다. 그에 반해 「최생우진기」에서는 최생이 신물을 받았다는 말도 없고, 이에 따라 당연히 현실로 돌아온 최생이 용궁을 다녀왔음을 증명하는 신물을 확인하는 장면도 없다. 증언만 있을 뿐 물증이 없는 것이다.

「최생우진기」에서 최생의 용궁 체험은 3인칭 시점으로 진술되다가 1인칭 시점으로 마무리되고 있다.[10] 그 부분은 다음과 같다.

> 최생이 이마를 깊게 찌푸리며 말했다. "이것 참 어려운 일입니다. 내 응당 그대를 위해 숨기지 않을 터이니, 그대는 나를 위하여 누설하지 않을 수 있겠습니까?" 증공이 머리를 조아리며 말했다. "감히 그러지 않겠습니다." 최생은 그제야 말을 하려 했다. 최생은 처음 아래로 떨어질 때 아찔하여 취한 듯하고 꿈인 듯하였는데, 다만 두 귀에 바람소리만 들릴 뿐이었다. (…) 곁에서 어떤 사람이 최생에게 말했다. "이놈을 끌어안고 눈을 감으면, 잠시 후 돌아갈 것입니다." 최생이 그 말대로 하였다. 얼마 후 학이 땅에 앉는 것 같았는데, 눈을 뜨니 바로 절의 뜰이었다. "나는 이것이 단지 하루 안의 일이라고 여겼는데, 이제 이미 몇 달이 되었단 말입니까? 한스러운 일은 선사와 더불어 함께 무지개구름 마차를 타고 십주와 삼도의 사이에서 노닐지 못한 것입니다." 그 후 최생은 산에

10) 소재영, 앞의 책, 60쪽에서는 이를 '逆時間의 기법'으로 설명하였다.

> 들어가 약초를 캐며 살았는데, 그가 삶을 마친 곳은 알지 못한다. 증공은 늙도록 무주암에 살면서 이 일을 많이 이야기하였다고 한다.[生深矉蹙頞曰 此極難矣 我當爲若無隱 若能爲我無洩乎 空扣頭曰 不敢 生方且肯言 生之始墜下也 怳然若醉若夢 但覺兩耳風鳴 (…) 傍有人謂生曰 可控此閉目 須臾則歸矣 生如其言來 逾時鶴若集于地 開視則乃寺之庭也 吾謂此只一日之內也 今已數月乎 所可恨者 不得與師同乘霓馬雲車 遊戲十洲三島間爾 其後 生入山採藥 不知所終 證空老居無住菴 多說此事云][11]

이처럼 최생의 진술은 '왈(曰)'이라는 직접 인용의 표지도 없고, 시점의 착종도 일어나지만, 이를 서사 기법의 미숙으로 볼 수는 없다. 비록 최생의 진술이 길어지기는 했지만, 그렇다고 하여 3인칭 시점으로 서술하라는 법은 없기 때문이다. 「운영전」은 「최생우진기」보다 분량이 훨씬 길고 운영과 김진사의 과거사 진술이 차지하는 비중도 크지만, 운영과 김진사의 사랑 이야기는 1인칭 시점으로 서술되고 있으며, 운영과 김진사의 진술에는 모두 '曰'이라는 직접 인용의 표지가 있다. 또 「요로원야화기」처럼 처음부터 끝까지 1인칭 시점으로 서술하고 있는 소설도 있으며, 그보다 훨씬 일찍 창작된 당전기 「유선굴」 역시 그랬다. 그런데 「최생우진기」에서는 최생의 이야기가 왜 굳이 3인칭 시점으로 서술되고 있는 것일까?

「최생우진기」는 "증공은 늙도록 무주암에 살면서 이 일을 많이 이야기하였다고 한다."라는 말로 끝나고 있는데, 여기서의 '이 일[此事]'이란 바로 3인칭 시점으로 진술되는 부분이며, 신광한은 바로 이를 염두에 두고 최생의 용궁 체험을 그렇게 서술하였던 것이다. 다시 말해 최생의 용궁 체험담은 최생의 진술이라기보다는 '증공이 늙도록 무주암에 살면서 사람들에게 한 이야기' 쪽에 가깝다는 것이다. 최생의 이야기가 3인칭 시점으로 서술되었다는 것은, 결국 최생의 이야기가 최생의 목소리로써 들리지 않는다는 말과

11) 「崔生遇眞記」, 56~77쪽.

같다. 만약 '나'라는 1인칭 서술자의 시점으로 용궁의 체험이 서술되었다면, 그것이 용궁을 다녀온 최생의 진술이라는 점에 의심의 여지가 없지만, 「최생우진기」에서는 그 이야기가 최생의 목소리로 서술되지 않음으로써 그것이 정말로 최생의 진술인지조차도 의심스럽게 되어 버린 것이다.[12] 게다가 작품 곳곳에서 증공은 거짓말쟁이로 형상화되고 있으니, 최생의 용궁 체험담이 증공이 만들어낸 이야기일 가능성조차 없지 않다. 그렇다면 '증공(證空)'이라는 이름에서의 '공(空)'은 최생의 용궁 체험이 '가공(架空)'이라는 의미인바, 결국 '증공'이란 '가공의 사건을 증언한다'는 뜻인 것이다. 더욱 난감한 일은 현실로 돌아온 최생의 서사가 전혀 진행되지 않은 상태에서, 최생이 곧바로 '입산부지소종'했다는 점이다. 물증도 없는데 증언조차 불확실하고 증인마저 사라진 것이다.[13]

---

12) 신재홍, 「몽유양식의 소설사적 전개 양상」(『한국몽유소설연구』, 계명문화사, 1994), 87쪽에서 "최생과 증공이 용추동에 들어갈 수 있는 반석에 이르렀다가 최생은 사라지고 증공만이 절로 돌아와 최생의 일을 둘러대는 식으로 기술함으로써, 서술의 시점에 있어서 주인공 최생이 아닌 증공의 시점을 택하고 있다. 이러한 시점을 선택함으로써 최생의 환상적 경험이 현실의 관점에서 의혹이 일어나고 해석이 구구하게 되는 효과를 얻게 된다."라고 하였다.

13) 엄기영, 앞의 논문, 162쪽에서 선계 이야기의 眞假 여부를 증명해 줄 사람이 사라졌다는 점을 지적했다. 필자는 이런 서사 기법이 「하생기우전」의 결말에서 주인공이 아닌 卜師가 사라지게 만든 것과 유사하다고 본다. 「하생기우전」이 여타 애정전기소설들과 다른 점은 하생과 여인의 혼전 성관계가 꿈속의 허탄한 일로 귀결된다는 사실이다. 「이생규장전」·「주생전」·「위생전」 같은 애정전기소설에서는 여주인공이 남주인공과 혼전 성관계를 맺음으로써 불륜을 저지른다. 그에 반해 「하생기우전」에서는 「최치원」·「만복사저포기」같이 여주인공을 귀녀로 등장시킴으로써 남녀주인공 사이에 벌어졌던 일을 비현실적인 일로 만들어 버렸다. 그 결과 하생과 여인은 「이생규장전」·「주생전」·「위생전」의 남녀주인공들과는 달리 불륜을 저지르지 않았다는 논리가 성립되는 것이다. 이처럼 하생과 여인 사이에 있었던 일은 환상 속의 일이지만, 한편으로 그것은 실제로 벌어졌던 일이기도 하다. 그런데 이를 증명할 수 있는 사람은 바로 복사뿐인바, 「하생기우전」은 바로 이 증인을 작품 속에서 사라지게 만들고 있는 것이다. 필자는 이와 같은 논리로 인해 「하생기우전」이 행복한 결말로 마무리될 수 있었다고 생각한다. 이에 대해서는 엄태식, 「애정전기소설의 창작 배경과 양식적 특징」(경원대학교 박사논문, 2010), 68~83쪽; 엄태식, 「애정전기소설의 서사 문법과 결말 구조」(『동양학』 53, 단국

이상으로 「최생우진기」와 「수궁경회록」·「용당영회록」의 관계를 살펴보았다. 「수궁경회록」·「용당영회록」뿐만 아니라 「용궁부연록」까지 고려해도, 허구적 명명법이 사용되었다는 점, 주인공이 용궁에 다녀왔다는 점 등 이외에는 이 작품들과 「최생우진기」 사이의 공통점을 더 이상 찾기 어렵다. 「최생우진기」가 다른 세 작품과 특히 구별되는 점은 주인공이 용궁의 잔치에 초대받은 인물이 아니라는 사실이다. 「수궁경회록」·「용당영회록」·「용궁부연록」에서는 용왕이 사자를 보내고 주인공들이 이에 응하여 용궁으로 가게 되지만, 「최생우진기」에서는 최생의 용궁 체험이 그의 '실족사고(失足事故)'에서 비롯된 일이었던 것이다. 여기서 우리는 「최생우진기」 창작의 문학적 배경이 된 작품이 과연 어떤 것이었는지 다시 생각해 볼 필요가 있겠는데, 필자는 『전등신화』 「삼산복지지(三山福地志)」와 『금오신화』 「남염부주지(南炎浮洲志)」를 주목한다.

「최생우진기」에서는 절벽에서 떨어진 최생이 용궁으로 진입하기까지의 과정이 상세하게 묘사되어 있다. 이에 대해 유기옥은 「도화원기(桃花源記)」 같은 탐색 모티프와 유사하다고 보았고,[14] 엄기영은 『태평광기』 「이청(李淸)」과 관련이 있다고 보았는데,[15] 필자는 「삼산복지지」와의 관계에 주목할 필요가 있다고 본다. 「삼산복지지」의 원자실(元自實)과 「최생우진기」의 최생은 모두 세상물정에 어둡고 오활한 인물이라는 공통점이 있다. 원자실은 목군(繆君)에게 빌려준 돈을 받지 못하고는 상심하여 팔각정(八角井)으로 뛰어드는데 이는 최생이 절벽에서 떨어지는 것과 유사하며, 원자실이 삼산복지(三山福地)를 찾아가는 과정은 최생이 용궁을 찾아가는 과정과 매우 흡사하다.[16]

대학교 동양학연구원, 2013), 10～13쪽에서 논하였다.

14) 유기옥, 『신광한의 기재기이 연구』(한국문화사, 1999), 187～188쪽.

15) 엄기영, 앞의 논문, 50～54쪽.

16) 「삼산복지지」에서 원자실이 삼산복지를 찾아가는 부분은 "然而自實終鬱鬱不樂 至晩

「남염부주지」 역시 「최생우진기」와 밀접한 관계가 있다. 첫째, 주인공의 형상이 유사하다는 점이다. 「남염부주지」의 박생과 「최생우진기」의 최생은 모두 유학에 뜻을 두고 공부를 하였으나, 과거에 합격하지 못한 인물이다. 또 둘 다 승려와 교유하였다는 것도 공통점이다. 그러나 두 작품은 주인공의 성격이 상반된다는 점에서는 차이가 있다. 박생은 「일리론」을 지어 이단을 강하게 배척하는 반면, 최생은 도선사상에 경도된 모습을 보인다. 또 박생이 성리학적 이념으로 무장한 강개한 선비인 데 반해, 최생은 작품의 여러 곳에 언급되듯이 오활한 선비이다.

둘째, 이계가 유사한 면모를 보인다는 점이다. 선행 연구에서 언급되었듯이 「최생우진기」의 용궁은 유교적 이념이 구현되고 있는 공간이다. 「수궁경회록」·「용당영회록」·「용궁부연록」의 용궁에서는 이런 면모를 찾아볼 수 없지만, 「남염부주지」의 남염부주는 유교적 정의가 실현되고 있는 공간이라는 점이 「최생우진기」의 용궁과 유사하다. 또 「최생우진기」에서는 최생(崔生)·산선(山仙)·도선(島仙)·동선(洞仙)이 용궁에 모임으로써 유(儒)·석(釋)·도(道)·선(仙)에 관한 내용들이 언급되는데, 이는 「남염부주지」에서 박생과 염마왕 사이에 유(儒)·석(釋)·도(道)·무(巫)에 대한 담론들이 오가는 것과 유사하다. 이처럼 두 작품의 이계는 유교적 이념이 구현되는 공간이라는 점이 유사하지만, 그 성격에서는 차이를 보인다. 「남염부주지」의 남염부주는 유가적 '정의'가 구현되는 공간이며, 그 사상적 토대는 신유학의 이기설이다.[17] 그러나 「최생우진기」의 용궁은 유가적 '이상'이 실현되고 있는 공간이며, 그 사상적 토대는 원시유학이다.[18]

自投於三神山下八角井中 其水忽然開闢 兩岸皆石壁如削 中有狹徑 僅通行履 自實捫壁而行 將數百步 壁盡路窮 出一衖口 則天地明朗 日月照臨 儼然別一世界也 見大宮殿 金書其榜曰 三山福地"(「三山福地志」, 上34쪽)라고 되어 있어, 「최생우진기」에서 최생이 용궁을 찾아가는 과정에 비해 분량이 적지만, 탐색 모티프의 유사성을 부정하기 어렵다.

17) 임형택, 「김시습의 사상체계와 금오신화」(서울대학교 석사논문, 1971), 26쪽.

셋째, 이계의 존재 및 주인공의 이계 체험 여부 자체가 서사 내적으로 모호하게 처리되고 있다는 점이다. 「남염부주지」 연구의 쟁점은 「일리론」을 지은 박생은 물론 염마왕조차도 지옥의 존재를 부정함으로써 박생이 다녀온 남염부주 자체가 부정된다는, 보다 정확히 말하면 부정해야 할지 말아야 할지조차 알 수 없는 역설에 있다.[19] 그런데 「최생우진기」에서는 최생의 용궁 체험이 무주암에 사는 거짓말쟁이 증공의 입을 통해 세상에 알려지는바, 이로써 최생이 용궁에 다녀온 일이 사실인지 아닌지조차 판단하기 어려운 상황에 당면하게 되는 것이다. 「남염부주지」에서 염마왕은 남염부주를 떠나는 박생에게 이곳에서의 일들을 세상에 전파하여 황당한 일들을 일소해 달라고 부탁하지만, 박생은 염마왕의 이 같은 중대한 부탁을 실천하지 않는다. 「남염부주지」의 이 대목은 『전등신화』 「감호야범기」의 영향인 것으로 추측된다. 「감호야범기」에서 직녀는 성영언에게 세상에 떠도는 견우 · 직녀 이야기들이 모두 잘못된 것이라 말하고는 그에게 세상에 나가 시비를 밝혀 달라고 청하지만, 다시 속세로 돌아온 성영언의 행동은 직녀의 부탁 따위는 안중에도 없는 이의 모습을 보인다.[20] 그런데 앞서 언급하였듯이, 「최생우진기」의 최생은 동선으로부터 용궁에서의 일을 가벼이 퍼뜨리지 말라는 부탁을 받았지만, 이를 지키지 않았다.

이상 살펴본 바와 같이 「삼산복지지」와 「남염부주지」는 「최생우진기」와

---

18) 신재홍, 앞의 논문, 86~91쪽.

19) 조동일, 「소설의 성립과 초기소설의 유형적 특징」(『한국소설의 이론』, 지식산업사, 1977), 236~237쪽. 남염부주의 모순적 형상과 그 의미에 대해서는 엄태식, 「남염부주지의 패러디와 풍자 - 남염부주의 모순적 형상을 중심으로」(『동남어문논집』 36, 동남어문학회, 2013) 참조.

20) 이에 대하여 이대형, 『금오신화 연구』(보고사, 2003), 151쪽에서는 "성영언이 직녀신의 부탁을 이행하지 않은 이유는 염마왕의 부탁을 거절한 박생의 경우와 동일하다. 그 일이 세속 사람들에게 이해되기 어렵기 때문이다."라고 하였고, 엄태식, 「취유부벽정기의 서사적 의미와 작가 의식」(『정신문화연구』 130, 한국학중앙연구원, 2013), 66~67쪽에서는 「감호야범기」의 희작적 성향에서 비롯된 것으로 보았다.

매우 가까운 거리에 있는 작품이다. 그렇다면 신광한이 이 작품들을 변용하고 참조한 지점들에 대한 고려는, 「최생우진기」를 해석하는 데 일정한 도움을 줄 수 있을 것이다.

(2) 전고의 활용과 용궁의 공간적 성격

「최생우진기」의 최생은 「남염부주지」의 박생과 마찬가지로 유학을 공부하다 뜻을 이루지는 못하였지만, 그의 불우는 세계의 횡포나 신세모순(身世矛盾) 때문이 아니다. 「최생우진기」에는 최생이 오활하다는 표현이 여러 군데 나오는데, 이로써 보면 최생의 불우는 그의 오활함에서 비롯된 일일 수밖에 없다.[21] 실제로 신광한에 대한 평가 가운데 하나가 오활함이었으니,[22] 「최생우진기」의 최생은 작자의 분신이라고 할 수 있다.

이는 「최생우진기」의 용궁이 「남염부주지」의 남염부주와 대조적이라는 점과도 관련이 있다고 생각한다. 「남염부주지」의 남염부주에서와는 달리 「최생우진기」의 용궁에서는 최생이 살고 있는 현실의 일들이 화제가 되지 않고 있으며, 현실을 비판한다고 볼 만한 내용이 사실상 없다고 보아도 무방하다. 그곳에서 이야기되는 내용은 제왕이 하늘의 뜻을 받들면 복을 내린다는 것, 사람은 누구나 요순이 될 수 있다는 것 정도이며, 현실 세계의 일

21) 여기서 '불우'라는 말을 썼지만, 최생은 전기소설에 일반적으로 등장하는 落拓不遇한 남주인공과는 다르다. 최생은 단지 유학을 공부하다 뜻을 이루지 못했을 뿐이다.

22) 靈城府院君申光漢卒 光漢字漢之 高靈人 叔舟之孫也 世以文章顯 早孤未學 十五始知讀書 纔數歲 遂成名儒 爲一時所推 及釋褐 長在經幄 多所啓沃 嘗與趙光祖善 光祖亦愛敬之 光祖之死 光漢亦坐廢 退寓於驪州之元亨里 閑居十五年 一室圖書 杜門不出 未嘗有營求之事 人皆以善居鄕稱之 逮還朝 士林慶之 以老成宿儒 久典文衡 時論翕然 年七十二而終 爲人性稟醇厚 風度高古 學問該博 文章精麗 儐待華使 每見稱賞 然於處事時 有偏滯之失 人以是短之 史臣曰 光漢 文雅人也 形容癯瘦 神采脫凡 居家不營生産 處朝持身廉謹 無阿諛之態 有長者之風 文章典雅 時有直言而不見採 目之迂闊 而置散職 以其所尙 不合世態故也(『명종실록』 10년 윤11월 2일)

들과는 상당히 거리가 있는 말들이다.

선행 연구에서 여러 차례 언급했듯이, 「최생우진기」의 용궁은 유가적 이상의 세계이며, 그곳에서 가장 중요하게 인용되는 경전은 『서경』이다. 『서경』은 요순(堯舜)으로부터 우(禹)·탕(湯)·문무(文武)에 이르기까지의 정치 기록인데, 거기서 강조하고 있는 내용은 성왕의 치적이다. 「최생우진기」의 용궁에서 이야기되고 있는 것도 대개 그런 내용이다.

> 왕이 '9년 홍수'·'7년 가뭄'이란 구절을 거듭 읊어 보고는 동선에게 말하였다. "최생은 이치에 통달한 사람이라 하겠소. 그렇지 않습니까? 세상의 유자로서 그 임금에게 아첨하는 자들은 수재나 한재를 천수의 탓으로 돌리는 경우가 많습니다. 만일 수재나 한재를 천수로 여기고 인사를 닦지 않았다면, 요 임금과 탕 임금에게 무엇을 귀하게 여기겠습니까? 요 임금과 탕 임금이 능히 수재와 한재를 막아냈으니, 천수에 대해 무엇을 근심했겠습니까? 그러므로 정사와 교화가 훌륭하고 밝아 양이 커지고 음이 어그러짐이 있는 것은 이로써 요 임금과 탕 임금을 면려한 것이요, 하는 짓이 암매하여 물이 마르고 산이 무너짐이 있는 것은 이로써 유왕과 여왕을 경계한 것이니, 모두 상제의 인애하신 마음에서 나온 것으로 과인이 삼가 정성을 다한 바입니다. 당시의 임금이 살피지 않아 하늘과 끊어졌으니 매우 애통한 일이라 하지 않을 수 있겠습니까? 세교와 도덕이 쇠미해지고부터 하도와 낙서가 자취를 감춘 지 오래되었습니다. 음양과 오행의 감응이 어찌 순조롭겠습니까? 그런즉 민생이 가련합니다."[23]

용왕이 최생의 「용궁회진시」 가운데 '9년 홍수와 7년 가뭄'이란 구절을

23) 王再吟九年水七載旱之句 謂洞仙曰 崔生可謂達理者非耶 世儒有諂其君者 多以水旱委諸天數 如以水旱爲天數 而不修人事 則何貴乎堯湯 堯湯能禦水旱 則何患乎天數 故治教休命 而有元陽愆陰者 是以堯湯勉之 作爲暗昧 而有水渴山崩者 是以幽厲戒之 皆出於帝心之仁愛 而寡德之所寅亮也 時君不察 乃絶于天 可不謂大哀歟 自世教衰道德微 圖書之秘久矣 二五之應 惡得若乎 則民之生憫矣(「崔生遇眞記」, 67~69쪽)

거듭 음미했다는 서술은, 「만복사저포기」에서 여인은 이웃의 정씨(鄭氏)·오씨(吳氏)·김씨(金氏)·유씨(柳氏)가 읊은 시들을 듣고는 유씨가 읊은 시 마지막 편의 말에 감동했다는 서술과 유사한데,[24] 필자는 신광한이 「만복사저포기」의 이 부분을 참조하지 않았을까 생각한다. 「만복사저포기」에서 여인이 유씨의 시에서 감동한 부분은 "지금부터 서로 양홍과 맹광처럼 대하기를.[從今相待似鴻光]"[25]이란 구절이었다. 여인은 유씨가 양생과 자신을 양홍과 맹광 같은 모범적 부부로 인정한 것에 대해 감동한 것이었던바, 김시습은 이를 통해 여인의 행동이 욕정에 이끌린 야합이 아니었음을 드러내려고 했던 것이다.

그렇다면 저 용왕의 발언은 「최생우진기」의 작가 의식과 관련하여 매우 주목해야 할 부분이라고 할 수 있는데, 최생이 지은 「용궁회진시」의 해당 대목은 "九年水唐堯 七載旱商湯"[26]이라는 구절이다. 최생의 「용궁회진시」에는 용궁과 신선 세계에 동경이 주로 드러나 있는데, 작자 신광한이 용왕으로 하여금 그 많은 구절들 가운데 하필 이 부분을 주목하도록 만든 이유는, 결국 용왕의 발언을 이끌어내기 위한 것이었다고 볼 수 있다. 그렇다면 용왕의 저 말에는 「최생우진기」의 작가 의식을 이해하는 데 매우 중요한 단서가 들어있다고 하겠다.[27]

---

24) 女乃感柳氏終篇之語(「萬福寺摴蒱記」, 21쪽)

25) 「萬福寺摴蒱記」, 21쪽.

26) 「崔生遇眞記」, 66쪽.

27) 이에 대해서는 선행 연구에서도 여러 차례 주목한 바 있다. 소재영, 앞의 책, 64쪽에서는 치자의 적극적인 애민정신을 강조한 것으로, 유기옥, 앞의 책, 194쪽에서는 사회적 한계를 초월하고자 하는 실의한 문사의 잠재의식으로, 박태상, 「하생기우전의 미적 가치와 성격」(『조선조 애정소설 연구』, 태학사, 1996), 113~115쪽에서는 민본사상의 발현으로 보았고, 엄기영, 앞의 논문, 157~166쪽에서는 신광한이 최생이 아닌 용왕의 입을 통해 현실을 비판하게 만들고 현실에 대해 직접적인 비판을 하는 인물을 동선으로 설정하면서 그것을 증공이라는 신뢰할 수 없는 화자의 입을 통해 증언하게 하는 것이 결국에는 혹시나 있을지 모르는 혐의를 막기 위한 의도였다고 했다.

최생이 지은 「용궁회진시」의 "九年水唐堯 七載旱商湯"이라는 대목과 그로부터 비롯된 용왕의 말이 담고 있는 핵심은 제왕의 자질에 관한 것이다. 즉 요 임금과 탕 임금 때의 상서, 유왕과 여왕 때의 재앙은 모두 하늘의 뜻이었던바, 제왕은 하늘의 뜻을 받들어 덕을 닦아야 한다는 것이다. 용왕이 한 말과 비슷한 내용은, 동선이 최생에게 한 말에도 보인다.

> 동선이 말했다. "그대는 신선이 구할 수 있는 것이라 여기시오? 사람은 다 요순이 될 수는 있으나 다 신선이 된다는 것은 불가하오. 진시황은 서복을 몰아서 부리고 한무제는 안기생의 무리를 찾으려 했는데, 진시황과 한무제 같은 웅걸로 될 수 있는 요순은 배우지 않고 얻기 어려운 신선을 찾고자 하여, 한갓 천하를 번거롭게 하고 만세의 웃음거리가 되고 말았으니, 비록 시호를 포정과 우철이라 하여도 가할 것이오. 세상에서 선분이 없는데도 선약을 복용하는 자들은 다만 그 수명을 재촉하기에 족하오."[28]

이 역시 선행 연구에서 많이 주목한 부분인데, 이를 도선적 초월에 대한 지향이나 현실 비판으로만 이해하는 것은 단순하다. 동선은 '사람은 누구나 요순이 될 수 있다'는 맹자의 말을 인용한 뒤, '누구나 신선이 될 수는 없다'고 이야기하면서 신선이 되기를 추구한 인물로 진시황과 한무제를 꼽고 있다. 진시황과 한무제가 이 분야에서 워낙 대표적인 인물이기는 하지만, 하필 제왕을 그 예로 들었다는 것은 매우 주목할 부분이다. 요컨대 용왕과 동선의 발언은 모두 군주의 자질과 관련된 것이며, 결국 군주가 덕을 닦아야 한다는 점을 강조하는 데 그 목적이 있는 것이다.

---

28) 洞仙曰 爾謂神仙可求歟 人皆可以爲堯舜 不可皆得爲神仙 秦皇徐福之驅使 漢武安期之僕僮 以秦皇漢武之雄傑 不學可爲之堯舜 欲求難得之神仙 徒煩天下 取笑萬世 雖謚爲暴政愚徹可也 世之無仙分而服仙藥者 適足以促其壽也(「崔生遇眞記」, 75～76쪽)

이상 살펴본 바 용궁은 유가적 이상 세계이며, 그곳에서 추구되는 이상은 문범두가 언급했듯이 '요순'으로 상징되는 '지치(至治)'이다.[29] 작자가 용궁을 형상화하면서 『서경』을 가장 많이 인용한 것도 이 때문이다. 그렇다면 이와 같은 용궁이 최생에게 어떤 의미를 갖는 공간인지 살펴보도록 하자.

최생은 호탕하고 기개 있는 선비로서 산수 유람을 좋아하는 인물이지만, 세상 사람들로부터 오활하다는 비웃음도 받는 인물이다. 최생은 오활함은 증공과의 대화에서 극명하게 드러난다.

> 최생이 하루는 『청낭비결』 읽기를 마치고는 일어나 창을 여니, 가을 하늘은 환하고도 맑으며 산의 나무들은 빛나고도 알록달록하여 훌쩍 멀리 떠나고픈 생각이 들어 증공에게 이렇게 말하였다. "내가 이곳에서 태어나고 자라면서 이 산을 익히 유람했건만 찾아보지 못한 곳이 오직 용추동입니다. 나를 따를 수 있는 그 누구라면, 나는 그와 더불어 노닐고 싶습니다." 그러자 증공이 웃으며 말했다. "과연 그렇도다. 그대의 오활함이여! 당신이 어찌 이 골에서 노닐 수 있겠습니까? 빈도가 이 산에 들어온 지가 벌써 21년인데, 일찍이 용추동이 신비스럽다는 소리를 듣고는 진인이 거기 있으리라 여겨, 가서 따르고자 하는 뜻을 자못 품기도 하였지요. 그래서 바위 구멍이나 절벽 틈이며 샘의 물줄기가 솟아나는 곳이라면 더듬어 찾지 않은 곳이 없건마는 사면이 가파르고 험준하여 따라서 갈 만한 좁은 길조차 없었습니다. 다만 골짜기 간방의 양쪽 벼랑 사이가 조금 오목하게 들어가 있어서, 더위잡고 기어오르면 벼랑이 다하기 직전의 그 끝에 몇 사람이 앉을 만한 반석이 있습니다. 거기에 발을 올리면 곧 기울고 흔들려서 비록 위험한 돌을 잘 밟을 수 있는 백혼 같은 사람일지라도 밟고 있기 어려울 정도입니다. 이 돌을 밟고 올라갈 수 있는 자라야 이 골짜기를 엿볼 수 있는 것이지요. 빈도도 일찍이 부처님의 공력을 믿고 곧장 한 걸음을 내

29) 문범두, 「최생우진기의 구조와 의미」(『어문학』 72, 한국어문학회, 2001), 134쪽에서 "최생이 경험한 수계는 신선들이 사는 신선의 나라로 착색되어 있지마는 그 이면에는 유가적 우주관과 통치철학을 지닌 제왕을 중심으로 삼대의 문명이 현창되는 유가적 이상 국가의 자리하고 있는 것이다."라고 하였다.

딛어 골짜기의 입구를 굽어보았습니다만, 아득하여 아무것도 보이지 않는데, 용추는 푸르고 학은 멀리 날아가매 머리는 어질어질하고 간담이 서늘하여 엉금엉금 기어서 물러나왔습니다. 그대가 만약 이 바위를 밟을 수만 있어도 대단한 일이라 하겠습니다. 그대가 어찌 이 골에서 노닐 수 있겠습니까?"[30)]

증공은 『장자(莊子)』 외편(外篇) 「전자방(田子方)」에 나오는 열자와 백혼무인에 대한 이야기를 한다. 위 인용문의 다음 대목은 이러하다.

최생이 즐겁게 말했다. "선사와 더불어 그곳에 한번 가서 구경하고 싶습니다. 어찌하여 저를 인도해주지 않으십니까?" 증공이 만류하며 말했다. "위태하도다, 위태하도다! 그만둘지어다! 가는 것은 위태하도다!" 최생이 말했다. "가볼 수는 있지만 빠질 수는 없을 것입니다. 선사와 함께 그곳에 가보고 싶습니다." [生欣然曰 願與師試往觀之 盍爲我導 空止之曰 殆而殆而 已而 往者殆而 生曰 可往也 不可陷也 願與師一往焉][31)]

증공과 최생의 대화는 『논어』의 「미자(微子)」와 「옹야(雍也)」에서 가져온 것이다.

초나라 미치광이 접여가 노래를 하면서 공자의 앞을 지나갔다. "봉이여, 봉이여! 어찌하여 그리도 덕이 쇠하였는가? 지난 것은 간할 수 없지만 올 것은 오히

30) 生一日讀靑囊秘訣罷 起而開窓 則秋空晃朗 山水彬斑 飄然有遐擧之思 謂證空曰 吾生長此地 遊此山熟 所不討者 獨龍湫洞 孰能從我者 吾與之遊 空哂曰 果哉 子之迂也 子焉能遊此洞乎 貧道入此山 已二十一年 嘗聞洞之靈秘 意有眞人存焉 頗懷往從之志 石竇崖罅泉脉滲漏處 靡不探索 而四面巉嶔 無線路可遵 但同之艮方 兩崖微凹 攀緣而上 則崖盡前頭 有盤石可坐數人 步輒傾搖 雖能履危石如伯昏者 亦難履此 能履此石者 可窺此洞 貧道嘗恃佛力 亟出一履 俯瞰洞口 茫不見物 龍湫蒼然 鶴飛杳然 頭眩膽悸 匍匐而退 子若能履此石者 足矣 子焉能遊此洞乎(「崔生遇眞記」, 51~52쪽)

31) 「崔生遇眞記」, 52~53쪽.

려 따를 수 있으니, 그만둘지어다, 그만둘지어다! 오늘날 정치에 종사하는 자는 위태하도다!" 공자가 수레에서 내려 그와 더불어 말하고자 하였으나, 종종걸음으로 피하였으므로 그와 더불어 말할 수 없었다.[楚狂接輿 歌而過孔子曰 鳳兮鳳兮 何德之衰 往者不可諫 來者猶可追 已而已而 今之從政者殆而 孔子下 欲與之言 趨而辟之 不得與之言][32]

재아가 물었다. "어진 사람은 비록 그에게 '우물에 인이 있다.'라고 알려주어도 아마 따라 들어갈 것입니다." 공자가 말했다. "어찌 그럴 리가 있겠느냐? 군자는 우물까지 가게 할 수는 있으나 빠지게 할 수는 없으며, 이치가 있는 것으로 속일 수는 있어도 이치가 없는 것으로 속일 수는 없다."[宰我問曰 仁者 雖告之曰 井有仁焉 其從之也 子曰 何爲其然也 君子可逝也 不可陷也 可欺也 不可罔也][33]

필자는 위의 인용문이 용궁의 의미를 해석하는 데 있어서 중요한 의미를 가진다고 생각하는데, 신광한이 『논어』를 패러디한 이유는 독자들로 하여금 「최생우진기」의 이 대목을 『논어』와의 관련 속에서 독해하도록 유도하는 데 그 목적이 있다고 할 수 있다.[34] 증공이 최생을 만류하는 말은 「미자」에서 접여가 공자를 만류하는 말과 일치하므로, 여기서 증공은 접여이고 최생은 공자가 된다. 「미자」의 접여 이야기 다음에는 장저와 걸닉의 이야기,[35] 그리고 장인과 자로의 이야기[36]가 이어지는데, 이 일화들에서 공자는

---

32) 『論語』, 416~417쪽.

33) 『論語』, 176쪽.

34) 엄기영, 앞의 논문, 117~130쪽에서 작자가 공자의 이미지를 차용하여 최생을 형상화함으로써 생생하게 인물의 면모를 그려낼 수 있었고, 이로 말미암아 작품의 현실적 성격이 강화될 수 있는 장치가 되었다고 했다. 그리고 훌륭한 정치 철학을 가지고 있음에도 불구하고 동시대 사람들에게 인정받지 못한 공자의 이미지를 최생에게 덧씌움으로써 부조리한 현실을 비판했다고 하였다. 엄기영은 「최생우진기」에 『논어』 등이 典故로 활용된 양상을 다루었지만, 이 부분에 대해서는 언급하지 않았다.

35) 長沮桀溺耦而耕 孔子過之 使子路問津焉 長沮曰 夫執輿者爲誰 子路曰 爲孔丘 曰

도가 행해지지 못하는 것은 이미 알고 있지만 인륜을 폐할 수는 없기에 벼슬에 대한 미련을 버리지 못한다고 했다. 한편 최생이 증공에게 한번 그곳에 가보고 싶다고 한 말은 「옹야」에서 공자가 재아에게 한 말과 일치한다. 그런데 「최생우진기」에서는 최생이 증공의 말을 듣지 않고 무모하게 백혼무인 흉내를 내다가 용추동으로 떨어지므로, 그는 재아의 말에 나오는 바 우물에 사람이 있다고 하여 고지식하게 우물에 들어가는 어리석은 사람이 된다. 이처럼 최생은 결국 벼슬도 못하고 천하를 돌아다니며 고생만 했던 공자, 혹은 우물에 사람이 있다고 하여 그를 구제하기 위해 우물에 빠지는 유자로 상징되고 있다.[37] 앞서 「최생우진기」와 「삼산복지지」의 관련성을 언급했는데, 신광한이 최생의 실족사고를 우물에 빠지는 것과 연관 지은 것은, 원자실이 '팔각정'이라는 '우물'로 뛰어든 데에서 착안한 것으로 보인다.

여기서 우리는 『논어』「옹야」의 "井有仁焉"이라는 대목을 음미해 볼 필요가 있다. 주희(朱熹)는 『논어집주』에서 유면지(劉勉之)의 설을 인용하면서 '仁'은 '人'이 되어야 한다고 했다.[38] 이렇게 보는 게 통설이긴 하지만,

是魯孔丘與 曰 是也 曰 是知津矣 問於桀溺 桀溺曰 子爲誰 曰 爲仲由 曰 是魯孔丘之徒與 對曰 然 曰 滔滔者天下皆是也 而誰以易之 且而與其從辟人之士也 豈若從辟世之士哉 耰而不輟 子路行以告 夫子憮然曰 鳥獸不可與同群 吾非斯人之徒與而誰與 天下有道 丘不與易也(『論語』, 417쪽)

36) 子路從而後 遇丈人以杖荷蓧 子路問曰 子見夫子乎 丈人曰 四體不勤 五穀不分 孰爲夫子 植其杖而芸 子路拱而立 止子路宿 殺鷄爲黍而食之 見其二子焉 明日子路行以告 子曰 隱者也 使子路反見之 至則行矣 子路曰 不仕無義 長幼之節 不可廢也 君臣之義 如之何其廢之 欲潔其身而亂大倫 君子之仕也 行其義也 道之不行 已知之矣(『論語』, 418쪽)

37) 유정일, 「기재기이의 전기소설적 특성에 관한 연구」(동국대학교 박사논문, 2002), 128쪽에서는 "「최생우진기」의 주인공 최생은 유자의 '正名主義'에 입각에서 致仕하고 獨善其身하며 살아가던 신광한 자신의 모습을 소설로 형상화한 인물이며, 세상이 여의치 않아 正名主義에 입각해 獨善其身하던 중에 도교의 得仙에 뜻을 두고 있는 인물로 작가의 士意識이 반영된 인물이라고 할 수 있다. 마치 자로가 공자를 '우활하다'고 한 것처럼, 작품 안에서 세상 사람들은 최생을 '우활하다'고 비웃은 것이다."라고 하였다.

38) 劉聘君曰 有仁之人 當作人 今從之(『論語』, 176쪽)

『논어』의 원문에는 분명히 '人'이 아닌 '仁'으로 되어 있다.[39] 그렇다면 '井有仁焉'은 우물에 사람이 있다는 뜻으로 읽을 수도 있고 우물에 인(仁)이 있다는 뜻으로 읽을 수도 있는데, 「최생우진기」에서는 후자의 의미가 활성화되어 있다. 즉 최생이 간 용궁은 유가의 최고 덕목인 인(仁)의 세계라는 의미를 갖게 되는 것이다.

「최생우진기」의 용궁은 유가적 이념이 실현되는 곳이며, 최생에게 있어서 지우(知遇)의 공간처럼 보인다. 실제로 최생은 용왕에게 비록 하찮은 일을 할지라도 그곳에 머무르고 싶다고 말하기까지 했었다.[40] 그런데 최생은 결국 용궁에 머무르지 못했고, 선약을 받아서 먹지도 않았으며, 훗날 용궁을 다시 찾아가지도 않았다. 또 10년 뒤에 봉도에서 만나자는 동선의 약속을 지키지도 않고 '입산부지소종'해 버렸는데, 그 이유는 무엇일까?[41] 이 문제는 용궁의 공간적 성격과 관련이 있다고 본다.

최생이 찾아간 용궁은 유가적 이념이 실현되는 공간이지만, 신선 세계이기도 하다. 이를 도교사상이 바탕이 된 탈속적 이상세계의 염원으로만 이해

39) '仁'에 대한 제가의 학설은 최영찬·최남규·황갑연·박용진, 『동양철학과 문자학』(아카넷, 2003), 19~36쪽 참조.

40) 生曰 蜉蝣杳質 塵土愚性 三生結願 一成奇遇 雖執鞭守履 亦所不辭 不願歸也(「崔生遇眞記」, 74쪽)

41) 소재영, 앞의 책, 61쪽에서는 "마지막 결미에서 보면 최생이 결국 금세에 대한 미련을 두지 않고 약속을 지켜 신선이 되어 봉래로 떠나고, 증공은 무주암에 살면서 최생의 신선체험을 자주 이야기하였다는 것으로 大團圓을 삼았다."라고 하였고, 김보현, 「기재기이의 사상적 토대와 미의식」(『한국고전연구』 10, 한국고전연구학회, 2004), 114쪽에서는 "「최생」의 경우가 유일하게 '不知所終'하여 죽음과 연관될 수도 있겠으나, 그는 이미 용궁에서 불사약을 받았으므로, 그의 종말은 '부지소종'이라기보다는, 그가 '용궁'이나 선계로 갔다고 하는 것이 더 합당하다."라고 하였으며, 소인호, 『한국 전기소설사 연구』(집문당, 2005), 177쪽에서는 "최생이 뒤에 '入山採藥 不知所終'했다는 것 역시 애당초 주인공이 추구하던 노선의 연장이라는 점에서 한생의 '入名山 不知所終'과는 의미를 달리한다. 연명단을 통해 10년의 수명을 연장하는 내용은 작자의 의식지향이 현세적 삶에 놓여 있음을 말해준다."라고 했으나, 그렇게 보기 어렵다. 작품에는 최생이 용궁이나 봉래로 갔다는 내용이 없다. 또 동선이 최생에게 불사약을 주었다는 내용은 있지만, 최생이 그것을 받아서 먹었다는 말은 없다.

하기는 어렵다.[42] 만약 최생이 도선사상을 동경했다면, 그는 조상인 동선 최치원과의 약속처럼 10년 뒤에 봉도로 갔을 것이기 때문이다.

「최생우진기」의 용궁은 「용궁부연록」의 그것과 비교해 볼 필요가 있다. 「용궁부연록」에 대하여 임치균은 매우 중요한 지적을 하였다. 한생이 용궁에서 한 일은 보잘것없는 일이었을 뿐만 아니라, 용궁은 그 자신이 웃음거리로 전락할 수도 있는 공간이며, 언제라도 다시 찾아갈 수 있는 곳이다. 따라서 한생의 부지소종은 언제라도 궁궐에 불려갈 수 있는 현실의 악순환을 막는 방법인바, 이는 결국 궁궐로부터 초대를 받았지만 결국 거기로 나아가지 않고 세상을 떠돌아다닌 김시습의 모습과 의지를 상징한다는 것이다.[43] 정리하면 「용궁부연록」의 용궁은 한생에게 지우의 공간이 아니며, 언제든지 다시 불려갈 수 있는 곳이다. 한편 「최생우진기」의 용궁은 오활한 최생에게 지우의 공간이긴 하지만, 거기는 최생이 초대를 받아 간 곳도 아니고 어떤 곳인지 알고서 간 곳도 아니며, 낭떠러지에서 떨어져야 하는 위험을 감수해야 갈 수 있는 장소이다. 용궁은 인세가 아닌 음계이기에 양계의 사람이 오래 있을 수도 없는 곳이며, 용궁의 일원인 신선이 되겠다고 선약을 복용하는 일은 동선의 말마따나 수명을 재촉하는 일일 뿐이다. 여기서 우리는 「최생우진기」의 용궁이 유가적 이상의 공간이자 신선 세계로 그려지고 있는 이유와 그 의미를 짐작할 수 있다. 요컨대 용궁처럼 복고적 유가

---

42) 유정일, 앞의 논문, 128쪽에서는 "「최생우진기」에서는 작가 신광한의 현실초극 의지와 유가적인 사의식을 소설의 주인공인 최생을 통해서 형상화시키고 있다. 아울러 작가는 도교사상을 바탕으로 세속적인 염증들이 초극된 공간 즉 탈속적 이상세계를 염원하고 있는 것이라고 볼 수 있다."라고 하였고, 최재우, 『기재기이의 특성과 미학』(박이정, 2008), 214~215쪽에서는 "유자의 삶을 살아가지만 유자로서 앞이 보이지 않을 때, 불교와 도교를 통해 삶의 돌파구를 모색해 본다는 것은 그다지 이상한 일은 아닐 것이다. 그런데 발화를 통해 확인한 것과 같이 자신의 가치를 확인하고 도교적 분위기를 이용해서 초월적으로 현실의 돌파구를 모색해본 「최생」의 저면에는 현실에 대한 비판으로서의 태평성대에 대한 희구가 내장되어 있다."라고 하였다.

43) 임치균, 「용궁부연록의 환상 체험 연구」(『정신문화연구』 124, 한국학중앙연구원, 2011), 13~23쪽.

이념이 실현되는 공간은 현실에는 있을 수 없으며, 그와 같은 이상 세계를 추구하는 것은 부질없고 오활할 뿐만 아니라 위험하기까지 한 일이라는 것이다. 최생이 깨달은 바는 바로 이것이었고, 그 때문에 최생은 「용궁부연록」의 한생과 마찬가지로 용궁으로 회귀하지 않고 '입산부지소종'했던 것이다.

이상 살펴본 바와 같이, 「최생우진기」의 용궁은 비현실적인 유가적 이상의 세계로 형상화되고 있으며,[44] 그곳에서 논의되고 있는 이야기는 군주가 덕을 닦아 요순과 같은 지치(至治)를 이루어야 한다는 것이다. 그런데 「최생우진기」에서는 최생의 용궁 체험이 그의 실족사고에서 비롯된 일로 그려지고 있으며, 신선이 되어 용궁에 머무르는 것은 선약을 먹다가 수명을 재촉하는 행동으로 규정되고 있다. 신광한은 왜 용궁을 이와 같이 형상화했으며, 용궁은 도대체 무엇을 우의한 것인가? 아래에서 이 문제를 살펴보기로 한다.

(3) 기묘사화의 기억과 「최생우진기」

「최생우진기」는 두타산을 배경으로 하고 있는 작품이므로, 이 소설이 신광한의 삼척부사 시절의 경험을 반영하고 있다는 점은 부인하기 어려울 것이다. 왜냐하면 신광한이 「최생우진기」의 공간적 배경을 두타산으로 설정한 것 자체가 그 점을 드러내려는 의도의 반영이기 때문이다. 그러나 이것이 「최생우진기」가 그 무렵에 창작된 작품이라는 근거가 되지는 않는다. 윤채근은 『기재기이』를 신광한 만년의 소작으로 보았는데,[45] 반드시 그렇다고 하기는 어렵더라도 『기재기이』가 기묘사화 등에 대한 그 나름의 거리두기가 가능해진 시점의 산물일 가능성은 높다고 본다.

---

44) 여기서 사용한 '비현실적'이라는 말은, 용궁이 현실 세계가 아니라는 의미에서 사용할 수 있는 '초현실적'이라는 말과는 다른 뜻으로, '迂闊'과 거의 같은 의미이다.

45) 윤채근, 앞의 논문.

신광환은 환조한 후에도 대체적으로 몸을 사리는 태도를 보였던 것으로 여겨지는데, 신광한의 생애에서 가장 극적인 대목은, 1545년 을사사화 때 소윤에 가담하여 위사공신(衛社功臣)에 책록된 일일 것이다. 기묘사화의 피해자였다가 을사사화의 가해자가 된 신광한. 그에게 있어서 기묘사화는 어떤 식으로든 정리하고 넘어가야 할 문제가 아니었을까? 필자는 「최생우진기」가 신광한의 기묘사화에 대한 기억과 관련이 있는 작품이라고 생각하며, 「최생우진기」의 용궁 형상 및 최생의 용궁 체험은 이 문제와 관계가 있다고 본다.

「최생우진기」의 용궁은 유가적 이상 세계인데, 문범두가 지적했듯이 이는 조광조 같은 신진사류가 꿈꾸었던 이상 세계를 우의한 것으로 이해된다.[46] 조광조는 당대까지의 그 누구보다도 철저하게 '유교적 이상국가론'을 펼쳤으며, 공자의 가르침을 따라 '요순의 이상 정치'를 구현할 수 있다고 믿었는데,[47] 「최생우진기」의 용궁 형상 및 그곳의 토론에서 중점적으로 다루어진 문제가 바로 조광조가 추구한 이상 세계 및 그의 지치주의(至治主義)와 매우 유사한 것이다. 조광조는 '지치(至治)'라는 이상을 가지고 요순의 이상 정치를 추구하였는데, '지치'는 『서경(書經)』 주서(周書) 「군진(君陳)」

46) 문범두, 앞의 논문, 140쪽에서는 "신광한은 어디까지나 사림의 이념에 철저하려고 했던 인물임을 잊어서는 안 될 것이다. 용궁에 진설된 세계는 사림이 목표하는 유가적 이상 세계이다. 특히 중국 고대의 삼대는 당대의 실천적 유자들이 꿈꾸었던 이념적 유토피아였다고 볼 수 있다. 정치적 파란을 피해 원형리 초막에 은거한 작자로서는 현실 정치가 삼대의 문명을 실현하는 방향으로 전개되기를 꿈꾸었던 것이다."라고 하였고, 또 "작품에서 특별히 왕의 입을 통해 군주의 덕목을 강조하고 있는 것도 사림의 정치이데올로기의 한 단면을 그려낸 것이다. 사림파는 왕도정치의 이상을 실현시키기 위해 군왕의 덕목을 특별히 강조하는 '賢哲君主論' 즉 聖君論을 제기하였다. 삼대의 이상을 실현시키기 위해서는 군주 스스로가 백성을 교화시킬 수 있는 덕목을 갖추어야 한다는 논리다."라고 하였다. 필자는 용궁이 사림의 이상 세계라는 점에 대해서는 동의하지만, 용궁의 의미가 그뿐이라고 보지는 않는다.

47) 조광조 및 기묘사화에 대해서는 다음의 논저를 참고하였다. 정두희, 『조선시대 인물의 재발견』(일조각, 1997), 21~41쪽; 이상성, 『한국 도학의 태산북두 조광조』(성균관대학교출판부, 2006); 김범, 『사화와 반정의 시대』(역사비평사, 2007).

의 "지극한 정치는 향기로워 신명에 감응한다.[至治馨香 感于神明]"48)라는 말에서 나왔고, 요순의 이상 정치가 가장 잘 드러나 있는 텍스트가 바로 『서경』이다. 물론 『서경』은 유학자들이 기본적으로 학습한 책이기에, 조광조와만 관계될 수는 없다. 그러나 「최생우진기」의 용궁에서 가장 많이 인용되는 경전이 『서경』이라는 점, 그곳이 추구하는 지치(至治)의 이상이 특히 조광조와 가깝다는 점은 부정하기 어렵다.

「최생우진기」의 용궁을 그렇게 해석할 수 있는 또 다른 근거는, 최생이 용추동으로 떨어지는 것과 관련하여 작품 곳곳에 보이는 상징들이다. 앞서 살펴본 대로 최생이 용궁으로 간 일은 우물 속의 '인(仁)'을 찾는 무모한 행동이다. 또 용궁은 선계인데, 그곳의 일원인 신선이 되겠다고 선약을 복용하는 일 역시 수명을 재촉하는 행동일 뿐이다. 이처럼 「최생우진기」의 용궁은 현실적 관점에서 규정되고 있는바, 결국 그곳은 '비현실적인 세계[異界]'일 뿐이다. 이는 최생이 용궁으로 회귀하지 않았다는 점, 동선과의 약속을 지키지 않고 '입산부지소종'하였다는 점을 통해 알 수 있다. 한편 최생은 용추동으로 떨어진 뒤 증공에 의해 살해당한 것으로 의심을 받지만 결국 살아서 돌아오는데, 이는 기묘사화에 연루되었다가 목숨을 부지한 신광한의 모습을 빗댄 것으로 보인다.

「최생우진기」의 용궁은 긍정적이지도 부정적이지도 않은 공간이다. 그곳은 우물 속에 있는 '인(仁)'으로 비유되기에 이념적으로는 수긍할 수 있지만, 그 이상을 추구하는 것은 매우 위험하고 오활한 짓이다. 이와 마찬가지로 기묘사림이 꿈꾸었던 세계는 유가적 이상의 구현이라는 점에서는 수긍할 수 있지만, 그들의 행동은 현실 감각이 떨어지는 것이었고, 결국 목숨을 잃어버리게 만든 오활한 행동이었다.49)

48) 『書經』(성균관대학교 대동문화연구원, 1984), 363쪽.

49) 사실 신광한은 용궁이 신진사류의 이상 세계라는 점을 작품의 문면에 거의 직접적으로 드러내 보였다. 앞서 보았듯이, 증공은 최생을 만류하며 "위태하도다, 위태하도다! 그만

그런데 '오활(迂闊)'은 신광한 그 자신에게는 기묘사화의 기억을 적절히 정리할 수 있게 만든 좋은 단어가 아니었나 한다. 『조선왕조실록』에 나오는 신광한에 대한 부정적 평가는 세로에 부침하였다는 것, 치우치고 막힌 데서 실수가 있었다는 것, 줏대가 없었다는 것 등인데, 이런 평가는 그의 환조 이후 특히 거세진 것으로, 신광한 그 자신도 익히 알고 있었을 것이다. 그렇다면 신광한의 입장에서 볼 때 자신의 행동을 설명할 수 있는 가장 적절한 단어가 바로 '오활'이 아니었을까? 신광한은 「최생우진기」를 통해 기묘사림의 이상을 오활함의 소산으로 규정하는 한편, 그들과 (잠시) 어울린 자신의 행동 역시 오활함에서 비롯된 일로 합리화하고 있는 셈이다.

여기서 우리는 「최생우진기」에서의 '오활'이 두 가지로 구분되고 있다는 점에 주목할 필요가 있다. 그 하나는 도가 실현될 것을 믿고 천하를 주유한 공자의 오활함으로, 이는 최생의 평소 모습이다. 다른 하나는 공자조차 하지 않는 오활함, 곧 우물 속에 인(仁)이 있다 하여 그곳에 뛰어드는 무모함인데, 이는 절벽에서 실족한 최생의 모습인 동시에 최생이 찾아간 용궁 세계 그 자체이다. 그런데 최생은 양계의 존재이고 용왕과 세 신선은 음계의 존재이기에, 최생은 결국 용궁의 일원이 아니라 그곳에 잠시 들러서 거기를 엿본 이방인일 뿐이다. 필자는 신광한이 바로 이 지점에서 기묘사림과 일정한 거리두기를 하고 있다고 본다. 즉 기묘사림이 지향했던 이상은 공자조차도 추구하지 않았던 오활함·무모함이었고, 자신은 공자 같은 오활함·순수함을 가지고 있다가 우물에 빠지는 실수를 범했다는 것이다.

둘지어다! 가는 것은 위태하도다![殆而殆而 已而 往者殆而]"라고 하였는데, 이는 『논어』 「미자」에서 접여가 공자에게 "그만둘지어다, 그만둘지어다! 오늘날 정치에 종사하는 자는 위태하도다![已而已而 今之從政者殆而]"라고 말한 대목을 패러디한 것으로, 『논어』의 '今之從政者'를 '往者'로 바꾼 것일 뿐이다. 신광한이 염두에 둔 독자들은 『논어』를 머릿속에 외워 두고 있었던 사람들이다. 그들에게 있어서 「최생우진기」의 저 문장은 『논어』 「미자」와 자동적으로 연결되는 것이었을 터이고, 이에 따라 '往者 = 今之從政者'라는 등식이 자연스럽게 성립된다. 신광한이 삼척부사로 있었을 무렵의 '위태한[殆而] 今之從政者'가 과연 누구이겠는가?

70일 만에 무주암으로 돌아온 최생은 증공에게 겨우 하루가 지난 줄로 알았다고 말했는데, 이 역시 기묘사화의 기억과 일정한 관계가 있지 않나 생각된다. 용궁에 다녀온 당사자인 최생에게 있어서 용궁 체험은 단지 하루라는 짧은 시간 동안의 경험일 뿐이지만, 다른 사람들은 70일 동안이나 그곳에 있었던 것으로 인식하고 있는 것이다. 신광한이 조광조 등과 교유한 일은 엄연한 사실이었으므로 그 자체를 부정할 방법은 없었다. 그렇다면 신광한의 입장에서 부정할 수 있는 부분은 기묘사림과의 교유 사실 그 자체가 아니라, 교유의 깊이와 관련된 부분이 아니었을까? 최생이 용궁에서 단 하루만 있었다는 점, 최생이 용궁에 머무르려고도 해 보았지만 그는 그곳에 있을 수 있는 사람이 아니었기에 결국 현실로 돌아올 수밖에 없었다는 점 등에는 기묘사림과 일정한 거리를 두려는 신광한의 의도가 반영되었다고 볼 수 있는 것이다.

그런데 신광한의 작업은 여기에서 그치지 않는다. 앞서 언급했듯이 최생이 용궁에서 겪었던 일들은 3인칭 시점으로 서술되고 있기에 그것이 최생의 진술인지의 여부가 모호해진다. 최생이 1인칭 시점으로 말하는 부분은 "나는 이것이 단지 하루 안의 일이라고 여겼는데, 이제 이미 몇 달이 되었단 말입니까? 한스러운 일은 선사와 더불어 함께 무지개구름 마차를 타고 십주와 삼도의 사이에서 노닐지 못한 것입니다."라는 대목인데, 무지개구름 마차를 타고 십주와 삼도를 노닐었다는 말은 3인칭 시점으로 서술된 최생의 용궁 체험과는 완전히 다른 내용으로 볼 수도 있고, 용궁 체험에 대한 비유로 읽을 수도 있다. 게다가 작품에서는 증공이 믿을 수 없는 화자라는 점을 의도적으로 강조하고 있으니, 결국 최생의 용궁 체험은 그 사실 여부조차도 불투명해진다. 이는 「남염부주지」에서 박생의 이계 체험이 모호하게 서술되어 있는 것과 동일한 양상이라 할 수 있다.

최생은 용궁에서의 이야기를 세상에 전하지 말라는 동선의 부탁을 받고 감히 명을 어기지 않겠다고 대답했지만, 참으로 경박스럽게도 증공에게 용궁의 체험을 다 이야기해 버렸다. 그렇다면 최생 역시 신뢰할 수 없는 인물인가? 그렇지 않다. 왜냐하면 3인칭 시점으로 서술되는 최생의 이야기, 곧 거짓말쟁이 증공이 세상 사람들에게 한 이야기가 정말로 최생이 한 이야기인지, 또 최생의 실제 경험인지 확신할 수 없기 때문이다. 그에 반해 증공이 최생에게 한 약속, 곧 최생으로부터 들은 이야기를 누설하지 않겠다는 약속은 엄연한 사실이고, 그가 무주암에 살면서 최생의 이야기를 자주 말했다는 것 역시 사실이다. 결국 「최생우진기」를 끝까지 읽은 독자들에게 남는 것은 최생이 오활한 인물이라는 점, 최생의 용궁 체험이 실족사고에서 비롯된 일이라는 점, 최생의 용궁 체험 자체가 어쩌면 실제로 일어난 일이 아닐지도 모른다는 의문, 그리고 최생의 용궁 체험은 증공이라는 거짓말쟁이의 입을 통해 세상에 계속 떠돌게 되었다는 사실이다.

「최생우진기」에는 기묘사림에 대한 신광한의 양가감정이 반영되어 있다. 주지하듯이 조광조 등이 주장한 중종반정 정국공신(靖國功臣)의 위훈삭제(僞勳削除)는 기묘사화의 직접적인 원인이 되었던바, 이 과정에서 드러난 기묘사림의 언행은 현실 비판적 성격을 강하게 띤 것이었다.[50] 그런데 「최생우진기」의 용궁에서 논의되고 있는 이야기 속에는 현실에 대한 직접적인 비판이라고 할 만한 내용을 찾아볼 수 없으며, 용궁 역시 유가의 복고적 이상 세계로 그려지고 있을 뿐이어서 부정적인 인상을 주지 않는다. 「최생우진기」의 용궁은 기묘사림의 정치 '이상' 그 자체만을 원론적으로 형상화하고 있을 뿐, 기묘사림의 위훈삭제 요구 같은 현실 비판적 면모는 전혀 반영하지 않고 있는 것이다.

신광한은 을사사화 때 소윤에 가담하여 위사공신(衛社功臣)으로 책록되었는데, 이는 그의 의지와는 거의 무관하게 얼떨결에 이루어진 일이었던 듯하다. 을사사화라는 것 자체가 대윤에 대한 소윤의 무고에서 비롯된 일이었

---

50) 김범, 「조광조, 성공적 소통과 급격한 단절의 명암」(『역사비평』 89, 역사비평사, 2009), 81~86쪽에서 기묘사림의 실패 원인으로 '당파성'과 '급진성'을 들었다.

으니, 신광한은 위사공신이 결국 위훈(僞勳)이 되리라고 예측하였을지 모른다. 실제로 위사공신은 신광한의 사후인 1577년에 위훈으로 판정되어 삭훈되지만, 그가 생을 마감했던 1555년까지는 문정왕후와 윤원형의 세상이었다. 그렇다면 을사사화가 일어난 1545년부터 『기재기이』를 간행한 1553년까지 신광한에게 있어서 반드시 해결해야 할 문제는 바로 기묘사림과의 교제와 관련된 것이었을 터, 신광한은 「최생우진기」를 통해 자신이 한때 속했었던 기묘사림을 긍정적으로만 형상화하는 한편, 그들과의 교유를 결국 오활함에서 비롯된 '(실족)사고'로 규정했던 것이다.

신광한에게 있어서 기묘사화는 지우고 싶지만 지울 수 없는 기억이었을 터이고, 기묘사림과의 관계는 부정하고 싶지만 부정할 수 없는 사실이었다. 그렇다면 신광한이 선택할 수 있었던 최선의 방법은 그런 기억과 사실을 없애거나 부정하는 것이 아니라, 단절과 부정의 '가능성'을 극대화하는 것이 아니었을까? 「최생우진기」는 바로 이와 같은 의도의 산물이다.

6. 맺음말

이 글은 꿈과 환상의 세계를 다룬 전기소설인 「취유부벽정기」·「남염부주지」·「용궁부연록」·「최생우진기」에 대해 살펴본 것이다. 논의에서는 먼저 개별 작품의 창작 연원과 그 변용 양상을 살펴보고, 다음으로 각 작품의 서사적 의미에 대해 고찰하였으며, 마지막으로 작품 속에 작자인 김시습과 신광한의 현실 인식 및 세계관이 어떻게 반영되어 있는지를 살펴보았다.

제2장에서는 「취유부벽정기」의 서사적 의미와 작가 의식에 대하여 살펴보았다. 「취유부벽정기」의 주인공 홍생은, 평양에서 기녀들과의 유흥을 즐길 때에는 역사와 현실에 무관심한 풍류남아로서의 모습을 보이지만, 부벽정에서 기씨와 만났을 때에는 문사로서의 면모를 보이고 있다. 이는 「취유부벽정기」가 애정류 전기소설인 「등목취유취경원기」와 지우류 전기소설인 「감호야범기」를 조합하는 가운데 서사적 의미를 구현한 작품이라는 점과 관계가 있다. 작품 말미에서 홍생은 시해하여 현실을 떠나는데, 이는 그가 자신의 본질이 문사라는 사실을 깨달았기 때문이라고 할 수 있다.

「취유부벽정기」는 천순 초를 시간적 배경으로, 고조선의 수도인 평양을 공간적 배경으로 하고 있기에, 작품에 설정된 시간과 공간은 직접적인 관련이 없다. 「취유부벽정기」에는 세 수의 삽입시가 나오는데, 세 번째 시인 기씨의 「강정추야완월」에서는, 앞의 두 수에서와는 달리 인생과 세계에 대한 비회와 선계로의 초월에 대한 지향성이 매우 강화되면서 '과거'의 '수도 평양'에 국한되었던 무상감이 '현재'의 이 '세계 전체'에 대한 그것으로 지평이 확대되고 있다. 즉 「강정추야완월」은 영원의 세계인 선계로의 지향을 통해 선계와 대비되는 속세를 '덧없는 것'으로 만들고 있는바, 이 '덧없음'이 기씨의 과거와 홍생의 현재를 이어주면서 과거 이곳에서 벌어진 사건과 현재 이 땅에서 벌어진 사건을 동질적으로 인식하게 만들고 있는 것이다. 이처럼 「취유부벽정기」는, 전조에 대한 회고 의식을 촉발시키는 시공간을 설정한 「등목취유취경원기」와는 달리, '영원'의 세계와 대비되는 이 세상의 '덧없음'을 부각시켜 과거와 현재를 동일한 차원에서 바라보게 만들고 있는 것인데, 이런 방식으로 시간과 공간을 연결시키는 서사 기법은 「감호야범기」의 영향을 받은 것으로 볼 수 있다.

김시습의 「취유부벽정기」 창작은 그의 관서 유람과 직접적인 관련이 있다. 김시습은 「탕유관서록후지」에서 자신의 관서 유람이 유가적 이념이 붕괴된 세상을 '잊고자' 하는 의도에서 시작되었음을 말했는데, 이는 「취유부벽정기」의 서두에 나오는 바 역사와 현실에 대해 '무관심'한 홍생의 태도와 매우 유사하다. 또 '탕유관서록후지'의 '탕'과 '취유부벽정기'의 '취'는 각각 '천순 초년'이라는 '시간'에 '평양'이라는 '공간'에 있는 김시습과 홍생의 정신 상태를 뜻한다고 볼 수 있으며, 이는 결국 '탕'이나 '취'의 상태가 아니고서는 그 같은 시공간 속에 있을 수 없다는 뜻으로 이해할 수 있다. 김시습의 관서 유람은 '감개한 일'이 벌어진 현실을 잊고자 하는 의도에서 시작되었지만, 그가 발을 딛고 있었던 관서 지방 역시 찬위한 왕이 다스리고 있는 곳이었기에, 관서 유람으로 현실을 완전히 잊어버릴 수는 없었다. 오히려 고도 평양과 그곳의 유적지들은 그로 하여금 역사를 통해 현실을 돌아보는 계기를 만들었을 것인바, 이에 「취유부벽정기」는 관서 유람의 추체험적 성격을 가진 소설이라고 할 수 있다. 「취유부벽정기」는 현실에서 벗어남으로써만 획득될 수 있는 절의를 지키지 못한 김시습의 고뇌를 표현한 작품이다.

제3장에서는 그간의 「남염부주지」 연구에서 쟁점으로 부각되었던, 남염부주의 모순적 형상과 그 의미에 대해서 살펴보았다. 「남염부주지」는 『전

등신화』 소재 여러 작품 가운데 「영호생명몽록」·「감호야범기」·「수문사인전」·「태허사법전」과 긴밀한 관계를 맺고 있는 작품이다. 김시습은 이 작품들을 조합하여 「남염부주지」를 창작했는데, 이 글에서는 「남염부주지」가 『전등신화』를 패러디하고 변용한 지점들에 주목하여 작품의 서사적 의미와 작가 의식을 고찰하였다.

「남염부주지」에서 박생이 저승을 부정했던 이유는 일리론을 믿고 있었기 때문이며, 그가 일리론을 믿었던 까닭은 유학자였기 때문이다. 박생은 스님으로부터 인과응보의 설에 대해 들은 이후로 「일리론」이라는 논문을 짓게 되는데, 그 이유는 인과응보의 설이 그의 신념을 뒤엎을 만한 충격으로 다가왔기 때문이다.

박생이 꿈속에서 갔던 남염부주는 저승처럼 보이지만 저승은 아니고 남염부주의 왕인 염마왕은 저승의 왕처럼 보이지만 저승의 왕은 아니다. 「남염부주지」에서 남염부주가 이렇게 형상화된 이유는 그곳이 박생의 몽중 세계라는 점에 있다. 남염부주는 박생이 평소에 가지고 있던 신념이나 욕망이 투영된 가상의 세계였던바, 남염부주가 저승이 아닌 이유는 그곳이 이 세계 이외의 다른 세계는 있을 수 없다는 박생의 신념, 곧 일리론이 투영된 공간이기 때문이다. 남염부주는 박생이 가지고 있었던 '인과응보'라는 믿음과 '일리론'이라는 신념이 복합적으로 구현된 공간으로, '인과응보'라는 믿음의 투영인 염라국을 '일리론'이라는 신념이 굴절시킨, 모순적 세계였던 것이다.

박생은 염마왕으로부터 세상에 나가서 황당한 일들을 일소해 달라는 부탁을 받지만, 꿈에서 깨어난 후 그 부탁을 실천할 생각은 전혀 하지 않고, 신변을 정리하는 데만 몰두한다. 그에게 있어서 그 꿈은 단지 자신의 죽음을 암시하는 흉몽에 불과했던 것이다. 그런데 이보다 중요한 것은, 박생의 몽중 체험이 그 자신이 그토록 확신했던 일리론을 그 전제에서부터 철저하게 부정하게 만든 계기가 되었다는 점이다. 이 천지 이외의 다른 천지는 없다고 믿고 있었던 자신의 무의식이 만들어낸 세계가 그토록 부정하고 싶었던 바로 그 세계였다는 사실. 이것이 바로 박생이 느꼈던 충격의 본질이다. 「남염부주지」에서 박생은 사후에 염라왕이 되는 것으로 나타나는데, 이는 박생이 꿈속에서 갔던 남염부주의 왕이 되었다는 의미가 아니며, 박생의 세계관 변화, 곧 일리론의 포기를 상징하는 것이다.

「남염부주지」는 성화 초의 김시습의 현실 인식을 표출한 작품이다. 세조는 인간으로서 해서는 안 되는 짓을 저질렀지만, 살아서는 천수를 누렸고 사후에도 비판이 대상이 될 수 없었다. 유학은 왕권의 정당성과 정권 유지에 봉사할 뿐이었고, 세조 사후에도 왕위 찬탈을 도운 자들이 여전히 정권을 장악하고 있었기에, 근본적으로 달라질 것은 없었다. 이러한 현실 속에서 김시습은 『전등신화』를 읽었는데, 그가 『전등신화』의 저승 이야기에서 주목했던 것은 인과응보의 믿음이 구현되고 있다는 점이었다. 그리고 인과응보는 비록 이단의 설이기는 하지만, 현실에서의 실천적 삶을 가능하게 할 수도 있다는 점에서 볼 때, 신유학의 일리론보다도 훨씬 가치 있는, 진정한 일리론에 가까울 수 있었다. 요컨대 「남염부주지」는 신유학의 이념으로 무장한 유학자 박생의 이념적 좌절을 형상화한 작품인바, 결국 김시습은 「남염부주지」를 통해 실천적 삶과는 거리가 먼 당대의 유학이 얼마나 무가치한 것인지를 이야기하고자 했던 것이다.

제4장에서 다룬 「용궁부연록」은 『전등신화』에 실려 있는 「수궁경회록」과 「용당영회록」의 영향하에 창작된 소설이다. 그간의 논의에서는 주인공이 용궁에서 상량문을 짓는다는 점에 주목하여 「용궁부연록」과 「수궁경회록」의 관계에 주목하였으나, 이 글에서는 「용당영회록」과의 관련 양상에도 관심을 기울였다. 그 결과 김시습이 「용궁부연록」의 서두를 「용당영회록」의 서두와 같이 시작한 이유는, 「용당영회록」의 서사가 작품의 무대가 되는 '지역'의 전설과 밀접한 관련을 가지고 있음에 주목했기 때문이라는 점을 확인했다. 즉 「용당영회록」 서두에 언급된 『오군지』가 이후 작품에 등장하

는 오자서·범려와 무관하지 않듯이, 「용궁부연록」 서두에 언급된 '전기' 역시 이 작품이 박연 전설과 무관하지 않음을 의미하는 것이다. 「용궁부연록」에서 한생은 용녀의 신방인 가회각의 상량문을 짓는데, 이규보의 「제박연」 등에 의하면, 용녀가 박진사의 피리소리에 감동하여 본부를 죽이고 박진사에게 재가한 것으로 되어 있다. 「용궁부연록」에 나오는 바 용녀의 혼인은 바로 이 사건을 가리키는 것이니, 김시습이 「용궁부연록」의 시대적 배경을 고려조로 설정한 것 역시 이를 염두에 둔 결과인 것이다. 그런데 용녀의 혼인은 '실절'과 '살인'이라는 비윤리적 행동의 결과이므로, 한생이 가회각에 상량문을 짓는 일 역시 떳떳한 일일 수 없다. 이는 「용궁부연록」의 서사적 의미를 이해하는 데 있어서 매우 중요한 사실이다.

「용궁부연록」의 용궁은 한생에게 있어 지우의 공간이 아니다. 「용궁부연록」의 공간적 배경인 '박연'은, 「수궁경회록」의 남해, 「용당영회록」의 오강에 비할 수 없을 정도로 그 규모가 작은 곳이다. 이러한 공간적 의미를 가진 박연의 용궁에서 벌어진 잔치는 난잡하고 무절제한 것으로 형상화되고 있는데, 한생은 일개 연못에서의 잔치에서조차 철저히 소외되고 있다. 또한 한생이 집으로 돌아갈 때 받은 명주와 비단은, 「수궁경회록」의 여선문과 「용당영회록」의 문인자술이 받은 선물에 비한다면 그 값어치 면에서 초라하기 그지없는 것이다. 한생은 용궁에서 받은 선물을 비단 상자에다 보관하고는 아무에게도 보여주지 않는데, 그 이유는 용궁에서의 체험을 남에게 알리고 싶지 않았기 때문이다.

「용궁부연록」은 작자 김시습의 현실 참여에의 좌절 및 자신의 문학 활동에 대한 인식을 포괄적으로 반영한 작품으로 볼 수 있다. 김시습은 세조 말기와 성종 대에 현실에 적극적으로 참여하고자 하는 의지를 보이기도 했으나, 그것은 어찌 되었든 결국 인간으로서 해서는 안 될 짓을 저지른 세조의 비윤리적 행동과 완전히 무관할 수 없는 일이었다. 김시습의 입장에서 볼 때, 그런 현실 속에서 자신의 재능을 펼쳐 보인다는 것은, 비윤리적인 행동을 저지른 용녀의 신방에 상량문을 써 주는 것처럼 부끄러운 일이었던 것이다.

제5장에서는 「최생우진기」의 창작 연원과 서사적 의미, 그리고 신광한의 현실 인식에 대해 살펴보았다. 지금까지 「최생우진기」의 창작에 영향을 미친 것으로 인식된 작품은 『전등신화』의 「수궁경회록」·「용당영회록」과 『금오신화』의 「용궁부연록」 등이었지만, 이 글에서는 『전등신화』 「삼산복지지」와 『금오신화』 「남염부주지」와의 관계까지도 아울러 주목하였다. 그리고 이러한 선행 작품들의 영향을 포괄적으로 검토하면서, 증공의 이름이 허구적이라는 점, 증공의 진술이 신뢰하기 어려운 것이라는 점, 3인칭 시점으로 서술되는 최생의 용궁 체험담을 증공의 진술로 보아야 한다는 점을 확인하였는데, 이는 결국 주인공 최생의 용궁 체험이 사실인지의 여부를 불명확하게 만들려는 의도에서 비롯된 것이었다.

「최생우진기」에 그려진 용궁 세계는 유가적 이념이 실현되는 공간이자 신선 세계이다. 그런데 최생의 용궁 체험은 그의 실족사고에서 비롯된 일이며, 동선의 말마따나 신선이 되어 용궁에 머무르려는 것은 선약을 먹다가 수명을 재촉하는 짓일 뿐이다. 다시 말해 「최생우진기」의 용궁은 현실에서는 있을 수 없는 비현실적인 공간일 뿐이며, 그와 같은 이상 세계를 추구하는 것은 오활하고 위험한 일로 규정되고 있는 것이다.

「최생우진기」는 신광한의 기묘사화에 대한 기억 및 그에 대한 현실 인식과 관계가 있는 작품이며, 「최생우진기」는 기묘사화에 대한 거리두기가 가능해진 시점의 산물일 가능성이 높다. 「최생우진기」의 용궁 세계는 조광조를 비롯한 기묘사림의 이상과 일치하며, 최생의 용궁 체험은 신광한과 기묘사림의 교유를 상징한다. 그런데 「최생우진기」에서 최생의 용궁 체험은 그의 실족사고에서 비롯된 일로 그려지고 있고, 최생은 용궁이라는 이계에 잠시 들러 그곳을 엿본 이방인일 뿐이며, 더욱이 그의 용궁 체험은 거짓말쟁이 증공의 입을 통해 진술되고 있다. 요컨대 신광한은 자신과 기묘사림의 교유를 오활함에서 비롯된 (실족)사고로 규정하고 있는 것인바, 결국 「최생우진기」는 기묘사화의 기억 및 기묘사림과의 교유에 대한 단절과 부정의 '가능성'을 극대화하려는 의도의 소산인 것이다.

제5부

『전등신화』와 한국 고전소설

1. 머리말

구우(瞿佑)의 『전등신화(剪燈新話)』는 조선 시대에 큰 인기를 누렸던 중국소설이다. 『전등신화』는 그 주석본인 『전등신화구해』가 조선 후기까지 15종 이상 간행되었고,[1] 활자본으로도 출판되었으며, 필사본 역시 무수히 많이 남아 있다. 『전등신화』는 국문으로 번역되어 읽히기도 했는데, 그 국역본이 현재 고려대・단국대・서강대・서울대 등에 소장되어 있다.[2] 이로써 볼 때 『전등신화』는 조선 시대 내내 인기 있는 소설이었음을 알 수 있고, 한국 고전소설에도 적지 않은 영향을 미쳤으리라고 짐작할 수 있다. 그런데 지금까지의 한국 고전소설 연구에서는 『전등신화』와 『금오신화』의 관계에 관심이 집중되다 보니, 여타 작품들과 『전등신화』의 관련 양상에 대해서는 논의가 많이 이루어지지 않았다.

한국 고전소설의 『전등신화』 수용 연구는 개별 작품론을 중심으로 이루어져 왔다. 송정애는 「운영전」과 「녹의인전」의 관련 양상을 다루었고,[3] 김승호는 「가야진용왕당기우록」의 창작에 「용당영회록」이 영향을 미쳤음을 논하였으며,[4] 지연숙은 「피생명몽록」이 「녹의인전」의 화소를 수용했다는 사실을 밝혔다.[5] 김재웅은 「삼산복지지」의 개작 소설인 「원자실전」을 소개

1) 김영진, 「조선 간 전등신화구해 제본 연구(1)」(『어문논집』 65, 민족어문학회, 2012).
2) 이 국역본들은 다음의 책들에 수록되어 있다. 최용철・박재연・우춘희 교주, 『젼등신화』(학고방, 2009); 이재홍 교주, 『젼등신화 서강대본』(선문대학교 중한번역문헌연구소, 2011).
3) 송정애, 「운영전 연구」(서울대학교 석사논문, 1977).
4) 김승호, 「태허당의 가야진용왕당기우록 연구」(『고소설연구』 7, 한국고소설학회, 1999).

하였고,[6] 조재현은 「홍낭전」이 「금봉차기」의 개작이라는 점을 밝혀 선행 연구의 오류를 수정하였다. 그러나 『전등신화』의 수용 양상을 포괄적으로 조망한 성과는 찾아보기 어렵다.[7]

이 글의 목적은 『전등신화』와 한국 고전소설의 관련 양상에 대해 고찰하는 것이다. 그러나 수백 종에 달하는 한국 고전소설들을 모두 살펴보는 일은 현실적으로 불가능하므로, 연구의 범위를 제한할 수밖에 없다. 이에 제2장에서는 『전등신화』가 한국의 전기소설과 몽유록에 끼친 영향에 대해 살펴보고, 제3장에서는 『전등신화』의 개작 소설들을 종합적으로 다루어보고자 한다.[8]

---

5) 지연숙, 「피생명몽록 연구」(『우리어문연구』 23, 우리어문학회, 2004).

6) 김재웅, 「원자실전의 전기소설적 성격과 의미」(『어문연구』 53, 어문연구학회, 2007).

7) 당 전기의 수용 양상에 대해서는 김현룡, 『한중소설설화비교연구』(일지사, 1976) 같은 성과가 있었지만, 『전등신화』의 수용 양상을 종합적으로 다룬 경우는 보이지 않는다.

8) 이 책 제5부에서 인용하는 자료의 서지 사항은 다음과 같다. 『전등신화』는 정용수 역주, 『전등신화구해 역주』(푸른사상, 2003) 부록의 규장각본 『전등신화구해』를, 『금오신화』는 최용철 편, 『금오신화의 판본』(국학자료원, 2003)의 조선간본 『금오신화』를, 「원회록」은 박종익, 『고소설 원회록 연구』(이화, 2010)의 영인본을, 「홍낭전」은 『나손본 필사본고소설자료총서』 79(보경문화사, 1993)를, 「원자실전」은 계명대학교 소장본을 대본으로 하며, 인용 시에는 작품명과 쪽수만을 표시하기로 한다.

2. 『전등신화』와 전기소설 · 몽유록

『전등신화』에 수록된 21편의 소설은 전기소설이므로, 『전등신화』가 한국 고전소설의 하위 양식 가운데 가장 크게 영향을 준 분야 역시 전기소설 및 전기소설에서 파생된 몽유록일 것이다. 이 글은 한국 고전소설 가운데 특히 전기소설과 몽유록에 끼친 『전등신화』의 영향을 살펴봄을 목표로 한다.

한국 고전소설의 『전등신화』 수용 양상은 개별 작품마다 그 층위가 다양하여 일괄적으로 다루기가 어려운 것이 사실이다. 그러나 『전등신화』 수용 양상의 층위를 설정하는 것보다 시급한 문제는 『전등신화』를 수용한 작품들의 존재 양상 그 자체를 밝히는 일일 것이다.[1] 이에 이 글에서는 우선 전기소설과 몽유록의 『전등신화』 수용 양상에 대해 개괄적으로 정리하고자 하는데, 선행 연구에서 이미 다루었던 내용들은 가급적 반복하지 않고 기존에 다루지 못했던 부분을 중심으로 논의를 전개할 것이다. 『전등신화』를 수용한 작품들의 현황이 파악되면, 다음으로 전기소설과 몽유록의 『전등신화』의 수용 양상 및 그 의미에 대해 다루고자 한다. 여기서는 『전등신화』의 수용 양상이 소설사의 전개에 따라 어떤 방식으로 이루어졌는지를 살펴볼 것이다.

이 글의 궁극적 목적은 특정 작품이 『전등신화』의 영향하에 창작되었다

1) 이 글에서는 한국 고전소설의 『전등신화』 수용 층위를 엄격하게 구분하지는 않겠다. 이 글은 『전등신화』를 수용한 작품들의 존재 양상 그 자체를 밝히는 것에 많은 비중을 두고 있으므로, 수용의 층위를 엄격하게 구분할 경우 오히려 중복 서술 등의 문제가 발생할 수 있기 때문이다.

는 것을 밝히는 것 그 자체에만 있지는 않다. 만일 작품의 창작 연원에 대한 고려가 없는 상태에서 작품 자체만을 가지고 연구한다면, 작품의 서사적 의미를 제대로 파악하지 못할 가능성이 높을 뿐 아니라 후속 연구에도 영향을 주어 오류를 답습하게 만들 수 있다. 따라서 한국 고전소설의 창작 연원에 관한 기초 연구가 절실하게 요구되는바, 이에 전기소설과 몽유록의 『전등신화』 수용 양상에 대한 검토는 무엇보다도 개별 작품을 새롭게 해석할 수 있는 기반을 마련할 수 있다는 점에서 의미가 있다고 본다. 이 글의 논의를 통해 『전등신화』의 수용 양상을 조망하고, 『전등신화』 수용 작품의 해석에 기여하는 부분이 있을 수 있기를 기대한다.

(1) 전기소설 · 몽유록의 『전등신화』 수용 양상

『전등신화』를 수용한 최초의 작품은 김시습의 『금오신화』이다. 『금오신화』는 작품집 및 개별 작품의 명칭에서부터 『전등신화』를 따랐을 뿐만 아니라, 서사 전개 및 세부적인 표현에 이르기까지 작품의 거의 모든 부분들을 『전등신화』에서 취하였다. 『금오신화』와 『전등신화』의 관계에 대해서는 일찍이 김안로(金安老)가 『용천담적기(龍泉談寂記)』에서 언급한 바 있고,[2] 연구자들 역시 이에 주목하여 그 성과를 제출하였다. 『금오신화』와 『전등신화』의 비교 연구는 『금오신화』 연구의 주된 흐름을 이루어 왔는데, 초창기 연구가 둘 사이의 동이(同異) 확인과 영향 관계 입증에 주력했다면, 근래에는 비교 연구를 『금오신화』를 해석하기 위한 방법론으로 활용하는 경향이 주를 이루고 있다고 하겠다. 다음은 그간의 연구 성과를 토대로 하여 『금오신화』의 개별 작품들이 『전등신화』의 서사와 화소를 수용한 양상을 정리한 것이다.[3]

---

2) 入金鰲山 著書藏石室曰 後世必有知岑者 其書大抵述異寓意 効剪燈新話等作也(무악고소설자료연구회 편, 『한국고소설관련자료집』 1, 태학사, 2001, 177쪽)

금오신화		전등신화	
만복사저포기	①양생의 조실부모와 미혼. ③여인을 향한 양생의 의심과 머뭇거림.	녹의인전	○조원의 조실부모와 미혼. ○녹의인을 향한 조원의 의심.
	②양생의 저포놀이와 축원.	부귀발적사지	○하우인의 축원.
	④무덤에서의 연회와 동침. ⑤양생과 여인의 이별. ⑨양생이 다시 장가들지 않고 입산부지소종함.	등목취유취경원기	○무덤에서의 연회와 동침. ○등목과 위방화의 이별. ○등목이 다시 장가들지 않고 입산부지소종함.
	⑥양생이 은주발을 신물로 받음. ⑦양생이 재를 올리고 여인이 이에 감사함.	금봉차기	○최홍가가 금비녀를 신물로 받음. ○최홍가가 재를 올리고 오홍랑이 이에 감사함.
	⑧여인이 타국에서 남자로 환생함.	애경전	○애경이 무석 송씨의 남아로 환생함.
이생규장전	①이생과 취취가 같은 마을에 삶. ⑤문벌의 차이로 혼사 갈등. ⑥이생과 최씨의 혼인. ⑩이생이 최씨를 그리워하다가 죽음.	취취전	○김정과 취취가 같은 마을에 삶. ○빈부의 차이로 혼사 갈등. ○김정과 취취의 혼인. ○김정이 취취를 그리워하다가 죽음.
	②이생이 담을 넘어가 최씨와 만나 동침함. ④최씨가 병에 걸리고 최씨의 부모가 이생의 시작을 발견함.	연방루기	○정생이 난혜연방루에 올라가 난영·혜영과 동침함. ○난영·혜영의 부친이 정생의 시작을 발견함.
	③그림 및 사계절을 읊은 시.	위당기우기	○그림 및 사계절을 읊은 시.
	⑦최씨가 정절을 지키려다 홍건적에게 죽임을 당함. ⑧최씨가 이생을 찾아오고 둘이 생시와 다름없이 정을 나눔.	애경전	○애경이 정절을 지키려고 자결함. ○애경이 조자를 찾아오고 둘이 생시와 다름없이 정을 나눔.
	⑨최씨가 이승에 오래 머무를 수 없다고 말한 뒤 소멸하여 사라짐.	등목취유취경원기	○위방화가 이승에 오래 머무를 수 없다고 말한 뒤 소멸하여 사라짐.
취유부벽정기	①평양의 명승지와 유적 소개. ②홍생이 평양에서 유흥을 즐김. ④홍생이 부벽정에서 맥수지탄을 함. ⑤홍생이 기씨를 만나 시를 창화함.	등목취유취경원기	○임안의 명승지와 유적. ○등목이 임안의 명승지를 유람함. ○등목이 취경원에서 서리지탄을 함. ○등목이 위방화를 만나 시를 창화함.
	③홍생이 「풍교야박」을 떠올리고 술에 취하여 부벽정으로 감. ⑥홍생이 기씨로부터 비극적 사연을 들음.	감호야범기	○성영언이 「명하편」을 읊고 은하수로 감. ○성영언이 직녀로부터 억울한 사연을 들음.
	⑦홍생이 병듦. ⑧홍생의 꿈속에 기씨의 시녀가 나타나 하고의 종사관이 되었다고 알려줌. ⑨홍생이 시해함.	수문사인전	○하안이 병듦. ○하안의 꿈속에 친구가 나타나 수문사인의 직을 맡아달라고 함. ○하안이 세상을 떠남.

3) 다만 작품의 서사적 의미에 크게 영향을 주지 않는 세부적인 표현 및 문구의 수용과 관련된 것들은 제외하였고, 『금오신화』의 한 작품에 나타나는 서사나 화소가 『전등신화』의 여러 작품에 공통적으로 나타나는 경우에는 더욱 관련성이 큰 작품만을 선택하였다. 예컨대 「용궁부연록」에서 한생이 용궁으로 가는 장면 및 용왕으로부터 보배를 받는 장면은 「수궁경회록」과 「용당영회록」에 모두 나타나는데, 표에서는 이를 중복하여 기술하지 않았다. 이 표는 그간의 연구 성과를 두루 수용하여 작성한 것이지만, 선행 연구에서 언급하지 않은 부분도 더러 있다.

<table>
<tr><td rowspan="4">남염부주지</td><td>①위세에 굴하지 않는 박생. ②박생이 귀신설에 의심을 품음. ⑧꿈속에서 신인이 이웃에게 박생이 염라왕이 될 것이라고 말함.</td><td>태허사법전</td><td>○오만한 태도를 가진 풍대이. ○풍대이가 귀신을 불신하고 무시함. ○풍대이가 관속에서 태허전사법이 되었다고 말함.</td></tr>
<tr><td>③박생이 저승 및 인과응보에 대해 의심을 품고 「일리론」을 지은 뒤 꿈속에서 남염부주로 감.</td><td>영호생명몽록</td><td>○영호선이 저승에서 인과응보가 실현되지 않음에 분개하여 이를 비방하는 시를 짓고 꿈속에서 지옥으로 끌려감.</td></tr>
<tr><td>④박생이 염마왕과 문답함. ⑥박생이 염마왕으로부터 황당한 일을 일소해달라는 부탁을 받지만 이를 실천하지 않음.</td><td>감호야범기</td><td>○성영언이 직녀와 문답함. ○성영언이 직녀로부터 억울한 사연을 풀어달라는 부탁을 받지만 이를 실천하지 않음.</td></tr>
<tr><td>⑤박생이 염마왕으로부터 왕위를 물려받음. ⑦박생이 병을 고치지 않고 세상을 떠남.</td><td>수문사인전</td><td>○하안이 친구로부터 수문사인의 직을 물려받음. ○하안이 병을 고치지 않고 세상을 떠남.</td></tr>
<tr><td rowspan="4">용궁부연록</td><td>①송도 천마산의 박연 묘사. ②한생이 용궁으로 감. ⑤조강신·낙하신·벽란신의 등장과 시작.</td><td>용당영회록</td><td>○소주 오강의 용왕당 묘사. ○문인자술이 용궁으로 감. ○범려·장한·육구몽 및 오자서의 등장과 토론.</td></tr>
<tr><td>③한생이 상량문을 지음. ④용궁의 연회와 가무. ⑥한생의 20운 시작. ⑧한생이 보배를 받아 가지고 집으로 돌아옴. ⑩한생의 입산부지소종.</td><td>수궁경회록</td><td>○여선문이 상량문을 지음. ○용궁의 연회와 가무. ○여선문의 「수궁경회시」 20운. ○여선문이 보배를 받아 가지고 집으로 돌아옴. ○여선문의 입산부지소종.</td></tr>
<tr><td>⑦한생의 용궁 구경.</td><td>영호생명몽록</td><td>○영호선의 저승 구경.</td></tr>
<tr><td>⑨한생이 용궁에서 받은 보배를 상자에 간직하고 남에게 보여주지 않음.</td><td>감호야범기</td><td>○성영언이 직녀에게 받은 비단을 상자에 간직하였다가 페르시아 상인에게 보여주지만 그 사연을 이야기하지 않음.</td></tr>
</table>

이를 통해 우리는 김시습이 『전등신화』를 숙지한 상태에서 『금오신화』를 창작했다는 점을 확인할 수 있는데, 『금오신화』의 주요 서사 단락이나 화소 가운데 『전등신화』와 전혀 무관한 것은 사실상 없다고 보아도 무방하다. 이것이 바로 여타 소설들과는 다른, 『금오신화』의 『전등신화』 수용 양상이라 하겠다.

『금오신화』의 뒤를 이어 우리 소설사에 목록을 올린 작품은 채수의 「설공찬전」이다. 「설공찬전」은 작자의 체험을 기반으로 하여 창작된 소설로 알려져 있는데, 「설공찬전」의 중심을 이루고 있는 저승 이야기는 『금오신화』의 「남염부주지」에도 보이고 구비설화에서도 다양하게 발견되므로, 그 연원을 정확하게 지적하기는 어렵다.[4] 「설공찬전」에서는 '저승의 인물'이 이승에 나와 '저승의 인과응보'에 대해 이야기를 하고 있는데, 「수문사인전」에서도 수문사인이 하안에게 저승 이야기를 해 주면서 윤회와 인과응보에 대해 이야기하고 있다. 「설공찬전」은 현재 불완전한 국문본만 발견되었으므로, 둘 사이의 관계에 대해서 확언하기는 어렵지만, 「설공찬전」의 창작에 끼친 「수문사인전」의 영향은 고려해 볼 필요가 있다.

『기재기이』에서 『전등신화』와 관계있는 작품은 「최생우진기」와 「하생기우전」이다. 「최생우진기」는 용궁을 공간적 배경으로 하고 있기에, 『금오신화』 「용궁부연록」의 영향을 받은 것으로 지적되었는데, 「용궁부연록」은 『전등신화』 「수궁경회록」·「용당영회록」의 영향을 받았으므로, 「수궁경회록」과 「용당영회록」 역시 「최생우진기」와 관련이 있다고 할 수 있다.[5] 「최생우진기」가 「수궁경회록」·「용당영회록」·「용궁부연록」과 가장 크게 구분되는 점은, 주인공이 용왕의 사자를 따라 용궁으로 가는 게 아니라, 절벽에서 용추동으로 떨어짐으로써 용궁으로 가고 있다는 사실인데, 이와 관련하여 주목해야 할 작품은 「삼산복지지」이다.

「삼산복지지」의 원자실은 목군(繆君)에게 빌려준 돈을 받지 못하고는 상심하여 팔각정(八角井)으로 뛰어드는데 이는 최생이 절벽에서 떨어지는 것과 유사하다.[6] 또 원자실이 삼산복지(三山福地)를 찾아가는 과정 역시 최생이 용궁을 찾아가는 과정과 매우 흡사하다.[7] 한편 「최생우진기」의 주인공 최생은 오활한 인물로 그려지고 있는데, 「삼산복지지」의 원자실 역시 세상

---

4) 「설공찬전」 전반에 대한 논의는 이복규, 「설공찬전 국문본의 발견 경위와 의의」(『고소설연구』 3, 한국고소설학회, 1997) 참조.

5) 소재영, 『기재기이연구』(고려대학교 민족문화연구소, 1990), 61~65쪽.

6) 원자실은 스스로 투신했고 최생은 失足했다는 차이점은 있지만, 절벽에서 떨어진다는 점에서는 동일하다.

7) 然而自實終鬱鬱不樂 至晚 自投於三神山下八角井中 其水忽然開闢 兩岸皆石壁如削 中有狹徑 僅通行履 自實捫壁而行 將數百步 壁盡路窮 出一衖口 則天地明朗 日月照臨 儼然別一世界也 見大宮殿 金書其榜曰 三山福地(「三山福地志」, 上34쪽)

물정에 어두운, 순박하고 오활한 인물이어서 「최생우진기」의 최생과 유사하다.8)

「하생기우전」은 한국 고전소설사에서 최초로 '행복한 결말'을 보여준 작품이다. 한국의 초기 전기소설이 17세기 이후 창작된 일련의 작품들과 가장 크게 구별되는 점은, 작품 속에 이계 탐방 혹은 귀신과의 만남 같은 초현실적 모티프가 등장한다는 점과 비극적 결말이 다수를 차지한다는 점인데, 이러한 '환상성'과 '비극성'은 이미 『전등신화』에 있었던 것이다. 그런데 『전등신화』 소재 작품 가운데는 초현실적 모티프가 소거된 작품 및 행복한 결말로 마무리되는 작품도 있으니, 「금봉차기」·「연방루기」·「위당기우기」가 이에 해당한다. 「하생기우전」의 행복한 결말 역시 『전등신화』와의 관련 속에서 논의될 필요가 있다.

「하생기우전」에서 하생과 여인의 야합은 허탄한 꿈속의 일로 처리되면서, 하생이 가사(假死) 상태의 여인을 구했다는 논리로 귀결되는데, 이와 같은 논리는 당 전기 「이혼기」에도 있었던 것이지만,9) 직접적으로는 「금봉차기」에서 가져온 것이다. 「금봉차기」에서는 오경랑이 최흥가와 야합하지만, 실제로 그 일은 오흥랑이 한 것이기에, 오경랑에게는 음분의 직접적인 책임이 없다. 이와 유사하게 「하생기우전」에서는 여주인공의 야합이 실제로 벌어지지 않았던 일로 판결되고 있으니, 신광한은 「금봉차기」의 서사를 차용함으로써 상층 신분 여주인공의 혼전 정절 훼손이 비극적 결말의 전제가 되는 한국 애정전기소설의 서사 문법을 전복시켜 행복한 결말을 이끌어냈던 것이다.10) 「금봉차기」와 「하생기우전」에서는 모두 여사륭(呂士隆)의 고사

8) 「최생우진기」와 「삼산복지지」의 관련 양상 및 그 의미에 대해서는 엄태식, 「최생우진기의 서사적 의미와 신광한의 현실 인식」(『민족문화』 42, 한국고전번역원, 2013)에서 논하였다.

9) 김지선, 「여자·여우·귀신-도산씨 설화로부터」(『동아시아 여성의 기원』, 이화여자대학교출판부, 2009), 283쪽.

10) 엄태식, 「애정전기소설의 서사 문법과 결말 구조」(『동양학』 53, 단국대학교 동양학연구

(故事)가 인용되고 있으므로,[11] 신광한이 「금봉차기」의 서사 논리를 차용했다는 점이 여기서 분명히 확인된다.

그러나 「금봉차기」는 「하생기우전」과 일정한 차이가 있는 작품이다. 「금봉차기」는 최흥가와 오경랑의 혼인으로 이야기가 마무리되지만, 작품 전반부에 오흥랑이 죽으므로 완전한 해피엔딩은 아니며, 비극적 정조가 짙게 깔려 있다. 또한 오흥랑의 혼이 오경랑에게 빙의되었다고는 하나, 최흥가와 오경랑의 야합은 분명 현실 세계에서 벌어진 일이었다. 바로 이 두 가지가 「금봉차기」와 「하생기우전」의 차이인데, 이에 필자는 「하생기우전」에 영향을 끼친 또 다른 작품으로 「위당기우기(渭塘奇遇記)」를 주목한다.

「위당기우기」의 남녀 주인공은 현실 세계가 아닌 꿈속에서 서로 만나 정을 나누므로, 그들의 야합은 실제로 벌어진 일이 아닌 것으로 귀결된다. 이 점에서 「위당기우기」는 여주인공의 음분을 초현실적 사건으로 처리한 「하생기우전」의 서사 논리에 영향을 주었다고 볼 수 있으니, 「하생기우전」에서 여인은 부친에게 자신이 겪었던 일이 꿈속에서 벌어졌던 일이라고 말했던 것이다.[12] 또한 「위당기우기」는 비극적 사건이 없이 완전한 해피엔딩인데, 이 역시 「하생기우전」과 동일하다. 필자는 「하생기우전」의 '기우(奇遇)'가 바로 「위당기우기」의 '기우'를 염두에 둔 것이 아닌가 생각한다.[13]

17세기에는 이전 시기의 전기소설보다 분량이 확대된 전기소설이 창작되었다. 선행 연구에서는 「주생전」과 「위당기우기」·「취취전」·「추향정기」,[14]

원, 2013).

11) 「하생기우전」에서는 하생이 여인에게 "主人莫打鴨 打鴨驚鴛鴦"(박희병 표점·교석, 『한국한문소설 교합구해』, 소명출판, 2005, 210쪽)이라고 말하는데, 이는 呂士隆 故事를 인용한 것이다. 그런데 「금봉차기」에서는 吳慶娘이 崔興哥에게 "打鴨而驚鴛鴦"(「金鳳釵記」, 上53쪽)이라고 말하고 있으니, 「하생기우전」이 「금봉차기」의 영향을 받았다는 점이 여기서 확인된다.

12) 父母問曰 爾之死去 有何異也 女曰 吾以爲夢 是乃死乎 吾無異焉爾 忸怩 父母固問 女始肯言 一符生所說 闔門擊節驚怪(박희병 표점·교석, 위의 책, 213쪽)

13) 「하생기우전」의 서사 논리에 대해서는 엄태식, 앞의 논문, 8~18쪽 참조.

「위생전」과 「감호야범기」·「등목취유취경원기」·「취취전」,[15] 「운영전」과 「녹의인전」[16]의 관련성이 언급되었다. 여기서는 선행 연구에서 언급한 내용은 반복하지 않고, 「운영전」과 『전등신화』의 관련 양상만 논하기로 한다.

「운영전」의 창작에 큰 영향을 미친 작품은 「녹의인전」이다. 두 작품의 내용이 유사하다는 점, 서사가 여주인공의 회상으로 진행된다는 점, 등장인물의 성격이나 구성 및 역할이 유사하다는 점, 그리고 두 작품에 동일한 표현이 나온다는 점 등이 그 증거인데, 필자는 「금봉차기」 역시 「운영전」의 창작에 일정한 영향을 미치지 않았나 생각한다.

「운영전」에서 운영을 비롯한 10명의 궁녀들은 수성궁 속에 깊이 감춰진 존재들이기에 외부인들이 그 존재조차 파악할 수가 없었다. 김진사가 운영을 만날 수 있었던 이유는, 안평대군이 나이 어린 김진사를 편하게 여기고서 궁녀들을 물리치지 않았기 때문인데, 이 점 「금봉차기」에서 오방어가 최홍가를 친아들이나 친조카처럼 여겨 행랑채 문간방에 거처하게 함으로써 최홍가와 오경랑이 만날 수 있게 된 것과 같다. 또 김진사가 밤마다 수성궁에 출입하여 운영을 만난 것은 최홍가가 밤마다 오경랑의 처소에 드나든 것과 유사하며, 운영과 김진사가 몰래 도망가기로 계획하는 장면은 오경랑이 최홍가에게 도망가자고 이야기하는 대목과 흡사하다. 물론 「운영전」에서는 운영과 김진사가 계획을 실행하지 못한다는 점에서 「금봉차기」와 다르지만, 남녀 주인공의 만남과 야합, 그리고 도주 계획 등에서 연관성이 감지되는 것이다. 그 밖에 「운영전」에서는 김진사의 '종'인 특이 남녀 주인공의 도주에 관여하는데, 「금봉차기」에 최홍가의 '종'이었던 김영이 등장하고 있다는 점도 둘 사이의 관련성을 짐작하게 하는 부분이다.

---

14) 정민, 「주생전의 창작 기층과 문학적 성격」(『한양어문연구』 9, 한양어문학회, 1991).
15) 정민, 「위경천전의 낭만적 비극성」(『한국학논집』 23, 한양대학교 한국학연구소, 1994).
16) 송정애, 「운영전 연구」(서울대학교 석사논문, 1977); 전용오, 「운영전의 발생론적 고찰」(『인문논총』 10, 배재대학교 인문과학연구소, 1996).

작품의 창작 연원에 대한 고려는, 작품 해석에 있어서 미묘한 차이를 유발할 수도 있다. 「운영전」에서 김진사는 유영에게 “우리 두 사람은 모두 원망을 품고 죽었기에 명사에서 그 무죄함을 가련히 여겨 인간 세상에 다시 태어나도록 하려 했으나 지하의 즐거움도 인간 세상보다 못하지 않거늘 하물며 천상의 즐거움이겠습니까?”[17]라고 말하는데, 이를 보면 운영과 김진사의 사랑이 가진 순수성을 저승에서 추인해 준 것으로 느껴진다.[18] 그런데 「금봉차기」를 보면 오홍랑이 부친 오방어에게 “제가 죽으니 명사에서 제가 무죄라 하여 다시 구금하지 않고 후토부인의 막하에서 전주를 전하는 일을 맡도록 하였고, 제가 인세의 인연이 미진하였으므로 특별히 1년의 말미를 주어 최랑과 한 조각 남은 인연을 마치도록 하였습니다.”[19]라고 말하며, 「애경전」에서는 애경이 조자에게 “제가 죽으니 명사가 저를 정렬이라 하여 곧 무석 송씨 집으로 가서 남자로 태어나도록 하였습니다.”[20]라고 말한다. 이렇게 본다면, 「운영전」에서 명사의 무죄를 운운한 것은 「금봉차기」를 수용한 것이라고 볼 수 있는데, 두 작품에 나타나는 바 명사에서 무죄라고 판결했다는 말은, 그들이 행동이 정말로 죄가 없다는 데 초점이 놓인 게 아니라, 사자(死者)들이 저승에 머무르지 않고 다시 이 세상에 나올 수 있게 된 전제이며, 이는 결국 애정전기소설에 두루 보이는 수사적 표현일 뿐이다.[21]

---

17) 吾兩人皆含怨而死 冥司怜其無罪 欲使再生人世 而地下之樂 不減人間 況天上之樂乎(박희병 표점·교석, 앞의 책, 382쪽)

18) 신재홍, 「운영전의 삼각관계와 숨김의 미학」(『고전 소설과 삶의 문제』, 역락, 2012), 80~81쪽.

19) 妾之死也 冥司以妾無罪 不復拘禁 得隷后土夫人帳下 掌傳牋奏 妾以世緣未盡 故特給假一年 來與崔郎了此一段因緣爾(「金鳳釵記」, 上58쪽)

20) 妾之死也 冥司以妾貞烈 卽令往無錫宋家 托爲男子(「愛卿傳」, 下31쪽)

21) 이런 표현은 『전등여화』 「가운화환혼기」에서 가빙빙이 위붕에게 “妾死後 冥司以我無過 命入金華宮 掌箋奏之任 今冥君感子不娶之言 以爲義高劉庭式 且曰 不可使先察政盛德無後 將命我還魂 而屋舍已壞 今議假他屍 尙未有便 數在冬末 方可遂懷彼時復得相聚也”(최용철 역, 『전등삼종(하)』, 소명출판, 2005, 525~526쪽)라고 말하는 부분에서도 확인된다.

17세기 한문소설에서는, 작품 속에 『전등신화』가 전고로 인용되는 현상이 나타나기 시작한다. 「주생전」에는 「취취전」의 주인공들이 작품 내에 언급되고 있으며[22] 「동선기」에는 「위당기우기」가 전고로 인용되고 있는데,[23] 이는 이전 시기 전기소설에서는 볼 수 없었던 현상이다. 『금오신화』의 경우 작품 속의 거의 모든 서사 단락들이 『전등신화』와 직접적인 관계에 있지만, 『전등신화』를 전고로 인용한 경우는 없었다. 그 이유는 여러 가지가 있을 수 있겠지만, 무엇보다도 『금오신화』 소재 작품들의 시대적 배경이 대부분 『전등신화』의 소설들과 거의 같은 시기이기 때문이다. 따라서 『전등신화』의 내용이 『금오신화』에 직접적으로 인용된다면 논리적인 모순이 발생할 수밖에 없는 것이다.[24] 그에 반해 17세기에 이르면 『전등신화』가 전고로 인용되는 작품들이 나타나기 시작하니, 이는 17세기 전기소설들의 시대적 배경이 『전등신화』 소재 작품들의 그것보다 대부분 후대라는 점 때문이기도 하지만, 소설 창작의 측면에서 본다면 이 시기 소설들이 『전등신화』를 참고하기는 했으나 『전등신화』의 자장에서 벗어나면서 독창적인 서사 세계를 구축하기 시작하였음을 뜻하는 것이다. 또 『전등신화』가 작품 속에 전고로 인용되었다는 것은 이 시기에 이르러 『전등신화』에 대한 지식이 한문소설의 향유층에게 보편화되었음을 의미하는데, 『전등신화』 수용 과정에서 오류가 발생한 흥미로운 사례도 있다. 「동선기」는 북송(北宋) 정강(靖康:

22) 정민, 「주생전의 창작 기층과 문학적 성격」(『한양어문연구』 9, 한양어문학회, 1991), 94~95쪽에서 "雖金生之於翠翠"라는 구절의 김생과 취취가 「渭塘奇遇記」의 주인공이라고 했으나, 착오가 있었던 듯하다.

23) 踐渭塘之奇遇(장효현・윤재민・최용철・심재숙・지연숙, 『교감본 한국한문소설 전기소설』, 고려대학교 민족문화연구원, 2007, 651쪽)

24) 「이생규장전」에서 최씨가 부모에게 한 말 가운데 "千生喬怨"(「李生窺墻傳」, 41쪽)이라는 표현이 있다. 심경호 역, 『매월당 김시습 금오신화』(홍익출판사, 2000), 128쪽; 박희병 표점・교석, 앞의 책, 125쪽 등에서는 '喬'를 『전등신화』 「牡丹燈記」에 나오는 喬生으로 보았으나, 그렇지 않다. '喬'는 喬知之이며, '喬怨'이란 喬知之가 武承嗣에게 첩 碧玉을 빼앗긴 뒤 「綠珠怨」이라는 시를 지어 벽옥으로 하여금 우물에 투신자살하게 만든 일을 가리킨다.

1126~1127년) 연간을 시대적 배경으로 하여 작품이 시작되고 있다. 그런데 「위당기우기」는 원(元) 지순(至順: 1330~1333년) 연간을 배경으로 한 소설이니, 「동선기」에서 「위당기우기」가 언급된다는 것은 있을 수 없는 일이다.

몽유록은 전기소설과 우언소설의 전통 속에서 탄생한 양식으로, 16세기 「원생몽유록」에 이르러 '입몽-좌정-토론-시연-각몽'의 서술구조가 정착된다.[25] 선행 연구에서는 『전등신화』의 「수궁경회록」·「영호생명몽록」·「영주야묘기」·「용당영회록」이 몽유록의 형성에 영향을 미친 작품으로 지적되었는데, 특히 「용당영회록」은 몽유록 서술구조를 그대로 보여주고 있다.[26] 몽유록의 토론은 작자의 주제의식이 집약된 부분인데, 토론에서는 작품 외적 사실이 직접적으로 거론되고 있는바, 이에 몽유록은 강한 교술성을 가진 양식으로 인식되고 있다. 그런데 『전등신화』의 몇몇 작품들은 몽유록의 교술적 성격과 일정한 관련이 있는 것으로 보인다.

「용당영회록」은 문인자술의 용궁 체험이 꿈속의 일이 아니었다는 점만 제외하고는 몽유록의 서술 구조와 동일한데, 이와 더불어 주목되는 것은 「용당영회록」이 몽유록과 같이 역사적 실존인물을 등장시키고 있다는 점이다.[27] 한편 몽유록은 실존 인물들이 등장한다는 점뿐만 아니라 몽유자의 꿈속에 등장하는 인물들이 실제의 역사적 사실을 거론하고 있다는 점에서도 교술적 성격을 볼 수 있다. 그런데 「감호야범기」에서는 직녀가 『제해(齊諧)』·『형초세시기(荊楚歲時記)』 등의 내용이나 유종원(柳宗元)의 「걸교문(乞巧文)」 및 장뢰(張耒)의 「칠석가(七夕歌)」 등을 거론하고 있어 교술적 성격

25) 신재홍, 「몽유록의 유형적 고찰」(서울대학교 석사논문, 1986), 15쪽에서 「元生夢遊錄」의 서술구조가 '入夢-引導 및 坐定-討論-討論의 鎭靜 혹은 잔치의 排設-詩宴-詩宴의 整理-覺夢'으로 이루어져 있다고 하였는데, 이는 몽유록의 일반적인 서술구조이기도 하다.

26) 김정자, 「몽유록연구」(이화여자대학교 석사논문, 1978), 76~84쪽; 신재홍, 위의 논문, 15~18쪽.

27) 신재홍, 위의 논문.

을 띠고 있다. 또한「감호야범기」의 대부분은 성영언과 직녀 사이에 벌어진 문답을 통해 서술되는 고사들로 채워져 있는데, 이와 같은 구성 방식은「남염부주지」에 직접적인 영향을 주기도 했거니와,[28] 몽유자가 몽중 인물과의 문답을 통해 의문을 해소하는「금생이문록」에서도 보인다.

몽유록 가운데는 허구적으로 명명한 주인공을 등장시킨 작품이 많다.「안빙몽유록」의 안빙(安憑),「원생몽유록」의 원자허(元子虛),「강도몽유록」의 청허(淸虛),「금화사몽유록」의 성허(成虛),「하생몽유록」의 하필기(何必奇) 등이 이에 해당하는데, 이런 현상은 몽유록이 다루고 있는 내용이 현실 세계의 일이 아닌 꿈속의 이야기라는 데 기인하는 것이기도 하고, 또 작자가 작품 자체의 허구성을 드러내고자 했기 때문이기도 하다. 이런 명명법은 그 유래가 오래되었지만, 특히『전등신화』에서 많이 사용된 것이다.「수궁경회록」의 여선문(余善文),「삼산복지지」의 원자실(元自實),「화정봉고인기」의 전씨(全氏)·가씨(賈氏)·석약허(石若虛),「부귀발적사지」의 하우인(何友仁),「영주야묘기」의 필응상(畢應祥),「용당영회록」의 문인자술(聞人子述),「태허사법전」의 풍대이(馮大異),「수문사인전」의 하안(夏顔) 등이 그 예인데,『전등신화』에 허구적 명명법이 사용된 까닭은, 작자가 작품 속 이야기가 허구의 산물임을 드러내고자 했기 때문이다. 필자는『전등신화』의 명명법이 몽유록에 영향을 주었을 가능성이 높다고 보는데, 특히「하생몽유록」의 경우에는 직접적인 영향 관계가 확인된다.「하생몽유록」의 주인공인 하생(何生)은 이름이 필기(必奇)이고 자가 대이(大異)이며 자호가 천유자(天游子)이다. 그런데『전등신화』「태허사법전」의 주인공은 풍대이(馮大異)이고 그의 이름은 기(奇)이다. 이처럼「하생몽유록」과「태허사법전」은 주인공의 자와 이름이 사실상 같다.

---

28)「감호야범기」와「남염부주지」의 관련 양상에 대해서는 엄태식,「남염부주지의 패러디와 풍자-남염부주의 모순적 형상을 중심으로」(『동남어문논집』 36, 동남어문학회, 2013)에서 논하였다.

이제 몽유록 개별 작품들의 『전등신화』 수용 양상을 살펴보자. 위에서 언급했듯이 「하생몽유록」은 주인공의 이름이 「태허사법전」의 그것과 같으므로, 둘 사이의 직접적인 영향 관계는 부정할 수 없다. 그런데 「하생몽유록」과 「태허사법전」의 관련성은 주인공의 이름에만 있는 것은 아니다. 「하생몽유록」에서 김자점·신헐·마홍주는 지옥에서 불려와 몸이 육장(肉醬)이 되는 등의 형벌을 받는데, 이는 「태허사법전」에서 풍대이가 귀신들에 의해 반죽이 되는 등의 고통을 당하는 장면에서 착안한 것이 분명하다.

「태허사법전」의 주인공 풍대이는 전란이 끝난 지 얼마 되지 않았을 때 가까운 이웃 마을로 가다가 나무에서 잠시 쉬던 중 움직이는 시체와 야차(夜叉) 등을 만난다. 그런데 이와 같은 설정은 전란 직후 시신이 아직 수습되지 않은 시점을 시간적 배경으로 설정한 「강도몽유록」 및 「피생명몽록」과 방불하다. 특히 「강도몽유록」에서는 여인들이 신체가 훼손된 모습으로 등장하는바, 이는 당시의 실상을 그대로 반영한 것일 가능성이 높지만[29] 이미 「태허사법전」에서 보였던 것이기도 하다. 몽중 인물이 처참한 모습으로 등장하는 장면은 윤계선의 「달천몽유록」에도 있었던 것이어서 역시 「태허사법전」과 일정한 관련이 있지 않나 생각되는데, 「달천몽유록」에서 파담자가 숲속에 숨어 귀신들을 관찰하는 장면은 「태허사법전」에서 풍대이가 귀신들을 피해 나무에 올라가는 장면과도 흡사하다.

황중윤의 「달천몽유록」에서는 몽유자가 용궁으로 가서 달천후로 봉해진 신립을 만난다. 이에 대해 신재홍은 주인공의 욕망 성취에 초점이 놓여 있는 몽유전기소설과 주인공의 이념 관철에 중심을 둔 몽유록이 결합함으로써 몽유록의 심각한 주제 의식에서 벗어나 있다고 하였고,[30] 김정녀는 신재

29) 김정녀, 『조선후기 몽유록의 구도와 전개』(보고사, 2005), 65~66쪽에서 "작자는 이들의 모습을 사실적으로 묘사하여, 그 비참한 정경을 통해 병란의 참상을 적나라하게 드러내고 있는데, 순서도 없이 어지러이 앉아 당시의 상황을 신랄하게 고발하고 있는 이러한 모습은 여타의 몽유록에서는 쉽게 보기 힘든 광경이다."라고 하였다.

30) 신재홍, 「몽유양식의 소설사적 전개양상」(『한국몽유소설연구』, 계명문화사, 1994), 121쪽.

홍의 견해에 대하여 반론을 제기하였다.31) 이 글에서는 이 문제를 『전등신화』와의 관계 속에서 생각해 보고자 한다.

「달천몽유록」에는 실존인물인 신립·신할·김여물이 등장하는데, 이런 면모는 이미 「용당영회록」에서 보였던 것이며, 작품 후반부의 화려한 잔치는 「수궁경회록」에도 있었던 것이다. 그리고 주인공이 용궁에서 신물을 받아 가지고 나오는 것은 「수궁경회록」과 「용당영회록」에 모두 보였던 화소이다. 실제로 작품에서는 생(生)이 용왕에게 한 말 가운데 「수궁경회록」의 주인공인 여선문(余善文)이 언급되기도 하므로,32) 황중윤이 『전등신화』를 읽고 「달천몽유록」을 창작했다는 점은 확실하다. 한편 「달천몽유록」의 각몽 장면은, 몽유자의 각몽이 확실하게 표현되는 여타 몽유록들과는 달리 "생은 정신이 황연하여 마치 요대나 봉도에서 온 것만 같았다.[生精神恍然如自瑤臺蓬島來]"33)라고 되어 있다. 「달천몽유록」은 앞부분이 낙장이므로 생이 어떻게 용궁에 가게 되었는지 불분명한데, 「수궁경회록」이나 「용당영회록」에서처럼 주인공의 용궁 체험이 꿈속에서의 일이 아닐 가능성이 있다.

황중윤의 「달천몽유록」은 윤계선의 「달천몽유록」을 염두에 둔 작품이겠으나, 황중윤이 창작 과정에서 보다 중요하게 고려했던 작품은 「용당영회록」이 아니었나 생각한다. 「달천몽유록」과 「용당영회록」은 그 구성 방식에서 매우 유사한 면모를 보이고 있다. 「용당영회록」은 '역사적으로 실패한 인물'인 오자서를 주인공으로 내세워 그로 하여금 패배의 원인에 대해 이야기하게 하고 있는데, 작자는 이를 통해 오자서에 대한 '연민'의 정을 드러내는 동시에 그의 패배 원인에 대한 그 나름의 '사론(史論)'을 개진하려 했다고 볼 수 있다. 필자는 황중윤이 「용당영회록」의 이런 점들에서 착안하여 「달

31) 김정녀, 「몽유록의 현실대응 양상과 그 의미」(고려대학교 석사논문, 1997), 61~70쪽.

32) 善文之筆 難狀水宮之奇觀(장효현·윤재민·최용철·심재숙·지연숙, 『교감본 한국한문소설 몽유록』, 고려대학교 민족문화연구원, 2007, 164쪽)

33) 위의 책, 173쪽.

천몽유록」을 창작했다고 보는데, 그 역시 「달천몽유록」을 통해 패장 신립 등에 대한 연민의 감정을 드러내면서 그의 실패에 대한 그 나름의 사론을 개진했던 것이다. 「달천몽유록」에 보이는 현실 비판적 면모를 얼마나 대단하게 평가해야 하느냐의 문제는 이 글에서 다룰 수 없다. 이 글의 논지와 관련하여 주목해야 할 것은 황중윤이 「용당영회록」의 서사 구조를 거의 그대로 차용하여 「달천몽유록」을 창작했다는 사실이다.

「용당영회록」에서는 원수지간인 오자서와 범려가 한자리에 모여 연회를 즐긴다. 「용당영회록」은 원나라 원통 연간을 시간적 배경으로 하고 있으므로, 오자서와 범려는 거의 2천 년 전의 인물들이다. 따라서 그들의 입장에서 볼 때 과거지사는 돌이킬 수 없는 것이고, 더욱이 둘은 이미 초월적 존재가 되었기에, 다툼은 좌정 후까지 굳이 이어질 필요가 없는 것이다. 한편 「달천몽유록」에서는 신립과 신할이 각각 달천후와 임진백이라는 초월적 존재로 등장하고 있어 「용당영회록」의 주인공들과 유사한 면모를 보이는데, 이 점에서 볼 때 황중윤의 「달천몽유록」은 몽중 인물들을 죽음 당시 참혹한 모습의 귀신으로 등장시킨 윤계선의 「달천몽유록」과는 문제의식의 출발점 자체가 다르지 않나 싶다. 황중윤은 「달천몽유록」에서 패전의 원인으로 병농일체(兵農一體) 등을 지적하면서 그에 대해 비판만 하고 있을 뿐, 뚜렷한 대책이나 대안은 제시하지 못하면서 생(生)과 김여물의 말로 얼버무리는 듯한 인상을 주는데, 이는 황중윤의 문제의식이 폐단을 '지적'하는 수준에서 머물렀음을 의미한다. 이렇게 본다면, 「달천몽유록」이 「용당영회록」의 서사 구조를 수용한 것 역시 황중윤의 문제의식과 무관하지 않다고 할 수 있으니, 그는 「용당영회록」과 마찬가지로 이미 지나간 일을 논하는 것이 큰 의미가 없는 '초월적 존재' 신립과 신할을 등장시켜 자신의 생각을 적절한 수준에서 정리한 후, 작품의 후반부를 「용당영회록」에서와 마찬가지로 시연으로 마무리했다고 하겠다.

조선 후기에는 다양한 양식의 소설들이 창작되었다. 김경미는 19세기 소설을 장편소설·영웅소설·몽유록계소설·번역소설·판소리계소설 등으로 구분하여 개괄한 바 있는데,[34] 조선 후기 소설 가운데서도 역시 전기소설의 전통을 계승한 작품들 속에서 『전등신화』의 영향을 가장 많이 확인할 수 있다.

「정향전」·「지봉전」·「종옥전」·「오유란전」 등은 흔히 세태소설로 일컬어지며, 이들은 애정전기소설의 전통을 계승하거나 패러디한 작품으로 논의되고 있다.[35] 이 소설들에서는 『전등신화』에서 익히 보았던 구절들을 간취할 수 있으니, 예컨대 「오유란전」에서는 「애경전」이나 「추향정기」의 표현을 가져온 부분이 상당수 발견된다.[36] 다음은 「종옥전」에서 향란이 종옥에게 하는 말이다.

> 제가 담을 넘는 일의 추함이나 치마를 걷고서 따라가는 일의 혐의쩍음을 모르는 게 아닙니다. 화류라는 이름은 비록 교방에서도 천히 여기는 바이지만, 사라의 소원은 교목에 의탁하려는 것이기에, 월하노인이 끈으로 발을 묶어 주기를 기다리지 않고, 감히 모수가 스스로를 천거한 일을 따라하여, 남몰래 송옥의 담장을 엿보고 몰래 가녀의 향을 훔치게 되었으니, 마음에는 부끄럽게 되었고 행실에는 비루하게 되었습니다.[非不知踰墻之可醜 褰裳之可嫌 而花柳之名 雖賤於教坊 絲蘿之願 欲托於喬木 不待月繩之繫足 敢效毛錐之自薦 暗窺宋玉之墻 潛偸賈女之香 於心愧矣 於行陋矣][37]

이와 유사한 표현은 「연방루기」에 보인다.

---

34) 19세기 고전소설 전반에 대해서는 김경미, 「19세기 소설사의 쟁점과 전망」(『한국 고소설 연구의 쟁점과 전망』, 보고사, 2011) 참조.

35) 박희병, 「한국한문소설사의 전개와 전기소설」(『한국전기소설의 미학』, 돌베개, 1997); 윤재민, 「조선 후기 전기소설의 향방」(『민족문학사연구』 15, 민족문학사연구소, 1999).

36) 이에 대해서는 박희병 표점·교석, 앞의 책, 956~986쪽 참조.

37) 장효현·윤재민·최용철·심재숙·지연숙, 『교감본 한국한문소설 애정세태소설』(고려대학교 민족문화연구원, 2007), 847쪽.

> 저희가 벽에 구멍을 뚫는 일의 추함이나 옥을 궤 안에 보관하는 일의 아름다움을 모르는 게 아닙니다. 그러나 달이 뜨는 가을밤과 꽃이 피는 봄날이면 허송세월하는 것이 가슴 아파 구름이나 물과 같은 성정을 스스로 붙들 수가 없었습니다. 그리하여 지난번 송옥의 담장을 훔쳐보았을 때 화씨벽을 스스로 바치게 되었습니다.[非不知鑽穴之可醜 韞櫝之可佳也 然而秋月春花 每傷虛度 雲情水性 失於自持 曩者偸窺宋玉之墻 自獻卞和之璧][38]

「연방루기」의 이 대목과 유사한 표현은 「만복사저포기」[39]에서도 발견되고, '유장(踰墻)'·'건상(褰裳)' 같은 표현이나 송옥 및 가녀의 고사가 『전등신화』에만 나오는 것은 아니다. 다만 이 글의 논지와 관련하여 주목할 점은 『전등신화』의 애정전기소설 속에 중국의 역대 애정 관련 고사들이 대부분 인용되어 있었다는 사실이다. 특히 『전등신화구해』에는 주석에 그 고사들의 내용까지 잘 요약되어 있었으니, 『전등신화구해』는 애정소설 작자들의 작품 창작에 있어서 일종의 DB와 같은 역할을 하지 않았을까 추측된다.

『전등신화』의 문구 및 애정고사를 수용한 예는 「지봉전」[40]과 「절화기담」[41]에서도 확인되는데, 「포의교집」에서는 『전등신화』의 주인공이 역사적 실존 인물과 함께 거론되고 있다.

> 너는 왜 죽으려 하느냐? 네가 유식하니 옛말로 달래 보리라. (…) 옛날에 백이는 염결함 때문에 죽었고, 비간은 충성 때문에 죽었으며, 애경은 절의를 지키느라 죽었고, 도척은 이익을 위해 죽었지. 이제 네가 받들려는 바는 염치나 충성, 절의나 이익과는 아무 상관이 없는 것이니, 네가 죽고 나면 사람들이 분명

---

38) 「聯芳樓記」, 上71~72쪽.

39) 少讀詩書 粗知禮義 非不諳褰裳之可愧 相鼠之可赧 然而久處蓬蒿 抛棄原野 風情一發 終不能戒(「萬福寺摴蒱記」, 24~25쪽)

40) 신해진 역주, 『역주 조선후기 세태소설선』(월인, 1999), 37쪽 참조.

41) 김경미·조혜란 역주, 『19세기 서울의 사랑 절화기담, 포의교집』(여이연, 2003), 84쪽 참조.

> 히 '몰래 간통하다 본 남편에게 들켜 부끄러움을 견디지 못하고 목숨을 끊었다' 라고 비웃을 게야.[42)]

이생은 백이 · 비간 · 애경 · 도척의 죽음을 거론하면서 양파에게 죽지 말라고 권하고 있는데, 여기서 애경은 「애경전」의 여주인공 나애애다. 이생이 언급한 인물 가운데 백이 · 비간 · 도척은 역사서나 제자서에 등장하는 실존인물인 데 반해, 애경은 소설 속에 등장하는 허구적 인물이다. 『전등신화』의 주인공이 전고로 언급되는 현상은 이미 「주생전」에서도 보였던 것이므로, 이를 가지고 「포의교집」의 작자가 실존인물과 허구적 인물조차 분별하지 못했다고 단정할 수는 없을 것이다. 우리는 인용문을 통해 한문소설의 작자와 독자 사이에 『전등신화』에 대한 지식이 보편화되었음을 재확인할 수 있는데, 이생의 말에 대한 양파의 대답도 『전등신화』와 관계가 있다.

> 이 세상에 저를 낳아준 부모도 제 마음을 몰라주고, 저를 품는 남편도 제 마음을 몰라주는데 하물며 형제나 동료는 말할 게 있겠습니까? 저를 알아주는 사람은 오로지 낭군 한 분뿐이십니다. 이제 낭군께서 분명히 말씀하시는 걸 보니, 제가 꽉 막혔다는 것을 알 수 있군요. 저는 기필코 녹주와 벽옥의 일을 본받아 죽더라도 후회를 남기지 않겠습니다.[43)]

양파는 석숭의 애첩인 녹주와 교지지의 첩인 벽옥을 거론하고 있다. 그런데 녹주와 벽옥은 「취취전」에서 취취가 김정을 그리워하다가 병에 걸려 죽

42) 娘之欲死何歟 娘旣有識 請以古語誘之 (…) 昔伯夷死以廉 比干死以忠 愛卿死以節 盜跖死以利 今娘之所事 不關於廉忠節利之名也 死去之後 人必譏之曰 潛奸而爲本夫所擧 不勝其羞而致殞(위의 책, 번역 187~188쪽, 원문 242쪽)

43) 此世之上 生妾之父母 猶不知妾之心事 懷妾之夫婿 猶不知妾之心事 況同氣與同僚何足道哉 知妾者 獨郎君 今郎明言之 可知妾之不通也 妾必欲效綠珠碧玉之事 故欲死而無悔也(위의 책, 번역 188~189쪽, 원문 242쪽)

으면서 보낸 시 가운데 "녹주와 벽옥의 마음속 일이, 오늘 나에게도 이를 줄을 누가 알았으랴?[綠珠碧玉心中事 今日誰知也到儂]"44)라는 구절에서 나란히 언급되고 있다. 「포의교집」과 「취취전」에서는 모두 여주인공들이 죽어가면서 녹주와 벽옥의 고사를 언급하고 있으니, 「표의교집」의 이 대목 역시 「취취전」을 참조했을 가능성이 높다. 그렇다면 「포의교집」의 작자는 『전등신화』의 독서 경험을 활용하여 저와 같은 대목을 설정하기도 하고 또 그 장면에 적절한 표현과 전고들을 구사했다고 볼 수 있는데, 그 과정에서 특히 『전등신화구해』의 주석은 지대한 역할을 하였다고 하겠다.

『전등신화』의 문구나 표현이 수용된 경우는 무척 많아 일일이 거론하기 어려운데, 「녹의인전」의 다음 구절은 후대에 다양한 방식으로 변용되었다.

> 바닷물이 마르고 돌이 문드러져도 이 한은 사라지기 어려울 것이며 땅이 늙고 하늘이 황폐해져도 이 정은 사그라지지 않을 것입니다.[海枯石爛 此恨難消 地老天荒 此情不泯]45)

녹의인이 조원과 이별할 때 한 말인데, 『전등신화구해』 주석에서는 '海枯石爛'과 '地老天荒'에 대하여 각각 여동빈(呂洞賓)의 시와 문천상(文天祥)의 시를 출전으로 제시하였다. 다음은 이와 유사한 표현이 나타나는 예이다.

> 地老天荒 何量父母之心(「韋生傳」)46)

> 地老天荒 此情不泯 海枯石爛 此恨難消(「雲英傳」)47)

---

44) 「翠翠傳」, 下42쪽.

45) 「綠衣人傳」, 下110쪽.

46) 간호윤, 『새로 발굴한 주생전·위생전의 자료와 해석』(박이정, 2008), 112쪽. '地老天荒'은 임형택본 「위경천전」에는 '地老天長'으로 되어 있으나 잘못이다. 정명기본 「위생전」과 엄태식본 「위생전」에도 '地老天荒'으로 되어 있다.

海枯石爛 此情不泯 地老天荒 此恨難消(「雲英傳」)[48]

天荒地老 妾恨無窮(「相思洞記」)[49]

地老天荒 形單影隻(「姜虜傳」)[50]

비록 바다히 므르고 돌히 녹아도 이 흔은 스라지기 어렵고 비록 싸히 늙고 하늘히 거츠러도 이 셜우믄 다흐기 어려운디라(「金英哲傳」)[51]

海枯石爛 此怨未泯 天荒地老 此恨難破(「三韓拾遺」)[52]

인용문은 「위생전」에서 소상국(蘇相國)이 보낸 편지, 「운영전」에서 운영이 김진사에게 보낸 편지, 「운영전」에서 김진사가 유영에게 한 말, 「상사동기」에서 영영이 김생에게 보낸 편지, 「강로전」에서 소녀(蘇女)가 강홍립에게 한 말, 「김영철전」에서 김영철이 등주에서 얻은 아내 전씨에게 한 말, 「삼한습유」에서 향랑이 남편에게 한 말에 나오는 표현들이다. 「운영전」의 경우 두 군데에서 「녹의인전」의 문구가 인용되고 있는데, 흥미로운 점은 작자가 문구의 배열을 달리하는 방식으로 가져와 쓰고 있다는 사실이다. 이 부분들은 운영과 김진사의 슬픈 감정이 극도에 달한 장면들인바, 「운영전」의 작자가 「녹의인전」의 저 표현에 대해 얼마나 감동을 느꼈을지 짐작할 수 있다. 「상사동기」의 경우는 「녹의인전」이 아니라 「운영전」에서 인용했

47) 박희병 표점·교석, 앞의 책, 364쪽.
48) 위의 책, 382쪽.
49) 장효현·윤재민·최용철·심재숙·지연숙, 『교감본 한국한문소설 전기소설』(고려대학교 민족문화연구원, 2007), 500쪽.
50) 박희병 표점·교석, 앞의 책, 483쪽.
51) 서인석본 「김영철전」, 65쪽.
52) 이승수·서신혜 역주, 『삼한습유』(박이정, 2003), 360쪽.

을 가능성이 있고, 「위생전」·「강로전」은 한 구절만 인용했지만, 넓게 보아 『전등신화』의 자장 안에서 이루어진 수용 양상으로 볼 수 있다. 「김영철전」은 아직까지 원작 계열의 이본이 발견되지 않았는데, 위 인용문은 국역본인 서인석본에서만 발견되고 홍세태본이나 박재연본에서는 보이지 않는다. 따라서 저 부분은 국문으로 번역되는 과정에서 삽입되었을 수 있지만, 국역의 저본이 된 한문본에 있었을 가능성도 배제하기 어렵다.

「삼한습유」에서는 향랑이 남편의 죽을 목숨을 구해준 뒤 자신을 버린 남편을 꾸짖으면서 자신의 한은 영원히 사라지지 않을 것이라고 위의 인용문과 같이 말한다. 이후 향랑은 자신을 위해 조문을 지은 효렴 앞에 나타나 다음과 같이 이야기한다.

> 제가 죽자 지부의 여러 왕들께서 제 정렬을 칭찬하시어 위로 상제께 알리셨습니다. 상제께서는 천손을 시켜 저를 데리고 함께 와 보게 하셨지요. 그 앞에 인사를 드리자 상제께서는 토백직예부인에게 명하여 제가 그곳을 자유롭게 출입하도록 해 주시고, 행동거지도 배울 수 있도록 해 주셨습니다. 그 후로 상제께서 저를 자주 부르시어 여러 번 은혜를 내려주시고 칭찬을 해 주셨습니다. 소원을 물으시기에 갖고 있던 생각을 모두 말씀드렸더니 제가 당신의 배필이 되는 것을 허락하셨습니다. 오늘까지 늦어지게 된 것은 부부의 때는 삼가지 않을 수 없기 때문이요, 또 몸이 이미 썩어버리고 환신만 있어서 저승을 떠나 이승으로 가더라도 이승에 오래 머물 수 없기 때문입니다.[53]

사후 저승에서 정렬이라고 판정하여 환생하게 했다는 내용은, 앞서 본 「애경전」에 이미 있었던 것이다. 이를 통해 김소행 역시 『전등신화』의 독서 경

53) 妾之死也 地府諸王嘉其貞烈 上聞于帝 帝遣天孫 携妾同歸 拜於香案 帝命土伯職隷夫人 恣其出入 聽其行止 帝數召見 屢蒙恩褒 卽問所願 說盡所懷 帝其許余得配君子 所以遲留至今者 夫婦之際 不可不愼也 且形殼已壞 幻身獨存 無以棄暗投明久延陽界(위의 책, 번역 60~61쪽, 원문 363쪽)

험을 장편소설 창작에 활용했음을 알 수 있다.[54]

조선 후기 장편소설인 「삼해지」에서는 「수궁경회록」의 영향이 확인된다.[55] 선행 연구에서 「삼해지」는 재자가인소설의 전통 속에서 창작된 소설로 다루어지기도 했는데,[56] 「삼해지」에서 순화와 여정의 혼례 후 굴원과 왕발이 찾아와 부와 상량문을 짓는 장면은 「수궁경회록」의 그것을 가져온 것이다.[57] 그런데 「삼해지」의 이 대목은 작품의 서사 전개와는 큰 관계가 없는 부분이다. 「삼해지」에는 부와 상량문 이외에도 시・편지・상주문・전서(戰書)・칙서 등 다양한 양식의 시문이 삽입되어 있는데, 이를 통해 작자가 문장력을 드러내려 했음을 알 수 있다. 굴원과 왕발이 등장하는 대목 역시 이러한 의도하에 있으니, 작자는 서사보다는 삽입시문이 중심에 놓여 있는 「수궁경회록」의 독서 경험을 「삼해지」 창작에 반영했다고 볼 수 있다.

(2) 『전등신화』 수용의 사적 전개와 그 의미

『전등신화』는 한국 고전소설 전반에 영향을 미쳤으며, 특히 전기소설과 몽유록에 끼친 영향은 매우 크다. 이 글의 주된 목적은, 무엇보다도 선행

---

54) 필자는 '海枯石爛'이나 '地老天荒'이라는 표현이 『전등신화』 「녹의인전」에서 처음 나왔다고 주장하는 게 아니며, 이런 표현이 모두 「녹의인전」의 영향이라고 말하는 것도 아니다. '海枯石爛'과 '地老天荒'은 조선 시대의 문집에서도 발견되는바, 이런 것들까지도 반드시 『전등신화』의 영향이라고 할 수는 없을 것이다. 그러나 선행 연구에서 밝힌 바와 같이 「위생전」・「운영전」은 『전등신화』의 영향을 받은 작품이 분명하므로 그 영향 관계가 분명하고, 「김영철전」의 경우는 「녹의인전」의 문구를 그대로 가져온 것이라는 점에 이의를 제기하기 어렵다. 「상사동기」・「강로전」・「삼한습유」의 경우에는 「녹의인전」의 영향이라고 확정할 수는 없으나, 「녹의인전」의 독서 경험이 반영된 결과일 가능성이 가장 높다.

55) 한석수, 「삼해지 해제」(『환상소설 삼해지・신기도』, 제이앤씨, 2006), 5쪽에 의하면, 「삼해지」의 字數는 23,280자이다.

56) 한의숭, 「삼해지의 인물형상 연구」(『민족문학사연구』 34, 민족문학사학회, 2007).

57) 이 부분의 원문과 번역문은 한석수・김정선 역주, 『환상소설 삼해지・신기도』(제이앤씨, 2006), 102~127쪽 참조.

연구에서 언급하지 않은 내용을 중심으로 하여 사실 관계를 밝히는 데 있었기에, 수용의 층위를 명확히 구분하지는 못하였다. 이에 여기서는 『전등신화』 수용의 사적 전개를 논하고자 하는데, 그에 앞서 비교문학적 연구에서 흔히 빚어지는 해묵은 문제 하나를 짚고 넘어갈 필요가 있겠다.

앞서 필자는 이 글에서 다룬 한국 작품들과 『전등신화』의 관련 양상을 지적하면서, 그들 사이에 직접적인 영향 관계가 있다고 말하였다. 그런데 둘 사이에 직접적인 관련이 있다는 점이 어떻게 증명될 수 있는가? 그와 같은 유사성이 우연의 일치일 수는 없으며, 오히려 『전등신화』의 영향을 받은 한국소설의 영향하에 있을 수도 있지 않은가?

필자는 이에 대한 명확한 해답을 내놓을 수 없다. 왜냐하면 이 문제는 그와 관련된 기록이 존재하지 않는 한 근본적으로 해결 불가능한 것이기 때문이다. 예컨대 『금오신화』의 경우, 김시습이 「제금오신화(題金鰲新話)」와 「제전등신화후(題剪燈新話後)」를 남겼고, 어숙권(魚叔權)의 『패관잡기(稗官雜記)』[58]와 김안로(金安老)의 『용천담적기(龍泉談寂記)』[59]에는 『금오신화』와 『전등신화』의 관계에 대한 언급이 있으므로, 우리는 『금오신화』의 창작에 『전등신화』가 영향을 미쳤다고 알고 있다. 하지만 엄밀히 말한다면, 이 기록들 역시 김시습이 『금오신화』와 『전등신화』의 관련 양상을 암시할 뿐, 『금오신화』의 창작에 『전등신화』가 직접적인 영향을 미쳤다는 증거가 될 수는 없다. 왜냐하면 김시습이 그런 말을 직접 한 것은 아니기 때문이다. 따라서 이 문제는 관련 기록으로써 해결될 수 있는 것이 아니며, 그런 성격의 기록은 남아 있을 가능성도 거의 없다.

『전등신화』의 간행 및 향유에 대해서는 선행 연구에서 충분히 밝혔으므

58) 但其敷敍大槪 以蹈襲瞿宗吉剪燈新話 而立意出語則過之 豈但靑於藍而已哉(무악고소설자료연구회 편, 앞의 책, 181쪽)

59) 入金鰲山 著書藏石室曰 後世必有知岑者 其書大抵述異寓意 効剪燈新話等作也(위의 책, 177쪽)

로, 이 자리에서 굳이 되풀이할 필요는 없을 것이다.[60] 다만 그간의 연구 성과를 바탕으로 말할 수 있는 사실은, 『전등신화』의 간행 · 유통 · 향유 등을 고려할 때 『전등신화』가 조선 시대 소설 독서계에서 차지했던 비중과 영향력이 앞서 언급한 한국 고전소설들의 그것을 모두 합친 것보다 적지는 않으리라는 점이다. 이 글에서 다룬 한국소설 가운데는 『금오신화』가 관련 기록이 매우 많이 남아 있는 작품이다. 그런데 『금오신화』가 조선 시대 문집에 그 이름을 남길 수 있었던 까닭은, 『금오신화』의 작자가 문제적 인물인 김시습이었기 때문이지, 『금오신화』라는 작품집 자체에 대한 관심 때문이 아니었다. 『금오신화』 관련 기록들은 대부분 김시습과 관계된 것이므로, 만약 작자가 김시습이라는 사실이 알려지지 않았다면, 『금오신화』 관련 기록들의 상당수는 남아 있을 이유가 없었을 것이다. 그런데 『전등신화』는 그렇지 않았으니, 『전등신화』에 대한 사대부들의 관심은 『전등신화』라는 작품집 자체에 의해 촉발된 것이었다. 조선 시대에 『전등신화』만큼 사대부들이 탐독하고 주석까지 달고 거듭 간행하고 기록을 남긴 소설은 없었던바, 우리 쪽의 어떤 작품과 『전등신화』 사이의 유사성이 발견될 때, 그것이 『전등신화』의 영향이 아닌 우연의 일치이거나 『전등신화』가 아닌 한국소설의 영향이거나 할 가능성은, 『전등신화』의 영향일 가능성에 비해 현저히 낮다.

한국 전기소설과 몽유록의 『전등신화』 수용 양상은, 17세기를 기준으로 하여 대체적으로 세 시기로 구분할 수 있다고 본다.

첫째 시기는 17세기 이전, 곧 15~16세기로서 이 시기 『전등신화』의 수용 양상에서 가장 주목해야 할 작품은 『금오신화』에 실려 있는 다섯 편의 소

60) 이에 대한 최근의 연구 성과는 다음과 같다. 윤세순, 「중국소설의 국내 유입과 향유 양상」(『묻혀진 문학사의 복원』, 소명출판, 2007); 최용철, 「전등삼종의 창작과 전파에 대하여」, 『전등삼종(상)』(소명출판, 2005); 신상필, 「전등신화의 향유와 그 저변」(『한문교육연구』 26, 한국한문교육학회, 2006); 신상필, 「이본을 통해 본 전등신화구해의 전파 양상과 그 함의」(『고소설연구』 29, 한국고소설학회, 2010); 김영진, 「조선 간 전등신화구해 제본 연구(1)」(『어문논집』 65, 민족어문학회, 2012).

설이다. 『금오신화』의 『전등신화』 수용 양상에 대해서는 그간 수많은 논의가 이루어졌고, 앞의 표에서 보듯이 그 영향 관계는 너무도 명확하다. 이에 선행 연구에서는 대개 『금오신화』와 『전등신화』의 영향을 인정하면서도 『금오신화』의 독창성과 주제의식을 밝히는 데 관심을 두었지만, 필자는 이 문제를 다른 각도에서 접근해 볼 필요가 있다고 생각한다. 즉 『금오신화』가 『전등신화』와 어떻게 다른가 하는 점보다는 왜 김시습이 『금오신화』를 『전등신화』의 자장 안에 묶어 두고자 했는지를 생각해 보는 게 더 중요하다는 것이다.

『금오신화』와 『전등신화』의 관계에서 우선 주목되는 점은 『금오신화』의 주요 서사 단락이나 화소 가운데 『전등신화』와 전혀 무관한 것은 사실상 없다는 사실이다. 다시 말해 김시습은 『전등신화』만을 활용하여 『금오신화』를 창작했던 것이다. 다음으로 주목할 것은 『금오신화』의 개별 작품들이 『전등신화』 수록 작품들과 '1:多'의 관계를 맺고 있다는 점이다. 김시습이 한 편의 소설을 쓰면서 『전등신화』에 실려 있는 하나의 작품만을 활용하지 않았다는 것은, '1:1'의 대응 관계로써는 자신의 의도를 이룰 수 없었기 때문이라 할 수 있다.

주지하듯이 『전등신화』는 중국에서 그 후속작인 『전등여화(剪燈餘話)』와 『멱등인화(覓燈因話)』를 산출했거니와, 베트남의 『전기만록(傳奇漫錄)』과 일본의 『오토기보코(伽婢子)』 역시 『전등신화』의 영향하에 창작된 작품집이다. 그런데 이런 후속 작품집들 가운데는 『금오신화』와 같은 방식으로 『전등신화』를 수용한 예가 없다. 또 작품집에 수록된 소설의 수를 따져 보아도 『금오신화』의 다섯 편은 『전등신화』 후속작 가운데 가장 적은 수이다. 이런 사실들은 『금오신화』가 『전등신화』 및 여타 『전등신화』 후속작들과는 다른 성격의 작품집임을 암시한다. 필자는 김시습이 『전등신화』 같은 '기이한 이야기'를 창작하기 위해 『금오신화』를 지었다고 보지 않는다. 그가 만약 『전등신화』를 읽고 감동을 느껴서 또 다른 신화(新話)를 창작하고 싶었을 뿐이라면, 『전등신화』의 독서 경험을 적절히 활용하면서 완전히 독창적인 내용의 소설을 썼을 수도 있기 때문이다.

김시습이 독특한 방식으로 『금오신화』를 창작한 이유는, 독자들이 『전등신화』와의 관계 속에서 『금오신화』를 읽어주기를 바랐기 때문이다. 『금오신화』의 서사적 의미와 작가 의식은 『전등신화』와의 동이(同異) 관계에 따른 변별성을 통해 명확히 드러나며, 『금오신화』의 독법은 이와 같은 조합 속에서 이루어진 선택과 배제 및 변주의 의미를 읽어내는 데 있다. 이 문제는 본서 및 다른 지면[61]에서 집중적으로 다루었으므로, 여기서 반복하지는 않는다. 그 대신 이 글의 논지에서 좀 벗어나기는 하지만, 『금오신화』의 작품 구성 원리에 대해서 잠시 짚고 넘어가기로 한다.

『금오신화』에 실려 있는 다섯 편의 소설은 '「만복사저포기」→「이생규장전」→「취유부벽정기」→「남염부주지」→「용궁부연록」'의 순으로 배열되어 있는데, 현재까지 발견된 『금오신화』의 이본들은 모두 이 순서를 따르고 있다. 선행 연구에서는 이 다섯 작품이 어떤 원리에 의거하여 배열되어 있는가에 대한 관심이 이어져 왔으니, 배경사상 및 사건과 주제의 측면에서 주목한 연구,[62] 김시습의 경험과 사유를 반영한 것이라는 시각,[63] 하나의 일관된 지향을 가지면서 작자의 문제의식이 연속된 것으로 보는 견해,[64] '일상'과 '비일상' 및 '비극성'을 기준으로 살펴본 연구 등이 있으며,[65] '유(遊)'라는 개념을 설정하여 『금오신화』의 구조를 파악한 논문도 있다.[66]

『금오신화』의 구성 방식에 대해 언급한 논의들은 물론 저마다의 근거를

---

61) 엄태식, 「금오신화의 전등신화 수용 의미와 금기의 문학적 형상화」(『돈암어문학』 27, 돈암어문학회, 2014).

62) 설중환, 『금오신화연구』(고려대학교 민족문화연구소, 1983), 207~214쪽.

63) 안창수, 「금오신화의 의미구조와 작가의식」(『영남어문학』 26, 영남어문학회, 1994).

64) 정환국, 「금오신화와 전등신화의 지향과 구현화 원리」(『고전문학연구』 22, 한국고전문학회, 2002).

65) 김창현, 「금오신화의 체재에 나타난 창작방법과 비극적 낭만성」(『인문과학』 45, 성균관대학교 인문과학연구소, 2010).

66) 김수연, 「금오신화의 구조미학」(『고전문학연구』 38, 한국고전문학회, 2010).

가지고 있다. 그러나 본서에서 논한 바 『금오신화』의 서사적 의미에 비추어 볼 때,67) 필자는 김시습이 겪었던 일들의 시간적 순서대로 『금오신화』 다섯 작품이 배열되었을 가능성이 매우 높다고 본다. 이를 정리하면 다음과 같다.

	『금오신화』		김시습(1435~1493)	
	시대적 배경과 사건	주제 및 내용	역사적 사건	체험 및 감회
만복사저포기	고려 말 왜구의 침입	현세에서 해결할 수 없는 고독	계유정난(1453)과 세조의 찬위(1455)	정신적 충격과 방황
이생규장전	고려 말 홍건적의 침입(1361)	최씨의 절의와 이생의 자괴감	단종복위운동(1455)과 사육신의 절사(1456)	사육신의 절의와 그에 대비되는 부끄러움
취유부벽정기	天順(1457~1469) 初	부벽정에서의 역사의식과 현실인식	단종(1441~1457)의 죽음	관서유람(1458)과 비극적 역사의 반복에 대한 개탄
남염부주지	成化(1465~1487) 初	저승을 꿈꾼 유학자의 자기모순	세조(1417~1468)의 죽음	세조에 대한 적개심과 신유학에 대한 비판
용궁부연록	고려조 박진사의 죽음	문사 한생의 부끄러운 용궁 체험	세조 사후 혹은 성종 대(1468~)	현실 참여에의 의지와 좌절감

『금오신화』의 『전등신화』 수용 양상을 정리한 표 및 본서의 『금오신화』 작품론에서도 확인할 수 있듯이, 『금오신화』의 다섯 작품들은 모두 『전등신화』와의 대비 속에 그 의미가 분명하게 드러나도록 구성되어 있다. 김시습이 『금오신화』를 창작하면서 그토록 『전등신화』에만 집착한 이유가 바로 여기에 있었으니, 그는 당시 소설로서는 가장 인기 있었던 독서물인 『전등신화』의 권위와 파급력을 이용하여68) 독자들로 하여금 『전등신화』를 통해 『금오신화』를 읽도록 유도했던 것이다.

『금오신화』의 『전등신화』 수용 방식은 그 유례를 찾기 어려울 정도로 독특한 것인데, 그 근본적인 이유는 김시습이 창작의 단계에서부터 『전등신화』를 통해 『금오신화』의 서사적 의미를 파악할 수 있도록 기획했기 때문

67) 이 책 제1부에서 「만복사저포기」·「이생규장전」을, 제4부에서 「취유부벽정기」·「남염부주지」·「용궁부연록」을 다루었다.

68) 『전등신화』 관련 기록은 민관동·정영호, 『중국고전소설의 국내 출판본 정리 및 해제』(학고방, 2012), 243~275쪽에 정리되어 있다.

이다. 이는 『금오신화』가 '우의(寓意)'라는 점에 기인하는바, 「용궁부연록」을 예로 들면, 김시습은 「용궁부연록」을 통해 '한생의 용궁 체험'이라는 기이함을 말하고자 한 것이 아니라, 그의 용궁 체험이 어떤 의미를 가진 일이었는지를 말하고자 한 것이며, 궁극적으로 그것을 통해 그 자신이 겪었던 어떤 일에 대해 우의하고자 했던 것이다.[69)]

신광한의 『기재기이』 역시 『금오신화』와 마찬가지로 우의적 성격을 강하게 띠고 있다. 다만 『기재기이』는 『전등신화』에만 얽매이지는 않았고 『금오신화』와 당 전기 등 다양한 작품들을 수용하였다는 점에서 차이가 있다.

『전등신화』 수용의 두 번째 국면인 17세기에도 『전등신화』는 작품 창작의 주요한 원천으로 활용되었다. 그렇지만 『금오신화』 같은 방식으로 『전등신화』를 수용한 작품은 더 이상 나타나지 않았다.

이 시기 『전등신화』 수용에서 우선 주목되는 점은 『전등신화』의 영향이 부분적으로 나타나고 있다는 사실이다. 17세기에 창작된 대부분의 전기소설과 다수의 몽유록에서 『전등신화』의 영향이 감지되지만, 『금오신화』의 경우에 비한다면 그 비중은 현저히 감소되었다. 예컨대 「주생전」의 경우, 「위당기우기」·「취취전」의 영향을 받기는 했지만 그보다는 당 전기인 「곽소옥전」·「앵앵전」의 영향이 훨씬 크다. 또 「상사동기」는 『전등신화』의 영향은 거의 받지 않은 대신 한국소설인 「운영전」과 『전등여화』 「가운화환혼기」의 영향을 크게 받은 작품이다.[70)]

다음으로 주목되는 현상은 이 시기 소설에서 『전등신화』의 영향이 느껴지지는 하지만, 『전등신화』에 대한 지식이 『금오신화』의 경우처럼 작품 해석에 결정적이거나 지대한 역할을 하지는 않는다는 사실이다. 앞서 필자는

69) 「용궁부연록」의 분석은 엄태식, 「용궁부연록의 전등신화 수용 의미와 금기의 소설적 형상화」(『어문론집』 59, 중앙어문학회, 2014) 참조.

70) 「상사동기」와 「가운화환혼기」의 관련 양상에 대해서는 엄태식, 「애정전기소설의 창작 배경과 양식적 특징」(경원대학교 박사논문, 2010), 137~145쪽 참조.

황중윤의 「달천몽유록」이 「용당영회록」의 서사 구도를 그대로 가져왔다는 점을 논하였는데, 우리는 이러한 사실을 인지함으로써 「달천몽유록」을 새로운 시각에서 접근할 수 있게 되었다. 하지만 이는 어디까지나 연구자의 입장에서 그럴 수도 있다는 것이지, 황중윤이 「용당영회록」을 수용한 것 자체에 어떤 대단한 서사 전략이나 작가 의식이 담겨 있다는 의미는 아니다. 황중윤은 자신의 생각을 표현하기에 가장 적합한 양식을 물색하는 과정에서 「용당영회록」에 주목했을 뿐이며, 「달천몽유록」이 「용당영회록」의 영향을 받았다는 사실을 모르더라도 우리가 「달천몽유록」을 이해하는 데는 별 문제가 없는 것이다.

이 시기 한국 고전소설에서는 『전등신화』가 전고로 인용되는 현상이 나타나는데, 이 역시 『전등신화』가 이전 시기의 한국소설 및 당 전기, 그리고 『전등여화』 등과 더불어 소설 창작의 중요한 원천으로 작용하고 있었음을 뜻한다고 하겠다. 17세기는 한국 고전소설이 우리 나름의 독자적 전통을 수립해 나간 시기였던바, 『전등신화』는 한국소설로는 『금오신화』와 『기재기이』 이외에 뚜렷한 성과가 없었던 당시에 소설 작가들이 작품 창작에 참조할 수 있었던 훌륭한 텍스트였던 것이다.

17세기에 이루어진 『전등신화』의 수용은 이전 시기의 그것과 어떤 관계가 있을까? 필자는 이 문제를 이전 시기 소설과 17세기 소설 사이의 근본적인 성격 차이와 관련하여 이해할 필요가 있다고 본다. 『금오신화』와 『기재기이』가 우의적 성격이 매우 강한 소설집이라면, 17세기에 창작된 전기소설은 통속적 성격이 매우 강화되었다고 할 수 있다.[71] 이러한 소설사적 전환의 과정에서 지대한 역할을 한 것은, 다름이 아니라 몽유록이라고 할 수 있는데, 16세기 후반에 이르러 몽유록은 '꿈'이라는 소재의 활용 및 그로부터 비롯된 '교술성'으로 인해 이전 시기 전기소설이 떠맡았던 '우의'의 양식

71) 17세기 전기소설의 통속적 성향에 대해서는 양승민, 「17세기 전기소설의 통속화 경향과 그 소설사적 의미」(고려대학교 박사논문, 2003) 참조.

으로서의 자리를 물려받아 그 자신의 정체성을 확고히 하였다. 이에 17세기 전기소설은 애정전기소설 위주로 재편되어 남성의 성적 욕망을 표출하면서 통속화되었고, 몽유록은 그 양식적 성격 자체만으로도 우의를 전달하기에 충분한 역량을 획득하게 되었다. 때문에 이 시기 소설 작자들은, 김시습이 『금오신화』에서 선보였던 바 『전등신화』를 통해 『금오신화』의 의미를 파악하게 하는 것과 같은, 지난한 방식으로 '우의'의 소설을 창작할 필요가 없게 되었던 것이다. 요컨대 『금오신화』의 『전등신화』 수용 양상은 전기소설을 '우의'로 활용한 데서 빚어진, 매우 특수한 현상이었다.

『전등신화』 수용의 세 번째 단계는 17세기 이후이다. 17세기 중후반부터 한국 고전소설은 전기소설과 몽유록 중심에서 벗어나 다양한 양식의 소설들을 선보였고, 조선 후기로 갈수록 한국 고전소설은 그 편폭을 더욱 확장하였다. 이 시기 소설 작자들은 굳이 『전등신화』 같은 중국소설에 기대지 않고서도 한국 고전소설의 전통 속에서 작품을 창작할 수 있게 되었으며, 따라서 조선 후기 전기소설과 몽유록 및 한문소설에서는 이전 시기 작품들에 비해 『전등신화』의 영향이 상대적으로 줄어들었다고 말할 수 있다.

그럼에도 불구하고 『전등신화』는 여전히 인기 있는 소설이었고, 한국 고전소설의 창작에 끼친 영향 역시 무시할 수 있는 수준이 아니다. 조선 시대 『전등신화』 수용과 관련하여 특히 주목되는 점은 『전등신화』의 주석서인 『전등신화구해』의 간행인데, 현재 남아 있는 기록들로 볼 때 『전등신화구해』는 단순히 흥미로운 소설로서만 읽힌 것이 아니라 서리나 초학자들의 한문 학습 교재라는 실용적인 목적으로도 활용되었음을 알 수 있다. 『전등신화』에는 다양한 양식의 시문이 삽입되어 있었기에 문장 학습에 도움이 되기도 했겠지만, 『전등신화구해』에 붙은 주석들 또한 『전등신화』 본문 못지않게 『전등신화』의 유행에 큰 역할을 담당했을 터인데, 『전등신화구해』의 주석은 조선 후기 소설 작자들의 작품 창작에도 적지 않은 기여를 했을 것으로 짐작된다. 「포의교집」을 예로 들어 보면, 「포의교집」의 작자가 『전등신화』를 읽었다는 점은 부정할 수 없는 사실이다. 「포의교집」에서 양파는 죽어가면서 녹주와 벽옥을 거론하고 있으며, 「취취전」에서는 취취가 죽어가면서 읊은 시에 녹주와 벽옥이 언급되고 있다. 그런데 『전등신화구해』를 보면, 취취가 읊은 시의 한 구절인 '綠珠碧玉心中事' 아래 붙은 주석에 녹주와 벽옥의 고사가 잘 요약되어 있다. 「포의교집」의 작자가 읽었던 『전등신화』는 『전등신화구해』였을 것이고, 그가 『전등신화』의 본문 못지않게 유용하고 재미있는 주석들을 그냥 넘겼을 리는 없을 것이다.

앞서 필자는 「포의교집」을 검토하면서 이 시기 소설 독자와 작자들 사이에 『전등신화』에 대한 지식이 보편화되었음을 알 수 있다고 했는데, 사실 이런 현상은 15세기부터 이미 있었다고 보는 게 타당할 것이다. 김시습은 『전등신화』의 내용을 숙지한 상태에서 『금오신화』를 창작하였고, 17세기 전기소설·몽유록의 작자 역시 마찬가지였다. 조선 후기에 이르면 전기소설 및 전기소설의 전통하에 창작된 세태소설들, 곧 「절화기담」·「포의교집」·「지봉전」·「종옥전」·「오유란전」 등에서 『전등신화』의 영향이 감지될 뿐만 아니라, 「삼한습유」나 「삼해지」 같은 한문 장편소설에서도 『전등신화』의 독서 경험을 확인할 수 있다. 그런데 『전등신화』의 독서 경험은 한문소설뿐만 아니라 국문본 「김영철전」[72]에서도 발견된다. 더욱이 이 시기에는 「원회록」·「원자실전」·「홍낭전」·「귀영전」 같은 『전등신화』의 국문 개작 소설마저 나타났으니,[73] 『전등신화』는 조선 후기로 갈수록 그 향유층이 확대되었던 것이고, 그러한 상황 속에서 『전등신화』의 독서 경험이 소설 창작에 적극적으로 활용되거나 소설 속에 묻어나는 일은 매우 자연스러운 현상이었던 것이다.

---

72) 서인석, 「국문본 김영텰뎐의 이본적 위상과 특징」(『국어국문학』 157, 국어국문학회, 2011), 117~125쪽에 의하면, 국문본인 서인석본 「김영철전」의 필사 시기는 19세기이다.

73) 『전등신화』 개작 소설의 산출 동인과 그 의미에 대해서는 엄태식, 「원회록과 전등신화 개작 소설」(『고소설연구』 35, 한국고소설학회, 2013) 참조.

3. 『전등신화』의 개작 소설

『전등신화』는 조선 시대에 가장 많이 읽혔던 중국소설이자 가장 인기 있는 소설 가운데 하나였으므로, 『전등신화』가 한국 고전소설에 지대한 영향을 미쳤을 것임은 충분히 짐작할 수 있는 일이다. 그렇다면 『전등신화』의 소설사적 수용 양상은 한국 고전소설 전체를 대상으로 논의되어야 마땅할 터인데, 지금까지의 한국 고전소설 연구에서는 전기소설, 그것도 대부분 『금오신화』에 한정하여 다루어 왔다.[1] 이에 한국 고전소설 전반에 끼친 『전등신화』의 영향에 대한 체계적인 고찰이 요구되는바, 여기서는 이의 일환으로 『전등신화』의 개작 소설을 다루고자 한다.

그간 『전등신화』의 개작 소설에 대한 논의는 많지 않았는데, 그 이유는 이에 해당하는 작품이 많이 발견되지 않았기 때문이다. 지금까지 알려진 바 『전등신화』의 개작 소설은 김재웅이 발굴한 「원자실전」과 조재현이 그 관련 양상을 언급한 「홍낭전」이다.[2] 「원자실전」은 「삼산복지지」의 개작이고

1) 송정애, 「운영전 연구」(서울대학교 석사논문, 1977)에서는 「운영전」과 「녹의인전」의 관련 양상을, 김승호, 「태허당의 가야진용왕당기우록 연구」(『고소설연구』 7, 한국고소설학회, 1999)에서는 「가야진용왕당기우록」과 「용당영회록」의 관련 양상을, 지연숙, 「피생명몽록 연구」(『우리어문연구』 23, 우리어문학회, 2004)에서는 「피생명몽록」과 「녹의인전」의 관련 양상을 다루었다. 그러나 『전등신화』의 모티프나 전고의 수용을 다룬 것을 제외하면, 『금오신화』 및 전기소설 이외의 작품과 『전등신화』의 관계를 다룬 성과는 그리 많지 않다.

2) 김재웅, 「원자실전의 전기소설적 성격과 의미」(『어문연구』 53, 어문연구학회, 2007); 조재현, 「홍낭전과 전등신화 소재 금봉채기 비교 연구」(『고소설연구』 25, 한국고소설학회, 2008).

「홍낭전」은 「금봉차기」의 개작인데, 「홍낭전」의 경우 조재현의 연구가 있기 전까지는 '홍냥전'으로 잘못 알려졌었다.

이 글의 주된 논의 대상인 「원회록」은 강전섭 소장 국문필사본으로,[3] 박종익에 의해 세 편의 논문이 발표되었으나 후속 연구가 없었다.[4] 박종익은 「원회록」의 통과의례적 요소와 작품의 소재 및 영웅소설적 면모 등에 주목하였지만, 이 작품의 창작 연원에 대해서는 전혀 언급하지 않았다. 그런데 필자가 검토한 결과 「원회록」은 『전등신화』 「영주야묘기(永州野廟記)」의 개작 소설이었다. 이에 이 글에서는 「원회록」과 「영주야묘기」의 관계를 살펴보고 「원회록」의 개작 양상을 검토한 뒤 『전등신화』의 개작 소설에 대해 다루어 보고자 한다.

(1) 「원회록」과 「영주야묘기」의 관련 양상

「원회록」의 경개는 박종익이 이미 정리한 바 있으나,[5] 「원회록」과 「영주야묘기」의 관련 양상을 드러낼 수 있을 정도로 상세하지는 않기에, 다시 정리하기로 한다. 다음은 「영주야묘기」의 서사 단락이다.

① 영주(永州)에 신묘(神廟)가 있었는데, 그곳을 지나가는 사람이 짐승을 제물로 바치지 않으면 비바람을 일으켜서, 가지고 있는 물건을 빼앗아갔다.
② 원(元)나라 대덕(大德) 연간에 필응상(畢應祥)이란 서생(書生)이 형주(衡州)로 가다가 신묘를 지나게 되었는데, 돈이 없어 절만 하고 지나갔다. 뒤

---

3) 강전섭, 「언문책목록 소고」(『한국서사문학사의 연구』, 중앙문화사, 1995), 2133쪽에서 서지사항을 소개했다.

4) 박종익이 발표한 세 편의 논문은 「통과의례적 구성요소를 통해서 본 필응상의 삶」, 「고소설 원회록의 소재 분석」, 「원회록의 영웅소설적 면모」인데, 이 논문들은 박종익, 『고소설 원회록 연구』(이화, 2010)에 수록되었다.

5) 박종익, 위의 책, 31~33쪽.

를 보니 검은 구름 및 안개와 함께 갑병(甲兵) 천승만기(千乘萬騎)가 쫓아오기에 『옥추경(玉樞經)』을 외워 간신히 위기를 모면하였다.

③ 필응상은 형주에 이르러 축융봉(祝融峰)을 지나면서 남악사(南嶽祠)에 배알하였는데, 전에 당한 일을 생각하고는 소장(訴狀)을 만들어 태웠다.

④ 이날 필응상은 꿈을 꾸었는데, 꿈속에서 포졸들에게 붙들려 어떤 곳으로 끌려갔다. 붉은 옷에 각띠를 두른 관리가 소장에 대해 묻자, 필응상은 자초지종을 설명했다. 관리가 대질하겠다며 흰 수염의 노인을 붙잡아 왔다. 노인은 영주야묘(永州野廟)의 신(神)이었는데, 그의 말에 따르면 사당이 요망(妖蟒)에게 점거된 지 몇 년이 되었다는 것이다. 노인의 제안에 따라 관리가 신장(神將)으로 하여금 신병(神兵) 5천 명을 거느리고 영주야묘로 가게 하니, 한참 후 수십 명의 귀졸(鬼卒)들이 주관백사(朱冠白蛇)의 수급(首級)을 가져왔다.

⑤ 관리가 필응상에게 돌아가라고 하니, 필응상이 잠에서 깨어났는데, 온몸에서 식은땀이 흘렀다.

⑥ 필응상이 형주에서 일을 마치고 돌아가는 길에 영주에 들렀다. 그는 사람들로부터 '어느 날 밤에 우레가 치고 싸우는 소리가 났는데 이튿날 신묘에 가서 보니 건물은 잿더미가 되어 있었고 수십 장(丈)이 되는 백사가 목이 잘린 채 죽어 있었으며 곁에는 독사 등이 무수히 죽어 있었다'는 말을 들었다.

⑦ 집으로 돌아온 필응상은 어느 날 대낮에 한가로이 앉아 있었다. 그런데 귀사(鬼使)가 찾아와 대질할 사건이 있다며 필응상을 지부(地府)로 데려갔다. 필응상이 지부에 가니, 흰 옷을 입고 붉은 두건을 쓴 장부(丈夫)가 왕에게 필응상이 자신을 남악에 무고하여 일족이 섬멸당했다고 말했다. 필응상은 그가 곧 백사임을 알고는 그와 대질하며 다투었다. 왕이 형산과 영주 성황당에 문의하니 필응상의 말이 사실임이 드러났고, 이에 백사는 풍도(酆都)로 압송되어 다시는 세상에 나오지 못하게 되었다. 왕이 노고를 치하하며 필성(畢姓) 명부에 적힌 그의 이름 밑에 "除妖去害延壽一紀"라는 말을 써 주었다.

⑧ 필응상은 배사(拜謝)하고 돌아왔다. 문 앞에 이르자 잠이 깨었는데, 그간 팔을 베고 책상에서 잠을 잤던 것이었다.

다음은 「원회록」의 서사 단락이다.

(1) 영주 서남에 형산이 있었다. 남악의 신령이 도사를 보내어 지키게 한 지 수백 년이 되었는데, 영주 백성이 그 영이한 자취를 사모하여 들 가운데 사당[현묘사]을 지어 사시향화를 받들었다.
(2) 원나라 대덕 황제 시절, 공부시랑 필준은 간신 진사성의 참화를 만나 벼슬을 버리고 집으로 돌아왔다. 나이 40이 되도록 자식이 없자 현묘사에 들어가 기자치성하였다. 10달 후 부인 장씨가 아들을 낳으니, 이름을 응상이라 하고 자를 화옥이라 하였다.
(3) 형주의 재상[이부상서] 설태경은 아들 설운과 딸 설취란을 두었는데, 설운은 태학사 임숙호의 딸과, 설취란은 필응상과 혼인하기로 약속했다. 그러나 설취란이 10세 되던 해에 설태경이 병사하고, 필준 역시 병사했다.
(4) 어느 날 대망(大蟒)이 독사와 사귀를 거느리고 현묘사에 침입하여 토굴에 은거하였으나, 도사는 자신의 재주로 그것을 제압하지 못했다. 이후로 대망은 현묘사에 거하며 백성의 제사를 받았다.
(5) 영주태수 석유경은 진사성과 같은 당으로, 그에게 아첨하여 태수 자리를 얻었다. 나이 40이 되도록 자식이 없어 현묘사에 가서 기자치성하였는데, 그날 밤 어떤 사람이 청사를 타고 와서 부인을 겁탈하는 꿈을 꾸었다. 부인 역시 같은 꿈을 꾸고 10달 후 아들을 낳았으니, 그 아들의 눈이 대망과 같았다. 이때 진사성도 자식이 없었는데, 석유경은 진사성의 은혜를 갚고자 하여 자신의 일을 알렸다. 진사성 역시 현묘사에 기자치성한 후 아들 진림을 낳았고, 진사성의 당 가운데 자식 없는 자들도 번갈아 영주태수를 지내며 아들을 낳았다. 황제 역시 자식이 없었는데, 진사성과 석유경의 말을 듣고 같은 방법을 써서 후궁에게서 아들을 낳고는 이를 기뻐하여 현묘사를 보국대흥전으로, 도사를 천관도사로 추존하였다. 이로부터 백성들

도 그곳에 기자치성하여 아들을 낳았는데, 재주가 범인보다 뛰어났다.

(6) 황후가 아들을 낳으니, 황제가 기뻐하여 취미궁에서 별과를 배설했다. 필응상이 15세의 나이로 장원급제하고, 설운은 방안을 하였는데, 나머지 급제자 30여 명은 간당의 자질들이었다. 필응상은 설운과 더불어 한림원직학사를 제수 받았고, 얼마 후 설취란과 혼인하였다.

(7) 황제가 태자를 봉하려고 신하들을 모아 의견을 물었는데, 필응상은 그 자리에 모인 이에게서 사람의 모습이 적음을 발견하고 걱정했다. 진사성과 그 일당이 후궁의 아들을 세우려 하자, 필응상과 설운이 죽기로 간했다. 황제가 현묘사 도사의 견해를 들어보자는 병부시랑 진림의 건의를 받아들여 명관을 현묘사로 보냈다. 이에 필응상이 그 부당함을 예부에 상소하니, 황제가 노하여 필응상의 관직을 삭탈하였다.

(8) 현묘사 대망이 도사로 변신하여 백주에 출입하던 중, 황제가 보낸 명관을 만났다. 이에 풍운을 일으켜 도성으로 가서 황제를 만나 후궁의 소생으로 태자를 삼으라 하니, 결국 후궁의 아들이 태자로 책봉되고 황후의 아들은 위왕으로 책봉되었다. 설운이 벼슬을 버리고 집으로 돌아왔다.

(9) 이때 대망이 도성에 출몰하여 민가를 돌아다니며 음란한 일을 저질렀으나, 그 종적을 알 수 없었다. 어느 날 대망이 한 재상집 규문을 엿보다가 필응상을 만나 도망쳤다. 필응상이 그 근본을 알고자 하여 영주 현묘사를 찾아가 그곳에 있는 화상을 꾸짖었다. 필응상은 독사와 신병의 공격을 받자, 진언을 외워 물리쳤다. 대망이 영주태수에게 현몽하여 사주하니, 필응상은 영주태수에게 붙잡혀 황성으로 끌려갔다. 필응상은 진사성 부자 등에 의해 죽을 위기에 몰렸으나, 위왕의 간언으로 인해 목숨을 건지고 3만 리 떨어진 옥하도로 유배되었다.

(10) 설운이 경사에 머무를 뜻이 없어 모부인과 장씨·설취란 등을 데리고 형주로 돌아가다가 영주의 주점에 묵었는데, 대망이 설취란의 꿈에 나타나 요술을 부려 납치하였다. 설취란은 대망의 핍박을 받아 7일 동안 먹지도 자지도 못하다가, 시비 소운향에게 혈서를 남긴 후 연못에 뛰어들어 자결했다. 설운 일행은 설취란의 행방을 알지 못한 채 형주로 돌아

갔다.

(11) 필응상은 유배지 옥하도에서 양취운이라는 귀녀를 만났다. 양취운은 어려서 검술을 익혔는데 어느 날 누각에서 재주를 시험하다가 추락사하였던 것인바, 그녀가 시왕전에 하소연하니 염왕이 세상에 나가 필응상을 도우라 했던 것이다.[6] 필응상은 양취운과 혼인하여 함께 지냈는데, 양취운은 지부를 드나들었다.

(12) 진사성 일당이 황제의 의심을 받자 역모를 일으켜 태자를 황제로 세웠다. 그리고 황제를 태상황으로, 여빈을 태후로, 천관도사를 형왕으로 봉하였고, 위왕을 황하 절도에 위리안치하였다. 진사성은 조왕이 되고 진림은 승상이 되었으며, 국호를 태화로 고쳤다.

(13) 진사성 일당이 위왕과 필응상을 꺼려하여 사약을 내렸으나, 염왕의 분부를 받은 양취운이 사자의 목을 베었으므로 둘은 목숨을 건졌다. 필응상은 양취운의 도움으로 위왕과 편지를 주고받은 후 그녀와 함께 위왕의 적소로 갔다. 그리하여 대덕 28년 병오일에 기병하니, 호군도위 이맹[맹겸]은 대장이 되고, 창군교위 호두철은 부도독이 되고, 절도사[추관] 조윤은 중군[후군장]이 되고, 필응상은 모사가 되었다.[7]

(14) 설운이 설취란을 찾기 위해 집을 떠나 영주에 이르렀는데, 웅장한 나무 한 그루가 있어 대수장군이라고 썼다. 그곳에 있는 망선궁에 들어가 기도하고 나와서는 큰 나무 밑에서 쉬다가 잠이 들었는데, 꿈속에 나무가 백발노인으로 나타나 이름 지어준 것을 사례하며 설취란의 절사 소식을 전하였고, 또 말하기를 남악사에 들어가 신령에게 소지를 올려 신장과 귀졸을 불러오면 대망과 싸우겠다고 하였다. 설운이 그 말을 따라 남악사에 가서 분향재배했는데, 꿈속에서 신령을 만나 대망을 죽일 무기인 철장을 받았다. 그날 신장과 귀졸이 내려오고 대수장군도 합세하여 마침

6) 양취운은 처음 필응상을 만났을 때 난중에 도적에게 붙잡혀 자결했다고 거짓말을 했지만, 나중에 이 사실을 밝혔다.

7) 장수들의 이름과 직위는 뒷부분에 다르게 나오므로 함께 표시했다. 이런 현상은 영웅군담소설에서 자주 보인다.

내 대망을 죽였다. 설운은 시비로부터 설취란의 혈서를 전달받았다.

(15) 이때 누런 얼굴빛을 가진, 절강 유처사의 딸 유채교가 대망에게 붙잡혀 있었다가, 설운 및 여러 여인들과 함께 대망이 죽은 곳으로 가서 구경하였다. 여자들이 대망이 죽은 모습을 보고 기절하였는데, 유채교의 목숨이 경각에 있었다. 대수장군이 나타나 설운에게 철장을 주며 물에 다려서 먹이라 하기에 설운이 그 말대로 하였더니, 그녀의 방광에서 누런 물이 흘러나왔다. 유채교가 깨어나 부끄러워하며 차라리 자결하겠다고 하니, 설운이 유채교를 부실로 맞이하겠다는 뜻을 표하였고, 이에 유채교가 기뻐하였다. 그날 설운이 유채교와 밤을 보내는데 꿈에 설취란이 나타나 우선 철장으로 필응상의 위급함을 구한 뒤 필응상으로 하여금 자신의 신체를 거두어 가게 하라고 말하였다.

(16) 필응상이 승승장구하며 진군하니 백성들이 귀순하였다. 소흥부에 이르러서는 양취운이 밤에 자객으로 침투하여 소흥부 추관의 머리를 베어 왔다. 한편 황제는 석성문을 도총독으로 삼고 여철정을 부원수로 봉하여 3만 군사를 이끌고 소흥부로 가게 했다. 양군이 접전하매 여철정이 요술을 썼다. 양취운이 자객으로 적진에 침투하여 석성문의 머리를 베려 했으나 그곳에 어려 있는 기운 때문에 범접하지 못했다. 필응상 등은 적에게 포위당해 군량이 떨어졌다.

(17) 설운은 소흥부에 이르렀으나 성으로 들어가지 못했다. 이때 적이 몰려오자, 설운은 철장을 성안으로 던진 후 창두와 함께 적에게 사로잡혔다. 대장 맹겸이 철장을 사용하여 적장들을 죽이니, 그들은 죽어 대망으로 변했다. 아군이 승리한 후 설운이 위왕을 알현하였다.

(18) 패전 소식을 들은 황제가 형제의 정의로 회포를 풀자는 화친의 뜻을 전하자, 위왕이 거절했다. 이에 황제가 태상황을 협박하여 칙지를 내리게 하니, 필응상이 계략을 세웠다. 위왕이 귀순하자 황제는 잔치를 베풀었다. 이때 장수들이 검무를 추게 되니, 맹겸이 철장으로 황제와 진림을 죽였다. 대덕 황제가 환궁하여 옥새를 위왕에게 전했다. 황제가 공신을 포상하고 간신을 처벌했다.

(19) 필응상과 설운이 상소하여 근친하겠다고 하니 황제가 허락하였다. 그날 밤 양취운이 필응상에게 이별을 고하고 떠났다. 필응상과 설운이 형주로 떠났다.

(20) 설취란이 사후에 지부 염왕전에 가서 억울함을 하소연하니, 염왕이 대망의 혼백을 잡아들여 문초한 후 대망을 풍도지옥에 보내어 영원히 세상에 나오지 못하게 했다. 염왕은 설취란의 수명이 다하지 않았다 하여 사자로 하여금 인세(人世)로 인도하게 하였다. 설취란이 인세로 가는 도중에 필응상에게 죽임을 당한 귀신 40여 명을 만났으나, 양취운이 나타나 귀신을 쫓았다.

(21) 필응상과 설운은 형주로 가다가 영주에 들러 설취란이 빠져 죽은 못의 수신에게 제사를 지냈다. 홀연 물빛이 변하며 설취란의 신체가 떠올랐고, 잠시 후 설취란이 회생하였다. 그날 밤 필응상의 꿈에 현묘사 도사가 나타나 화상을 다시 그리고 사당을 중수해 주기를 부탁했다. 필응상이 나라에 주문하였고, 대수장군의 제사도 받들게 하였다. 필응상과 설운이 설취란·유채교·소운향 등을 데리고 길을 떠났다. 설취란·필응상·설운이 형주로 가서 두 부인을 만나 그간의 일을 이야기하였다.

이상 「영주야묘기」와 「원회록」의 서사 단락을 살펴보았는데, 이를 통해 「원회록」이 「영주야묘기」의 개작이라는 점은 충분히 드러났다고 본다. 「원회록」은 표제와 내제가 모두 '원회록'인데, 작품의 내용과 잘 맞지는 않지만 '怨悔錄'이라는 뜻으로 볼 수밖에 없을 듯하다. 「원회록」은 작품이 완결되지 않은 채 필사가 끝났지만,8) 뒤에 새로운 내용이 나올 가능성은 없다.

「원회록」에는 조선 후기 통속소설들에 익히 보이는 장면들이 감지되는데, 이는 작자가 「영주야묘기」를 부연·개작하면서 여러 소설들에 보이는 대목들을 끌어왔기 때문이다. 필응상이 꾀를 내어 검무를 추는 장면은 『사기』 「항우본기」의 홍문연 검무 장면을 가져온 것으로 영웅군담소설에서 익

8) 강전섭, 앞의 논문, 2133쪽에서 "卷末 1張 缺損本"이라고 했다.

히 보았던 것이고, 설취란이 물에 빠졌다가 환생하는 대목은 「김학공전」 등에서 나타나는 것이며, 귀녀 양취운에게서는 「구운몽」의 가춘운과 심요연의 모습이 감지된다. 한편 「원회록」은 소설뿐만 아니라 설화의 영향을 받았을 가능성도 있다. 「원회록」에서는 대망이 여러 여자들을 납치한 것으로 되어 있는데, 여기서 '지하국대적퇴치설화'의 흔적이 느껴지기 때문이다. 그러나 「원회록」이 구체적으로 어떤 소설이나 설화의 영향을 받았는지를 정확하게 증명하기란 어려운 일이고, 더욱이 이 글의 목적은 「원회록」을 비롯하여 『전등신화』 개작 소설 전반을 다루는 데 있기 때문에, 여기서는 「원회록」의 「영주야묘기」 개작 양상을 중심으로 논의를 전개하고자 한다.

「원회록」의 개작은, 처음부터 끝까지 「영주야묘기」의 서사적 틀을 유지하는 가운데 원작을 확대·부연하는 형태로 이루어졌다. 「원회록」의 서사 단락 가운데 원작인 「영주야묘기」의 그것과 직접적인 관련성이 확실히 드러나는 것은 (1)·(2)·(4)·(9)·(10)·(14)·(15)·(20)·(21)이며, 나머지는 원작과 일정한 관계를 가지면서 부연된 것이다. 「원회록」의 작자는, 「영주야묘기」에서 필응상이라는 한 명의 주인공이 떠맡았던 역할을 다수의 등장인물에게 분산시키는 방식으로 편폭을 확대하였던 것인데, 그 대체적인 양상은 다음과 같다.

서사	「영주야묘기」	「원회록」
사당에서 기도함	①-필응상	(2)-필준
신병에게 쫓기자 진언을 외워 물리침	②-필응상	(9)-필응상
대망에게 당한 일을 분하게 여겨 고소장을 올림	③-필응상	(14)-설운
길을 가다가 영주에 들름	⑥-필응상	(10)-설운, (14)-설운
억울함을 푼 뒤 수명 연장이라는 보상을 받음	⑦-필응상	(20)-설취란, (21)-설취란

「원회록」에서 좀 생각해 봐야 할 부분은 (15)이다. 여러 여인들이 대망에게 끌려갔다는 내용은 '지하국대적퇴치설화'와 일정한 관계가 있다고 볼 수

있는데, '지하국대적퇴치설화'는 세계적으로 널리 분포되어 있기에 이 대목의 연원을 정확히 지적할 수는 없지만, 필자는 이 부분이 「신양동기」의 영향이 아닌가 생각한다. 「신양동기」는 『전등신화』의 13번째 작품으로, 「영주야묘기」의 바로 뒤에 이어지는 소설이기도 하거니와, 「신양동기」에서 이덕봉(李德逢)이 원숭이를 죽인 후 세 여자를 데리고 나와 그녀들을 모두 아내로 맞아들인다는 것이, (21)에서 필응상과 설운이 설취란·유채교·소운향을 데리고 형주로 돌아오는 것과 유사하기 때문이다. 「원회록」에서 「신양동기」의 직접적인 영향을 찾기는 어렵지만, 작자가 「신양동기」를 참조하여 이 부분의 서사를 꾸려나갔을 가능성은 높다고 본다.

「원회록」과 「영주야묘기」의 서사 단락 비교를 통해, 우리는 「원회록」의 작자가 꽤 치밀한 계획을 수립한 상태에서 개작에 임했음을 짐작할 수 있다. 「원회록」은 전기소설인 원작에 조선 후기 통속소설의 서사 문법을 가미하여 완전히 새로운 작품으로 변개하였음에도 불구하고, 서사가 대체적으로 매끄럽게 전개된다. 이 점에서 볼 때, 「원회록」의 작자는 일정 수준 이상의 소설 창작 역량을 가지고 있었을 것으로 추측된다. 그렇다고 하여 「원회록」이 다수의 독자들을 향한, 전문 작가의 소작이라고 보기는 어렵다. 만일 작자가 완전히 새로운 작품을 창작하려고 했다면, '영주'라는 지명이나 '필응상'이라는 인명까지도 바꾸지 않았을까? 하지만 작자는 제목만 원작과 다르게 바꿨을 뿐, 지명이나 인명은 변개하지 않고 그대로 두었던바, 이는 작자가 「원회록」이 「영주야묘기」의 개작이라는 사실을 굳이 숨기지 않으려 했다는 뜻으로 이해할 수 있을 것이다.

「원회록」은 강전섭본이 유일본이기에, 널리 유행하지는 않았을 것으로 보인다. 그러나 「원회록」은 중간에 필체가 확연히 달라지므로, 두 명 이상이 필사한 소설일 가능성이 높고, 따라서 원작(原作)이라고 단언할 수는 없다. 중요한 것은 이런 작품의 산출 동인을 탐색하는 일일 터인데, 이에 대해서는 『전등신화』를 개작한 여타 소설들과 함께 묶어 생각보기로 한다.

(2) 『전등신화』 개작 소설의 존재 양상과 그 의미

『전등신화』의 개작 소설은 앞서 소개한 「원회록」 이외에도 「원자실전」과 「홍낭전」이 있다. 여기서는 『전등신화』 개작 소설을 종합적으로 고찰하여 그 존재 양상과 의미를 살펴보도록 하겠다.

「원자실전」은 「삼산복지지」의 개작 소설인데, 김재웅의 논의에서 밝혀졌듯이 「원자실전」에서 원자실이 삼산복지에 갔다가 나오는 장면까지는 「삼산복지지」와 별로 다르지 않다.[9] 다음 인용문은 「삼산복지지」와 「원자실전」에서 목군(繆君)이 원자실에게 쓰지도 않은 문권(文券)을 요구하며 핑계를 대는 장면이다.

> 목군이 정색을 하며 말했다. "문권은 분명히 있었소. 다만 병화를 겪은 후에 그대가 잃지 않았나 하오. 그러나 문권의 유무는 내 따지지 않을 터이니, 오직 바라건대 기한을 좀 늦추어 주어 힘을 써 보도록 해 주시오." 원자실은 알았다고 하고 나왔다. 의심스럽게도 그 말이 간교하고 이처럼 배은망덕하였으나, 양의 뿔이 울타리에 걸리듯 진퇴유곡이었다. 반달 후에 다시 그 문을 찾아갔지만 단지 부드러운 말로 접대할 뿐 끝내 한 푼도 주지 않았고, 이리저리 핑계를 댔다. 그리하여 마침내 반년이 지나고 말았다.[10]

> 목권이 발연변식왈 엇지 슈빅냥 은ᄌ를 쥬며 문권을 밧지 아니ᄒ여스리요마는 다만 병화 즁의 군이 일엇도다 그러나 문권 유무는 고ᄉᄒ고 궁박ᄒ 경상과 고의를 싱각ᄒ야 쥰슈이 갑흐련이와 다만 졍ᄒ을 넉넉히 ᄒ여 극녁 쥬셔케 ᄒ

9) 김재웅, 앞의 논문.

10) 繆君正色曰 文券誠有之 但恐兵火之後 君失之耳 然券之有無 某亦不較 惟望寬其程限 使得致力焉 自實唯唯而出 怪其言辭矯妄 負德若此 羝羊觸藩 進退惟谷 半月之後 再登其門 惟以溫言接之 終無一錢之惠 展轉推托 遂及半年(「三山福地志」, 上29쪽)

라 ᄒᆞ니 ᄌᆞ실이 분홈을 억졔ᄒᆞ고 집의 도라와 혜아리ᄆᆡ 목군의 심ᄉᆡ 불측ᄒᆞ야 간ᄉᆞᄒᆞᆫ 말 약ᄎᆞᄒᆞ고 ᄇᆡ은홈이 이러ᄒᆞ니 엇지 인류라 이르리요 신세를 ᄉᆡᆼ각ᄒᆞ니 만경충파 즁의 풍낭을 만남 갓고 심순궁곡의 ᄆᆡᆼ호를 ᄃᆡ홈이라 어늬 관장 송ᄉᆞᄒᆞ며 어ᄃᆡ 가 셜원ᄒᆞ리 충천이 명명ᄒᆞ고 일월이 발아시니 쳔지신명 하감ᄒᆞᄉᆞ 션악을 ᄉᆞᆸ피소셔 ᄂᆡ ᄒᆞᆫ 몸은 불관ᄒᆞ나 쳐ᄌᆞ야 무ᄉᆞᆷ 죄뇨 이리져리 혜아리니 정신이 막막ᄒᆞ고 가ᄉᆞᆷ이 답답ᄒᆞ다 진퇴유낙 ᄒᆞᆯ 슈 업셔 산쳔을 바라보니 초목이 울울ᄒᆞ고 ᄃᆡ히를 바라보니 물결이 흉흉ᄒᆞ다 고향을 바라보니 ᄇᆡᆨ운이 유유ᄒᆞ고 분모를 ᄉᆡᆼ각ᄒᆞ니 황쵸가 울울ᄒᆞᆫ들 그 뉘라 금벌ᄒᆞ리 션영의 죄인이요 쳐ᄌᆞ의 원이로다 그러나 목군도 ᄯᅩᄒᆞᆫ 사ᄅᆞᆷ이라 천ᄒᆡᆼ으로 구졔ᄒᆞᆯ가 ᄒᆞ야 슈월 후 다시 ᄎᆞᄌᆞ가 보리라 ᄒᆞ고 산의 올나 나무도 ᄒᆞ고 금강천의 고기도 낙그며 겨오구러 ᄉᆞᆷ순구식으로 반년 후 다시 목군을 ᄎᆞ져가니 다만 온언으로 셜화ᄒᆞ고 ᄆᆞᆺᄎᆞᆷᄂᆡ 푼젼쵸급ᄒᆞᆯ ᄯᅳ시 업ᄂᆞᆫ지라 그러나 ᄌᆞ실이 ᄒᆞᆫ 말도 ᄀᆡ구치 아니ᄒᆞ고 혹 젼ᄉᆞ를 씨다라 구졔ᄒᆞᆯ가 마음이 간졀ᄒᆞ야 항상 왕ᄂᆡᄒᆞ더니 목군이 안ᄉᆡᆨ을 불편ᄒᆞ고 젼젼츄탁ᄒᆞ야 반년이 너문지라[11)]

이처럼 「원자실전」에는, 「삼산복지지」에 없는 원자실의 내면 묘사가 추가되어 있다. 이런 양상은 「원자실전」 전반에서 확인되는데, 특히 인용문에서는 가사체의 율문이 나타나면서 등장인물의 정서를 표현하고 있는바, 이러한 율문적 경향은 「유충렬전」에서도 보였던 것이다.[12)]

「원자실전」은 「삼산복지지」의 직역은 아니지만, 원자실이 삼산복지에서 나오기 전까지는 「삼산복지지」와 동일한 서사 진행을 보이고 있다. 다음은 「삼산복지지」와 「원자실전」에서 원자실이 삼산복지에서 나오는 장면이다.

11) 「원자실전」, 6~8쪽.
12) 박일용, 「유충렬전의 문체적 특징과 그 소설사적 의미」(『영웅소설의 소설사적 변주』, 월인, 2003), 310쪽에서 "「유충렬전」에는 인물이나 경치 재주 등과 같은 묘사 대상의 출중함을 드러낼 때, 또는 전쟁 장면과 같은 호쾌함을 드러낼 때, 작중 인물이 위험에 처하여 비장감을 자아내는 위기의 순간, 상봉 장면 등에서 특히 서술자의 정서가 고양되어 나타나며, 율문적 경향이 더욱 두드러지게 나타난다."라고 하였다.

(도사가) 말을 마치고 원자실에게 말했다. “그대가 이곳에 온 지 오래되어 집안사람들이 몹시 기다릴 것이니 이제 돌아가는 게 좋겠소.” 원자실이 길이 없다고 말하니, 도사가 어떤 좁은 길을 가리키며 가라고 하였다. 그리하여 마침내 재배하고 작별하였다. 2리쯤 가니 산 뒤에서 굴 하나를 발견하여 나왔다. 집에 도착하니 이미 반달이 지나 있었다.13)

말ᄉᆞᆷ을 다ᄒᆞᄆᆡ ᄌᆞ실 다려 왈 그ᄃᆡ 집을 ᄯᅥᄂᆞᆫ 제 강ᄌᆞᆼ 오련지라 가권이 그ᄉᆞ이 도옹의 구제ᄒᆞᆷ으로 아직 긔혼은 면ᄒᆞ나 만리타향의 쥬야념녀ᄒᆞ야 바ᄅᆞᄂᆞᆫ 눈물이 마를 적 업ᄂᆞᆫ지라 후일의 다시 만나 풍경을 동낙ᄒᆞᆯ 거시니 밧비 도라가라 ᄒᆞ고 동ᄌᆞ를 명ᄒᆞ야 길을 인도ᄒᆞ라 ᄒᆞ거ᄂᆞᆯ ᄌᆞ실이 ᄇᆡᆨ비사례ᄒᆞ고 ᄋᆡ연이 니별ᄒᆞ니라 인ᄒᆞ야 슈리ᄅᆞᆯ ᄒᆡᆼᄒᆞ다가 동ᄌᆞ게 청ᄒᆞ여 왈 ᄉᆡᆼ이 진세예 일긔 우ᄆᆡᆼ으로 외람이 션경을 더러이ᄆᆡ 황공ᄒᆞ오나 임의 이곳의 이르러시니 명부를 잠간 구경ᄒᆞᆷ이 엇더ᄒᆞ뇨 동ᄌᆡ ᄃᆡ왈 명부를 구경ᄒᆞᆷ이 어렵지 아니ᄒᆞ나 다ᄆᆞᆫ 형죠녹ᄉᆞ의 품고ᄒᆞ리라 ᄒᆞ고 ᄌᆞ실을 다리고 ᄒᆞᆫ 정각의 이르니 문셔 구산 갓고 녹ᄉᆡ 정좌ᄒᆞ야 문셔를 상고ᄒᆞᄂᆞᆫ지라 동ᄌᆡ 드러가 고ᄒᆞᆫᄃᆡ 녹ᄉᆡ 쥬필노 ᄒᆞᆫ 장 ᄇᆡᆨ지를 ᄡᅧ 쥬거ᄂᆞᆯ 바다보니 세샹 문ᄌᆞ와 다른지라14)

「삼산복지지」에서는 위의 인용문 이후에 원자실이 도사의 말을 듣고 복령(福寧)으로 들어가 살다가 땅속에서 은 4정(錠)을 발견하였다는 이야기 및 목군이 왕장군(王將軍)에게 죽임을 당한다는 이야기가 서술되면서 간략하게 마무리되고 있다.15) 그러나 「원자실전」에서는 위와 같이 원작의 내용

---

13) 言訖 謂自實曰 汝到此久 家人懸望 今可歸矣 自實告以無路 道士指一徑令其去 遂再拜而別 行二里許 於山後得一穴出 到家則已半月矣(「三山福地志」, 上37~38쪽)

14) 「원자실전」, 19~20쪽.

15) 急携妻子 逕往福寧村中 墾田治圃而居 揮钁之際 錚然作聲 獲瘞銀四錠 家遂稍康 其後張氏奪印 達丞相被拘 大軍臨城 陳平章遭擄 其餘官吏 多不保其首領 而繆君爲王將軍者所殺 家貲皆歸之焉 以歲月計之 僅及三載 而道士之言 悉驗矣(「三山福地志」, 上38쪽)

이 바뀌면서 그 뒤에 원자실이 동자를 따라 지옥과 천당을 구경하고 집으로 돌아오는 서사가 첨가되어 있는 것이다. 「원자실전」에 지옥 이야기가 나오는 이유는 그 이전의 서사와 관계가 있다. 「삼산복지지」와 「원자실전」에서 원자실은 부정을 저지른 승상 및 여러 관리들의 응보에 대해 묻는데, 이에 대하여 도사는 그들이 무염귀왕(無厭鬼王)·다살귀왕(多殺鬼王)이라고 말하기도 하고 또 이제 처벌을 받게 될 것이라고도 이야기하였던바, 「원자실전」의 지옥 이야기는 바로 이 때문에 부연된 것이다.

「원자실전」에서 원자실은 지옥을 구경하며 진회(秦檜) 등 세상에서 죄를 지은 사람들이 형벌을 받는 모습을 구경한다. 그런데 이 지옥 구경 장면은 작자의 독창이 아니라 「영호생명몽록(令狐生冥夢錄)」에서 영호선(令狐譔)이 지옥을 구경하는 대목을 그대로 가져온 것이다. 다음은 「영호생명몽록」에서 영호선이 사자에게 지옥을 구경하겠다고 청하는 장면이다.

> (왕은) 다시 두 사자를 시켜 영호선을 집으로 돌려보내도록 하였다. 영호선이 두 사자에게 말했다. "제가 인간 세상에서 유학으로 업을 삼아서 비록 지옥의 일을 들었으나 정말 그렇다고 여기지는 않았습니다. 이제 이곳에 왔으니 한번 구경할 수 있을까요?" 두 사자가 말했다. "구경하는 것이야 어렵지 않으니, 다만 형조 녹사에게 아뢰기만 하면 됩니다." 그리고 즉시 영호선을 데리고 서랑을 돌아가서 다른 곳의 한 관청에 이르니, 그곳에는 문서가 산더미처럼 쌓여 있었고 녹사는 그 가운데 앉아 있었다. 두 사자가 영호선을 데리고 들어가 말하니, 녹사가 주필로 문서 하나를 써 주었는데, 그 글자는 전주와 같아 알아볼 수가 없었다.16)

---

16) 復遣二使送譔還家 譔懇二使曰 僕在人間 以儒爲業 雖聞地獄之事 不以爲然 今旣到此 可一觀否 二使日 欲觀亦不難 但禀知刑曹錄事耳 卽引譔循西廊而行 別至一廳 文簿山積 錄事中坐 二使以譔入白 錄事以朱筆批一帖付之 其文若篆籀不可識(「令狐生冥夢錄」, 上81쪽)

「원자실전」에서 원자실이 지옥으로 가는 장면과 동일함을 확인할 수 있다. 이후 전개되는 「원자실전」의 지옥 구경 장면 역시 「영호생명몽록」의 해당 대목을 정확히 직역한 것은 아니지만, 서사 전개는 기본적으로 동일하다. 한편 「원자실전」의 천당 구경 장면은 『전등신화』에서는 찾아볼 수 없는데, 그 부분에서는 구체적인 서사가 전개되지 않고 단지 가사체의 율문으로 천당이 묘사되고 있다. 「원자실전」의 작자가 천당을 구경하는 내용이 들어 있는 소설을 찾지 못해 구색 맞추기식으로 천당 구경 대목을 삽입하지 않았나 추측된다.[17]

지금까지 「원자실전」은 「삼산복지지」의 개작으로만 알려졌지만, 이상의 논의를 통해 「원자실전」이 「삼산복지지」와 「영호생명몽록」을 조합한 작품이라는 사실이 새롭게 밝혀졌다. 「원자실전」은 「삼산복지지」와 「영호생명몽록」을 직역한 작품은 아니지만, 그 개작의 폭은 그리 크지 않다. 두 작품의 내용 이외에 들어간 천당 구경 대목 및 장면의 부분적 확대, 그리고 작품 말미의 부연과 서술자의 개입 등이 원작과는 다르지만, 「원자실전」은 원작의 서사를 변개하여 새로운 작품으로 환골탈태하는 데까지 이르지는 못했다.

「홍낭전」의 본격적인 연구는 권도경에 의해 시작되었지만,[18] 조재현에 의해 「홍낭전」이 「금봉차기」의 개작이라는 사실이 밝혀지면서 선행 연구의 오류가 대부분 수정되었다.[19] 이에 이 글에서는 선행 연구에서 언급하지 않은 부분을 중심으로 「홍낭전」의 『전등신화』 수용 양상과 그 의미를 살펴보고자 한다.

「홍낭전」의 전반부는 「금봉차기」의 서사 틀을 거의 그대로 유지하면서 약간의 변용을 가하였고, 후반부는 대부분 「구운몽」의 장면들을 가져왔다.

17) 「원자실전」에서 원자실은 천당을 구경한 후 다시 '십대지옥'을 구경하고 세상으로 나온다.

18) 권도경, 「홍랑전의 구성적 특징과 소설사적 의의」(『민족문화논총』 31, 영남대학교 민족문화연구소, 2005).

19) 조재현, 앞의 논문.

권도경은 "「홍랑전」은 전기 양식적 징후가 농후한 작품 전반부와 영웅 일대기의 성격이 강조되어 있는 후반부가 이질감 없이 매끄럽게 접맥되어 있다."라고도 하였고,[20] 이를 '혼성모방과 통속적 창작 의식'이란 말로 설명하기도 하였는데,[21] 「홍낭전」은 이런 말을 붙일 수 있는 작품이 아니다.

「홍낭전」은 작품의 제목부터가 그 내용과 전혀 맞지 않는다. 이 소설이 '홍낭전'이라는 제목이 붙으려면, 오홍랑이 최홍가에게 『음양경』을 전한 후에도 어떤 방식으로든 다시 등장해야 마땅하다. 그러나 「홍낭전」에서 오홍랑은, 「금봉차기」를 수용한 대목까지만 등장하고 그 이후에는 전혀 나타나지 않는다. 만약 이 「홍낭전」이 정말로 독자들을 염두에 두고 창작된 통속소설이라면, 이는 독자들의 기대지평을 완전히 저버린 것이라고 할 수밖에 없다. 선행 연구에서는 작품 말미의 필사기를 근거로 「홍낭전」의 작자 우천을 전문작가로 보기도 했지만,[22] 「홍낭전」의 필사기는 작품 창작의 실제 상황을 반영한 것으로 보기 어려우며, 가상의 문답을 설정한 것일 가능성이 높다. 우천은 그 스스로 "지식이 천단ᄒᆞ고 국양이 편쇼ᄒᆞ고 언변이 쇼삭ᄒᆞ고 필법이 용열ᄒᆞ여 듯고 보잘거시 업시나"[23]라고 하였던바, 이는 자신의 역량을 잘 알고 있었던 작자의 변명일 뿐이다. '홍낭전'이라는 제목이 붙은 작품에서 주인공이라 할 수 있는 '홍랑'이 작품의 중간에 사라졌다는 것은, 작자의 소설 창작 역량을 단적으로 보여준다.

「홍낭전」은 결코 작자의 치밀한 개작 의도에 따라 창작된 소설이 아니며, 즉흥적인 창작 혹은 습작일 가능성이 높다. 「홍낭전」의 전반부에는 '경한규'라는 인물이 등장한다. 「금봉차기」에서는 최홍가의 부친이 원방(遠方)에 벼슬하러 가게 됨으로써 15년 동안 소식을 전하지 못하는 것으로 되어 있지

20) 권도경, 앞의 논문, 413쪽.
21) 위의 논문, 413~419쪽.
22) 위의 논문, 399~403쪽.
23) 「홍낭전」, 196쪽.

만, 「홍낭전」에서는 간신(奸臣)인 병부시랑 경한규가 한림학사 왕창열을 시기하여 황제에게 강남의 민란을 수습할 안찰사로 추천하고 왕창열의 모친 최씨가 아들을 걱정하여 남동생 최학사[최홍가의 부친]에게 함께 가서 돕도록 부탁함으로써 10년 동안 소식이 끊어지게 된다. 일반적으로 영웅군담소설에서는 경한규 같은 간신이 외적과 내통하여 국가를 위협하는 것으로 설정된다. 그런데 「홍낭전」에서 경한규는 왕창열을 안찰사로 보내는 대목 이후에 전혀 나타나지 않는다.

「홍낭전」에서 최홍가는 오홍랑의 혼이 빙의한 오경랑과 함께 달아나 예전 종이었던 김형의 집에 1년간 머물렀다가 돌아오는데, 이때 최홍가는 김형에게 "팔 년 후면 너을 ᄎᆞ질 거시니 부ᄃᆡ 농업을 심써 이곳ᄃᆡ셔 쥬접ᄒᆞ라"[24]라고 말하지만, 이후의 서사에서 이 말과 관련되는 부분은 없다. 김형은 최홍가와 왕창열이 철인국의 침략을 맞아 출전할 때 좌익장으로서 단순하게 등장할 뿐이다. 한편 오홍랑은 저승으로 떠날 때 최홍가에게 『음양경』을 전하면서 다음과 같이 말한다.

> 이 ᄎᆡᆨ은 팔 년 후의 긴절리 씔 곳지 잇실 거스니 미리 공부ᄒᆞ엿다가 실시 말며 굿ᄯᆡ을 당ᄒᆞ여 김형을 잇지 마르시며 ᄃᆡ인이 이미 경낭을 허ᄒᆞ시니 죠이 교ᄀᆡᆨ을 지어 부부우비여 ᄇᆡᆨ연히로도 ᄒᆞ려니와 신정만 ᄉᆡᆼ각ᄒᆞ고 고인을 잇지 마ᄋᆞᆸ쇼셔[25]

오홍랑은 이와 같은 유언을 남기고 저승으로 떠나지만, 「홍낭전」에서는 김형을 잊지 말라는 오홍랑의 부탁에 상응하는 내용이 발견되지 않으며, 작품 후반부에 최홍가가 죽은 오홍랑을 그리워하는 대목도 없다. 인용문에서 오홍랑은 8년 후 쓸 곳이 있다고 하였는데, 작품의 내용으로 본다면 이는

24) 「홍낭전」, 136쪽.

25) 「홍낭전」, 146쪽.

최홍가가 철인국과의 전투에서 『음양경』을 보면서 적을 물리치는 장면을 염두에 둔 것일 수밖에 없다. 그런데 「홍낭전」에서는 오홍랑이 죽은 때로부터 철인국의 침입까지 8년의 시간이 흘렀다고 볼 만한 근거가 없다. 최홍가가 왕창열을 따라 강남으로 갔을 때 오경랑의 나이는 5세였다.[26] 최홍가가 부모의 상을 치른 후 오방어의 집으로 돌아오기까지는 최소한 10년의 시간이 흘러 있었고,[27] 최홍가는 오경랑과 김형의 집에서 1년을 있다가 돌아왔으니, 이때 오경랑의 나이는 최소한 16세이다. 만약 저 '8년'이라는 말들이 어떤 의미가 있다면, 오홍랑이 저승으로 돌아간 후로부터 철인국의 침략까지의 시간적 거리가 8년이라고 이해할 수밖에 없다. 그러나 전쟁이 끝난 후 초국 공주가 유소저라 속이고 오경랑을 만났을 때 오경랑은 "ᄂᆡ ᄉᆡᆼ연 십팔의 중문을 나지 아니ᄒᆞ엿시나"[28]라고 말하고 있는 것이다.

「홍낭전」은 작자의 치밀한 개작 의도에 따라 창작된 소설이 아니다. 작자는 애초부터 치밀한 계획을 세우지 않은 채 창작에 임했을 수도 있고, 창작의 과정에서 처음의 의도대로 작품을 꾸려나가지 못했을 수도 있다. 그러나 어느 쪽이든 간에 이는 작자의 창작 역량과 관련된 문제라 할 수 있다. 그 밖에도 「홍낭전」의 수준을 지적할 수 있는 예는 무척 많지만, 생략하기로 한다.

이상으로 『전등신화』의 개작 소설인 「원회록」·「원자실전」·「홍낭전」을 살펴보았다. 이 작품들의 개작 양상을 정리하면, 「원회록」은 새로운 작품으로 환골탈태하는 수준에 이르렀고, 「원자실전」은 기존 작품들의 짜깁기에서 벗어나지 못했으며, 「홍낭전」은 최소한의 서사적 통일성도 갖추지 못했다고 할 수 있다. 사실 조선 후기 통속소설 가운데는 작가 의식이라는

26) ᄎᆞ아 경낭이 ᄯᅩᄒᆞᆫ 금년니 오 세라 엇즛타 홍낭 갓흔 가위을 어들고(「홍낭전」, 111쪽)
27) 일일은 부닌이 ᄉᆞ공게 고왈 ᄎᆈ랑이 ᄒᆞᆫ번 간 지 십여 년의 죵적이 망연ᄒᆞ니(「홍낭전」, 119쪽)
28) 「홍낭전」, 187쪽.

것 자체를 발견하기 어려운 소설이 많은 게 사실이고, 필자 역시 이 사실을 지적하는 것이 목적은 아니다. 다만 강조하고 싶은 것은, 이러한 사실들을 염두에 두지 않은 채 작품의 의미를 작가 의식이나 당대 독자층의 요구에서 무리하게 찾을 경우, 실상을 왜곡할 가능성이 없지 않다는 점이다. 오히려 이 소설들의 가치는 『전등신화』의 수용 양상 및 향유층에 관한 정보를 제공하는 데에서 찾아야 한다고 본다.

첫째, 『전등신화』 개작 소설은 『전등신화』가 국문소설 독자들에게도 향유되었다는 사실을 증명한다는 점에서 가치가 있다. 이 글에서 다룬 세 작품은 모두 국문소설인데, 이 작품들의 작자 모두가 『전등신화』의 원전을 독해하면서 이 작품들을 창작했다고 보기는 어렵다. 「원회록」·「원자실전」·「홍낭전」은 모두 유일본이며, 「홍낭전」의 경우 필사기의 내용으로 보아 전사본(轉寫本)이 아니라 원작(原作)일 가능성도 있다. 「홍낭전」의 등장인물 이름 가운데 「금봉차기」의 그것과 일치하지 않는 인물은 '김형'이다.[29] 「홍낭전」이 전사본이라면 이는 필사 과정에서 생긴 오류로 볼 수 있지만, 그렇지 않다면 「홍낭전」의 작자는 『전등신화』의 국역본을 읽었을 가능성이 높다. 현재 『전등신화』의 국역본은 고려대·단국대·서강대·서울대 등에 소장되어 있지만, 조선 시대에 국문본 『전등신화』는 현재 남아 있는 것보다 훨씬 많이 유통되었을 것이다. 이 글에서 다룬 『전등신화』의 개작 소설들은, 전기소설인 『전등신화』의 내용을 국문소설 독자들도 알고 있었다는 사실을 증명한다.

둘째, 『전등신화』 개작 소설은 국문소설의 독자들의 『전등신화』 수용의 한 국면을 보여준다는 점에서 의미가 있다. 필자는 「원회록」·「원자실전」·「홍낭전」 같은 작품이 전문적인 작가가 다수의 독자를 염두에 두고 창작한 작품일 수는 없다고 보며, 소설 독자들이 『전등신화』를 읽고 느꼈던 감

---

29) 「금봉차기」에는 '金榮'으로 되어 있다.

흥으로부터 비롯된 창작 욕구의 소산일 가능성이 높다고 생각한다. 세 작품의 작자들은 모두 『전등신화』를 감명 깊게 읽었으면서도 어느 정도의 불만이 있었던 것 같다. 「원회록」의 작자는 「영주야묘기」의 단조로운 서사에, 「원자실전」의 작자는 「삼산복지지」의 단순한 내용과 밋밋한 권선징악적 구도에, 「홍낭전」의 작자는 「금봉차기」의 비극적 결말에 불만을 가졌다고 추측되며, 이것이 바로 『전등신화』의 개작 소설을 산출케 한 동인이라고 할 수 있겠는데, 그 개작은 모두 조선 후기 통속소설의 독서 경험을 반영하면서 이루어졌다. 「원회록」·「원자실전」·「홍낭전」은 조선 후기 통속소설의 서사 문법에 익숙했던 소설 독자들의 전기소설 수용 양상을 드러내 준다는 점에 그 의의가 있다고 하겠다.

셋째, 「원회록」·「원자실전」·「홍낭전」은 비전문적 작가[30]들의 소설 개작 유형을 보여준다는 점에서도 의미가 있다. 세 작품은 모두 조선 후기 통속소설을 수용하는 가운데 원작을 확대·부연하는 방식으로 개작했다는 점에서는 공통적이지만, 흥미롭게도 각각 다른 개작 방법을 사용하고 있다. 「원자실전」은 「삼산복지지」를 중심으로 하면서 「영호생명몽록」을 부수했지만 작자의 독창은 매우 적다는 점에서 가장 소극적인 개작이라 할 수 있다. 「홍낭전」은 「금봉차기」의 뒷부분에 「구운몽」을 비롯한 조선 후기 통속소설의 서사를 결합한 소설로, 「원자실전」보다는 적극적인 개작 의도가 반영된 작품이다. 「원회록」은 원작인 「영주야묘기」의 서사적 틀을 시종일관 유지하는 가운데 적절하게 편폭을 확장시킨 소설로서, 가장 적극적인 개작 양상을 보여주는 동시에 원작을 환골탈태하는 수준까지 이르렀다고 평가할 수 있다.

『전등신화』의 개작 소설은 조선 후기 국문소설 독자들의 『전등신화』 수

30) '비전문적'이라는 말은 소설 창작 역량에 중점을 두고 사용한 것이라기보다는, 『전등신화』에 대한 일정한 불만을 가진 독자들에 의해서 이 작품들이 창작되었다는 사실에 중점을 두고 사용한 것이다.

용 양상을 설명해 준다는 점에서 의의가 있다고 하겠는데, 이와 같은 개작 소설의 산출은 『전등신화』의 국역과도 관련지어 생각해 볼 필요가 있다. 현재 확인할 수 있는 『전등신화』의 국역본 가운데 원전의 자구 하나하나까지 완벽하게 번역한 경우는 없으며, 모두 원작을 축약하거나 부연하였다. 또 원작과는 다른 제목을 붙인 경우도 발견되는데, 특히 고려대본 「취경원기」는 독립적인 작품으로 유통되면서 원작에서 상당히 변개된 면모를 보인다.[31] 「취경원기」는 인물 묘사 대목 등에 조선 후기 통속소설에 흔히 등장하는 관습적 어투가 삽입되어 있고, 시(詩)는 번역하지 않은 채 일부 구절만 독음(讀音)했으며, 사(詞)와 제문(祭文)은 아예 생략하였다.

전기소설은 서사 못지않게 삽입 문예양식이 중요한데, 한문으로 쓰인 원전을 독해할 때 느껴지는 전기소설의 미감을 번역본에서까지 그대로 살린다는 것은 사실상 불가능하다. 더욱이 『전등신화』의 문체는, 우리말의 어투가 가미된 한국한문이 아니라 압축적인 문언이기에, 원작의 내용을 곧이곧대로 옮긴다면 축자직역(逐字直譯)의 형태가 될 수밖에 없다. 그러나 축자직역의 국역본은 조선 후기 통속소설에 익숙한 독자들의 욕구를 충족시키기 어렵고, 경서 언해처럼 어색한 문장이 되기 쉽다. 이처럼 『전등신화』의 국역본은 그 태생부터 원작을 직역하지 않고 의역하거나 부연·생략하는 형태가 될 가능성이 높았던바, 바로 이러한 틈새들로부터 『전등신화』의 개작 가능성이 싹텄다고 볼 수 있다.

『전등신화』의 국역본은 원작의 문체나 삽입시문에서 비롯되는 미감을 포기할 수밖에 없기에, 이야기 중심으로 읽힐 수밖에 없다. 『전등신화』는 그 자체의 서사적 흥미가 없지 않지만, 조선 후기 통속소설에 익숙한 독자들, 그 가운데 특히 국문본으로 『전등신화』를 읽었을 독자들에게는 단조롭고 밋밋한 이야기로 읽혔을 가능성이 높다. 낙선재본 번역소설이나 연의소설

31) 최용철·우춘희, 「전등신화의 조선시대 한글 번역본에 대하여」(『젼등신화』, 학고방, 2009).

의 번역본 같은 거질의 작품들은 그 자체의 서사적 흥미가 대단하기에 개작의 필요성이 거의 없을 뿐만 아니라 개작 자체도 쉽지 않은 일이었겠지만, 『전등신화』 같은 단편소설은 소설적 흥미가 상대적으로 떨어질 뿐만 아니라 비교적 쉽게 개작이 가능한 단조로운 서사 구조를 가지고 있었던 것이다.

이상으로 『전등신화』의 개작 소설의 존재 양상에 대해 살펴보았다. 이 글에서 다룬 세 작품들을 원작에의 의존도에 따라 나열하면 '「원자실전」→「홍낭전」→「원회록」'의 순으로 개작 의식이 강화되는 양상을 보인다고 할 수 있다. 「원자실전」과 「홍낭전」은 제목을 바꿨지만 원작의 내용을 거의 그대로 수용하였으며, 「원회록」은 원작과는 완전히 다른 제목을 사용하였으나 인명과 지명에서 원작과의 상관성을 유지하고 있다. 이 점에서 이 작품들은, 개별 작품마다 조금씩 다르긴 하지만, 모두 『전등신화』의 '개작'으로 보아야 할 것이다. 그렇다면 제목뿐 아니라 등장인물의 이름까지 달라진 것도 있을 수 있겠는데, 이 경우 『전등신화』와의 연관성을 증명하기 어렵다는 난점이 있다. 다시 말해 어떤 소설이 『전등신화』 소재 작품과 유사하다는 점만으로 둘 사이의 영향 관계를 단정할 수는 없다는 것이다. 그러나 『전등신화』가 조선 시대 내내 매우 인기 있는 소설 가운데 하나였다는 점, 한국 고전소설에 끼친 『전등신화』의 영향이 결코 적지 않다는 점 등을 고려하면, 『전등신화』의 영향을 애써 무시하는 태도는 온당하지 않다. 이와 관련하여 「귀영전」은 매우 주목되는 소설이다.

「귀영전」은 북한에서 발간한 『고전소설해제』에 그 경개가 실려 있는 국문필사본 소설인데, 남한에서는 아직까지 이본이 발견되지 않았다.[32] 「귀영

32) 조선문학창작사 고전문학실, 『고전소설해제』(문예출판사, 1988), 169~173쪽에 줄거리와 해제가 실려 있다. 『고전소설해제』는 제2권과 제3권이 각각 1991년과 1992년에 간행되었는데, 「귀영전」이 실려 있는 제1권의 刊記에는 卷次가 없다. 이하 이 책의 인용문은 한글맞춤법에 의거하여 일부 수정한 것이다.

전」은 그 원문을 확인할 수 없으므로, 「원회록」·「원자실전」·「홍낭전」과 동일하게 다룰 수 있는 조건이 마련되지 않았지만, 작품의 경개만 가지고도 어느 정도의 논의는 가능하다. 「귀영전」의 서두는 다음과 같다.

> [1] 영주 땅에 김별감이라는 사람이 있었다. 그는 나이 마흔 살이 넘도록 자식이 없어 부인 양씨와 함께 귀곡산 아래 신왕묘에 가서 3년이나 빌었다. 그래도 자식이 생기지 않자 김별감은 신왕묘에 가서 신왕을 크게 꾸짖었다. 그러자 갑자기 광풍이 일며 구름과 안개가 뒤덮이더니 수많은 군사들이 나와 별감을 잡으려 하였다. 그는 절간에 숨었다가 군사들에게 붙잡히어 신왕 앞에 끌려갔다.[33)]

이 대목은 앞서 살펴본 바 「영주야묘기」의 서사 단락 ①②와 거의 일치한다. '영주'라는 지명, '신왕묘'라는 장소, 광풍이 일며 군사들이 달려왔다는 내용이 「영주야묘기」에서 취한 것이라는 점을 부정하기 어렵다. 흥미로운 점은 「귀영전」의 개작이, 「원회록」 (2)에 보이는 것과 유사한 방식으로 이루어지고 있다는 사실이다. 다시 말해 「귀영전」의 작자와 「원회록」의 작자는 모두 조선 후기 통속소설의 서사 문법을 수용하면서 전기소설 「영주야묘기」를 개작했던 것이다. 위의 인용문 뒤에 이어지는 「귀영전」의 내용은 다음과 같다.

> [2] 신왕은 별감에게 '앞으로 너에게 귀자를 주려고 하였는데 오늘 이같이 방자하게 노니 화가 차례질 것'이라고 하면서 귀를 석 자나 되게 늘리고 이마에는 뿔이 나게 하였으며 머리칼을 붉게 하고 잔등에는 커다란 혹이 나오게 한 다음 집으로 돌려보냈다. 별감이 집에 돌아오니 부인 양씨는 세상에 보지도 듣지도 못한 짐승이 왔다고 문을 닫아 매고 들여놓지 않았다.

---

33) 위의 책, 169쪽.

> 별감이 문밖에서 신왕묘에 가서 있은 사연을 낱낱이 이야기하여서야 부인은 문을 열어주었다.[34)]

「귀영전」은 「영주야묘기」의 서두를 가져와 변용하였지만, 그 뒤의 서사는 이와 같이 달라진다. 「귀영전」의 원문을 확인할 수는 없지만, 이 대목은 『전등신화』「태허사법전」을 끌어온 것이 분명하다. 「태허사법전」의 주인공 풍대이(馮大異)는 귀신을 믿지 않는 인물로서, 초목 등에 붙어 있는 요괴를 경멸하고 능욕하다가, 야차(夜叉)·불상·귀신 등에 쫓기는 봉변을 당한 후, '귀곡(鬼谷)'에 빠져 귀왕(鬼王)에게 고문을 받는다. 이처럼 「귀영전」과 「태허사법전」은 서사 전개가 유사할 뿐 아니라, '귀곡(산)'이라는 지명도 동일하게 나타난다. 「태허사법전」에서는 귀신들이 구름을 헤치는 뿔을 풍대이의 이마에 붙이고 휘파람을 부는 부리를 그의 입술에 붙인 후, 풍대이의 머리카락을 붉게 물들이고 푸른 구슬을 그의 눈에 박아 넣는데,[35)] 이 역시 「귀영전」의 내용과 거의 같다.

이처럼 「귀영전」의 서두는 「영주야묘기」와 「태허사법전」을 변용하여 구성한 것으로, 「원자실전」과 유사한 방식으로 두 작품을 합친 양상을 드러내고 있다. 앞서 필자는, 「원회록」과 「원자실전」의 작자가 원작의 밋밋한 내용에 불만을 가지고 개작에 임했을 것으로 추측하였는데, 「귀영전」의 서두에서도 이와 같은 정황이 감지된다. 「귀영전」의 작자는, 「영주야묘기」의 배경은 그대로 수용하면서도 김별감이 신왕을 모독하는 것으로 변개를 가함으로써 「영주야묘기」와 「태허사법전」을 연결시켰던 것이다. 위의 인용문

---

34) 위의 책, 169쪽.

35) 諸鬼曰 汝旣到此 不可徒返 吾等各有一物 相贈所貴 人間知有我輩爾 老鬼曰 然則以何物贈之 一鬼曰 吾贈以撥雲之角 卽以兩角 置于大異之額 岌然相向 一鬼曰 吾贈以哨風之嘴 卽以一鐵觜 加於其唇 尖銳如鳥喙焉 一鬼曰 吾贈以朱華之髮 卽以赤水 染其髮 皆鬅鬙而上指 其色如火 一鬼曰 吾贈以碧光之睛 卽以二青珠 嵌于其目 湛湛而碧色矣(「太虛司法傳」, 下77~78쪽)

이후 전개되는 「귀영전」의 서사 단락은 다음과 같다.[36)]

3 양씨는 시비를 통해 병을 고치는 방법을 알아 오게 하였는데, 김판서라는 사람이 내일 밤 신왕묘에 가서 5일간 빌면 나을 것이라 하였다. 양씨는 신왕묘에서 기도하고 집으로 돌아오다가 길에서 꿈을 꾸었다. 청의동자가 '귀영'이라는 아이를 안고 나와 신왕의 명을 받고 온 것이라 하였고, 약봉지 하나를 주면서 김별감에게 먹이라 했다. 양씨가 그 말대로 하니, 김별감의 병이 나았고, 10달 후 아이를 낳아 귀영이라 하였다.

4 안동의 박중군은 늦도록 자식이 없자, 신왕묘에 기자치성하여 딸 취란을 낳았다. 취란은 대장부의 마음을 지녀, 10세 전에 공부를 하겠다며 부모 곁을 떠나 귀곡산으로 들어갔다. 취란은 귀영과 한 선생에게서 글을 배웠다. 선생이 귀영과 취란의 생년월일을 묻고는 그들이 한날한시에 태어났다는 사실을 알고 둘에게 부부가 되라고 하였다. 취란은 10세가 되자 집으로 돌아와 여공(女紅)을 익혔고, 귀영은 꿈속에 나타난 노인의 계시를 받고 세상을 돌아다니다 집으로 돌아오는 길에 돌부처[노인]으로부터 신기한 돌을 받았다.

5 귀영이 집으로 돌아오니 양씨가 앓고 있었다. 양씨가 숭어가 먹고 싶다 하므로, 귀영은 한겨울에 강으로 가서 숭어를 잡으려 했는데, 이때 선비의 모습을 한 귀곡산 신령이 나타나 숭어를 잡아 주고 사라졌다. 양씨는 숭어를 먹은 후 병이 나았다.

6 박중군 부부가 취란의 혼사를 의논하자, 이 사실을 안 취란이 식음을 전폐하였다. 부부는 김별감이 가난하기 때문에 부귀한 집에 시집보내기로 한 것이라고 설명했으나, 결국 취란의 고집을 이기지 못하고 취란을 귀영에게 시집보냈다. 취란은 남편과 시부모를 잘 섬겼다. 어느 날 취란의 모친이 딸을 보고자 하여 시비를 보냈는데, 취란은 이 기회를 이용하여 시댁의 형편이 어렵다는 내용의 편지를 보냈다. 박중군 부부는 많은 양의 백

---

36) 이하는 조선문학창작사 고전문학실, 앞의 책, 169~173쪽의 내용을 필자가 다시 정리한 것이다.

미와 돈 5백 냥을 보냈다.

7 이때 나라에서 과거를 보였는데, 귀영은 취란과 부모가 걱정돼 망설이다가 취란의 권유를 받고 과거시험을 보아 홍문관대제학이 되었다. 이 무렵 외적 호골통이 쳐들어오니, 귀영이 부모님을 뵙겠다고 상소하여 허락을 받았다.

8 호골통이 취란의 집을 지나다가 그 미모에 반하여 데려가려 했다. 취란은 이에 응하는 척하고는 호골통에게 패물을 가져오겠다고 말하며 속였다. 취란은 욕을 당하지 않기 위해 방으로 들어가 수건으로 목을 매어 자결했다. 호골통은 이 사실을 알고 그 자리를 떠났다. 김별감 부부는 죽은 취란을 붙들고 통곡하다가 그녀의 시신을 후원의 은행나무 밑에 눕혔다.

9 귀영이 집으로 돌아오는 도중 호골통의 군사들에게 붙잡혔으나, 병든 부모가 있다고 사정하여 풀려났다. 귀영이 길가에서 잠시 쉬다가 취란이 자결하는 꿈을 꾸었다. 귀영이 집에 도착하여 후원으로 가서 보니, 사흘 전에 죽은 취란의 모습이 변하지 않았다. 귀영이 돌부처에게 받은 돌[환혼석]을 취란의 가슴에 올려놓으니, 취란이 잠시 후 살아났다.

10 귀영이 의병을 일으켰다. 귀영이 호골통을 철퇴로 쳐 죽였다. 황제는 귀영을 영주자사로 임명하고 김별감의 집에 열녀문과 효자문을 세우게 했다.

「귀영전」은 『고전소설해제』에서 설명했듯이 '애정윤리와 군담을 결합시킨 작품'[37]이다. 『고전소설해제』에는 서사 단락 10이 매우 간략하게 요약되어 있지만, 이 부분이 조선 후기 통속적 영웅군담소설에 흔히 나오는 내용들을 수용한 것이리라는 점은 충분히 짐작할 수 있다. 원문을 확인할 수 없어 확신할 수는 없지만, 경개로 볼 때 「귀영전」은 영웅군담소설적 면모보다는 애정소설적 면모가 오히려 강하지 않은가 생각되는데, 「귀영전」의 애정서사는 『전등신화』의 「취취전」과 「애경전」에서 가져온 것이다.

37) 위의 책, 172쪽.

「취취전」에서 취취는 민가의 딸이었고 어렸을 때 김정과 함께 학교에 다닌 친구 사이였는데, 친구들로부터 동갑내기는 부부가 된다는 놀림을 받았다. 취취는 나이가 들자 더 이상 학교에 다니지 못했고, 혼인할 나이인 16세가 되니 부모가 혼사를 논했다. 이에 취취는 식음을 전폐하며 부모에게 김정과 혼인하겠다고 했다. 부모는 김정이 아니면 다른 사람에게 시집가지 않겠다는 취취의 말을 듣고, 매파를 보내 김정의 집에 청혼했다. 김정의 집안에서는 가난을 이유로 혼사를 거절했지만, 우여곡절 끝에 김정은 결국 취취의 집에 데릴사위로 들어갔다. 「귀영전」의 [4][6]은 「취취전」의 이 내용을 끌어온 것이다.

한편 [6] 가운데 '취란이 남편과 부모를 잘 섬겼다는 내용' 및 [7][8][9]는 「애경전」에서 취한 것이다.[38] 「애경전」의 주인공 애경(愛卿: 羅愛愛)은 기녀였지만 같은 고을의 조자(趙子)에게 시집을 가서 부덕을 쌓았다. 조자는 애경을 아내로 맞아들여 살았는데, 얼마 후 이부상서(吏部尙書)가 된 부친의 친척이 벼슬을 주겠다고 편지를 보내왔으므로 대도(大都)로 가게 되었다. 그는 노모와 애경이 걱정이 되어 주저했지만, 애경의 권유를 받고 결국 길을 떠났다. 이후 장사성(張士誠)의 반란이 일어나니, 조자의 고향은 유만호(劉萬戶)에게 점거당했는데, 이때 유만호가 애경의 자색을 보고 첩으로 들이려 했다. 애경은 이에 응하는 척하고는 목욕을 한 뒤 나건(羅巾)으로 목을 매어 자결하였고, 유만호는 애경의 시신을 비단 이불로 싸서 후원의 은행나무 아래에 묻었다. 전쟁이 끝난 후 조자가 집으로 돌아와 애경의 관을 열어보니, 애경의 모습은 생전과 조금도 다름이 없었던 것이다.

「귀영전」의 애정서사는 「취취전」과 「애경전」의 서사를 결합한 것인데, 이와 같은 조합은 이미 「이생규장전」에서 보았던 것이다. 선행 연구에서도 몇 차례 지적한 바 있지만, 「이생규장전」이 「취취전」과 유사한 내용으로 전

---

38) 愛卿入門 婦道甚修 家法甚飭 擇言而發 非禮不行(「愛卿傳」, 下19쪽)

개되다가 「애경전」과 같은 방식으로 서사를 전환한 이유는, 「취취전」에서 취취가 이장군에게 붙잡혀 절개를 잃었기 때문이다. 한국 고전소설에서는, 그 양식을 불문하고 여주인공이 남주인공 이외의 다른 남성에게 정절을 잃는다는 서사가 용납될 여지는 거의 없었던 것이다.[39] 한편 「애경전」에서는 애경이 송씨 집 남아로 환생하는데, 이와 같은 윤회 모티프는, 세계의 횡포에 의해 좌절되었지만 평범한 부녀자로서의 삶을 살려 하였던 애경의 의지에 대한 보상이라 할 수 있다.[40] 그렇지만 이는 애경이 살아난 것은 아니기 때문에 여전히 비극적 결말이고, 이런 식의 마무리는 해피엔딩에 익숙한 조선 후기 통속소설 독자들의 구미에 맞지 않는다. 그래서 「귀영전」의 작자는 [4]를 설정한 후 [9]와 같은 방식으로 여주인공 취란을 환생시켰던 것이다.

이상으로 「귀영전」에 대해 살펴보았다. 원문이 확보되지 않아, 여타 『전등신화』 개작 소설들과 동일하게 다루지 못하였지만, 그 서사 단락에 대한 분석만으로도 「귀영전」이 「영주야묘기」·「태허사법전」·「취취전」·「애경전」을 순차적으로 결합한 작품이라는 사실은 분명하게 드러났으리라고 본다. 「귀영전」이 여러 작품들을 단순하게 이어 붙이는 정도에 그쳤는지, 아니면 서사를 매끄럽게 전개하면서 완전히 새로운 작품으로 환골탈태하는 수준에까지 이르렀는지는 알 수 없다. 서사 단락 [4]에 나오는 바 취란이 대장부의 마음을 지녔다는 점, 취란과 귀영이 동문수학했다는 점 등을 보면,

39) 이에 대해서는 박상석, 「고소설 선악이야기의 서사규범 연구」(연세대학교 박사논문, 2011), 33~38쪽의 논의를 참조할 수 있다. 한편 본문에서 '거의'라는 말을 사용한 이유는, 「주생전」의 배도처럼 여주인공이 남주인공 이외의 다른 남성과 관계를 가진 경우가 있기 때문이다. 그러나 이 경우 여주인공들은 대개 '죽음'이라는 비극적 결말을 맞이한다. 이에 대해서는 엄태식, 「애정전기소설의 서사 문법과 결말 구조」(『동양학』 53, 단국대학교 동양학연구원, 2013)에서 논하였다. 한편 「동선기」의 동선은 서문적 이외의 남성과 성관계를 가졌지만, 결국 죽지 않고 살아남았다. 그런데 「동선기」를 보면 동선이 죽었다가 부활하는 장면이 나오는바, 이는 동선이 새로운 육체를 얻었다는 상징으로 여겨진다.

40) 박일용, 「금오신화와 전등신화에 나타난 애정 모티프의 형상화방식과 그 의미」(『동아시아문학 속에서의 한국한문소설 연구』, 고려대학교 민족문화연구원, 2002), 134쪽.

이 부분은 「홍계월전」 같은 여성영웅소설의 서사 구도를 어느 정도 참조하지 않았나 짐작된다. 취란이 스승에게서 무예나 병법까지 배웠는지는 알 수 없지만, 작품에서 취란은 여성영웅으로서의 면모를 드러내지 않은 채 정절의 위협을 받고 자결하며, 호골통과의 전투에도 참여하지 않는다. 그렇다면 ④는 결국 「취취전」에서와 같이 남녀 주인공의 결연을 위한 계기에 불과하다고 할 수 있으니, 이에 「귀영전」의 서사적 완결성은 그리 높지 않으리라고 여겨진다. 또한 ③⑤⑩을 제외한 내용들이 모두 『전등신화』에 나오는 것이라는 점을 감안한다면, 「귀영전」 역시 작자의 독창은 그리 많지 않은, 『전등신화』의 개작 소설이라 해야 할 것이다. 한편 「귀영전」은 남한에서는 아직까지 이본이 발견되지 않았으므로, 북한 소장본이 유일본 혹은 원본일 가능성이 있다. 그렇다면 「귀영전」 역시 비전문적 작가의 습작 수준에서 머물렀을 가능성도 있다 하겠으나, 원문을 볼 수 없는 관계로 더 이상의 논의는 불가능하다.

4. 맺음말

지금까지의 한국 고전소설 연구에서는 소설 양식 및 개별 작품 성립의 연원에 주목하면서 중국소설의 영향과 한국 서사문학의 전통에 관심을 기울여 왔다. 이를 내재적인 것과 외재적인 것이라 한다면, 이 글은 외재적 연원으로서의 『전등신화』에 주목한 셈이다. 하지만 이런 작업이 한국소설이 중국소설의 영향하에 있다고 몰아붙인 것으로 오해되어서는 곤란할 것이다. 이와 관련하여 우리는 『전등신화』를 '중국소설'로 일컫고 이해하는 데서 비롯되는 편견을 수정할 필요가 있다.

우선 『전등신화』가 한국 고전소설의 형성과 전개에 끼친 영향을 정당하게 인정해야 한다. 한국 고전소설의 '본격적'인 출발점을 『금오신화』로 본다면 한국 고전소설의 본격적인 시작에 『전등신화』가 지대한 역할을 했다는 것은 엄연한 사실이며, 17세기까지의 전기소설과 몽유록, 그리고 이후의 소설들이 『전등신화』에서 상당한 자양분을 흡수하였다는 것 또한 부정할 수 없는 사실이다.

그렇다면 『전등신화』가 한국 고전소설 창작의 한 동인이었을 뿐일까? 이를 '창작'에만 주목하여 생각해 보면 그렇다고 할 수 있다. 하지만 '향유'의 측면에서 살펴본다면, 그렇게 말하고 말 것은 아니니, 『전등신화』는 그 간행·유통·향유의 측면에서 한국의 전기소설 및 몽유록을 완전히 압도하였던 것이다.

『전등신화』에 대한 『금오신화』의 위상을 가장 잘 설명해 주는 단어는 '청출어람'이 아닌가 하는데, 이 말은 어숙권(魚叔權)의 『패관잡기(稗官雜

記)』에서 나온 것이다. 『금오신화』가 그 주제의식 등의 측면에서 『전등신화』보다 뛰어난 부분이 있는 것은 사실이다. 하지만 『금오신화』를 '소설[독서물]'로서 『전등신화』와 비교한다면, 『금오신화』는 『전등신화』에 대해 그 수록 작품 수에서부터 비교의 대상이 되지 못한다. 한국의 전기소설과 몽유록은 대부분 필사본으로 유통되었다. 물론 『금오신화』와 『기재기이』는 판본으로 간행되었지만, 그것은 이 작품집들의 작자가 김시습과 신광한이라는 점에서 비롯된, 예외적인 현상이었다. 『금오신화』와 『기재기이』는 애초부터 '소설'이라는 독서물로서 기획된 것이 아니었으며, 오히려 바로 그 때문에 판본으로 간행될 수 있었던 것이다. 만일 『금오신화』나 『기재기이』가 『전등신화』와 대등한 위상을 가진 소설이었다면, 현재 그 필사본이 많이 남아 있어야 마땅할 터인데, 현실은 그렇지 않다. 한국 고전소설의 수작인 「운영전」은 전기소설 가운데는 많은 이본이 남아 있는 작품이지만, 그 유통은 대부분 필사로 이루어졌다. 그러나 『전등신화』는, 『전등신화구해』만 보아도 현재 15종 이상의 판본이 확인되며, 그 활자본과 필사본을 포함하여 현재 남아 있는 이본의 수는 이루 다 헤아릴 수 없을 정도이다. 물론 『전등신화』는 그 주석본이 간행되었다는 점, 한문 학습의 교재로 사용되었다는 점 등의 특수성이 있기는 하지만, 소설로서의 흥미가 뒷받침되지 않았다면 이 정도로 유통되고 향유되지는 못했을 것이다.

이러한 사실들은 결국 『전등신화』가 한국 고전소설 독자들에게 별다른 거부감 없이 받아들여졌다는 것을 의미한다. 『전등신화』에 한국적 정서에 맞지 않는 부분들이 있는 것은 사실이다. 여주인공의 정절 의식이 약하다든지, 「모란등기」처럼 그로테스크한 소설이 존재한다든지, 선악의 대결 구도가 밋밋하고 비극적 결말이 대다수라든지 하는 점은 우리가 일반적으로 알고 있는 한국 고전소설의 특징들과는 이질적인 부분이다. 그러나 한국의 소설독자들은 이러한 이질성에도 불구하고 별다른 거부감 없이 『전등신화』를 열독하였다. 오히려 저와 같은 면모는 우리 쪽 소설에서는 채워줄 수 없는 또 다른 욕망 혹은 미감을 채워주었을 가능성도 있다.

『전등신화』는 당대 전기소설의 맥을 이으면서 중국 · 한국 · 일본 · 베트남에 전기소설 붐을 일으켰던 소설집으로서, 우리는 『전등신화』를 동아시아 한자문화권의 공동 문화유산으로 이해할 필요가 있다. 또한 지금까지 『전등신화』는 대개 그 후속 작품집의 산출이라는 점에서 주목되었지만, 한국 고전소설 연구의 측면에서 본다면, 『전등신화』라는 작품집 자체의 유통과 향유 및 한국 고전소설의 『전등신화』 수용에 보다 주목해야 한다. 이에 이 글에서 살펴본 바 「원회록」·「원자실전」·「홍낭전」·「귀영전」은 한국 고전소설의 『전등신화』 수용과 관련하여 매우 의미 있는 작품이 아닐 수 없다. 『전등신화』에 대한 정당한 평가와 심도 있는 연구가 이루어질 때, 한국의 전기소설과 몽유록, 나아가 한국 고전소설 전반에 대한 우리의 이해 역시 그만큼 깊어질 수 있을 것이다.

부록

신자료 「위생전(韋生傳)」

1. 머리말

「위생전(韋生傳)」은 이명선의 『조선문학사』에서 처음 소개되었는데, 그는 「장경천전(章敬天傳)」이 『고담요람(古談要覽)』에 수록된 권필(權韠)의 작품이라고 하였다.[1] 이후 임형택이 이 책을 입수함으로써 그 면모가 드러났고 『조선문학사』의 '장경천전(章敬天傳)'이 '위경천전(韋敬天傳)'의 誤植이라는 점이 밝혀졌다.[2] 「위경천전」은 오탈자가 적지 않은 이본이므로 연구의 대상으로 적절하지 않았지만, 한동안 이를 대체할 만한 이본이 발견되지 않았기에, 「위경천전」을 저본으로 하여 여러 차례 교감과 번역이 이루어졌다.[3]

「위생전」 연구는 여러 이본들이 발굴되면서 그 전환의 계기가 마련되었다. 정명기는 그간 이루어진 「위생전」 교감의 오류를 바로잡는 한편 한문본인 정명기본[翥初本][4]과 유재영본을 소개하고 이본의 특성을 밝혔으며,[5]

---

1) 이명선, 『조선문학사』(조선문학사, 1948), 135쪽.

2) 임형택, 「전기소설의 연애주제와 위경천전」(『동양학』 22, 단국대학교 동양학연구소, 1992). 한편 신기형, 『한국소설발달사』(창문사, 1960), 482쪽에는 '장경부전(章敬夫傳)'이 작자미상의 국문소설이라고 되어 있는데, '章敬夫傳'은 '韋敬天傳'의 誤植인 '章敬天傳'을 또 誤植한 결과로 보이며, 표기문자를 '國文'이라고 한 것은 단순한 잘못인 듯하다.

3) 임형택, 위의 논문; 정민 역주, 「위경천전」(『한국학연구』 24, 한양대학교 한국학연구소, 1994); 이상구 역주, 『17세기 애정전기소설』(월인, 1999); 박희병 표점・교석, 『한국한문소설 교합구해』(소명출판, 2005); 장효현・윤재민・최용철・심재숙・지연숙, 『교감본 한국한문소설 전기소설』(고려대학교 민족문화연구원, 2007).

4) '翥初'는 소장자인 정명기 선생의 호이며, 그간의 연구에서는 이 이본을 '翥初本'이라고 일컬었다. 다만 이 글에서는 소장자를 직접 밝히기 위해 '저초본' 대신 '정명기본'이

간호윤은 『한골동(閒汩董)』 소재 한문본인 간호윤본 및 김일근이 소개했던 국문본을 소개하고 공간(公刊)하였다.[6] 새로운 자료의 발굴로 인해 밝혀진 사실은 다음과 같다.

첫째, 이 작품의 제목은 '위경천전(韋敬天傳)'이 아니라 '위생전(韋生傳)'이다. '위경천전'이라는 제목은 임형택본에서만 보이고 여타 이본들은 모두 '위생전'이다. 둘째, 정명기본과 간호윤본이 임형택본보다 선본(善本)이며 임형택본은 연구의 대상으로 삼기에는 부적절한, 오류가 많은 이본이다. 유재영본은 중간에 필사가 중단되었을 뿐만 아니라 시를 생략하기도 하였기에 역시 연구의 대상으로 삼기 어려운데, 현재까지 알려진 완질 한문본으로는 정명기본과 간호윤본이 원작의 면모를 지니고 있으며, 임형택본은 이들과는 계열을 달리하는 이본이라고 할 수 있다. 셋째, 「위생전」의 작자가 권필일 가능성이 매우 희박해졌다. 임형택본만이 공개되었을 때에도 「위경천전」의 작자 문제에 대한 논란이 있었는데[7] 새로 발굴된 이본들에는 그 어디에도 권필의 작이라는 기록이 없다.[8]

라는 명칭을 사용하기로 한다.

5) 정명기, 「위생전(위경천전) 교감의 문제점」(『고소설연구』 22, 한국고소설학회, 2006); 정명기, 「위생전(위경천전) 이본 연구」(『어문학』 95, 한국어문학회, 2007).

6) 김일근, 「주생전과 위경천전 언해의 연철본 출현에 따른 서지적 문제」(『겨레어문학』 25, 겨레어문학회, 2000); 간호윤, 「한골동 소재 위생전 연구」(『고전문학과 교육』 14, 한국고전문학교육학회, 2007); 간호윤, 「국역본 주생전 · 위생전 고찰」(『고전문학과 교육』 14, 한국고전문학교육학회, 2008); 간호윤, 『새로 발굴한 주생전 · 위생전의 자료와 해석』(박이정, 2008).

7) 임형택, 앞의 논문; 박희병, 「전기소설의 문제」(『한국전기소설의 미학』, 돌베개, 1997)에서는 권필의 작이 아니라 하였고, 정민, 「위경천전의 낭만적 비극성」(『한국학논집』 23, 한양대학교 한국학연구소, 1994)에서는 권필의 작이라고 하였다.

8) 「위생전」의 작자 문제는 「주생전」의 작자 문제와 별개로 생각할 수 없다. 현재 학계에서는 「주생전」을 권필의 작으로 보는 견해가 일반적인데, 「주생전」도 권필의 작으로 단정할 수 없다. 이에 대해서는 엄태식, 「애정전기소설의 창작 배경과 양식적 특징」(경원대학교 박사논문, 2011), 84~89쪽 참조.

이상의 연구 성과에 의하면, 「위생전」의 선본(善本)은 정명기본과 간호윤본이며, 「위생전」 연구는 이 두 이본을 교감하면서 이루어져야 한다.[9] 그러나 두 이본 사이에는 자구의 출입이 적지 않게 발견되는바, 「위생전」의 정본화(定本化) 작업은 임형택본 · 유재영본 · 김일근본까지 아우르는 가운데 이루어질 필요가 있다. 그런데 임형택본은 오탈자가 많고 유재영본은 완전한 이본이 아니며 김일근본은 오류가 적지 않은 국문본이기에, 모두 연구의 대상으로 삼거나 교감 작업에 활용하기에 부족한 면이 있는 것이다.

필자는 근래 완질 한문본 「위생전」을 입수하였다. 이 글에서는 새로 발굴한 「위생전」을 소개하고 「위생전」 이본의 계열에 대해 논하고자 하는데, 이를 통해 「위생전」의 이본 연구뿐만 아니라 「위생전」 정본화 작업에도 일정한 기여를 할 수 있으리라고 본다. 아울러 신자료 「위생전」의 원문을 활자화함으로써 연구 자료로 활용할 수 있도록 하겠다.[10]

---

9) 간호윤, 『새로 발굴한 주생전 · 위생전의 자료와 해석』(박이정, 2008), 103~117쪽에 간호윤본을 저본으로 하고 정명기본 등을 참조한 교감본이 실려 있다.

10) 이 글에서는 지금까지 소개된 「위생전」의 모든 이본을 연구의 대상으로 한다. 임형택본은 정민 역주, 「위경천전」(『한국학연구』 24, 한양대학교 한국학연구소, 1994)의 영인본을, 간호윤본과 김일근본은 위의 책의 영인본을 자료로 한다.

2. 신자료 「위생전」의 특징

이 글에서 처음 소개하는 엄태식 소장 한문필사본 「위생전」은 필사본 『전등신화(剪燈新話)』 하권(下卷)의 여백에 「최척전」과 함께 필사된 자료이다. 책의 크기는 세로 32.5cm, 가로 22.5cm이며, 수록 내용은 다음과 같다.

작품	면수	행자수	비고
永州野廟記	1~6	11행 20자	제목 누락
申陽洞記	6~14	11행 20자	
愛卿傳	14~26	11행 20자	
翠翠傳	26~39	11행 20자	
龍堂靈會錄	39~47	11행 20자	
太虛司法傳	48~54	11행 20자	
修文舍人傳	54~60	11행 20자	
鑑湖夜泛記	60~68	11행 20자	
綠衣人傳	69~74	11행 20자	
秋香亭記	74~83	11행 20자	'附錄', 제목 누락
	84		剪燈新話下 終
崔陟傳	85~104	12행 35~40자	
韋生傳	104~113	12행 40~45자	

『전등신화』는 행자수가 일정한 것으로 보아 11행 20자본 『전등신화구해』 하권을 필사한 것으로 여겨지는데,[1] 주석까지 모두 충실히 필사한 것은 아

1) 『전등신화구해』의 이본에 대해서는 김영진, 「조선 간 전등신화구해 제본 연구(1)」(『어문논집』 65, 민족어문학회, 2012) 참조.

니다. 「애경전」의 경우는 주석을 필사하였기에 분량이 많지만, 「태허사법전」은 음주(音注) 몇 개만 달았기에 분량이 적은 것이다.

『전등신화』는 그 필체로 볼 때, 한 사람이 필사한 것이다. 『전등신화』 뒷부분의 여백에 필사된 「최척전」과 「위생전」 역시 한 사람의 필체이지만, 「최척전」과 「위생전」의 필사자가 『전등신화』의 필사자와 동일인인지는 확신하기 어렵다. 「최척전」과 「위생전」의 필사자는 『전등신화』의 독자였으며, 전기소설로 묶을 수 있는 작품들을 함께 필사한 것이다.

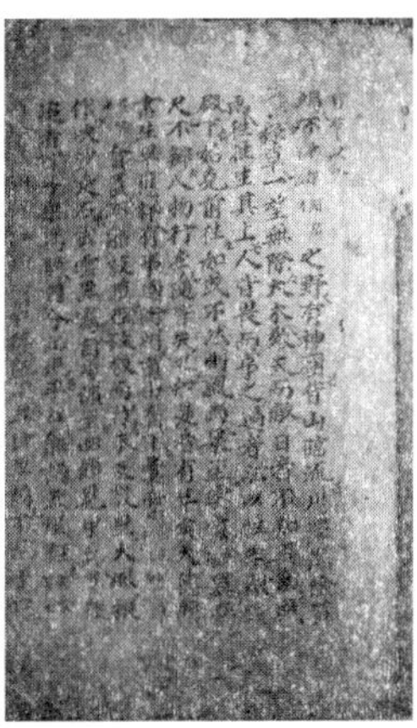

사진1 「영주야묘기」

사진2 「최척전」

사진3 「위생전」

이 책의 필사 시기를 알 수 있는 직접적인 기록은 발견되지 않지만, 20세기 초에 필사되었을 가능성이 높다. 책의 겹장 안에는 나주군(羅州郡) 문평면(文平面) 계로리(桂老里)의 임야(林野) 분할과 관련된 문건 3종이 들어 있었는데, 영수증에 소화(昭和) 20년[1945년] 7월 9일이라는 날짜가 기록되어 있으며,2) 3종에서 모두 소유자 '강판동(姜判童)'이라는 이름이 확인된다.

2) 그 밖의 문건에서도 연도가 확인되는데, 昭和 20년은 가장 늦은 시기이다.

강판동이 필사자인지는 모르겠으나 책의 소유주였을 가능성은 매우 높으며, 이 책은 나주 지역에서 유통된 것이 분명하다. 한편 책의 뒷표지에서는 '은우(恩右) 이국필(李國弼)'이라는 이름이 확인되며, 「위생전」의 마지막 장에는 '임슐이'라는 글자가 쓰여 있고 그 바로 아래에 쓰다 만 글자인 듯한 '∠' 표시가 있다. 이것이 '임슐 이월'이라는 의미라면, 이 임술년은 1922년이다. 그 밖에 필사 연대를 짐작할 수 있는 근거나 필사기 등은 없다.

「위생전」은 이 책의 104～113면에 실려 있다. 마지막 장은 겹장 뒷면, 곧 114면에 해당하는 부분이 없는데, 자연스럽게 찢겨나간 게 아니라, 「위생전」 부분만 남겨 놓고 고의로 오려낸 것이다. 잘려 나간 부분에는 필사기 혹은 필사자나 소유자의 이름이 적혀 있었을 듯한데, 책의 소유자가 비정상적으로 바뀌는 과정에서 이런 일이 발생했을 수 있다. 「위생전」은 책의 뒷부분에 실려 있기에 111～112면의 하단 모서리가 해지고 찢겼지만, 다행스럽게도 판독 불가능한 글자는 없다.

엄태식본 「위생전」은 정명기본 · 간호윤본과 마찬가지로 완질이며, 선본인 이 이본들과 비교해 본 결과 고의로 내용이나 자구를 첨가 · 축약한 부분은 없었고, 작자에 관한 기록도 없다. 다만 정명기본 · 간호윤본에 비해 글자를 임의로 바꿔 쓴 경우가 매우 많았다.

女見生之起, 卽挽其袖而掩面低聲曰.

위생과 소숙방이 동침한 후의 장면이다. '袖'는 정명기본 · 간호윤본 · 임형택본에 모두 '手'로 되어 있으므로,[3] 원래는 '手'였는데 '袖'로 바꾼 것이다. 이 부분을 보면 원래는 '手'로 썼다가 '袖'로 고친 흔적이 뚜렷한데, 가필은 다른 교정자가 한 것이 아니라 필사자가 한 것이다. 따라서 엄태식본

3) 김일근본에는 인용문에 해당하는 부분이 "네 싱의 손을 잡고 ᄂᆞᆺ출 ᄀᆞ리오고 소릐롤 ᄂᆞᄌᆞ기 ᄒᆞ야 닐오ᄃᆡ"라고 되어 있으며, 유재영본은 이 부분이 없다.

에서 확인되는 바 저와 같은 변개들은 모본에 이미 있었다기보다는 필사 시에 이루어졌을 가능성이 높다. 물론 글자를 바꾸어 쓴 예는 정명기본과 간호윤본에서도 확인된다. 하지만 엄태식본은 이 두 이본에 비해 고쳐 쓴 비율이 훨씬 높으며, 그중에는 동일한 발음의 글자로 바꾼 경우도 꽤 확인된다.

> 引頭望之, 紫薇花下, 懸一紅蓮燈, 下一美人, 年可十七八, 綽約仙姿, 非世上人也. 遂折一枝紅蕚, 倚樓支頤而吟曰.

위생이 소숙방을 엿보는 장면이다. '頭'는 정명기본·간호윤본에는 '頸'으로, 임형택본에는 '領'으로 되어 있으며, '下'는 정명기본에 '燈下'로 되어 있다. '頭'는 일부러 바꾼 것 같지는 않고 '頸'과 자형이 유사한 데서 발생한 오류일 듯하다. 그런데 '遂'는 모든 한문본에 '手'로 되어 있으며 문맥상으로도 '手'가 더 낫다. 필사의 과정에서 발음이 개입되면서 이런 현상이 일어나지 않았을까 추측되는데, 이런 경우는 정명기본이나 간호윤본 등에서도 발견되지만, 엄태식본에서 특히 두드러진다.

인명 및 지명과 관련된 특징을 살펴보면, 엄태식본은 '韋生'을 '生'으로 줄여 쓴 경우가 많은데, 정명기본·간호윤본과 대비해 본 결과 총 11곳이 확인되었다. 위생(韋生)의 이름과 자는 '岳'과 '擎天'으로 되어 있어 여타 이본과 같다.[4] 장생(張生)의 이름은 '供'으로 되어 있어 '拱'으로 된 정명기본·간호윤본·유재영본과 차이를 보이는데, 엄태식본이 오류일 것이다. 지명의 경우, '薊門'이 모두 '蘇門'으로 되어 있다. 자형(字形)의 유사로 인한 오류이다.

---

4) 임형택본만 위생의 자가 '敬天'이다.

3. 신자료 「위생전」 원문

韋生傳

大明萬曆間, 有韋生者, 名岳, 字擎天, 金陵人也. 古唐賢韋應物之後, 性質聰明, 才華發秀, 年至十五而成文章, 詩韻效衛蘇州, 淸逸過之, 擅名當世, 人無倚跡. 壬辰, 與友張供, 偶過于長沙之北, 時丁暮春, 景物華芳. 張生忽起彈冠曰: "踏靑芳辰, 三月一日, 吾儕今在逆旅之中, 已無及蘭亭之會, 佳麗江南, 地勝人和, 靑帘紅杏, 萬家春風, 杖頭金錢, 可買此日之歡, 而況名山引興, 天借良辰, 今不見岳州形勝, 可乎?" 韋生卽顧嘆曰: "知我者, 子也." 卽與張生, 直抵岳州城下, 日已暮矣. 是夕, 借宿於漁人之舍, 翌日早朝, 急問江村, 賖酒賃舡, 游於洞庭之南. 是日也, 風暄景明, 波紋不起, 水碧天淸, 上下一色, 江邊華屋, 遠近參差, 縹緲笙歌, 皆如寫上仙也. 韋生岸巾登舡, 長吟兩絶句. 其詩曰:

桂掉蘭槳泝碧流, 岳陽城北始回頭.
香風十里桃花裡, 多小珠簾上玉鉤.

草綠蘋香江水多, 蘭舟搖下洞庭波.
春風無限瀟湘意, 收拾新篇入棹歌.

張生繼吟曰:

花枝柳影弄春城, 江上游人捻玉笙.
欲待夜深歌舞罷, 月高三峽听猿聲.

玉樓飛閣入江天, 誰捲珠簾弄綵絃?
日暮汀洲人更遠, 臨風腸斷木蘭船.

吟罷, 江烟半斂, 峽月初斜, 千峰散亂, 萬象星羅. 二人豪逸之氣, 將欲羽化而登仙也. 酒行數籌, 朱顏半酡. 韋生喟然嘆曰: “噫! 楚國, 悲涼之地. 蒼梧巡斷, 竹老湘岸, 此非二妣之寃泪歟? 離騷吟罷, 汨羅波鳴, 此非三閭之忠魂歟? 楚人多情, 長歌竹枝, 過人行客聞來, 孰不沾襟?” 張生皺眉良久曰: “僕本平生慷慨之人也. 目及流篇, 尙此殞淚, 今來此地, 可堪余懷? 欲酌瓊漿, 招古今之英魂也.” 遂吟兩絶句曰:

竹枝歌斷暮雲低, 春盡黃陵古廟西.
香滿白瀕湘水綠, 楚山惟有鷓鴣啼.

楚客維舟听暮猿, 十年芳草憶王孫.
多情一片瀟湘月, 曾照江魚腹裡魂.

韋生遽曰: “君詩吟調凄苦, 益增悲激. 如此鶯花佳節, 但當醉歡而已, 不須弔古傷心, 空費半日之歡耳.” 遂酌綠蟻一巵, 酬于張生, 扣舷而歌曰:

巴陵東兮岳陽北, 楚山高兮湘水碧.
竹枝歌兮哀怨多, 藹蘭槳兮江之波.
春風起兮渚蘋香, 懷古人兮不能忘.
擊玉壺兮唱金縷, 醉眼擡兮乾坤暮.

張生倚棹而歌曰:

吳歌怨兮楊柳青, 遠送目兮傷春情.
搴杜若兮江之邊, 採紫菱兮香滿舡.
日欲暮兮湘江波, 懷美人兮泪如何?
望綺樓兮天一涯, 春愁起兮奈爾何[1)]?

歌竟酒闌, 盡醉窮歡, 相與枕藉乎舟中. 韋生怳然先覺, 搔首起坐, 湘天已暮, 沙鳥飛盡, 岸上虹橋, 游人漸稀. 生以手控張生而起, 香醪浹骨, 醉魔方酣, 搖之不動, 喚之無聲. 生還攬繡彩裘, 解錦纜下舡, 回顧長程, 闃無人蹤, 但听前隣有歌聲. 尋溪而往, 則雕甍紫閣, 聳出雲霄, 燈燭清熒, 搖影於祿楊之裏. 生屛息門側, 遊目內庭, 則以青琉璃築作九級層塢, 百卉芬芳, 蜂鳥爭咽. 下有一小池, 綠波如鏡, 荷葉初生, 彩鴨一群, 來往其中. 又有沈香木假山, 峰巒草樹, 皆錦繡綵繪之飾也, 制作極其工巧, 歷至一門, 則曲檻浮空, 飛棟百尺, 一桁繡簾, 半捲於花影之中. 時夜已闌矣, 賓徒初散, 衆樂未退, 佳人十數隊, 蘭麝薰衣, 珠翠滿身, 嬌顔半酡, 百戱俱張, 翩若驚鴻, 輕如飛鷰, 笑語轟喧不絶. 俄而有綠幘武夫, 排戶而鎖斷重門, 收銀鑰而催喚歌兒輩, 直宿內廂, 群娥一時應聲而起, 連袂而入. 雲窓霧閣, 如隔千里, 更無可俟. 生隱於門墻之內, 無異入籠之禽, 跼蹐彷徨, 憂懼實深, 然事已謬矣, 無可奈何. 步上樓梯, 周覽旣畢, 方欲假寐於簾楹之側, 而坐待開門, 挺身趨走, 一念耿耿, 臥不成眠, 披衣而起, 散步庭除. 遙聞後園人語琅琅, 引頭望之, 紫薇花下, 懸一紅蓮燈, 下一美人, 年可十七八, 綽約仙姿, 非世上人也. 遂折一枝紅萼, 倚樓支頤而吟曰:

影子長憐月, 身輕不似花.
風隨香萬點, 飛去落誰家?

---

1) 望綺樓兮天一涯 春愁起兮奈爾何: 저본에 없으므로 정명기본·간호윤본으로 보충했다. 원문을 보면 필사자가 14자 정도를 쓰기 위한 여백을 남겨 두었다.

吟未訖也, 丫鬟卷簾而下, 報其茶鐺之溫也. 美人忽提燈而入, 中外闃寂, 了無跫音. 卽數冒死逞情, 而忽念踰垣折檀, 虎尾春氷, 不戒鑽穴之誚, 終蹈亡身之禍. 仲可懷也, 人言可畏, 欲進還退, 擧足未投. 如是者數度, 狂心大起, 六馬同奔, 終莫能制. 遂信步而行, 及至房外, 暗窺窓罅, 則是乃女之寢室也. 卷流蘇帳, 圍翡翠屛, 床上彩鴨, 含水沈香, 一炷香烟, 裊裊如縷. 女臥於其間[2], 羅衾半脫, 玉腕微露, 綠雲欹枕, 香汗凝腮, 春眠惱重, 絳綃不動. 生褰衣而入, 女忽驚愕曰: "誰家宕子, 狂暴至此?" 拒之甚肅. 生倉黃無計, 將擬還退, 而身囚鎖圍之內, 逃出無路, 若逢門戶之辱, 則其罪一也. 方欲脅奪其志, 女見生之溫雅, 正非娼樓俠少之流, 似有疑訝之色. 生低聲細語, 曲盡所由, 女稍似小薄, 而拒之亦不如初也. 生遂壓之, 差眉懶擡, 眼波俙淑, 弱質輕揚, 如不能堪. 生春情蕩漾, 濃興未停, 極盡繾綣而罷. 遂整衾而臥, 元央枕上, 花影婆娑. 女忽欠伸, 撫郎背而長嘆曰: "人間懽樂, 不到深閨, 此生於世, 始見今日." 生因問姓名族系, 女斂容徐言曰: "妾姓蘇, 名淑芳, 古宋學士蘇子瞻之後裔也. 妾父名, 早參達官, 歷至臺閣, 宦成名立, 今已退休矣. 門戶亦不衰薄, 家有乘朱輪者十人. 妾父始得一女, 鍾愛甚重, 未嘗一日離於膝下, 故別起小樓於北園之中, 使妾倘伴此耳. 妾生長深閨, 未識情事. 然摽梅葉落, 詩人有諷, 飛梭歲月, 不待紅顏. 青春楊柳之院, 秋雨梧桐之夜, 孤眠洞房, 恨負芳年. 今夕何夕? 見此良人. 邂逅相逢, 適我願兮. 白首同懽, 與子成誓, 只恐賤棄小妾." 生答曰: "生, 抹陵人也. 世居南京, 粗通書史, 携壺結伴, 遍遊溪山. 昨日偶牽一友, 泛舟洞庭, 路邊陽臺, 獲逢仙娘, 巫山一枕, 是知前緣. 況許身駑劣, 願奉巾櫛, 誠通金石, 意感神融. 只以房帷事密, 暮夜無知, 他日親庭, 倘有譴責, 則千載淫池, 永絶穆王之夢, 七夕銀河, 長感牽牛之會而已." 女忽改容曰: "妾非娼類, 素是良族, 不慕涉溱倈卷之風, 惟思琴瑟鍾鼓之樂. 天照微衷, 錫余良匹, 事跡雖微, 情意無間. 倘漏暗昧之蹤, 而終阻伉儷之情,

---

2) 女臥於其間: 저본에 없으므로 정명기본 · 간호윤본으로 보충했다. 임형택본에는 '女臥於其中'으로 되어 있다.

[illegible]辭[illegible], 更結他生之約. 偶得佳耦, 偕老盟甘[3], 雖以藍橋之奇遇, 不過是[illegible]" 生遽曰: "良宵苦短, 曉鷄聲催, 芳情未洽, 別意無窮, 奈如之何?" 女推屛而起, 手挽金屛而掩紗窓曰: "非東方卽明, 月出之光." 取架上碧玉簫, 吹秦樓鳳凰曲, 響徹雲宵. 生拂衣而起, 開戶視之, 則砧鳴遠村, 角殘孤城. 女見生之起, 卽挽其袖而掩面低聲曰: "三生好緣, 一宵綢繆, 將子無疑, 昏以爲期." 生[illegible]下階, 數步顧眄之, 則殘粧倚門, 而黯然消魂. 生悽遑出走, 中門已開, 外門猶關. 生藏身於階上叢竹之門. 頃之, 有一蒼頭絳衣者, 自內而出, 洞開[illegible]掃中庭, 敞華筵, 還入東廂. 生左右顧視, 捨命奔出, 不覺冠屨墜地, [illegible]. 及至江岸, 張生猶掩蓬窓, 方在睡鄉, 其餘僕從, 亦皆酩酊不起. 生[illegible], 閑眠思寢, 神魂飛越, 耿不能寐, 蹴起張生. 生遽而覺, 顧謂韋生曰: "[illegible]. 樂乎?" 韋生答曰: "昨夕, 中酒沈冥, 通宵昏倦, 不覺朝日已晡, 醉[illegible]味, 只在此時." 張生微哂曰: "烟波短棹, 皈思悠然, 可進一盃, 使續餘[illegible]" 生曰: "諾." 卽命[illegible]童子, 酌羅浮一觥, 以侑張生, 盡說前夕之事, 細進[illegible]之習, 故張生疑其辭, 姑未信也. 樽傾日斜, 更[illegible], 落莫無語. 張生頗怪之, 始聞其由, 而備悉之, 遂正襟[illegible]曰: "[illegible]之高才, 江左無雙, 射策金門, 摘文玉署, 立身揚名, 濟世安[illegible]是乃[illegible]. 今君偸窺相國之門, 妄犯私通之律, 迷魂不悟, 縱意忘[illegible], 卽非但辱及君身, 抑亦禍延高門, 可不戒哉? 凡人一念[illegible]後悔, 噬臍無及, 惟子勉之." 生不答, 翹首南天, 雲山[illegible]粉壁, 遠暎於紅杏之園, 不堪離思, 凝泪滿眶. 張生知其[illegible]. 不[illegible]之. 遂力勸韋生, 更闌酬酌. 生先倒于舟中, 張生命[illegible]也. 回泊錢塘古岸, 天欲曙矣, 鶴鳴吳峀, 鶯囀[illegible]城外, 大加傷心, 遂成一疾, 纏綿日月, 日漸沈痼, [illegible]而終. 遂成一律, 題于白玉案上. 其詩曰:

---

3) 偕老盟[illegible]본에 없으므로, [illegible]·임형택본으로 보충했다. 정명기본에도 이 부분 [illegible]

花枝影動玉欄香, 鶯引春愁囀夕陽.
床上誰憐心悄悄, 枕邊遙憶語琅琅.
黃河不動深盟在, 靑鳥無傳別路長.
魂入九原應抱怨, 此生何處更相忘?

一夕, 生之父母, 俱詣床前, 抱持垂泣曰: "古之聖人云: '父母惟其疾之憂.' 今觀爾之嬰疾, 才過數旬, 日憯危苦, 將至不救, 故雙親復慮, 將欲繼殞, 爾有何心, 匿而不坐? 曲盡蘊意, 無貽後悔." 生聞言卽驚, 涕泗交頤, 暫俟心定, 細語出喉中曰: "父母生之, 鞠育劬勞, 欲保其德, 昊天罔極. 小子不肖, 少無曾參之養, 竟貽子夏之痛, 不孝莫大, 罪積幽明. 願白所由, 俾無遺憾. 往者, 與友人張某, 乘節日, 載酒南游, 誤入蘇相國家, 有輕薄之行, 窃窺垣墻, 罪死萬當. 但紅樓一別, 江樹萬里, 山長路阻, 信使無憑, 一念縈腸, 轉成狂疾, 死而後安, 竟無他意矣." 父母以雙袖拭淚, 開眼曰: "早知如此, 何使汝至於斯也?" 急喚老蒼頭, 送于相國家, 先通媒妁之命, 以定花燭之期. 蒼頭未及出門, 踉蹡奔入而告曰: "相國之使, 先已到矣." 生之父, 急出外轉, 招入使者, 朱冠鐵衣八尺長身者, 再拜中庭, 袖出相國書, 跪而進. 珊瑚函裏, 鮫綃數幅, 有剡溪牋一封[4], 卽其書也. 書曰:

> 伏以某, 家勢簪纓, 仕宦清朝, 位極卿相, 身榮富貴, 乞得殘齡, 退休私舍, 跡訪故山, 盟深魚鳥, 看花弄竹, 以助清趣, 引客開觴, 因消暇日. 曩者, 賢郎逐景, 偶過鄙舍, 小女多情, 幾捐微軀, 如花之浥露, 如月之被雲. 未洩孤居之怨, 都是老父之罪也. 事已至此, 悔將何及? 但楚璧已斷, 秦鸞未奏, 別恨成痼, 殘命如縷. 鸞沈鳳消, 倘阻夫婦之情, 地老天荒, 何量父母之心? 早卜時月之良, 願奠羔鴈之禮. 只恐貴宅, 不顧寒門.

4) 袖出相國書 跪而進 珊瑚函裏 鮫綃數幅 有剡溪牋一封: 저본에는 '袖出剡溪牋一封'으로 되어 있다. 정명기본・간호윤본으로 보충하였다.

覽畢, 使者再拜而叙曰: "娘子自别阿郎之後, 每待於芳園中, 數日, 令小兒訪問於江村, 則居人答曰: '往者二少年, 來自建江府, 泊舟湖上, 極歡而皈, 其後了無形跡矣.' 以此言皈報, 則娘子遂臥不起, 大相公莫曉其意. 一日, 乘娘子之入睡, 括其錦箱, 得相思字數篇, 因此而詰問之, 則娘子亦不諱秘, 悉陳無餘. 相公卽令老僕, 馳傳婚娶之命, 故敢來于此耳." 手開青囊, 探出詩篇, 進于案上曰: "此娘子之所詠也." 生之父, 披見其詩. 詩曰:

楊柳依依水滿池, 百花深處囀黃鸝.
愁來却奏相思曲, 曲苦琵琶魂斷時.

梨花風動玉樓寒, 金鴨香消曉漏殘.
燈下泪痕人不見, 暗均紅臉獨憑欄.

燕掠珠簾花影飛, 東風吹夢入羅幃.
一年芳草江南恨, 千里王孫去不皈.

寶覗香盡水沈烟, 鸚鵡金籠夢幾圓.
吹斷玉簫人不見, 碧桃花影曲欄前.

小院池塘荷葉香, 春波欲暖浴元央.
碧桃深鎖朦朧裡, 何處啼鶯又斷腸.

生之父撫掌歎曰: "奇才出於若蘭之右." 生見其詩, 雖增思慮, 結褵之日不遠, 以此寬於懷也, 沉疾稍蘇, 渾舍喜驚. 使者, 是日宿於生之家, 侵晨早發, 再三辭退. 生父, 款接使者, 饋以盛饌, 酒酣離席, 致書於相國前. 其辭曰:

伏以某本武人, 自少失學, 功勤弧矢, 口杜經史, 家世零丁, 契活淸寒, 鄕隣卑穢, 奴僕逃逋. 欲令小兒, 早就名程, 讀古人書, 慕前賢志, 粗通文字, 暫曉人理, 於家孝弟, 於友信義, 少無橫越之志, 寧有强暴之行? 但男女相感, 古今常情, 閨幃之事, 悔責何及? 敢承恩命, 仰求賢婦, 只以尊畢有序, 門戶不同, 伏地懷慙, 臨紙無語.

使者遵教而退, 皈報相國, 其家亦幸甚. 女聞其奇, 而病忽勿藥有喜. 自此通問不絶, 遂差穀, 仍行同牢之禮. 二人相得之樂, 雖張碩之嫁蘭香, 裵航之遇雲英, 不足喩也. 夫婦平居, 愛而教之, 遠近親戚, 無不禮之. 是年八月, 倭奴入掠朝鮮, 國王播越, 遠狩龍灣, 冠蓋相望, 乞救中原. 皇帝以羽檄徵兵天下, 拜韋生之父爲征討諸軍事, 領兵三萬, 遠赴遼陽, 而兵死地也, 遠入東隅, 凱還無期, 青幢檄筆, 難得其人, 故將軍卽以書招生甚急, 而因蘇門之行. 生見父書, 涕泣忘食, 莫操其心. 女忽抑哀辭, 以理諭之曰: “妾聞男子生於斯世, 彤弓白羽, 少有馬革之志, 鐵騎牙璋, 終封鷰頷之侯. 矧今發四海之勁兵, 殲一隅之兇徒, 有山壓之勢, 無土崩之危, 欲圖奇勳, 正當此時, 豈作迂儒, 終守書窓? 況嚴親塞外, 遠抱採薇之愁, 小子天涯, 何忍陟岵之悲? 遄啓皈程, 毋稽親旨. 妾命途崎嶇, 世事蹉跎, 芳緣才屬, 哀別又至. 人生幾何? 歡合無期. 庭梧飛落, 海鴈聲愁, 月到瑤階, 誰聞鳳笙之音? 蛩音粉壁, 又冷元衾之夢. 重爲斷腸之人, 應作望夫之石. 惟願郎君, 早促回程.” 言訖, 置酒酌別於中堂, 蘇娘命歌兒數人, 唱採蓮曲. 其詩曰:

玉露悽悽江月斜, 蘭橈停處藕花多.
何人倘佯橫塘口, 腸斷西風一曲歌.

月色波光滿小塘, 夢裙玉佩倚蘭檣.
西風昨夜江花落, 初感元央夢裡香.

水上佳人金縷衣, 芙蓉花裡小舡皈.
西風一夜滿江思, 千里玉關音信稀.

吟罷, 蘇娘手酌金荷葉盃, 奉進韋生, 自制臨江仙一闋, 以侑之曰:

吳鉤錦帶青絲馬,
龍沙千里迷皈,
蘇門烟樹遠依俙.
心隨邊月皈,
夢逐塞鴻飛.

蛩音碧草秋風晚,
君去隻影誰依?
滿庭黃葉掩朱扉.
鳥關音信斷,
何處寄寒衣?

歌竟, 坐中皆垂泪. 韋生强醉深樽, 扶擁上馬, 而蘇娘追出門外, 痛哭絶聲, 良久更蘇, 觀者莫不憐之. 生馳到其家, 將軍欲鳴鼓發行, 僅能隨其後, 而虛心之極, 跋涉風霜, 眠食不甘, 舊疾還發, 驛樓旅關, 皈思轉切, 觸物興吁, 對人無語, 將軍大有悶焉. 一夕, 行到江興府, 生病尤極, 倚床無眠, 遂書一絶于壁上. 其詩曰:

霜滿孤城住漢軍, 角吹殘月動轅門.
燈前苦憶江南夜, 鴈帶皈心入楚雲.

幕中又有金姓者, 亦工於詩幹者也, 以生之病緊, 不離席, 戱嘲寬抑, 遂奪金鸞扇, 題一絶于其面曰:

> 白馬驕嘶跨玉鞍, 龍刀何日斬樓蘭?
> 秋風萬里關山外, 吹笛江南片月寒.

生嘆曰: "君詩豪逸, 我吟愁苦, 是所由思不同之故也." 奄延數日, 則生氣脉如線. 命盡之日, 從者急告將軍, 將軍退籌排戟, 顚倒而來, 以手點其額而問曰: "余承帝命, 千里東來, 父子恩重, 死生可求. 及爾東皈, 扶我病骨, 老夫無德, 爾先沉痼, 尺劍天涯, 余將何懷? 干戈事急, 藥餌無暇, 罔極余懷, 爾先知之. 鄕關雖遠, 皈路不阻, 風帆一日, 可到江南, 爾安其心, 無悶小恙." 生聞言擡首, 哀泪汍瀾, 遂握將軍之手, 哽咽而告曰: "小子殘命, 不追殃禍. 兵塵戍幕, 殘病彌篤, 扁兪無效, 命也如何? 只念孤親入塞, 戰鋒未交, 哭子郵亭, 忍其心力, 丁年孤獨, 未致榮養, 壯而先摧, 不終侍奉, 人間地下, 兒罪難容, 重泉有怨, 豈敢瞑目? 異土荒山, 孤魂無托, 急取殘骨, 皈葬故山." 言訖, 奄然而逝. 將軍呼慟, 促治喪車, 仍送故園, 永窆先塋之側. 送殯之夜, 生見於將軍之夢曰: "蘇家娘子, 舊緣未盡, 生不同居, 死願同穴." 仍忽不見. 將軍驚悟, 乃一夢也. 落月轅門, 鼓角愁喧而已. 將軍急呼從者曰: "亡兒今入我夢, 願埋於蘇氏門外, 其情可哀. 況路通淮海, 行舟甚便, 直抵岳州可也." 從者承命而往, 不過數日, 果入洞庭湖上, 風烟慘色, 人事已變. 一片丹旌, 飄下海門, 過客行商, 爭指皈舟曰: "誰家旅櫬, 遠向何山?" 行到津頭, 問蘇相國家, 則有罷裙兒女, 愕然來問, 俱述厥由, 其兒奔遑入告, 擧家呼擗, 哭聲喧天. 蘇娘問其奇, 卽以羅巾, 縊其頸而死. 相公痛之, 同葬于九疑山下, 東西兩墳, 宛然路左. 楚人聞之, 爭爲掌記云.

4. 「위생전」 이본의 계열

정명기와 간호윤에 의해 「위생전」의 선본(善本)이 발굴되고 아울러 엄태식본까지 소개됨으로써 현재까지의 「위생전」 이본의 수는 한문본 5종, 국문본 1종이 되었다. 이본의 서지 사항 및 자구의 비교는 선행 연구에서 자세히 다루었으므로 굳이 반복할 필요는 없겠지만, 선행 연구와는 생각을 달리하는 내용을 잠시 언급하고자 한다.

간호윤은 간호윤본이 수록된 『한골동』을 17세기에 필사된 책으로 보았는데, 지나치게 시기를 올려 잡은 게 아닌가 한다.[1] 그는 『한골동』에 수록된 글들의 작자를 근거로 하여 17세기 중엽에 필사된 것으로 보았는데, 그 글들이 저자들의 친필이라는 증거가 없는 이상 불가능한 이야기다. 또 한문소설의 필사가 17세기에 집중적으로 보인다는 점을 근거로 제시하기도 했지만, 역시 받아들이기 어렵다. 이는 『화몽집』·『신독재수택본전기집』·『삼방요로기』·『선현유음』 등을 염두에 둔 것인데, 『화몽집』의 경우 17세기에 필사된 작품집이 아니라는 사실이 밝혀졌고[2] 여타 작품집들 역시 17세기에 필사되었다는 명확한 근거가 없다.[3]

앞서 언급했듯이 「위생전」의 선본(善本)은 정명기본·간호윤본·엄태식

1) 간호윤, 「한골동 소재 위생전 연구」(『고전문학과 교육』 14, 한국고전문학교육학회, 2007), 303~308쪽.

2) 소인호, 「조선중기 전기소설사와 화몽집」, 『한국 전기소설사 연구』(집문당, 2005), 207~210쪽 참조.

3) 간호윤본 역시 적지 않은 오류를 가지고 있는 이본이다. 이하 이본 대비를 살펴보면, 이 점 자연히 드러날 것이다.

본이고, 임형택본·유재영본·김일근본은 선본이 아니기 때문에, 정명기본·간호윤본·엄태식본을 선본 계열로 묶을 수 있다. 하지만 이는 이본이 전승된 과정을 설명해주지는 못한다.

국문소설의 경우에는 화소의 출입이나 내용상의 차이가 이본 계열 설정의 중요한 근거가 된다. 그러나 「위생전」처럼 화소의 출입이 없고 자구의 출입 정도만 확인되는 한문소설의 경우, 현전하는 이본의 완결성을 가지고 이본군을 분류할 수는 있지만, 그것이 「위생전」 이본의 전승 과정까지 설명해 주는 것은 아니다. 여기에서 다루고자 하는 「위생전」 이본의 '계열화'란, 그 전승 과정에서 어떤 분화가 일어났으며, 현존하는 이본들이 분화의 과정에서 어느 쪽에 속한 이본을 모본으로 하였는지를 밝히려는 것이다. 지금까지는 「위생전」의 선본이 정명기본과 간호윤본밖에 알려지지 않았으므로 이 작업이 이루어지기 어려웠는데, 엄태식본이 발굴됨으로써 계열화가 어느 정도 가능해질 수 있으리라고 본다. 이를 위해 우선 「위생전」 원본에 가장 근접한 정명기본·간호윤본·엄태식본을 중심으로 세 이본의 관계를 살펴보기로 하자.

정명기본·간호윤본·엄태식본은 선본이기는 하지만, 당연히 결함도 있다. 이에 대해서는 선행 연구에서 밝히기도 했지만, 엄태식본과의 관계도 살펴보기 위해 구절 단위로 누락된 것을 위주로 하여 다시 한 번 소개하기로 한다.

정명기본에는 위생의 부친이 받아본 소숙방의 시 4수 가운데 둘째 시의 뒷부분과 셋째 시의 앞부분이 누락되었다.

> 정명기본: 梨花風動玉樓寒, 金鴨香消曉漏殘. 金風吹夢入羅帷. 一年芳草江南恨, 千里王孫去不皈. 又.
>
> 간호윤본: 梨花風動玉樓寒, 金鴨香消曉漏殘. 燈下泪痕人不識, 暗均紅臉獨憑欄. / 燕掠珠簾花亂影飛, 東風吹夢入羅帷. 一年芳草江南恨, 千里王孫去

不皈.

엄태식본: 梨花風動玉樓寒, 金鴨香消曉漏殘. 燈下泪痕人不見, 暗均紅臉獨憑欄. / 燕掠珠簾花影飛, 東風吹夢入羅帷. 一年芳草江南恨, 千里王孫去不皈.

「위생전」의 앞부분에는 위생과 장생이 시를 주고받는 부분이 두 군데 있다. 그런데 간호윤본에는 장생이 시를 지었음을 나타내는 '張生繼吟曰'과 '張生倚棹(而)歌曰'[4]을 누락함으로써 장생의 시까지도 모두 위생의 시로 만들어 버렸다.[5]

엄태식본에는 장생이 노에 기대어 읊은 시 가운데 '望綺樓兮天一涯 春愁起兮奈爾何'가 누락되었다. 이 부분을 보면, 필사자가 약 14자를 쓸 수 있는 공간을 비워두었으니, 실수로 누락한 것이 아니라 모본의 상태가 좋지 않아 필사하지 못했음을 알 수 있다. 또한 엄태식본에는 위생이 소숙방의 침실을 엿보는 장면에서 한 구절이 누락되었다.

정명기본: 女臥於其間, 羅衾半脫, 玉腕微露, 綠雲倚枕, 香汗凝腮, 春眠惱重, 絳綃不動.

간호윤본: 女臥於其間, 羅衾半推, 玉腕微露, 綠雲攲枕, 香汗凝腮, 春眠惱重, 絳綃不動.

엄태식본: 羅衾半脫, 玉腕微露, 綠雲攲枕, 香汗凝腮, 春眠惱重, 絳綃不動.

다음은 위생의 부친이 소숙방 부친의 편지를 받는 장면이다.

정명기본: 韋生之父, 急出外軒, 招入使者, 朱冠鐵帶八尺長身者, 再拜中庭, 袖出相國書, 跪而進. 珊瑚函裏, 鮫綃數幅, 有剡溪牋一封, 卽其書也.

---

4) 엄태식본에는 '而'가 있고 정명기본에는 '而'가 없다.

5) 간호윤, 『새로 발굴한 주생전·위생전의 자료와 해석』(박이정, 2008), 104~105쪽 참조.

> 간호윤본: 韋生之父, 急出外軒, 招入使者, 朱冠鐵帶八尺長身者, 再拜中庭, 袖出相國書, 跪而進. 珊瑚函裏, 鮫綃數幅, 有剡溪牋一封, 卽其書也.
>
> 엄태식본: 生之父, 急出外轉, 招入使者, 朱冠鐵衣八尺長身者, 再拜中庭, 袖出剡溪牋一封, 卽其書也.

이상으로 정명기본 · 간호윤본 · 엄태식본이 가지고 있는 중대한 결함을 살펴보았다. 다행스러운 점은 그 오류들을 이본으로 교정할 수 있다는 사실이다.

엄태식본은 자구의 변개가 심하게 이루어진 이본이다. 하지만 이것이, 엄태식본이 정명기본 · 간호윤본과는 완전히 다른 계열의 이본이라는 의미는 아니다. 다음은 위생과 장생이 술을 마시고 취한 대목인데, 이본 간의 비교를 위해 임형택본과 김일근본까지 아울러 제시한다.6)

> 정명기본: 韋生怳然先覺, 搔頭起坐, 湘天已暝, 沙鳥飛盡, 岸上虹橋, 遊人漸稀. 生以手扶張生而起, 香醪浹骨, 醉魔方酣, 搖之不動, 喚之無聲.
>
> 간호윤본: 韋生怳然先遺, 搔首起坐, 湘天杳暝, 沙鳥飛盡, 岸上橫橋, 遊人漸稀. 生以手扶張生而起, 香醪浹骨, 醉魔方酣, 搖之不動, 喚之無聲.
>
> 엄태식본: 韋生怳然先覺, 搔首起坐, 湘天已暮, 沙鳥飛盡, 岸上虹橋, 游人漸稀. 生以手控張生而起, 香醪浹骨, 醉魔方酣, 搖之不動, 喚之無聲.
>
> 임형택본: 韋生況然先覺, 搔頭起坐, 湘天已暝, 沙禽飛盡, 岸上虹橋, 遊人漸稀. 生以手扶起張生, 香醪浹骨, 醉魔方酣, 搖之不動, 喚之無聲.
>
> 김일근본: 위싱이 개연히 몬져 씨야 머리롤 긁고 니러 안즈니 강텬이 임의 져믈고 사퇴 비진ᄒᆞ니 두던 우희 므지게 ᄀᆞᄐᆞᆫ ᄃᆞ리예 노ᄂᆞᆫ 사ᄅᆞᆷ이 졈졈 드믈거놀 위싱이 댱싱을 흔드니 향긔로온 술이 ᄲᅧ의 빈니 ᄉᆞᆫ드러도 씨디 아

6) 유재영본은 복사본의 글자가 판독이 안 되는 곳이 있어 인용문으로 제시하지는 않았다.

> 니ᄒᆞ고 불러도 더답디 아니ᄒᆞ거늘

간호윤본의 '遺'는 '覺'의 오기일 가능성이 높아 의도적인 변개로 보기 어렵고, '杳'는 원래는 없던 글자인데 교정자가 써 넣은 것이다. '遊'와 '游'는 같은 글자라서 변별성은 없는데, 정명기본과 간호윤본에서 '遊'로 쓴 것을 엄태식본에서는 거의 대부분 '游'로 썼다.

정명기본의 '頭'는 간호윤본·엄태식본에는 '首'로 되어 있다. 그런데 임형택본에는 '頭'로 되어 있고, 유재영본에도 '頭'로 되어 있어 정명기본과 같다. 하지만 이를 근거로 정명기본·임형택본·유재영본이 동일 계열에서 파생된 이본이라고 할 수는 없다. '首'와 '頭'는 필사자의 취향에 따라 얼마든지 자유롭게 선택할 수 있는 글자이다. 다음으로 엄태식본의 '暮'는 '暝'을 같은 뜻의 글자로 바꾸어 쓴 것인데, 유재영본에는 '昏'으로 되어 있다. 엄태식본의 '控'과 간호윤본의 '横' 역시 필사자가 임의로 글자를 바꾼 것이다.

위의 인용문에서는 '정명기본=간호윤본≠엄태식본', '정명기본≠간호윤본=엄태식본', '정명기본=엄태식본≠간호윤본'의 사례가 모두 확인된다. 따라서 글자의 출입만으로는 이본 전승의 과정에 따른 계열을 확정할 수 없고 어느 것이 선본(先本)이라고 말할 수도 없다. 다만 원본에 가장 근접한 「위생전」을 다음과 같이 재구할 수는 있다.

> 韋生悅然先覺, 搔頭[首]起坐, 湘天已暝, 沙鳥飛盡, 岸上虹橋, 遊人漸稀. 生以手扶張生而起, 香醪浹骨, 醉魔方酣, 搖之不動, 喚之無聲.

그렇다면 「위생전」의 이본을 계열화할 수 있는 근거는 무엇일까? 지금까지 살펴본 예들은 이본 필사자들이 모본의 글자를 잘못 판독했거나 임의로 글자를 바꾼 경우여서 개별 이본의 특성을 드러낼 뿐이었다. 하지만 이와는 다른 사례가 발견된다면, 이본을 계열화할 수 있는 근거가 될 수 있을 것인데, 그 대표적인 것이 구절 단위의 누락이 여러 이본에서 똑같이 나타나는 현상이라 할 수 있다.

앞서 살펴본 바와 같이 엄태식본은 여타 이본에 있는 구절들이 누락된 경우가 많다. 하지만 이 역시 엄태식본의 특성일 뿐이며, 이런 현상은 정명기본과 간호윤본에서도 발견되는 것이다. 그런데 동일한 구절의 누락이 두 개 이상의 이본에서 발견된다면, 이는 전혀 다른 이야기가 된다. 왜냐하면 그것은 해당 이본들이 동일한 모본에서 파생되었다는 증거이기 때문이다. 필자가 정명기본 · 간호윤본 · 엄태식본 · 임형택본 등을 일일이 대조해 본 결과, 이본의 전승 과정을 설명할 수 있는 근거는 단 한 군데뿐이었다.

> 정명기본: 倘漏暗昧之蹤, 而終隔伉侶之情, 夭死靡他, 更卜他日之約. 生偶得佳偶, 雖以藍橋之會, 不過此也.
>
> 간호윤본: 倘漏暗昧之蹤, 而終隔伉儷之情, 矢死靡他, 更卜他生之約. 生遇佳耦, 偕老盟甘, 雖以藍橋之奇遇, 不過是也.
>
> 엄태식본: 倘漏暗昧之蹤, 而終阻伉儷之情, 夭死靡他, 更結他生之約. 偶得佳耦, 雖以藍橋之奇遇, 不過是也.
>
> 임형택본: 倘漏暗昧之蹤, 終隔伉儷之情, 矢死無他, 更卜他生之約. 偶得佳偶, 偕老盟甘, 雖以藍橋之奇遇, 不過是也.
>
> 김일근본: 오히려 ᄀᆞ만ᄒᆞᆫ 자최ᄅᆞᆯ 들려나 ᄆᆞᆺᄎᆞᆷ내 항녀의 졍이 막힐디라도 주그믈 ᄆᆡᆼ셰ᄒᆞ야 다ᄅᆞᆫ 사ᄅᆞᆷ을 셤기디 아니리니 사라셔 아ᄅᆞᆷ다온 ᄧᅡᆨ으로 더브러 ᄆᆡᆼ셰ᄅᆞᆯ 깁피 ᄒᆞ야 ᄒᆡ로ᄒᆞ면 비록 남교의 ᄀᆡ특ᄒᆞᆫ ᄧᅡᆨ이라도 이에 넘디 못ᄒᆞ리라

소숙방이 위생과 동침한 후 한 말이다. '偕老盟甘'은 간호윤본과 임형택본에 있고 김일근본에도 해당 구절이 보이는 데 반해, 정명기본과 엄태식본

에서는 발견되지 않는다. 따라서 위의 예는 정명기본과 엄태식본이 '偕老盟甘'이 탈락된 이본에서 파생되었다는 증거가 되는 것이다. 이는 필사자의 개성에서 비롯된 탈락일 수 없으며, 정명기본과 엄태식본에서 우연의 일치로 동일한 구절이 누락되었을 가능성은 생각하기 어렵다.

이상의 논의를 통해 우리는 정명기본과 엄태식본이 동일한 모본에서 나왔다는 사실을 확인했다. 하지만 이런 결과가 기존 논의와 배치되는 것은 아니다. 현전하는 이본들을 놓고 본다면, 선행 연구의 결과와 같이 정명기본・간호윤본・엄태식본을 '선본'으로 묶는 것이 합리적이며, 「위생전」의 정본화 작업은 선본을 중심으로 하면서 이본 간의 공통분모를 찾아가는 방식으로 이루어져야 할 것이다. 다행스러운 점은 현전하는 이본들을 교합하면 「위생전」 원본을 거의 완벽하게 재구할 수 있다는 사실이다.

5. 「위생전」의 정본화

현재 공간되어 활용할 수 있는 「위생전」 자료는 몇 종의 「위경천전」 역주 및 교감본과 간호윤본 · 김일근본이다. 이 가운데 연구의 자료로 용이하게 이용할 수 있는 것은 간호윤본을 저본으로 하여 정명기본과 김일근본 등을 참조한 간호윤의 교감본이다. 하지만 이 교감본은 간호윤본의 오류를 바로잡은 선에서 그치고 있어 정본이라 하기는 어렵다. 「위생전」의 정본화 작업은, 궁극적으로는 정명기본 · 간호윤본 · 엄태식본을 중심으로 하여 모든 이본들을 대비하면서 이루어져야 할 것이다. 여기서는 우선 교감본에서 수정되어야 할 지점들을 짚어봄으로써 앞으로 이루어질 「위생전」 정본화의 발판으로 삼고자 한다.[1)]

1

교감본: 香晩白蘋湘水綠, 楚山猶有鷓鴣啼.(105쪽)

정명기본: 香滿白蘋湘水綠, 楚山惟有鷓鴣啼.

엄태식본: 香滿白瀕湘水綠, 楚山惟有鷓鴣啼.

---

1) 의미가 사실상 같은 글자, 어조사나 허사의 출입, 이체자와 속자 · 약자 등은 배제하고 의미의 차이가 존재하는 것 가운데 중요한 것 몇 개만을 논의의 대상으로 한다. 이하 '교감본'은 간호윤, 『새로 발굴한 주생전 · 위생전의 자료와 해석』(박이정, 2008), 103~117쪽에 실려 있는 것이며, 인용 시에는 인용문 뒤에 이 책의 쪽수만을 표시한다. 교감본은 간호윤본을 저본으로 한 것인데, 원문을 잘못 판독한 것이 더러 있다. 이런 경우 올바른 원문으로 교정하고 각주에 해당 사항을 밝히기로 한다. 또한 교감본의 각주에서 오류를 밝힌 것과 이 글에서 이미 예로 든 것은 거듭하지 않는다.

임형택본: 香滿白蘋湘水綠, 楚山惟有鷓鴣啼.

김일근본: 항만빅빈상슈록ᄒᆞ니 초산유유쟈고뎨라[향내 흰 마람의 ᄀᆞ득ᄒᆞ고 샹강믈이 프르럿는뒤]

2

교감본: 則雕甍紫閣, 聳出雲宵, 燈燭清熒, 搖映於祿楊之裡.(106쪽)

정명기본: 則雕甍紫閣, 聳出雲霄, 燈燭青熒, 搖影於祿楊之裏.

엄태식본: 則雕甍紫閣, 聳出雲霄, 燈燭清熒, 搖影於祿楊之裏.

임형택본: 則雕甍紫閣, 聳出雲霄, 燈燭青熒, 搖暎於祿楊之裏.

김일근본: 그림 그린 기동과 사긴 난간이 구롬의 다핫고 블근 촉이 프른 버들 소긔 비최여 붉거놀

3

교감본: 美人忽提燈而入, 中外寂闃, 了無蛩音.(107쪽)[2)]

정명기본: 美人忽提燈而入, 中外寂闃, 了無跫音.

엄태식본: 美人忽提燈而入, 中外闃寂, 了無跫音.

임형택본: 美人忽提燈而入, 中外寂寂, 了無跫音.

김일근본: 미인이 믄득 등을 잡고 드러가니 듕외 젹연ᄒᆞ야 아뭇 소릐도 업ᄉᆞ니

4

교감본: 妾父名某, 早參達宦, 歷抵臺閣.(108쪽)

정명기본: 妾父名某, 早參達官, 歷至臺閣.

엄태식본: 妾父名早參達官, 歷至臺閣.

2) 교감본에는 '蛩'이 '蛩'으로 되어 있으나 잘못이다.

임형택본: 妾父名某, 早忝達官, 歷職臺閣.

김일근본: 부명은 아미니 일 벼슬ᄒᆞ야 ᄃᆡ각의 니ᄅᆞ러

5

교감본: 七夕銀河, 長感牛女之會而已.(108~109쪽)[3]

정명기본: 七夕銀河, 長感牽牛之會而已.

엄태식본: 七夕銀河, 長感牽牛之會而已.

임형택본: 七夕銀河, 長感牽牛之會已而.

김일근본: 칠셕 은하의 견우의 못ᄀᆞ지롤 기리 늣길가 ᄒᆞ노라

6

교감본: 飮中眞味, 只在此.(110쪽)

정명기본: 飮中眞味, 只在此時.

엄태식본: 醉中眞味, 只在此時.

임형택본: 飮中眞味, 只在此時.

김일근본: 먹던 마시 오직 이에 잇도다

7

교감본: 父母以袖拭淚, 開眼曰.(111쪽)

정명기본: 父母以双袖拭淚, 開眼曰.

엄태식본: 父母以雙袖拭淚, 開眼曰.

임형택본: 父母以手拭淚, 開眼曰.

김일근본: 부뫼 냥슈로 눈믈을 슷고 닐오ᄃᆡ

3) 교감본에는 '而已'가 '已而'로 되어 있으나 잘못이다.

8

교감본: 伏以某, 家世簪纓, 士宦淸顯.(112쪽)

정명기본: 伏以某, 家世纓簪, 任宦淸朝.

엄태식본: 伏以某, 家勢簪纓, 仕宦淸朝.

임형택본: 伏以某, 家世簪縷, 仕宦淸朝.

김일근본: 복이모가는 위국경상이오 신영부귀ᄒᆞ야 가세ᄌᆞᆷ영으로 ᄉᆞ환청뇌라[업데여 ᄉᆡᆼ각ᄒᆞ니 아ᄆᆞ의 집은 벼술이 경상의 극ᄒᆞ엿고 몸의 부귀영화ᄒᆞ야 집이 ᄃᆡᄃᆡ ᄌᆞᆷ영으로 ᄆᆞᆯ근 됴뎡의 벼ᄉᆞᆯ을 ᄒᆞ더니]

9

교감본: 往日二少年, 自建康府, 泊舟湖山, 極歡而皈.(112쪽)

정명기본: 往日二少年, 自建江府, 泊舟湖上, 極歡而歸.

엄태식본: 往者二少年, 來自建江府, 泊舟湖上, 極歡而皈.

임형택본: 往日二少年, 自建江府, 泊舟湖上, 極歡而歸.

김일근본: 뎌 즈음ᄭᅴ 두 쇼년이 건강으로붓터 와 ᄇᆡ롤 호샹의 ᄆᆡ고 극히 노다가 도라가니

10

교감본: 韋生見其詩, 雖增思慮, 結褵之日不遠, 以此寬其懷, 況昔疾稍蘇, 渾舍喜騰.(113쪽)[4]

정명기본: 韋生見其詩, 雖增思慮, 結縭之日不遠, 以此寬其懷, 沉疾稍甦, 渾舍喜騰.

엄태식본: 生見其詩, 雖增思慮, 結褵之日不遠, 以此寬於懷也, 沉疾稍蘇, 渾舍喜驚.

4) 교감본에는 '昔'이 '若'으로 되어 있으나 잘못이다. '昔'은 가필한 글자이다.

임형택본: 韋生見其詩, 雖增思慮, 結縭之日不遠, 以此寬懷, 況疾稍蘇, 渾舍意騰.

김일근본: 위싱이 그 시롤 보고 비록 싱각기롤 더ᄒᆞ나 혼인 날이 머디 아니ᄒᆞ니 일로 관회ᄒᆞ야 병이 졈졈 됴흐니 일개 대희ᄒᆞ야 ᄒᆞ더라

11

교감본: 雖張碩之嫁蘭香, 裵航之遇女英, 未足喩也.(114쪽)

정명기본: 雖張碩之嫁蘭香, 裵航之遇雲英, 未足喩也.

엄태식본: 雖張碩之嫁蘭香, 裵航之遇雲英, 不足喩也.

임형택본: 雖能碩之嫁蘭香, 裵航之遇女英, 未足踰也.

김일근본: 비록 댱셕의 혼인이며 난향의 비항 만남이라도 이에 밋디 못ᄒᆞᆯ러라

12

교감본: 小子天涯, 何耐陟岵之悲?(114쪽)[5]

정명기본: 小子天涯, 何忍陟岵之悲?[6]

엄태식본: 小子天涯, 何忍陟岵之悲?

임형택본: 小子天涯, 何忍陟岵之悲?[7]

김일근본: 없음.

13

교감본: 月到瑤階, 誰聞鳳凰之音? 虫吟粉壁, 又冷鴦衾之夢.(114쪽)

정명기본: 月到瑤階, 誰聞鳳笙之吟? 蛩吟粉壁, 又冷元央之衾.

5) '涯'은 원문에 명확히 '涯'으로 되어 있지만, '涯'를 쓴 것으로 보아야 한다.
6) '岵'는 '阝'+'古'로 되어 있다.
7) '岵'는 '土'+'古'로 되어 있다.

엄태식본: 月到瑤階, 誰聞鳳笙之音? 蛩音粉壁, 又冷元衾之夢.

임형택본: 月到瑤階, 誰聞鳳笙之音? 虫鳴粉壁, 人冷元央之夢.

김일근본: ᄃᆞᆯ이 옥계예 니ᄅᆞ매 뉘 봉ᄉᆡᆼ 소리ᄅᆞᆯ 드ᄅᆞ며 실솔이 빈 벽의셔 울매 앙금의 ᄭᅮᆷ이 차

14

교감본: 蟹思碧草秋風晩, 君去隻影誰依? 滿堂黃葉掩柴扉.(115쪽)

정명기본: 蟹思碧草秋風晩, 君去隻影爲誰依? 滿庭黃葉掩柴扉.

엄태식본: 蛩音碧草秋風晩, 君去隻影誰依? 滿庭黃葉掩朱扉.

임형택본: 滿庭黃葉掩柴扉.

김일근본: 없음.

15

교감본: 奄延數日, 則生氣脉如綿. 命盡之日, 從者急告于將軍, 將軍退籌排戟, 顚倒而來, 以手點其額曰.[8](116쪽)

정명기본: 奄延數日, 則生氣脉如線. 命盡之日, 從者急告將軍, 將軍退籌挑戰, 顚倒而來, 以手點額而問曰.[9]

엄태식본: 奄延數日, 則生氣脉如線. 命盡之日, 從者急告將軍, 將軍退籌排戟, 顚倒而來, 以手點其額而問曰.

임형택본:奄延數月, 則生起脉如縷. 命盡之日, 從者急告于將軍, 將軍退籌排戰, 顚倒而來, 以手點其額而問曰.

김일근본: 두어 날 디난 후의 ᄉᆡᆼ의 긔ᄆᆡᆨ이 실 ᄀᆞᆺᄐᆞ매 명 진ᄒᆞᄂᆞᆫ 날의 죵재

8) 교감본에는 '戟'이 '戰'으로 되어 있고 '曰'이 '而曰'로 되어 있으나 모두 잘못이다.

9) 정명기본의 '挑戰'은 '排戟'의 오류로 보는 게 타당할 것이다. 정명기본에는 구결이 달려 있는데 '挑戰'에다가 'ᄉᆞᄒᆞ'라고 현토하였다. 그 나름 합리적인 문맥을 이루고 있는 것이다.

급피 쟝군끠 보ᄒᆞ니 쟝군이 상을 믈리티고 잠개롤 혜텨 뎐도히 와 손으로
뻐 그 머리롤 딥퍼 무러 ᄀᆞᆯ오ᄃᆡ

[16]

교감본: 將軍呼痛, 促致喪車, 仍送故國, 永窆先塋之側.(117쪽)

정명기본: 將軍呼痛, 促致喪車, 仍送故園, 永窆先塋之側.

엄태식본: 將軍呼慟, 促治喪車, 仍送故園, 永窆先塋之側.

임형택본: 將軍呼痛, 促致喪, 因命奉葬故園, 永窆先塋之側.

김일근본: 쟝군이 브르지져 울기롤 긋치디 아니ᄒᆞ야 삼군을 지촉ᄒᆞ야 다ᄉᆞ
려 보내여 션영측의 뭇게 ᄒᆞ라 ᄒᆞ더라

[17]

교감본: 況路通淮海, 行舟甚便, 直抵岳陽可也.(117쪽)

정명기본: 況路通淮海, 行舟甚便, 直抵岳州可也.

엄태식본: 況路通淮海, 行舟甚便, 直抵岳州可也.

임형택본: 況路通淮海, 行舟甚便, 直抵岳州可也.

김일근본: ᄒᆞ믈며 빗길히 심히 편안ᄒᆞ니 바ᄅᆞ 악쥐로 가미 가타

[18]

교감본: 楚人聞之, 多爲掌記云.(117)

정명기본: 楚人聞之, 爲掌記云.

엄태식본: 楚人聞之, 爭爲掌記云.

임형택본: 聞之者, 爭爲掌記云.

김일근본: 초인이 듯고 ᄃᆞ토와 긔록ᄒᆞ노라

[1]의 '晩'·'猶', [5]의 '牛女', [8]의 '顯', [11]의 '女', [12]의 '耐', [13]의

‘凰’, 14의 ‘堂’, 17의 ‘陽’은 간호윤본의 필사자가 임의로 고친 글자이다.[10] 2의 ‘宵’, 3의 ‘鞏’, 4의 ‘宦’, 8의 ‘士’, 9의 ‘山’, 10의 ‘況’, 12의 ‘涯’, 13의 ‘虫’, 15의 ‘綿’, 16의 ‘國’, 18의 ‘多’는 대개 간호윤본의 필사자가 모본의 글자를 잘못 판독한 것이며, 6의 ‘此’, 7의 ‘袖’, 15의 ‘曰’은 글자를 누락한 예이다.

2의 ‘映[暎]’과 ‘影’, 4의 ‘抵’와 ‘至’는 의미상의 차이가 거의 없어 어느 쪽을 선택해도 무방하다. 그런데 2에서 간호윤본의 ‘映’과 임형택본의 ‘暎’은 같은 글자이고, 4에서 임형택본의 ‘職’은 자형이 간호윤본의 ‘抵’와 유사하므로 ‘抵’의 오기일 가능성이 있다. 또 11의 ‘女英’과 13의 ‘虫’은 간호윤본과 임형택본에서 공통적으로 나타나므로, 간호윤본과 임형택본의 친연성이 감지된다. 앞서 살펴본 바와 같이 정명기본과 엄태식본은 동일 모본에서 파생된 이본이므로, 이런 사례들은 간호윤본과 임형택본이 같은 계열의 이본임을 설명해 주는 예라고도 할 수 있겠다. 다만 그 변이가 이본 전승 과정의 어느 단계에서 일어났는지를 확정할 수 없기 때문에, 이런 예는 참고사항에 불과하다. 이본의 계열을 명확히 설명할 수 있는 예는 앞서 든 하나의 사례밖에 없다.

이상으로 교감본에서 수정되어야 할 주요 사례들에 대해 살펴보았다. 현존하는 이본들을 두루 참고하여 개별 이본에 나타난 변개를 확인하고, 다수의 이본에 보이는 공통분모를 찾아가는 방식으로 정본화 작업이 이루어진다면, 우리는 「위생전」 원본에 거의 근접한 정본을 재구할 수 있을 것이다. 하지만 다수의 이본을 따르는 것만으로 이 일이 가능한 것은 아니다.

정명기본: 今夕何夕? 見此良人. 邂逅相逢, 適我願兮.

간호윤본: 今年何夕? 見此良人. 邂逅相逢, 適我願兮.

---

10) 여기서의 필사자란 간호윤본의 필사자만을 가리키는 것이 아니라 그 모본의 필사자까지 포함한다.

엄태식본: 今夕何夕? 見此良人. 邂逅相逢, 適我願兮.

임형택본: 今夕何夕? 見此良人. 邂逅相逢, 適我願乎.

김일근본: 금셕은 하셕이완듸 냥인을 언약디 아녀셔 만나니 진실로 나의 원이 아니라

소숙방이 위생과 동침한 후에 한 말 가운데 나오는 표현인데, 간호윤본의 '年'과 임형택본의 '乎'는 각각 '夕'과 '兮'의 오기이고, 김일근본은 오역이 적지 않다. '今夕何夕 見此良人'은 『시경(詩經)』 당풍(唐風) 「주무(綢繆)」의 제1장을 인용한 것이다. 이 뒤에 '邂逅'라는 말이 나온 이유는 「주무」의 제2장이 "綢繆束芻 三星在隅 今夕何夕 見此邂逅 子兮子兮 如此邂逅何"[11] 라고 되어 있어 '邂逅'라는 단어가 보이기 때문이다. 그런데 '邂逅相逢 適我願兮'는 『시경』 정풍(鄭風) 「야유만초(野有蔓草)」를 인용한 것으로서, 『시경』의 원문에는 '邂逅相逢'이 아닌 '邂逅相遇'로 되어 있다.[12] 「위생전」 원작에서부터 '邂逅相逢'으로 되어 있었을 가능성도 전혀 없지는 않으나, 그보다는 『시경』을 잘 모르는 이본 필사자들이 '遇'보다는 자연스럽게 느껴지는 '逢'을 선택하면서 저와 같은 변개가 이루어졌다고 보는 게 타당할 것이다. 따라서 이런 부분은 다수의 이본을 따르는 것만으로는 정본화 작업이 불가능한 지점이다.

정명기본: 楊柳依依水滿池, 百花深處囀黃鸝. 愁來却奏琴瑟曲, 曲苦琵琶又斷絲.

간호윤본: 楊柳依依水滿池, 百花深處囀黃鸝. 愁來却奏琵琶曲, 曲苦琵琶又斷絲.

---

11) 『詩經』(성균관대학교 대동문화연구원, 1984), 129쪽.

12) 野有蔓草 零露漙兮 有美一人 淸揚婉兮 邂逅相遇 適我願兮(위의 책, 108쪽)

엄태식본: 楊柳依依水滿池, 百花深處囀黃鸝. 愁來却奏相思曲, 曲苦琵琶魂斷時.

임형택본: 楊柳依依水滿池, 百花深處囀黃鸝. 悲來却奏相思曲, 曲兮琴瑟今斷絲.

김일근본: 없음.

위생의 부친이 받아본 소숙방의 시 가운데 첫째 시이다. 임형택본의 '悲'와 '兮'는 각각 '愁'와 '苦'의 오기로서 자형의 유사 때문에 일어난 잘못이다. '今' 역시 '又'의 잘못이라고 하겠는데, 이에 엄태식본의 '魂'도 임의로 수정한 글자라고 할 수 있으며 엄태식본의 '時' 또한 '絲'를 바꾼 것이라고 볼 수 있다. 문제는 '琴瑟'·'琵琶'·'相思'인데, 간호윤본의 '琵琶'는 바로 다음 구절에 '琵琶'가 또 나오므로 원래는 '琴瑟'이었을 가능성이 높다. 그렇다면 '琴瑟'과 '相思' 중에 어느 것이 옳을까? 문맥상으로는 '相思'가 조금 더 낫지만, 확정하기는 어렵다.

이상은 「위생전」 정본화가 다수의 이본을 따르는 방식으로만 이루어져서는 안 된다는 사실을 보여주고 있다. 「위생전」의 정본화 작업은 한문의 문리, 인용된 전고, 작품의 문맥 등을 두루 고려하는 가운데 이루어져야 마땅하다.

한국 고전소설은 대부분 필사의 방식으로 전승되어 왔기에, 다양한 이본이 존재하는 작품의 경우에는 본격적인 작품 연구에 앞서 어떤 이본을 선택해야 하는지가 항상 문제가 된다. 이 글에서 다룬 「위생전」도 마찬가지여서 지금까지 대부분의 연구자들은 오류가 적지 않은 임형택본 「위경천전」을 연구의 텍스트로 삼아 왔다. 이는 임형택본보다 선본인 「위생전」이 발견되지 않았던 데 기인한 바 크지만, 정명기본과 간호윤본 등이 발굴된 뒤에 나온 연구에서도 임형택본을 연구의 대상으로 삼거나 작품의 제목을 '위경천전'으로 부르는 사례가 있었다. 하지만 이를 연구자의 잘못이라고 할 수만은 없다. 「위생전」뿐만 아니라 다른 고전소설의 경우에도 비록 선본(善本)이 발굴되었다고 하더라도 이본이 공간되지 않는 이상 자료를 확보하지 못하는 경우가 허다하다. 또한 선본(善本)이라 할지라도 오류가 없는 것은 아니어서, 자료의 가공을 위한 예비 작업에 적지 않은 시간이 소요되는 것도 사실이다. 따라서 정본화 작업이 이루어지지 않는다면, 새로운 자료가 공개되었다 할지라도 그것이 연구에 직접적으로 활용된다는 보장이 없는 것이다. 이 글은 「위생전」의 정본화를 위한 예비 작업의 성격도 아울러 가지고 있는바, 이상의 이본 대조 및 엄태식본의 소개를 통해 「위생전」 정본에 어느 정도 다가갈 수 있으리라고 본다.

6. 맺음말

이 글에서 처음 소개된 엄태식본 「위생전」은 『전등신화구해』 하권의 여백에 「최척전」과 함께 필사된 자료로서, 낙장이 없는 완질 한문필사본이다. 필사기는 없지만 뒷표지에 '은우(恩右) 이국필(李國弼)'라는 이름과 '임슐이'라는 글자가 확인된다. 한편 책의 겹장 안에는 나주군(羅州郡) 문평면(文平面) 계로리(桂老里)의 임야(林野) 분할과 관련된 문건 3종이 들어 있었는데, 거기에 소유자 '강판동(姜判童)'이라는 이름이 보이며, 영수증에서는 소화(昭和) 20년 7월 9일이라는 날짜가 확인된다. 이로 보아 이 책은 나주 지역에서 유통된 것임을 알 수 있고, 필사 시기는 20세기 초로 추정할 수 있다. 엄태식본은 정명기본·간호윤본과 마찬가지로 선본(善本)이지만 자구(字句)의 임의적 변개가 많이 나타난다.

「위생전」 이본 가운데 선본(善本)은 정명기본·간호윤본·엄태식본이다. 하지만 이는 이본의 완결성에 따른 것일 뿐, 세 이본이 동일한 모본에서 파생되었다는 의미는 아니다. 정명기본·간호윤본·엄태식본·임형택본 등을 대조해 본 결과, 정명기본과 엄태식본에서만 '偕老盟甘'이라는 구절이 똑같이 누락되었음을 확인하였는데, 이를 통해 정명기본과 엄태식본이 '偕老盟甘'이 탈락된 이본에서 파생되었다는 사실을 알 수 있었다.

지금까지 이루어진 「위생전」 연구에서는 오류가 적지 않은 임형택본 「위경천전」이 연구의 텍스트로 주로 이용되어 왔다. 그러다가 선본인 정명기본과 간호윤본이 발굴되었고, 간호윤본과 김일근본이 공간되었는데, 현재로서는 간호윤본을 저본으로 한 교감본이 가장 용이하게 활용할 수 있는 자료라 할 수 있다. 하지만 이 역시 수정되어야 할 부분이 적지 않아 정본(定本)이라 하기는 어렵다. 「위생전」의 정본화(定本化) 작업은 현존하는 이본을 두루 참고하면서 이본 간의 공통분모를 찾아가되, 한문의 문리, 인용된 전고, 작품의 문맥 등을 두루 고려하는 가운데 이루어져야 할 것이다.

참고문헌

1. 자료

具鳳齡, 『栢潭集』(『영인표점 한국문집총간』 39, 민족문화추진회, 1989).
金時習, 『梅月堂全集』(성균관대학교 대동문화연구원, 1973).
范成大, 『吳郡志』(中華書局, 1985).
司馬遷, 『史記』(中華書局, 1959).
安錫儆, 『雪橋集』(아세아문화사, 1986).
梁慶遇, 『霽湖集』(『영인표점 한국문집총간』 73, 민족문화추진회, 1991).
王先謙, 『莊子集解』(『莊子集解·莊子集解內篇補正』, 中華書局, 1987).
柳夢寅, 『於于集 附於于野談』(경문사, 1979).
魏徵 等 撰, 『隋書』(中華書局, 1973).
李奎報, 『東國李相國集』(『고려명현집』 1, 성균관대학교 대동문화연구원, 1986).
李德懋, 『青莊館全書』(『영인표점 한국문집총간』 258, 민족문화추진회, 2000).
李民宬, 『敬亭集』(『영인표점 한국문집총간』 76, 민족문화추진회, 1991).
李民寏, 『紫巖集』(『영인표점 한국문집총간』 82, 민족문화추진회, 1992).
李昉 等 編, 『太平廣記』(中華書局, 1961).
張鷟(川島 校點), 『游仙窟』(書目文獻出版社, 1989).
鄭泰齊, 『菊堂排語』(국립중앙도서관 소장본, 한古朝56 - 나151).
趙世衡 編, 『漢陽趙氏玄洲公派世譜』(大同印刷所, 1956).
趙緯韓, 『玄谷集』(『영인표점 한국문집총간』 73, 민족문화추진회, 1991).
趙纘韓, 『玄洲集』(『영인표점 한국문집총간』 79, 민족문화추진회, 1991).
朱熹 撰, 『楚辭集注』(上海古籍出版社·安徽教育出版社, 2001).
胡應麟, 『少室山房筆叢』(上海書店出版社, 2009).
『經書: 大學·論語·孟子·中庸』(성균관대학교 대동문화연구원, 1965).
『文淵閣四庫全書(史部 地理類)』 589(臺灣商務印書館, 1983).
『書經』(성균관대학교 대동문화연구원, 1984).
『續修四庫全書(集部 小說類)』 1783(上海古籍出版社, 1995~2002).

『詩經』(성균관대학교 대동문화연구원, 1984).
『輿地圖書』(국사편찬위원회, 1973).
『易經』(성균관대학교 대동문화연구원, 1984).
『禮記』(성균관대학교 대동문화연구원, 1985).
『中文大辭典』(中華學術院, 1973).
『春秋』(성균관대학교 대동문화연구원, 1985).
『나손본 필사본고소설자료총서』 79(보경문화사, 1993).
계명대학교 소장 국문필사본 「원자실전」.
박재연 소장 한문필사본 「金英哲傳」.
서인석 소장 국문필사본 「김영철전」.
엄태식 소장 한문필사본 「姜虜傳」.
엄태식 소장 한문필사본 「雲英傳」.
엄태식 소장 한문필사본 「韋生傳」.
엄태식 소장 한문필사본 「崔陟傳」.
전북대학교 소장 한문활자본 「王慶龍傳」.
정명기 소장 한문필사본 「韋生傳」.
『승정원일기』(http://sjw.history.go.kr).
『조선왕조실록』(http://sillok.history.go.kr).
한국고전종합DB(http://db.itkc.or.kr).

2. 교주본·번역본·자료집

간호윤, 『새로 발굴한 주생전·위생전의 자료와 해석』(박이정, 2008).
간호윤, 『선현유음』(이회, 2003).
김경미·조혜란 역주, 『19세기 서울의 사랑 절화기담, 포의교집』(여이연, 2003).
김일근 편, 『친필언간총람』(경인문화사, 1974).
김종군 편역, 『중국전기소설선』(박이정, 2005).
김학주, 『신완역 시경』(명문당, 2002).
김현양·김희경·이대형·최재우 공역, 『역주 수이전 일문』(박이정, 1996).
무악고소설자료연구회 편, 『한국고소설관련자료집』 1(태학사, 2001).

문선규 역, 『화사 · 주생전 · 서대주전』(통문관, 1961).
박헌순 역, 『기재기이』(범우사, 1990).
박희병 · 정길수 편역, 『사랑의 죽음』(돌베개, 2007).
박희병 · 정길수 편역, 『전란의 소용돌이 속에서』(돌베개, 2007).
박희병 選注, 『한국한문소설』(한샘, 1995).
박희병 표점 · 교석, 『한국한문소설 교합구해』(소명출판, 2005).
성백효 역주, 『현토완역 소학집주』(전통문화연구회, 1993).
성백효 역주, 『현토완역 주역전의』(전통문화연구회, 1998).
신해진 역주, 『역주 조선후기 세태소설선』(월인, 1999).
심경호 역, 『매월당 김시습 금오신화』(홍익출판사, 2000).
안동림 역주, 『장자』(현암사, 1998).
顔之推(임동석 역주), 『안씨가훈』(고즈윈, 2004).
劉勰(최동호 역편), 『문심조룡』(민음사, 1994).
이복규, 『새로 발굴한 초기 국문 · 국문본소설』(박이정, 1998).
이상구 역주, 『17세기 애정전기소설』(월인, 1999).
이석호 역, 『왕오천축국전(외)』(을유문화사, 1970).
이승수 · 서신혜 역주, 『삼한습유』(박이정, 2003).
이재호 역, 『금오신화』(을유문화사, 1972).
이재홍 교주, 『전등신화 서강대본』(선문대학교 중한번역문헌연구소, 2011).
이혜순 · 김경미, 『한국의 열녀전』(월인, 2002).
이화여자대학교 한국문화연구원, 『한국고대소설총서』 1(통문관, 1958).
임동석 역주, 『등석자/윤문자/공손룡자/신자』(동서문화사, 2011).
임형택 편역, 『이조시대 서사시』 하(창작과비평사, 1992).
장효현 · 윤재민 · 최용철 · 심재숙 · 지연숙, 『교감본 한국한문소설 몽유록』(고려대학교 민족문화연구원, 2007).
장효현 · 윤재민 · 최용철 · 심재숙 · 지연숙, 『교감본 한국한문소설 애정세태소설』(고려대학교 민족문화연구원, 2007).
장효현 · 윤재민 · 최용철 · 심재숙 · 지연숙, 『교감본 한국한문소설 전기소설』(고려대학교 민족문화연구원, 2007).
정구복 · 노중국 · 신동하 · 김태식 · 권덕영 감교, 『역주 삼국사기1(감교원문편)』(한국학중앙연구원출판부, 2011).

정규복 외, 『김만중문학연구』(국학자료원, 1993).
정범진 편역, 『앵앵전』(성균관대학교출판부, 1995).
정용수 역주, 『전등신화구해 역주』(푸른사상, 2003).
정태현 역주, 『역주 춘추좌씨전』 2(전통문화연구회, 2003).
정학성 역주, 『역주 17세기 한문소설집』(삼경문화사, 2000).
조수학, 『수이전』(국학자료원, 2001).
최남선 편, 『신정 삼국유사』(삼중당, 1943).
최용철 역, 『전등삼종(상)』(소명출판, 2005).
최용철 역, 『전등삼종(하)』(소명출판, 2005).
최용철 편, 『금오신화의 판본』(국학자료원, 2003).
최용철 · 박재연 · 우춘희 교주, 『전등신화』(학고방, 2009).
최웅권 · 마금과 · 손덕표 교주, 『17세기 한문소설집 화몽집 교주』(소명출판, 2009).
한국어문학회 편, 『고전소설선』(형설출판사, 1988).
한석수 · 김정선 역주, 『환상소설 삼해지 · 신기도』(제이앤씨, 2006).

3. 연구서

R. H. 반훌릭(장원철 역), 『중국 성풍속사』(까치, 1993).
강명관, 『열녀의 탄생』(돌베개, 2009).
권도경, 『조선 후기 전기소설사의 전변과 새로운 시각』(보고사, 2004).
권혁래, 『고전소설의 다시쓰기』(박이정, 2012).
권혁래, 『조선 후기 역사소설의 성격』(박이정, 2000).
김기동, 『한국고전소설연구』(교학연구사, 1983).
김대현, 『조선시대 소설사 연구』(국학자료원, 1996).
김문희, 『전기소설의 서술문체와 환상성』(보고사, 2006).
김미영, 『유교문화와 여성』(살림, 2004).
김범, 『사화와 반정의 시대』(역사비평사, 2007).
김병국, 『한국 고전문학의 비평적 이해』(서울대학교출판부, 1995).
김정녀, 『조선후기 몽유록의 구도와 전개』(보고사, 2005).
김태준(박희병 교주), 『교주 증보조선소설사』(한길사, 1990).

김태준, 『증보 조선소설사』(학예사, 1939).
김현룡, 『한중소설설화비교연구』(일지사, 1976).
김현양, 『한국고전소설사의 거점』(보고사, 2007).
魯迅(조관희 역주), 『중국소설사략』(살림, 1998).
大谷森繁, 『조선후기 소설독자 연구』(고려대학교 민족문화연구소, 1985).
마르셀 그라네(신하령·김태완 역), 『중국의 고대 축제와 가요』(살림, 2005).
민관동·정영호, 『중국고전소설의 국내 출판본 정리 및 해제』(학고방, 2012).
민영대, 『조위한과 최척전』(아세아문화사, 1993).
민영대, 『조위한의 삶과 문학』(국학자료원, 2000).
민족문학사연구소 고전소설사연구반, 『서사문학의 시대와 그 여정』(소명출판, 2013).
박미해, 『유교 가부장제와 가족, 가산』(아카넷, 2010).
박일용, 『조선시대의 애정소설』(집문당, 1993).
박일용, 『영웅소설의 소설사적 변주』(월인, 2003).
박종익, 『고소설 원회록 연구』(이화, 2010).
박태상, 『조선조 애정소설 연구』(태학사, 1996).
박희병, 『한국전기소설의 미학』(돌베개, 1997).
박희병, 『한국고전인물전연구』(한길사, 1992).
서경호, 『중국소설사』(서울대학교출판부, 2004).
설중환, 『금오신화연구』(고려대학교 민족문화연구소, 1983).
성현경, 『한국 옛소설론』(새문사, 1995).
성현경, 『한국소설의 구조와 실상』(영남대학교출판부, 1981).
소인호, 『한국 전기소설사 연구』(집문당, 2005).
소인호, 『한국전기문학연구』(국학자료원, 1998).
소재영, 『임병양란과 문학의식』(한국연구원, 1980).
소재영, 『기재기이연구』(고려대학교 민족문화연구소, 1990).
신기형, 『한국소설발달사』(창문사, 1960).
신재홍, 『고전 소설과 삶의 문제』(역락, 2012).
신재홍, 『한국몽유소설연구』(계명문화사, 1994).
심경호, 『여행과 동아시아 고전문학』(고려대학교출판부, 2011).
심경호, 『국문학 연구와 문헌학』(태학사, 2002).
심경호, 『김시습 평전』(돌베개, 2003).

엄기영, 『16세기 한문소설 연구』(월인, 2009).
吳志達(강중탁 역), 『唐人傳奇』(명지대학교출판부, 1994).
王鳳陽, 『古辭辨』(吉林文史出版社, 1993).
유기옥, 『신광한의 기재기이 연구』(한국문화사, 1999).
유정일, 『기재기이 연구』(경인문화사, 2005).
윤채근, 『소설적 주체, 그 탄생과 전변』(월인, 1999).
이검국·최환, 『신라수이전 고론』(중문, 2000).
이계주, 『고시십구수 연구』(서문당, 1977).
이대형, 『금오신화 연구』(보고사, 2003).
이명선, 『조선문학사』(조선문학사, 1948).
이상성, 『한국 도학의 태산북두 조광조』(성균관대학교출판부, 2006).
이상익, 『한중소설의 비교문학적 연구』(삼영사, 1983).
이상택, 『한국고전소설의 탐구』(중앙출판, 1981).
임형택, 『한국문학사의 시각』(창작과비평사, 1984).
錢冬父(이주해 역), 『당송고문운동』(학고방, 2009).
전용오, 『운영전의 비교문학적 연구』(지식과교양, 2011).
전인초, 『당대소설연구』(연세대학교출판부, 2000).
정민, 『목릉문단과 석주 권필』(태학사, 1999).
정규복, 『한국고소설사의 연구』(한국연구원, 1992).
정끝별, 『패러디시학』(문학세계사, 1997).
정두희, 『조선시대 인물의 재발견』(일조각, 1997).
정범진, 『당대소설연구』(성균관대학교 대동문화연구원, 1982).
정주동, 『매월당 김시습 연구』(신아사, 1965).
정출헌, 『고전소설사의 구도와 시각』(소명출판, 1996).
정환국, 『초기 소설사의 형성 과정과 그 저변』(소명출판, 2005).
조관희, 『중국소설론고』(중국학@센터, 2000).
조동일, 『한국소설의 이론』(지식산업사, 1977).
조동일, 『한국문학의 갈래 이론』(집문당, 1992).
조동일, 『한국문학통사(제4판)』 2(지식산업사, 2005).
조선문학창작사 고전문학실, 『고전소설해제』(문예출판사, 1988).
조재현, 『고전소설의 환상세계』(월인, 2009).

陳必祥(심경호 역), 『한문문체론』(이회, 1995).
차용주, 『고소설논고』(계명대학교출판부, 1985).
차충환, 『한국고전소설작품연구』(월인, 2004).
최영찬・최남규・황갑연・박용진, 『동양철학과 문자학』(아카넷, 2003).
최재우, 『기재기이의 특성과 의미』(박이정, 2008).
최진아, 『환상・욕망・이데올로기, 당대 애정류 전기 연구』(문학과지성사, 2008).
한영환, 『금오신화와 전등신화의 구성비교연구』(개문사, 1975).
홍상훈, 『전통 시기 중국의 서사론』(소명출판, 2004).

4. 연구논문

간호윤, 「국역본 주생전・위생전 고찰」(『고전문학과 교육』 14, 한국고전문학교육학회, 2008).
간호윤, 「선현유음의 소설사적 의의」(『선현유음』, 이회, 2003).
간호윤, 「한골동 소재 위생전 연구」(『고전문학과 교육』 14, 한국고전문학교육학회, 2007).
강상순, 「운영전의 인간학과 그 정신사적 의미」(『고전문학연구』 38, 한국고전문학회, 2011).
강상순, 「전기소설의 해체와 17세기 소설사적 전환의 성격」(『어문논집』 36, 안암어문학회, 1997).
강소영, 「기재 신광한의 한시 소고」(『동방학』 13, 한서대학교 동양고전연구소, 2007).
강전섭, 「언문책목록 소고」(『한국서사문학사의 연구』, 중앙문화사, 1995).
강진옥, 「최척전에 나타난 고난과 구원의 문제」(『이화어문논집』 8, 이화여자대학교 한국어문학연구소, 1986).
권도경, 「16세기 기재기이의 전기소설사적 의의 연구」(『한국고전연구』 6, 한국고전연구학회, 2000).
권도경, 「홍랑전의 구성적 특징과 소설사적 의의」(『민족문화논총』 31, 영남대학교 민족문화연구소, 2005).
권혁래, 「17세기 동아시아 전란의 소설적 수용양상 - 김영철전에 그려진 부부애의 성격을 중심으로」(『고소설연구』 26, 한국고소설학회, 2008).

권혁래, 「김영철전과 해로사행의 수용양상」(『우리어문연구』 31, 우리어문학회, 2008).
권혁래, 「김영철전의 작가와 작가의식」(『고소설연구』 22, 한국고소설학회, 2006).
권혁래, 「나손본 김철전의 사실성과 여성적 시각의 면모」(『고전문학연구』 15, 한국고전문학회, 1999).
권혁래, 「최척전의 문학지리학적 해석과 소설교육」(『새국어교육』 81, 한국국어교육학회, 2009).
김건곤, 「신라수이전의 작자와 저작배경」(『정신문화연구』 34, 한국정신문화연구원, 1988).
김경미, 「19세기 소설사의 쟁점과 전망」(『한국 고소설 연구의 쟁점과 전망』, 보고사, 2011).
김경미, 「운영전에 나타난 여성 서술자의 의의」(『한국고전여성문학연구』 4, 한국고전여성문학회, 2002).
김경미, 「전기소설의 젠더화된 플롯과 닫힌 미학을 넘어서」(『한국고전여성문학연구』 20, 한국고전여성문학회, 2010).
김광순, 「금오신화의 연구사적 검토와 쟁점」(『어문논총』 33, 경북어문학회, 1999).
김근태, 「초기 서사유형의 모색과정과 기재기이」(『열상고전연구』 6, 열상고전연구회, 1993).
김기동, 「불교소설 최척전 소고」(『불교학보』 11, 동국대학교 불교문화연구원, 1974).
김낙효, 「영영전과 운영전의 비교연구」(『한국학논집』 18, 한양대학교 한국학연구소, 1990).
김낙효, 「영영전의 구조와 의미」(『한국학논집』 16, 한양대학교 한국학연구소, 1989).
김문희, 「17세기 애정소설의 장르적 역동성」(『한국고전연구』 7, 한국고전연구학회, 2001).
김명호, 「김시습의 문학과 성리학사상」(『한국학보』 35, 일지사, 1984).
김문희, 「인물의 내면소설로서 만복사저포기와 이생규장전의 독법」(『고소설연구』 32, 한국고소설학회, 2011).
김문희, 「최척전의 가족 지향성 연구」(『한국고전연구』 6, 한국고전연구학회, 2000).
김미령, 「환상공간으로서의 꿈의 기능」(『인문학연구』 33, 조선대학교 인문학연구소, 2005).
김범, 「조광조, 성공적 소통과 급격한 단절의 명암」(『역사비평』 89, 역사비평사, 2009).

김보현, 「기재기이의 사상적 토대와 미의식」(『한국고전연구』 10, 한국고전연구학회, 2004).
김선영, 「용궁부연록의 우의성 연구」(성균관대학교 석사논문, 2004).
김수성, 「금오신화와 전등신화의 비교 연구」(성균관대학교 박사논문, 1994).
김수성, 「취유부벽정기와 전등신화의 비교 연구」(『논문집』 9, 경기공업전문학교, 1976).
김수연, 「금오신화의 구조미학」(『고전문학연구』 38, 한국고전문학회, 2010).
김수연, 「사상전환기 지식인의 방황과 신념 모색, 남염부주지」(『고소설연구』 33, 한국고소설학회, 2012).
김수연, 「운영의 자살심리와 운영전의 치유적 텍스트로서의 가능성에 대한 시론」, (『한국고전연구』 21, 한국고전연구학회, 2010).
김수연, 「취유부벽정기의 경계성에 대하여」(『한국고전연구』 19, 한국고전연구학회, 2009).
김승호, 「태허당의 가야진용왕당기우록 연구」(『고소설연구』 7, 한국고소설학회, 1999).
김영진, 「조선 간 전등신화구해 제본 연구(1)」(『어문논집』 65, 민족어문학회, 2012).
김용덕, 「남염부주지의 구성 분석」(『고전소설연구의 방향』, 새문사, 1985).
김인경, 「기재기이연구」(고려대학교 석사논문, 2004).
김일근, 「주생전과 위경천전 언해의 연철본 출현에 따른 서지적 문제」(『겨레어문학』 25, 겨레어문학회, 2000)
김일렬, 「주생전 소고」(『어문논집』 11, 경북대학교 국어국문학과, 1977).
김일환, 「숨긴 것과 드러낸 것 - 변호의 텍스트로 강도몽유록 다시 읽기」(『민족문학사연구』 51, 민족문학사학회, 2013).
김진곤, 「중국 소설 연구 서설」(『이야기, 小說, Novel』, 예문서원, 2001).
김재수, 「주생전 연구」(『한국언어문학』 21, 한국언어문학회, 1982).
김재수, 「최척전의 소설화 과정」(『논문집』 26, 광주교육대학, 1985).
김재웅, 「원자실전의 전기소설적 성격과 의미」(『어문연구』 53, 어문연구학회, 2007).
김정녀, 「몽유록의 공간들과 기억」(『우리어문연구』 41, 우리어문학회, 2011).
김정녀, 「몽유록의 현실대응 양상과 그 의미」(고려대학교 석사논문, 1997).
김정숙, 「운영전과 동선기 속 악인 탄생의 의미」(『한문고전연구』 21, 한국한문고전학회, 2010).
김정숙, 「조선후기 재자가인소설 연구」(고려대학교 박사논문, 2004).

김정자, 「몽유록연구」(이화여자대학교 석사논문, 1978).

김종철, 「고전소설사에서의 17세기 소설의 위상」(『한국 고소설 연구의 쟁점과 전망』, 보고사, 2011).

김종철, 「서사문학사에서 본 초기소설의 성립 문제」(『고소설연구논총』, 다곡 이수봉 선생 회갑기념논총간행위원회, 1988).

김종철, 「전기소설의 전개 양상과 그 특성」(『민족문화연구』 28, 고려대학교 민족문화연구소, 1995).

김지선, 「여자・여우・귀신 - 도산씨 설화로부터」(『동아시아 여성의 기원』, 이화여자대학교출판부, 2009).

김진규, 「김영철전의 포로소설적 성격」(『새얼어문논집』 13, 새얼어문학회, 2000).

김진규, 「임란 포로소설 연구 - 최척전을 중심으로」(『동악어문논집』 11, 동악어문학회, 1998).

김창현, 「금오신화의 체재에 나타난 창작방법과 비극적 낭만성」(『인문과학』 45, 성균관대학교 인문과학연구소, 2010).

김학주, 「앵앵전으로부터 서상기에 이르기까지」(『동아문화』 7, 서울대학교 동아문화연구소, 1967).

김현룡, 「왕경룡전에 대한 고찰」(『어문논집』 19・20, 고려대학교 국어국문학연구회, 1977).

김현식, 「수성궁몽유록과 상사동기의 비교연구」(『홍익어문』 14, 홍익어문연구회, 1995).

김현양, 「최치원, 버림 혹은 떠남의 서사」(『고소설연구』 32, 한국고소설학회, 2011).

김현정, 「용궁부연록의 심리적 고찰」(충남대학교 석사논문, 2009).

김희경, 「전기소설의 측면에서 본 주생전 연구」(『연세어문학』 27, 연세대학교 국어국문학과, 1995).

남성우, 「국어 어휘의 변화」(『언어과학연구』 20, 언어과학회, 2001).

문범두, 「주생전 연구」(『영남어문학』 23, 영남어문학회, 1993).

문범두, 「남염부주지에 나타난 작가적 문제의식」(『한민족어문학』 34, 한민족어문학회, 1999).

문범두, 「최생우진기의 구조와 의미」(『어문학』 72, 한국어문학회, 2001).

문범두, 「취유부벽정기의 구조와 의미」(『한국소설의 전개』, 문창사, 1998).

문복희, 「취유부벽정기에 나타난 김시습의 시세계」(『인문과학연구』 27, 강원대학교 인문과학연구소, 2010).
문영오, 「금오신화에 굴절된 한의 고찰」(『한국문학연구』 10, 동국대학교 한국문학연구소, 1987).
문홍구, 「수이전 일문 최치원의 재고찰」(『고소설연구』 6, 한국고소설학회, 1998).
민병수, 「한문소설의 삽입시에 대하여」(『한국고전산문연구』, 동화문화사, 1981).
민영대, 「최척전 연구사」(『고소설연구사』, 월인, 2002).
민영대, 「최척전고」(『고소설연구』 6, 한국고소설학회, 1998).
박기석, 「운영전」(『한국고전소설작품론』, 집문당, 1990).
박상석, 「고소설 선악이야기의 서사규범 연구」(연세대학교 박사논문, 2011).
박성의, 「비교문학적 견지에서 본 금오신화와 전등신화」(『문리논집』 3, 고려대학교, 1958).
박일용, 「금오신화와 전등신화에 나타난 애정 모티프의 형상화방식과 그 의미」(『동아시아문학 속에서의 한국한문소설 연구』, 고려대학교 민족문화연구원, 2002).
박일용, 「남염부주지의 이념과 역설」(『고소설연구』 22, 한국고소설학회, 2006).
박일용, 「만복사저포기의 형상화 방식과 그 현실적 의미」(『고소설연구』 18, 한국고소설학회, 2004).
박일용, 「이생규장전의 결혼과 절사 장면에 나타난 환상성과 그 의미」(『고전문학과 교육』 11, 한국고전문학교육학회, 2006).
박일용, 「이생규장전의 밀회 장면에 나타난 환상성과 그 현실적 의미」(『고소설연구』 20, 한국고소설학회, 2005).
박일용, 「전기계 소설의 양식적 특징과 그 소설사적 변모 양상」(『민족문화연구』 28, 고려대학교 민족문화연구소, 1995).
박일용, 「주생전의 패러디로서 위생전의 문학적 의미」(『문학치료연구』 26, 한국문학치료학회, 2013).
박일용, 「초기 애정 전기소설의 형상화 방식과 남·녀 주인공의 성적·사회적 욕망」(『한국 고소설 연구의 쟁점과 전망』, 보고사, 2011).
박일용, 「최치원의 형상화 방식과 남·녀 주인공의 성적·사회적 욕망」(『한국고전연구』 23, 한국고전연구학회, 2011).
박일용, 「취유부벽정기의 삽입시와 서사 구조」(『고전문학과 교육』 15, 한국고전문학교육학회, 2008).

박일용, 「취유부벽정기의 형상화 방식과 그 의미」(『고소설연구』 14, 한국고소설학회, 2002).
박재연, 「낙선재본 빙빙전 해제」(『빙빙뎐』, 학고방, 1995).
박혜숙, 「금오신화의 사상적 성격」(『한국문학사의 쟁점』, 집문당, 1986).
박혜진, 「운영전 이본의 변이양상과 그 의미」(서울대학교 석사논문, 2003).
박희병, 「17세기 동아시아의 전란과 민중의 삶 - 김영철전의 분석」(『한국근대문학사의 쟁점』, 창작과비평사, 1990).
박희병, 「17세기 초의 숭명배호론과 부정적 소설주인공의 등장」(『한국 고전소설과 서사문학(상)』, 집문당, 1998).
박희병, 「최척전」(『한국고전소설작품론』, 집문당, 1990).
박희병, 「한국・중국・베트남 전기소설의 미적 특질 비교」(『베트남의 기이한 옛이야기 - 전기만록』, 돌베개, 2000).
박희병, 「한문소설과 국문소설의 관련양상」(『한국한문학연구』 22, 한국한문학회, 1998).
배원룡, 「운영전과 영영전의 비교고찰」(『국제어문』 2, 국제어문학회, 1981).
서대석, 「몽유록의 장르적 성격과 문학사적 의의」(『한국학논집』 3, 계명대학교 한국학연구소, 1975).
서은아, 「운영전의 인간관계 분석과 문학치료에의 적용」(『문학치료연구』 11, 한국문학치료학회, 2009).
서인석, 「고전소설의 결말구조와 그 세계관」(서울대학교 석사논문, 1984).
서인석, 「국문본 김영텰뎐의 이본적 위상과 특징」(『국어국문학』 157, 국어국문학회, 2011).
설성경, 「최치원에 나타난 이상적 인간상」(『고소설의 구조와 의미』, 새문사, 1986).
성현경, 「운영전」(『고전소설연구』, 일지사, 1993).
소인호, 「강로전 이본 연구」(『우리어문연구』 24, 우리어문학회, 2005).
소인호, 「금오신화 연구의 성과와 전망」(『고소설연구사』, 월인, 2002).
소인호, 「전기소설 최치원의 창작 경위와 문헌 성격」(『국어국문학』 127, 국어국문학회, 2000).
소재영, 「석주권필소론」(『논문집』 6, 숭전대학교 인문사회과학연구소, 1976).
송성욱, 「17세기 소설사의 한 국면」(『한국고전연구』 8, 한국고전연구학회, 2002).
송재용, 「주생전」(『고전소설연구』, 일지사, 1993).

송정애, 「운영전 연구」(서울대학교 석사논문, 1977).

송하준, 「새로 발견된 한문필사본 김영철전의 자료적 가치」(『고소설연구』 35, 한국고소설학회, 2013).

신경숙, 「운영전의 반성적 검토」(『한성어문학』 9, 한성대학교 국어국문학과, 1990).

신동흔, 「운영전에 대한 문학적 반론으로서의 영영전」(『국문학연구』 5, 국문학회, 2001).

신상필, 「기재기이의 성격과 위상」(『민족문학사연구』 24, 민족문학사학회, 2004).

신상필, 「이본을 통해 본 전등신화구해의 전파 양상과 그 함의」(『고소설연구』 29, 한국고소설학회, 2010).

신상필, 「전등신화의 향유와 그 저변」(『한문교육연구』 26, 한국한문교육학회, 2006).

신재홍, 「금오신화의 환상성에 대한 주제론적 접근」(『고전문학과 교육』 1, 청관고전문학회, 1999).

신재홍, 「몽유록의 유형적 고찰」(서울대학교 석사논문, 1986).

신재홍, 「운영전의 삼각관계와 숨김의 미학」(『고전문학과 교육』 8, 한국고전문학교육학회, 2004).

신재홍, 「주생전 연구사」(『고소설연구사』, 월인, 2002).

신재홍, 「초기 한문소설집의 전기성에 관한 반성적 고찰」(『관악어문연구』 14, 서울대학교 국어국문학과, 1989).

신태수, 「기재기이의 환상성과 교환 가능성의 수용 방향」(『고소설연구』 17, 한국고소설학회, 2004).

신태수, 「주생전 연구」(한남대학교 박사논문, 2012).

신태수, 「최척전의 허실 논변」(『고소설연구』 37, 한국고소설학회, 2014).

신해진, 「최척전에서의 장육불의 기능과 의미」(『어문논집』 35, 고려대학교 국어국문학연구회, 1996).

심경호, 「관서・관북 지역의 인문지리학적 의의와 문학」(『한국고전연구』 24, 한국고전연구학회, 2011).

심치열, 「운영전의 서사체계와 주제의식」(『어문연구』 89, 한국어문교육연구회, 1996).

안창수, 「금오신화의 의미구조와 작가의식」(『영남어문학』 26, 영남어문학회, 1994).

안창수, 「남염부주지의 작품세계와 의미」(『한민족어문학』 53, 한민족어문학회, 2008).

안창수, 「용궁부연록의 작품세계와 의미」(『한국문학논총』 53, 한국문학회, 2009).

안창수, 「운영전에 나타난 규범과 일탈의 변증법」(『한민족어문학』 59, 한민족어문학회, 2011).
안창수, 「하생기우전의 문제 해결 방식과 작가의식」(『한민족어문학』 49, 한민족어문학회, 2006).
양승민·권진옥, 「버클리대 소장 한문소설집 백호화담에 대하여」(『고전과 해석』 8, 고전문학한문학연구학회, 2010).
양승민·박재연, 「원작 계열 김영철전의 발견과 그 자료적 가치」(『고소설연구』 18, 한국고소설학회, 2004).
양승민, 「17세기 전기소설의 통속화 경향과 그 소설사적 의미」(고려대학교 박사논문, 2003).
양승민, 「김영철전의 형상화 방식과 그 작가의식」(『국어국문학』 138, 국어국문학회, 2004).
양승민, 「승정원일기 소재 소설 관련 기사 변증」(『고전문학연구』 26, 한국고전문학회, 2004).
양승민, 「운영전의 연구 성과와 그 전망」(『고소설연구사』, 월인, 2002).
양승민, 「최척전의 창작동인과 소통과정」(『고소설연구』 9, 한국고소설학회, 2000).
엄기영, 「운영전 수성궁의 공간적 성격과 그 의미」(『Journal of Korean Culture』 18, 한국어문학국제학술포럼, 2011).
엄기영, 「운영전과 갈등 상황의 조정자로서의 자란」(『한국문학이론과 비평』 49, 한국문학이론과비평학회, 2010).
엄기주, 「남염부주지의 우의성」(『반교어문연구』 5, 반교어문학회, 1994).
엄태식, 「구운몽의 이본과 전고 연구」(경원대학교 석사논문, 2005).
엄태식, 「금기시된 욕망과 속임수: 애정소설과 한문풍자소설의 소설사적 관련 양상」(『문학치료연구』 35, 한국문학치료학회, 2015).
엄태식, 「금오신화의 전등신화 수용 의미와 금기의 문학적 형상화」(『돈암어문학』 27, 돈암어문학회, 2014).
엄태식, 「김영철전의 서사적 특징과 서술 시각」(『한국고전연구』 24, 한국고전연구학회, 2011).
엄태식, 「남염부주지의 패러디와 풍자 - 남염부주의 모순적 형상을 중심으로」(『동남어문논집』 36, 동남어문학회, 2013).
엄태식, 「신자료 위생전의 특징과 위생전 이본의 계열 및 정본화」(『동남어문논집』

38, 동남어문학회, 2014).
엄태식, 「용궁부연록의 전등신화 수용 의미와 금기의 소설적 형상화」(『어문론집』 59, 중앙어문학회, 2014).
엄태식, 「애정전기소설의 서사 문법과 결말 구조」(『동양학』 53, 단국대학교 동양학연구원, 2013).
엄태식, 「애정전기소설의 창작 배경과 양식적 특징」(경원대학교 박사논문, 2010).
엄태식, 「운영전의 서술 양상과 그 의미」(『고소설연구』 28, 한국고소설학회, 2009).
엄태식, 「운영전의 양식적 특징과 소설사적 의미」(『한국고전연구』 28, 한국고전연구학회, 2013).
엄태식, 「원회록과 전등신화 개작 소설」(『고소설연구』 35, 한국고소설학회, 2013).
엄태식, 「전등신화와의 비교를 통해 본 만복사저포기」(『고소설연구』 25, 한국고소설학회, 2008).
엄태식, 「최척전의 창작 배경과 열녀 담론」(『한국고전여성문학연구』 24, 한국고전여성문학회, 2012).
엄태식, 「최치원의 창작 배경과 서사적 특징」(『고소설연구』 30, 한국고소설학회, 2010).
엄태식, 「최생우진기의 서사적 의미와 신광한의 현실 인식」(『민족문화』 42, 한국고전번역원, 2013).
엄태식, 「취유부벽정기의 서사적 의미와 작가 의식」(『정신문화연구』 130, 한국학중앙연구원, 2013).
엄태식, 「한국고전소설의 전등신화 수용 연구 - 전기소설과 몽유록을 중심으로」(『동방학지』 167, 연세대학교 국학연구원, 2014).
엄태웅, 「17세기 전기소설에 나타난 남녀 관계의 변모 양상」(『한문학논집』 29, 근역한문학회, 2009).
여세주, 「주생전의 서사구조와 성모랄」(『영남어문학』 25, 영남어문학회, 1994).
오춘택, 「17세기의 소설비평」(『어문논집』 35, 고려대학교 국어국문학연구회, 1996).
오춘택, 「쌍녀분기와 최치원의 작자」(『국어국문학』 139, 국어국문학회, 2005).
왕숙의, 「주생전의 비교문학적 연구」(한양대학교 석사논문, 1986).
유기옥, 「기재기이의 연구 동향과 쟁점」(『고소설연구사』, 월인, 2002).
유정일, 「기재기이의 전기소설적 특성에 관한 연구」(동국대학교 박사논문, 2002).
윤경희, 「만복사저포기의 환상성」(『한국고전연구』 4, 한국고전연구회, 1998).

윤세순, 「17세기 전기소설에 나타난 삽입시가의 존재양상과 기능」(『동방한문학』 42, 동방한문학회, 2010).
윤세순, 「중국소설의 국내 유입과 향유 양상」(『묻혀진 문학사의 복원』, 소명출판, 2007).
윤승준, 「김시습의 귀신론과 금오신화」(『국문학논집』 14, 단국대학교 국어국문학과, 1994).
윤승준, 「취향과 현실일탈의 꿈」(『동양학』 31, 단국대학교 동양학연구소, 2001).
윤재민, 「동선기의 장르적 성격」(『민족문화연구』 44, 고려대학교 민족문화연구원, 2006).
윤재민, 「전기소설의 성격」(『한국한문학연구』 19, 한국한문학회, 1996).
윤재민, 「전기소설의 인물 성격」(『민족문화연구』 28, 고려대학교 민족문화연구소, 1995).
윤재민, 「조선 후기 전기소설의 향방」(『민족문학사연구』 15, 민족문학사연구소, 1999).
윤재민, 「한국한문소설의 유형론」(『민족문화연구』 35, 고려대학교 민족문화연구원, 2001).
윤지훈, 「삽교 안석경의 기록정신과 김영철전」(『동방한문학』 30, 동방한문학회, 2009).
윤채근, 「기재 신광한 한시 연구」(『어문논집』 36, 안암어문학회, 1997).
윤채근, 「기재기이의 창작 배경과 그 소설적 의미」(『고전문학연구』 29, 한국고전문학회, 2006).
윤호진, 「취유부벽정기의 공간구조와 작가의식」(『중국어문학』 18, 영남중국어문학회, 1990).
이경규, 「신광한의 기재기이 연구」(한남대학교 석사논문, 1999).
이경우, 「초기야담의 문학성에 관한 연구」(서울대학교 박사논문, 1991).
이대형·유춘동, 「최척전의 이본, 삼국기봉에 대한 연구」(『고소설연구』 34, 한국고소설학회, 2012).
이동환, 「쌍녀분기의 작자와 그 창작 배경」(『민족문화연구』 37, 고려대학교 민족문화연구원, 2002).
이민희, 「전쟁 소재 역사소설에서의 만남과 이산의 주체와 타자」(『국문학연구』 17, 국문학회, 2008).
이복규, 「설공찬전 국문본의 발견 경위와 의의」(『고소설연구』 3, 한국고소설학회,

1997).
이상구, 「고소설에 나타난 성적 욕망과 정절」(『고소설연구』 25, 한국고소설학회, 2008).
이상구, 「운영전의 갈등양상과 작가의식」(『고소설연구』 5, 한국고소설학회, 1998).
이상구, 「이생규장전의 갈등구조와 작가의식」(『어문논집』 35, 민족어문학회, 1996).
이상구, 「한·중 전기소설의 관계 양상 및 그 특징」(『고전문학연구』 21, 한국고전문학회, 2002).
이석래, 「금오신화는 전등신화의 모방인가」(『한국문학사의 쟁점』, 집문당, 1986).
이승수, 「김영철전의 갈래와 독법 - 홍세태의 작품을 중심으로」(『정신문화연구』 107, 한국학중앙연구원, 2007).
이승수, 「한국문학의 공간 탐색 1 평양 - 김시습의 취유부벽정기와 이태준의 패강랭을 중심으로」(『한국학논집』 33, 한양대학교 한국학연구소, 1999).
이월영, 「만복사저포기와 하생기우전의 비교연구」(『국어국문학』 120, 국어국문학회, 1997).
이정원, 「전기소설에서 전기성의 변천과 의미」(『한국고전여성문학연구』 6, 한국고전여성문학회, 2003).
이정원, 「조선조 애정 전기소설의 소설시학 연구」(서강대학교 박사논문, 2003).
이종묵, 「안평대군의 문학 활동 연구」(『진단학보』 93, 진단학회, 2002).
이종묵, 「주생전의 미학과 그 의미」(『관악어문연구』 16, 서울대학교 국어국문학과, 1991).
이종필, 「조선중기 전란의 소설화 양상과 17세기 소설사」(고려대학교 박사논문, 2012).
이종필, 「행복한 결말의 출현과 17세기 소설사 전환의 일 양상」(『고전과 해석』 10, 고전문학한문학연구학회, 2011).
이지영, 「금오신화와 기재기이의 비교 연구」(서울대학교 석사논문, 1996).
이지영, 「운영전 창작의 문학적 배경과 연원」(『국문학연구』 26, 국문학회, 2012).
이헌홍, 「최치원전의 전기소설적 구조」(『수련어문논집』 9, 수련어문학회, 1982).
이혜순, 「열녀전의 입전의식과 그 사상적 의의」(『조선시대의 열녀담론』, 월인, 2002).
임채명, 「기재 신광한 우거기 시의 연구」(『한문학논집』 20, 근역한문학회, 2002).
임치균, 「용궁부연록의 환상 체험 연구」(『정신문화연구』 124, 한국학중앙연구원, 2011).

임형택, 「김시습의 사상체계와 금오신화」(서울대학교 석사논문, 1971).
임형택, 「전기소설의 연애주제와 위경천전」(『동양학』 22, 단국대학교 동양학연구소, 1992).
장경남, 「17세기 열녀 담론과 소설적 대응」(『민족문학사연구』 47, 민족문학사학회, 2011).
장경남, 「임진왜란 실기의 소설적 수용 양상 연구」(『국어국문학』 131, 국어국문학회, 2002).
장조청, 「용궁부연록과 수궁경회록의 비교 연구」(충남대학교 석사논문, 2012).
장효현, 「전기소설 연구의 성과와 과제」(『민족문화연구』 28, 고려대학교 민족문화연구소, 1995).
장효현, 「최척전의 창작 기반」(『고전과 해석』 1, 고전문학한문학연구학회, 2006).
장효현, 「형성기 고전소설의 현실성과 낭만성 문제」(『민족문학사연구』 10, 민족문학사연구소, 1997).
전성운, 「용궁부연록의 연회와 서사 전개」(『어문연구』 60, 어문연구학회, 2009).
전성운, 「운영전의 인물 성향과 비회의 정조」(『어문논집』 56, 민족어문학회, 2007).
전성운, 「취유부벽정기의 공간성과 서사 전개」(『우리어문연구』 34, 우리어문학회, 2009).
전용오, 「운영전의 발생론적 고찰」(『인문논총』 10, 배재대학교 인문과학연구소, 1996).
정규식, 「용궁부연록의 창작과 원각사 낙성회」(『고소설연구』 38, 한국고소설학회, 2014).
정규식, 「운영전에 형상화된 삶의 권력과 죽음의 권리」(『고소설연구』 31, 한국고소설학회, 2011).
정규식, 「최치원의 성적 욕망과 자기 정체성 확립」(『고소설연구』 22, 한국고소설학회, 2006).
정규식, 「하생기우전과 육체의 서사적 재현」(『한국문학논총』 53, 한국문학회, 2009).
정길수, 「운영전의 메시지」(『고소설연구』 28, 한국고소설학회, 2009).
정명기, 「고소설 유통사에 대한 새로운 시각」(『열상고전연구』 33, 열상고전연구회, 2011).
정명기, 「위생전(위경천전) 교감의 문제점」(『고소설연구』 22, 한국고소설학회, 2006).
정명기, 「위생전(위경천전) 이본 연구」(『어문학』 95, 한국어문학회, 2007).
정명기, 「최척전」(『고전소설연구』, 일지사, 1993).

정민 역주, 「위경천전」(『한국학연구』 24, 한양대학교 한국학연구소, 1994).
정민, 「위경천전의 낭만적 비극성」(『한국학논집』 23, 한양대학교 한국학연구소, 1994).
정민, 「주생전의 창작 기층과 문학적 성격」(『한양어문연구』 9, 한양어문학회, 1991).
정병호, 「주생전과 위경천전의 비교 고찰」(『고소설연구』 6, 한국고소설학회, 1998).
정상균, 「신광한 기재기이 연구」(『국어교육』 105, 한국국어교육연구회, 2001).
정상진, 「상사동기의 재조명」(『국어국문학』 35, 부산대학교 국어국문학과, 1998).
정용수, 「규장각소장 고본 전등신화구해의 판본 연구」(『고소설연구』 14, 한국고소설학회, 2002).
정운채, 「만복사저포기의 문학치료학적 독해」(『고전문학과 교육』 2, 청관고전문학회, 2000).
정운채, 「하생기우전의 구조적 특성과 서동요의 흔적들」(『한국시가연구』 2, 한국시가학회, 1997).
정운채, 「하생기우전의 번역 문제와 주석」(『고전문학과 교육』 5, 한국고전문학교육학회, 2003).
程毅中, 「여러 문체를 겸비한 당대 전기」(『중국고대소설의 유파』, 중문, 2002).
정출헌, 「15세기 귀신담론과 유명서사의 관련 양상」(『동양한문학연구』 26, 동양한문학회, 2008).
정출헌, 「고전소설에서의 현실주의 논의 검토 - 15세기 금오신화에서 18세기초 김영철전까지」(『민족문학사연구』 2, 민족문학사연구소, 1992).
정출헌, 「고전소설의 천편일률을 패러디의 관점에서 읽는 법」(『국제어문』 38, 국제어문학회, 2006).
정환국, 「16세기 말 17세기 초 사상사의 흐름 속에서 본 운영전」(『한국고전여성문학연구』 7, 한국고전여성문학회, 2003).
정환국, 「17세기 실기류와 소설의 거리」(『한문학보』 7, 우리한문학회, 2002).
정환국, 「17세기 애정류 한문소설 연구」(성균관대학교 박사논문, 2000).
정환국, 「17세기 초 소설에 미친 원명전기소설의 영향에 대하여」(『한문학보』 1, 우리한문학회, 1999).
정환국, 「금오신화와 전등신화의 지향과 구현화 원리」(『고전문학연구』 22, 한국고전문학회, 2002).
정환국, 「전근대 동아시아와 전란, 그리고 변경인」(『민족문학사연구』 44, 민족문학사학회, 2010).
정환국, 「전란 소재 애정전기소설의 성립과 발전에 대한 시론」(『민족문학사연구』 19, 민족문학사학회, 2001).
조광국, 「주생전과 16세기 말 소외양반의 의식변화와 기녀의 자의식 표출의 시대적 의미」(『고소설연구』 8, 한국고소설학회, 1999).
조수학, 「최치원전의 소설성」(『영남어문학』 2, 영남어문학회, 1975).
조용호, 「운영전 서사론」(『한국고전연구』 3, 한국고전연구학회, 1997).
조재현, 「홍낭전과 전등신화 소재 금봉채기 비교 연구」(『고소설연구』 25, 한국고소설학회, 2008).
조현설, 「17세기 전기・몽유록에 나타난 타자 연대와 서로주체성의 의미」(『국문학연구』 19, 국문학회, 2009).
조혜란, 「남성 환타지 소설의 시작, 최치원」(『여/성이론』 8, 여이연, 2003).
지연숙, 「주생전의 배도 연구」(『고전문학연구』 28, 한국고전문학회, 2005).
지연숙, 「피생명몽록 연구」(『우리어문연구』 23, 우리어문학회, 2004).
지준모, 「전기소설의 효시는 신라에 있다」(『어문학』 32, 한국어문학회, 1975).
지준모, 「최치원전 평석」(『동방한문학』 17, 동방한문학회, 1999).
진경환, 「남염부주지의 반어」(『고전문학연구』 13, 한국고전문학회, 1998).
진재교, 「월경과 서사 - 동아시아의 서사 체험과 이웃의 기억 - 최척전 독법의 한 사례」(『한국한문학연구』 46, 한국한문학회, 2010).
최기숙, 「17세기 고소설에 나타난 여성 인물의 유랑과 축출, 그리고 귀환의 서사」(『고전문학연구』 38, 한국고전문학회, 2010).
최남선, 「금오신화해제」(『계명』 19, 계명구락부, 1927).
최삼룡, 「금오신화의 비극성에 대한 초월의 문제」(『어문논집』 22, 고려대학교 국어국문학연구회, 1981).
최삼룡, 「남염부주지에 나타난 귀신설」(『국어문학』 23, 국어문학회, 1983).
최용철・우춘희, 「전등신화의 조선시대 한글 번역본에 대하여」(『젼등신화』, 학고방, 2009).
최용철, 「전등삼종의 창작과 전파에 대하여」(『전등삼종(상)』, 소명출판, 2005).
최원오, 「17세기 서사문학에 나타난 월경의 양상과 초국적 공간의 출현」(『고전문학연구』 36, 한국고전문학회, 2009).
최재우, 「기재기이의 조화지향 인물관계의 형상」(『동방고전문학연구』 2, 동방고전문학회, 2000).
최재우, 「운영전 갈등구조의 양상과 그 소설사적 의미」(『열상고전연구』 29, 열상고전연구회, 2009).
최재우, 「하생기우전의 결핍 - 충족 구조와 그 의미」(『민족문학사연구』 15, 민족문학사연구소, 1999).
탁원정, 「고소설 속 관서・관북 지역의 형상화와 그 의미」(『한국고전연구』 24, 한국고전연구학회, 2011).
하은하, 「운영전에 관한 양식내적 접근」(서울여자대학교 석사논문, 1994).
한영환, 「최치원전과 유선굴」(『충격과 조화』, 국학자료원, 1992).
한석수, 「삼해지 해제」(『환상소설 삼해지・신기도』, 제이앤씨, 2006).
한의숭, 「17세기 전기소설의 낭만성과 현실성, 통속성에 대한 논의와 작품의 실제」(『인문연구』 51, 영남대학교 인문과학연구소, 2006).
한의숭, 「삼해지의 인물형상 연구」(『민족문학사연구』 34, 민족문학사학회, 2007).
허원기, 「남염부주지 지옥 공간의 성격과 의미」(『동아시아고대학』 14, 동아시아고대학회, 2006).
홍사만, 「중세・근대국어 어리다와 졈다의 의미 분석」(『언어과학연구』 17, 언어과학회, 2000).
황윤실, 「17세기 애정전기소설에 나타난 여성주체의 욕망발현 양상」(한양대학교 박사논문, 2000).
황윤실, 「상사동기 연구사」(『고소설연구사』, 월인, 2002).